Wolfgang Reinicke wurde 1928 in Halle/Saale geboren. Nach einer kaufmännischen Ausbildung studierte er Volkswirtschaft in Berlin. Bereits während dieser Zeit begann er sich intensiv mit Kosmobiologie und Astrologie zu beschäftigen. Er führte umfangreiche astrologische Reihentests und statistische Untersuchungen durch. Sein vorliegendes Lehrbuch »Praktische Astrologie« wurde bereits ins Französische, Slowakische, Holländische und Norwegische übersetzt. Heute lebt Wolfgang Reinicke als gesuchter Berater prominenter Persönlichkeiten in Frankfurt/Main.

W0061993

Esoterik

Herausgegeben von Gerhard Riemann

Vollständige Taschenbuchausgabe Dezember 1993
Droemersche Verlagsanstalt Th. Knaur Nachf., München
Lizenzausgabe mit freundlicher Genehmigung
des Ariston Verlages, Genf
© 1977 Ariston Verlag, Genf
Umschlagillustration Peter F. Strauss
Druck und Bindung Ebner Ulm
Printed in Germany
ISBN 3-426-86039-2

2   4   5   3   1

Wolfgang Reinicke
Praktische Astrologie

So stellen Sie
Ihr Horoskop selbst

Inhaltsverzeichnis

EINLEITUNG 9

I. GESCHICHTE DER ASTROLOGIE – VOM URSPRUNG DES STERNENGLAUBENS, VOM WERDEN UND WESEN DER ASTROLOGIE 13

Marksteine der Astrologie 15
Was die Astrologie ist - und nicht ist 28
Zeugnisse unserer Zeit 31

II. WAS IST EIN HOROSKOP? – DIE BEDEUTUNG VON SONNE, MOND, DER PLANETEN, HÄUSER, ASPEKTE 37

Allgemeine Begriffe 39
Definition als Karte des Himmels 39
Die Ortszeit 39
Die Sternzeit 40
Die zwölf Häuser 43
Der Stand der Gestirne 47
Die typischen Leitbilder von Sonne, Mond und Planeten . 47
Die Aspekte 60
Horoskop-Figuren 61
Die astrologische Deutung 65

III. WIE ERRECHNET MAN EIN HOROSKOP? – DIE ERMITTLUNGEN DURCH BERECHNUNG UND MIT HILFE VON TABELLEN 67

Übersicht über die Vorgangsweise 69
Die Ermittlung der Ortszeit, der Sternzeit und des Aszendenten 70
Die Ermittlung der Häuserspitzen 74
Die Ermittlung der Positionen der Gestirne . . . 76
Die Ermittlung der Aspekte 78
Besonderheiten bei der Errechnung von Horoskopen außerhalb der mitteleuropäischen Zeitzone (MEZ) . . . 80
1. Greenwich-Zeit = westeuropäische Zeit oder Weltzeit (WZ) 80
2. Amerikanische Zonenzeiten 81
3. Osteuropäische Zeit (OEZ) 81
4. Südliche Breiten 82

IV. TIERKREISZEICHEN-ANALYSE – BESCHREIBUNG
     DER SONNENZEICHEN UND IHRER
     GRUNDENTSPRECHUNGEN 83
     Vorbemerkungen 85
     Das Zeichen Widder 87
     Das Zeichen Stier 94
     Das Zeichen Zwillinge 101
     Das Zeichen Krebs 110
     Das Zeichen Löwe 119
     Das Zeichen Jungfrau 127
     Das Zeichen Waage 136
     Das Zeichen Skorpion 145
     Das Zeichen Schütze 154
     Das Zeichen Steinbock 162
     Das Zeichen Wassermann 172
     Das Zeichen Fische 182

V.   EINTEILUNG DES TIERKREISES – PLANETEN-
     BALLUNGEN IN DEN ZEICHEN UND HÄUSERN . . 193
     Die drei Kreuze 195
     Das Kardinal- oder Hauptkreuz 195
     Das fixe Kreuz 196
     Das gewöhnliche oder gemeinschaftliche Kreuz 197
     Die vier Elemente 198
     Das Feuer-Trigon 198
     Das Erd-Trigon 199
     Das Luft-Trigon 200
     Das Wasser-Trigon 201

VI. DIE BEDEUTUNG DER POSITIONEN VON SONNE,
     MOND UND PLANETEN IN DEN TIERKREISZEICHEN
     UND HÄUSERN 203
     Sonne in den Tierkreiszeichen 205
     Sonne in den Häusern 207
     Mond in den Tierkreiszeichen 209
     Mond in den Häusern 211
     Merkur in den Tierkreiszeichen 213
     Merkur in den Häusern 215
     Venus in den Tierkreiszeichen 217
     Venus in den Häusern 219
     Mars in den Tierkreiszeichen 221
     Mars in den Häusern 223

Jupiter in den Tierkreiszeichen 226
Jupiter in den Häusern 227
Saturn in den Tierkreiszeichen 230
Saturn in den Häusern 233
Uranus in den Tierkreiszeichen 237
Uranus in den Häusern 239
Neptun in den Tierkreiszeichen 243
Neptun in den Häusern 245
Pluto in den Tierkreiszeichen 248
Pluto in den Häusern 250

VII. DIE DEUTUNG DER ASPEKTE 257

Aspekte der Sonne 259
Aspekte des Mondes 262
Aspekte von Merkur 265
Aspekte der Venus 267
Aspekte von Mars 270
Aspekte von Jupiter 272
Aspekte von Saturn 274
Aspekte von Uranus 275
Aspekte von Neptun 277
Aspekte von Pluto 278

VIII. AUSKLANG 279

ANHANG

Zeichenerklärung 287
Geographische Positionen der wichtigsten Städte der Welt 289
Ortstafel zur Ermittlung der Differenz zwischen der
Normalzeit und der Ortszeit in der Zeitzone MEZ . . 296
Tabelle zur Bestimmung der Sternzeit 297
Häusertabelle 303
Gestirnstandstabelle 1 über den Sonnenstand . . . 389
Gestirnstandstabelle 2 über die Positionen von Mond-
knoten, Pluto, Neptun, Uranus, Saturn, Jupiter und Mars 391
Gestirnstandstabelle 3 über den Stand von Venus, Merkur
und Mond 409
Abc der Astrologie – Astrologische und astronomische
Fachausdrücke 437
Literaturhinweise 445
Horoskop-Schemaformulare 447

Einleitung

Wer in nächtlicher Stunde zu den Sternen aufschaut, kommt kaum um die Frage herum, ob nicht eine Verbindung zwischen dem Lauf der Gestirne und den biologischen Rhythmen der Lebewesen auf unserem Planeten besteht. Und wer einen solchen Zusammenhang erahnt, fragt sich natürlich, welcher Art diese Verbindung ist und wie sie sich auswirkt.

Zu allen Zeiten wollte der Mensch ergründen, was ihm die Zukunft beschert, wollte er den Schleier zerreißen, der ihm den Blick auf sein zukünftiges Schicksal verwehrt. Wenn man der Astrologie auch nicht alles glauben mag oder selbst wenn man ihr überhaupt nichts zutraut – irgendwie sind alle Menschen doch seltsam von ihr betroffen. Vielleicht, weil auch der skeptische Mensch unbewußt den Einfluß der Gestirne spürt; oder vielleicht auch, weil Astrologie eine der ältesten Wissenschaften der Menschheit ist.

Schon vor fünftausend Jahren haben die Menschen versucht, die kosmischen Phänomene zu enträtseln. Die alten Völker, deren Kulturen nur noch aus Trümmern zu uns sprechen, haben ihr Schicksal in den Sternen zu lesen und Wunder und Geheimnis zu deuten gesucht. Ihnen galt der Kosmos als beseelte Einheit und als Urheimat der Götter.

Für die damaligen Menschen gab es keinen Zufall. Es fiel ihnen vor allem auf, wie ungleich Glück und Unglück verteilt waren. Eine solche Ungerechtigkeit, meinten sie, müsse irgendeinen Sinn haben. Alles, was wichtig, notwendig und verhängnisvoll war, hing vom Himmel ab, „kam von oben". Von dort erwarteten die Menschen der Frühzeit Lenkung und Urteil.

Seit der Mensch über sich und seinen Platz im Universum nachdenkt, bezieht er in sein Denken die Himmelskörper mit ein, in denen er Götter und in deren geheimnisvollen Kräften er eine Macht sieht, die sein Geschick bestimmt.

Auch das Abendland hat eine Epoche der astralen Mystik erlebt. Der Glaube an die Macht der Sterne hat die Menschen lange Zeit über das Mittelalter hinaus beherrscht. Die berühmten Astronomen Tycho de Brahe und Johannes Kepler waren zugleich Astrologen. Könige, Feldherren und Städte hielten sich Astrologen, auf deren Worte sie hörten.

Dann brach die Zeit der Naturwissenschaften an, die dem Menschen den Glauben schenkte, sich ganz als Herrscher der Erde zu fühlen. Man erfand den Kompaß und hatte nicht mehr nötig, Sternbilder als Weg-

weiser auf dem Meer zu benutzen. Der Mensch eroberte die Erde und verlor die Beziehung zum Kosmos, während die astronomische Wissenschaft dank der „Sehkraft" der Teleskope die Tiefen des Weltalls erschloß und dabei bis jenseits der Milchstraße blickte: zu den entlegenen Sterninseln der Spiralnebel, die man mit Hilfe der Spektralanalyse als ferne Milchstraßengebilde zu entziffern vermochte. Das Weltall zeigte dem faszinierten Auge des Erdenmenschen die Raumtiefen der Unendlichkeit.

Zugleich aber entdeckte man den Mikrokosmos, die Wunderwelt des winzigen Atoms. Man entdeckte die Elektronen, die den Atomkern umkreisen, ähnlich den Planeten, die um die Sonne wandern. Und es drängte sich die Erkenntnis auf, daß Mikrokosmos (die Welt des unendlich Kleinen) und Makrokosmos (die Welt des unendlich Großen) eine unbegreifbare Einheit sind und daß der Mensch im Rhythmus der Welt mitschwingt, ihren Gesetzen gehorcht und von ihr Prägung und Gesetz empfängt.

Die Menschen erkannten aber auch, daß zwischen ihrem Alltagsleben und den Himmelserscheinungen Beziehungen bestanden.

Zuerst erkannte man, daß es zwischen Mensch und Sonne überraschende Beziehungen gibt. Die Sonne ist keineswegs eine unbeweglich verharrende Kugel. Sie kann sich mit Flecken überziehen, und gigantische Eruptionen finden auf ihr statt, Vorgänge, die sich unmittelbar auf uns auswirken.

Blüte und Ernte richten sich nach den Jahreszeiten, die wiederum vom Lauf der Sonne abhängen. Alles scheint vom Rhythmus der großen Himmelsbewegungen bestimmt zu sein.

Aus neuen Erkenntnissen heraus, aus dem Gefühl der inneren Verbundenheit mit dem All, entstand die Vorstellung, daß der Mensch nicht dem Zufall anheim gegeben sein Dasein führt, sondern daß er schicksalsmäßig dem Kosmos eingefügt ist, daß er den Gesetzen der Erde gehorcht – genauso, wie die Erde wiederum den großen Weltgesetzen folgt. Daß zugleich kosmische Einflüsse schicksalsbestimmend das Leben der Menschen beeinflussen.

*

An dieser Stelle muß gesagt werden, daß sich die heutigen Verfechter der Astrologie in drei Lager spalten.

Die eine Gruppe vertritt die „Einflußtheorie", nach der die Gestirne selbst etwas bewirken. Es haben erstaunliche Experimente stattgefunden, die zeigen, daß es der Wissenschaft in den letzten Jahren gelungen ist,

zwischen den Ergebnissen mystischer Befragung der Sterne und exakt feststellbaren Einflüssen der Gestirne auf unser Leben eine Verbindung zu finden.

Eine zweite Gruppe sucht im Menschen die Ursachen und sieht in den Planeten nur die Kennzeichen für die kosmischen Rhythmen, in die sich der Mensch bei seiner Geburt selbst einschaltet. Das heißt: Die Sterne leiten oder dirigieren uns nicht, sie zeigen unseren Lebenslauf bloß an – gleich einer Uhr (die ja auch keine Zeit „macht", sondern nur die Uhrzeit anzeigt).

Die dritte Gruppe spricht von astrologischen „Symbolen". Nach dieser Auffassung wird psychisches Geschehen vom Menschen unbewußt an den Himmel projiziert. Die Verfechter dieser Richtung glauben aus den altbekannten Symbolen, die im „Tierkreis" zusammengefaßt sind, logische Verhaltensformen und Eigenschaften zu erkennen.

Welche dieser Ansichten „richtig" ist, vermögen vielleicht spätere Geschlechter zu entscheiden.

Wichtig ist zu wissen, daß die Astrologie funktioniert – egal, welche der drei vorgenannten Auffassungen zutrifft.

Die Astrologie gründet sich auf das Postulat, daß jede Ursache eine Wirkung haben muß. Für sie ist die „Ursache" die Konstellation der Gestirne bei der Geburt eines Menschen, die „Wirkung" das Schicksal dieses Menschen.

*

Zahlreiche Große unserer Zeit lehnen die Astrologie nicht ab, im Gegenteil, sie bedienen sich ihrer. C. G. Jung, der berühmte Psychologe und Psychotherapeut, oder der als Parapsychologe renommierte Professor Dr. Hans Bender von der Universität Freiburg im Breisgau mögen hier als Beispiele für viele stehen. Wissenschaftler wie diese haben erkannt, daß es kosmische Faktoren gibt, daß der Mensch tatsächlich von Sonne, Mond und Planeten abhängig ist. Sphärische, vor allem durch Sonnenaktivität verursachte Strahlungen bewirken nicht nur den Wechsel der Jahreszeiten und des Wetters und beeinflussen den Lebensrhythmus von Pflanze und Tier, sondern sie haben auch maßgeblichen Einfluß auf die physiologischen und psychologischen Veränderungen im Leben des Menschen.

Zwar wird die Sicherheit der exakten Naturwissenschaften in der Astrologie noch nicht erreicht, wohl aber die der Medizin, die, wohlverstanden, gleich der Astrologie eher eine Kunst als eine Wissenschaft ist.

Auch sie stößt auf das große X der Individualität, deren Eigengesetzlichkeit den Mechanismus der körperlichen wie auch psychischen Funktionen und ihrer Reaktionen auf Einflüsse zwar nicht umstößt, aber ihm
doch eine nicht berechenbare Richtung gibt. Wie der Arzt ist auch der
Astrologe an ganz bestimmte Erfahrungen gebunden, aber ohne Kombination und Intuition bleiben sie wertlos. Die Astrologie ist durchaus
Erfahrungswissenschaft, und das Vieldeutige ihrer Urteile hat durchaus
nichts verworren Mystisches, sondern entspricht vielmehr der Vieldeutig-
keit ihrer Gegensätze.

Man hat gegen die Astrologie vielerlei Einwände erhoben, und es mag
eine offene Frage bleiben, ob die Ausdeutungsmethoden eines Horoskops
nicht allzu sehr den Traditionen folgen. Man hat u. a. darauf hingewie-
sen, daß während des Zweiten Weltkrieges Millionen von Menschen
gefallen sind, deren Geburtshoroskop durchaus nicht auf einen gewaltsamen Tod hindeutete. Der Astrologe kann hierauf entgegnen, daß nicht
nur der einzelne Mensch, sondern ganze Völker ihre Nativität haben,
d. h. dem Einfluß der Sterne unterliegen. Und so kann es geschehen,
daß das Horoskop des einzelnen von dem Horoskop seines Volkes über-
wältigt wird.

*

Es ist außerordentlich reizvoll, die scharfsinnigen und geistvollen Deu-
tungsmethoden der Astrologie näher kennenzulernen. Seit viertausend
Jahren haben die Weisen aller alten Kulturvölker an diesen Deutungen
gearbeitet und ein System geschaffen. Es will in der Tat viel heißen, daß
sich die astrologischen Lehren im Wandel der Zeiten behaupten konn-
ten. Völker starben aus, Kulturen versanken. Die Astrologie aber blieb
das unverlierbare Erbe der Lebenden, die die Erkenntnisse des Sternenglaubens gleich einer Fackel der nächsten Generation weiterreichten.

Wenn gerade heute die Astrologie wieder Millionen von Menschen
auf der ganzen Erde anlockt, so ist dies gewiß ein „Zeichen der Zeit",
aber nicht im abträglichen Sinn, sondern vielmehr ein Beweis dafür, daß
die Sehnsucht nach den Sternen unzerstörbar im Menschenherzen lebt.

Was an der Astrologie Wahrheit, was an ihr Irrtum ist – das gerecht
und endgültig zu entscheiden, mögen spätere Menschengeschlechter
berufen sein, die hoffentlich weiser und vollkommener sind als wir.

Wolfgang Reinicke

I.

Geschichte der Astrologie

Vom Ursprung des Sternenglaubens,
vom Werden und
Wesen der Astrologie

Marksteine der Astrologie

Unter dem klaren Himmel des Orients entstand die Astrologie gleichzeitig mit Wissenschaft und Religion.

Mehr als viertausend Jahre vor Christus lebten im Land „zwischen den Flüssen", in Mesopotamien, die Akkader, die Babylonier, die Sumerer. Von dort aus breitete sich die Astrologie nach Ägypten, Griechenland, sogar nach Indien und China aus. Sie beeinflußte auch Römer und Germanen.

Ursprünglich umfaßte die Astrologie alle Lebensbereiche – Wissenschaft und Religion, das Leben der Könige ebenso wie das des Volkes, der Menschen und Pflanzen. Die ganze Erdenwelt wurde als Einheit gesehen, die von den Bewegungen der Gestirne abhing – von jenen Göttern, die das Geschick der Welt und ihre Zukunft bestimmten.

Die damaligen Völker wurden von den Weisen, den Priestern, beeinflußt. Sie waren die Seher, die ihren Blick in die entferntesten Räume zu lenken versuchten. Der Mensch der Frühzeit war von Furcht vor den unbekannten Mächten beherrscht, die ihn umgaben. Er glaubte, daß sich hinter den am Himmelsgewölbe „aufgehängten" Planeten, die sich allnächtlich bewegten, mächtige Götter verbargen. Und so versuchte er,

Das Weltbild der alten Völker.
Das Kristallgewölbe des Himmels ist über die
vom Weltmeer umflossene Erdscheibe gesetzt.

diese leuchtenden Götter zu verstehen, Tag für Tag ihren Lauf zu verfolgen, um zu erkennen, welches Schicksal ihm bestimmt war.

Unbewußt projizierte der Mensch seine innersten Ängste nach außen,
d. h. nach oben auf die Gestirne, denen er unerhörte Kräfte zuschrieb,
Kräfte, die aber jenen glichen, mit denen er sich Tag für Tag auseinandersetzen mußte, die seine Mitmenschen und er selbst auch besaßen.

Es entstand die Mythologie der Sternbilder, eine seltsame, phantasti-
sche Mythologie mit einer Vielfalt von wirklichen und imaginären Tier-
gestalten, die den Himmel der alten Kulturen bevölkerten. Der Mensch
identifizierte sich selbst mit den Gestirnen.

Es sei daran erinnert, daß der Turm zu Babylon ein Tempel der
Astralreligion war; jede seiner Stufen war einem Planeten geweiht, die
oberste der Sonne. Das älteste Babylon wurde von einer siebenfachen
Mauer umschlossen, deren jede die Farbe eines Planeten trug. Die Menschen, die das Volk zu dem ungeheuren Bau der großen Turmpyramide
anführten, an der unzählige Geschlechter gearbeitet haben, müssen Aus-
erwählte, müssen Priester gewesen sein. Denn alle Abmessungen und
Verhältnisse des Baues waren unendlichen Sternenräumen entnommen.
Man ist damals – nach jahrhundertelanger, geduldiger Beobachtung –
in das Geheimnis der Himmelsbewegungen eingedrungen. Es war die
Geburtsstunde der Astronomie. Die Geburtshelferin dieser Wissenschaft
jedoch war die Astrologie.

*

Ab etwa 2250 v. Chr. waren es Ägypter, Juden, später Babylonier und
Assyrer, Perser, Phönizier, Griechen und Römer, die die Geheimnisse
der Himmelsbewegungen und damit die Astrologie pflegten und ver-
breiteten. Einen Markstein stellt die hellenistische Astrologie dar.

Das Grundwerk der griechischen Astrologie wurde etwa 150 v. Chr.
geschrieben. Es hieß *Nechepo-Petosiris* und war die eigentliche „Astro-
logen-Bibel". Dieser folgte später im zweiten Jahrhundert n. Chr. die
Tetrabiblos des Ptolemäus, der um 100 bis 180 n. Chr. lebte.

Das Zeitalter des Christentums – seit etwa 150 vor der Zeitrechnung
– war erfüllt von Religionskriegen, Glaubenskonflikten, dem Ketzer-
wahn des Mittelalters, dem haßerfüllten Gegeneinander verschiedener
Glaubensrichtungen im Dreißigjährigen Krieg. Ihr folgt die neue, leben-
dige Weltanschauung unserer Zeit, der späteren „Neuzeit".

Erst im frühen Mittelalter, etwa seit dem sechsten nachchristlichen
Jahrhundert, erfuhr die Astrologie eine nennenswerte Verbreitung im
germanischen Raum. Viele Forschungsergebnisse kamen ihnen von den
Arabern zu.

Tierkreisbilder nach der Compilatio de astrorum scientia
von Leopoldus von Austria (1326).

Die Germanen, ebenso wie die Kelten und Slawen, besaßen bereits himmelskundliche Kenntnisse. Sie beobachteten insbesondere Sonne und Mond. Dies wird durch seltsame Steinsetzungen in England, Frankreich und Deutschland belegt. Wahrscheinlich handelt es sich bei ihnen um Sonnentempel; es sei z. B. an den Steinring Stonehenge bei Salisbury in England erinnert.

Die Völkerwanderung brachte Langobarden und Ostgoten nach Italien, Westgoten nach Spanien. Dort haben sie viel von den Sitten und Denkweisen der unterworfenen Völker übernommen. So erschlossen sich ihnen die Schriften des Aristoteles, Euklid und Ptolemäus über Arithmetik, Musik, Geometrie, Astronomie und Astrologie. Unter Karl dem Großen standen astrologische Lehren hoch im Kurs.

Immer mehr drangen dann auch griechisch-arabische Einflüsse in das Abendland. Das Ereignis, das hierzu wohl am meisten beitrug, war die Eroberung Konstantinopels durch die Türken im Jahr 1453. Schon ein Jahrhundert vorher hatten diese die Länder rings um Konstantinopel (Byzanz) in Besitz genommen. Viele der dort wohnenden Gelehrten wanderten deshalb aus und suchten sich in den Ländern des Abendlandes, in Italien, Frankreich und Deutschland, eine Wirkungsstätte. Hier lehrten sie griechische Bildung, hier machten sie das Abendland mit den schon so gut wie vergessenen Idealen des griechischen Altertums bekannt. Das Abendland war damals nahe daran, in den festumrissenen Denkformen der ersterbenden Scholastik zu erstarren. Da wurde das dumpf dahinfließende Leben durch diese griechischen Gelehrten wieder beseelt; das Zeitalter der Renaissance begann. Aber sie brachten dem Abendland auch eine griechisch-christlich geprägte Astrologie.

Ihre etwas poetisch anmutenden Lehren verbanden sich mit dem christlichen Volksglauben zu einem harmonischen Ganzen. Gott thronte nach dem Glauben des Volkes über den sieben Himmeln und lenkte von dort aus die Geschicke der Erde und der Menschen. Noch immer war man ja in dem Glauben des alten ptolemäischen Weltbildes befangen, nach dem sich die Erde im Mittelpunkt der Welt befand. Um sie drehten sich alle Sterne, die Sonne, der Mond und die Planeten. Und der Mensch, als Krone der Schöpfung, sonnte sich in dem Gefühl, im Mittelpunkt der von Gott geschaffenen Welt zu leben. Diese Vorstellung vom Universum erschütterte die astrologische Lehre, die behauptete, daß zwar wohl alle Kraftstrahlen von Gott ausgingen, daß sie aber dann erst noch durch die sieben Sphären der sieben Planeten hindurchgehen müßten, ehe sie auf der Erde wirken könnten. Dadurch wurden die Strahlen Gottes im Sinn der Planeten verändert. Jupiter und Venus veredelten womöglich noch die an und für sich schon guten Strahlen Gottes, aber Mars und

Astrologenschule nach einer mittelalterlichen Darstellung.

Saturn veränderten sie in ihr Gegenteil, so daß auf diese Weise auch das
Böse in die Welt kam. Nach dieser Ansicht lenkte Gott noch immer, wie
nach dem bisherigen Glauben, die Welt, doch die Astrologie hatte die
christliche Lehre in ihrem Sinn beeinflußt. Diese Astrologie wurde zu
einem Teil der Weltanschauung, der sich in damaligen Zeiten niemand
entziehen konnte.

*

Die Blütezeit der Astrologie war zwischen 1450 und 1650 n. Chr.
An Universitäten wurden regelmäßig Vorlesungen über das Wissensgebiet
gehalten. Kaiser, Fürsten, Päpste und Bischöfe erkannten die Astrologie
an und benutzten sie. Philipp Melanchthon (1496 bis 1565) z. B. hielt an
der Universität Wittenberg Vorlesungen über Astrologie. Der große Arzt
Paracelsus (1493 bis 1541) bekannte sich zu ihr. Berühmte Astronomen
wie Tycho de Brahe und Johannes Kepler (1571 bis 1630) hielten an dem
Gedanken fest, daß der Kosmos ein wohlgeordnetes, von einem geistigen
Prinzip geschaffenes und gelenktes Ganzes sein müsse, in dem alles nach
geometrisch darstellbaren harmonischen Verhältnissen geordnet sei.
Bekannt ist Keplers berühmtes Wallenstein-Horoskop, in dem er die
Ermordung des Feldherrn voraussagte.

Großes Aufsehen erregte ein französischer Astrologe und Arzt (späterer Leibarzt des Königs Karl IX. von Frankreich): Nostradamus oder
Michel de Notredame (1503 bis 1566). Jüdischer Abkunft, nannte sich

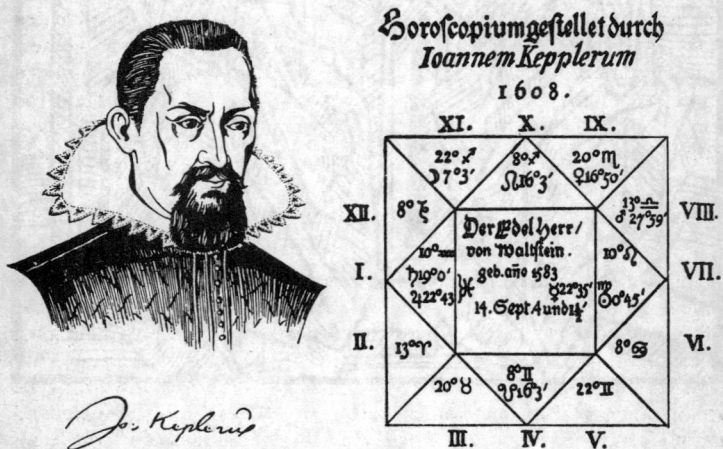

Keplers Wallenstein-Horoskop aus dem Jahr 1608.

Michel nach dem Ort Notredame, wo er getauft worden war, entsprechend der Sitte der Zeit späterhin mit dem latinisierten Namen Nostradamus. Von ihm stammen die in seinen *Zenturien* gesammelten Prophezeiungen. Seine Horoskope sind zum großen Teil eingetroffen. Doch nicht alle. So hat er z. B. den Untergang der Römischen Kirche vorausgesagt, weshalb sein Werk später, allerdings erst im Jahr 1781, verboten wurde.

Das ganze Leben jener Zeit stand sozusagen unter der Herrschaft der Sterne. Auch der menschliche Körper wurde den einzelnen Planeten zugeordnet; jeder von ihnen sollte einen bestimmten Körperteil oder ein inneres Organ beherrschen. Die Ursachen der Krankheiten sah man in den Stellungen der Planeten am Himmel; und ein Arzt, der diese Krankheiten heilen wollte, mußte für das Einnehmen von Medizin und für Operationen die dafür günstigen Planetenstunden auswählen, in denen der Einfluß des die Krankheit heilenden Planeten groß war, der Einfluß des die Krankheit verursachenden Planeten aber gering. Auch alle Pflanzen, Tiere, Mineralien und Gesteine waren den Planeten so zugeordnet, daß zur Kur nur solche Medikamente gewählt werden durften, die mit den Planeten in Beziehung standen, welche die Krankheit verursacht hatten. Damals waren Aderlässe ein besonders wichtiges Hilfsmittel zur Heilung von Krankheiten.

Interessant sind mancherlei Beziehungen, die sich zum Teil noch bis auf die heutige Zeit erhalten haben und die wir benutzen, ohne daß wir uns des astrologischen Charakters derselben bewußt sind. So wurden den Planeten auch die Metalle zugeordnet. Merkur z. B., der rasche Götterbote, erhielt das flüssige Quecksilber zugesprochen, weil dieses am besten seiner Art entsprach. Daraufhin wurde dieses Metall gar nicht mehr mit seinem eigentlichen Namen bezeichnet, sondern nur noch mit dem Namen seines Planetengottes; es hieß also Mercurium. Noch heute nennen es die Apotheker so.

Auch verschiedene Zahlenvorstellungen, die uns überall im Leben begegnen, sind auf astrologische Einflüsse zurückzuführen.

Da die Zahl Sieben astrologisch wegen der Siebenzahl der Planeten bedeutungsvoll ist, glaubte man beispielsweise, daß sich der menschliche Körper alle sieben Jahre von Grund auf erneuere und daß er dann ganz besonders stark Krankheitseinflüssen unterliege. Die Bedeutung der Zahl Dreizehn als einer Unglückszahl kam daher, daß die Zahl Zwölf als die vollkommenste Zahl angesehen wurde, weil es ja zwölf Monate und zwölf Tierkreiszeichen gibt. Alles, was über sie hinausgeht, wurde als unheilvoll angesehen.

Auch Martin Luther (1483 bis 1546) machte sich mit dem Gedankengut der Astrologie vertraut.

Die vorher unbeirrte Weltanschauung der abendländischen Menschheit wurde aber erst durch das Werk des Nikolaus Kopernikus (1473 bis 1543) erschüttert. Sein 1543 erschienenes Hauptwerk *De revolutionibus orbium coelestium* lehrte, daß nicht die Erde im Mittelpunkt des Weltalls stehe, sondern die Sonne. 1608 wurde das Fernrohr entdeckt, mit dem man die einzelnen Planeten dann auch betrachten konnte; dabei stellte sich heraus, daß sie Weltkörper sind wie unsere Erde. Sie hatten keineswegs ein göttliches Aussehen und verloren den Nimbus, die Weltbeherrscher zu sein. Dazu kamen im Lauf der Zeit weitere Ergebnisse der modernen Astronomie. Man stellte z. B. auch die riesig großen Entfernungen der einzelnen Himmelskörper voneinander fest.

Trotzdem hatte sich damit an der Astrologie nichts geändert. Das alte Gehäuse sozusagen war geblieben. Nur Sonne und Erde hatten in der Vorstellung der Menschen ihre Plätze vertauscht.

Die Lehre des Kopernikus setzte sich nur schwer und langsam durch. Selbst Galileo Galilei (1564 bis 1642) noch, der die kopernikanische Lehre angenommen hatte, mußte das heliozentrische Weltbild vor der Kirche abschwören. Auch er übte die Astrologie aus und schätzte sie hoch ein.

Im 15. bis 17. Jahrhundert, der Blütezeit der Astrologie, ließen sich Könige und Fürsten astrologisch beraten. Im März 1553 erschien die von Melanchthon verfaßte Übersetzung des Hauptwerkes der antiken Astrologie, die *Tetrabiblos* des großen ägyptischen Astronomen und Astrologen Ptolemäus. Sein astronomisches Weltbild war bis zum Erscheinen des umwälzenden kopernikanischen Werkes im Jahr 1543 allgemein gültig gewesen.

Die „klassische Astrologie" verblaßte im 17. Jahrhundert. Pfuscher und Scharlatane brachten damals die ernsthaften Astrologen in Verruf. Nur wenige Wissenschaftler widmeten sich künftig in Deutschland noch dieser Lehre. Der letzte Lehrstuhl für Astrologie befand sich bis 1835 an der Universität Erlangen; dort lehrte, seit 1815, Professor Pfaff.

Auch Johann Wolfgang von Goethe (1749 bis 1832) befaßte sich mit Astrologie. Er begann sein großes Werk *Dichtung und Wahrheit* mit der Schilderung seines Horoskops.

Die Sterndeutekunst geriet, wie gesagt, besonders in Deutschland in Vergessenheit. Dagegen wurde sie in England, Frankreich und Italien noch weiter gepflegt.

Mond
Merkur
Venus
Sonne
Mars
Jupiter
Saturn
Erde

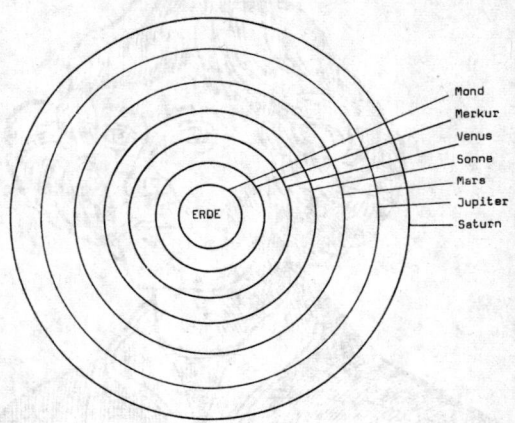

Das ptolemäische Weltsystem.

Saturn
Jupiter
Mars
Erde
Venus
Merkur
Sonne

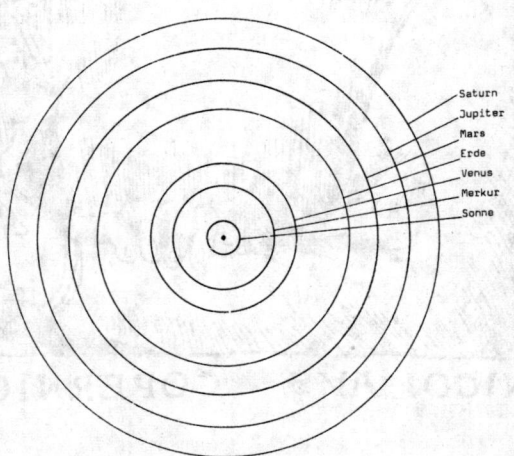

Das kopernikanische Weltsystem.

NICOLAVS COPERNICVS

Bild des Kopernikus an der astronomischen Uhr im Münster zu Straßburg;
es wurde von Tobias Stimmer 1574 gemalt.

Naive Darstellung eines Astrologen aus dem 17. Jahrhundert.

Ursachen des Verfalls waren der Dreißigjährige Krieg, der steigende Druck der Kirche auf die freie Forschung und Philosophie, der große Fortschritt der Naturwissenschaften.

Während aber die Astrologie ihr Ansehen verlor, gab es noch (im 17. Jahrhundert) zwei wichtige Vertreter, Placidus de Titis in Italien und Morin de Villefranche in Frankreich. Placidus wird heute noch als Vater der modernen Horoskoptechnik betrachtet. Morin de Villefranche (1583 bis 1656) hatte als Astrologe einen großen Ruf bei Hof. Sein Lebenswerk war die 26 Bücher umfassende *Astrologia gallica*.

Im 19. Jahrhundert erreichte die sogenannte Aufklärung ihren Höhepunkt. Die Auswirkungen dieser Strömung richteten die Astrologie völlig zugrunde.

Gewiß gab es Gegenbewegungen. Besonders bekannt wurde in England Alan Leo (1860 bis 1917) als Herausgeber einer Reihe von astrologischen Lehrbüchern. Wer sich in Deutschland ernsthaft mit Astrologie auseinandersetzen wollte, mußte damals englische Lehrbücher zu Rat ziehen. Die englische Astrologie bietet im 19. Jahrhundert ein völlig anderes Bild als die deutsche. Man kümmerte sich dort nicht um Theorien, sondern legte das Hauptinteresse auf Tatsachen und auf astronomisch einwandfreie Horoskoptechniken. In England erschienen seit 1800 die jährlichen Ephemeriden (Gestirnstandstabellen).

*

In Deutschland trat erst 1905 ein erheblicher Umschwung ein. Karl Brandler-Pracht brachte in jenem Jahr das erste ausführliche Lehrbuch heraus. Danach erschienen astrologische Zeitschriften; auch astrologische Gesellschaften wurden gegründet.

Von 1910 bis 1933 begann in Deutschland ein neuer Aufschwung der astrologischen Lehre. Namen wie Dr. H. Vollrath, Wilhelm Becker, Frank Glahn, Freiherr von Klöckler, Dr. Walter Koch, Dr. Moufang, Professor Dr. Kritzinger, Reinhold Ebertin, Dr. Korsch, F. Schwikert, Dr. A. Weiß, Johannes Vehlow brachten in dieser Zeit die Astrologie zu neuem Ansehen.

Im Dritten Reich wurde die Astrologie verboten. Ein großer Teil der astrologischen Literatur wurde vernichtet.

Nach 1945 begann die Astrologie auch in Deutschland wieder aufzuleben. Die Astrologen der Gegenwart haben erkannt, daß eine auf der Einflußtheorie begründete wissenschaftliche Astrologie nicht bewiesen werden kann. Manche kritische Astrologen erklären deshalb: „Astrologie ist eine Divinationskunst, keine Wissenschaft."

Schematische Darstellung der Beziehungen der Planeten zu den Sternbildern des Tierkreises. Da sämtliche Planeten in einer gemeinsamen Bahnebene um die Sonne kreisen, bleibt für den Blick von der Sonne bzw. von Planet zu Planet über die Fläche dieser Ebene auf den sehr fernen Hintergrund die Region des Tierkreises die natürliche, aber zufällige Blickrichtung.

Was die Astrologie ist – und nicht ist

Das umstrittenste Problem für die Astrologie ist die Frage der Willensfreiheit. Die moderne Astrologie läßt die Freiheit des Willens unangetastet. Ein direkter Einfluß der Gestirne ließ sich bisher nicht zweifelsfrei nachweisen. Es bleibt nach Ansicht der Astrologen jedem Menschen überlassen, seinen Veranlagungen, Fähigkeiten und Neigungen im Rahmen seiner Umgebung und innerhalb der jedem Menschen auferlegten Grenzen nachzuleben. Doch ist man der Ansicht, daß in der Natur alles geregelt sei. Alle Bewegungen der Gestirne, Zeit und Jahreszeiten, sind gesetzmäßig ablaufende kosmische Erscheinungen. Aber – und damit schließt sich der Kreis dieses ersten Kapitels mit der Einleitung des Buches – die Frage, welche Verbindung zwischen dem Kosmos und den biologischen Rhythmen der Lebewesen auf unserem Planeten genau besteht, diese Frage wird wohl noch eine Zeitlang offenbleiben müssen.

Oder wie sollen wir es mit der Astrologie halten? Sollen wir mit Shakespeare übereinstimmen: „Nicht durch die Schuld der Sterne, durch eigne Schuld nur sind wir?" Oder mit der anderen Annahme: „Die Sterne üben Druck aus, aber keinen Zwang . . ."? Liegt die Antwort auf die Frage nach der Zukunft des einzelnen droben in den Sternen? Dieser Meinung sind viele Menschen, auch wenn sie es nicht offen zugeben.

Selbst wenn wir aber die Leichtgläubigkeit und die Wundersucht der Menschen hoch veranschlagen, bleibt es immerhin merkwürdig genug, daß sich das System der Astrologie über viertausend Jahre hinweg erhalten hat und sich in ganz verschiedenen Kulturkreisen – etwa in China und Mexiko – unabhängig voneinander in erstaunlicher Übereinstimmung entwickelt hat.

Da es praktischer Astrologie nur darauf ankommt, wie sich in bestimmten Augenblicken die Sterne in bezug auf die Erde – genauer: auf einen bestimmten Geburtsort – aufreihen, womit dieser Ort als Mittelpunkt des Bezugssystems gegeben ist, bleibt für die Horoskopie ohne Bedeutung, ob das überholte ptolemäische Weltbild der Alten oder die Einsichten der modernen Astronomie gültig sind. Entscheidend ist lediglich, ob eine im Horoskop eingefangene Konstellation tatsächlich über einen Menschen etwas aussagen kann. Die Praxis hat gezeigt, daß sie es kann – dann nämlich, wenn man nicht allgemeine Monats- oder Tageshoroskope in Betracht zieht, die ja immer für viele Menschen gleichlauten müssen, sondern individuelle Horoskope erstellt, berechnet auf Stunde, Minute und Ort der Geburt. Die strengen Bedingungen für individuelle Horoskope schließen zwei „gleiche" Horoskope aus. Ein solches

Horoskop umreißt den Charakter, die Anlagen und Möglichkeiten, aber auch die Grenzen und Abhängigkeiten eines Menschen.

*

Alles Leben auf der Erde ist mit den kosmischen Kräften des Universums verbunden. Wer dieser Erkenntnis fernsteht, läßt sich unbewußt und widerstandslos von den Wechselwirkungen dieser Kräfte treiben. Sein Geschick erlebt er dann als etwas Unabänderliches. Deshalb unabänderlich, weil er sich selbst nicht kennt, weil er nicht weiß, daß sein Körper eine Art Empfangsstation für alle feinen Schwingungen und Kräfte des Universums ist.

Der unwissende und schwache Mensch ahnt eben nicht, daß er in der Lage wäre, seinen Charakter, seine Anlagen zu formen, sein Geschick in bessere Bahnen zu lenken. Wer jedoch an sich arbeitet, kann ungünstigen oder hemmenden kosmischen Einflüssen stärker entgegentreten und bessert damit seinen Lebensweg.

Zu diesem Zweck aber muß man sich selbst erkennen. Diese Selbsterkenntnis verschafft das Geburtshoroskop. Hier liegt der erzieherische und fördernde Faktor der Astrologie. Sie soll dem Menschen seine Anlagen und Fähigkeiten zeigen, aber auch seine negativen Eigenschaften.

Die astrologischen Lehren basieren auf bestimmten Gesetzmäßigkeiten. Einige Konstellationen haben und hatten seit Jahrtausenden immer dieselbe Auswirkung oder, vielmehr, die Tendenz dazu. Aber trotzdem trat nicht immer der gleiche Effekt ein, dies verhinderte die Reaktionsfähigkeit des einzelnen Individuums. Eine negative Konstellation kann einen Menschen zu kriminellen Handlungen verleiten, wenn sein Milieu, seine Entwicklungsstufe, seine schwache Widerstandskraft und mangelnde Willenskraft dem noch Vorschub leisten. Einem anderen Menschen auf höherer Entwicklungsstufe kann die gleiche Konstellation Umstände des Leides herbeiführen, die er aber ruhig auf sich nimmt, durchsteht und die dazu führen, daß er aus der Leiderfahrung gewinnt.

Disharmonische Konstellationen wirken sich überhaupt nicht immer als schwere Schicksalsschläge aus. Sie erzeugen zuweilen Spannungszustände, Erwartung, Neugier, Ungewißheit und damit auch einen Drang zur Abwehr, eine Suche nach neuen Wegen. Unbenützte Kräfte regen sich dann und bringen möglicherweise eine Entspannung der Lage.

Die in diesem Buch angeführten Regeln einer mehrtausendjährigen Erfahrung sollen keineswegs zur kritiklosen Wahrsagerei verführen. Es ist ja überhaupt nicht die vornehmliche Aufgabe der Astrologie, das Schicksal vorauszusagen, sondern sie soll zunächst einmal das innerste

Wesen des Individuums erkennen lassen, damit dasselbe erfolgreich an sich zu arbeiten vermag.

Die hier genannten Regeln sollten nur als Tendenzen aufgefaßt werden, in denen sich die kosmischen Einflüsse regelmäßig auswirken.

*

Der Neuling in der Astrologie, der sich mit Eifer und Hingabe durch den astronomisch-mathematischen Teil der Astrologie durchgearbeitet hat und ein Horoskop zu erstellen vermag, will nun auch den Lohn seiner Mühe haben: er will wissen, was die Sterne zu sagen haben. Diesen Weg hat jeder Anfänger beschritten.

Freilich wird er bald einsehen, daß die erlernten Regeln nicht in allen Fällen und nicht unbedingt stimmen. Er wird stellenweise auf Versager stoßen, eine bestimmte Regel wird in dem einen Horoskop zutreffen, in dem anderen aber weniger oder gar nicht. Dies ist nur natürlich; denn allgemeingültige Regeln, die alle Verhältnisse berücksichtigen, gibt es nicht. Jeder Mensch ist ein Sonderwesen, ein Individuum für sich, und sein Horoskop drückt eben dieses Sonderwesen aus. Trotzdem sind diese Regeln sehr wertvoll. Die hohe Kunst besteht in der richtigen Auswahl und Kombination. Der Anfänger muß zunächst lernen, das Individuum zu erkennen und auf Grund dieser Erkenntnis eine streng individuelle Diagnose zu stellen. Hierzu leistet das in diesem Buch vorgelegte Regelmaterial beste Dienste. Der erfahrene Astrologe bedarf seiner nicht mehr.

Erfahren in dieser faszinierenden Disziplin aber wird man nur durch seine vielseitige logische Kombinationsgabe, eine vieljährige Übung und intensive Praxis.

Zeugnisse aus unserer Zeit

Nachfolgend seien hier einige Ausschnitte aus den neuesten astrologischen Veröffentlichungen und Stimmen bedeutender Persönlichkeiten zitiert.

Dr. Heinz Fidelsberger, Medizinalrat, Wien, 1976:

„Der Mensch wird im Augenblick der Geburt in eine Rhythmik des Kosmos hineingestellt, sein Stoffwechsel erfährt eine Prägung. Geprägt aber wird die individuelle, durch das Keimplasma bedingte Konstitution. Für die Charakter- und Schicksalsentwicklung sind die Erbfaktoren stärker als die Umwelteinflüsse. Die Frage, inwieweit ein Mensch durch seine Vererbungsfaktoren in seinem Verhalten bestimmt wird und inwieweit äußere, exogene Einflüsse eine Rolle spielen, vermochte die Wissenschaft bis heute nicht zu klären.

Die Astrologen halten sich an Tatsachen, die einfach durch die naturwissenschaftlichen Forschungen bestätigt sind. Wir wissen, daß der kosmische Einfluß existent ist und das Verhalten des Menschen zu einem großen Prozentsatz bestimmt."

Dr. Paul Jungschläger, Arzt, auf einer Tagung in Aalen für kosmobiologische Forschung, 1976:

„Viele Ärzte benutzen die Astrologie ebenso wie den Blutdruckapparat oder das Stethoskop. Sie nutzen den alten Erfahrungsschatz, von abergläubischem Ballast befreit, um aus der präzisen Errechnung des Horoskops, das auf gesicherten Faktoren aufbaut, die psychischen und körperlichen Anlagen des einzelnen Individuums zu erkennen. Im Prinzip vertreten viele Ärzte die Meinung, daß die astromedizinische Behandlung im Grund eine homöopathische ist, die auf dem Ähnlichkeits-Heilgesetz beruht. Anlage (Horoskop), Status quo (Handschrift) und Anamnese (Vorgeschichte) vermitteln in ihrer Wechselbeziehung Einblicke in das Krankheitsgeschehen, wie das kaum einer anderen Disziplin möglich ist. Man sieht auch Beziehungen zwischen Tierkreisgraden, Akupunktur-Positionen und homöopathischen Mitteln. Untersuchungen zeigen, daß man aus dem Studium der medizinischen Astrologie großen Nutzen ziehen kann. Abgesehen von dem allgemeinen Interesse, das die Erkenntnis des kosmischen Determinismus (nicht im Sinn eines unabänderlichen Schicksals!) bietet, könnte man die Kunst zur Diagnostik anwenden; wir sollten keinen Faktor versäumen, der uns darin unterstützt, unseren Mitmenschen zu helfen."

Carroll Righter, USA, früher Rechtsanwalt, jetzt astrologischer Berater von Personen des öffentlichen Lebens:

„Der Wille des Menschen entscheidet, die Astrologie kann ein Wegweiser sein.

Der Mensch hat ein hochempfindliches elektrisches System und ist dem Universum, in dem er lebt, gleichgeschaltet. Wie ein Lichtstrahl vom Arcturus im Jahr 1933 die Lichter der Weltausstellung in Chicago einschaltete, so lösen Lichtstrahlen (Energien) unseres Sonnensystems unsere Impulse aus.

Astrologie ist eine wissenschaftliche Methode zur Messung dieser Energien und ihrer Auswirkung auf den Menschen. Sie funktioniert wie eine praktische Wissenschaft und setzt die Positionen und Bewegungen der Himmelskörper mit den Geschehnissen im Leben und mit Persönlichkeiten in Verbindung – und zwar mit überraschender Genauigkeit."

Friedel Dennemann, Astrologin, München:

„Man hat geistreiche Theorien entwickelt, um die Astrologie zu erklären und verständlich zu machen. Man versichert auf Grund der jüngsten Erkenntnisse der Physik und Astrophysik, daß alles in uns, um uns und an uns Schwingung sei.

Die Materie, also auch der Mensch, jede Zelle, die unseren Organismus aufbaut, sei nichts als geballte Energie, die sich zu Stoff verdichtete. Die Materie sei – wie vorher schon die Vorstufe Energie – in einem Schwingungsrhythmus, der heute so sei und morgen anders sein könne. Veränderte Schwingungen, die aus dem Kosmos kommen, bedeuten aber Änderungen in der Materie und damit vielleicht auch in uns. Änderungen der Schwingungen können hervorgerufen werden durch den Mond, die Sonne, die Planeten.

Gelingt es die Einflüsse zu errechnen, die zu Schwingungen in uns führen, dann sind wir unter Umständen auch in der Lage, die Situationen des einzelnen Menschen zu erkunden. Beachtet man diese Hinweise und begibt sich in Zeiten disharmonischer Konstellationen nicht in Gefahr, kann man eventuell ungünstigen Spannungsmomenten entgehen bzw. diese abschwächen."

Der Psychoanalytiker und Psychotherapeut C. G. Jung:

„Wir werden in einem vorausbestimmten Augenblick geboren, an einem vorausbestimmten Platz, und haben, wie der Jahrgang eines Weines, die Qualität des Jahres und der Jahreszeit, in der wir zur Welt kamen. Nicht mehr und nicht weniger behauptet die Astrologie."

Al Morrison, Präsident der Astrologischen Vereinigung von Amerika:

„Das Wort Schicksal ist ein Begriff, der die Eigenschaften, die Tat-

sachen und die Merkmale bezeichnet, auf die einzuwirken uns versagt ist. Ich bin gezwungen, mich mit der Gesamtheit meiner persönlichen charakteristischen Merkmale zufriedenzugeben.

Der freie Wille wäre die tatsächliche Ausübung einer Kontrolle über die Phänomene des Lebens und – weitergesehen – der Geschichte. Ich glaube, daß niemand unter uns soviel freien Willen besitzt, wie er sich wünscht, daß er aber weit mehr freien Willen hat, als er wirklich anzuwenden versucht. Es ist mein Schicksal, die Zukunft ertragen zu müssen, wie sie im Geburtshoroskop niedergelegt ist. Aber es ist mein freier Wille, den Versuch zu unternehmen, in dieser Hinsicht zu konstruktiven Veränderungen zu gelangen. Vielleicht bilden meine moralischen Entscheidungen einen Teil meines freien Willens."

H. Freiherr von Kloeckler, Verfasser bedeutender astrologischer Werke:

„Vernünftig formulierte Voraussagen müssen stets den Ton der Vermutung, der Wahrscheinlichkeit tragen, dürfen niemals aber wahrsagerischer Natur sein."

Charlotte Mac Leod, amerikanische Astrologin:

„Die Sterne manövrieren uns nicht in einen glücklichen Zustand. Wenn wir uns blind auf Einflüsse von außen verlassen, wird man sich festfahren. Die Astrologie ist kein System von Fäden, an denen Menschengruppen willkürlich bewegt werden. Sie ist eine Methode, zu lernen, wie wir unser Leben besser beherrschen, größere Leistungen erreichen und zu körperlicher, seelischer und geistiger Erfüllung finden können. Astrologie ist weder Hokuspokus noch Mystizismus, sondern alltäglicher, gesunder Menschenverstand, und es wird höchste Zeit, daß wir sie als das erkennen."

Dr. Wolfgang Aureus, Astrologe, Zürich:

„Aus dem Horoskop kann man kritische und günstige Zeitpunkte herauslesen, es liegt aber an dem betreffenden Menschen, ob sie genützt oder nicht beachtet werden. Die unbewußte Reaktion des Menschen auf solche Zeitpunkte aber erst ist es, die den Mechanismus eines Ereignisses auslöst. Astrologische Prophezeiungen, die nicht zutreffen, haben ihre Erklärung nicht in einem Versagen der Gestirne, sondern vielmehr in einer voreiligen Deutung."

Wilhelm Knappich aus „Geschichte der Astrologie":

„Die symbolische Astrologie läßt die Freizeit des Willens unangetastet, sie kennt keinen direkten astrologischen Einfluß der Gestirne, keine

Beeinflussung des Menschen durch planetare Gewalten. Es steht jedem Menschen frei, die ihm vom Horoskop angezeigten Möglichkeiten und Tendenzen im Rahmen seiner Konstitution und seines Milieus auszunützen oder nicht."

Dr. Heinz Fidelsberger aus „Sterne und Leben":

„In einer einzigen Keimzelle ist der ganze Bauplan eines Lebewesens enthalten, in dem genetischen Code ist alles verankert, was für dieses Lebewesen von Bedeutung ist. Aristoteles nannte es das Mögliche, die Anlage zur Ausbildung, das Angelegte.

Jedes Lebewesen existiert in einem mehr oder minder geschlossenen System, das man das artspezifische Biosystem nennt. Dieses Biosystem ist, zusammen mit den in ihrer Zahl kaum übersehbaren anderen Biosystemen, ein Bestandteil der Biosphäre. Oder anders ausgedrückt, alle Biosysteme zusammen sind die irdische Biosphäre.

In jedem Biosystem lassen sich nun Steuerungen und Regulierungen feststellen. Das heißt, ein bestimmtes Lebewesen erhält seitens der Umwelt bestimmte Signale oder Anweisungen und gibt seinerseits auch verschiedene Informationen von sich.

Alle Funktionen in einem Lebewesen laufen in gewissen Schwingungen, sind auf bestimmte Rhythmen eingestellt. Es ist vor allem dem russischen Forscher Alexander Pressmann zuzuschreiben, daß man heute den Zusammenhang erkennen kann zwischen der Unzahl von Schwingungen in einem Biosystem und den Zyklen geophysikalischer Faktoren. Nichts mehr und nichts weniger wurde hier bewiesen, als daß die Rhythmen in einem Biosystem mit den Schwingungen, mit dem Rhythmus des Kosmos übereinstimmen. Was einst Symphonie (Zusammenklingen) der Sphären genannt wurde, ist heute von den Physikern bestimmter Richtungen als Tatsache erkannt . . .

Doch ob man nun dies erkennen will oder nicht, ob man ganz in der technischen Welt zu Hause ist oder doch von Zeit zu Zeit mit offenen Augen und entsprechender Gefühlsbereitschaft die Schwingungen der Natur verfolgt: über der Biosphäre steht nun einmal die kosmische Sphäre, die Welt der Planeten unseres Sonnensystems mit ihren Schwingungen, mit ihren Zyklen. Und niemand, der einmal Einblick gewonnen hat in die Synchronisation der Zyklen, in dieses Ineinanderweben von Rhythmen aller Art, kann verstehen, warum gerade die Mehrzahl moderner Wissenschaftler der Astrologie so ablehnend gegenübersteht. Lehrt sie doch seit Jahrtausenden nichts anderes als die Gesamtheit kosmischer Wirkungen und deren Beziehungen zu irdischem Geschehen . . .

Realistisch gesehen, ergibt sich also die Tatsache, daß jedes Lebewesen, auch der Mensch, sich zunächst nach keimplasmatischen Richtlinien entwickelt, schon in den ersten Schwangerschaftsmonaten Signale empfängt, die seine Entwicklung mit der Biosphäre in Einklang bringen, und schließlich bei der Geburt in eine Symphonie von Rhythmen eintaucht, die dann seinen ganzen Lebensrhythmus prägen. Vom astrologischen Standpunkt aus erkennen wir, daß in einem Geburtshoroskop nichts anderes verankert ist als die Himmelssituation, jene ‚kosmische Landschaft', in die ein Mensch hineingeboren ist, die einmalig ist und die ihm einen bestimmten Rhythmus vorschreibt.

Seine weitere Aufgabe ist es dann, diesen Rhythmen zufolge sich weiterzuentwickeln, lebenslang seinen instruktiven Mechanismus in Einklang zu bringen mit der Vielzahl von Informationen seines Biosystems. Praktisch gesehen ist demnach das Horoskop nichts anderes als eine Lebenshilfe, ein Wegweiser, wie man sich zurechtfinden kann. Man kann herauslesen, welche Kräfte man einsetzen kann, wo diese Kräfte am besten wirksam werden."

II.

Was ist ein Horoskop?

Die Bedeutung von Sonne, Mond,
der Planeten,
der Häuser, der Aspekte

Allgemeine Begriffe

Definition als Karte des Himmels

Das Wort Horoskop kommt aus dem Griechischen und bedeutet Stundenschau. Man nennt es auch Radix oder Wurzel, Nativität oder Geburtsbild, oder auch, nach neuerer Terminologie, Kosmogramm.

Unter einem Horoskop versteht man eine Karte des Himmels, die den Stand von Sonne, Mond und Planeten in einem bestimmten Zeitpunkt über einem bestimmten Punkt (Ort) der Erde darstellt.

Eine solche (schematische) Darstellung des Standes der Gestirne dient dem Astrologen zur Charakter- und Schicksalsanalyse.

Ein individuelles Horoskop – ein Geburtshoroskop – kann man nur erstellen, wenn man Tag und Minute der Geburt und den Geburtsort kennt. In diesem Buch befassen wir uns mit dem Geburtshoroskop.

Die Ortszeit

Ausgangspunkt für ein Horoskop ist also der Augenblick der Geburt und der Längen- und Breitengrad des Geburtsortes. Der Zeitpunkt der Geburt wird in die Ortszeit umgewandelt.

Ortszeit ist jene Zeit, an welcher an einem Ort genau Mittag ist, d. h. die Sonne durch den Meridian geht.

Diese Zeit war früher überall in der Welt verschieden. Daher wurden bekanntlich Zeitzonen geschaffen: die „westeuropäische Zeit" oder „Weltzeit" (WZ), die „mitteleuropäische Zeit" (MEZ) und die „osteuropäische Zeit" (OEZ). Die meisten Länder Europas – von Italien und Spanien bis Norwegen und Schweden, von Portugal bis Ungarn und Jugoslawien – haben die MEZ.

Die MEZ wurde in Norddeutschland am 1. April 1893, in Süddeutschland am 1. April 1892, in Österreich am 1. Oktober 1891, in der Schweiz am 1. Juni 1894 eingeführt. Eine Übersicht über die Einführung der Zonenzeiten in den wichtigsten Ländern Europas finden Sie auf Seite 40.

Die MEZ stellt die Ortszeit des Normalmeridians der Stadt Görlitz dar (15. Grad östlich von Greenwich). Nach der MEZ ist es daher auf den Uhren in allen Städten der MEZ-Zone zur selben Zeit beispielsweise 12 Uhr; in Wirklichkeit trifft diese Zeitangabe nur für Orte auf dem 15. Längengrad zu.

Wenn wir daher die tatsächliche Ortszeit für einen gewissen Tag und eine bestimmte Stunde für eine Stadt feststellen wollen, ist es notwendig,

daß wir die östliche Länge und die nördliche Breite dieser Stadt kennen. Aus einem Atlas ist dies leicht zu ersehen. Eine Tabelle für die größeren Städte Mitteleuropas finden Sie auf Seite 296 dieses Buches, wobei auch die Sommerzeiten zu berücksichtigen sind (siehe Seiten 70 ff.). Eine Tabelle der geographischen Lage der wichtigsten Städte der Welt finden Sie ferner auf den Seiten 289 ff.

Die Ortszeit wird ermittelt, indem man für jeden Längengrad, den der Geburtsort östlich oder westlich vom Mittelmeridian der Zeitzone liegt, vier Minuten addiert oder subtrahiert. Der Mittelmeridian der mitteleuropäischen Zeit läuft, wie gesagt, durch Görlitz, das auf dem 15. Längengrad liegt.

Wenn also jemand in Hamburg geboren ist (10 Grad östlicher Länge), so bedeutet das bis zum 15. Längengrad 5 Grad Zeitunterschied. Die Rechnung ergibt 5×4 Minuten = 20 Minuten Differenz. Diese 20 Minuten werden von der Geburtszeit abgezogen, da Hamburg westlich vom 15. Längengrad liegt. So errechnet man die Ortszeit. Näheres dazu folgt im Zusammenhang mit der Bestimmung des Aszendenten auf den Seiten 70 ff.

Die Sternzeit

Der so ermittelten Ortszeit wird die Sternzeit des Geburtstages zugezählt. Sie wird den sogenannten „Ephemeriden" – d. h. Gestirnstandstabellen – entnommen. Das Ergebnis ist die Sternzeit für den Geburtsaugenblick. Auf Grund der Sternzeit finden wir dann in den sogenannten Häusertabellen den Aszendenten und die anderen Häuserspitzen. Wie dies geschieht, wird später noch ausführlich erklärt werden.

ÜBERSICHT ÜBER DIE EINFÜHRUNG DER ZONENZEITEN

Vor der Einführung der Zonenzeiten bestand überall die jeweilige Landeszeit.

Die mitteleuropäische Zeit (MEZ) wurde eingeführt in:

Norddeutschland	1. 4. 1893
Süddeutschland	1. 4. 1892
Österreich	1. 10. 1891
Schweiz	1. 6. 1894
Holland *	16. 9. 1945

---

* In Holland galt bis 15. Mai 1940 Amsterdamer Zeit, die 20 Minuten später als Greenwich-Zeit liegt. Seit 16. September 1945, 3 Uhr, gilt auch in Holland die MEZ.

Italien 1. 11. 1893
Jugoslawien 1. 10. 1891
Norwegen 1. 1. 1895
Schweden 1. 1. 1900
Tschechoslowakei 1. 10. 1891
Ungarn 1. 10. 1891

Die westeuropäische Zeit oder Weltzeit (WZ) wurde eingeführt in:
Belgien 1. 5. 1892
Frankreich 11. 3. 1911
Elsaß-Lothringen 11. 11. 1918
England 1. 10. 1880
Irland 1. 10. 1880
Schottland 29. 1. 1884
Luxemburg 1. 12. 1918
Portugal 1. 1. 1912
Spanien 1. 1. 1901

Die osteuropäische Zeit (OEZ) wurde eingeführt in:
Bulgarien 30. 11. 1894
Estland 1. 5. 1921
Griechenland 28. 7. 1916
Lettland 1. 1. 1919
Litauen . . . . bis 1920 (dann MEZ)
Polen 16. 9. 1919
                                   dann MEZ ab 31. 5. 1922
Rumänien 24. 7. 1931
Türkei 1. 1. 1916
UdSSR (Moskau) 1931

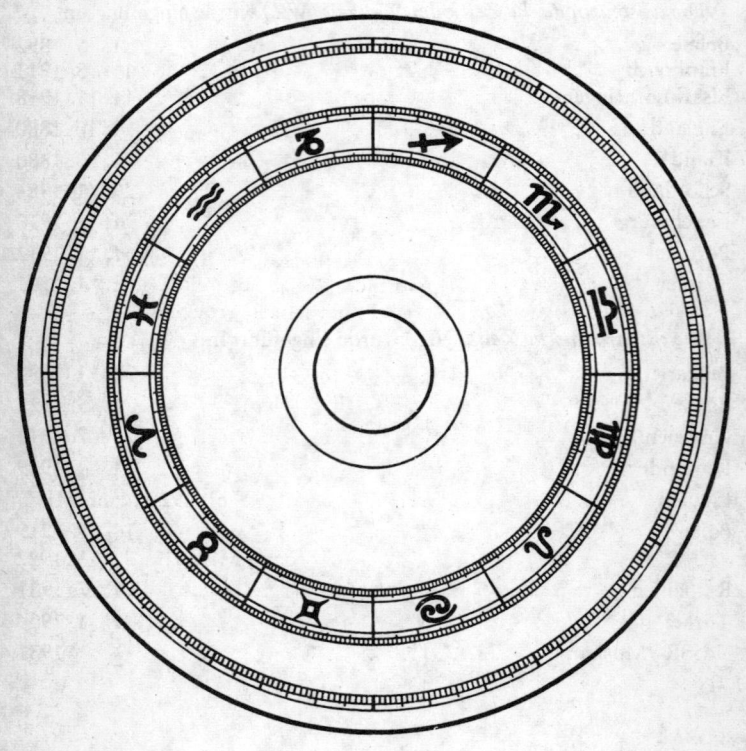

Horoskop-Schema.

Die auch hier verwendete gebräuchliche Schreibweise der Tierkreiszeichen erkennen Sie in ihrer Bedeutung aus der Abbildung auf Seite 45.

Die zwölf Häuser

Der Darstellung der Stellung der Gestirne dient ein Horoskop-Schema, das aus zwei konzentrischen Kreisen besteht. Der innere Kreis ist wie das Ziffernblatt einer Uhr in zwölf feste Teile – die sogenannten „Felder" oder „Häuser" – geteilt. Der äußere Ring ist ebenfalls in zwölf Abschnitte gegliedert. Sie entsprechen zwölf verschiedenen Zeiten des Jahres; es sind die zwölf Tierkreiszeichen.

Der Aszendent ist das Tierkreiszeichen, das im Augenblick der Geburt am östlichen Horizont aufsteigt.

Die zwölf Häuser des Horoskops (Sektoren) stellen Ereignisebenen dar. Der Aszendent bestimmt die Spitze des 1. Hauses, die Himmelstiefe die des 4. Hauses, der Deszendent die des 7. Hauses, und die Spitze des 10. Hauses stimmt mit der Himmelsmitte überein. (Abbildung Seite 46.)

Diesen zwölf Häusern ordnet der Astrologe folgende Bereiche zu:

Haus 1: Das „Ich". Die allgemeinen Charakteranlagen. Die Willenskraft. Das Ziel der Willensstrebung. Gestalt und Aussehen des physischen Körpers. Das Wesen, Benehmen. Sitten und Gebräuche. Das persönliche Auftreten. Die Vitalität des Geborenen. Seine Konstitution, seine Körperfehler.

Haus 2: Die besonderen Talente und Neigungen des Geborenen, denen Wirkungsmöglichkeiten beschafft werden sollen. Die natürlichen Veranlagungen und Begabungen. Die Erwerbsfähigkeit. Die Einstellung zum Geld. Das Vermögen. Das Eigentum. Die finanzielle Lage und die pekuniären Aussichten. Die wirtschaftlichen Verhältnisse, Verdienstmöglichkeiten, Einkommen, Schulden.

Haus 3: Das vorhandene Gedankenmaterial. Schulung des Gedankenlebens. Probleme des Geborenen. Der Wissens- und Beziehungsdrang. Charakter und Schicksal der Blutsverwandten, insbesondere der Geschwister. Schriftliche Angelegenheiten, Verträge, Abmachungen. Die Erziehung. Kürzere Reisen.

Haus 4: Anfang und Ende des Geborenen. Die Herkunft. Elternhaus, Heimat. Verhältnisse im Elternhaus. Die Jugend. Das Erbgut. Das Milieu, dem der Geborene entstammt. Charakter und Schicksal der Eltern. Verhältnisse und Lebensumstände am Lebensende. Das Familienleben. Das Heim, die eigene Häuslichkeit. Unbeweglicher Besitz, Grundstücke.

Haus 5: Der Fortpflanzungstrieb. Die Triebkraft. Impulse und Leidenschaften. Die Daseinsfreudigkeit. Der Kunstsinn. Die

Zeugungskraft. Das Trieb- und Liebesleben. Das Verhältnis zu sinnlichen Vergnügungen, irdische Freuden. Die Beziehungen zu Personen des anderen Geschlechts. Nachkommenschaft. Die Beziehungen zu den Kindern. Spekulationen (Wetten, Lotterie usw.). Die Liebhabereien. Geselligkeiten, Vergnügungen, Feste.

Haus 6: Die Arbeitsweise des Geborenen. Seine Beschäftigungen. Was er schafft. Was er gibt. Die Lebensbürde, Lebenslast, die Daseinsschwere. Die Pflichten des Geborenen. Freie Berufe. Die Arbeitsstätte. Die Gesundheitsverhältnisse, die Konstitution, Krankheitsveranlagungen. Die Behandlungen der Krankheiten.

Haus 7: Umwelt des Geborenen. Seine Partnerschaften, Teilhaberschaften. Der Ehepartner, das Eheleben. Stellung und Wirken des Geborenen in der Öffentlichkeit. Künste, die in der Öffentlichkeit ausgeübt werden und den Geborenen populär machen. Die offenen Gegner. Prozeßangelegenheiten.

Haus 8: Von der Vergänglichkeit aller Dinge. Der Tod des Geborenen. Dinge und Menschen. Umstände, die zum Tod führen. Die Krankheit, die zum Tod führt. Todesfälle, Trauer. Operative Eingriffe. Lebensgefahren oder Unglücksfälle. Verluste. Trennungen. Konkurse. Erbschaftsangelegenheiten.

Haus 9: Die selbständige, eigene Denkform des Geborenen. Die Auslandsbeziehungen. Große Reisen (im besonderen Auslandsreisen, Auslandsaufenthalte). Das Verhältnis zur hohen Politik, zum Sport.

Haus 10: Der Beruf des Geborenen. Sein Ruf, Ansehen, seine Titel. Die Position. Die öffentliche Stellung. Die Laufbahn. Die gesellschaftliche Stellung. Der Einfluß, die Macht, die Ehren und Würden. Geschäftliche Fähigkeiten. Die wirtschaftliche Stellung.

Haus 11: Was durch Protektion zu erwarten ist. Freundschaften, Hoffnungen und Wünsche. Die Erfüllung derselben.

Haus 12: Die inneren Feinde: Charakterschwächen, verdrängte Komplexe, die die Entwicklung hemmen. Irrtümer und Fehler. Der Verheimlichungstrieb. Kriminelle Neigungen und ihre Folgen. Die geheimen, verborgenen Feinde des Geborenen. Schicksalsschläge, gefährliche Krankheiten. Abgeschlossenheit in Krankenhäusern, Sanatorien, Heilanstalten. Kriminalprozesse. Alle unerwünschten Dinge.

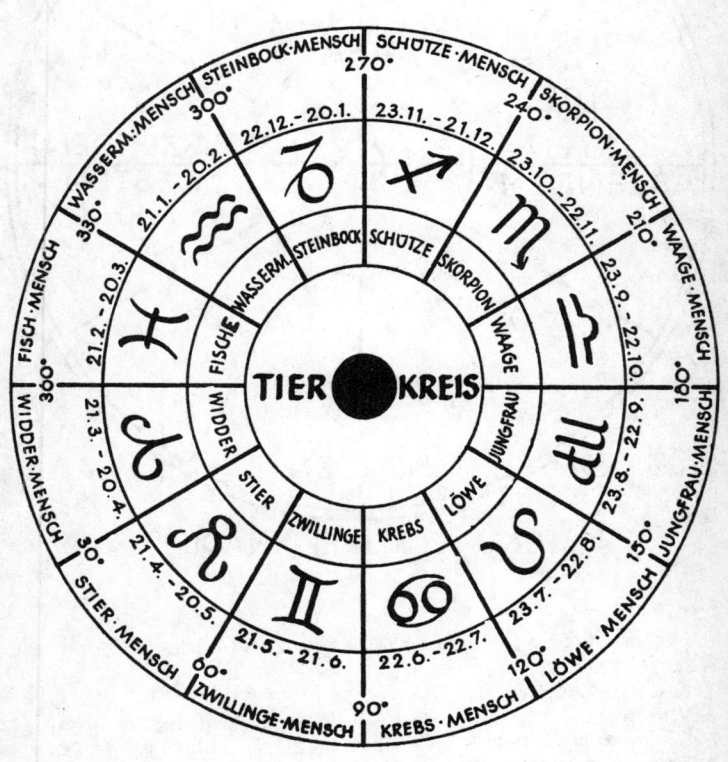

Der Tierkreis.

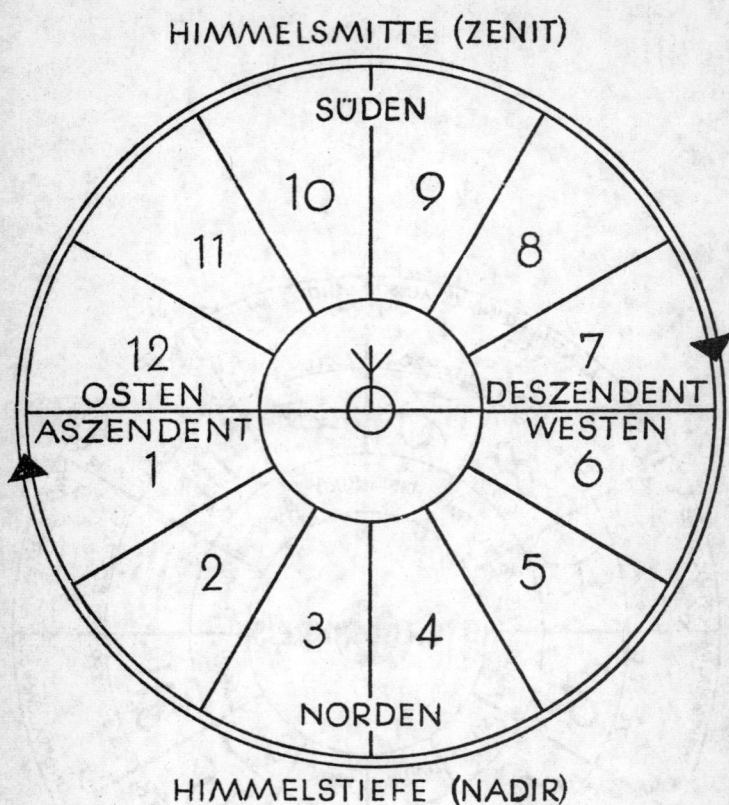

Das Horoskop und die Bedeutung der Häuser.

1. Person und Charakter
2. Vermögen
3. Geschwister und Verwandte
4. Eltern, Haus und Heim
5. Kinder, Liebe und Lebensfreuden
6. Krankheiten und Wohlbefinden
7. Ehe und Teilhaber

8. Tod und Erbschaften
9. Religion, Erziehung und Reisen
10. Beruf, gesellschaftliche Stellung und Erfolg
11. Freunde, Glück und Wohltaten
12. Unglück, Feinde und Gefangenschaft

Der Stand der Gestirne

Um die Stellung der Gestirne zu ermitteln, braucht man die Ephemeriden. Für die Astrologen sind sie die wichtigsten Hilfsmittel. In diesen
Gestirnstandstabellen sind die Positionen von Sonne, Mond, Merkur,
Venus, Mars, Jupiter, Saturn, Uranus, Neptun, Pluto und Mondknoten
angegeben.

Wir haben bereits erwähnt, daß die Ermittlung der Häuserspitzen und
des Aszendenten auf der Ortszeit und nicht auf der mitteleuropäischen
Zeit beruht. Ähnliches gilt für die Planetenberechnung; jedoch muß hier
stets von der westeuropäischen oder Weltzeit (WZ) ausgegangen werden, da alle Angaben der Ephemeriden auf der Greenwich-Zeit (WZ)
basieren.

*Wer seine Planetenorte berechnen will, muß von seiner Geburtsstunde
eine Stunde abziehen und danach die Planetenorte berechnen.*

Dies gilt für alle Menschen, die in der Zeitzone der MEZ geboren
wurden. Dazu gehört der Großteil Europas (wie auf Seite 39 erklärt
wurde). Diese Berechnungen wollen wir jedoch im einzelnen nicht
erörtern. Nur wenn man die Gestirnstandstabellen besitzt, kann man
diese Ermittlungen durchführen. Die Gestirnstandstabellen (Ephemeriden) gelten für die ganze Erde. Sie finden Sie auszugsweise im Anhang
dieses Buches. Wir werden später noch auf die Frage, wie man diese
benutzt, ausführlich eingehen.

Soviel sei gesagt: Es ist festzustellen, welchen Weg jedes einzelne
Gestirn von einem Tag zum anderen Tag zurücklegt; diese Wege sind
sehr verschieden. Wenn man die täglichen Bewegungen festgestellt hat,
kann man den Stand der Gestirne im Geburtsaugenblick festhalten und
damit bestimmen.

Die typischen Leitbilder von Sonne Mond und Planeten

Bevor wir die Gestirne und die Häusereinteilung in ein Horoskop-
Formular einzeichnen, wollen wir noch die typischen Leitbilder der vorgenannten Gestirne in ihren positiven (+) und negativen (–) Ausdeu-
tungen betrachten:

Sonne: *Geist, Wille, Bewußtsein, Selbstgestaltung, Selbstbehauptung,
Tatkraft, Stabilität.*

Willenskraft:
+ Willenskraft zur Leitung der Triebe, Wille zur Macht,
Machtentfaltung; Lebenswille, zentrale Gewalt, Tatkraft,
Festigkeit, Stetigkeit, Standhaftigkeit, Zielbestimmtheit;

innere Konzentration, Gestaltungskraft, Großzügigkeit im Planen und Durchführen, Selbsterhaltungswille.

– Willenskraft zur Unterdrückung der Triebe, Wille zur Übermacht; Hang zu Willkür, Despotismus, unbeugsames Verharren auf dem eigenen Standpunkt; Einseitigkeit, Unduldsamkeit, schonungslose Unterdrückung Schwächerer, Anmaßung.

Gefühle:

+ Ehrgeiz, Leidenschaftsfähigkeit, Begeisterungsfähigkeit; Verantwortung; Vatergefühle.

– Ehrsucht, Anerkennungssucht, Machtgier; Verantwortungslosigkeit; gestörte Vatergefühle; Eitelkeit, Hochmut.

Intelligenz:

+ Schöpferische Intelligenz; Gewißheit, Klarheit; Subjektivität und Sachlichkeit; außerpersönliche Ideale, Grundsätzlichkeit.

– Unklarheit, Unsachlichkeit, starres Festhalten an Prinzipien und eigenen Vorstellungen, dogmatische Tendenzen.

Haltung:

+ Vornehm, edel, ritterlich, herzlich (aber distanziert), großmütig, selbstbeherrscht, innerlich, selbstsicher, autokratisch, sich Respekt verschaffend, Achtung erringend, gewählt im Umgang, aristokratisch.

– Anmaßend, hochmütig, übertrieben großzügig, spekulativ, egoistisch, despotisch, egozentrisch, prahlerisch.

Ziele:

+ Macht, Führung, Autorität; Erfolg, Anerkennung, Ansehen, Ehre, Ruhm, sozial gehobene Stellung, Organisation, vornehmer und großzügiger Lebensstil, Komfort, Luxus.

– Übermacht, Tyrannei, Scheingeltung; übertriebener Luxus und Komfort, übertriebene Lebensansprüche.

Mond: *Seele, Trieb, Unbewußtsein, Passivität, Selbsthingabe, Suggestibilität, Wechsel.*

Triebkraft:

+ Starke Triebkraft, Wille zur Unterordnung; rein triebhafte Aktivität, sonst Passivität, Reaktivität, mehr wünschend und sehnend als handelnd; starke Verbundenheit mit den lebendigen Triebkräften; Wechselhaftigkeit, Anpassungsgabe; Neigung, sich führen und bestimmen zu lassen; Arterhaltungstrieb.

– Reine Trieb- und Wechselhaftigkeit, Willensschwäche; widerstandslose Unterwerfung; Mangel an Tatkraft und Festigkeit, Beeinflußbarkeit, Ziellosigkeit, Wankelmut, Launenhaftigkeit, Haltlosigkeit, Unselbständigkeit; Mangel an Ausdauer und Konzentration, kraftlose Reaktion; Unberechenbarkeit, Trotz und Eigensinn als Überkompensation der eigenen Schwäche.

Gefühle:

+ Empfänglichkeit im weitesten Sinn, seelische Aufgeschlossenheit, Beeindruckbarkeit, innere Erlebnisfähigkeit; vitale Teilhabe; Mitleid, Weichheit, Milde, Sensibilität; Anhänglichkeit, Mütterlichkeit.

– Sentimentalität, persönliche Überempfindlichkeit; Launen, Verführbarkeit; gestörte Muttergefühle.

Intelligenz:

+ Gutes Gedächtnis, lebensverbundene Intelligenz, Phantasie, Eindrucksfähigkeit; bildhaftes Denken, Formensinn; konkreter, praktischer, reflektierender Verstand; Objektivität und persönliche Eigenart, persönliche Ideale.

– Unselbständigkeit, Phantasterei, Verworrenheit, Ziellosigkeit, Regellosigkeit, Grundsatzlosigkeit, Wechselhaftigkeit; Mangel an Objektivität, Unsachlichkeit, Albernheit.

Haltung:

+ Weich, anschmiegsam, freundlich, mitleidig, teilnehmend, naiv vertrauend; häuslich, sparsam, populär, demokratisch.

– Mangel an Distanz; unterwürfig, verführbar, wahllos im Umgang, neugierig, hörig, hysterisch, schwankend.

Ziele:

+ Popularität, breite Öffentlichkeit, Anerkennung der breiten Masse; Abwechslung im Leben, Reisen, Veränderungen; Triebbefriedigung, Empfängnis, Schwangerschaft, Geburt, Ehe, Häuslichkeit.

– Anerkennung ohne Rücksicht auf den Wert des Anerkennenden, Popularität um jeden Preis; unstabile Lebensverhältnisse, bedingungslose Unterwerfung; Triebschwierigkeiten.

Merkur: *Verstand, Ansicht, Meinung, Analyse, Sinn für Details, Vermittlung, Reisen.*

Wille:

+ Ohne Eigenwillen; nur bestrebt, die Willenskraft durch

den Intellekt zu leiten; verstandesmäßige Zielsetzungen; mehr interessiert als wollend und handelnd, stärker vermittelnd, Beziehungen schaffend; mehr intellektuell anteilnehmend und zwischen den Willenshandlungen stehend als selbst aktiv eingreifend.

− Leitung der Willenskraft in eigensüchtigem Interesse, raffinierte Ausnutzung; Intelligenz im Dienst rücksichtsloser bis krimineller Selbstdurchsetzung; instinktlose, rein intellektuelle Handlungen; Mangel an Ehrfurcht und Grundsätzen.

Gefühle:

+ Intellektueller Schaffensdrang, intellektuelle Leidenschaft und Begeisterungsfähigkeit, Wißbegier.

− Neugier, Klatschsucht, nervöse Reizbarkeit, Unruhe, Unvernunft.

Intelligenz:

+ „Männlicher" Verstand, rationales Erfassen und Denken, unpersönliche Auffassungsrichtung; sachliche Interessen, Streben nach Wissen, Sinn für das Nützliche, geistreiche Kombinationen; wissenschaftliche Einstellung.

− Mangel an übergeordneten Gesichtspunkten, Oberflächlichkeit im Urteil, Wissen ohne innere Verarbeitung; Vielwisserei ohne inneren Gehalt, Zersplitterung, Geschwätzigkeit.

Haltung:

+ Anpassungsfähig, vermittelnd, diplomatisch, gewandt, geistreich, witzig, schlagfertig, ironisch, unterhaltend, anregend, kritisch.

− Raffiniert, verlogen, frech, zersplittert, egoistisch, neugierig, indiskret, boshaft.

Ziele:

+ Vermittlung, Wissen, Forschung, intellektuelle Erkenntnis, Bewußtwerdung; Nützlichkeit, Handel, Erwerb, Reisen, Abwechslung; Kritik.

− Unruhe, Rastlosigkeit; Lüge, Täuschung; raffinierte Verbrechen.

Venus: *Empfinden, Sinnenfreudigkeit, Vereinigungstrieb, Schenktrieb, Hingebungsverlangen, Fähigkeit zur Auswahl, Ästhetik, Rhythmus, Ruhe, Frieden, Harmonie, Ausgleich.*

Wille:

+ An sich passiv, aber Drang zur Gestaltung der Empfindungen, daher Empfindungsleistungen, insbesondere künst-

lerische Leistungen; Streben nach sinnlich reizvoller Gestaltung des Lebens durch eigene Aktionen, bewußte Begrenzung der Empfindungen durch ästhetische Gesetze, Einpassung an selbst gesetzte Normen; aktive Anpassungsgabe, Wille zur Angleichung an den Partner, bewußte Auswahl; Verbindungen schaffend, Harmonie, Ausgleich, Ruhe und Frieden fördernd.

– Aufdringlicher Dilettantismus, Mangel an Begrenzung in der Gestaltung der Empfindungen; nur durch sinnliche Reize wirken wollend, unmoralisch in den Handlungen, oberflächlich, leichtsinnig, unzuverlässig; Ausnutzung sinnlicher Empfindungen anderer zum eigenen Vorteil, Dirnentum.

Gefühle:

+ Leidenschaftlichkeit des Empfindens, Genußfreude, Schönheitssinn, Idealisierung; Feingefühl, Sensibilität, Zartheit des Empfindens, Takt, Anstand; Harmoniegefühl, Formgefühl; aktive Lebens- und Genußfreude, aktive Zärtlichkeit, Heiterkeit, Fröhlichkeit, Sorglosigkeit, Optimismus.

– Empfindungsüberschwang, Maßlosigkeit, Hang zu Ausschweifung, Vergnügungssucht, Überempfindlichkeit; Raffinesse, Verschwendung; Taktlosigkeit, Eitelkeit, Beifallsstreben; Gefallssucht, Koketterie, Dirnenhaftigkeit.

Intelligenz:

+ Ohne besondere eigene Intelligenz, nur durch Verbindungen wirkend; zur Idealisierung, zum Ausgleich, zur Betrachtung führend; schöngeistig, künstlerisch, ästhetisch, das Denken nach Harmoniegesetzen regelnd; auch philosophisch und pädagogisch begabt; formschön im Ausdruck, daher Beziehungen zu Dichtkunst, Schriftstellerei und anderen Künsten; insbesondere auch zu Musik, Malerei und Tanz.

– Oberflächlich im Denken; schöngeistiger Phrasenheld, Salonphilosoph, Blender mit billigen Weisheiten.

Haltung:

+ Gesellschaftliche Gewandtheit, taktvolle Überbrückung von Gegensätzen, Sympathien erweckend, formvollendetes Benehmen, verständnisvolle Behandlung anderer; leicht, elegant, graziös; charmanter Plauderer, beschwingt.

– Im gesellschaftlichen Leben völlig aufgehend, um jeden Preis beliebt sein wollend; Empfänglichkeit für Schmeicheleien; maßlos, eitel, oberflächlich; gierig nach sinnlichen Sensationen, lasterhaft, pervers, unmoralisch.

Ziele:

+ Gestaltung der Empfindungen, produktive künstlerische Leistungen; Verschönerung des Daseins, Eleganz, Luxus, froher Lebensgenuß, Geselligkeit; persönliche Beziehungen, insbesondere zum anderen Geschlecht, Liebe, Ehe, Freundschaften; Sinnengenuß durch aktive Leistungen; Frieden, Harmonie, Frohsinn.

– Dilettantische Leistungen, oberflächliche Vergnügungen, sinnliche Sensationen; übertriebener sinnlicher Lebensgenuß, Laster, Dirnentum; äußerlich bleibende persönliche Beziehungen, Schlemmerei, Flirt, Untreue, Ehebruch.

Mars: *Antrieb, Durchführungsenergie, Unabhängigkeitsverlangen, Begehren, Leidenschaftlichkeit, Beweglichkeit, Aneignungstrieb, Eroberung des Ausgewählten, Trennungstrieb, Kampf, Angriff und Verteidigung.*

Wille:

+ Umsetzung der verfügbaren Willenskraft in aktive Tatkraft, praktische Durchführung der Pläne, Leichtigkeit des Wollens, leichtes Streben, Zielstrebigkeit; geringe Vorstellung des Widerstandes, Überrennen von Hindernissen, Bereitschaft zum Angriff; starkes Begehren, leidenschaftliches Zielverlangen; unbeirrbares Vertrauen auf die eigene Kraft, andere anfeuernd, Unternehmungslust.

– Gier, blindwütig gegen Hindernisse anrennend, schonungslose Vernichtung und Zerstörung aller Hindernisse; Anmaßung, Willkür, Streitsucht.

Gefühle:

+ Verlangen nach Auszeichnung, Eifer, Fleiß, Strebsamkeit, Leistungsfreude, Mut, Kühnheit, Tapferkeit; Erwartung, Aufregung, Spannung, Aggressivität, Geltungsdrang, Ruhmsucht; Selbstsicherheit, Selbstvertrauen, Leidenschaftlichkeit.

– Machtgier, Zorn, Wut, Haß; Oppositionslust, Widerspruchslust, Rechthaberei; Verwegenheit, Schroffheit, Grobheit, Roheit; Frechheit, Anmaßung, Reizbarkeit.

Intelligenz:

+ Ohne besondere eigene Intelligenz, nur durch Verbindung wirkend; der Intelligenz Kraft gebend, sie auf die praktische Verwirklichung richtend, technisches Denken fördernd; auch kämpferisches Denken, Diskussion, suggestive und leidenschaftliche Darstellungskraft.

– Plump, unintelligent, auf rohe Kraft vertrauend; dabei rechthaberisch, unverschämt und frech im Ausdruck, ohne Fähigkeit zu klarer Begriffsbildung.

Haltung:

+ Leidenschaftlich, temperamentvoll, heißblütig, lebensbejahend, unternehmend, draufgängerisch, begehrend, alles besitzen wollend; bestimmt und entschieden im Auftreten, entschlossen, tatkräftig, ritterlich, ausgesprochen „männliche" Haltung.

– Hitzig, heftig, explosiv, tollkühn; gierig, vergewaltigend, anmaßend, streitsüchtig, roh, brutal; ungesellig, unverbindlich, trennend.

Ziele:

+ Selbständige Auswirkung der eigenen Tatkraft; Leitung, Führung, Unternehmenserfolg, Pionierdienst, Verwirklichung von Ideen; Kampf und Arbeitsleistung; rastloser Einsatz, Heldentum, Auszeichnungen.

– Kampf um des Kampfes willen, Streitsucht, Trennungen; angemaßte Führerrechte, Opposition, Auflehnung.

Jupiter: *Vernunft, Urteil, Synthese, Sinn für große Zusammenhänge, Religion, Ethik, Gesetz, Assimilation, Reichtum.*

Wille:

+ Wille zur Einordnung in große Zusammenhänge, Handlungen nach ethischen, moralischen und rechtlichen Grundsätzen; großzügige Unternehmungen, weitgespannte Pläne, Expansionsdrang; Streben nach voller Auswertung des eigenen Besitzes (der eigenen Fähigkeiten), unbeirrbarer Glaube an den eigenen Erfolg, Durchsetzung des Ichs ohne Rücksichtslosigkeit; soziales Verhalten bei starker Selbstbehauptung.

– Auflehnung gegen jede Einordnung, Handlungen ohne ethische, moralische und rechtliche Grundsätze; Skrupellosigkeit und Scheinheiligkeit im Handeln, übersteigerte Großzügigkeit; asoziales Verhalten.

Gefühle:

+ Gefühl für den eigenen Wert, Qualitätsgefühl, Ehrgefühl, Edelmut, Würde; Güte, Glaube, Großherzigkeit; Optimismus, Frohsinn, Lebensfreude.

– Selbstüberschätzung, Aufgeblasenheit, Überheblichkeit; Hochmut, Prahlerei.

Intelligenz:

\+ Überlegene Vernunft, Synthese; Erkenntnisdrang, Wahrhaftigkeitsliebe, Überzeugungsstärke, aktive Gläubigkeit; Moral, Ethik, Überzeugung; Sinn für große Zusammenhänge, weltanschauliche Interessen; große Urteilskraft, universelle Verarbeitung.

− Unvernunft, mehr Schein als Sein; Renommiersucht mit Scheinwahrheiten, Phrasendrescherei, Dogmatismus, Frömmelei, Heuchelei; mangelnde Urteilskraft, oberflächliche Verarbeitung.

Haltung:

\+ Moralische, rechtliche und ethische Haltung; Ehrlichkeit, Anständigkeit, Gewissenhaftigkeit; Nachsicht, Güte, Verständnis, Wohlwollen bei strenger Wahrung des Rechts; optimistische Lebensbejahung, Genußfreude.

− Vorgetäuschte Sittlichkeit, Rechtlichkeit, Ethik und Moral; Scheinheiligkeit, Grundsatzlosigkeit, Skrupellosigkeit; Neigung zu Betrug, Bestechlichkeit, Ausnutzung anderer; vorgetäuschte Anständigkeit, Anmaßung, Prahlerei, maßlose Genußsucht.

Ziele:

\+ Großzügige Unternehmungen, Reichtum; volle Entfaltung der eigenen Persönlichkeit, Verwirklichung weitgespannter Projekte; Erkenntnis, Glaubensgewißheit, großzügige Lebensführung.

− Maßlosigkeit, übertrieben großzügige Unternehmungen, Verschwendung; Unrechtmäßigkeit, anmaßende und prahlerische Lebensführung.

Saturn: *Abgrenzung, Hemmung, Verlangsamung, Schwere, Vertiefung, Konzentration, Verdrängung, Zensur.*

Wille:

Konzentration, dadurch Hemmung, Bindung, Begrenzung der Triebenergie.

\+ Zielfestigkeit, konsequente Durchführung; Handlung nach festen Grundsätzen, Strenge gegen sich und andere, Zuverlässigkeit, ausgeprägtes Pflichtbewußtsein; erhöhte Leistung durch einseitige Begrenzung, Tendenz zu realer Macht; Planmäßigkeit, Ausdauer, Zähigkeit, Streben nach Sicherung durch Abgrenzung.

– Zielstarrheit, rücksichtslose Härte bei der Durchführung, schonungslose Vernichtung der Gegner; starre Maximen, Schematismus, Ertötung der lebendigen Impulse im Interesse einer dogmatischen Idee; kalte Grausamkeit, Egoismus.

Gefühle:
Mit starker, gehemmter Antriebsseite, schwache Stimmungsseite.
+ Vorsicht, Umsicht, Beharrlichkeit, realer Ehrgeiz, Gleichmut, Sparsamkeit, Beherrschung, Ernst.
– Rachsucht, Grausamkeit, Roheit, Mangel an Unmittelbarkeit und Aufgeschlossenheit, Verkrampfung, Vereinsamung.

Intelligenz:
+ Vorstellung, Konzentration, Vertiefung, Planmäßigkeit, Konsequenz; Logik, Gründlichkeit, Sachlichkeit; Überwindung alter Vorstellungen, Gestaltung neuer Ideen; formvollendete Ausprägung der Gedanken; Neigung zu Philosophie, Mathematik, Weisheit des Alters.
– Weltfremde Eigenbrötelei, starrer Dogmatismus, lebensfremde Einseitigkeit, Formalismus, Verbohrtheit, Fanatismus.

Haltung:
+ Abgrenzung der individuellen Eigenart von der Umwelt; vertieftes Verständnis ohne Mitgefühl, Distanz wahrend, gemäßigt, selbstdiszipliniert, schweigsam.
– Betont kalte Distanz; Verbitterung, Verschlossenheit, feindseliger Abschluß von der Außenwelt; Erstarrung im Konventionellen, Prinzipienreiterei, Härte, Unerbittlichkeit.

Ziele:
+ Individuation durch Abgrenzung vom Kollektiv; reale Machtentfaltung, Bewahrung der individuellen Eigenart, Aufstellung von Grundsätzen; Erringung von Würden und Ehren durch harte Arbeit.
– Erstarrung der Individualität; eigennützige Auswertung realer Macht, Bindung an Maximen, lebensfremde Einsamkeit.

Uranus: *Irrationalität, Inspiration, unvermittelte plötzliche Erkenntnisfähigkeit, Sprunghaftigkeit, Unberechenbarkeit, Originalität, Unabhängigkeit, aktive Revolutionierung, Erfindung, unvermittelte Energieentfaltung.*

Wille:

+ Starker, plötzlich einsetzender Wille; unvermittelte, blitzartige Entladung gesammelter Energie, Augenblicksreaktionen von großer Schlagkraft, überraschende Willenshandlungen, spontane Entschlußfähigkeit; Überrennen des Gegners; unberechenbar im Wollen, revolutionierend, stoßweise vorwärtstreibend, von Grund auf umgestaltend.

– Plötzliche, brutale Härte; unbeherrschte, eruptive Entladung gesammelter Energie; Auflehnung gegen höhere Gewalt; tyrannisch als Machthaber; unberechenbare und rücksichtslose Kraftentfaltung.

Gefühle:

Starke und plötzlich wirksam werdende Antriebsseite und schwache Stimmungsseite.

+ Flammende Begeisterung, spontane Selbstbehauptung; starkes, aber diskontinuierliches Selbstgefühl; unvermittelt auftretender Ehrgeiz, Eigengesetzlichkeit, Exzentrizität.

– Jähzorn, fanatischer Haß, plötzliche Empörung, rücksichtslose Abwehr; schroffe Anmaßung, herausfordernde Überlegenheit; Sprunghaftigkeit, Reizbarkeit, Unberechenbarkeit, nervöse Übererregbarkeit, überspanntes Selbstgefühl.

Intelligenz:

+ Irrationale Erkenntnisfähigkeit, totale Erfassung überlogischer Zusammenhänge, blitzartige Erkenntnis des Resultats; geniale Problemlösung, Neuland erobernd; Drang zur praktischen Verwirklichung, Anstoß zur geistigen Umorientierung und Revolutionierung; vielseitig: wissenschaftliche Forschungen, Entdeckungen, Erkenntnistheorie, Philosophie, Kunst, soziologische Gebiete, Erfindungen; begabt für moderne Technik (Elektrizität, Radio, Film, Fernsehen, moderner Verkehr, Raketentechnik usw.); unbeeinflußbar von den Ansichten der Gegenwart, geistige Selbständigkeit und Unabhängigkeit, originelles Denken, hochgestochene Ideen; originelle Darstellung, prägnanter, aphoristischer Ausdruck; starke psychologische Begabung; diskontinuierliches Denken, Verbindung höherer und ungewöhnlicher Zusammenhänge, die Gegensätze zusammenfassende Kombinationsgabe; unvermittelte Eingebungen, Witz, Schlagfertigkeit.

– Verrückte Ideen, wertlose Erfindungen, irreale utopische Ideale; ungeregeltes sprunghaftes Denken, Originalität um jeden Preis, unberechtigte Oppositionslust, fixe Ideen, Spleen-

haftigkeit, absurde Vorstellungen, Schrullenhaftigkeit; unruhiges, zerfahrenes, hastiges Denken ohne Tiefe.

Haltung:
+ Harte Abgrenzung des Selbst von der Umgebung, psychologisches Verständnis ohne Mitgefühl, konsequente Wahrung der eigenen Form, persönlicher Stil; innere Freiheit von Anschauungen, Konvention, Sitte; aufopferungsfähig für Ideale.
– Widerspruchsvoll, reizbar, abenteuerlich, schroff, sprunghaft, unberechenbar, unerbittlich, zurückweisend; der Konvention gegenüber oppositionell, unbürgerlich, ehebrecherisch, pervers; unangenehm auffallend durch betonte Eigenart.

Ziele:
Umgestaltung der Gegenwart; Reformen, Entdeckungen, Erfindungen, neue Erkenntnisse, psychologische Einsichten; außergewöhnliche, geniale Leistungen; plötzliche Ereignisse.
– Revolution, Auflehnung gegen bestehende Ordnung, Anarchie, Tyrannei; plötzliche Ereignisse ungünstiger Art: Selbstmord, Trennungen, Ehescheidungen; unvermittelte Veränderungen, unberechenbare Abenteuer; Unruhe, Zerstörung, Katastrophen.

Neptun: *Intuition, Imagination, subtile Empfänglichkeit, Phantasie, Hellsinnigkeit, höchste Sensibilität.*

Trieb:
+ Hochgesteigerte Empfindungen, Feingefühl, Feinempfinden, Hellsinnigkeit, gesteigerte Sensibilität, höchste Reizempfindlichkeit; unmittelbarer Empfindungskontakt mit den differenziertesten Empfindungsäußerungen der Umwelt; Tendenz zur Idealisierung, Hingabe an außergewöhnliche Ideale, Aufopferungsfähigkeit, Träumerei.
– Verwirrte Empfindungen, völlige Abhängigkeit von Umwelteinflüssen, mangelnde persönliche Abgrenzung; „psychische Inflation", Hingabe an Illusionen, Mangel an Tatkraft und Durchsetzungsvermögen, völlige Passivität, Unsicherheit, Unentschiedenheit, Sichtreibenlassen; verführbar zu allen Lastern und Verbrechen, stark suggestibel.

Gefühle:
+ Sehnsucht, platonische Verehrung, Anbetung; Innerlichkeit, Idealisierung; Weltschmerz, Entsagung, Bedürfnislosig-

keit, Einsamkeit; innere Einkehr, Zartheit, grenzenloses Mitempfinden; Romantik, subtiles Taktempfinden, feinstes erotisches Empfinden, Zartheit der Empfindungen für die differenziertesten leib-seelischen Reize, Gefühls- und Gemütsstimmungen, letzte Hingabe, Ich-Auflösung.

– Unehrlichkeit, Verrat, Haltlosigkeit; Verführbarkeit zu erotischen Exzessen, Tendenz zu Abhängigkeit, Hörigkeit; höchste Beeinflußbarkeit, höchste psychische Reizbarkeit; perverses Empfinden seltsamster Art, Tendenz zu Ekstase, Rausch, Prostitution im weitesten Sinn, Lasterhaftigkeit; höchste Schmerzempfindlichkeit, Flucht in die Dumpfheit, Empfindungslosigkeit, Betäubung durch Gifte, Angst (insbesondere vor Schmerzen), Hysterie.

Intelligenz:

+ Erkenntnis tiefster Wesenszusammenhänge, Einfühlung und Mitempfinden, psychologische Begabung; ungewöhnliche Gedanken und Vorstellungen; Intuition, Imagination; Sinn für echte Mystik, Religion; gefühlsmäßige ideale Weltanschauung; schöpferische Phantasie, passiv revolutionäre Gedanken; Kunstsinn, subtilste Ausdrucksform.

– Verworrener Mystizismus, okkulter Aberglaube; weltfremder Idealismus; irreale Einbildungen, Betrug und Selbstbetrug, absurde Illusionen; Verworrenheit, Verstiegenheit, krankhafte Phantastik; nebulose Unklarheit und Verschwommenheit, Mangel an Tatsachensinn, Geheimniskrämerei.

Haltung:

+ Passiv, weich, zart, innig, aufopfernd, hingebend; versonnen, seltsam, empfindsam, leicht störbar; ideal, aber meist irreal, verträumt; einsamkeitsliebend, mitfühlend, mit der Seele anteilnehmend.

– Verworren, unklar; abschweifend, absonderlich, geheimnisvoll, sensationslüstern; unpraktisch, untätig; weltfremd, rauschsüchtig; leicht beeinflußbar, haltlos, schwach; betrügerisch, hochstaplerisch, hinterhältig, diebisch, unehrlich; Hang zum Doppelleben.

Ziele:

+ Höhere Empfindungen; Idealisierung, Platonismus; künstlerische Betätigungen; Mystik, Religion; Aufgeben eigener Ansprüche, Aufopferung für Ideale; genial-schöpferische Leistungen der Phantasie; Verschmelzung mit dem Partner.

– Aberglaube, Flucht vor der Wirklichkeit, Flucht in die Absonderung und in Betäubungszustände, Halluzinationen; Lüge, Betrug, Verrat, Hochstapelei, Scharlatanerie; Doppelleben, seltsame Laster, Chaos.

Pluto: *Masse, Kollektiv, Zwang, Macht, Gewalt, ungewöhnliche Schicksale und Lebenswege.*

Wille:
+ Starke Willensantriebe; Offenbarung unbewußter Kräfte; rücksichtslose Offenheit, Streben nach Beeinflussung der Masse; Einfühlung in die Masse.
– Rücksichtslose Gewaltmaßnahmen; fanatischer Bekenntniseifer, aufwühlende Bestrebungen; Verkrampfungen.

Gefühle:
+ Doppelnatur, Zweiartigkeit; Drang nach Neuem und dabei doch nur schwer vom Alten loskommend; bald dem Alten, bald dem Neuen brutal gegenüberstehend; Draufgängertum, Tollkühnheit, Todesmut.
– Zwiespalt; was heute beherrschend ist, wird morgen gehemmt.

Intelligenz:
+ Starker, ausdauernder, ungebundener, meist schöpferischer Geist, bisweilen Genialität; Führereignung, Selbstbewußtsein, Selbstbeherrschung.
– Abenteuerlichkeit, Fanatismus, dämonische Intelligenz; Skrupellosigkeit, Zerstörungstrieb.

Haltung:
+ Anziehende, faszinierende Wirkung starker Persönlichkeit; Sinnlichkeit, Ungebundenheit, Waghalsigkeit.
– Für die Umwelt nie klar durchschaubare, stets rätselhafte und geheimnisvolle, schwer zugängliche Menschen, mit denen man schwer Freundschaft halten kann und um die man gerne einen großen Bogen macht; oft abweisende, schroffe, mißtrauische und überaus skeptische Naturen.

Ziele:
+ Veränderung; gravierende Lebensumwälzungen; Massenbeherrschung.
– Rücksichtslose Umgestaltung; brutale Neuerung, Vernichtungswerk, Verbrechen.

Die Aspekte

Eine wichtige Aufgabe der Astrologen besteht darin, die Aspekte festzuhalten.

Ein Horoskopkreis wird in 360 Grad geteilt. Die zwölf Zeichen des Zodiaks erhalten gleichmäßig je 30 Grad. Die Kraft und der Einfluß der Aspekte hängen von dieser Tatsache ab. Denn jeder Aspekt – worunter eine gewisse Entfernung im Tierkreis zwischen zwei Planeten verstanden wird – korrespondiert zu dem Verhältnis eines Hauses zu einem anderen; und man tut gut daran, sich dessen zu erinnern, wenn man die Unterschiede in der Natur der verschiedenen Aspekte zu ergründen versucht.

Zunächst wollen wir die verschiedenen *Arten der möglichen Aspekte,* die wir, wie gesagt, als Entfernung zwischen zwei Planeten im Tierkreis verstanden wissen, hier anführen:

	Entfernung:
Konjunktion:	0 Grad
Semisextil:	30 Grad
Semiquadratur:	45 Grad
Sextil:	60 Grad
Quadratur:	90 Grad
Trigon:	120 Grad
Sesquiquadratur:	135 Grad
Quincunx:	150 Grad
Opposition:	180 Grad

Die Aspekte haben verschiedene *Wirkungsmöglichkeiten,* deren hauptsächliche wie folgt gekennzeichnet werden müssen:

Konjunktion: Die Wirkung kann positiv oder negativ sein. Sie hängt von den Planeten ab.

Sextil: Die Wirkung ist harmonisch, positiv. Diese Verbindung bringt Aufstieg, Gewinn, Erfolg und Glück.

Quadrat: Die Wirkung ist disharmonisch, sehr ungünstig. Sie bringt schicksalhafte Auseinandersetzungen, nachteilige Erfahrungen, Mißerfolge.

Trigon: Die Wirkung ist sehr günstig. Sie deutet auf plötzliche Glücksumstände hin, Höhepunkte, Erfüllung der Wünsche, Aufstieg, Erfolge, Ehren, Gewinne.

Opposition: Die Wirkung ist disharmonisch. Sie zeigt seelische Spannungen an, innere Dissonanzen, Enttäuschungen, Widerstände, Unruhen des Gemütslebens, Trennungen, Entfremdungen.

Horoskop-Figuren

An dieser Stelle drängt sich zur Vergegenwärtigung dessen, was bis hierher über die Häuser, die Positionen der Gestirne und die Aspekte gesagt wurde, eine anschauliche Darstellung auf. Auf den folgenden Seiten finden Sie daher drei Horoskop-Figuren mit den grundsätzlich wichtigen Einzeichnungen. In einer weiteren Horoskop-Figur finden Sie sodann alle Einzeichnungen der drei ersten Figuren vereinigt.

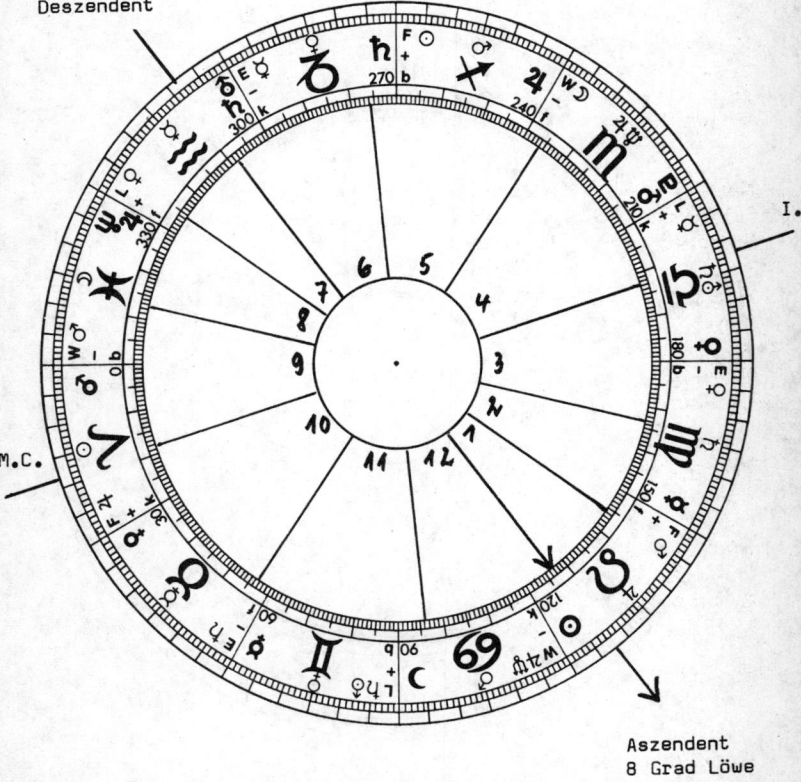

Die Eintragung des Aszendenten (Ostpunkt), Deszendenten (Westpunkt), des Medium coeli (MC) = Himmelsmitte und des Imum coeli (IC) = Himmelstiefe und damit auch der anderen Häuserspitzen.

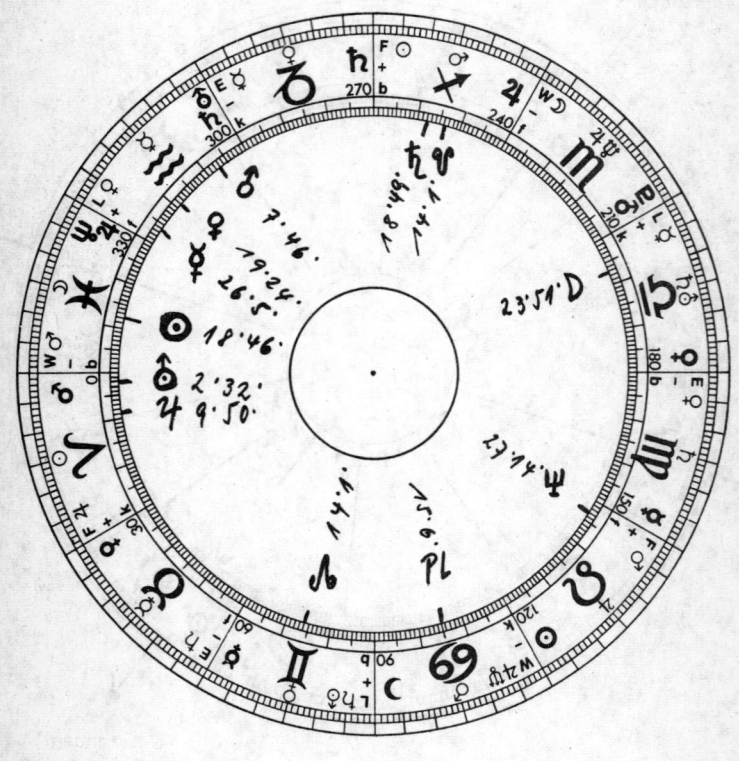

Die Eintragung des Standes der Gestirne; sie sind den Ephemeriden (Gestirnstands-tabellen) für den Tag der Geburt entnommen.

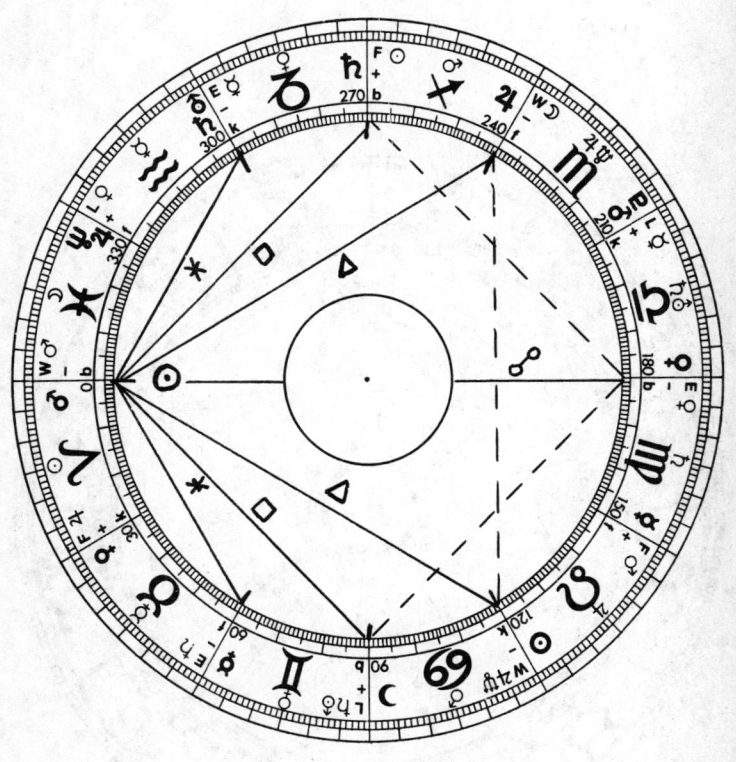

Die Eintragung der wichtigsten Aspekte, die die Entfernung zwischen
zwei Elementen kennzeichnen:

Konjunktion ☉	Zwei Gestirne stehen dicht beieinander
Sextil ✱	Die Entfernung beträgt 60 Grad
Quadratur □	Die Entfernung beträgt 90 Grad
Trigon △	Die Entfernung beträgt 120 Grad
Opposition ☍	Die Entfernung beträgt 180 Grad

64

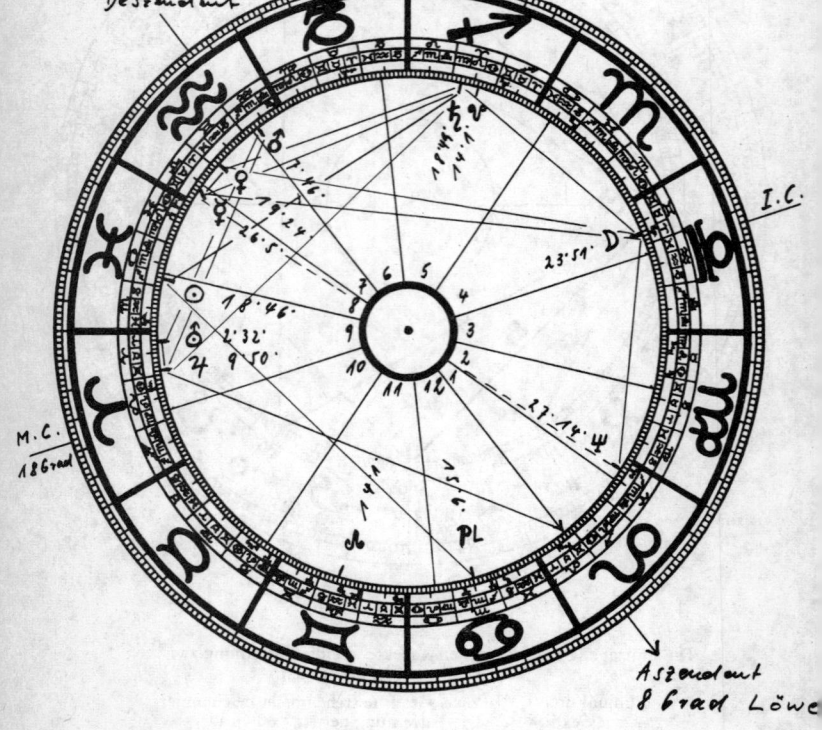

In diesem Horoskop-Schema sind Gestirne, Häuser und Aspekte eingezeichnet.

Die astrologische Deutung

Hat nun der Astrologe die Position der Gestirne, die Häuser und die Aspekte ermittelt und in ein Horoskop-Schema eingezeichnet, so hat er (wir befassen uns ja, wie gesagt, mit dem Geburtshoroskop) eine Karte des Himmels im Moment der Geburt des Betreffenden vor sich, wie sie vom Ort jener Geburt aus gesehen werden konnte. (Natürlich kann man auch von einem anderen wichtigen Zeitpunkt ein Horoskop erstellen.)

Dies ist das Rohmaterial. Nun beginnt der Astrologe mit der Analyse, der Deutung, der Prognose.

Eine astrologische „Prognose" ist einer medizinischen „Diagnose" vergleichbar. Beide stellen die Definition eines Zustandes dar, zu der man auf verschiedenen Wegen gelangen kann. Man gelangt dahin mit oder ohne Zuhilfenahme intuitiver Fähigkeiten.

Ähnlich wie der Arzt, gestützt auf Wissen und Erfahrung, oft in der Lage ist, sehr rasch ein Krankheitsbild zu erkennen und zu definieren, so kann der Astrologe in Fällen eindeutig gelagerter Aspektierungen häufig mit verblüffender Schnelligkeit eine Situation der Vergangenheit feststellen oder ein Zukunftsproblem ausdeuten.

Im Gegensatz dazu gibt es – astrologisch wie medizinisch – entsprechend schwierige, komplizierte Gegebenheiten, über die ein exaktes Urteil erst nach zeitraubenden Untersuchungen möglich ist. Der Arzt bedarf dazu z. B. einer Reihe von Laboratoriumstesten, der Astrologe muß eine Vielfalt einzelner Berechnungen heranziehen.

Die Grundlage seiner Berechnungen bildet jedoch stets das Geburtshoroskop mit den darin fixierten Gestirnständen und den Aspekten, welche sich aus dem Stand der Gestirne ergeben – in der positiven, negativen oder gemischten Ausdeutung ihres Einflusses.

Die Aspektierungen sind gewissermaßen die Wellenlängen, die dem individuellen Empfänger erreichbar sind – je nach Volumen der Schicksalsanlage, mit engerem oder weiterem Radius, was die Freiheit der Wahl betrifft und somit die individuelle Bedingtheit.

Mit dieser Grundkonstellation werden nun jene Aspekte verglichen, die sich im Weiterlauf der Planeten durch die Jahre ergeben, woraus sich für gewöhnlich die mehr unter positivem oder mehr unter negativem Einfluß stehenden Einzelphasen des Schicksalsablaufs erkennen lassen.

Diese Methode genügt in Fällen, wo es sich um starke und eindeutige Zusammenkünfte mehrerer Planeten in einem der zwölf Häuser oder Felder des Radix-Horoskops handelt. Andernfalls muß man zum Bei-

spiel primäre und sekundäre Direktionen zu Rate ziehen; man muß
sensitive Punkte errechnen, die erfahrungsgemäß über verschiedene
Ereignisse wie Glück, Liebe, Krankheit usw. allgemeine Auskunft geben;
man muß Fixsternpositionen und ihre mitbestimmenden Aspekte zu den
Planeten einreihen und die Schnittpunkte zwischen den Gestirnständen
als zusätzliche Einfluß-Kraftfelder ermitteln usw. Alle diese Faktoren
sind auf ihre eventuelle Mitwirkung zu überprüfen.

III.
Wie errechnet man ein Horoskop?

Die Ermittlungen durch
Berechnung und mit Hilfe von Tabellen

Übersicht über die Vorgangsweise

Zunächst sei hier übersichtlich zusammengefaßt, was im Kapitel II dieses Buches bereits klargestellt wurde:

1. Um ein Horoskop zu errechnen, muß man die Normalzeit = Geburtszeit in die Ortszeit umwandeln.

2. Zur Ortszeit addiert man die Sternzeit des Geburtstages: dies ist die Sternzeit für den Geburtsaugenblick.

3. Auf Grund der Sternzeit für den Geburtsaugenblick lassen sich der Aszendent und die anderen Häuserspitzen ermitteln.

4. Die Ortszeit wird in Greenwich-Zeit = Weltzeit (WZ) umgewandelt; auf Grund der WZ lassen sich in den Gestirnstandtabellen die Positionen von Sonne, Mond und Planeten ermitteln. Bei Geburten in der mitteleuropäischen Zeitzone (MEZ) wird eine Stunde abgezogen. Für Geburten außerhalb der mitteleuropäischen Zeitzone finden Sie entsprechende Anleitungen im Abschnitt „Besonderheiten bei der Errechnung von Horoskopen außerhalb der mitteleuropäischen Zeitzone" auf Seiten 80 ff.

5. Man ermittelt die Aspekte.

6. Der Einzeichnung dieser Ermittlungen in ein Horoskop-Schema folgt die astrologische Deutung.

Wir können nun mit einem ersten Horoskop – einem Geburtshoroskop – beginnen.

Eine Darstellung der Tierkreiszeichen sowie der in der Astrologie üblichen Symbole für Sonne, Mond und Planeten finden Sie im Anhang dieses Buches (Seite 287); ebenso die im folgenden zur Sprache kommenden Tabellen. Horoskop-Schemavordrucke finden Sie am Schluß des Anhangs.

Die Ermittlung der Ortszeit, Sternzeit und des Aszendenten

Um den Aszendenten, also das am Osthorizont des Geburtsortes während der Geburtsstunde aufsteigende Tierkreiszeichen zu bestimmen, müssen wir uns verschiedene Vorfragen stellen, deren Beantwortung nach der bereits erfolgten Klärung der allgemeinen Begriffe nicht mehr schwierig sein sollte.

1. *Ist die Geburt vor der Einführung der mitteleuropäischen Zeit (MEZ) erfolgt oder danach?*

    Die MEZ wurde in Deutschland am 1. April 1893 eingeführt (in Süddeutschland am 1. April 1892), in Österreich am 1. Oktober 1891, in der Schweiz am 1. Juni 1894. Für andere Länder siehe Übersicht auf Seiten 40 f.

    Bei Geburten vor diesem Zeitpunkt ist die Geburtszeit der Ortszeit gleichzusetzen. Bei Geburten nach diesem Zeitpunkt ist die Ortszeit zu errechnen. Erklärung und Beispiele folgen auf Seiten 71 f.

2. *War zur Zeit der Geburt Sommerzeit eingeführt?*

    In Deutschland waren Sommerzeiten eingeführt wie folgt:

Sommerzeiten:

Einfache Sommerzeit:
1916 vom 30.4. (23 Uhr) bis 1.10. (1 Uhr)
1917 vom 16.4. (2 Uhr) bis 17. 9. (3 Uhr)
1918 vom 15.4. (2 Uhr) bis 16. 9. (3 Uhr)
1940 vom 1.4. (2 Uhr) bis 2.11. (3 Uhr)
1941 und 1942 Uhr durchgehend
1943 vom 29.3. (2 Uhr) bis 4.10. (3 Uhr)
1944 vom 3.4. (2 Uhr) bis 2.10. (3 Uhr)
1945 vom 2.4. (2 Uhr) bis 16. 9. (3 Uhr)

Ergänzungen
Ost- und Westdeutschland
sowie
Regelmäßig eingeführte Sommerzeiten
siehe im Anhang
S. 459

Berlin und Ostdeutschland:

Doppelte Sommerzeit:
1945 vom 25.5. (2 Uhr) bis 24. 9. (3 Uhr)

Einfache Sommerzeit:
1945 vom 24.9. (3 Uhr) bis 18.11. (2 Uhr)

Im Fall der „einfachen" Sommerzeit ist eine Stunde in Abzug zu bringen, im Fall der „doppelten" Sommerzeit sind es zwei Stunden.

Sommerzeiten sind ab 1916 auch für Frankreich, Belgien und Holland sowie England zu beachten.

3. *Wie wandelt man die Normalzeit (Geburtszeit) in die Ortszeit um?*

Für jeden Grad, der östlich oder westlich von dem 15. Grad östlicher Länge von Greenwich liegt, ist eine Berichtigung der Zeit von vier Minuten pro Grad erforderlich, und zwar wird

a) diese Korrektur von vier Minuten für jeden Grad zu der MEZ zugezählt, wenn die östliche Länge des Geburtsortes größer ist als 15 Grad;

b) von der MEZ abgezogen, wenn die östliche Länge kleiner ist als 15 Grad.

Beispiele:

a) Östliche Länge des Geburtsortes größer als 15 Grad.
Geburt 18 Uhr 25 Min. MEZ Helsingfors, 25 Grad östlicher Länge.

Längenunterschied:	$25 - 15 = 10$ Grad
Zeitunterschied:	$10 \times 4 = 40$ Min.
Geburt fand statt:	18 Uhr 25 Min.
Zu addieren:	40 Min.
Ortszeit:	19 Uhr 5 Min.

b) Östliche Länge kleiner als 15 Grad.
Geburt 8 Uhr MEZ in Halle/Saale, 12 Grad östlicher Länge.

Längenunterschied:	$15 - 12 = 3$ Grad
Zeitunterschied:	$3 \times 4 = 12$ Min.
Geburt fand statt:	8 Uhr 0 Min.
Zu subtrahieren:	12 Min.
Ortszeit:	7 Uhr 48 Min.

Auf Seite 296 finden Sie eine O r t s t a f e l z u r E r m i t t l u n g d e r Z e i t d i f f e r e n z e n (Normalzeit/Ortszeit) der größeren Städte Zentraleuropas (Deutschland, Österreich, Schweiz, Polen usw.), die Ihnen jegliches Rechnen erspart. Für Geburten außerhalb der in der Liste oder deren Umkreis genannten Städte der mitteleuropäischen Zeitzone (MEZ) muß die Zeitdifferenz nach den vorstehend gegebenen Anleitungen ermittelt werden.

Für Geburten außerhalb der mitteleuropäischen Zeitzone (MEZ) wird auf die Anleitungen auf Seiten 80 ff. verwiesen.

Beispiele:

Geboren   8 Uhr   0 Min. in Hamburg.
       −   20 Min. Zeitdifferenz (gemäß Tabelle Seite 296)
       _____
            7 Uhr 40 Min. Ortszeit.

Geboren 16 Uhr   0 Min. in Danzig.
       +   14 Min. Zeitdifferenz (gemäß Tabelle Seite 296)
       _____
           16 Uhr 14 Min. Ortszeit.

Für die S c h w e i z galt vor dem 1. Juni 1894 die Ortszeit von Bern, so daß für Geburten vor diesem Datum praktisch keine Korrektur erforderlich ist. Man geht von einer ungefähren Ortszeit aus. Seit dem 1. Juni 1894 gilt für die ganze Schweiz die mitteleuropäische Zeit (MEZ).

Nachfolgend einige Städte in der Schweiz mit ihren Zeitdifferenzen:

Basel	− 29 Min.
Bern	− 30 Min.
Genf	− 36 Min.
Lausanne	− 36 Min.
Zürich	− 26 Min.

Diese Zeitunterschiede sind von der Geburtszeit abzuziehen; das Ergebnis ist dann die Ortszeit.

Vom 5. Mai 1941 bis zum 6. Oktober 1941 und vom 4. Mai 1942 bis zum 5. Oktober 1942 hatte die Schweiz die *Sommerzeit* eingeführt. Für Geburten innerhalb dieser Zeiten ist eine Stunde von der Geburtszeit abzuziehen.

Der einzige Unterschied zwischen Deutschland und Ö s t e r r e i c h besteht darin, daß Österreich schon am 1. Oktober 1891 die mitteleuropäische Zeit (MEZ) eingeführt hat. Von diesem Datum an ist somit die Zeitdifferenz zu berechnen und der Geburtszeit zuzuzählen oder von ihr abzuziehen. Hier einige Städte mit ihren Zeitunterschieden:

Bregenz	− 21 Min.	Salzburg	− 8 Min.
Graz	+ 2 Min.	Wien	+ 5 Min.
Innsbruck	− 14 Min.	Klagenfurt	− 3 Min.
Linz	− 3 Min.	Villach	− 5 Min.

Regel zur Ermittlung der Sternzeit und des Aszendenten:

Wenn wir die Ortszeit kennen, berechnen wir die Sternzeit der Geburt.

Wir zählen zu der Ortszeit die Sternzeit des Geburtstages hinzu. Diese Sternzeit finden wir in der Tabelle zur Bestimmung der Sternzeit und des Aszendenten im Anhang dieses Buches (Seiten 297 ff.). Ortszeit plus Sternzeit des Geburtstages ergibt die Sternzeit im Geburtsaugenblick.

Beispiel zur Ermittlung der Sternzeit und des Aszendenten:

Geboren am 1. Januar 1940, 8 Uhr, in Hamburg.

```
   8 Uhr  0 Min. Geburt
–           20 Min. Zeitdifferenz für Hamburg (nach Ortstafel Seite 296)
   ─────────────────
   7 Uhr 40 Min. Ortszeit
+  6 Uhr 41 Min. Sternzeit des Geburtstages (nach Tabelle Seite 298)
   ─────────────────
  14 Uhr 21 Min. Sternzeit im Geburtsaugenblick.
```

Hamburg hat eine geographische Position von 53 Grad 33 Minuten nördlicher Breite (gemäß Tabelle der geographischen Positionen der wichtigsten Städte der Welt, Seite 291). Daher suchen wir nun in der Häusertabelle (Seiten 303 ff.) den 53. Breitengrad und in der Spalte „Sternzeit" unser Ergebnis 14 Uhr 21 Minuten Sternzeit. Die nächstliegend angegebene Sternzeit ist 14 Uhr 22 Minuten (Seite 362). Daneben finden wir in der Spalte „Aszendent" derselben Tabelle unseren Aszendenten bei 0 Grad 31 Minuten = aufgerundet bei 1 Grad Steinbock. Da die Geburtszeiten niemals minutengenau feststehen bzw. angegeben werden können, spielt die Aufrundung keine Rolle.

Die Ermittlung der Häuserspitzen

Nunmehr müssen wir wieder dieselbe Tabelle zu Rat ziehen: die H ä u - s e r t a b e l l e. Sie finden diese im Anhang des Buches (Seiten 303 ff.). Die Häusertabelle erfaßt die Orte zwischen dem 38. und dem 60. Breitengrad (nördliche Breite), d. h. sie reicht von Südspanien, Sizilien, Griechenland, der Türkei und vom Kaspischen Meer im Süden bis Schottland, Südschweden und Leningrad im Norden. Wer an einem Ort außerhalb dieser geographischen Breiten geboren ist – eine doch eher seltene Ausnahme –, müßte sich die Gestirnstände von einem zuverlässigen Astrologen angeben lassen.

Wenn wir bei unserem Beispiel bleiben: Wir hatten als Ergebnis 14 Uhr 21 Minuten als Sternzeit der Geburt ermittelt. Schauen wir in der Häusertabelle nach, so suchen wir zunächst den richtigen Breitengrad. In unserem Beispiel war der Geburtsort Hamburg (= 53. Breitengrad). In der ersten Rubrik der Tabelle ist die Sternzeit angegeben. In dieser Rubrik nun suchen wir unsere Sternzeit 14 Uhr 21 Minuten bzw. die dieser nächstliegende Sternzeit-Angabe; wir finden diese in der Sternzeit 14 Uhr 22 Minuten (auf Seite 362 links unten). Daneben (in den Rubriken 10., 11., 12., 1., 2., 3. Feld = Haus) finden wir die Gradangaben und darüber das Tierkreiszeichen (immer ist danach oberhalb bei 0 Grad zu suchen). In unserem Beispiel (Sternzeit 14 Uhr 22 Minuten) können wir also aus der Häusertabelle folgende Häuserspitzen ablesen:

Aszendent,	1. Haus	–	0 Grad 31 Min.	Steinbock
	2. Haus	–	18 Grad	Wassermann
	3. Haus	–	8 Grad	Widder
	10. Haus	–	8 Grad	Skorpion
	11. Haus	–	28 Grad	Skorpion
	12. Haus	–	14 Grad	Schütze

Wir haben damit die Häuserspitzen des 1., 2., 3., 10., 11., 12. Hauses festgestellt. Die fehlenden Häuserspitzen liegen den bereits ermittelten Häusern gegenüber:

Aszendent, 1. Haus 0 Grad 31 Min. Steinbock
         – gegenüber 7. Haus 0 Grad 31 Min. Krebs
    2. Haus 18 Grad Wassermann
         – gegenüber 8. Haus 18 Grad Löwe
    3. Haus 8 Grad Widder
         – gegenüber 9. Haus 8 Grad Waage

10. Haus   8 Grad Skorpion
     – gegenüber 4. Haus   8 Grad Stier
11. Haus 28 Grad Skorpion
     – gegenüber 5. Haus 28 Grad Stier
12. Haus 14 Grad Schütze
     – gegenüber 6. Haus 14 Grad Zwillinge

Die so ermittelten Häuserspitzen zeichnen Sie nun in ein Horoskop-schema ein. Schemavordrucke finden Sie auf den Seiten 447 ff. (Vielleicht machen Sie sich auch ein paar Fotokopien, damit Sie weitere Vordrucke zu Ihrer Verfügung behalten.)

Die Ermittlung der Positionen der Gestirne

Nun gilt es, die Gestirne in das Horoskopschema einzuzeichnen. Zu diesem Zweck können Sie sich der im Anhang dieses Buches abgedruckten drei G e s t i r n s t a n d s t a b e l l e n bedienen.

Die Gestirnstandstabelle 1 über den Sonnenstand auf Seite 389 zeigt Ihnen den Stand der Sonne an jedem Tag des Jahres, 12 Uhr Greenwich-Zeit = Weltzeit (WZ), an. Diese Tabelle gilt für jedes beliebige Jahr.

Die Gestirnstandstabelle 2 über die Positionen von Mondknoten, Pluto, Neptun, Uranus, Saturn, Jupiter, Mars auf Seiten 391 ff. enthält die Positionsangaben der Jahre 1901 bis 2000, und zwar jeweils für den Monatsersten, 12 Uhr Greenwich-Zeit = Weltzeit (WZ).

Die Gestirnstandstabelle 3 über den Stand von Venus, Merkur und Mond auf Seiten 409 ff. enthält gerundete Positionsangaben der Jahre 1901 bis 2000, und zwar jeweils für den 1., 10. und 20. des Monats, 12 Uhr Greenwich-Zeit = Weltzeit (WZ).

Genauere Positionsangaben – minutengenaue Gradangaben – sind in den Gestirnstandstabellen 2 und 3 hier nicht möglich; die Tabellen würden den Rahmen dieses Buches bei weitem sprengen. Für unsere Zwecke reichen aber die gerundeten Positionsangaben für jeweils den 1., 10. und 20. durchaus aus. Wer dennoch darüber hinausgehen möchte, müßte sich die Ephemeriden beschaffen.

Wichtig ist jedoch zu berücksichtigen, daß die Gestirnstandstabellen immer von der westeuropäischen Zeit = Weltzeit (WZ) ausgehen, und zwar 12 Uhr mittags. Von der Ortszeit der mitteleuropäischen Zeitzone (MEZ) ist daher immer eine Stunde abzuziehen, um auf Greenwich-Zeit (WZ) zu kommen.

Wichtig ist ferner, den Stand des Mondes – dessen tägliche Bewegung im Unterschied zu den anderen Gestirnen sehr schnell ist – richtig zu ermitteln. Man kann von einer durchschnittlichen Tagesbewegung des Mondes von 12 Grad ausgehen, d. h. etwa 0,5 Grad in der Stunde.

Wie gehen wir vor? Wir nehmen die Angabe der Position des Mondes in der Gestirnstandstabelle 3 als Ausgangspunkt; diese zeigt den Stand des Mondes um 12 Uhr WZ. Um auf WZ zu kommen, ziehen wir von der Geburtszeit (MEZ) eine Stunde ab. Die Stundendifferenz von 0,5 Grad pro Stunde zu 12 Uhr addieren oder subtrahieren wir im Tierkreiszeichen, das 30 Grad hat (1 Grad hat wiederum 60 Minuten).

Nehmen wir das alte Beispiel: Geburt am 1. Januar 1940, 8 Uhr (MEZ), in Hamburg. Wir ziehen eine Stunde ab = 7 Uhr WZ. Die Stundendifferenz auf 12 Uhr beträgt 5 Stunden. Wir rechnen daher 5 Stunden $\times$ 0,5 Grad (Bewegung des Mondes in der Stunde); dies sind 2,5 Grad. Diese 2,5 Grad müssen wir von dem Mittagsstand des Mondes = 1 Grad Waage abziehen. Am einfachsten ist es, in einem leeren Horoskopvordruck von dem Stand 1 Grad Waage 2,5 Grad zurückzurechnen. Somit ergibt sich die Positionsermittlung bei 28,5 Grad Jungfrau = Stand des Mondes für 7 Uhr Greenwich-Zeit oder 8 Uhr mitteleuropäische Geburtszeit.

Auf Grund dieser Anleitungen können Sie nun den Stand der Gestirne in das Horoskopformular eintragen. Für unser Beispiel (Geburt am 1. Januar 1940, 8 Uhr, in Hamburg) finden Sie in den drei Gestirnstandstabellen die folgenden Positionen:

Sonne	– 10 Grad Steinbock	Tabelle Seite 390
Mondknoten	– 26 Grad Waage	
Pluto	– 2 Grad Löwe	
Neptun	– 25 Grad Jungfrau	Tabelle Seite 398
Uranus	– 18 Grad Stier	
Saturn	– 24 Grad Widder	
Jupiter	– 1 Grad Widder	
Mars	– 28 Grad Fische	
Venus	– 9 Grad Wassermann	
Merkur	– 23 Grad Schütze	Tabelle Seite 419
Mond	– 1 Grad Waage (12 Uhr WZ) = 28,5 Grad Jungfrau 8 Uhr MEZ	

Die Ermittlung der Aspekte

Schließlich gilt es noch, die „Aspekte" zu ermitteln. Diese haben wir bereits früher ausführlich besprochen (Seiten 60 ff.). Es ist also von jedem Gestirn die Entfernung zu allen anderen Planeten zu errechnen, wobei man einen durchschnittlichen Umkreis von 5 bis 6 Grad annehmen kann. Beachten Sie auch die Horoskop-Figur mit den Einzeichnungen der Aspekte auf Seite 63.

*

Wie nun für unseren Beispielfall die Einzeichnungen – wenn sie richtig gemacht wurden – aussehen müssen, ersehen Sie aus der Horoskop-Figur auf der nebenstehenden Seite. Fällt die Probe positiv aus – Ihre Einzeichnungen stimmen in diesem Beispielfall überein –, dann können Sie nun Ihr eigenes Horoskop berechnen. Sollten Sie jedoch Abweichungen entdecken, so lassen Sie sich nicht entmutigen: Kein Meister ist je vom Himmel gefallen! Gehen Sie die Anleitungen (Seiten 69 ff. bis hierher) nochmals durch, kontrollieren Sie Ihre Einzeichnungen schrittweise; beim zweiten Versuch wird alles stimmen. Und Sie haben dann auch die Gewißheit, daß Ihr Schritt für Schritt in derselben Weise berechnetes Horoskop ebenfalls stimmen wird.

*

In den Kapiteln VI und VII werden sodann die Auswirkungen der Gestirnspositionen in den Tierkreiszeichen, Häusern sowie die Deutung der Aspekte dargestellt.

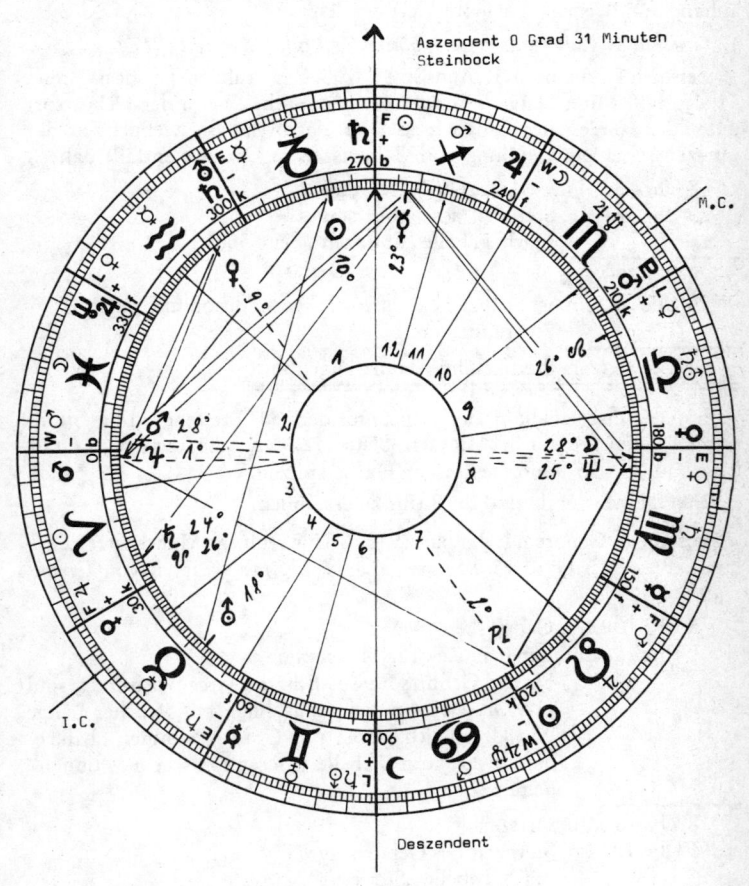

Horoskop-Einzeichnungen für Beispielfall:
Geburt am 1. Januar 1940, 8 Uhr (MEZ), in Hamburg.

Besonderheiten bei der Errechnung von Horoskopen außerhalb der mitteleuropäischen Zeitzone (MEZ)

Diese Besonderheiten wurden im einzelnen in den Kapiteln II und III bereits besprochen, sollen aber hier in Schlagworten wiederholt und anhand von Beispielen demonstriert werden.

1. *Greenwich-Zeit = westeuropäische Zeit oder Weltzeit (WZ)*

Beispiel 1: Geboren 1. August 1976, 8 Uhr früh, in London. Breite 51 Grad 30 Min., Länge 0 Grad von Greenwich. (Wenn der Geburtsort unter dem Greenwich-Längengrad liegt, entspricht die Geburtszeit der Ortszeit; eine Umwandlung von Geburtszeit in Ortszeit entfällt daher.)

8 Uhr 0 Min.	Geburtszeit = Ortszeit
+ 20 Uhr 37 Min.	Sternzeit des Geburtstages
	(nach Tabelle „Sternzeit" Seite 300)
28 Uhr 37 Min.	
– 24 Uhr 0 Min.	ist abzuziehen, da vorherige Addition mehr als
	24 Stunden ergibt
4 Uhr 37 Min.	Sternzeit im Geburtsaugenblick

In der Häusertabelle findet man unter dem 51. Breitengrad bei Sternzeit der Geburt 4 Uhr 37 Minuten (Seite 352) den Aszendenten 15 Grad Jungfrau (15° 25′) und die übrigen Häuserspitzen.

Die Planetenstände sind für 8 Uhr zu errechnen.

Beispiel 2: Geboren 1. Januar 1940, 8 Uhr früh, in Manchester (England). Breite 53 Grad 29 Minuten, Länge 2 Grad westlich von Greenwich.

8 Uhr 0 Min.	Geburtszeit
+ 0 Uhr 8 Min.	Länge in Zeit für Manchester
	Da der Geburtsort westlich von Greenwich liegt, sind pro Grad 4 Minuten zuzuzählen; bei östlicher Länge von Greenwich wären pro Grad 4 Minuten abzuziehen; siehe auch Tabelle „Geographische Positionen" Seite 292
8 Uhr 8 Min.	Ortszeit
+ 6 Uhr 41 Min.	Sternzeit des Geburtstages
	(nach Tabelle „Sternzeit" Seite 298)
14 Uhr 49 Min.	Sternzeit im Geburtsaugenblick

Aszendent: 7 Grad Steinbock (7° 11′) gemäß Tabelle Seite 362.

2. Amerikanische Zonenzeiten

Beispiel: Geboren 23. November 1944, 4 Uhr früh, New York. Breite 40 Grad, Länge 74 Grad westlich von Greenwich.

　　4 Uhr　0 Min. Geburtszeit
+　5 Uhr　0 Min. Differenz zwischen Eastern Standard Time und Greenwich-Zeit (WZ); siehe Tabelle „Zonenzeiten" Seite 444
_____
　　9 Uhr　0 Min. Mittlere Greenwich-Zeit (für diese Zeit werden die Planetenstände errechnet)
+　4 Uhr　6 Min. Sternzeit des Geburtstages (nach Tabelle „Sternzeit" Seite 301)
_____
　13 Uhr　6 Min. Sternzeit des Geburtstages in Greenwich
−　4 Uhr 56 Min. Westliche Länge in Zeit (nach Tabelle „Geographische Positionen" Seite 293); Länge von New York = 74 Grad westliche Länge, multipliziert mit 4 = 296 Minuten, geteilt durch 60 = 4 Stunden 56 Minuten
_____
　　8 Uhr 10 Min. Sternzeit im Geburtsaugenblick am Geburtsort.

Aszendent: 26 Grad Waage (25° 39') gemäß Tabelle Seite 313.

Anmerkung: Die Zeitentsprechung für die Längengrade wird bei westlicher Länge von der Greenwich-Sternzeit abgezogen, bei östlicher Länge addiert.

3. Osteuropäische Zeit (OEZ)

Beispiel: Geboren 20. Januar 1950, 4 Uhr früh, in Moskau. Breite 55 Grad 45', Länge 37 Grad 34' östlich von Greenwich.

　　4 Uhr　0 Min. Geburtszeit
−　2 Uhr　0 Min. Differenz zwischen osteuropäischer Zeit und Greenwich-Zeit (nach Tabelle „Zonenzeiten" Seite 444). (Wenn die Umrechnung den vorhergehenden oder den folgenden Tag ergibt, muß mit der Sternzeit dieses Tages weitergerechnet werden.)
_____
　　2 Uhr　0 Min. Mittlere Greenwich-Zeit (für diese Zeit werden die Planetenstände errechnet)
+　7 Uhr 56 Min. Sternzeit des Geburtstages (nach Tabelle „Sternzeit" Seite 298)
_____
　　9 Uhr 56 Min. Sternzeit des Geburtstages in Grennwich
+　2 Uhr 30 Min. Östliche Länge in Zeit (nach Tabelle „Geographische

Positionen" Seite 293). Länge Moskau 37 Grad 34
Min. östliche Länge, multipliziert mit 4 = 150 Min.;
geteilt durch 60 = 2 Stunden 30 Minuten

11 Uhr 86 Min.
= 12 Uhr 26 Min. Sternzeit im Geburtsaugenblick am Geburtsort

Aszendent: 5 Grad Schütze (4° 54′) gemäß Tabelle Seite 370.

4. Südliche Breiten

Liegt der Geburtsort südlich des Äquators, kann nach der Errechnung
der örtlichen Sternzeit für den Geburtszeitpunkt ebenfalls die Häusertabelle benutzt werden. Allerdings ist eine kleine Rechnung notwendig, wie
dies schon früher erklärt wurde: Zur örtlichen Sternzeit werden zwölf
Stunden zugezählt. Läge New York (um bei unserem Beispiel von
Seite 81 zu bleiben) südlich des Äquators, müßte man bei einer Geburtszeit von 4 Uhr früh und einer Sternzeit von 8 Uhr 10 Minuten 12 Stunden addieren, was 20 Uhr 10 Minuten ergäbe.

Für diese Zeit gibt die Häusertabelle (bei einer Breite von 40 Grad)
den Aszendenten mit 20 Grad Stier an. Wenn wir es aber mit südlicher
Breite zu tun haben, müssen die Zeichen im Horoskop umgekehrt werden. Aus Stier wird Skorpion, aus Fische wird Jungfrau. Der Aszendent
wäre also in unserem Fall 20 Grad Skorpion.

IV.
Tierkreiszeichen-Analyse

Beschreibung der Sonnenzeichen und
ihrer Grundentsprechungen

Vorbemerkungen

Ein Tierkreiszeichen ist ein bestimmter Abschnitt des Tierkreises – zum Beispiel Widder, Stier, Zwillinge –, in dem sich die Sonne während der Geburt aufhalten kann.

Die genaue Position entnimmt man den Ephemeriden oder unserer Gestirnstandstabelle 1 über den Sonnenstand (Seite 377).

Die allgemeine Beschreibung dieser Sonnenzeichen wird für den einzelnen Menschen einigermaßen zutreffen. Aber erst ein genaues Geburtshoroskop, abgestellt auf die Geburtsstunde und -minute, den Ort und das Datum, wird eine genauere Charakteranalyse ermöglichen.

Neben dem Sonnenzeichen bestimmt der Aszendent – das Zeichen, das am Osthorizont zur Stunde der Geburt aufging – weitgehend den Charakter.

Man kann die Tierkreiszeichen als polarisch abgestimmte Kraftfelder ansehen.

Die Astrologie erkennt den Kosmos als mitbestimmend für den Charakter und den Ablauf des Schicksals der einzelnen Menschen. Die Erde, an die Sonne gekettet und mit ihr zusammen im Weltraum bewegt, ist „rundherum" kosmischen Kräften ausgesetzt. Alle Himmelskörper, die sie umgeben, wirken auf sie ein. Der Mond verursacht die Gezeiten, bremst dadurch im Lauf von Jahrtausenden die Erde ab und verlängert somit die Tagesdauer. Die Sonne stört durch ihre plötzlichen Ausbrüche die Erdrotation; und auch die Planeten wirken auf unseren Globus ein.

Gewiß, es geht dabei stets nur um winzige Bruchteile von Sekunden; aber wenn man bedenkt, welche gewaltigen Kräfte erforderlich sind, um eine derart riesige Masse wie den Erdball auch nur ein wenig aus dem Gleichlauf zu bringen, sind diese Auswirkungen doch sehr eindrucksvoll. Und unwillkürlich taucht der Gedanke auf: Wenn schon die Erde ein Spielball kosmischer Kräfte ist, was geschieht dann mit den Organismen, die auf ihrer Oberfläche leben, wenn diese Kräfte entfesselt sind?

Die Astrologen gehen darum davon aus, daß der Charakter der einzelnen Menschen durch die Konstellationen der Gestirne zum Zeitpunkt der Zeugung und der Geburt grundsätzlich programmiert und auf gewisse Tendenzen hin ausgerichtet wird.

Doch zurück zu den Tierkreiszeichen, denn diese sollen hier mit ihren Grundentsprechungen geschildert werden. Zunächst eine Übersicht:

TIERKREISZEICHEN

♈ Widder:	♈	geboren 21. 3. – 20. 4.	
♉ Stier:	♉	geboren 21. 4. – 21. 5.	
♊ Zwillinge:	♊	geboren 22. 5. – 21. 6.	
♋ Krebs:	♋	geboren 22. 6. – 22. 7.	
♌ Löwe:	♌	geboren 23. 7. – 23. 8.	
♍ Jungfrau:	♍	geboren 24. 8. – 23. 9.	
♎ Waage:	♎	geboren 24. 9. – 23. 10.	
♏ Skorpion:	♏	geboren 24. 10. – 22. 11.	
♐ Schütze:	♐	geboren 23. 11. – 21. 12.	
♑ Steinbock:	♑	geboren 22. 12. – 20. 1.	
♒ Wassermann:	≈	geboren 21. 1. – 19. 2.	
♓ Fische:	♓	geboren 20. 2. – 20. 3.	

Um Ihr Interesse wachzuhalten und Sie durch die unvermeidlichen Aufzählungen nicht zu ermüden, ist es vielleicht empfehlenswert, die nachfolgenden Tierkreis-Analysen nicht (wie sonst ein Buch) der Reihe nach, sondern Ihrem Interesse nach zu lesen. Beginnen Sie mit Ihrem eigenen Tierkreiszeichen, dem Ihres Partners, Ihres Kindes usw. Auf diese Weise werden Sie sich auch viel leichter merken können, was Sie im folgenden zu den einzelnen Tierkreiszeichen erfahren werden.

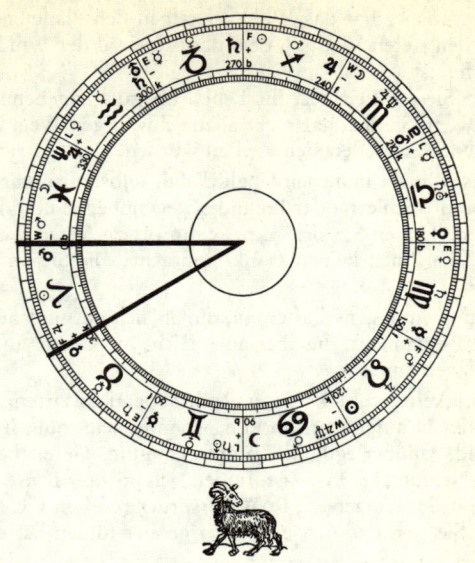

DAS ZEICHEN WIDDER
Geboren vom 21. 3. – 20. 4.

Herrschender Planet: Mars.

Geschlecht: männlich.

Element: Feuer.

Temperament: cholerisch.

Typus: der Willensmensch, der kämpferische Mensch, der Anführer, der Idealist, der Politiker.

Gestalt: sehnige, lange Figur, starker Knochenbau, straffe Körperhaltung.

Gang: militärisch, eilig, hastig.

Gesicht: oval, frische, rote Gesichtsfarbe, gewölbte Stirn, markante Züge.

Physiologische Entsprechungen: Kopf (insbesondere Zunge), das Muskelsystem, Sehnen, Knorpel, Zähne, rote Blutkörperchen, Ohren.

Als Geburtsgebieter hat das Widder-Zeichen den Planeten Mars. Das kennzeichnet den steten Wechsel, dem das Schicksal der Widder-Geborenen unterworfen ist.

Es wäre für Sie ein Leichtes, Ihr Leben überaus angenehm und ideal zu gestalten, wenn Sie den gar nicht allzu schwierigen Weg, der in Ihrer Sternenbahn vorgeschrieben steht, gehen würden. Das tun Sie aber nicht.

Haben Sie sich nicht manchen Unglücksfall selbst zuzuschreiben? Sind Sie nicht schon oft Fehlern oder Freunden gegenüber blind oder zu nachgiebig gewesen? Haben Sie sich nicht schon oft zu Verschwendung hinreißen lassen, die Ihnen keinen Dank einbrachte, die Sie an Unwürdige vertan haben?

Sehen wir uns die Eigenschaften an, die an sich gut und nützlich sind, wie z. B. Ihre Regsamkeit, die aber auch leicht in Unruhe und Wirrköpfigkeit umschlagen kann.

Ihr Gerechtigkeitsgefühl kann in Rechthaberei ausarten, Ihr Tatendrang in blindes Draufgängertum und, wenn es sein muß, in Tollkühnheit. Ungeduld, Unüberlegtheit, Kampfstimmung, Gereiztheit, Kampfwut, ja sogar Neigung zu Tyrannei finden sich in Ihrer Brust. Sie geraten daher leicht mit der Umgebung in Widerspruch, wirken nicht selten zerstörend. Daß Sie sich dadurch erst recht gereizt fühlen, ist eine Gefahr für Sie.

Man muß Ihnen raten, sich bei Streit oder Zwischenfällen diplomatisch zurückzuziehen, auch wenn Sie einmal klein beigeben müssen. Das ist immer noch besser, als ständig das Schicksal herauszufordern.

Ihr Schicksalsgebieter ist also der feurige Mars, dessen Einfluß Sie sich nicht entziehen, sondern den Sie sich nutzbar machen sollten. Sie sollten glücklich sein, ihn als Helfer zu besitzen, denn er hat Sie ausgestattet mit überreichen Gaben, die Sie nur richtig zu nützen brauchen. Unternehmungslust, Impulsivität, Kühnheit, Entschlossenheit, Tatendrang, Ehrgeiz, Optimismus, dazu die nötige Leidenschaftlichkeit und ein kräftiges Draufgängertum sind einige der Eigenschaften, die Ihnen mit auf den Weg gegeben wurden.

Ernst und bestimmt gehen Sie auf Ihr Ziel los. Sie handeln großzügig und kümmern sich wenig um Details. Sie verstehen es auch, andere Menschen zu Ihren Zielen mitzureißen, verschaffen sich Gehorsam und meistern instinktiv die schwere Kunst des Befehlens.

Daß Sie ein Anführer und Wegbereiter sind, ist nach dem Gesagten nicht mehr zweifelhaft, ob aber auch ein guter Reformer, Wegweiser oder Unternehmer, das hängt letzten Endes von Ihren individuellen Charaktereigenschaften ab.

Sie sind oft dadurch in Gefahr, daß Sie glauben, recht zu haben. Sie wollen Ihren Neigungen und Ansichten Geltung verschaffen; zuweilen gibt es auch größere Enttäuschungen. Mit Impulsivität haben Sie begonnen, aus der Ungeduld wird Rücksichtslosigkeit, und zuletzt bleiben Ärger und Enttäuschung übrig.

Ihre starke Geisteskraft und ausgeprägte Willensstärke verlangen nach Betätigung. Emsig, tätig und bildungsfähig machen Sie sich ans Werk; die Idee gilt Ihnen alles. Geistig aufgeschlossen und begeisterungsfähig lassen Sie sich leicht von der Macht der Gedanken erfassen.

Ihr Managertalent treibt Sie an, eine leitende, steuernde Rolle zu spielen. Finden Sie nicht die dafür richtige Umgebung, dann sehen Sie sich schleunigst nach einer anderen Gefolgschaft um. Von Ihren Plänen lassen Sie sich nicht abbringen; unter Umständen verbrennen Sie sich lieber einmal die Finger. Sind Sie gestrauchelt, so nehmen Sie sich das nicht allzusehr zu Herzen und beginnen mutig wieder von vorn.

Immer haben Sie noch einige Getreue, die Ihnen bei Ihrem Aufstieg helfen und Ihnen durch dick und dünn Beistand leisten. Hüten Sie sich aber, daß Sie nicht durch Falschheit und Undankbarkeit von ihnen verraten werden.

Für Ihre Wohltaten werden Sie zuweilen Undank ernten. Trotz einer gewissen selbstsüchtigen Art vermögen Sie sich auch sehr ideal zu verhalten. Man kann fast sagen, daß sich beide Eigenschaften wechselseitig die Waage halten und je nach Laune in Erscheinung treten; denn Sie sind launisch, ungestüm und leicht verärgert, wenngleich das schnell wieder vorbei sein kann.

Zu erwähnen ist noch Ihre offene, gerade Gemütsart, Ihr Interesse für öffentliche Angelegenheiten, Geschäfte und für alle möglichen Wissensgebiete. Sie sind lernbegierig, wissensdurstig, schwärmen für Ordnung, Schönheit, Harmonie und stimmungsvolle Umgebung. Auch sind Sie ein großer Naturfreund, haben eine Vorliebe für alpinen Sport und halten sich gern an hochgelegenen Orten auf. So sehr Sie für Seelenverwandtschaften empfänglich sind, so wenig schätzen Sie leibliche Verwandte.

Im Verlauf Ihres Lebens haben Sie Vertrauen zu Ihren Fähigkeiten und Geschicklichkeiten gewonnen, eine Hilfe, auf die Sie stets rechnen können. Ihre Freude an Veränderungen wirkt sich nicht ungünstig aus; zwar stürzt sie Sie vielleicht früher oder später in ein Abenteuer, aber Sie kommen sozusagen mit einem blauen Auge davon. Sie werden dadurch Erlebnisse besonderer Art haben, die Sie in bessere Lebensverhältnisse bringen. Hüten Sie sich jedoch vor Spekulationen; leicht können dabei Verluste eintreten.

Der Widder-Mensch mag weder Unterordnung noch gleichbleibende Tätigkeit. Er liebt keine Teilstücke und Nebenumstände; er denkt im Großen. Die persönliche Initiative braucht Raum für selbständige Entschlüsse.

Die auffallendsten beruflichen Neigungen zcigen sich für den Bereich der Technik: als freier Unternehmer, als Ingenieur oder ein Beruf eines freien Handwerkers auf eigene Rechnung und Gefahr. Auch zum Wissenschaftler, Physiker, Mediziner, Chirurg, Sportler, zur Führungskraft in der Wirtschaft eignet sich der Widder-Geborene.

Im künstlerischen Bereich interessieren ihn Drama, Tanz, Plastik, kunstgewerbliche Arbeiten. Auch besteht ein Hang zur Rhetorik – als Agitator, Redner oder Anwalt – oder zu Tätigkeiten, bei denen es auf eine gewisse Suggestiv- und Willenskraft ankommt, wie dies beim Tierzüchter, Dompteur, Jäger, Politiker, Offizier, Soldat, Artist zutrifft. Bevorzugt wird der Kampfsport: Boxen, Ringen, Fußball.

Es gibt in diesem Zeichen zahlreiche dominierende Maler, Musiker, Schauspieler und Schriftsteller.

Die Widder-Frau ist entsprechend geprägt. Sie will erobern, die Macht genießen, beruflich, aber auch in der Liebe und Ehe. Ihre Haltung pendelt zuweilen zwischen herber Abweisung und großer Begeisterungsfähigkeit. Sie will überall dominieren, will die Erste sein. Es besteht eine krankhafte Angst vor einem Versagen, im Beruf ebenso wie in der Ehe. In einer Ehe wird die Widder-Frau stets die beherrschende Rolle spielen.

Dem männlichen Widder-Geborenen ist Liebe meist Leidenschaftlichkeit und Triebangelegenheit schlechthin. Zu- oder Abneigung der Partnerin interessiert dabei wenig. Der weibliche und der männliche Widder-Typ leben über die Eigenarten ihrer Partner hinweg.

Man spart sich die Zeit für unnütze Überlegungen; man ist schon längst aktiv, wenn andere noch zögern und zaudern. Der Widder-Mensch weiß, wann er als erster Hand anlegen kann. Er ordnet sich aber sofort unter, wenn jemand kommt und Befehle gibt; dann ist er der beste Kamerad und Kumpel.

Dem Widder unterstehen Kopf, Muskeln, Sehnen, Knorpel, Zähne, die roten Blutkörperchen, die Schädelknochen, die Augen, das Großhirn und alle Kopfnerven. Es besteht eine Disposition zu entzündlichen, fiebrigen Leiden oder Verletzungen, Wunden, Geschwüren. Operative Eingriffe, Blutergüsse, Kopfschmerzen, Schwindelanfälle, Verbrühungen, Schlaganfälle können auftreten.

Auch besteht die Gefahr geistiger Überanstrengungen, von Nervosität und Nierenbeschwerden.

Wichtig ist eiweißhaltige Kost. Für Kopfarbeiter ist Sauerstoff und ausreichende tägliche Bewegung notwendig.

Die besten Partner für Widder-Menschen sind geboren mit der Sonne im Zeichen Schütze (21. 11. bis 20. 12.) oder Löwe (21. 7. bis 21. 8.). Ein gutes Auskommen gibt es auch mit Partnern des Zeichens Wassermann (20. 1. bis 18. 2.) oder Zwillinge (21. 5. bis 20. 6.). Weniger günstig für den Widder sind die Zeichen Krebs (22. 6. bis 21. 7.) und Steinbock (22. 12. bis 20. 1.).

Symptome des Widders

Wirkung auf den Charakter:

+ energisch, eifrig, durchgreifend, fruchtlos, mutig, entschlossen, kühn, stark, optimistisch;

– eigenwillig, rauh, draufgängerisch, dreist, aufbrausend, leicht erregt, unzufrieden, nachtragend, trotzig, starrköpfig, hartnäckig, habgierig, zänkisch, zerstörungswütig.

Das persönliche Auftreten:

+ energisch, kraftvoll, mutig, gebieterisch, ritterlich, militärisch, laut, impulsiv, temperamentvoll, forsch;

– aufdringlich, herausfordernd, angriffslustig, leidenschaftlich, zügellos, derb.

Denken:

+ scharfsinnig, sprühend, ergründend, bahnbrechend, schöpferisch, eindringend, idealistisch, enthusiastisch;

– eigensinnig, parteiisch, erregbar, kriegerisch, störrisch, gehässig, wirr.

Fühlen:

+ elementar, triebhaft, temperamentvoll, leidenschaftlich, heißblütig;

– draufgängerisch, begehrend, sinnlich, tollkühn, zügellos, übermäßig, ausschweifend, lasterhaft, wollüstig, nehmend, vergewaltigend, eifersüchtig.

Wollen:

+ Das Erstrebte unter Aufbietung aller zur Verfügung stehenden Kräfte erreichen wollen. Einsatz aller Kräfte, um unverzüglich zu einem Resultat zu kommen. Unbeirrbar, gradlinig auf das vorgestreckte Ziel zuschreitend. Sich mit vollen Segeln ins Leben stürzen. Aufbauwille. Kampf um Ideale, um Wahrheit und Gerechtigkeit. Zum Führer einer großen Idee heranwachsen wollen;

– Mit Gewalt zum Ziel gelangen. Sich durchsetzen wollen um jeden Preis. Der Zweck heiligt die Mittel. Mit dem Kopf durch die Wand wollen. Wille zur Macht. Zwietracht säen. Zerstörungswille.

Handeln:

+ selbständig, energisch, durchgreifend, unternehmungslustig, aktiv, impulsiv, eifrig, entschlossen, schaffend, tatenfroh, tapfer, kühn, mutig, heroisch, ehrgeizig, rasch, schnell. Die persönliche Initiative;
− voreilig, verfrüht, ungeduldig, unduldsam, hastig, wild, leichtsinnig, verschwenderisch, waghalsig, unbedacht, unvorsichtig, rücksichtslos.

Wirkung auf das Schicksal:
Die eigene Persönlichkeit ist Mittelpunkt aller Auswirkungen. Aktionen, Kämpfe, Siege und Verluste derselben.

Ideell:

+ Anstrengungen, Anspannungen, Stürme der Begeisterung. Idealistische Unternehmungen. Gewaltige Fortschritte. Innere Siege. Die Herausstellung der eigenen Persönlichkeit;
− falscher Gebrauch der Willenskräfte. Innere Krisen verursachen Mißerfolge. Man neigt dazu, alles zu verdammen, wodurch unlösbare Probleme entstehen. Abenteuerliche Unternehmungen. Reibungen, Auseinandersetzungen, Konflikte. Zerwürfnisse, Trennungen.

Materiell:

+ Sieg über Widerstände, feindliche Mächte. Erfolge, Beförderungen. Aufstieg der vorwärtsdrängenden, selbstbewußten Persönlichkeitskraft;
− Kämpfe, Aufruhr, Niederlagen. Unfälle, Verletzungen, Operationen. Lebensgefahren, gewaltsamer Tod. Feuersbrunst, Explosionen, Verluste durch Naturkatastrophen (wie Kriege, Revolutionen und Wetterkatastrophen).

Kunst:
Kriegskunst. Radieren, gravieren und andere technische Künste.

Wissenschaft:
Chirurgie, Naturwissenschaft (insbesondere Physik und Chemie), Technik.

Tiere:
Widder, Wolf, Raubkatzen, stechende Insekten, Tiere mit Krallen.

Pflanzen:
Stechpalme, Dornensträucher, Brennessel, Distel, Nadelbäume (zum Beispiel Fichte), Zwiebel, Knoblauch, Rettich; alles Bittere, Scharfe, Stechende, Brennende.

Edelsteine:
Rubin, Jaspis, Magnetstein.

Metalle:
Eisen, Stahl.

Farbe:
Rot.

Gegenstände:
alle Eisen- und Stahlwaren, Maschinen, Handwerkszeug. Alles, was sticht; Stich- und Schußwaffen. Musikinstrumente, die Getöse machen (wie Pauken und Trompeten). Von Nahrungsmitteln: Senf, Pfeffer, Essig; alle scharfen Gewürze.

Gegend:
trockene, heiße Wüste, unfruchtbare Gegenden, feuerspeiende Berge.

Orte:
Fabriken, Kasernen, Operationsräume, Schlachthäuser; auf dem Schlachtfeld, in einer Brennerei, im zoologischen Garten.

Länder:
Deutschland (insbesondere das ehemalige Preußen), England, Dänemark, Palästina, Syrien, Japan.

Städte:
Berlin, Hameln, Hannover, Linden, Lindau, Nienburg, London, Kopenhagen, Krakau, Utrecht, Saragossa, Leicester, Blackburn, Birmingham, Padua, Verona, Florenz, Neapel, Capua.

Wochentag:
Dienstag.

Bedeutende im Zeichen Widder geborene Persönlichkeiten:

Herbert von Karajan
Otto von Bismarck
Erich Ludendorff
Wladimir Iljitsch Lenin
Nikita Chruschtschow
Ernst Thälmann
Joseph Haydn
Johann Sebastian Bach
Leonardo da Vinci
Casanova
Charlie Chaplin
Wilhelm Busch
O. W. Fischer
Edgar Wallace
Hardy Krüger
Brigitte Horney

Doris Day
Gregory Peck
Anna Magnani
Wernher von Braun
W. C. Röntgen
Leopold Stokowski
Arturo Toscanini
Peter Ustinov
Elsa Brandström
Lucrezia Borgia
Bette Davis
Maxim Gorki
Karl der Große
Franz Lehár
Gustav Scholz
Sonja Henie

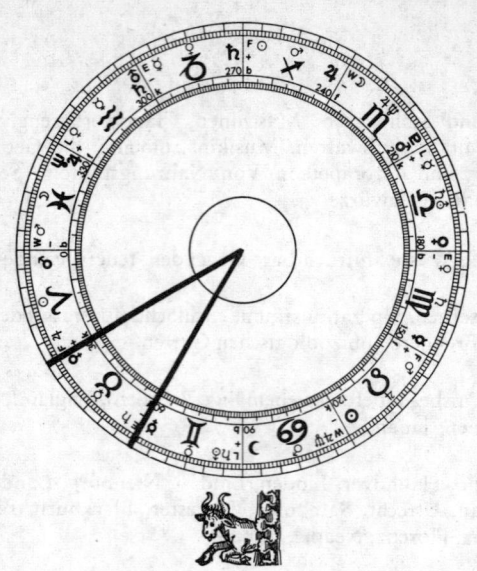

DAS ZEICHEN STIER
Geboren vom 21. 4. – 21. 5.

Herrschender Planet: Venus.

Geschlecht: weiblich.

Element: Erde.

Temperament: phlegmatisch.

Typus: der natürliche Mensch, der naturverbundene, instinkthafte Mensch, der Dulder, der materialistische Mensch, der Trotzkopf.

Gestalt: kurz, gedrungen, fleischig.

Gesicht: runde, volle Gesichtszüge, breite, aber nicht hohe Stirn, sanfter, gutmütiger, heiterer, freundlicher Blick, volle Lippen, stark entwickelter Nacken.

Physiologische Entsprechungen: Hals, Kehlkopf, Nacken, Mandeln, Stimmbänder, Rachen, Schilddrüse, Unterleibsorgane, Drüsen, Haut, Speicheldrüse.

Der Stier-Typ wird von der Venus beeinflußt. Es ist die Zeit, da der Frühling auf der ganzen Linie gesiegt hat, ein Umstand, der auch in Ihrem Charakter einen Abglanz verbreitet. Man erkennt das an der friedlichen, ausgeglichenen Stimmung, in der Sie sich im allgemeinen befinden, aber auch daran, daß Sie großer Leidenschaftlichkeit fähig sind. Starkes Liebesverlangen, verbunden mit leichter Eifersucht, aber auch das Verlangen nach den Annehmlichkeiten des Lebens kennzeichnen Ihren Charakter. Aus Eigenwille und Trotzigkeit fühlen Sie sich leicht beleidigt und sind nur schwer wieder zu versöhnen. Auch etwas rechthaberisch sind Sie und kritisieren gern. Ratschlägen sind Sie nicht leicht zugänglich. Sie dulden keinen Widerspruch und können aufbrausen, wenn Sie sich in etwas verrannt haben. Dabei sind Sie schwer zu überreden, so daß Sie sich gegebenenfalls über alles hinwegsetzen. Begründet sind diese Eigenschaften durch das tief in Ihrer Seele wurzelnde Mißtrauen und die große Vorsicht anderer Menschen gegenüber. Sie sind nicht rücksichtslos, wohl aber zäh und standhaft in der Verfolgung Ihrer Ziele. In ruhiger Überlegung führen Sie oft Ihre Angelegenheiten bequem und beharrlich zu Ende. Ihre Strebsamkeit ist gut ausgebildet, so daß sie nicht in Unruhe und Unrast ausarten kann. Eine gewisse Kehrseite finden wir hingegen in einem starken Zug zur Pedanterie, zum Dogmatismus und zur Eigenbrötlerei.

Sie besitzen eine vortreffliche Kombinationsgabe und scharfe Logik. Sie würden mit dieser Eigenschaft noch viel weiter kommen, wenn Sie nicht so schwer zu beraten wären; Sie müssen, was Rückschläge anbelangt, Ihre Erfahrungen selber machen.

Da Ihr Streben in hohem Maß auf das Irdische gerichtet ist und Sie starke materielle Interessen haben, erscheint Ihnen der Besitz irdischer Güter als unbedingte Vorbedingung zum häuslichen Glück. Leicht finden Sie sich im Wirtschaftsleben zurecht. Ihr großes Organisationstalent kommt Ihnen dabei zu Hilfe, so daß Sie es zu einem gewissen Wohlstand bringen und sogar zu Reichtum und Ansehen gelangen können. Dabei sind Sie nicht als selbstsüchtig zu bezeichnen, denn die Sparsamkeit, die Sie pflegen, entspringt nur Ihrer Vernunft. Sie sind ernst und verschlossen; Sie lieben die Bequemlichkeit und die Annehmlichkeit.

Sie sind hilfsbereit anderen Menschen gegenüber, mit denen Sie unter Umständen bereit sind, die Sorgen zu teilen. In Freundschaften sind Sie beständig, in Liebesangelegenheiten nicht unbedingt, da eine starke sinnliche Triebkraft zu Leidenschaften verführt.

Der Umstand, daß Sie großen Wert auf gutes Essen und Trinken legen, verweist auf die Krankheiten, unter denen Sie zu leiden haben oder zu denen Sie neigen. Gefährdet sind Hals, Kehlkopf, Nacken, Unterleib und

Nieren. Heiserkeit, Schwellungen, Erkältungskrankheiten, Bronchitis sind möglich. Stier-Geborene lieben eine herzhafte, zuweilen fette Kost; dies bringt Gefahren mit sich. Die Ernährung sollte eine möglichst abwechslungsreiche und leichte sein. Im reiferen Alter zeigt sich eine gewisse Vorliebe für Bequemlichkeit; dies führt zu Gewichtszunahme. Sportliche Betätigung wäre angebracht, dazu gehört aber eine gewisse Willenskraft, die nicht jeder Stier-Beeinflußte hat.

Stier-Geborene haben meist ein großes Selbstbewußtsein, einen festen Willen; sie zeigen Beharrlichkeit, Standhaftigkeit, Ausdauer und ruhige Überlegung. Es konzentriert sich jedoch alles stark auf das eigene Wohlergehen und auf möglichst sorglosen Lebensgenuß.

Das Selbstgefühl artet oft in Einbildung, Pedanterie, Rechthaberei und Trotzigkeit aus. Der Stier-Geborene ist schwer versöhnlich und trägt lange nach. Auch zeigt sich eine gewisse Reserviertheit in Gefühlsdingen. Man läßt sich ungern in sein Inneres blicken, neigt dabei zur Schweigsamkeit.

Heikle Dinge wird der Stier-Geborene gern umgehen; „Was ich nicht sehe, ist nicht da", ist seine Devise. Er braucht festen Boden unter den Füßen, lehnt unsichere Experimente ab und beharrt im soliden Ausbau des Gegebenen. Er läßt stets „die Kirche beim Dorf".

Der Stier-Geborene hat meist ein gutes Gedächtnis, lernt leicht, besitzt viel Phantasie und Intuition. Trotz aller Neigung zur Ruhe und Bequemlichkeit neigt er doch zu praktischen Betätigungen und zeigt sich sehr geschickt. Im allgemeinen ist er empfindsam, feinsinnig und besitzt Liebe zur Natur, zu Wissenschaften und Künsten.

Die beruflichen Neigungen der Stier-Geborenen gelten Berufen, in denen es auf eine gleichmäßige Abwicklung mit Verantwortlichkeit für bestimmte Dinge ankommt: wie Verwaltungen, Finanzämter, Materiallager, Museen, Personalbüros, Bibliotheken, Banken, Geldinstitute, kunstgewerbliche Werkstätten. Auch die Nahrungsmittelindustrie, Farbenchemie, Botanik wäre günstig, ebenso Betätigungen in Mode, Kosmetik, Textilindustrie. Oft zeigt sich auch eine mathematische Begabung, ein Denken mit festen, berechenbaren Größen. Der Stier-Geborene eignet sich ebenso zum Landwirt, Obst- und Blumenzüchter sowie zum Beruf als Kindergärtnerin, Sozialbetreuerin und Lehrerin.

Stier-Beeinflußte haben betont irdische Neigungen. Was gefällt, läßt durchaus nicht kalt und gleichgültig. Man versucht dann auch nicht, eine andere Haltung vorzutäuschen. Menschen, die nahestehen, sind Sie freundlich gesinnt und anhänglich; wenn Ihre Gefühle aber aus irgendeinem Grund erkalten, brechen Sie eine Beziehung entschlossen ab.

In Ihnen schlummert eine Energie des Willens und des Verlangens, oft in ruhender Form unterdrückt, bis sie, wenn herausgefordert, befreit wird; dann bricht die ganze zurückhaltende Kraft des Stier-Geborenen mit der Macht einer Explosion hervor. Sie verschwenden jedoch ihre Kraft nicht; und es bedarf einer großen Anstachelung, Sie zu erregen. Aber wenn Sie einmal gründlich aufgeregt sind, können Sie wütend und geradezu rasend werden vor Zorn; wie ein wilder Stier – gewöhnlich zum Erstaunen derjenigen, die den Angriff herbeigeführt haben.

Eine Stier-Frau besticht durch ihre Natürlichkeit, ihre elegante und modische Erscheinung. Im Beruf und in der Ehe zeigt sie große Stärke und Beharrlichkeit.

Der starke Venus-Einfluß gibt ihr einen großen Anteil an Charme, Liebenswürdigkeit, Lebenslust, Freundlichkeit und echtem Sexgefühl. Die schönen Dinge des Lebens werden sehr geschätzt. Dies zeigt sich schon in der Ausschmückung des eigenen Heims. Überall spürt man einen sicheren Geschmack und Harmonie. Sie wird sich praktisch, aber modisch und geschmackvoll kleiden. Geld spielt im Leben der Stier-Frau eine große Rolle. Sie versteht damit umzugehen und wird es nicht verschwenden.

Sie, die Stier-Frau, sind ein ausgesprochen sinnlicher Mensch, dabei aber in Ihrem Wesen natürlich, hingebungsvoll, echt weiblich, zärtlich und ewig verliebt. Sie neigen dazu, an einem Mann noch festzuhalten, wenn Sie schon längst wissen, daß er sich von Ihnen gelöst hat.

Sie sind keine „Intelligenzbestie", aber Sie sind aufgeweckt und klug. Sie verfügen über einen gesunden Menschenverstand, lassen sich vom Instinkt leiten, bleiben sachlich, praktisch und standhaft. Sie behalten einen kühlen Kopf und Ihr Gleichgewicht.

Eine Stier-Frau wird auch immer den richtigen Geschmack bezüglich des Essens zeigen. Egal, ob es sich um ein Essen in einem teuren Restaurant handelt oder um eine bescheidene Mahlzeit in einer Schnellimbißstube.

Auch zur Mutter eignet sich die Stier-Frau; sie liebt Kinder und wird sie umhegen und später ihre gute Freundin sein. Feigheit kennt eine Frau des Zeichens Stier nicht. Sie kann sich aufopfern für ihre Familie und das Geld zu ihrem Unterhalt verdienen, wenn es sein muß. Zeichen der Schwäche wird sie nicht zeigen.

Stier-Frauen sind, wie gesagt, unter dem Zeichen der Venus geboren. Dies macht sie meist sehr ansehnlich, gibt ihnen ein harmonisches Äußeres, eine gute Figur. Auch ist die Stier-Frau eine gute Gastgeberin; sie vermag gut zu ordnen und vorzubereiten. Sie ist eine gute Köchin.

Der Stier-Mann hat ein angenehmes Gemüt. Er liebt die Natur, das Geld, überhaupt Besitztum. Er läßt auch andere leben, wünscht jedoch, daß man ihn in Ruhe läßt. Niemand sollte den Frieden – besonders im eigenen Heim – eines Stier-Geborenen stören.

Um erfolgreich und glücklich in der Ehe zu sein, sollten Stiere Partner wählen, deren Sonne im Zeichen Jungfrau (24. 8. bis 23. 9.) oder im Zeichen Steinbock steht (22. 12. bis 20. 1.). Ebenfalls harmonisch passen zum Stier die Geburtszeichen Krebs (22. 6. bis 22. 7.) und Fische (20. 2. bis 20. 3.). Weniger günstig als Partner sind die Tierkreiszeichen Löwe (23. 7. bis 23. 8.), Skorpion (24. 10. bis 22. 11.), Wassermann (21. 1. bis 19. 2.).

Symptome des Stiers

Wirkung auf den Charakter:
+ einfach, natürlich, sachlich, praktisch, ordnungsliebend, fleißig, produktiv, beharrlich, standhaft, vorsichtig, tolerant, lebenslustig, liebenswürdig, freundlich, zäh;
− materialistisch, egoistisch, eigensinnig, halsstarrig, trotzig, hartnäckig, dogmatisch, träge, bequem, unordentlich, geschmacklos, leichtlebig, putzsüchtig, gefallsüchtig, unmäßig.

Das persönliche Auftreten:
+ einfach, natürlich, bescheiden, bestimmt, selbstbeherrscht, zurückhaltend, taktvoll;
− förmlich, steif, nachlässig, bequem.

Denken:
+ vom Instinkt geleitet, sachlich, praktisch, konzentriert, beharrlich;
− einseitig, materialistisch, erdgebunden, starr, beschränkt, dogmatisch, verbohrt, eigensinnig, mit Eifer eigene Ansichten bis zum Fanatismus vertretend, wenig Einsicht.

Fühlen:
+ instinktmäßig, natürlich, unschuldig, unverdorben, hingebungsvoll, anhänglich, treu, zärtlich, sinnenfreudig, ewig verliebt, heiter;
− leichtfertig, sinnlich, ausschweifend, vergnügungssüchtig, genußsüchtig, eifersüchtig.

Wollen:
+ mit der Natur verwachsen; in Ruhe und Gemütlichkeit alles gedeihen, heranwachsen, heranreifen lassend. Konsequent leben, was verfochten wird. Das erstrebte materielle Ziel nicht eher aus den Augen verlierend, als bis es erreicht ist;

- auf keinen Fall sich von den einmal gefaßten Meinungen abbringen lassen. Mit Trotz und Fanatismus werden selbst Dinge vertreten, die sich inzwischen als unrichtig herausgestellt haben. Spießbürger.

Handeln:

+ gefällig, höflich, zweckmäßig, praktisch, ordentlich, ökonomisch, sparsam, fleißig, tüchtig, gehorsam, geduldig, gleichbleibend, zuverlässig, zäh, ausdauernd, stetig, strebsam, ehrgeizig, zielbewußt; zu schwerer, körperlicher Arbeit befähigt;

- langsam, phlegmatisch, schwerfällig, träge, bequem, faul, nachlässig, unordentlich.

Wirkung auf das Schicksal:

Im Mittelpunkt stehen alle materiellen Belange, die Erwerbsfähigkeit; alles was sich auf den Besitz des Geborenen bezieht.

Ideell:

+ Entwicklung der Talente, Förderung des geistigen Besitzes, des Instinkts. Die natürlichen Eigenschaften des Geborenen entfalten sich. Das Gefühl der Verbundenheit mit der Natur ist in einem steten Wachsen begriffen;

- Stagnation der Talente und Fähigkeiten durch übermäßiges Ruhebedürfnis, Passivität. Der Geborene begnügt sich mit dem, was er erworben hat, zimmert sich damit seine Welt; er fragt nicht nach deren Beschränkung und verschanzt sich noch mehr darin, wenn Angriffe von außen diese stabil gebaute und beharrlich vertretene Welt zu zertrümmern drohen.

Materiell:

+ Besitzerweiterung, Einnahmen, gewinnbringende Geldgeschäfte, materielle Vorteile, Liebesfreuden, Lebensfreude;

- materielle Einbußen, Besitzverluste, Liebeskummer.

Kunst:

Baukunst, Kunstgewerbe, Gartenbaukunst, Gesangskunst.

Wissenschaft:

Wirtschaftskunde, Nationalökonomie, Botanik.

Tiere:

Maikäfer, Lamm, Stier, Reh, Singvögel.

Pflanzen:

die Natur an sich. Feldblumen, Linde, Birne, Kirsche, Erdbeere, Pflaume, Banane, Weizen.

Edelsteine:

hellblauer Saphir, Achat, Smaragd, Türkis, Koralle, Perlen.

Metall:
Kupfer.
Farbe:
das Grün der Natur.
Gegenstände:
Blumen, alle Schmucksachen, Kleider, Hüte, Besitz jeglicher Art, vor allem Geld.
Gegend:
Wiesen, auf dem Land.
Orte:
in Blumengärten, im Modesalon, Friseursalon, in kunstgewerblichen Werkstätten, in Tuchfabriken, Konfektionsgeschäften, Zucker- und Schokoladenfabriken, in der Bank und anderen Geldinstituten (wie Sparkassen, Finanzämter).
Länder:
Lothringen, Polen, Schweden, Persien, Kleinasien, Zypern, Weißrußland, Irland, Schweiz, Griechenland, Kaukasus.
Städte:
Zürich, Luzern, Palermo, Rhodos, Parma, Mantua, St. Louis, Dublin, Naumburg, Merseburg, Dresden, Leipzig, Zwickau, Plauen, Chemnitz, Würzburg, Halle, Bitterfeld, Eisleben, Sangerhausen, Nordhausen, Schweinfurt, Aschaffenburg, Weißenfels, Kitzingen, Kissingen.
Wochentag:
Freitag.

Bedeutende im Zeichen Stier Geborene Persönlichkeiten:

Gary Cooper	Alfred Krupp
Bing Crosby	Axel Springer
Harry S. Truman	Stewart Granger
Golda Meir	Ruth Leuwerik
Fred Astaire	Yehudi Menuhin
Fernandel	Orson Welles
Bernhard Grzimek	Fritz von Unruh
Karl Marx	Martine Carol
Gustav Stresemann	Olga Tschechowa
Max Frisch	Werner Finck
Sigmund Freud	Audrey Hepburn
Hans-Joachim Kulenkampff	William Shakespeare
Fritz Kortner	Jean Gabin
Adolf Hitler (ist auf Grund der	Immanuel Kant
Geburtsstunde Stier, nicht Widder)	

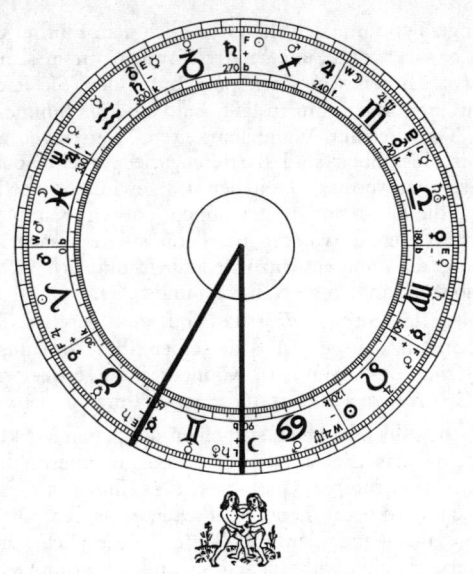

DAS ZEICHEN ZWILLINGE
Geboren vom 22. 5. – 21. 6.

Herrschender Planet: Merkur.

Geschlecht: männlich.

Element: Luft.

Temperament: sanguinisch (mit materieller Auswirkung).

Typus: der intellektuelle Mensch, der Sucher, der Rationalist, der dualistische Mensch, der Skeptiker.

Gestalt: mittelgroße Figur, saloppe Haltung, bewegliche Glieder, lange Finger. Gang: beweglich, zappelig, auf- und abgehend, Arme hin- und herschlenkernd, gestikulierend.

Gesicht: schmale, ovale Kopfform, hohe, zuweilen etwas zurückfliehende Stirn, intellektueller, beobachtender, beweglicher Blick, scharf hervortretende Nase, schmale Lippen, etwas hervortretendes Kinn.

Physiologische Entsprechungen: Gelenke, Schultern, Arme, Hände; die ausführenden Glieder des Menschen, als die Anzeiger seiner Intelligenz, seiner Gewandtheit und seines Geschicks. Gehirn, Nervensystem, Zunge, Sprechwerkzeuge, Lunge, Luftröhre, Bronchien, Rippenfell.

Der Zwillinge-Typ untersteht hauptsächlich dem Einfluß des Planeten Merkur. Das bewirkt, daß Sie eine Art Doppelnatur in sich vereinigen. Da ist zunächst der seelische Zwiespalt, unter dem Sie leiden, der Sie innerlich nicht zur Ruhe kommen läßt. Bald sind Sie himmelhoch jauchzend, bald zu Tode betrübt. Wandelbarkeiten, Weitschweifigkeiten, zeitweilige Unentschlossenheit sind Barrieren, die nur ein hochgespanntes Wollen zu beseitigen vermag. Sie haben das gewiß schon selbst empfunden und dabei die Überzeugung gewonnen, daß ein Kampf zur Beseitigung dieser Barrieren notwendig ist, denn sie verursachen auch jene Seelenstimmung der inneren Unzufriedenheit mit sich selbst und der Umwelt, die so stark an den Nerven zerrt und zehrt.

Erfreulich ist, daß Sie in der Lage sind, eine gewisse Zähigkeit zu entwickeln; schlecht dagegen, daß derselben Ihre Unschlüssigkeit entgegentritt, die manches verhindert. Können Sie diese überwinden, dann wird eine um so größere Tatkraft und Energie Ihnen in den Schoß fallen.

Typisch ist auch Ihr Bestreben, sich einen doppelten Wirkungskreis zu schaffen, jedesmal das Ziel zu wechseln und mit unermüdlichem Eifer zu verfolgen. Ihr unruhiger Geist macht es Ihnen nicht leicht, Ihre Gedanken in das praktische Leben einfließen zu lassen. Oft denken Sie sich eine Sache aus – aber damit ist diese für Sie auch schon erledigt, denn deren Verwirklichung überlassen Sie anderen. Eine Gefahr ist, daß Sie anders reden, als Sie handeln.

Eine gute Intelligenz ist Ihnen zu eigen; durch lebhafte Wißbegier bildet sie sich weiter aus. Ihr geistiger Blick ist in die Breite gerichtet; daher ist es Ihnen ein leichtes, Dinge und Probleme von den verschiedensten Seiten aus zu betrachten, was wiederum gefördert wird durch die Gabe, sich in Seelen und Sachen leicht einfühlen zu können. Daraus ist aber auch zu folgern, daß Sie sehr vielseitig sind, man kann sagen, fast zu vielseitig, was oft auf Kosten der Gründlichkeit geht. Das macht die Phantasie, die im Sturmschritt zwischen den verschiedenen Begriffen und Vorstellungen Brücken zu schlagen vermag, die Ihnen aber auch zu einem Vermittler des Neuen, Werdenden wird und Ihnen eine feine Witterung für alles gibt, was „in der Luft liegt". Ihre nie versagende Intuition und Ihr gutes Gedächtnis kommen Ihnen dabei zu Hilfe; und durch Vorurteile lassen Sie sich den Blick nicht trüben.

Sie leiden viel unter dem Übergewicht Ihres nervösen Temperaments und verfallen deshalb oft in Selbstquälerei und Beklemmung. Auch Angstzustände, die ihren Ursprung in der Sensitivität haben, können stark ausgeprägt sein. Es entstehen daraus Selbsttäuschungen, die Sie pessimistisch stimmen und Ihre Gesundheit zu untergraben vermögen. Zuweilen sind Sie empfindlich, um im Daseinskampf erfolgreich zu sein.

Oftmals führen Sie Ihre Arbeiten nicht zu Ende. Menschen gegenüber sind Sie liebenswürdig, verbindlich und anpassend, im Wesen lebhaft, reizbar und eigenwillig. Erfahrene Kränkungen vergessen Sie kaum; auch Widersprüche gegen Ihre Pläne und Ideen, von denen Sie ganz eingenommen sind, verzeihen Sie nicht. Sie berichten gern über Ihre Vorhaben und fühlen sich geschmeichelt, wenn man Ihnen nicht widerspricht. Es soll nicht verkannt werden, daß Ihre Ideen tatsächlich eine Grundlage besitzen, die in ihrem Wert weit über dem Durchschnitt steht, schafft doch Ihr Ideenreichtum und Ihr Erfindungsgeist oft Originelles, das einer Anerkennung würdig ist.

Sie könnten sich manchen Weg ebnen und im Leben viel erreichen, wenn Sie sich mehr konzentrieren und auf ein bestimmtes Ziel einstellen würden. Dies müßte auch mit unbeugsamer Energie verfolgt und alles bis zu Ende durchdacht und durchgeführt werden. Gelingt Ihnen das einmal, dann werden Sie feststellen, daß sich Ihre Anschauung dem Leben und Schicksal gegenüber gewaltig ändert, wie Sie Geschmack an der Arbeit finden und es Sie immer wieder zu neuen Taten und Aufgaben drängt.

So ist der Weg zu erobern, der nicht nur materiell, sondern auch ideell befriedigend und beglückend ist. Sie verfügen ja über die Voraussetzungen: Lernbegierde, Ideenreichtum, Zähigkeit (wenn Sie es nur wollen), Bildung. Benützen Sie dieses Werkzeug, machen Sie damit Ihr Gesellenstück; wenn es nicht gleich das Meisterwerk wird, ist es auch nicht tragisch. Beginnen Sie damit, und zwar sofort; der Anfang ist alles.

Sie lieben Abwechslung und Veränderungen und besitzen die Fähigkeit, sich den momentanen Anforderungen anzupassen. Sie haben eine Vorliebe für Einzelheiten und sind in geistiger Hinsicht wendig, gescheit, schnell, sensitiv; und Sie besitzen auch einigen Ehrgeiz. Sie neigen jedoch dazu, zu weitschweifig zu werden und Ihre Kräfte mehr zu verzetteln, als dies gut ist.

Sie besitzen im allgemeinen eine liebenswürdige, gütige, anpassungsfähige, willige Charakterveranlagung. Sie sind wenig selbstsüchtig, aber freigebig, freundlich und zuvorkommend; etwas nervös, fahrig, in allen Bewegungen sehr unruhig; Sie können selten ruhig sitzen oder stehen, haben einen raschen Gang, sind redselig, begeisterungsfähig.

Sie zeichnen sich durch Hilfsbereitschaft aus und beschäftigen sich gern mit den Sorgen anderer Menschen. Wenn Sie auch manchmal leicht gereizt sind, so beruhigen Sie sich doch sehr schnell wieder; wenn Sie mitunter in heftigen Zorn kommen, so bereuen Sie das rasch wieder und suchen Unrecht gutzumachen.

Trotz Ihrer angeborenen Veränderlichkeit besitzen Sie einen festen,

starken Willen, zeigen auch große Neigung zum Befehlen, ohne aber in Hochmut oder Tyrannei zu verfallen.

Der Zwillinge-Geborene nützt intensiv den Augenblick, ist dann gesprächig, neugierig, wendig und witzig. Er ist ein Meister des Debattierens, bringt es fertig, sich heute für eine Sache lebhaft einzusetzen, sie morgen aber mit anderen Argumenten lebhaft zu bekämpfen.

Als Zwilling besitzen Sie eine geistreiche Kombinationsgabe, ein gutes Erinnerungsvermögen, einen erstaunlichen Tatsachensinn. Zuweilen aber zeigen Sie auch einen Mangel an übergeordneten Gesichtspunkten, sind ohne Tiefgründigkeit, oberflächlich im Urteil, neigen zu sophistischer Beweisführung. Auf der einen Seite zeigen sich schöngeistige Interessen, Gestaltung der Empfindungen, Feingefühl, Heiterkeit, auf der anderen Seite aber auch Unvernunft, Heuchelei, Grundsatzlosigkeit, Überschätzung der eigenen Fähigkeiten, Leichtfertigkeit.

Der Zwillinge-Geborene braucht Bewegung, jagt immer dem Neuen nach, will sich mitteilen, möchte möglichst zwei Eisen im Feuer haben.

Die Neigungen der Zwillinge tendieren zu Berufen, bei denen es auf Schnelligkeit, Wendigkeit, eine gute Spürnase und einen gesunden Menschenverstand ankommt. Besondere Eignung besteht deshalb für Tätigkeiten, die mit Presse, Journalismus, Redaktionen, Fernsehen, Rundfunk, Verlagen, Büchereien zu tun haben. Sie sind auch als Reporter, Bildberichterstatter und Schriftsteller erfolgreich. Bevorzugt werden aber die kaufmännischen Berufe. Stenotypistinnen, Sekretärinnen, Stewardessen, Reisebürokaufleute sind ebenfalls häufig Zwillinge-Geborene. Auch Wissenschaften und Künste sind noch zu nennen: Graphik, Musik, aber auch Tanz, Ballett, rhythmische Gymnastik, Sport sowie Berufe als Vortragende.

Der Zwillinge-Geborene neigt zu Erkrankungen an den Gliedmaßen (Armen, Händen, Fingern), Atmungsorganen (Bronchien, Lunge), an Luftröhre, am Nervensystem und Rippenfell. Neuralgien, Asthma, Übererregbarkeit, Sprachfehler können auftreten.

Zwillinge-Geborene fühlen sich meist dann wohl, wenn sie immer in Bewegung sind. Aber gerade dadurch wird ihr Körper allmählich überfordert. Dier Zwillinge-Typ braucht eine möglichst abwechslungsreiche, hochwertige Ernährung, wenig Fleisch, viel Obst, Salate, Gemüse. Nikotin ist möglichst zu meiden. Viel frische Luft und ausreichende Nachtruhe werden benötigt. Wer besonders anfällig ist, sollte alles meiden, was die Lungen schädigen könnte.

Die Zwillinge-Frau zeigt große Heiterkeit und Beschwingtheit, Leichtblütigkeit und Fröhlichkeit sowie Sorglosigkeit. Sie ist immer zu Späßen, Feiern und Verrücktheiten aufgelegt. Sie macht „müde Männer munter".

Sie zeichnet sich besonders durch eine rasche Auffassung, Vielseitigkeit, Schlagfertigkeit und Diplomatie aus. Sie kann aber auch weich, anschmiegsam, andererseits etwas neugierig und ziellos sein. Der Umgang mit Menschen wird gepflegt; dabei kommt ihr ein gutes Anpassungsvermögen zugute. Wendig und geschickt kann sie über jedes Thema sprechen. Ein harmonisches Ausgleichs- und Einfühlungsvermögen macht sie gesellig und gastfreundlich. „Zwei Seelen wohnen, ach, in meiner Brust", schrieb Goethe im *Faust*. Das charakterisiert auch die Zwillinge-Geborene. Es besteht eine starke Bindung an Kindheitserinnerungen, auch an die Eltern, selbst wenn Zwillinge-Kinder sich gegen diese auflehnen.

Doch auch die Zukunft interessiert die Zwillinge-Frau. Sie nimmt Anteil an modernen Erfindungen, an der Mode, an Dingen und Plänen, die sich eines Tages verwirklichen werden.

Sie scheut sich, selbst in mittleren Jahren nicht, noch etwas Neues zu lernen. Der lebhafte Verstand muß immer beschäftigt sein. Deshalb liegt der Zwillinge-Frau die Hausarbeit nur wenig. Dagegen fühlt sie sich im Berufswettkampf sehr wohl.

Die Zwillinge-Geborene wird innerlich nie alt; sie ist ewig verliebt, von der Kindheit bis in das hohe Alter. Zahlreiche Liebesaffären gibt es bereits in der Jugend. Sie liebt die Liebe, Sex ist dabei nicht so wichtig; sie glaubt, daß ihre Liebe die große Liebe sein muß. Zuweilen hat sie den Eindruck, daß ihr Partner der Falsche ist; der, den sie möchte, ist meist schon gebunden.

Verheiratete Männer spielen oftmals in ihrem Leben eine große Rolle. Es gibt dann einen Zeitpunkt, da macht man „reinen Tisch", Schluß mit den Liebschaften und ist fest entschlossen, den richtigen Partner zu wählen. Ob man Glück dabei hat, entscheidet das persönliche Horoskop.

Der Zwillinge-Mann liebt Menschen, viele Menschen. Da er ein ausgezeichneter Gesprächspartner ist, wird er der Liebling jeder Gastgeberin sein. Er verfügt über eine ausgezeichnete Dialektik, Stilgefühl, logisches Schlußvermögen; er ist anpassend, vermittelnd und gewandt. Er besitzt eine gute Vorstellungskraft, Konzentrationsfähigkeit, Planmäßigkeit und Tatsachensinn.

Der Zwillinge-Geborene sammelt ständig neue Eindrücke. Seine Phantasie kennt keine Grenzen. Er möchte hoch, sehr hoch hinaus. Die rasche Auffassungsgabe gibt ihm die Fähigkeit, mehrere Dinge zur selben Zeit zu tun. Ein Zwilling mit unausgenützten Begabungen wird leicht bitter, scharf, ironisch und enttäuscht werden. Auch einen Zwillinge-Mann verbinden starke Bande mit seiner Mutter. Zwillinge neigen dazu, alte Freunde für neue aufzugeben, aber nicht etwa aus Herzlosigkeit: sie sind so veränderlich, daß für sie nur die Menschen aktuell sind, die augen-

blicklich interessieren. In der Ehe ist der Zwilling verständnisvoll. Er ist aber nicht immer treu; er neigt zu Liebesaffären, die meist nur von kurzer Dauer sind. Zur Ehefrau kehrt er keineswegs schuldbeladen zurück. Er ist Realist und nützt jede Herausforderung. Für alle Handlungen hat er einen Grund. Gibt man ihm kein Recht und pflichtet seiner Meinung nicht bei, so zeigt er sich unvernünftig, einsichtslos und stur.

Er läßt sich nicht an die Kette legen. Aber auch er vermag eine müde gewordene Ehe wieder lebendig und reizvoll zu machen.

Zwillinge passen am besten zu Menschen, deren Sonne im Zeichen Waage (22. 9. bis 21. 10.) oder im Zeichen Wassermann steht (21. 1. bis 18. 2.). Ebenfalls harmonisch passen zum Zwillinge-Geborenen die Tierkreiszeichen Löwe (22. 7. bis 21. 8.) und Widder (21. 3. bis 20. 4.). Weniger günstig als Partner sind die Geburtszeichen Jungfrau (22. 8. bis 22. 9.) und Fische (19. 2. bis 20. 3.).

Symptome der Zwillinge

Wirkung auf den Charakter:

+ intellektuell, rationell, konkret, lernbegierig, wißbegierig, belesen, gebildet, geistvoll, verständnisvoll, weltgewandt, intelligent, interessant, vielseitig, beobachtend, aufmerksam, aufnahmefähig, aufgeweckt, ordentlich, ehrlich, lebhaft, flink, findig;

– nervös, neurotisch, unbeständig, unruhig, rastlos, zerrissen, zersplittert, dualistisch, zerstreut, zerfahren, unentschlossen, haltlos, ziellos, gleichgültig, unfertig, oberflächlich, aufdringlich, unverfroren, durchtrieben, raffiniert, berechnend, neugierig, lügnerisch, falsch, unehrlich, verleumderisch, intrigant, hinterhältig, charakterlos, der Verstellung fähig, einmischungssüchtig, eingebildet, blasiert, aufgeblasen, dünkelhaft.

Das persönliche Auftreten:

+ gewandt, bedacht, diplomatisch, klug, lebhaft, gesprächig, redegewandt;

– unruhig, undiszipliniert, nervös, zappelig, geschwätzig, wichtigtuerisch.

Denken:

+ beweglich, rege, lebhaft, schnell, rasch erfassend, jeder Situation gewachsen, anpassend, gewandt, vielseitig, weltklug, logisch, interessiert, idealistisch, wissenschaftlich, scharfsinnig, spitzfindig, klug, gedankenvoll, geistvoll, diplomatisch, gescheit, aufgeweckt, erfinderisch, beredt, klar, intelligent, verständig, aufmerksam, aufnahmefähig, anpassungsfähig;

– krittelig, sprunghaft, unzusammenhängend, unkonzentriert, zerris-

sen, zersplittert, zerstreut, ungenau, ungründlich, flüchtig, zerfahren, veränderlich, haltlos, gedankenlos, unfertig, oberflächlich, sensationell, satirisch, sarkastisch, ironisch, umherschweifend, weitschweifig, verwirrt, urteilslos, ziellos, geschwätzig, vergeßlich, ruhelos, übereilt, vorwitzig, neugierig, altklug, listig, rechthaberisch, besserwisserisch.

Fühlen:
+ verstandesmäßig, vernunftbetont, zweckbestimmt, suchend, vielseitig;
− berechnend, neugierig, oberflächlich, veränderlich, haltlos, ziellos, launisch, reizbar.

Wollen:
+ alles kennen, verstehen, begreifen lernen. Alles mit Verstandesaugen betrachten. Für alles, was man sieht und erfährt, das richtige Wort im rechten Augenblick finden. Ununterbrochenes Bestreben, neuen Dingen nachzujagen, sich zu verändern; kleine Reisen zu unternehmen, um neue Erfahrungen zu sammeln; Besuche zu machen, um über das Erkannte mit anderen Menschen plaudern zu können. Ein Leben im Reich der Gedanken, Luftschlösser bauen, nie den Boden suchend und findend;
− sich zerstreuen wollen, um nur ja nicht über die Wirklichkeit nachdenken zu müssen. Es scheint zu befriedigen, unruhig, nervös – unter Benutzung aller möglichen Um- und Schleichwege – durch die Welt zu jagen (oder richtiger: zu zappeln). Da man nicht an die Wahrheit, an die „letzte Wirklichkeit" glauben will, begnügt man sich mit dem Schein und täuscht sich und anderen diesen als Realität vor. Wenn man irgendeine Sache auf eine Formel gebracht hat, dann hört das Interesse an ihr auf, und man wendet es einem ganz anderen Gegenstand zu. Immer will man zwei Dinge zugleich tun; so geschieht im Grunde gar nichts. Eins verdrängt das andere; so wird nichts zu Ende geführt.

Handeln:
+ besonnen, geschäftig, regsam, fleißig, tätig, gewandt, geschickt;
− unbesonnen, unbeständig, ungeduldig, unruhig, rastlos, nervös, mangelnde Ausdauer, unvollkommen, unvernünftig, unordentlich, systemlos, unentschlossen, unzuverlässig, betrügerisch; sogar Fälschen von Schriftstücken und Unterschriften, verkuppeln, stehlen.

Wirkung auf das Schicksal:
Handel und Gewerbe, Industrie, Presse, Verkehrswesen, Inlandreisen, Besuche, Nachrichten, Neuigkeiten, Reklame, Propaganda, Korrespondenz, Vertragsangelegenheiten, Unterschriften, Zinsen. Die Beziehungen zu Blutsverwandten, insbesondere Geschwistern und Nachbarn. Die Handschrift des Geborenen.

Ideell:

+ besinnliche Eindrücke. Man denkt sich in alle Dinge hinein, verliert sich, um sich bereichert wiederzufinden. Intellektuelle Haltung den Ereignissen gegenüber. Da man versteht, findet man sich ab. Lebhafte Diskussion. Man erteilt Ratschläge und holt Auskünfte ein. Literarische Genüsse. Erfolgreiche Studien;

– unruhige Einflüsse, die das Ich spalten. Die Verdienste anderer werden als die eigenen gefeiert. Unsachliche Haltung dem Schicksal gegenüber. Man will nicht verstehen und schiebt alles Auferlegte von sich. Unliebsame Differenzen und Auseinandersetzungen.

Materiell:

+ alle kaufmännischen Angelegenheiten. Kauf und Verkauf von Gegenständen, Inlandreisen, vorteilhafte Abmachungen, Verhandlungen, erfreuliche Besuche und Ausflüge. Günstige Nachrichten. Bestehen von Prüfungen. Auszeichnungen, Diplome.

– kritische Nachrichten, geschäftliche Sorgen, Fehlspekulationen. Man hat sich verrechnet, Einbuße des Ansehens. Man wird in der Schule nicht versetzt, fällt beim Examen durch und erlebt allerlei Nachteiliges. Verluste durch Unachtsamkeit, Betrug, Diebstahl. Redereien, Klatschereien, Intrigen, Skandale.

Kunst:
Dichtkunst, Redekunst, Schriftkunst.

Wissenschaft:
alle exakten Wissenschaften, Handelswissenschaft, Sprachwissenschaft, Geographie, Pädagogik.

Tiere:
Affe, Fuchs, Spinne, Eichhörnchen, Eidechse; alle schnell laufenden, sich behende fortbewegenden Tiere; Hunde, Bienen, kleine Schlangen, Brieftauben. Papagei.

Pflanzen:
Hafer, Petersilie, Efeu, Hängepflanzen, Fenchel, gelbe Rüben, Haselnuß.

Edelsteine:
Achat, Karneol, Topas, Halbedelsteine und unechte Steine.

Metall:
Quecksilber.

Farbe:
nuanciert, wechselnde Farbeinflüsse, vorwiegend Gelb und Violett.

Gegenstände:
Fahrzeuge, Bücher, Papier, Zeitungen, Zeitschriften, Briefe, Schriftstücke,

Schreibutensilien, Spiegel, Fotoapparat, Fotografien, Telefon, Lexika, Akten, Dokumente.

Gegend:
luftige Gegenden, auf der Hochebene.

Orte:
Schreibstuben, Lesehallen, Bibliotheken, Vortragssäle, Schulen, Universitäten, Lehranstalten, wissenschaftliche Institute, Papierfabrik, Druckerei, Verlag, Buchhandlung, Museen, Warenhäuser, Postamt; in der Eisenbahn, auf der Straße, Treppe, Brücke, öffentlichen Plätzen.

Länder:
Württemberg, Mittel- und Oberfranken, USA, Nordostküste von Afrika, Unterägypten, Lombardei, Sardinien, Belgien, Brabant, Armenien, Tripolis, Westengland, Wales.

Städte:
Nürnberg, Mainz, Bamberg, Villach, Kissingen, Kulmbach, Ansbach, Eichstädt, Fürth, Rothenburg, Schwabach, Bayreuth, Hof, Darmstadt, San Franzisko, London, Versailles, Metz, Melbourne.

Wochentag:
Mittwoch.

Bedeutende im Zeichen Zwillinge geborene Persönlichkeiten:

John F. Kennedy	Ali Khan
Prinz Philipp von England	Jean-Paul Sartre
Josephine Baker	Achmed Sukarno
Albrecht Dürer	Dalai Lama
Errol Flynn	Conan Doyle
Judy Garland	Charles Aznavour
Juliette Greco	Nancy Sinatra
Theo Lingen	Peter Frankenfeld
Graf Luckner	Leslie Caron
Thomas Mann	Rainer Barzel
Marilyn Monroe	Eva Bartok
Joseph Neckermann	König Konstantin von Griechenland
Lilli Palmer	Anastasia Romanow
Cole Porter	Ian Fleming
Françoise Sagan	Otto Lilienthal
Joseph Tito	Ernst Stankowsky
Michael Todd	Rupert Davies
Richard Wagner	Erich Jan Hanussen

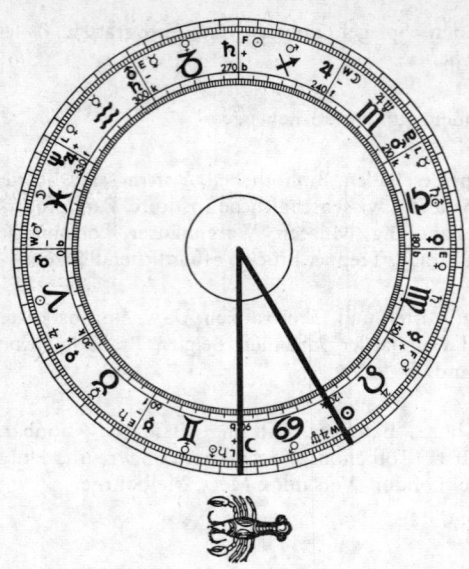

DAS ZEICHEN KREBS
Geboren vom 22. 6. – 22. 7.

Herrschender Planet: Mond.

Geschlecht: weiblich.

Element: Wasser.

Temperament: melancholisch.

Typus: der Gemütsmensch, der Humorist, der Träumer und Romantiker. Der Naturschwärmer, der Wanderbursche, der sentimentale Mensch, der Heimatlose. Der Dutzendmensch.

Gestalt: vollfleischige, mittelgroße, behäbige Gestalt, wenig Muskelbetonung, zarte Gelenke.

Gesicht: volles rundes Gesicht, weiche Gesichtszüge, bleiche Hautfarbe, seelenvoller, schwärmerischer, aber zumeist unsicherer, melancholischer Blick. Augen grau, oft grün; breite Nase, rundes Kinn.

Physiologische Entsprechungen: Magen und Verdauungssystem, Bauchspeicheldrüse, Brust, Brustfell, Leber, Schleimhäute, Rheuma, Speiseröhre, Säfte und deren Zirkulation, Drüsen, Ernährung. Milchdrüsen, Tränendrüsen, Lymphgefäße, Hirnsubstanz.

Der Krebs untersteht dem besonderen Einfluß des Mondes.

Der Krebs-Geborene ist sehr empfänglich für die Einflüsse seiner Umgebung. Er ist leicht erregbar, ungeduldig, wechselt oft seine Ansichten. Er zeigt ein starkes Anlehnungsbedürfnis sowohl an das Gute wie auch an das Böse infolge Mangels an Selbständigkeit.

Eigensinnig wollen Sie sich nicht gern unterordnen. Sie arbeiten ungern unter Aufsicht. Ihr Erkenntnisdrang ist vorzugsweise in die Vergangenheit gerichtet; aber Sie neigen anderseits zu Wahrträumen und Ahnungen, was Ihrer sensitiven und medialen Veranlagung entspricht. Daß Sie ein feinempfindlicher Mensch sind, ist nicht zu verwundern; auch nicht, daß die Antriebe zu Ihren Handlungen aus der geheimnisvollen Tätigkeit des Unterbewußtseins kommen. Ihre wechselnden Gemütsbewegungen, die durch fortwährend geänderte Lebensbedingungen noch gefördert werden, lassen Sie wie ein Rohr im Wind in den Strömungen der Zeit schwanken. Deshalb drängt es Sie immer wieder, sich in vergangene Zeiten zu versetzen und sich aus ihnen Impulse für das Leben in der Gegenwart zu holen. Sie lieben Aufwand und Überfluß und urteilen auch bei Ihrer Umgebung mit Vorliebe zuerst nach dem Äußeren. Da Sie Phantasie, Einbildungskraft und eigenartige Vorstellungen hervorbringen, sind Sie an wirklichen Abenteuern erfreut.

Ihren Mitmenschen wird es meist schwer gemacht, Sie zu beurteilen, da Sie vielen Launen unterworfen sind. Sie, Ihrerseits, verstehen sich anzupassen und die Gedanken anderer Personen aufzugreifen.

Sie sind bereit, Erregungen jeder Art zu empfinden, die niedrigsten wie die höchsten. Durch Ihre Unbeständigkeit erschweren Sie sich das Leben und müssen immer mit Auf- und Abstieg sowie mit vielen Wechseln rechnen. Standhaftigkeit zeigen Sie eigentlich nur dort, wo es Ihren Idealen entspricht; dann halten Sie aber fest, was Sie einmal erlangt haben.

Zeitweilig sind Sie mißtrauisch und vorsichtig; dann wieder wechseln Sie zu ausgelassener Freude. Zorn lodert rasch auf, verraucht aber auch schnell wieder. Sie sind schnell versöhnt, dabei aber diplomatisch und schlau. Mitunter urteilen Sie zu rasch, ohne Prüfung und Nachsicht. Auf der einen Seite besteht eine Neigung zum Wechsel, zu Wanderleben, Veränderungen; anderseits zeigt sich eine große Liebe zum eigenen Heim, zur Familie. Sie bedürfen der Häuslichkeit und haben das Bestreben, zu bemuttern und zu versorgen.

Dies ist ein Kennzeichen für ein weiches Gemüt. Ihnen ist große Toleranz und Gutmütigkeit gegeben. Sie sind nach verschiedenen Richtungen hin talentiert und befähigt, besitzen eine rasche Auffassungsgabe, sind

philosophisch veranlagt, haben eine starke Empfänglichkeit für persönliche Eindrücke, ein ausgesprochenes Gemeinschaftsgefühl.

Freundschaften wechseln Sie oft, da es Ihnen schwerfällt, Ihre Sympathien lange ein und derselben Person zuzuwenden; dadurch kommt es zuweilen zu erbitterten Feindschaften. Mit einem Wort: Sie haben viele Freunde und viele Feinde, die Ihnen das Leben schwermachen.

Es wird manche Rechtsstreitigkeiten in Ihrem Leben geben. Sie verlaufen im allgemeinen nicht gut. Sie sind überhaupt manchen Gefahren ausgesetzt, auch Verlusten durch Diebstahl, Unvorsichtigkeit und Spiel, aber auch im Verlauf des Liebes- und Ehelebens und durch Kinder.

Größere Reisen bringen Ihnen im allgemeinen Erfolge und finanziellen Nutzen. Durch Verwandtschaft droht Verlust an Vermögen und Erbgut; auch Liebesangelegenheiten können dergleichen verursachen. Ein gewisser Wohlstand ist meist nur mit viel Mühe und Arbeit zu erreichen. Für die Krebs-Geborenen ist das zweite Drittel ihres Lebens meist viel erfolgreicher und glücklicher und verschafft eine gute, auskömmliche Stellung und ein gesichertes Einkommen.

Vor den späteren Lebensjahren brauchen die Krebs-Geborenen also keine Angst und Sorgen zu haben, da diese meist Erfolg und Wohlstand bringen und besondere Glücksfälle angezeigt sind.

Die Krebs-Menschen erscheinen auf den ersten Blick weich, sensibel, anhänglich und anschmiegsam, doch sind sie keineswegs mühelos zu dirigieren. Sie besitzen durchaus starken Ehrgeiz, eine geradezu fanatische Verbissenheit, Beweglichkeit des Willens, Kampfsinn, Angriffslust, Eifer und Fleiß. Auch große Strebsamkeit, Leistungsfreude, der Wunsch, ausgezeichnet zu werden, und Tatendrang lassen sich beobachten.

Der Krebs-Typ braucht einen gewissen Rückhalt, Anlehnung, Geborgenheit. Für das, was ihm wert ist, kann er arbeiten, sparen, haushalten wie kein anderer.

Die beruflichen Neigungen der Krebs-Geborenen sind äußerst variabel. Im kaufmännischen Sektor werden das Hotel- und Gaststättengewerbe bevorzugt, ebenso Schiffahrt, Fischereibetriebe, Getränkehandel, Tankstellen, Brauereien, Sozial- und Krankenhausberufe, Berufe der öffentlichen Dienste. Auch Reisende, Vertreter unterstehen häufig dem Zeichen Krebs. Ebenso bestehen Neigungen, sich als psychologischer Berater und Helfer, Naturheilkundiger zu betätigen. Freie Berufe werden bevorzugt. Auch in künstlerischen Berufen findet man viele Krebs-Geborene. Sie zeigen hier die nötige Phantasie, Gefühl und Formenreichtum. Gern wird der Beruf des Mediziners ergriffen – besonders der des Gynäkologen. Zur Technik bestehen dagegen wenig Beziehungen. Zu erwähnen ist noch, daß ein Krebs-Mensch der geborene Seefahrer ist. Tätigkeiten, die

einen Zusammenhang mit Wohnungseinrichtungen, Nahrungsmitteln, Flüssigkeiten, aber auch mit Meteorologie, Forschertum haben, findet man häufiger unter den Krebs-Geborenen; ebenso, unter Frauen, Berufe wie Hebamme, Amme, Kindermädchen, Lehrerin, Hausangestellte, Krankenschwester.

Der Krebs-Geborene bedarf des Lobes, der Aufmunterung, des Zuredens. Bei mangelnder Anerkennung oder bei ungesundem Betriebsklima wird er seelisch krank. Die Krebs-Beeinflußten neigen zu Magenleiden nervöser Art, Brust- oder Magenkrebs, Wassersucht, Verdauungsstörungen, Menstruationsstörungen, periodisch auftretenden Leiden, Erkrankung des Lymphsystems, Anämie.

Seelische Aufregungen sollten vermieden werden. Je ausgeglichener und harmonischer sich der Krebs-Geborene verhält, desto besser wird seine Gesundheit sein. Alkohol ist für ihn Gift Nummer eins.

Ein guter Beobachter wird feststellen, daß bei dem Krebs-Mann Wechsel in den Interessen und Neigungen, Wandertrieb trotz anderseits vorhandener Liebe zum eigenen Heim, vielseitige Beschäftigungen und ein Ausweichen vor harten Notwendigkeiten festzustellen sind.

Der Krebs-Geborene besitzt eine einfühlende Auffassung, kann gut erzählen und auch gut zuhören. Sein Inneres wird er aber bei der ersten Begegnung nicht gleich bloßlegen; es wird länger dauern, bis er sich offenbart. Die Grundstimmung seines Lebens ist Wechselhaftigkeit, Empfänglichkeit im weitesten Sinn, Mitleid, Weichheit.

Der männliche Krebs-Geborene kann von einer heiteren Erwartung in melancholische Trägheit verfallen. Er kann flirten und doch treu sein. Eine gewisse Rührseligkeit, der Mangel an Tatkraft und Festigkeit, auch Suggestibilität sollen nicht unerwähnt bleiben. Es gibt Zeiten, da befindet sich der Krebs-Geborene in tief pessimistischer Stimmung. Er sollte erkennen, daß nicht jeder finstere Blick gleich eine Kränkung bedeutet. Er schöpft seine Kraft aus dem eigenen Heim, aus seiner Familie. Das ist für ihn lebensnotwendig. Er möchte seine Lieben beschützen, aber auch von ihnen ermutigt werden. Es besteht die Tendenz, Mitleid zu empfinden und zu erwecken, Herzensgüte zu erweisen und zu fordern, am persönlichen Erleben anderer teilzunehmen und andere am eigenen persönlichen Erleben teilnehmen zu lassen, Anteilnahme zu zeigen und zu erwarten, andere verstehen zu wollen, aber auch von ihnen verstanden sein zu wollen.

Diese wenigen Beispiele zeigen schon die grundsätzliche Abhängigkeit von anderen, das Bestimmtwerden durch andere.

Eine solche Abhängigkeit führt auch dazu, daß alles liebende Gefühl, das einem anderen entgegengebracht wird, wieder zurückverlangt wird.

Der Altruismus ist oftmals ein getarnter Egoismus, der nicht selten gefährlicher ist als offen fordernder Egoismus.

Ein Mond-Geborener kann einem anderen jahrelang in „aufopfernder" Weise nur Gutes erweisen, ja mit sanfter und darum um so weniger abzuwehrender Form aufdrängen, um dann plötzlich alles mit Zins und Zinseszins wieder zurückzuverlangen. Dann beginnt eine Litanei von Klagen und Vorwürfen über die Annahme der Wohltaten und die stete Forderung zur ewigen Dankbarkeit, zu der der „Beschenkte" verpflichtet wird. Tatsächlich kann ein Krebs-Geborener nicht schenken, er kann nur geben, um sich selbst als Gebender zu fühlen, und muß dann zurückfordern, um sich wieder bestätigt zu fühlen. Diese Eigenschaften findet man besonders bei den weiblichen Krebs-Geborenen.

Es ist der typische „mütterliche Egoismus", der tausendfach im Leben beobachtet werden kann. Die Mutter opfert erst ihr Letztes für ihr Kind aus Liebe, aber diese „Liebe" ist ein triebhaftes Empfinden, das die Mutter an ihr Kind bindet, und die später einsetzende Forderung nach vollständiger Rückgabe ist die Kehrseite einer solchen Liebe, die das Kind weiter an die Mutter binden soll. Mit dieser triebbedingten Seite der „Mutterliebe" geht jedoch oftmals auch eine selbstlose Liebe einher, die zu schenken weiß, ohne zurückzufordern.

Die Krebs-Frau ist traditionstreu, gebunden an die Vergangenheit, im kleinen Kreis an die Familie, die Sippe, die Vorfahren. Diese Haltung zeitigt notwendig eine Abwehr gegen alles Neue. Eine ausgesprochene Liebe zu Kindern jeden Alters zeichnet die Krebs-Frau aus. Zuzeiten ist sie launisch, wandelbar, sentimental, unselbständig und mißgestimmt. Ihre Gefühle schwanken vom tiefsten Schwarz zum hellsten Rosarot. Diese Abhängigkeit von Stimmungen dient natürlich nicht gerade der Ausgeglichenheit innerhalb der Umgebung. Ein zu großes Selbstmitleid belastet die eigene Verfassung und auch die häusliche Atmosphäre. Sprechen Sie daher Ihren Ärger, Ihre Klagen offen und ruhig aus, sonst erzeugen Sie bloß Mißstimmungen und Konflikte. Man könnte leichter mit Ihnen zusammenarbeiten, wenn Sie Ihre wirklichen Sorgen und Belastungen mitteilen würden und sich nicht so übertrieben um das Wohlergehen Ihrer Lieben sorgten. Ein offener Krach wäre manchmal besser für Ihre Umgebung, als Ihre ständig unterdrückten und trotzdem die anderen belastenden Gefühle.

Krebs-Frauen sind trotz ihrer ausgeprägten Sensibilität und ihres Liebreizes starke Persönlichkeiten. Sie denken praktisch und realistisch im Alltag. Sie können gut rechnen, sparen und Vermögen mehren. Sie mögen Geselligkeit, aber nur mit lieben Freunden. Sie können Gefährten

und Vertrauten gegenüber sehr kameradschaftlich sein. Sie lieben auch ihre kleinen Geheimnisse, man sollte sie dann nicht zur Beichte zwingen.

Die Krebs-Geborene liebt besonders ihre eigene Küche. Sie kann gut kochen. Sie ist eine Meisterin der kulinarischen Genüsse. In der Liebe ist sie romantisch, zärtlich, anlehnungsbedürftig und feinfühlend.

Es gibt Tage, da zeigt sie sich unansprechbar; anderswann aber wünscht sie nichts sehnlicher als die Geborgenheit einer Häuslichkeit und Ehe. Der Wunsch, sich vom Geliebten oder Ehemann verwöhnen zu lassen, ist stark in ihr verwurzelt. Sie ist für Menschen, die sie liebt, zu jedem Opfer bereit. Ihre eigenen Ängste wird sie tapfer überwinden. Ihre Angehörigen wird sie in kritischen Lagen niemals im Stich lassen. Krebs-Menschen brauchen immer ein Gefühl der Sicherheit und des Zuspruchs; sie sind nicht gern allein. Sie brauchen viel Liebe und Herzlichkeit.

Günstige Partner von Krebs-Geborenen sind die im Zeichen Skorpion (24. 10. bis 22. 11.) und die im Zeichen Fische Geborenen (20. 2. bis 20. 3.). Ebenfalls harmonisch sind Verbindungen mit im Zeichen Jungfrau Geborenen (24. 8. bis 23. 9.) und im Zeichen Stier (21. 4. bis 21. 5.).

Ungünstig oder konfliktreich sind dagegen Verbindungen mit im Zeichen Steinbock Geborenen (22. 12. bis 20. 1.), im Zeichen Waage (24. 9. bis 23. 10.) und im Zeichen Widder (21. 3. bis 20. 4.).

Symptome des Krebses

Wirkung auf den Charakter:

+ mütterlich, empfänglich, aufnahmefähig, vielseitig, anhänglich, anschmiegsam, sich anschmeichelnd, anlehnungsbedürftig, anpassungsfähig, gefällig, liebenswürdig, anmutig, beliebt, bescheiden, natürlich, einfach, häuslich, familiär, gutmütig, humorvoll, tolerant, fürsorglich, milde, sanft, zärtlich, weich, verträumt, sensibel, medial begabt, ahnungsvoll, romantisch, schwärmerisch; reiches Empfindungsleben;

– veränderlich, unstet, flüchtig, ruhelos, launisch, wechselvoll, wetterwendisch, schwankend, wankelmütig, von Stimmungen abhängig, empfindlich, sentimental, rührselig, zu Selbstmitleid neigend, energielos, charakterschwach, unordentlich, unbestimmt, unfertig, unselbständig, oberflächlich, kindisch, naiv, eingebildet, falsch, neugierig, reizbar, nervös, ängstlich, furchtsam, mißgestimmt, mißmutig, mürrisch, leicht verletzt, gekränkt, beleidigt, verzagt, melancholisch, nachtwandlerisch, haltlos.

Das persönliche Auftreten:
+ zurückhaltend, still, gemütlich, behäbig, romantisch, verträumt, schwärmerisch, humoristisch;
− unbestimmt, schüchtern, wechselvoll, ängstlich, katzenfreundlich.

Denken:
+ gefühlsmäßig, romantisch, phantasievoll, fruchtbar, aufnahmefähig, vielseitig, rasch erfassend, plastisch;
− phantastisch, unselbständig, oberflächlich, flüchtig, lückenhaft, ungeordnet, verschwommen, sensibel, kindisch, naiv, beschränkt, veränderlich, rastlos, wetterwendisch, launisch.

Fühlen:
+ gemütvoll, humoristisch, romantisch, sehnsüchtig, zärtlich, anlehnungsbedürftig, einfühlend, feinfühlend, mitfühlend, gemütlich, gutmütig, rein empfindend;
− empfindlich, überempfindlich, launenhaft, sentimental, sinnlich, unmoralisch, ungeordnet, wahllos, widerstandslos, sich verschenkend; Gefühl des Unverstandenseins.

Wollen:
+ auf Familie, Häuslichkeit, Heimat, Vaterland gerichtet; alles bemuttern, beseelen wollend; andere bemitleiden, aber auch anderen helfen wollend. Die Welt durch die Brille des Gemüts sehen. Behaglichkeit über alles liebend; Schutz und Geborgenheit suchend. Allen Konflikten um des lieben Friedens, um der Ruhe willen aus dem Weg gehend. Immer in der Erinnerung lebend. Die Gefühle um alles schweifen lassend, was der Vergangenheit angehört. Zum Ursprung zurück wollend, zum Urgrund, zur Tiefe, zu den „Müttern";
− durch Wälder schweifen, durch Städte, Länder und Erdteile jagen, um nicht zur Besinnung, zum Nachdenken, zum eigentlichen Handeln zu kommen. Passivität aus Mangel an Energie und Tatkraft. Konflikte als Folge von extremer Nachgiebigkeit und übermäßiger Gutmütigkeit. Ganz von Stimmungen abhängig. Launen beherrschen die Innenwelt. So wie ein Apriltag bald Regen, bald Sonnenschein bringt, ist dieser Typ, der mit allem, auch mit sich selbst, unzufrieden ist und nur vom Gedanken lebt, daß alles von kürzer Dauer, d. h. vergänglich ist. Hängen am Althergebrachten. Sich verkapseln wollen. Sehr reizbar, rasch beleidigt und im Grund des Gefühls alles Erlebte nachtragend.

Handeln:
+ gefühlsmäßig, besorglich, gutmütig, gefällig, hilfsbereit, mitleidig, barmherzig;

– unselbständig, unzuverlässig, beeinflußbar, wankelmütig, von Stimmungen abhängig, bequem, passiv, energielos, widerstandslos, träge, untätig, faul, schlampig, schüchtern; Typ: Wetterfahne.

Wirkung auf das Schicksal:
Wandlungen und Veränderungen; Schicksale durch Heim, Häuslichkeit, Familie, Herkunft, Erbmasse, Rasse, Heimat, Vaterland, Volk, Öffentlichkeit. Anfang und Ende des Geborenen. Verhältnisse im Elternhaus, die Jugend des Geborenen, sein Lebensabend. Der Wandertrieb, alles Periodische, die Volkstümlichkeit des Geborenen.

Ideell:
+ tiefgreifende Neigungen, starke seelische Eindrücke, romantische Erlebnisse, Einflüsse auf das Gemütsleben; in der Erinnerung lebend;
– Komplexe des Wunsch- und Sinnenlebens. Psychische Spannungen, nervöse Zustände, Depressionen. Schicksale durch Einbildungen; Phantasie, mangelhaftes Gedächtnis. Am Vergangenen haftend. Hängen am Althergebrachten; an der Tradition festhaltend.

Materiell:
+ günstige Heimverhältnisse. Guter Orts- und Wohnungswechsel; harmonische Beziehungen zum Elternhaus und zur Familie; glückliche Jugend und angenehmer Lebensabend;
– kritische Einflüsse für die Häuslichkeit. Unangenehmer Orts- und Wohnungswechsel; unerfreuliche Beziehungen zum Elternhaus und zur Familie; unglückliche Jugend und unruhiger Lebensabend.

Kunst:
Darstellungs- und Verwandlungskunst, Musik, speziell Volksmusik (Volkslied), Kochkunst.

Wissenschaft:
Botanik, Geschichte, insbesondere Familiengeschichte, Rassen- und Erbforschung, Geologie, Ernährungslehre.

Tiere:
Hauskatze, Ziege, Kuh, Schwein, Gans, Ente, Henne, Kaninchen, Hase, Krebs, Frosch, Muschel, Fisch, alle Wasservögel, Käfer, Wespen, Bienen, Mücken.

Pflanzen:
Gänseblümchen, Wasserpflanzen (wie z. B. Schilf), Kartoffeln, Bohnen, Gurken, Kürbisse, Melonen.

Edelsteine:
Kristall, Beryll, Mondstein, Perlen; alle weißen, milchigen und grünen Steine.

Metalle:
Silber.
Farbe:
weiß, bleich, silber, silbergrau, wassergrün.
Gegenstände:
Wohnungseinrichtungen, speziell Küche und Schlafzimmer, Badewanne; Nahrungsmittel, insbesondere fetthaltige, Flüssigkeiten; Schiffe.
Gegend:
fruchtbare Landstriche, wasserreiche Gegenden, Quellen, Flüsse, Seen, Meer, Sümpfe.
Orte:
das eigene Heim, Elternhaus; Geburtsort, Anlagen, Gärten (speziell Gemüsegärten); Orte, die am Wasser liegen (Häfen, Badeanstalten); Restaurants, Speisehäuser, Hotels, Herbergen, Molkereien.
Länder:
Nord- und Westafrika, Schottland, Holland, Anatolien, Neuseeland, Burgund, Paraguay, Mauritius.
Städte:
Lübeck, Trier, Aachen, Saarburg, Düren, Liegnitz, Bunzlau, Glogau, Görlitz, Hirschberg, Grünberg, Lauban, Landshut, Sagan, Aschersleben, Magdeburg, Halberstadt, Oschersleben, Quedlinburg, Stendal, Wernigerode, Hildesheim, Goslar, Göttingen, Hannoversch-Münden, Osterode, Clausthal-Zellerfeld, Lüneburg, Celle, Harburg, Uelzen, Stockholm, Manchester, Amsterdam, Konstantinopel, Cadix, Genua, Venedig, Mailand, Bern, New York, Algier, Tunis, Bochdale.
Wochentag:
Montag.

Bedeutende im Zeichen Krebs geborene Persönlichkeiten:

Peter Alexander	Rembrandt
Louis Armstrong	Erich Maria Remarque
Yul Brynner	John D. Rockefeller
Julius Cäsar	Peter Paul Rubens
Jean Cocteau	George Sand
O. E. Hasse	Ferdinand Sauerbruch
Ernest Hemingway	Vittorio de Sica
Paul Hubschmied	Soraya
Gustav Knuth	Barbara Stanwyck
Käthe Kollwitz	Herzog von Windsor
Charles Laughton	Natalie Wood
Gina Lollobrigida	Graf Zeppelin

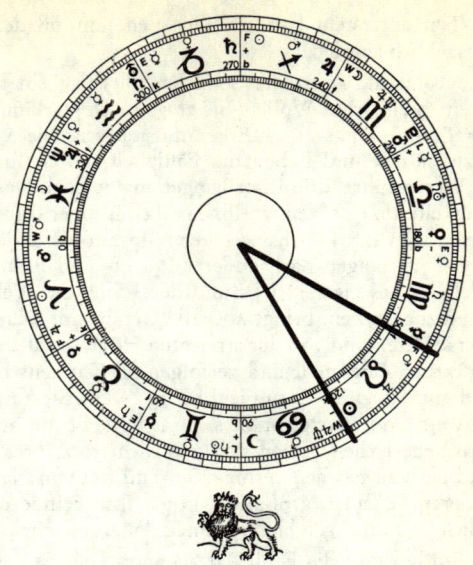

DAS ZEICHEN LÖWE
Geboren vom 23. 7. – 23. 8.

Herrschender Planet: Sonne.

Geschlecht: männlich.

Element: Feuer.

Temperament: cholerisch.

Typus: der Tatmensch, der autoritative Mensch, der Lebenskünstler, der Optimist. Der Sonnenmensch, der Herrenmensch, der Lebemann. Der Aufschneider.

Gestalt: große Figur mit stark entwickeltem Oberkörper; breiter Rücken. Eindrucksvolles Äußeres. Aufrechte, stolze Haltung. Großer und fülliger Körperbau, im Alter meist korpulent. Großer, etwas rundlicher Kopf mit hoher gewölbter Stirn. Große Augen, betontes Kinn, buschige Augenbrauen, Schultern breit.

Gesicht: breites Gesicht, aufrechte Kopfhaltung, Löwenmähne, Veranlagung zu Glatze, blutvolle Lippen.

Physiologische Entsprechungen: Rückenmark, Wirbelsäule, das Herz, der Blutkreislauf, Kreislaufsystem, Bandscheiben.

Der Löwe-Typ untersteht hauptsächlich dem Einfluß der Sonne, sie hat ihn hauptsächlich geprägt.

In Ihnen leuchtet die Kraft des Selbstbewußtseins, ein hochgemutes Streben und ein energisches Wollen. Sie zeigen sich starkmütig, sind ein selbstsicherer Empfindungs- und Erkenntnismensch. Sie verstehen es, auf Würde zu halten, und haben die Fähigkeit, durch Ihr vertrauenerweckendes Wesen führend in Ihrer Umgebung zu sein. Das dank Ihrer Leistungsfähigkeit; und es gelingt Ihnen, da Sie über Mut und Kraft verfügen, die Höhen des Lebens weniger mühsam als andere zu erreichen. Das große Verlangen nach äußerer Pracht- und Prunkentfaltung, die Herausstellung des eigenen Ichs und der Wille, die Welt nach dem eigenen Bild umzugestalten, bringt aber die Gefahr mit sich, die eigenen Kräfte zu überschätzen und von der erreichten Höhe zu fallen.

Sie sind praktisch eingestellt und verfolgen als Tatmensch großzügige Ziele. Sie sind gutherzig, im Zorn nicht heftig. Wenn Sie zuweilen innerlich sehr aufgeregt sind, verstehen Sie sich im Verkehr mit anderen Menschen doch zu beherrschen, geben sich natürlich trotz Ihres Stolzes, der Sie streng und herb zu machen vermag. Sie sind frei von Neid, viel häufiger von anderen beneidet, großmütig gegen Ihre Feinde und nachgiebig; schmerzliche Erfahrungen bleiben Ihnen daher nicht erspart.

Der Löwe-Einfluß gibt· die Fähigkeit zu herrschen. Es besteht Festigkeit dank innerer Geschlossenheit und Unbeirrbarkeit kraft innerer Unabhängigkeit. Allein durch die Kraft der geschlossenen Persönlichkeit wirkt der Löwe-Mensch auf die Masse suggestiv ein, die sich ihm willig unterordnet, weil sie unbewußt nach einer Führerfigur verlangt.

Sie verlangen von Ihren Mitmenschen Beachtung und Verehrung. Wenn Sie sich rächen sollten, dann auf die noble Art. Ihr Urteil wird vom Herzen her bestimmt, wie auch Ihre Handlungen mehr von Gefühlen als klarer Erkenntnis geleitet werden. Wegen Ihres feurigen Temperaments haben Sie eine starke Sinnestätigkeit und Sinnesempfindung und sind im Verkehr mit dem anderen Geschlecht leicht erregbar. Oft glühen in Ihnen heimliche Leidenschaften, die sich allerdings nicht leicht in Niederungen verlieren. Die Mängel und Gefahren, denen Ihr Charakter ausgesetzt ist, bestehen darin, daß Sie Ihre guten Eigenschaften in das Groteske verzerren. Sie verbeißen sich in Ihre Ideen und planen mehr, als Sie infolge Ihrer Ungeduld auszuführen vermögen. Sie zeigen Ausdauer in Ihren Neigungen, nicht immer aber in den Handlungen.

Jeder Löwe will seinen Anteil an Erfolg, will Aufstieg und Anerkennung. Zuweilen verbinden sich mit diesem Drang zum Emporkommen aber auch Eigenschaften wie Angabe, Großspurigkeit und Anmaßung. Die Würde wird dann zur Pose, der Starkmut zum Übermut, das starke

Selbstbewußtsein zur Selbstüberschätzung, das sichere Führertum zum Blender- und Kraftmeiertum, die aristokratische Haltung zum Hochmut. Gern decken Sie die Fehler Ihrer Mitmenschen auf, ohne es böse zu meinen; die Lust am Besserwissen und Besserkönnen verleitet Sie dazu.

Mancher Löwe-Geborene stieg zu Glanz und Würden empor, aber das Glück war nicht beständig. Vor Spiel oder leichtsinnigem Geldausgeben, wodurch Ihr Vermögen am meisten bedroht wird, ist besondere Vorsicht geboten. Ein gestecktes Ziel sollte nicht bis zum äußersten verfolgt werden – obwohl die Neigung dazu besteht –; es drohen dadurch Gefahren.

Löwe-Geborene haben meist ein imponierendes Auftreten; sie zeigen sich würdevoll, selbstsicher und autoritativ. Selbst die Bewegungen und die Rede sind bedächtig, überzeugend und begeisternd. Sie sind sich Ihrer Wirkung auf andere Menschen bewußt, aber Sie sind auch verwundbar. Der Löwe-Geborene ist verletzt, wenn seine Kenntnisse, seine Weisheiten und seine Großmütigkeit nicht gebührend gewürdigt werden. Aber er läßt sich gern schmeicheln und wird dadurch wieder versöhnt.

Im beruflichen Leben des Löwen zeigt sich das Verlangen nach Erfolg, Anerkennung, Ehren und Würden. Man versucht, hohe Ziele zu erreichen. Die Persönlichkeit verlangt nach Macht, einem würdigen Rahmen. Es besteht mehr eine Eignung für führende Positionen, nicht so sehr für Tätigkeiten als Untergebener oder Angestellter.

Der Löwe entscheidet gern aus freiem Ermessen; er hält sich nicht gern an festgefügte Vorschriften. Man findet den Löwe-Beeinflußten im kaufmännischen Bereich, in Ämtern, im Staatsdienst, in der freien Wirtschaft als selbständigen Unternehmer oder Leiter von Betrieben und in öffentlichen Funktionen. Auch Feuerwehr, Rettungsstationen, Polizei unterstehen in diesem Tierkreiszeichen Geborenen. Ebenfalls besteht Interesse an Eisenverarbeitung, Herstellung von Maschinen, Motoren, Neueinrichtung von Betrieben, Einfahren von Fahrzeugen, Autorennen; auch Beziehungen zu Waffen sind teilweise vorhanden.

In der Medizin zeigt sich eine Bevorzugung manueller Praktiken: als Chirurg, Gynäkologe, Heilpraktiker, Psychiater. Es besteht auch Geschick für Pädagogik, z. B. Tierzucht, Dressur. Ebenso zeigen sich künstlerische Talente und Anlagen, besonders für Schauspiel, Regie, Bühnenbildnerei, Kabarett, Revue.

Auch zur Malerei, Fotografie, Mode, zum Textilgewerbe bestehen Beziehungen, ebenso zur Schmuck- und Uhrenindustrie sowie zum Küchengewerbe als Küchenchef.

Die weiblichen Löwe-Geborenen neigen zur Leitung von Geschäften, zur Führung von Personal. Löwebetont sind daneben die modeschaf-

fende Industrie, die Herstellung von Luxuswaren, Goldwaren, Dekoration, die Innenarchitektur, die Möbelindustrie, Parfümindustrie, Friseur- und Massagesalons, Film, Bühne, Musik. Auch Chemie, Zahnheilkunde, Kinderheilkunde, Tanzschulen, Modeboutiquen unterstehen dem Löwe-Zeichen.

Löwe-Geborene neigen zu Beeinträchtigungen des Herzens, Blutkreislaufs, Rückgrats und Rückenmarks. Auch sind sie anfällig für Kreislaufstörungen, Hexenschuß, Krampfadern. Üppige Lebensweise sollte vermieden werden; man sorge für ausreichende Bewegung. Die beste Medizin aber heißt Liebe.

Der Löwe-Mann ist offenherzig und frei. Sein Licht stellt er bestimmt nicht unter den Scheffel. Er ordnet an, handelt, verbreitet Ruhe und ist meist der Mittelpunkt.

Auch Liebe und Leidenschaft kann den Löwe-Mann beherrschen. Er wird seine Partnerin nie teilen, sie soll ihm ganz gehören. Selbstverständlich kann er auch ritterlich, beschützend und gütig sein. Zu erwähnen ist auch die große Liebe zur Natur und große Freude am Lernen. Löwe-Geborene lieben Freiheit und Unabhängigkeit und sind ehrgeizig, haben ein intensives Wunschleben, ein starkes Selbstvertrauen zu ihren Kräften und Fähigkeiten.

Eigenartigerweise haben sie kaum großen Familiensinn, teilweise keine Kinder, oder sie leben getrennt von ihnen. Auf jeden Fall aber möchten sie von ihren Angehörigen gelobt und bewundert werden.

Ein Löwe-Ehemann wird großmütig, lebensbejahend, kraftvoll und freundlich sein. Aber seine Familie muß sich nach ihm richten. Er gibt auch großzügig Wirtschaftsgeld, ist nie kleinlich.

Er liebt zuweilen ein reges Gesellschaftsleben; er möchte mit seiner Partnerin renommieren. Auch leicht verletzt wird er sein, wenn er nicht respektiert wird. Schmeichelei ist wichtig für den Löwe-Mann. Seine Eitelkeit ist ein kritischer Punkt seines Charakters. Er verschwendet seine Energie nur dann, wenn es sich für ihn lohnt. Er ist ein guter Organisator, kann die Arbeit gut verteilen. Für die Gefühle anderer Menschen hat der Löwe kein sonderliches Empfinden, er ist mehr mit sich selbst beschäftigt.

Stark tritt beim Löwen der Wille zur Macht hervor. Dies kann sich bei entsprechenden Gestirnstellungen zu Übersteigerungen der Machtansprüche entwickeln. Die eigene Persönlichkeit neigt zu Ausdauer, Festigkeit, Kompromißlosigkeit, Verantwortungsfähigkeit, Sicherheit und Großzügigkeit im Planen; aber auch zu Verbohrtheit, Ehrsucht, Machtgier, Verantwortungslosigkeit, zur Unsicherheit und übertriebenen, spekulativen Großzügigkeit, zur Kompromißneigung.

Der starke Sonneneinfluß drückt sich aus in Selbstschätzung, Selbstüberschätzung, Selbstherrlichkeit. Bei günstigen kosmischen Konstellationen fördert die eigene Selbstsicherheit die Neigung, andere zu prote-
gieren; ungünstigenfalls folgt aus der eigenen inneren Unsicherheit die
Neigung, andere nicht gelten zu lassen, ihre Leistungen herabzusetzen
und ihr Vorwärtsstreben zu unterbinden, um von ihnen nicht überflügelt
zu werden. Kleinarbeit wird gern anderen überlassen.

Löwe-Männer umgeben sich gern mit schönen Frauen, haben gern
Freundinnen, auch während der Ehe.

Die Löwe-Frau umgibt sich – wie der Löwe-Mann – ebenfalls gern
mit Luxus und Prunk. Auch sie besitzt eine gesunde Lebensfreude. Auch
sie verlangt nach Anerkennung und Bewunderung. Sie zeigt sich selbstbewußt, stolz, extravagant, leicht reizbar, manchmal faul. Geht alles
seinen gewohnten Gang, ist sie herzlich und optimistisch. Geht einmal
etwas daneben, wird sie unfair, willkürlich, macht sozusagen aus einer
Mücke einen Elefanten. Sie liebt das schönste Auto, die beste Kleidung,
den teuersten Pelzmantel. Gesellschaftlich wird gern der Ton angegeben.
Eine Löwe-Frau kann ruhig, erhaben, kühl sein. Aber dies kann auch
nur eine Täuschung sein. Irgendein Mißerfolg, und sie wird leidenschaftlich, fanatisch, wuterfüllt und herrschsüchtig.

Der Löwe-Frau bedeuten Ehepflichten kaum eine Minderung des
Eigenlebens. Gibt man ihr zu verstehen, daß sie nicht mehr die Führende
ist, wird man gleich spüren, daß sie durchaus nicht scheu, bescheiden
und angenehm ist. Sie kann sehr gut ihre Krallen zeigen. Doch ist auch
sie für Schmeicheleien sehr empfänglich. Man sollte nie versuchen, sie
nur in ihren Haushalt abzuschieben; sie braucht ein Hobby oder einen
Beruf.

Trotzdem wird sie eine vorzügliche Gastgeberin sein. Sie verfügt
ebenso über einen ausgezeichneten Geschmack, der aber meist finanziellen Aufwand erfordert. Sie wird nie halbangezogen oder mit Locken-
wicklern im Haar und Creme im Gesicht im Haus oder in der Wohnung
herumlaufen. Sie liebt es, aus dem Vollen zu schöpfen. Sie spielt nicht
gern die zweite Geige. Bemerkenswert ist ihre Kinder- und Tierliebe.

In der Liebe sind Sie leidenschaftlich, temperamentvoll, zielbewußt.
Junge Männer sind für Sie begehrenswert. Sie suchen sich meist den
stärksten und bestaussehenden Mann aus. Eine animalische Sinnlichkeit
strahlt von Ihnen aus. Herzlos nennt man Sie, weil Sie Ihre Freunde
schnell fallenlassen, wenn neue, interessantere männliche Bewerber auf-
tauchen.

Es wird auch vorkommen, daß Ihnen Männer davonlaufen, weil Sie
Ihre Meinung über alles stellen. Die Suche nach dem richtigen Mann

dauert oftmals lange. Wenn Sie glauben, den Richtigen gefunden zu haben, dann sollten Sie versuchen, mit ihm zu harmonieren; nehmen Sie seine Vorteile, Vorzüge, aber auch seine Schwächen in Kauf.

Günstige Partner für den Löwen sind die im Zeichen Schütze Geborenen (23. 11. bis 21. 12.) und die im Zeichen Widder (21. 3. bis 20. 4.). Auch zu Waage-Geborenen (24. 9. bis 23. 10.) und Zwillinge-Geborenen (22. 5. bis 21. 6.) können sich harmonische Partnerschaftsbeziehungen entwickeln.

Möglichst zu meiden sind die im Zeichen Wassermann Geborenen (21. 1. bis 19. 2.), die im Zeichen Skorpion (24. 10. bis 22. 11.) und die im Zeichen Stier Geborenen (21. 4. bis 21. 5.).

Symptome des Löwen

Wirkung auf den Charakter:

+ schöpferisch, selbstbewußt, selbstsicher, unabhängig, souverän, selbstvertrauend, optimistisch, lebensfroh, großzügig, großmütig, heldenmütig, edelmütig, gutherzig, freigebig, loyal, treu, ehrlich, wahrhaft, vornehm, offen, verläßlich, charakterfest, beständig, gelassen, ruhevoll, elastisch, stolz, würdevoll;

− prahlerisch, protzenhaft, eitel, üppig, anmaßend, dünkelhaft, überheblich, hochmütig, herrschsüchtig, selbstherrlich, selbstüberschätzend, verschwenderisch, vergnügungssüchtig. Das Bestreben, im Mittelpunkt aller Dinge zu stehen. Geltungsbedürfnis, Machtbewußtsein.

Das persönliche Auftreten:

+ würdevoll, autoritativ, selbständig, selbstbewußt, selbstsicher, furchlos, temperamentvoll, stolz, großzügig, strahlend, herzlich, offen, frei;

− herrisch, dünkelhaft, hochmütig, überheblich, selbstherrlich, anmaßend, prahlerisch, hochnäsig.

Denken:

+ positiv, kraftvoll, bestimmt, zielbewußt, großzügig, edelmütig, optimistisch, wahrheitsliebend, freimütig, schöpferisch, vom Herzen beeinflußt;

− hochmütig, überheblich, selbstüberschätzend, größenwahnsinnig.

Fühlen:

+ großzügig, herzlich, offen, frei, sinnenfreudig;

− triebmäßig, sinnlich, vergnügungssüchtig.

Wollen:

+ den elementaren, kraftvollen Trieben ein Betätigungsfeld schaffen. Das Bestreben, in den Vordergrund zu kommen. Mit Lust und instinktivem Eifer setzt man sich für alles Gute und Schöne in der

Welt ein und läßt nicht eher ab, bis eine Verwirklichung des Erstrebten voll und ganz gelungen ist;
– die unabhängigen Triebgewalten und die hellen Flammen der Leidenschaft wollen sich ausleben. Das heftig pulsierende Blut dürstet nach Taten. Das Streben nach Macht nimmt gewaltige Formen an; man ruht nicht eher, bis der ersehnte Titel erlangt, bis der eigene Name in „goldenen Lettern" überall zu lesen ist.

Handeln:
+ selbständig, ehrgeizig, entschlossen, aktiv, spekulativ, mutig, tatkräftig, aufbauend, hilfsbereit, gönnerhaft, vorbildlich, vornehm, ehrenhaft, gerecht, großzügig;
– herrschsüchtig, willkürlich, despotisch, unterdrückend, selbstsüchtig, unecht, unfair, unehrenhaft.

Wirkung auf das Schicksal:
Das Liebesleben des Geborenen. Die Nachkommenschaften. Unternehmungen und Spekulationen. Das Verhältnis zu Theater, Vergnügungen usw.

Ideell:
+ Lebensdurst. Tatendrang. Das Lebensgefühl. Die einzusetzende Lebens- und Triebkraft. Optimismus und Leuchtkraft des Herzens regieren die Welt;
– übertriebene Anforderungen, die infolge eines gesteigerten Selbstgefühls an die Leistungsfähigkeit der Persönlichkeit gestellt werden, schlagen in ihr Gegenteil um. Willenskonflikte zerbrechen das Selbstbewußtsein und lösen lebensfeindliche Wirkungen aus.

Materiell:
+ erfolgreiche Unternehmungen; Verbesserung der Position. Öffentliche Anerkennungen. Vorteile durch Protektion seitens hochgestellter Personen. Ehren und Würden. Ruhm, Beförderung, Macht. Spekulationsgewinne. Liebesbeziehungen. „Frohes Ereignis" (Geburt von Kindern). Glücklicher Gesundheitszustand;
– Mißerfolge, Fehlspekulationen. Unehrenhafte Unternehmungen. Verminderung des Ansehens. Unglückliche Liebesangelegenheiten. Leid durch Kinder. Kritischer Gesundheitszustand.

Kunst:
Lebenskunst, Liebeskunst, Goldschmiedekunst.
Wissenschaft:
Lebensphilosophie, schöpferische Pädagogik (Erziehung zur Freiheit).
Tiere:
Löwe, Adler, Phönix, Hahn, Pfau, Fasan.
Pflanzen:

Palme, Lorbeer, Esche, Orange, Lotosblume, Sonnenblume, Rosen, Pfingstrosen, Himmelschlüssel, Löwenzahn.

Edelsteine:

Diamant, Rubin, Karfunkel, Hyazinth, Chrysolith, Heliotrop, Sonnenstein.

Metalle:

Gold.

Farbe:

Goldgeb, Orange, Goldbraun.

Gegenstände:

der Thron, das Zepter, Orden, Goldsachen, Beleuchtungskörper, Fahnen.

Gegend:

Hochebene, sonnige Gegenden.

Orte:

Schlösser, Regierungsgebäude, amtliche Gebäude, Paläste, schmuckvolle Bauten. Geschmückte Räume, in denen Feiern abgehalten werden. Theater, Kino, Vergnügungsstätten.

Länder:

Frankreich, Italien, besonders Sizilien, Rumänien, Böhmen, die Alpenländer, Hohenzollern, Bezirk Koblenz.

Städte:

Prag, Bristol, Rom, Linz, Krems, Damaskus, Chikago, Bombay, Ravenna, Philadelphia, Antwerpen, Hechingen, Sigmaringen, Kreuznach, Neuwied, St. Goar, Wetzlar, Zell, Karlsruhe, Villingen, Koblenz.

Wochentag:

Sonntag.

Bedeutende im Zeichen Löwe geborene Persönlichkeiten:

Napoleon I.	Hans Moser
Gräfin Dubarry	Hertha Feiler
George Bernard Shaw	Carl Wery
Prinzessin Margaret Rose	Sabine Sinjen
Jacqueline Kennedy	Tilla Darieux
Fidel Castro	Marianne Koch
Benito Mussolini	Alice und Ellen Kessler
Alfred Hitchcock	Rudolf Prack
C. G. Jung	Knut Hamsun
Alfried Krupp	Matthias Claudius
Cecil B. de Mille	Joachim Ringelnatz
Peter Rosegger	Hans Jürgen Winkler
Adele Sandrock	Fritz Wankel
Mata Hari	Henry Ford

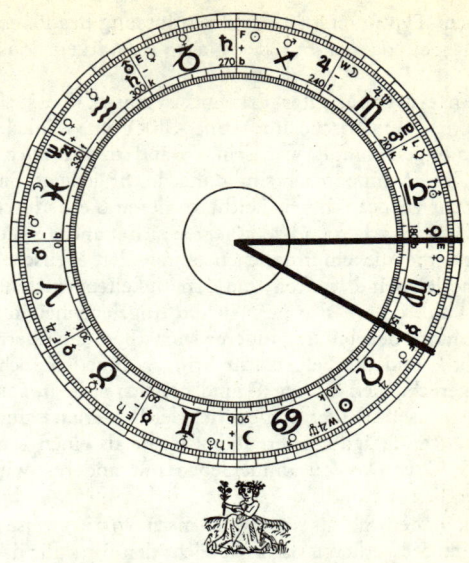

DAS ZEICHEN JUNGFRAU
Geboren vom 24. 8. – 23. 9.

Herrschender Planet: Merkur.

Geschlecht: weiblich.

Element: Erde.

Temperament: phlegmatisch.

Typus: der dienende Mensch. Der wissenschaftliche Mensch. Der Organisator und Methodiker. Der Kritiker. Der egoistische Mensch. Der Nörgler. Der Schulmeister.

Gestalt: mittelgroß, schlank, später gesetzt. Nachlässige Haltung, herabhängende Schultern. Beweglicher, etwas nervöser Typ.

Gesicht: gut entwickelte Stirnpartie. Zurücktretendes, schwach entwickeltes Kinn. Intellektueller, nüchterner, sachlicher Blick. Augen: braun oder dunkelgrau. Haarfarbe: dunkelbraun, ins Schwarze gehend, leicht gewellt.

Physiologische Entsprechungen: Bauchregion, Nabel, Därme, Eingeweide, Bauchspeicheldrüsen, Leber, Bauchfell, Zwölffingerdarm, vegetatives Nervensystem. Verdauungsstörungen, Blinddarmentzündung.

Der Jungfrau-Typ untersteht der Beeinflussung des Planeten Merkur. Dies kennzeichnet, daß er mit der Natur in starkem Zusammenhang steht.

Sie sind ein erdverwurzelter Erkenntnismensch. Sie suchen das einfache, schlichte, träumerische und stille Glück im Winkel. So wie die Naturbestimmungen ständig wechseln, so ändern sich auch Ihre Seelenstimmungen. Ihre Mitmenschen sind daher leicht geneigt, Sie als launenhaft und reizbar zu bezeichnen. Leicht verlieren Sie dadurch das Wohlwollen Ihrer Mitmenschen und verscherzen sich manche Sympathie durch scharfe Kritik, die die empfindlichen Seiten der Menschen zu treffen weiß. Mancherlei Feindschaften und Streitigkeiten entstehen, oft nicht ohne Ihre Schuld, da Sie sich gern in die Angelegenheiten anderer einmischen. Die harte Beurteilung anderer Menschen, die übertriebene Neigung zur Kritik und die Selbstsucht bringen Ihnen manchen Schaden, da Sie selbstgerecht niemals den Grund bei sich suchen, sondern immer bei anderen. Sie selbst aber fühlen sich leicht verletzt und empfinden wohlgemeinte Ratschläge von Freunden leicht als einen Eingriff in Ihre persönliche Sphäre. Das Zusammenleben mit anderen wird Ihnen oft recht schwer.

Ihren Blick haben Sie als Erwerbsmensch vorzugsweise auf irdische Dinge gerichtet. Sie verlieren dadurch leicht den Blick für das Ganze und das feine Gefühl für den Unterschied zwischen Dingen und Menschen. Sehr leicht verzetteln Sie sich in Einzelheiten. Ihr Wille ist zwar fest, aber Sie lassen sich mitunter zu leicht überreden. Solchen Eigenheiten stehen bedeutende und hervorragende Qualitäten gegenüber. Man sieht dies an Ihrem wohltätigen, gefälligen und vertrauensvollen Charakter, der aber manchmal nur schwer zu erkennen ist. Geheimnisse halten Sie streng verschlossen. Sie tun für Menschen, die Ihnen nahestehen, nötigenfalls mehr, als Sie verantworten können.

Sie besitzen einen regen Verstand, ein gutes Auffassungsvermögen. In Ihren Leidenschaften sind Sie enthaltsam und gemäßigt. Sie geraten nicht leicht in Zorn; wenn aber, dann sind Sie schwer zu beruhigen. So verschwiegen Sie sonst sind, so offen können Sie sein, wenn Sie einmal Zuneigung gefaßt haben; man kann Ihrem Wort dann volles Vertrauen schenken. Sympathien und Antipathien sind Sie stark unterworfen.

Dank Ihrer Fähigkeiten kommen Sie im Leben vorwärts. Die Kämpfe zur Eroberung einer Position sind zahlreich und heftig.

Der Herrscher des Jungfrau-Zeichens, Merkur, wird die Gefühle eindämmen. Ein typischer Jungfrau-Mensch wird sich auf keine Spielereien und Spekulationen einlassen. Er plant, rechnet, kalkuliert, „führt Buch" über die verschiedensten Dinge des Lebens.

Der Jungfrau-Typ ist immer bereit zu lernen, seine Kenntnisse zu erweitern, alles zu erfahren, über alles unterrichtet zu sein, über alle Dinge, auch die neuesten Errungenschaften, mitsprechen zu können und alles möglichst nüchtern und sachlich zu behandeln. Er besitzt daher umfassende Kenntnisse, die er gern und mit großem Geschick auch anderen vermittelt, sei es durch Rede, sei es durch Schrift; für beide steht ihm eine ausgezeichnete Darstellungsgabe zur Verfügung. Er versteht es, gewandt und scharfsinnig zu argumentieren und daher als Verfechter oder Gegner einer Sache sehr überzeugend zu wirken. Bei seiner Arbeit stützt er sich auf seinen scharfen Intellekt und schaltet bewußt alle Gefühlsgründe aus. Er versucht, durch logische Schlußfolgerungen, geistreiche Kombinationen, klare Begriffsdefinationen, konsequente Methodik und einen untrüglichen Blick für greifbare Tatsachen nachprüfbare Beweise zu erbringen.

Ein starkes Erinnerungsvermögen zeichnet den Jungfrau-Menschen aus. Es befähigt ihn, jederzeit ein erdrückendes Material von Beweisen aus seinen umfassenden Kenntnissen zusammenzutragen. Dieser Typ ist daher der geborene Wissenschaftler, der rein rational arbeitet und weder Gefühlsgründe berücksichtigt noch sich großen weltanschaulichen, ethischen oder moralischen Gesichtspunkten unterstellt. Er strebt nur nach Wissen und vermag im Rahmen dieser Beschränkung Großes zu leisten.

Die Jungfrau-Typen neigen zu Berufen als Mediziner, Pharmazeut, spezialisierter Techniker, Geisteswissenschaftler, Nationalökonom, Jurist, Schriftleiter, kaufmännischer Angestellter, Verkäufer mit dem Leitsatz „Gediegene Kundenbedienung ist die beste Werbung", ferner als Techniker, Handwerker, Feinmechaniker, Uhrmacher, Instrumentenbauer, Schriftsetzer, Modistin, Schneider, Ziergärtner, Züchter, Landwirt, Schwester, Kindergärtnerin, Hotelangestellte, Fürsorge- und Registraturangestellte. Beim bildenden Künstler und Musiker ist die Begabung häufig eng an einen bestimmten technischen Zweig gebunden. Die meisten Jungfrau-Geborenen beider Geschlechter sind im kaufmännischen Bereich tätig: in der Buchhaltung, Revision, Tarifabteilung, Abrechnung, Kalkulation, Fremdsprachenabteilung, im Sekretariat, in der Programmierung, in Banken, Verlagen. Auch in staatlichen Behörden sind sie zahlreich vertreten. Sie eignen sich für pädagogische Berufe: als Lehrer, Professor, Fachlehrer. Auch für Spezialfächer besteht Eignung: z. B. für Mathematik, Astronomie, Botanik, Labortätigkeit, Heilpraktik, Bibliotheken, Kassenverwaltungen, Kaufhäuser, Hotels und Gaststätten.

Berufe der modernen Bürotechnik sind ebenfalls gefragt: Arbeiten mit Lochkarten, elektronische Datenverarbeitung.

In gesundheitlicher Beziehung bestehen Beeinträchtigungen und Anfälligkeiten für die Bauchregion, Eingeweide, Milz, Leber, Bauchspeicheldrüse, das sympathische Nervensystem. Auch Darmleiden, nervöse Unterleibsstörungen, Verdauungsstörungen sind möglich. Biologische Behandlungen sind angeraten. Eine gute Medizin für den Jungfrau-Geborenen ist der Humor.

Vieles wird zu tragisch genommen; dadurch entstehen organische Beschwerden. Wer fröhlich und optimistisch bleibt und sich gegen alles Negative verschließt, bleibt gesund; diese Regel gilt aber nur für Menschen, die ein gutes und positives Geburtshoroskop haben.

Unruhige Zeiten und Berufskrisen können gesundheitliche Beeinträchtigungen verursachen.

Der Jungfrau-Mann wird wegen seiner inneren Gefühlsarmut und Nüchternheit nicht immer ein erfreulicher Liebhaber sein, um so weniger, als es bei ihm kaum Intuition gibt und er alles, also auch die Liebe, in das Schema seiner Weltordnung eingliedern möchte. Erotische Experimente, Hingabe an den Augenblick und Verschwendung des Ich sind Begriffe, die ihm fremd bleiben. Meistens empfindet er für seine Partnerin mehr Interesse als Leidenschaft. In seiner Jugend führt er oft ein äußerst enthaltsames Leben, wie er überhaupt der Erotik zeitlebens mit großer Skepsis gegenübersteht. Mit pikanten Witzen und anzüglichem Geplänkel weiß er wenig anzufangen; für Großzügigkeit auf erotischem Gebiet hat er kein Verständnis. Dafür ist er ein treusorgender Familienvater, auf den man sich verlassen kann, wenn er auch gelegentlich etwas kleinlich und nörglerisch ist.

Der Jungfrau-Mann hat ein Herz für die Schwachen und Armen; er muß einfach helfen. Er ist überaus ordnend, sachlich, geschickt und aufgeweckt. Er hat bestimmte Organisationsmethoden und eine Begabung, komplizierte Probleme zu regeln und zu klären.

Höhenflüge der Phantasie sind ihm verhaßt. Er ist eher ein Angestellter bzw. ein Verbesserer bestehender Dinge als ein schöpferischer Mensch. Seine Talente werden ihn auf der Berufsleiter nach oben bringen. Der Erfolg stellt sich nicht ganz leicht ein, aber er kommt. Der Jungfrau-Geborene belastet sich mit Verantwortungen und leidet unter einem Märtyrerkomplex.

Er könnte ohne weiteres ledig bleiben; er würde es ohne starke Gemütserschütterungen ertragen. Nicht ohne Grund gibt es sehr viele Junggesellen, die unter diesem Zeichen geboren wurden. Jungfrau-Menschen sind oft lebende Nachschlagebücher des Fachwissens, Vermittler und Ausübende handwerklicher Kniffe. Auch gewisse „Knauserer" gibt

es unter ihnen; ihre Sparmaßnahmen nehmen oft groteske Formen an. Manche teilen sogar das Wirtschaftsgeld in Sonderkassen ein. Alles wird sorgfältig abgebucht.

Im Grund ist der Jungfrau-Mann ein Realist, ein Planer; er schätzt die Methodik. Bei der angeborenen Neigung zu Genauigkeit klebt er zuweilen zu sehr am Buchstaben, sieht das Detail und übersieht dadurch die große Linie, verliert den Sinn für das Ganze.

Die Jungfrau-Geborene verbreitet häufig eine Atmosphäre von Reinheit und Unberührtheit, die manchmal in herzlose Heuchelei ausartet, da sie in Fragen der Moral äußerst streng denken. Sie liebt es zwar, beim anderen Geschlecht Erfolge zu haben und gibt sich äußerst kokett; versucht der werbende Mann aber, aus ihrem Verhalten Konsequenzen zu ziehen, so wird er kalt abgewiesen. Überhaupt spielt die geschlechtliche Kälte in ihrem Leben eine große Rolle, und es ist statistisch nachgewiesen, daß der Prozentsatz an frigiden Jungfrau-Frauen recht groß ist. Es sei aber zur Entschuldigung dieser Frauen gesagt, daß dies zum Teil am Versagen ihrer Männer liegt, die nicht genügend erfahren sind, um diese kühle Gefährtin aus ihrem „Dornröschenschlaf" zu wecken. Teilweise wird sie auch durch ihre stark ich-betonte Haltung daran gehindert, sich dem Mann ganz zu erschließen.

Man findet bei der Jungfrau-Frau Menschenfreundlichkeit, geradezu altmodische Weiblichkeit, geschickte Hände und einen erfinderischen Verstand.

Wenn Sie kritisiert werden, sind Sie leicht verletzt. Sie kennen aber auch Ihre eigenen Schwächen. Sie beginnen oftmals eine Arbeit, lassen sich dann aber ablenken und wenden sich, ohne sie zu vollenden, einer anderen Tätigkeit zu.

Sie halten sich für sehr ordentlich, es fehlt aber zuweilen das System, die Methodik.

Sie sind im Grund Ihres Wesens scheu. Aber Sie kennen, wie jede Frau, die notwendigen weiblichen Listen und Waffen. Enttäuschungen entmutigen Sie nicht gleich völlig. Sie sind in der Lage, eine bestehende Bindung oder Ehe zu lösen, wenn Sie erkannt haben, daß diese Bindung nur noch unvollkommen ist.

Die Jungfrau-Geborene wird an den Sorgen des Partners gern Anteil nehmen. Sie ist peinlich genau in kleinen Dingen, aber sie kann auch das gütigste, großzügigste und liebevollste Geschöpf sein. Der ruhige Mut und das tiefe Verantwortungsgefühl der Jungfrau-Geborenen halten oft große Familien zusammen. Im täglichen Eheleben der Jungfrau-Frau oder des Jungfrau-Mannes macht sich sehr bald Gewöhnung bemerkbar.

Das Zusammenleben kann deshalb für beide Teile langweilig und inhaltlos werden. Erotisch ist die Jungfrau, wie schon erwähnt, schwer zu entfachen und bleibt in der Ehe in manchen Fällen unbefriedigt.

Günstige Partner von Jungfrau-Geborenen sind die im Zeichen Steinbock Geborenen (22. 12. bis 20. 1.) und die im Zeichen Stier Geborenen (21. 4. bis 21. 5.). Harmonisch sind auch Verbindungen mit im Zeichen Krebs Geborenen (22. 6. bis 22. 7.) und im Zeichen Skorpion (24. 10. bis 22. 11.).

Meiden sollte man die Zeichen Zwillinge (22. 5. bis 21. 6.) sowie Schütze (23. 11. bis 21. 12.) und Fische (20. 2. bis 20. 3.).

Symptome der Jungfrau

Wirkung auf den Charakter:
+ intellektuell, konkret, rationell, lernbegierig, wissensdurstig, gebildet, verständnisvoll, intelligent, beobachtend, aufmerksam, aufgeweckt, findig. Blick für die kleinen, scheinbar nebensächlichen Dinge des Lebens. Bescheiden, anspruchslos, zurückhaltend, anpassungsfähig, dienend, sich unterordnend, demütig, arbeitsam, fleißig, pflichtbewußt, gewissenhaft, zuverlässig, ordnungsliebend, ehrlich;
– kleinlich, engherzig, pedantisch, selbstsüchtig, egoistisch, berechnend, raffiniert, unehrlich, betrügerisch, kupplerisch, intrigant, hinterhältig, verleumderisch, neugierig, einmischungssüchtig, andere verdächtigend, anklagend, argwöhnisch, unzufrieden, selbstquälerisch, unentschlossen, unzuverlässig, unterwürfig, minderwertig.

Das persönliche Auftreten:
+ bescheiden, zurückhaltend, reserviert, bedacht, diplomatisch, taktvoll, schlicht;
– gehemmt, verlegen, befangen, schüchtern, ängstlich, pedantisch.

Denken:
+ logisch, verständig, vernünftig, klar, objektiv, sachlich, praktisch, nüchtern, zweckbewußt, methodisch, systematisch, organisierend, planmäßig, analysierend, geschickt, scharfsinnig, exakt, verantwortungsvoll, gewissenhaft, gründlich, forschend, wissenschaftlich, kritisch, prüfend, überlegend, abwägend, unterscheidend, detaillierend, spezialisierend, durchschauend, aufgeweckt, aufmerksam, anpassungsfähig;
– erdgebunden, materialistisch, grüblerisch, krittelnd, nörglerisch, mißtrauisch, pedantisch, unkonzentriert, ungenau, ungläubig, skeptisch, spöttisch, listig, verschlagen, altklug.

Fühlen:

+ rein, keusch, enthaltsam, tugendhaft, treu, verstandesmäßig, nüchtern; von der Vernunft, vom Zweck geleitet;

− kühl, unempfindlich, dürftig, spröde, zimperlich, ablehnend aus sachlichen Gründen, entsagend, resignierend.

Wollen:

+ das Glück wird in der Arbeit und im Dienen gefunden. Man unterordnet sich willig einer großen Idee, um dieser − wenn auch auf einem bescheidenen Posten − zum Sieg zu verhelfen. Reinheit, Keuschheit und Hilfsbereitschaft werden als Gipfelpunkte menschlichen Strebens betrachtet; dabei will man mit Hilfe von Logik und Kritik den Dingen des Seins auf den Grund kommen, wozu man sich irgendein Spezialgebiet erwählt, hoffend, von ihm aus die Rätsel der Welt zu lösen. Alle Erlebnisse müssen sich in das mühsam zusammengetragene Weltbild einordnen, einregistrieren lassen. Der Wille, alles, was einem entgegentritt, zu organisieren, beherrscht den persönlichen Gesichtspunkt;

− Triebstauung ist noch keine Reinheit; hier verwechselt man Schamgefühl mit Reinheit, Sprödigkeit mit Keuschheit. Die Bescheidenheit wird Schüchternheit, die Hilfsbereitschaft weicht dem Egoismus. Das Streben nach einem Zweck beherrscht die Sinne. Selbst kleinlich und pedantisch, ist man darauf bedacht, andere zu kritisieren, zu schulmeistern; und während man andere belehrt, übersieht man die „Feinde" im eigenen Innern und vernachlässigt sich äußerlich wie innerlich.

Handeln:

+ anpassungsfähig, dienend, sich unterordnend, arbeitsam, fleißig, tätig, sachlich, praktisch, methodisch, pädagogisch, zweckvoll, sorgfältig, organisierend, vorsichtig, pünktlich, zuverlässig, beharrlich, ausdauernd, Auswahl treffend;

− kleinlich, engherzig, pedantisch, schulmeisterlich, egoistisch, unvernünftig, unordentlich, unentschlossen, unzuverlässig.

Wirkung auf das Schicksal:

die Arbeitsverhältnisse des Geborenen. Seine Lebensbürde. Die zu überstehenden Krisen. Die Gesundheitsverhältnisse des Geborenen. Seine Krankheitsveranlagung.

Ideell:

+ vernünftige Erwägungen beherrschen die Haltung dem Schicksal

gegenüber. Das Interesse wendet sich ernsten Studien zu. Nur Fortschritte in der Erkenntnis und in der Arbeit können den Jungfrau-
Geborenen befriedigen;

– egozentrische Einflüsse, die den Jungfrau-Geborenen dazu geneigt
machen, sich übermäßig mit sich selbst zu beschäftigen und sich in
Selbstquälerei zu verlieren. Er ist rasch beleidigt, unzufrieden, kritisiert sich und seine Umgebung. Er findet überhaupt alles unvollkommen in der Welt.

Materiell:
+ günstige Arbeitsverhältnisse. Gute Anstellungen. Vorteile durch
Onkel und Tanten, Mitarbeiter, Angestellte, Untergebene und andere
Personen, die dem Jungfrau-Geborenen in irgendeiner Hinsicht
behilflich sein können. Befriedigender Gesundheitszustand;

– kritische Arbeitsverhältnisse. Stellungsverluste. Nachteile durch die
vorgenannten Personen. Kritisches durch Haustiere. Schlechter
Gesundheitszustand.

Kunst:
Heilkunst.

Wissenschaft:
alle exakten Wissenschaften, besonders Mathematik; auch Pädagogik,
Medizin, Hygiene, Körperpflege.

Tiere:
alle Haustiere: Hunde, Katzen usw.

Pflanzen:
Hafer, Petersilie, Efeu, Hängepflanzen, Fenchel, gelbe Rüben, Haselnuß.

Edelsteine:
Achat, Karneol, Topas, Halbedelsteine und unechte Steine.

Metall:
Quecksilber.

Farbe:
Violett.

Gegenstände:
alle jene, die man zur Körperpflege und zum Essen benötigt. Gebrauchs-
gegenstände des Arztes. Ausstattung der Arbeitsräume, Registraturen.

Gegend:
arbeitsreiche Gegenden, Industriegebiete, Getreidefelder.

Orte:
Arbeitsstätte, Badezimmer, Sprech- und Wartezimmer des Arztes, Krankenhaus, Bibliothek, Speicher.

Länder:
Hessen-Nassau, Sachsen-Anhalt, Schwarzburg-Sondershausen, Schwarz-
burg-Rudolfstadt, Elsaß, Schweiz, Türkei, Griechenland, Assyrien, Baby-
lonien, Kurdistan, Brasilien, Westindien.

Städte:
Breslau, Brieg, Glatz, Schweidnitz, Straßburg, Waldenburg, Erfurt, Hei-
ligenstadt, Langensalza, Worbis, Mühlhausen/Th., Kassel, Eschwege,
Fulda, Gersfeld, Gelnhausen, Hanau, Heidelberg, Jerusalem, Paris, Lyon,
Norwich, Cheltenham, Bagdad, Boston, Los Angeles, Riga, Novarra,
Rhodos, Basel, Toulouse.

Wochentag:
Mittwoch.

Bedeutende im Zeichen Jungfrau geborene Persönlichkeiten:

Hans Albers
Albert Bassermann
Albrecht von Wallenstein
König Baudouin
Ingrid Bergmann
Leonard Bernstein
Willy Birgel
Greta Garbo
Lyndon B. Johnson
Elia Kazan
Sophia Loren
Romy Schneider
Ferdinand Porsche jun.
John Priestley
Maurice Chevalier
Johann Wolfgang von Goethe

Agatha Christie
Franz Werfel
Peter Sellers
Franz-Josef Strauß
Gerhard Schröder
Vico Torriani
Aristoteles Onassis
Rudolf August Oetker
Franz Beckenbauer
Leo Tolstoj
Willy Reichert
Theodor Storm
Wilhelm Raabe
D. H. Lawrence
Theodore Dreiser
Eduard Mörike

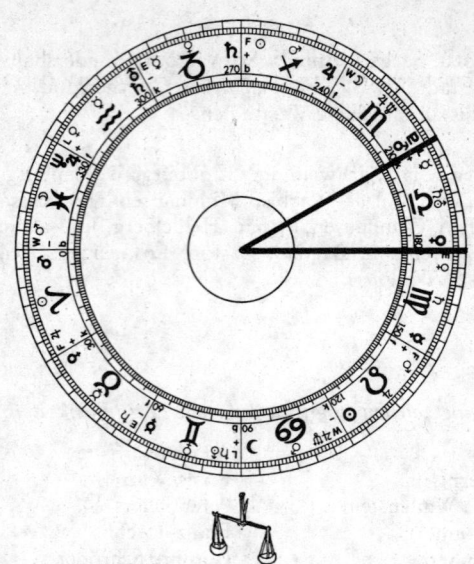

DAS ZEICHEN WAAGE
Geboren vom 24. 9. bis 23. 10.

Herrschender Planet: Venus.

Geschlecht: männlich.

Element: Luft.

Temperament: sanguinisch.

Typus: der künstlerische Mensch. Der harmonische Mensch. Der lebensfrohe Mensch. Der Diplomat. Der laue Mensch. Der Bohemien.

Gestalt: angenehmes, sympathisches Äußeres. Gut proportionierte Figur. Das Ebenmaß, das erreicht werden soll. Gliedmaßen schlank, Künstlerhände, kleine Füße.

Gang: anmutig, graziös, gleitend, tänzerisch.

Gesicht: regelmäßige Gesichtszüge, griechisches Profil. Rosige, ovalgeformte Wangen. Feiner Teint, hellblaue Augen, feingeschwungene Lippen.

Haare: blond, brünett, leicht gewellt.

Physiologische Entsprechungen: Lenden, Nieren, Wangen, Lippen, Blase, Leistengegend, untere Wirbelsäule. Stoffwechselleiden, Venenkreislauf (Venenentzündung), Hautkrankheiten (durch Medikamente verursacht).

Der Waage-Typ untersteht dem hauptsächlichen Einfluß des Planeten Venus. Dies gibt Ihrem Charakter Sanftmut und Ehrlichkeit. Ihre Mildtätigkeit kann soweit gehen, daß Sie Ihr Letztes hergeben, ohne eine Gegenleistung zu verlangen. In Geldangelegenheiten sind Sie sorglos. Sie besitzen ausgesprochen soziale Charaktereigenschaften, sind frei und gerade, haben ein hervorragendes Einfühlungsvermögen in die Seelenstimmung anderer Menschen und Geschicklichkeit im Ausgleichen von Gegensätzen und Spannungen. Besonders befähigt werden Sie dazu durch den Umstand, daß in Ihnen zwei Seelen wohnen: die eine will das Leben mit dem Empfinden erfassen, die andere möchte es erkenntnismäßig in allen seinen Formen miterleben. So werden Sie zu einem Hüter und Bewahrer der Wege des Lebens, sind Lebenskünstler und verfügen über inneres Gleichgewicht, wobei seelische Erlebnisse dieses Gleichgewicht stören und zu extremer Freude, aber auch extremem Leid führen können.

Bei solchen Voraussetzungen leiden Sie zuweilen unter Melancholie. Sie fühlen sich nur in einer harmonischen Umgebung wohl; der Einfluß der Venus macht Sie zudem für innere und äußere Schönheit besonders empfänglich. Im Umgang mit Menschen zeigen Sie sich betont höflich, feinfühlig, taktvoll.

Sie sind besonders für Vermittlertätigkeiten und Friedensgespräche geeignet. In Ihren Entschlüssen sind Sie unentschieden; wenn auch der Wille stark ist, so reicht er doch nicht für alle Erfordernisse aus. Der Tatendrang fehlt; sich durchzusetzen, fällt Ihnen schwer. Dieser Mangel wird oft ersetzt durch Klugheit, Gewandtheit und Diplomatie.

Ihre Seele ist tiefer Gefühle fähig. Ihre Leidenschaften sind heftiger, doch ehrlicher Natur. Ihr starker realistischer Sinn, der sich an Tatsachen des Lebens hält, erfaßt die beiden Wirklichkeiten, die geistige wie die materielle, gleich gut.

Sie zeichnen sich durch eine gute geistige Regsamkeit, durch Gerechtigkeitssinn und scharfe Beobachtungsgabe aus. Ihre Offenheit und Wahrheitsliebe bringen Ihnen manchen Schaden. Der Waage-Mensch ist seinem Wesen nach ein ästhetischer Sinnenmensch. Seine Leidenschaft gilt dem Schönen, Erhabenen und Harmonischen. Er sucht die Bindung, die Ergänzung mit einem liebenden und verständnisvollen Partner; aber seine Hingabefähigkeit ist nicht tief genug. Seine strahlende Liebenswürdigkeit und Anmut bezaubert, und auch er sucht die Verzauberung der Liebeshingabe. Wegen seines Überschwangs und seiner Unbeständigkeit aber ist ihm die tiefe Bindung versagt; er ist gleichsam wie ein Schmetterling, der von einer Bezauberung zur nächsten, stärkeren flattert und in allen die immer größere Harmonie und Schönheit sucht. Sein Schön-

heitssinn und seine Hingabe an die Freuden der Welt machen den Venus-Beherrschten zu einem ausgesprochenen Sinnenmenschen, sind doch die Sinne das einzige Instrument, mit dem er die Schönheit der Erde voll aufzunehmen vermag.

Bei negativen Gestirnkonstellationen zeigen sich leichtfertige, kokette und oberflächliche Triebrichtungen.

Der Waage-Mensch genießt die Schönheit der Natur, die Prächtigkeit einer Landschaft, das Rauschen eines Baches, den Gesang der Vögel, die Anmut der Bewegungen, den sinnlichen Reiz von Körpern.

Einsamkeit erträgt der Waage-Typ sehr schwer. Er braucht die persönlichen Verbindungen. Im gesellschaftlichen Umgang beobachtet man bei diesem Typ eine gewisse Geschmeidigkeit, ein taktvolles Überbrücken von Gegensätzen. Es ergeben sich schnell Kontakte und Sympathien; er zeigt ein gewandtes Auftreten. Seine ganze Haltung ist leicht, elegant, graziös und zeichnet sich durch gewinnenden Charme aus. Es ist auch große Empfänglichkeit für Schmeicheleien zu beobachten.

Stark ist das Verlangen nach sozialem Aufstieg, Anerkennung und Erfolg. Der Waage-Typ ist leicht gekränkt und verletzt, wenn er nicht beachtet wird.

In der Lebenskunst gleicht der Waage-Mensch dem Segelflieger, der sich in der Schwebe hält und vorwärts bringt durch Ausgleichen abgefangener Strömungen: mit einem Mindesteinsatz eigener Energie, durch Aufgreifen und Umlenken fremder Antriebe gewinnt er Höhe und Weite. Harmonie, Gerechtigkeit und Objektivität können glanzvolle Leitsterne der Entwicklung sein, bleiben oft nur der fromme Wunsch eines Menschen, der heiter durchs Leben schwebt und sich dem Genuß des schönen Augenblicks hingibt.

Die charakteristischen Berufsneigungen liegen im Künstlerischen oder haben irgendwie mit Kriterien guten Geschmacks zu tun. Ersteres in einer leichtbeschwingten Weise, unter Bevorzugung lichter Klänge und lebhafter Farben. Die großflächige, dekorative Note weist auf Plakatkunst, Innenarchitektur, Wandbehang, Festausstattung, Bühnenbild, Gestaltung öffentlicher Plätze und Parks. Regie und Ensemblespiel auf der Bühne, Ballett, Gesellschaftstanz, Musik, Gesang, Kunstformen des Eislaufs sowie auch andere sportliche Betätigungen, bei denen es auf Kombinationen und das Eingespieltsein einer Mannschaft ankommt. Auch Beziehungen zur Modeschöpfung und Modevorführung, zu Konfektion, zu Luxus- und Galanteriewaren können vorhanden sein.

Interessant sind für den Waage-Geborenen auch Literatur- und Kunstwissenschaft, Sprachforschung, Übersetzungsarbeiten.

Ärzte und Psychologen, die unter dem Waage-Zeichen geboren wur-

den, sind gute Diagnostiker. Auch zu Sozialberufen besteht Veranlagung. Rechnerische Kombinatorik und Gleichgewichtssinn erweisen sich als vorteilhaft bei konstruktiven Aufgaben der Technik wie Brückenbau und Flugzeugbau, bei strategischen Planungen, Meinungsforschung, auch im Großhandel.

Die Begabung für den Lehrberuf soll nicht unerwähnt bleiben. Auch viele Anwälte und Richter sind im Waage-Zeichen geboren.

Erkrankungen und Anfälligkeiten bestehen für die Nieren, Blase, Uterus, Lenden- und Leistengegend, untere Wirbelsäule. Auch Venenerkrankungen, Krampfadern, Hauterkrankungen, Prostataleiden, Stoffwechselleiden sind möglich.

Der männliche Waage-Mensch strebt nach Harmonie und Gerechtigkeit. Er zeigt sich fürsorglich, gerecht und fair bei der Arbeit und im Familienleben.

In einem größeren Kreis wird der Waage-Geborene immer für Ausgleich sorgen. Er bemüht sich um die Überbrückung von Gegensätzen, achtet auf Vereinheitlichung und Gleichschaltung der Dinge.

Sehr leicht wird man vom Charme eines Waage-Mannes gefesselt. Sein Wesen ist zwar unbeständig, aber sein Lächeln beeindruckt immer wieder Frauenherzen.

Das Liebesleben mit einem Waage-Partner wird nicht immer leicht und ohne Unruhe sein, denn seine Liebe ist nicht ausdauernd. Auch hat er gute und schlechte Tage. Am allerwenigsten kann er Langeweile vertragen. Er liebt Luxus, Bequemlichkeit und die schönen Dinge des Lebens. Seine Liebesbegabung ist enorm. Er sucht in der Erotik die Vielfalt der Formen, das Experiment und die Abwechslung. Waage-Männer sind von einer immer wachen Neugier, es fällt auch das ästhetische Moment ins Gewicht. Die Hinneigung zum anderen Geschlecht ist so groß, daß ein Waage-Geborener nur sehr schwer allein zu leben vermag. Seine Liebesfähigkeit umfaßt alle Skalen des Gefühls, vom echten Liebesrausch bis zum primitiven Sinnentaumel und zur „platonischen" Verehrung. Unerfülltes Liebesstreben erhebt sich in ihm leicht zu künstlerischen Leistungen. Er ist äußerst feinfühlend in seinen Liebesbeziehungen, erwartet dasselbe aber auch von seinem Partner. Dort, wo er sich einmal abgestoßen glaubt, zieht er sich in sich selbst zurück und wird kalt und verschlossen.

Er hat die Gabe, manche Dinge, vor allem die unangenehmen, zu vergessen. Er flirtet gern mit jedem attraktiven Mädchen, es wird aber selten eine Affäre daraus. Er nimmt solche Dinge nicht sehr genau. Geld rinnt dem Waage-Mann leicht durch die Finger; dies kann bis zur Verschwendung gehen.

Im beruflichen Leben drängt der Waage-Mann nicht gerade nach Schwerarbeit. Er erledigt seine Aufgaben mit einer gewissen Leichtigkeit und Eleganz. Er besitzt eine aktive Anpassungsgabe, gute Kombinationsgabe, einen eleganten sprachlichen Ausdruck und rhetorische Begabung. Abwechslung ist ihm sehr wichtig bei der Arbeit.

Im harten Lebenskampf erweisen sich die Waage-Männer oft als zu weich. Es fehlt ihnen die Härte, sich durchzusetzen. Oft werden sie wegen ihrer Gutmütigkeit und Großzügigkeit ausgenützt. Ihr Motto ist „Leben und leben lassen".

Der weibliche Waage-Typ besitzt einen gewinnenden Liebreiz und große Anmut. Der Körper ist zierlich und schlank, dabei aber doch von ausgeprägter Weiblichkeit. Der Gang ist leicht beschwingt und zeigt viel Rhythmus. Die Waage-Geborene ist sehr charmant und zieht die Männer an wie das Licht die Motten; dazu besitzt sie die Geschmeidigkeit und Gewandtheit einer großen Dame, doch wirkt sie manchmal etwas kühl und isoliert. Sie ist eine Meisterin der Liebe und hat gelegentlich etwas von dem Glanz einer klassischen Hetäre an sich. Sie verfügt über eine große erotische Anziehungskraft, der die Männer sehr rasch erliegen. Sie ist äußerst eitel und liebt es, bewundert zu werden. Die eheliche Treue ist manchmal etwas gefährdet. Wenn sie nicht eine tiefe Liebe an ihren Partner bindet, führt sie nicht selten ein abwechslungsreiches und amouröses Leben, in dem der Flirt eine große Rolle spielt. Die Venus-Beeinflußte liebt Geselligkeiten; Hausarbeiten werden weniger geschätzt.

Ungerechtigkeit und Unfrieden mögen Sie nicht. Sie möchten ausgleichen und Harmonie verbreiten.

Im beruflichen Leben stellen Sie sich gern gut mit Ihren Mitarbeitern. Sie verbreiten eine harmonische Stimmung, schaffen ein angenehmes Betriebsklima. Ihre Diplomatie läßt Sie gut mit Leuten umgehen. Sie vermeiden extreme Festlegungen in der Stellungnahme, zeigen sich tolerant. Höfliche Umgangsformen signalisieren die Bereitschaft, zu verstehen und sich anzupassen. Auffällig ist ein guter Geschmack in der Kleidung wie im Arrangieren häuslicher Dinge.

Sie streben danach, sich an andere Menschen anzulehnen, mit ihnen in einem möglichst innigen Kontakt zu stehen, sich sinnlich von anderen beeindrucken zu lassen. Sie wollen geliebt, behütet, geliebkost, verwöhnt, geschmeichelt, angebetet und auch sinnlich besessen werden. Die ganze Skala der sinnlichen Empfindungen soll durch die Einwirkung der Umwelt bzw. des Partners ausgelöst werden.

Auch setzen Sie alles daran, durch die eigene völlige und uneigennützige Hingabe dem Partner den Genuß aller sinnlichen Gefühle zu schenken. Diese Hingabe selbst wird dann schon zum Genuß, denn sinn-

liche Genußfreude und Genußfähigkeit sind typische Symptome der Waage-Geborenen. Bei guter Anlage ist das Erlebnis der Gemeinschaft, in engster Form der Liebesgemeinschaft, durch die instinktsichere Wahl des „passenden" Partners beglückend, harmonisch, und die Form des sinnlichen Erlebens ästhetisch, veredelt, verschönt.

Bei schlechter Anlage schafft die instinktunsichere Wahl des Partners im engeren Sinn und der persönlichen Umgebung im weiteren Sinn mehr oder weniger große Differenzen, Spannungen, Entfremdungen, Zerwürfnisse, Trennungen, Eifersüchteleien; und die Form des sinnlichen Erlebens kann unästhetisch, unschön, derb und lasterhaft bis gemein sein. Dann besteht die Gefahr in einer unbegrenzten Verführbarkeit durch Sinnenreize bis zu allen Ausschweifungen und Perversitäten.

Waage-Frauen wissen instinktiv, daß ihr Charme die Männer anzieht. Sie spielen mit der Liebe und wissen dabei oftmals nicht, wann aus dem Spiel Ernst wird. Öfter mag sich ergeben, daß sie den Partner wieder loswerden wollen. Da sie sich nie festlegen, fällt es ihnen leicht, eine Liebesaffäre gleichsam wie ein Kleid abzustreifen. Mitleid empfinden Sie dabei nicht.

Sie können aber auch auf einen Mann treffen, der ihre Wankelmütigkeit und Unentschlossenheit besiegt. Sie denken dann nur noch an diesen einen. Ihre Seele, ihr Geist und ihr Körper zeigen dann eine starke Verbundenheit mit dem Partner. Sie wirken dann gelöst, gleichsam schwebend, sehr lebendig in der Aufnahme der sinnlichen Reize.

Ihre Kinder wird die Waage-Frau sehr lieben und zärtlich für sie sorgen. Doch wird der Ehepartner meist vorrangig behandelt. Der angeborene Sexappeal der Waage-Beeinflußten wurde schon im Altertum verehrt. Ihre spielerischen Launen ziehen viele Männer an. In der Liebe halten sich aber Erfüllung und Enttäuschung die Waage; auch Tränen der Freude und des Leids wird es geben, das Schicksal will es so.

Harmonie kann bestehen zu den im Zeichen Zwillinge Geborenen (22. 5. bis 21. 6.), im Zeichen Wassermann (21. 1. bis 19. 2.), im Zeichen Schütze (23. 11. bis 21. 12.) und im Zeichen Löwe (23. 7. bis 23. 8.).

Weniger günstig sind die Zeichen Widder (21. 3. bis 20. 4.), Steinbock (22. 12. bis 20. 1.) und Krebs (22. 6. bis 22. 7.).

Symptome der Waage

Wirkung auf den Charakter:

+ gefühlvoll, weich, natürlich, einfach, bescheiden, anmutig, freundlich, liebenswürdig, anpassungsfähig, anhänglich, anschmiegsam, leutselig, angenehm, sympathisch, beliebt, lebensbejahend, lebenslustig, heiter, vergnügt, zufrieden, glücklich, optimistisch, idealistisch,

hilfsbereit, selbstlos, uneigennützig, aufopfernd, mitleidig, barmherzig, duldsam, gerecht, diplomatisch;
– leichtlebig, unbesorgt, leichtsinnig, bequem, nachgiebig, leichtgläubig,
schnippisch, überschwenglich, verschwenderisch, vergnügungssüchtig,
genußsüchtig, eitel, putzsüchtig, luxusbedürftig, geschmacklos, hilflos, launisch, leicht beeinflußbar, halsstarrig, eigensinnig, unordentlich. Fremden Einflüssen zugänglich.

Das persönliche Auftreten:
+ angenehm, höflich, taktvoll, vornehm, einfach, natürlich, sympathisch, liebenswürdig, freundlich, zuvorkommend, gemäßigt, fein,
anmutig; gute Manieren;
– affektiert, gekünstelt, förmlich, steif, gleichgültig, nachlässig, leichtfertig, bequem.

Denken:
+ gefühlsmäßig, poetisch, lyrisch, künstlerisch, feinsinnig, schöpferisch,
harmonisch;
– unbesorgt, leichtsinnig, leichtgläubig, oberflächlich, gedankenlos.
Gefühlsduselei.

Fühlen:
+ empfindend, feinfühlend, gefühlvoll, ästhetisch, rein, keusch, tugendhaft, unschuldig, unverdorben, sehnsüchtig, hingebungsvoll, anhänglich, liebevoll, verliebt, zärtlich, sinnenfreudig; aber auch demütig,
mitleidig, barmherzig;
– empfindlich, sentimental, vergnügungssüchtig, sinnlich, ausschweifend, wollüstig, überschwenglich, eifersüchtig, leichtfertig, leichtsinnig, schlüpfrig, flatterhaft, frivol, verführerisch, lasterhaft, verdor-
ben. Fehlende Sittlichkeit, Neigung zu Perversitäten. Sich kampflos
hingebend, sich verschenkend; schwach, hilflos, widerstandslos,
gefallsüchtig, frühreif (vorzeitige Pubertät).

Wollen:
+ streben nach Ausgleich, Harmonie. Sehnsucht nach dem „Du", nach
dem inneren Gleichgewicht. Alle Kräfte sind auf die Überbrückung
der Gegensätze, auf die Vereinheitlichung und Gleichschaltung der
Dinge eingestellt. Friedensbestrebungen. Sehnsucht nach Liebe und
der Verwirklichung des Schönen auf der Erde;
– die Verneinung des Willens; Resultat: absolute Passivität. Das Sich-
dreinschicken und Ergeben in die Lebensvorkommnisse. Das Leben
wird geduldet, nicht geliebt. Da die Kraft fehlt, etwas zu bejahen
oder zu verneinen, nimmt man alles hin und trägt es stumm.

Handeln:

+ gefühlsbetont, gleichmäßig, ordentlich, gefällig, spielerisch, höflich, taktvoll, schenkend;
− energielos, passiv, gleichgültig, sich gehenlassend, bequem, nachlässig, unordentlich, liederlich, müßig, lau, faul, träge, schlaff, schlampig, schmutzig. Typ der Menschen, die zu schön sind, um wahr und treu zu sein.

Wirkung auf das Schicksal:
Die Vereinigungen des Nativen bzw. des Geborenen. Ehepartner und Geschäftspartner. Offene Gegner. Die Beziehungen zur Öffentlichkeit. Zivilprozesse. Vergnügungen, Flirt, Verlobung, Hochzeit.

Ideell:
+ harmonische Schwingungen. Künstlerische Eindrücke. Das Gefühl, daß sich alles zum Besten wendet;
− moralische Konflikte. Man fühlt sich unverstanden. Man traut dem Glück nicht mehr. Man neigt zu Unlustempfindungen.

Materiell:
+ harmonische Beziehungen zur Umwelt. Gutes durch Partner. Erfolge in der Öffentlichkeit. Guter Ausgang von Prozeßangelegenheiten;
− kritische Beziehungen zum anderen Geschlecht. Schwierige Verhältnisse mit der Umwelt. Uneinigkeit. Einbuße des öffentlichen Ansehens. Verluste durch Prozesse. Kämpfe mit offenen Gegnern.

Kunst:
die Kunst an sich, vor allem Malerei, Tanz und Musik.

Wissenschaft:
die Wissenschaft vom Schönen. Ästhetik. Wissenschaften, die sich aus der Beschäftigung mit schönen Dingen ergeben, z. B. Kunstgeschichte.

Tiere:
Taube, Schmetterling, Singvogel, Libellen, Maikäfer. Das Reh.

Pflanzen:
Blumen, besonders Flieder, Maiglöckchen, Veilchen, Vergißmeinnicht, Rosmarin, Lilien. Myrte. Alle Blumen, die das Auge erfreuen und Symbole Verliebter sind. Birke, Pappel, Linde, Birne, Kirsche, Erdbeere, Pflaume, Banane, Weizen.

Edelsteine:
hellblauer Saphir. Achat, Smaragd, Türkis, Koralle, Perlen.

Metalle:
Kupfer.

Farbe:
Hellblau, Himmelblau, Rosa.

Gegenstände:

Blumen, alle Schmucksachen, die Eheringe, Musikinstrumente, Utensilien des Malers, Kleider, Hüte, Bilder zur Verschönerung des Heims. Komfort und Luxus. Alles, was „guten Geschmack" beweist. Kosmetika, Spielsachen, Gewichtswaage.

Gegend:
schöne Anlagen, Täler, Wiesen.

Orte:
alle öffentlichen Plätze, Anlagen, Blumengärten. In der Gemäldegalerie. Im Modesalon, Friseursalon, Konzertsaal, Theater, Kabarett. Alle Vergnügungslokale. Kaffeehaus, Bordell. Auf dem Standesamt.

Länder:
Rheinpfalz, Westerwaldkreis, Savoyen, Japan, China, Tibet, Argentinien, Österreich, Oberägypten, Kaspisches Meer, Burma.

Städte:
Frankfurt/Main, Wiesbaden, Höchst, Homburg, St. Goarshausen, Rüdesheim, Usingen, Speyer, Zweibrücken, Kaiserslautern, Ellwangen, Freiburg, Lörrach, Schwäbisch Hall, Marbach, Heilbronn, Wien, Graz, Antwerpen, Lissabon, Nottingham, Kopenhagen, Johannesburg, Rio de Janeiro.

Wochentag:
Freitag.

Bedeutende im Zeichen der Waage geborene Persönlichkeiten:

Dwight D. Eisenhower	T. S. Eliot
Mahatma Gandhi	William Faulkner
Paul von Hindenburg	Heinrich George
Heinrich Lübke	George Gershwin
Walther Rathenau	Graham Greene
Eleonora Duse	Rita Hayworth
Brigitte Bardot	Michael Jary
Sarah Bernhardt	Liselotte Pulver
Charles Boyer	Luis Trenker
Georg Büchner	Udo Jürgens
Heinrich von Kleist	Anita Ekberg
Freiherr von Knigge	Elly Ney
Franz Liszt	Friedrich Nietzsche
Max Schmeling	Le Corbusier
Hans Söhnker	Fridtjof Nansen
Freddy Quinn	Hermann Abs
Oscar Wilde	Thomas Wolfe
Lil Dagover	Margot Hielscher

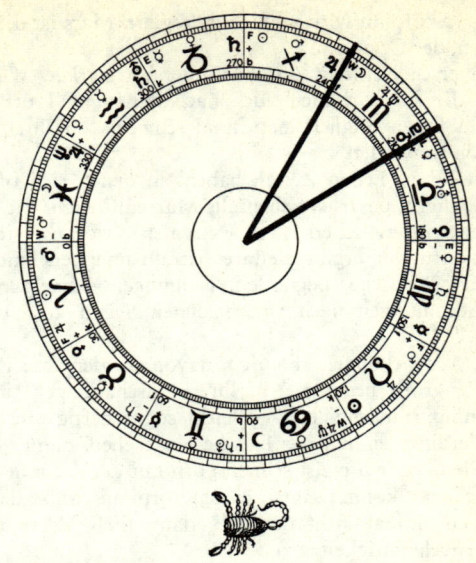

DAS ZEICHEN SKORPION
Geboren vom 24. 10. – 22. 11.

Herrschender Planet: Mars.

Geschlecht: weiblich.

Element: Wasser.

Temperament: melancholisch.

Typus: der ringende, problematische Mensch. Der faustische Mensch. Der Okkultist. Der dämonische Mensch. Der Gewaltmensch. Der Verführer.

Gestalt: mittelgroß, robust, breitschultrig.

Gang: energisch, straff.

Gesicht: prägnante Schädelbildung. Gut entwickelte, breite, ausdrucksvolle, gewölbte Stirn. Düsterer, stechender, herausfordernder Blick. Buschige Augenbrauen. Verbissene Mundwinkel. Hervortretende Unterpartie. Stark ausgeprägtes Kinn. Dunkle Haare.

Physiologische Entsprechungen: Unterleib, Geschlechtsorgane, das Zeugungssystem, der Samen, Leisten, Blase, Harnröhre, Becken, After, Ausscheidungsorgane, Blinddarm, rote Blutkörperchen, Nase, Gallenblase, Nierenbecken. Häufig Hals-, Nasen- und Rachenerkrankungen, Prostataleiden, Hämorrhoiden.

Das Zeichen Skorpion wird vom Mars regiert. Mars ist der Planet der Leidenschaften, der Opposition.

Auffallend erscheint, daß Sie mit überaus starker Willensenergie begabt sind, die sich zuweilen auch nach außen in Trotz zu äußern pflegt. Es fällt Ihnen folglich manchmal schwer, von Ihrer Umgebung voll verstanden zu werden.

Daß Sie in Ihrem Leben Zeiten haben, in denen sich offensichtlich alles um Liebe dreht, unterliegt ebenfalls Marseinflüssen. Vieles in Ihrem Charakter schwebt zwischen zwei Extremen, woraus sich manche schwere Stunde für Sie ergibt, denn es ist ein unangenehmer Zustand, wenn sich Ihre Wünsche, Begierden, Neigungen, Abneigungen, Sehnsüchte und Stimmungen nach verschiedenen Seiten auszuwirken vermögen.

Wie solche Auswirkungen ablaufen, davon werden Ihre Entwicklung und Ihre Seelengröße bestimmt. In Ihren Anschauungen sind Sie mitunter eigensinnig, unnachgiebig, vielleicht sogar heftig und streitlustig. Haben Sie allerdings einmal das Falsche eingesehen, dann – Hand aufs Herz – sind Sie trotzdem meist schnell noch mit der Ausrede da. Das ist typisch für sie; man könnte sagen: es ist skorpionisch. Ist das bei Skorpion-Geborenen einmal nicht der Fall, dann fließt deren dynamische Kraft höheren Seelentätigkeiten zu.

Mars ist der Kriegsgott – merkten Sie bisher noch nichts von den Eigenschaften, die er auch Ihnen mit auf den Lebensweg gegeben hat? Ist es nicht Ihr Bestreben, an der Spitze zu stehen? Zu herrschen? Könnten Sie sich wohl fühlen als Untergebener?

Sie besitzen Anziehungskraft in hohem Maß; Sie vermögen auf das andere Geschlecht einen großen Einfluß auszuüben. Sie suchen geradezu die Gefahren und neigen dazu, die bestehenden Anschauungen und Einrichtungen zu bekämpfen. Erwähnenswert ist Ihr tiefes Eindringungsvermögen, Ihr gründliches, forschendes, scharfsinniges Denken.

Es gibt aber auch Zeiten, in denen Sie überaus gütig und hilfsbereit, ja wohltätig sind. Ihr glühender Wunsch, in die Geheimnisse der Natur einzudringen, ist wohl unaufhebbar. Sie lieben geheime Wissenschaften, fühlen sich zum Okkultismus hingezogen.

Sie verstehen es, in die Geheimnisse anderer Menschen einzudringen und sie zu erforschen. Ihre eigenen Geheimnisse mögen Sie nicht so schnell offenbaren und preisgeben. Man kann Ihnen unbedenklich wichtige Mitteilungen machen und auf Ihre Diskretion bauen, wenn Sie sie einmal zugesichert haben.

Durch Ihren Ehrgeiz und durch Ihre zweifellos vorhandene Tüchtigkeit erreichen Sie vieles im Leben, was anderen versagt bleibt.

Für Schmeicheleien sind Sie sehr zugänglich, ohne deshalb als eitel bezeichnet werden zu können. Kommen Sie nun mit Menschen zusammen, die diese Schwäche nicht nur kennen, sondern auch geschickt ausnutzen, so können diese vieles bei Ihnen ausrichten – nach der guten, aber auch nach der schlechten Seite hin.

Zorn, Eifersucht, überhaupt alle mehr oder weniger vorhandenen Leidenschaften müssen Sie in Ihrem eigenen Interesse bekämpfen, denn diese Eigenschaften vermögen nicht nur Ihrem Seelenleben, sondern auch den Beziehungen zu Ihrer Umgebung sehr zu schaden.

Der Skorpion sucht Reibungsflächen auf, geht ihnen zumindestens nicht aus dem Weg; er wird gleichsam dorthin dirigiert, wo Entladung zu erwarten ist. Gegensätze, Diskrepanzen fordert er geradezu heraus, er neigt zum Verbeißen in schwierige Aufgaben.

Der Skorpion-Mensch ist ein „Mensch zwischen zwei Toren", der von einem brennenden inneren Zwiespalt verzehrt wird.

Verzehrende Leidenschaften können abwechseln mit großer Kälte. Die innere Ungeduld macht ihn zuweilen gewalttätig. Er stellt ein Unberechenbares, Unantastbares dar, verlangt aber von Menschen, die er liebt, unbedingte Unterwerfung.

Die sinnliche Verzückung des Skorpions ist ein Mittel seiner Sehnsucht nach dem Einswerden mit dem Partner. Er ist nie allein; immer wieder finden sich Menschen, die er anzieht und die ihm folgen. Er zeigt sich offen in seinen Handlungen, ist aber leicht verletzt. Seiner fanatischen Begeisterungsfähigkeit, seiner selbstlosen Hingabe an seine Ideale, seinen Aufgaben bleibt er treu. Stark ist sein Ahnungsvermögen entwickelt.

Kosmisch gesehen neigt der Skorpion-Mensch zu Berufen, deren Aufgaben geradezu als Wertmesser der Persönlichkeit gelten. Er verfügt über einen großen Leistungsehrgeiz; er stellt sich gegen jede Bedrohung und alle Angriffe, verteidigt das Geschaffene mit allem Einsatz. Die Durchsetzungskraft ist wechselhaft, die Zähigkeit wächst mit der Beteiligung; zuweilen sind die dabei gewählten Mittel ziemlich rücksichtslos.

Skorpion-Menschen eignen sich als Chirurg, Unfallarzt, Operationsschwester und Hebamme. Auch für den praktischen Arzt zeigen sich gute Befähigungen. Folgende Gebiete erweisen sich ebenfalls als erfolgsträchtig: Pharmakologie, Chemie, Konjunkturforschung, experimentelle Rohstoffuntersuchung, Personalüberwachung; Polizeidienst, Kriminalistik, Straf- und Korrektionsanstalten, Militär, diplomatischer Geheimdienst, Feuerwehr. Auch in sportlicher Richtung ergeben sich Erfolge. Hervorzuheben sind noch die Gebiete der Elektrotechnik, Kraftfahrzeugtechnik, der Turbinenbau, die metallverarbeitende Industrie, die Hochfrequenztechnik. Im kaufmännischen Sektor bestehen Neigungen zur Betriebs-

wissenschaft, Kalkulation, Bürotechnik, Computertechnik. Auch das Verlagswesen interessiert den Skorpion-Geborenen. Bei Behörden zeigen Bestattungsbeamte, Testamentsvollstrecker und Konkursverwalter häufigst Skorpion-Einfluß. Auch handwerkliche Berufe können erfolgreich sein, besonders in der Eisen- und Stahlindustrie. Weibliche Skorpion-Geborene neigen zu Berufen als Krankenschwester, Arzthelferin, Laborgehilfin, Assistentin, Ärztin, Kinderärztin, Pharmazeutin, Drogistin, Zahnärztin.

Bei Behörden kommen Finanzämter, Anwalts- und Gerichtsbüros, der Justizdienst in Frage. In künstlerischen Berufen wird oft die Spezialisierung vorgezogen, besonders beim Theater. Man bevorzugt nicht selten Sarkasmus, Ironie oder Satire (Kabarett, Lustspiel, Komödien); die Berufslaufbahn wird oft durch die Heirat unterbrochen und erst später wieder aufgenommen.

In wissenschaftlichen Berufen wird Physik, Zoologie, Philosophie bevorzugt. Auch die Grenzgebiete finden starkes Interesse: Metaphysik, Geheimwissenschaften, Psychologie, Parapsychologie, Okkultismus. Das Unbekannte, Unerforschte, Geheimnisvolle, Verborgene zieht außerordentlich stark an.

In gesundheitlicher Beziehung können Beeinträchtigungen entstehen für Unterleib, Geschlechtsorgane, Zeugungssystem, Blase, Leisten, Bekken, Ausscheidungsorgane, Blinddarm, Nieren, Galle. Auch kann es zu Geschwüren, Entzündungen, Menstruationsstörungen kommen.

Der Skorpion-Mann besitzt ein ausgeprägtes Liebesempfinden. Sein aktives Triebleben beginnt in frühester Jugend und hält sich bis ins hohe Alter. Für ihn sind Liebe und Sex von größter Faszination. Er liebt mit großer Leidenschaftlichkeit, ohne sich selbst dabei zu verlieren. Er ist sehr romantisch veranlagt und wünscht sich diese Eigenschaft auch bei seiner Partnerin. Eine Liebe ohne Eifersucht, sexuelle Anziehung und Sinnlichkeit ist für ihn wie eine Suppe ohne Salz. Seine erotische Anziehungskraft ist groß; sie entwaffnet die weibliche Umwelt durch den eigenartigen Zauber seines Wesens. Wenn er wirbt, geschieht dies mit der ganzen Heftigkeit seiner Persönlichkeit. Er fordert völlige Hingabe, Aufgabe der Eigenpersönlichkeit; er will, daß sich seine Partnerin ihm gleichsam auf Gnade und Ungnade ergibt. In seiner Wahl zeigt er einen ausgeprägten Instinkt, wie überhaupt Sympathie und Antipathie bei ihm scharf ausgeprägt sind. Seine Ehe – wenn er eine führt – ist eine ausgesprochene Liebesehe, die aber nicht immer von Dauer îst. Seine ausgeprägte Eifersucht und seine kaum verhüllte Grausamkeit machen es seiner Partnerin nicht immer leicht. In vereinzelten Fällen ist die sadistische Anlage stark ausgeprägt, und er entwickelt dann eine glühende

Phantasie, um sein „Opfer" zu quälen und es gleichzeitig immer fest an sich zu binden. Wenn er aber quält, quält er aus Liebe, nicht aus Haß; er ist beseelt von dem Willen, sich seine Partnerin ganz und auch im Schmerz zu eigen zu machen.

Unter dem Zeichen Skorpion gibt es viele Junggesellen. Dies mag damit zusammenhängen, daß nur wenige Frauen den Skorpion-Geborenen wirklich zu fesseln vermögen.

Im Berufsleben ist der Skorpion ein Arbeitstier. Er eignet sich besonders für Tätigkeiten, bei denen Führereigenschaften, Suggestivkraft, Mut, Totaleinsatz der Kräfte gefragt sind.

Der Skorpion-Mann entwickelt nicht nur in der Liebe eine starke Intensität, sondern auch in Fragen der Politik, Arbeit, Freundschaft, Religion, kurz: fast auf jedem Gebiet. Er vermag Hindernisse hinwegzuräumen, die der Verwirklichung im Weg stehen.

Der vom Mars Bestimmte verfügt über starkes Durchsetzungsvermögen, viel eigene Initiative, Handlungsbereitschaft und Handlungsfähigkeit. Sein Ehrgeiz ist stark, jedoch eher ein Auszeichnungsverlangen als ein Streben nach Gewißheit des eigenen Wertes. Er muß sich durch steten Kampf immer wieder selbst bestätigen. Sein Ehrgeiz paart sich daher mit Eifer, Fleiß, Strebsamkeit, Arbeitsamkeit, Leistungsfreude, zuweilen auch mit Übereifer, Unruhe, Unduldsamkeit, Rücksichtslosigkeit, Despotismus.

Die Skorpion-Frau strahlt einen eigenartigen Zauber aus. Ihre sexuelle Wirkung ist stark, ihre Leidenschaft heftig im Guten wie im Bösen. Die Höhen und Tiefen des Liebesrausches erlebt sie gleich stark; ihre maßlose Eifersucht macht sie nicht gerade zur bequemen Ehefrau. Liebt sie einmal, ist sie auch unbedingt treu, weil sie an ihrem Partner festhält. Sie versucht eine Verbindung meist auch dann noch aufrechtzuerhalten, wenn dies für beide Teile nur mehr eine Qual ist. Meistens ist sie äußerst fruchtbar und empfängnisbereit.

Alles in allem erfordert das Zusammenleben mit dem Skorpion-Typ vom Partner Verständnis, Hingabe, Opferbereitschaft und Klugheit in Verbindung mit starker innerer Beteiligung und Leidenschaft der Liebe. Nur so ist es möglich, die Höhen und Tiefen, durch die der Skorpion seine „Liebesopfer" mitreißt, zu ertragen und sich zugleich ein Stück echten und dauerhaften Glücks zu sichern.

Bei einer Skorpion-Frau steht der Wille meist im Dienst der Triebe; er dient der Erreichung ihrer Ziele. Die Kraft des Willens beruht gewissermaßen auf der Kraft der Triebe und ihrer planmäßigen Steuerung. Die Skorpion-Frau ist eine Meisterin der Verteidigung. Sie ist bemüht,

sich zu sichern, um einem eventuellen Ansturm des Gegners standhalten zu können und ihn durch zähen Widerstand langsam zu zermürben, seine Kräfte zu zerbrechen.

Im beruflichen Leben verfügen Sie als Skorpion-Geborene über das Talent, Macht zu gewinnen, zu ergreifen und zu benutzen. Sie verstehen es, zu arbeiten. An einer leichten, bequemen Arbeit sind Sie nicht interessiert. Sie sind sehr zäh, kritisch und zielstrebig.

In Freundschaften sind Sie sehr wählerisch. Sie sind aber durchaus in der Lage, einem echten Freund die Treue zu halten. Sie brauchen keinen Ehering in einer Liebesverbindung. Die Meinung Ihrer Umgebung interessiert Sie in keiner Weise. Ihre Beziehungen sind echt und ehrlich. Sie zeigen viel Mut und gehen gegen die Heuchelei der Gesellschaft an. Ihrem Partner, ob Freund oder Ehemann, werden Sie mit Ihren Talenten helfen, seine Ziele zu erreichen. Seine Zukunft ist Ihnen wichtiger als eine eigene Karriere.

Sie lieben Ihr eigenes Heim, das Sie geschmackvoll einrichten und sauberhalten.

Einer Skorpion-Frau sollte man nie Gelegenheit zur Eifersucht geben. Sie ist sehr mißtrauisch. Findet sie einen Grund dafür, dann gibt es eine Explosion.

In finanziellen Dingen ist die Skorpion-Frau sehr wechselhaft. Sie kann sehr sparsam sein, manchmal sogar geizig, dann aber plötzlich sehr verschwenderisch. Auf jeden Fall liebt sie das Geld. Sie wird jedoch auch zufrieden sein, wenn der Ehepartner weniger verdient. Sie kann Opfer bringen, wenn es sein muß.

Ihre Kinder werden fühlen, daß sie in Ihnen eine gute Mutter haben. Sie können vielleicht Ihre Liebe nicht so offen zeigen, aber Sie geben Ihren Kindern jegliche Unterstützung. Sie vermitteln ihnen ein Bild des Lebens mit seinen Höhen und Tiefen.

Harmonisch zum Skorpion passen im Zeichen Krebs Geborene (22. 6. bis 22. 7.), im Zeichen Fische Geborene (20. 2. bis 20. 3.), im Zeichen Steinbock Geborene (22. 12. bis 20. 1.) und im Zeichen Jungfrau Geborene (24. 8. bis 23. 9.).

Weniger Harmonie versprechen die Zeichen Stier (21. 4. bis 21. 5.), Löwe (23. 7. bis 23. 8.), Wassermann (21. 1. bis 19. 2.).

Symptome des Skorpions

Wirkung auf den Charakter:
+ eifrig, mutig. furchtlos, entschlossen, ehrgeizig, unbeugsam, geheimnisvoll, tief veranlagt, unergründlich;

– rauh, eigenwillig, draufgängerisch, aufbrausend, unzufrieden, ungeduldig, erregbar, leicht verletzbar, rasch beleidigt, nachtragend, mißtrauisch, verschlossen, verbissen, trotzig, störrisch, zornig, jähzornig,
   rasend, bösartig, rachsüchtig, habgierig, grausam, sadistisch, zerstö-
   rerisch; für Schmeicheleien leicht empfänglich.

Das persönliche Auftreten:
+ energisch, kraftvoll, mutig, entschlossen, gebieterisch;
– stolz, herausfordernd, angriffslustig, zügellos, herrisch, rücksichtslos, derb, rauh.

Denken:
+ scharfsinnig, forschend, bohrend, eindringend, ergründend, unergründlich, tief, mystisch, okkultistisch;
– grüblerisch, parteiisch, erregbar, reizbar, überkritisch, kompliziert,
   problematisch, zersetzend, verkrampft, kriegerisch, gehässig, fanatisch, störrisch, bösartig, heimtückisch, listig, verschlagen, raffiniert,
   rachsüchtig, dämonisch.

Fühlen:
+ elementar, triebhaft, temperamentvoll, leidenschaftlich;
– draufgängerisch, begehrend, sinnlich, zügellos, ausschweifend, lasterhaft, wollüstig, vergewaltigend, gemein, eifersüchtig, chaotisch.

Wollen:
+ den Urgrund der Welt erfassen. Das Verschleierte enthüllen. Den
   Tod überwinden. Magische Kräfte entwickeln. Über sich selbst hin-
   auswachsen. Das „Niedere" erlösen. Das „Obere" mit dem „Unteren" in Verbindung bringen;
– sich ausleben, seinen Gelüsten nachgeben. Niederreißen, zerstören.
   Sich mit Gewalt durchsetzen. Über andere herrschen wollen. Andere
   Existenzen vernichten. Den Machtgelüsten preisgegeben, übersieht
   der Skorpion-Geborene, daß er sich, indem er andere vernichtet, sein
   eigenes Grab gräbt.

Handeln:
+ energisch, durchgreifend, eifrig, impulsiv, tapfer, mutig, heroisch, tita-
   nisch, ehrgeizig;
– ungeduldig, ungestüm, heftig, stürmisch, wild, herausfordernd,
   befehlshaberisch, waghalsig, unbesonnen, herrschsüchtig, unvorsichtig, unbeherrscht, herrisch, bösartig, kriegerisch, rücksichtslos, derb,
   roh, rachsüchtig, unbeugsam.

Wirkung auf das Schicksal:
Der Besitz der Umwelt. Öffentlichkeit, Gelder der Öffentlichkeit. Testamente, Erbschaften, Legate. Verluste, Lebensgefahren, Unfälle, opera-

tive Eingriffe, Todesfälle, Begräbnisse. Der Tod der eigenen Persönlichkeit.

Ideell:

+ die Gedanken sind völlig auf den Umwandlungsprozeß eingestellt. Okkulte und parapsychische Erfahrungen. Der Prozeß des Vergehens in der Natur stimmt nachdenklich. Probleme, die das Fortleben nach dem Tod betreffen, spornen zu neuen Untersuchungen an;

– Gedanken der Trauer werden aktiviert. Die Vergänglichkeit aller Dinge belastet das Seelenleben; vergeblich sucht man nach dem Sinn der Zersetzungserscheinungen.

Materiell:

+ Legate, Erbschaften, Besitzvermehrungen durch die Beziehungen zu Partnerschaften wie zur Öffentlichkeit. Überwindung von Krisen;

– Verluste durch Partnerschaften wie durch die Öffentlichkeit. Zusammenbruch von Unternehmungen. Konkurse. Kritischer Ausgang von Lotteriespielen und Wetten. Erhoffte Erbschaften stellen sich nicht ein. Der Besitz der Umwelt wird zu Wasser. Konflikte, Auseinandersetzungen, Trennungen, Todesfälle, Begräbnisse. Geschlechtskrankheiten. Operative Eingriffe. Unfälle, Lebensgefahren. Tod des Geborenen.

Kunst:
Kriegskunst. Radieren, Gravieren.

Wissenschaft:
Chirurgie, Naturwissenschaften, besonders Physik, Chemie, Technik, Zoologie. Okkultismus. Parapsychologie.

Tiere:
Wolf, Raubkatzen (Tiger, Panther, Leoparden), Skorpion, Schlange, Hyäne, stechende Insekten (Wespen, Mücken) und Tiere mit Krallen.

Pflanzen:
Stechpalme, Dornensträucher, Brennessel, Distel, Nadelbäume (z. B. Fichte), Zwiebel, Knoblauch, Rettich, alles Bittere, Scharfe, Stechende, Brennende.

Edelsteine:
Rubin, Jaspis, Magnetstein.

Metalle:
Eisen, Stahl.

Farbe:
Rot.

Gegenstände:
alle Eisen- und Stahlwaren. Maschinen, Handwerkzeuge (Hammer, Nägel, Beil usw.). Alle Schneidewerkzeuge (Schere, Messer usw.), Stich- und Schußwaffen. Nahrungsmittel: Senf, Pfeffer, Essig; alle scharfen Gewürze. Alle sexuellen Reizgegenstände.

Gegend:
unfruchtbare Gegenden. Feuerspeiende Berge. Überschwemmungsgebiet. Sümpfe. Jagdgebiet.

Orte:
in Fabriken, Kasernen, Operationsräumen, Schlachthäusern. Auf dem Schlachtfeld. In chemischen Laboratorien. In einer Brennerei. Der Ort, an dem der Geborene stirbt. Das Sterbelager. Auf dem Friedhof; das Grab. Im zoologischen Garten.

Länder:
Nieder- und Oberbayern, württembergischer Schwarzwaldkreis, Norwegen, das westliche Schweden, Jütland, Lappland, Algerien, Syrien, Marokko, Transvaal, Queensland.

Städte:
München, Baden-Baden, Tübingen, Reutlingen, Frankfurt/Oder, Danzig, Kottbus, Kattowitz, Ingolstadt, Passau, Landshut, Straubing, Rosenheim, Traunstein, Bruchsal, Brixen, Gent, Dover, Liverpool, Washington, Milwaukee.

Wochentag:
Dienstag.

Bedeutende im Zeichen Skorpion geborene Persönlichkeiten:

Charles de Gaulle	Grace Kelly
Friedemann Bach	(Fürstin Gracia Patricia de Monaco)
Georges Bizet	Friedrich von Schiller
Richard Burton	Martin Luther
Thomas Cook	Reza Pahlevi, Schah von Persien
Marie Curie	Kronprinz Charles von England
Georges Danton	Niccolo Paganini
Robert Kennedy	Paul Linke
Indira Gandhi	Fritz Reuter
Curt Götz	Elke Sommer
Katherine Hepburn	Dieter Borsche
Paul Hindemith	Luise Ullrich
Rudolf Forster	Alain Delon

DAS ZEICHEN SCHÜTZE
Geboren 23. 11. – 21. 12.

Herrschender Planet: Jupiter.

Geschlecht: männlich.

Element: Feuer.

Temperament: cholerisch.

Typus: der religiöse Mensch. Der Sportler. Der abenteuerliche Mensch. Der Heuchler. Der falsche Prophet.

Gestalt: volle, zur Üppigkeit neigende, stattliche Figur. Sympathische, imposante Erscheinung. Kräftige Hände. Körperlich beweglich, sportfreudig, bis ins Alter jugendlich wirkend.

Gesicht: hohe, gewölbte Stirn, Nase gewöhnlich lang. Augen häufig dunkelblau; offener, klarer, gütiger, jovialer, leuchtender Blick. Helle Haare, üppiger Haarwuchs, oft Vollbart.

Physiologische Entsprechungen: Hüften, Oberschenkel, Rückenmuskulatur, Hüftgelenk, Leber, Blut, Leistengegend, Lenden, Venenkreislauf, Lunge, Bronchien. Vegetatives Nervensystem.

Der Schütze-Typ untersteht dem Einfluß des Planeten Jupiter. Das bedingt, daß Sie äußerlich zumeist sehr ruhig sind, aber innerlich sehr empfindsam, wenngleich Sie das nicht so leicht zu erkennen geben.

In Liebesangelegenheiten besitzen Sie eine glühende Natur und sind heißblütig; doch Ihre Vernunft hält Sie in den nötigen Grenzen. Sie haben einen rechtschaffenen Charakter, tun das Gute um des Guten willen. Ihnen ist eine gewisse prophetische Ader zu eigen; im praktischen Leben können Sie deshalb oftmals Ihren inneren Eingebungen folgen. Ruhe und Behaglichkeit lieben Sie über alles; die Kehrseite davon ist ein großer Mangel an Entschlußkraft. Sie sind sehr darauf bedacht, Ihr Leben frei und unabhängig zu gestalten. Auch dem anderen Geschlecht begegnen Sie sehr frei, was Ihnen oft falsch ausgelegt wird. Sie folgen dem Herzensdrang, dem, was Ihnen Ihr Gemüt eingibt, ohne immer den Verstand zu fragen; dabei sind Sie friedlich, rücksichtsvoll, nachgiebig, gerade und ehrlich.

Ihr Geist steht über dem Durchschnitt. Sie können erfinderisch sein und sogar genial, besonders in Ihren freiheitlichen, freidenkerischen Gedankengängen.

Ihr starker Bewegungsdrang drängt Sie immer wieder zum Reisen. Sport und Wandern liegt Ihnen. Sie lieben Tiere sehr; auch für Naturwissenschaften und Studien sind gute Anlagen vorhanden.

Im gewissen Sinn können Sie mit Goethe sagen: „Zwei Seelen wohnen, ach, in meiner Brust", denn Sie haben zuweilen unter einem inneren Zwist zu leiden, der das sicherste Zeichen für eine Art Doppelnatur ist. Dies liegt daran, daß Sie seelischen Eindrücken ganz besonders zugänglich sind, daß Sie einmal verschlossen und unzugänglich, ein andermal heftig und erregt sind. Gerade Ihre Reizbarkeit ist oft grundlos und nur durch die Doppelnatur zu erklären. Ihre Leidenschaften und Ihre Eifersucht gehen tief. Leicht sind Sie geneigt, mißtrauisch zu sein, können es aber nicht verhindern, trotzdem oft betrogen und hintergangen zu werden.

Der Schütze-Typ weiß immer, was das Beste für jeden ist; und er ist auch nicht schüchtern, dies offen zu sagen. Er ist meist der Anführer, die anderen sind die Truppe. Es gibt da kein Fragen nach dem Warum, nur das Nachlaufen hinter dem Führer ist maßgebend. Er kann auch einmal in die falsche Richtung gehen, auch dies kommt vor. Schließt man sich einem Schütze-Menschen auf seinem Weg an, sollte man sich mit Thermosflasche und Proviant ausrüsten; es ist nämlich möglich, daß man den Bestimmungsort nicht erreicht, denn der Schütze hat keinen Orientierungssinn.

Der Schütze ist ein Sammler. Er kann Bücher sammeln, Bierdeckel, Spieluhren, alte Briefe, Zettel – seine Taschen sind immer gefüllt –; auch Tiere, möglichst aus exotischen Welten, werden gern in den eigenen vier Wänden gehegt und gepflegt. Wehe dem, der diese Sammlungen stört oder wegräumt! Der Schütze-Geborene hat diese Dinge in seinem Besitz, weil er sie braucht.

Das Wesen des Schützen wird vor allem durch seine lebensbejahende Einstellung geprägt. Er kennt die Schwächen und Versuchungen des Lebens und beginnt früh, sie zu verstehen und zu überwinden. Aus einer fast instinktiven inneren Weisheit heraus eignen ihm große Güte und verstehende Einsicht.

Die Schütze-Geborenen lieben die Tradition und das Althergebrachte. Sie sind leidenschaftliche Verfechter des Rechts und der sittlichen Reinheit. Der „gute" Schütze ist von einer immer bereiten, warmen Herzlichkeit; er ist gutmütig und gerecht, mit einem überwachen Sinn für die Schwingungen des Lebens und mit einem Blick für Schönheit und Harmonie. Seine Erkenntnis ist intuitiv; das stärkste Merkmal seines Charakters ist die völlige Anerkennung der Autorität.

Der „negative" Schütze dagegen wird zum Sophisten, aus Gefühlstiefe wird Sentimentalität, aus Glauben Aberglauben, aus Gerechtigkeit Heuchelei. Seine innere Leere versucht er in Plagiaten und Nachahmungen aller Art zu verbergen; er schmückt sich gern mit fremden Federn.

Beruflich neigen Schütze-Geborene zu einem ungebundenen Leben möglichst in freier Natur, für die sie ein tiefes Verständnis haben. Alle Berufe, die sie dieser näherbringen, scheinen für sie besonders erfolgversprechend. Schütze-Menschen verfügen über Spezialbegabungen. Sie erspüren lohnende Gelegenheiten. Oftmals besteht ein Gefühl, „das Richtige" müßte noch kommen. Hieraus und aus dem Reisedrang sowie aus Veränderungen im Lauf der Entwicklung erklärt sich mancher Berufswechsel.

Viele Schütze-Männer findet man in Wirtschaft und Industrie, beim Import und Export, bei Auslandsvertretungen. Auch der juristische Bereich zieht stark an (Richter und Anwälte).

Weitere Schütze-Bereiche sind: Staat, Behörden, Ämter, als Geistliche, Offiziere, Wehrmachtsbeamte, Polizeibeamte, die Reisebürobranche, Politik, das Verlagswesen, der diplomatische Dienst, Philosophie, Medizin, Psychologie, Geographie, Sport, Bankwesen.

Schütze-Bereiche für Frauen sind: Fremdsprachen, Sport, Lehrtätigkeit, Sozialberufe, Ärztin, Reporterin, Auslandsvertreterin, Verkäuferin, Tierpflegerin, Reisebürokaufmann, auch Artistin.

Die körperlichen Entsprechungen des Schütze-Zeichens sind: Hüften, Oberschenkel, Leber, Muskulatur (auch die des Herzens), die Atmung, das Nervensystem, Leistengegend, Rücken, Lenden, Venenkreislauf. Es bestehen Dispositionen zu Rheuma, Gicht, Hexenschuß, Verrenkungen, Sportverletzungen. Auch die Lungen können geschädigt werden. Es gibt Bänderrisse, Sehnenzerrungen, Gliederlähmungen, Oberschenkelbrüche, Gelenkschmerzen, Gehbehinderungen.

Der Schütze-Geborene ist meist sehr zäh und widerstandsfähig; er erholt sich schnell. Das verleitet in manchen Fällen zu extremen Lebensweisen. Wer mäßig und vernünftig lebt, kann sehr alt werden und bleibt auch im Alter in vieler Beziehung frisch. Der Körper des Schützen braucht viel Sauerstoff; daher sind Atemübungen empfehlenswert. Beste Medizin: Wanderungen! Übermäßiger Nikotingenuß führt in jedem Fall zu Lungenschädigungen.

Die Schütze-Männer haben zuweilen große Ideen und Pläne, die sie auszuführen beginnen, aber nicht beenden. Eine gewisse Abenteuerlust paart sich oft mit einer unbekümmerten Verantwortungslosigkeit.

Beruflich zieht der Schütze eine ungebundene Tätigkeit geregelten Bürostunden vor.

Er hat ein feuriges Naturell, seine Liebe ist immer auch Leidenschaft. Er hat großes Glück bei den Frauen und ist überaus leicht entflammt. Hat er einmal Feuer gefangen, so geht er äußerst impulsiv ans Werk. Er macht kein Geheimnis aus seinen Absichten. Seine Begeisterungsfähigkeit ist eine beachtliche Gefahr für seine Treue. Wo er Neues findet, fühlt er sich angesprochen; das Unbekannte bietet für ihn einen unwiderstehlichen Reiz. Sein Freiheitsdrang ist sehr ausgeprägt; und der einzige Weg, ihn zum Standesamt zu bringen, ist, ihm zu sagen, daß man ihn gar nicht will. Dann wird er nämlich seine ganze Kraft daransetzen, die Partnerin umzustimmen, den Gegenstand seiner Zuneigung zu erobern. In der Ehe ist er mit Vorsicht zu genießen, da ihm die Treue anlagemäßig überaus schwerfällt. Kluge Frauen werden ihm aber seine Neigung zu kleinen Flirts nicht verargen und ihm – wenigstens scheinbar – die Freiheit lassen, die er sich wünscht.

Die Schütze-Frauen verhalten sich ähnlich wie die Schütze-Männer. Es ist durchaus nicht übermäßige Leidenschaftlichkeit, die sie immer wieder zu neuen Abenteuern treibt, sondern vielmehr ihr unbändiger Freiheitsdrang und ihre Neigung, möglichst viel Bewunderung auf sich zu ziehen. So bleibt es dann auch meist bei oberflächlichen Flirts; und da die Schütze-Frau zugleich an Sitte und Tradition hängt, ist sie meist eine recht gute Gattin, wenn man nur nicht versucht, ihr Recht darauf zu schmälern, was sie ihr Eigenleben nennt.

Die Schütze-Frau ist eine überzeugte Optimistin. Sie nennt die Dinge offen beim Namen. Ihre Bemerkungen und Fragen sind manchmal peinlich und verletzend. Sie spielt gern; Lotterie und andere Glücksspiele ziehen sie stark an. Sie liebt das herrliche Gefühl, tun und lassen zu können, was sie für richtig hält.

Sie als Schütze-Geborene gehören nicht zu den Frauen, die den Mund halten. Ihre freimütige Offenheit verursacht natürlich manchmal Ärger, Konflikte und Mißverständnisse. Sie sind selten unglücklich, Sie weinen fast nie. Wenn Ihnen etwas nahegeht, werden Sie es sich nicht anmerken lassen. Eines sollten Sie sich merken: Ihre offenen Worte können manchmal sehr verletzend wirken. Auf der anderen Seite sind Sie leicht verstimmt, wenn Ihnen einmal die passende Antwort gegeben wird.

Der Sinn für Recht und Unrecht stützt sich weit mehr auf das Rechtsgefühl als auf Rechtskenntnis. Bei guter Ausprägung kann das Gefühl durchaus gerechter urteilen als Sachwissen. In schlechter Ausprägung aber sind Fehlurteile, Ungerechtigkeit, Unentschiedenheit (als Folge des schwankenden Gefühls), Bestimmbarkeit, sogar Käuflichkeit und Bestechlichkeit die unvermeidbare Folge. Selbst offensichtliches eigenes Unrecht wird anderen zugeschrieben, mangels klarer Erkenntnis der eigenen Anlage.

Sie zeigen eine frohe Anteilnahme an allen Genüssen des materiellen Lebens, seien es Sinnlichkeit, Tafelfreuden (Essen und Trinken wird sehr geschätzt), seien es Reisen und Geselligkeit. Fragt man eine Schütze-Frau nach ihren Hausfrauentalenten, so wird sie meist offen antworten, daß sie keine hätte. Sie findet es gräßlich, wenn sie Staub wischen und Geschirr spülen soll. Sie kann sich aber überwinden und ihren Haushalt auf Hochglanz bringen. Mit den Kochkünsten der Schütze-Beeinflußten ist es ebenfalls nicht weit her. Die meisten Frauen dieses Zeichens stehen nicht gern in der Küche. Eines aber kann sie: eine gute Nachspeise auf den Tisch zaubern.

Zu Kindern ist die Schütze-Frau wie eine große Schwester, ein guter Kamerad. Sie wird die eigenen Kinder gut, aber nicht zu streng erziehen.

Versuchen Sie nicht, Ihren Mann zu sehr nach Ihren Gesichtspunkten zu beeinflussen. Männer haben das nicht gern.

Sie haben im allgemeinen keinen persönlichen Ehrgeiz; Sie wollen nur leben. Als Mensch wollen Sie nichts Besonderes sein oder werden. Wenn es allerdings um eine besondere Sache geht, können Sie einen Eifer entfalten, der manchmal geradezu unerklärlich und unverständlich anmutet.

Harmonische Zeichen zum Schütze-Geborenen sind: Widder (21. 3. bis 20. 4.), Löwe (23. 7. bis 23. 8.), Wassermann (21. 1. bis 19. 2.) und Waage (24. 9. bis 23. 10.)

Weniger günstig sind die Zeichen Zwillinge (22. 5. bis 21. 6.), Fische (20. 2. bis 20. 3.), Jungfrau (24. 8. bis 23. 9.).

Symptome des Schützen:

Wirkung auf den Charakter:

+ gütig, jovial, hilfreich, großmütig, freigebig, wohlwollend, fürsorglich, edelmütig, wohltätig, geöffnet, gelöst, harmonisch, mild, heiter, humorvoll, versöhnend, duldsam, tolerant, menschenfreundlich, sozial, gerecht, loyal, selbstvertrauend, dankbar, reiselustig;

– leichtgläubig, sorglos, großspurig, verschwenderisch, üppig, prunksüchtig, luxuriös, unmäßig, genußsüchtig, übermütig, hochmütig, unaufrichtig, anmaßend, prahlerisch, aufgeblasen, eingebildet, eitel, scheinheilig, heuchlerisch, bestechlich, ungerecht, ungesetzlich, abenteuerlich, unduldsam, richtend, verurteilend.

Das persönliche Auftreten:

+ höflich, jovial, würdevoll, gelassen, entspannt, ruhig, ausgeglichen;

– großsprecherisch, hochmütig, arrogant, übermütig, übertrieben, pathetisch, heuchlerisch. Neigt dazu, sich zu verstellen.

Denken:

+ human, gläubig, idealistisch, philosophisch, einsichtig, abstrakt, weitblickend, überschauend, vernünftig, ethisch, optimistisch, vertrauend, gerecht, aufrichtig, wahrheitsliebend, freisinnig, begeisterungsfähig; allem Wahren, Guten und Schönen geöffnet;

– abergläubisch, fanatisch, dogmatisch, moralisierend, skeptisch, überheblich, übertrieben, prahlerisch, arrogant, heuchlerisch, verstellend, unaufrichtig, weitschweifig, spielerisch; allem Nüchternen, exakt Wissenschaftlichen abgeneigt.

Fühlen:

+ mitfühlend, sittlich, tugendhaft, gelöst, frei, hoffnungsvoll, liebevoll, aufopferungsfähig;

– ausschweifend, genußsüchtig, maßlos, vergnügungssüchtig, extravagant, ungehemmt, unbedenklich, leichtsinnig, sich leichtfertig verschenkend, moralisierend.

Wollen:

+ entwickeln, erhalten, vervollkommnen, veredeln. Streben nach innerer Harmonie. Der Drang ins Weite. Der geistige Höhenflug. Streben nach Unabhängigkeit und Freiheit. Der Glaube an eine gerechte Weltordnung. Oberster Grundsatz ist: versöhnen, lieben;

– Steigerung ins Unermeßliche. Das Streben ist auf alles gerichtet, was

den Titel und das äußere Ansehen verbessern könnte. Glänzen, blenden, wenn auch das Innere hohl und leer ist, bereitet Vergnügen. „Die Welt will betrogen sein." Über seine Verhältnisse leben wollen.

Handeln:
+ selbstlos, ehrlich, ehrenhaft, gerecht, weise, gütig, gebend, gönnerhaft, autoritativ, hilfsbereit, barmherzig, großzügig, zuverlässig;

– mit unschönen Mitteln, verlogen, sich verstellend, betrügerisch, bestechlich, großtuerisch, unentschlossen.

Wirkung auf das Schicksal:
Günstige Gelegenheiten, Aufstieg, Erhöhung, Protektion. Der Kapitalismus. Finanzielle Spekulationen, sportliche Unternehmungen, Auslandsbeziehungen, Reisen, Rechtsangelegenheiten. Die hohe Politik.

Ideell:
+ weises Verhalten den Dingen gegenüber. Die Möglichkeit der Überwindung und Auflösung aller Krisen;

– weltanschauliche Konflikte, religiöse Spannungen, politische Meinungsverschiedenheiten. Nichterfüllung überspannter Hoffnungen.

Materiell:
+ das Wohlleben, materieller Wohlstand. Die Fülle, der Segen, die Ernte, Reichtum, Erfolg, Gesundheit. Ehren, Auszeichnungen, Ruhm, Macht, sportliche Erfolge, Vorteile durch große Reisen, Ausland, Sport, Religion, Justiz. Gutes durch Wohlstand, Erbschaften, Lotteriegewinne, auch durch Spekulationen, insbesondere Pferdewetten. Genesung von Krankheiten;

– Fehlspekulationen. Gerichtliche Schwierigkeiten. Verluste durch die Spielleidenschaft. Sportliche und politische Mißerfolge. Ungünstiger Ausgang von großen Reisen. Nachteile durch Auslandsbeziehungen.

Kunst:
Religiöse Kunst, Heilkunst.

Wissenschaft:
Philosophie, Theologie, Rechtswissenschaft, Heilkunde, Botanik.

Tiere:
Elefant, Pferd, insbesondere Sportpferd, Pfau, Eule, Hirsch, Rind.

Pflanzen:
Esche, Feigenbaum, Spargel, Rhabarber, Pfirsich, Jasmin, Nelke.

Edelsteine:
dunkelblauer Saphir, Türkis, Amethyst, Lapislazuli.

Metalle:
Zinn.

Farbe:
Dunkelblau und Purpur.

Gegenstände:
Altäre, Kultgegenstände, alle Holzwaren.

Gegend:
fruchtbare Auen, üppige Landstriche, Äcker.

Orte:
Kirche, Gerichtsgebäude, Wohlfahrtshäuser und alle Anstalten, die mit karitativen Mitteln unterhalten werden. Öffentliche Gärten und Parks. Klöster, Banken.

Länder:
Spanien, Ungarn, Tschechoslowakei, Jugoslawien, Madagaskar, Arabien, Australien.

Städte:
Köln, Düsseldorf, Barmen, Elberfeld, Krefeld, Duisburg, Hamborn, Remscheid, Oberhausen, Bonn, Mühlheim/Rh., Siegen, Siegburg, Stuttgart, Eßlingen, Rothenburg ob der Tauber, Narbonne, Avignon, Toledo, Cadix, Budapest, Toronto.

Wochentag:
Donnerstag.

Bedeutende im Zeichen Schütze Geborene Persönlichkeiten:

Willy Brandt	Winston Churchill
Francisco Franco	Gustav Adolf von Schweden
Nero	Josef Stalin
Leonid Breschnew	Carlo Schmid
Robert Koch	Walt Disney
Maria Callas	Sammy Davies
Betty Grable	Johannes Heesters
Curd Jürgens	Jean Marais
Gérard Philipe	Edith Piaf
Kirk Douglas	Horst Buchholz
Maximilian Schell	Frank Sinatra
Paul Getty	Mark Twain
John Osborne	Ludwig van Beethoven

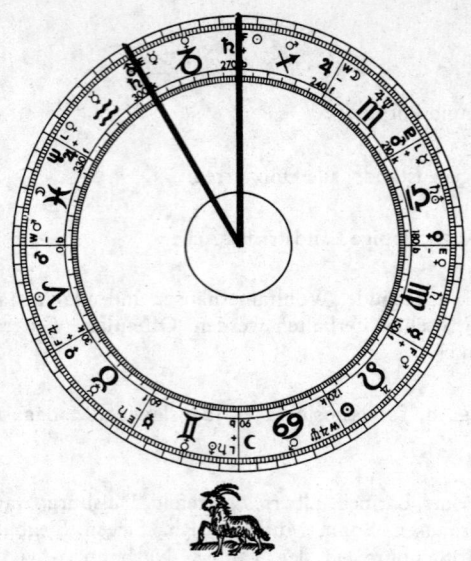

DAS ZEICHEN STEINBOCK
Geboren vom 22. 12. – 20. 1.

Herrschender Planet: Saturn.

Geschlecht: weiblich.

Element: Erde.

Temperament: phlegmatisch.

Typus: der verantwortungsbewußte Mensch. Der gestaltende Mensch. Der Streber. Der Emporkömmling.

Gestalt: hagere, lange, disproportionierte Gestalt. Knochiger Körper. Vorsichtiger, müder, schleppender Gang. Abgemessene, ruhige, langsame Bewegungen.

Gesicht: große Ohren, sorgendurchfurchte, faltige Stirn. Betonung der Backenknochen, spitzes Kinn. Ernster Blick, tiefliegende Augen, Lippen dünn, aufeinandergepreßt. Sprachausdruck nicht fließend. Konstitution im Alter oft zäher als in der Jugend.

Physiologische Entsprechungen: das Knochensystem, das Skelett. Gelenke, Haare, Ohren, Zähne, Nägel, Milz, Galle, Leber. Es bestehen Dispositionen zu Stoffwechsel- und Verdauungsstörungen, Rheuma, Gicht, Hautkrankheiten, empfindliche Knie; oft Stürze, Verhärtungen, Verkalkungen, Arteriosklerose, Herzkranzgefäßverengung. Erkältungskrankheiten.

Das Tierkreiszeichen Steinbock unterliegt dem Einfluß des Saturn. Der Steinbock versinnbildlicht einen gewandten Kletterer und gibt einen Hinweis darauf, wie dieser Typus sein Leben durchzustehen hat. Der mächtige Drang, im Leben vorwärtszukommen, und der Wunsch, die Gipfel des Schaffens, der Ehre, der Macht und des Einflusses zu erklimmen, beweisen, wie stark er von dem Planeten Saturn beeinflußt wird. Es ist gewiß, daß er sich von keiner Schwierigkeit, keinem Hindernis beirren läßt. Immer hat er zu bedenken, daß der Weg nach oben steinig und gefahrvoll ist. Die Lebensumstände sind schon von Kind auf wechselnder Natur. Erst nach den mittleren Jahren pflegt beim Steinbock das allgemeine Leben stabiler und erfolgreicher zu werden.

Sämtliche Eigenschaften des Steinbock-Geborenen deuten einheitlich auf den Wunsch, große Taten zu vollbringen.

Sie sind ein rastloser, pflichtbewußter, ausdauernder Mensch. Sie lernen und begreifen leicht, sind beredt, wo es nötig ist, sonst aber schweigsam, stark verschlossen und auch mißtrauisch Ihrer Umwelt gegenüber. Um Ihr gestecktes Ziel zu erreichen, können Sie sich manches versagen und Entbehrungen auf sich nehmen. Sie entwickeln eine bewundernswerte Zähigkeit und, wenn es sein muß, auch Dickköpfigkeit, mit der Sie oftmals anecken. Sie haben es dabei nicht leicht, Freunde zu erwerben und erworbene Freundschaften zu erhalten.

Eine ernste Lebensauffassung, ein guter, auf das Praktische gerichteter Verstand und eine scharfe, kritische Beobachtungsgabe sind Ihnen zu eigen. Es ist für Sie nicht immer leicht, Sieger im Lebenskampf zu werden. Sie sind dabei unbedingt auf die eigene Kraft angewiesen; Sie können nicht damit rechnen, durch andere Erleichterungen zu finden. Dabei sind die finanziellen Verhältnisse nicht ungünstig. Sie haben aber materielle Erfolge nur sich selbst und der eigenen Arbeit zu verdanken. Der Beruf bringt viele Kämpfe mit sich, besonders in jüngeren Jahren. Etwa nach dem fünfunddreißigsten, vierzigsten Lebensjahr wird der Lebensweg erfolgreicher sein. Überhaupt bieten sich in den reiferen Jahren günstige Erfolgschancen. Man kann sagen, daß Sie einen geradlinigen Schicksalsweg zu gehen haben, der nach Überwindung beruflicher Hindernisse zu einem allmählich sicheren Ziel führt, so daß Ihnen das Alter die Erfüllung vieler Wünsche und Hoffnungen bringt.

An eine erlittene Beleidigung erinnern Sie sich lange, ohne den Wunsch zu hegen, sich zu rächen. Ihr Haß und Ihre Freundschaften sind fest und ausdauernd. Durch Ihre Verschwiegenheit werden Ihre guten Seiten oft verdeckt.

In Herzensangelegenheiten sind Sie leidenschaftslos, selbstbeherrscht und treu. In jüngeren Jahren läßt sich oftmals Melancholie beobachten.

Man sollte diese Anwandlungen bekämpfen, Schaffenskraft und Arbeitslust könnten unter ihnen leiden.

Sie lieben tief und herzlich, können es aber nicht zeigen, zum Teil wegen einer gewissen Schüchternheit, zum Teil aber auch wegen der etwas rauhen Art, die jedem Steinbock-Typ zu eigen ist.

Sie denken gerecht, sind in der Beurteilung anderer Menschen zuweilen hart und oft nicht leicht zu überzeugen. Sie sind ein Denker und lösen schwierige Probleme oft mit Leichtigkeit. Sie sind klug und unternehmen nichts ohne Überlegung. Sie lieben die Unabhängigkeit, Schönheit und Harmonie.

Der Steinbock strebt unentwegt materiellem Erfolg nach und ist dabei spartanisch in seinen Gewohnheiten. Durch beharrliches Schuften erarbeitet er sich seine Position. Steinbock-Beeinflußte raffen gern zusammen, vergraben ihre Beute und horten das Ersparte: sie lassen ihr Geld lieber verkommen, als daß sie mit jemand teilen.

Menschliche Beziehungen treten meist in den Hintergrund. Das Wesen des Steinbocks wird vor allem durch seinen enormen Ehrgeiz und großen Fleiß bestimmt. Der Steinbock-Geborene ist ein Mensch, der überlegt, der seine Kräfte in innerer Konzentration sammelt, der seine Ziele wägt und mißt und der vollendet, was er begonnen hat. Er ist immer unterwegs zur Tat, die sein innerstes Wesen darstellt. Diese Menschen sind oft wie ein Felsen, wuchtig, ragend und karg in ihren Ausdrucksformen.

Karg ist der Steinbock auch in seinen Äußerungen von Gefühl. Eine tiefe, innere Scheu und Verletzbarkeit, die ihm geradezu etwas Jungfräuliches verleiht, hindert ihn, sich als Liebender zu offenbaren. Hat er sich aber einmal hingegeben, dann ist er die Verkörperung der Treue. Er weiß nichts von der Glut lebendiger Leidenschaften, von der Fülle und der Verschwendung der Liebe, sein Gefühl ist gleichbleibend und stetig, dabei den ganzen Menschen erfassend. Er nimmt die Liebe wichtig, sie ist für ihn ein schwieriges, ernstzunehmendes Problem, über das er nachdenkt; sie ist für ihn nicht eine Festung, die man im Sturm erobert, oder ein Strom, in den man sich stürzt.

Der Steinbock wird geduldig die Erfolgsleiter von Stufe zu Stufe erklimmen. Er scheut keine Hindernisse und kann Mißerfolge ertragen. Er ist zäh und gründlich, gewissenhaft, ausdauernd, korrekt im Einhalten von Vorschriften.

In beruflicher Hinsicht ergeben sich für die Steinböcke folgende Aussichten und Neigungen: Staatsdienst, Verwaltungslaufbahn, verantwortliche Stellungen in wirtschaftlichen Großunternehmen, leitende Angestelltenposten. Kassierer, Archivar, Lagerverwalter. Schuldienst. Wissen-

schaftliche Berufe: Astronomen, Physiker, Mineralogen, Statistiker, Historiker, Juristen, Grammatiker, Theologen, Mathematiker. Tätigkeiten im Zusammenhang mit Bauwesen, Grundstücken, Häusern, Bodenbesitz, Bergbau, Bodenforschung, Landwirtschaft.

Der Steinbock-Geborene ist ein Fanatiker in seinem Beruf. Arbeit, Pflicht und Machtstreben prägen seinen Charakter. Die größten Erfolge hat er im fortgeschrittenen Alter zu verzeichnen; dann kann er die Früchte seiner Arbeit friedvoll genießen. Er strebt immer nach materieller Absicherung.

Im Steinbock geborene Frauen eignen sich als Sekretärinnen, Verkäuferinnen, für Büro und Verwaltung, für Vertrauensposten. Auch schauspielerische Talente sind vorhanden. Außerdem arbeiten sie gern in der Lederwaren-, Seiden- und Textilbranche.

Gesundheitlich sind besonders gefährdet das Knochensystem, die Gelenke, Haut, Ohren, Milz, Zähne. Auch besteht Disposition zu Stoffwechsel- und Verdauungsstörungen, zu ungenügender Ausscheidung von Salzen, Ablagerungen an Knochen und Gelenken, Rheuma, Verkalkungen, Schwerhörigkeit, Hautleiden. Erkältungskrankheiten, Gelenkrheuma sind möglich, ferner sind die Knie sehr gefährdet. Es kommt zu Knochenbrüchen, Ekzemen, Furunkeln, Lebererkrankungen. In älteren Jahren besteht eine Veranlagung zu Herzkranzgefäßverengung und Arteriosklerose. Die Lebenserwartung der Steinböcke ist sehr groß.

Alle Erkrankungen beginnen meist langsam und werden dann chronisch. In fast allen Fällen liegt die Ursache in einer falschen Lebensweise oder Vernachlässigung der richtigen Körperpflege. Notwendig ist eine abwechslungsreiche Ernährung mit nicht zu viel Fleisch, aber viel Obst. Wichtig ist eine harmonische seelische Einstellung; Disharmonie macht den Steinbock krank. Scharfe Alkoholika sollten gemieden werden.

Der männliche Steinbock schätzt Systematik, Methodik, Schematik, ein unbedingtes Festhalten an einem bestimmten Plan. Schon in seiner frühen Jugend beobachtet man seine Grundsatzfestigkeit, absolute Zuverlässigkeit, Strenge gegen sich selbst und andere, sein ausgeprägtes Pflichtbewußtsein, seine enge Selbstbeschränkung und dadurch einseitige, aber erhöhte Leistung, das zähe Verfolgen eines Zieles. Geld spielt im Leben der Steinböcke eine große Rolle; sie können damit wahre Wunder vollbringen. Sie verstehen zu sparen, ob sie nun wenig oder viel besitzen. Das Geld wird ständig vermehrt. Man hat eine gute Nase für finanzielle Transaktionen und Geschäfte. Die größte Abneigung besteht gegen Untüchtigkeit und Faulheit sowie Verschwendung. Sie sind vor allem darauf bedacht, Dinge zu erwerben, die wenig oder nichts kosten. Sie versuchen eine unsichtbare Mauer um sich zu errichten. In einer lei-

tenden Position wird der Steinbock-Mann zuweilen eine gewisse Starrheit, Härte, Rücksichtslosigkeit und Kälte zeigen. Er bringt es fertig, guten Mitarbeitern, die für ihn durchs Feuer gingen, angebliche Planungsfehler vorzuwerfen, die eigentlich seine Fehler sind. Noch niemals hat ein Steinbock-Mann sich selbst einer Schuld bezichtigt. Er wird sich lieber die Zunge abbeißen, als sich für ein begangenes Unrecht zu entschuldigen.

Im Berufsleben ist der Steinbock ein Realist, Lebenspraktiker, Tatmensch. Sein Ehrgeiz und innerer Stolz wird niemals erlahmen. Die materielle Absicherung und der berufliche Erfolg werden konsequent und hartnäckig angestrebt.

In der Liebe ist er etwas schwierig. Es dauert oft sehr lange, bis er sich einer Frau erklärt. Er liebt keinen Flirt und keine Tändelei. Wenn er einmal liebt, dann aus ganzer Seele. Der Gedanke an eine Ehe erfüllt ihn nicht selten mit einer gewissen Angst. Er scheut sich davor, sein Leben teilen zu müssen. Auch in der Werbung ist er äußerst zurückhaltend. Wenn er aber erst einmal verheiratet ist, dann nimmt er seine übernommenen Verpflichtungen sehr ernst. Sein Heim und seine Familie bedeuten ihm sehr viel. Er wird seine Ehe nicht für ein Abenteuer aufs Spiel setzen.

Der Steinbock-Mann ist ein guter Ehemann. Auch in erotischer Beziehung macht die Liebe dem Steinbock-Beeinflußten zu schaffen: er scheut sich, sein wahres Ich zu zeigen, ist oft viel schroffer, als er eigentlich sein möchte. Die Angst vor einem Versagen in erotischer Beziehung spornt ihn zu körperlichen Betätigungen, wie Turnen und Schwimmen, an.

Er gibt sich nach außen hin unnahbar und diszipliniert. Im geheimen ist er romantisch. In seinen Träumen möchte er sich in Abenteuer stürzen. Aber Saturn – der herrschende Planet des Steinbock-Zeichens – legt ihn an die Kette. Er überrascht zuweilen mit einem unerwarteten Humor, der meist einen ironischen Unterton hat.

Als Vater wird er großartig sein. Allerdings verlangt er Respekt und Gehorsam. Für seine Kinder wird er jedes Opfer bringen. Er schätzt Familienfeiern, Geburtstage, Weihnachten nach alter Tradition. Er wird seine Kinder zu ordentlichen und praktischen Menschen erziehen. Er wird sie beschützen und materiell absichern. Steinbock-Frauen nehmen – wenn sie berufstätig sind – ihren Beruf sehr ernst. Sie zeigen sich arbeitsam, tätig, ehrgeizig und verfügen über eine große Ausdauer.

Die Steinbock-Frau ist aber nicht nur ein Arbeitstier. Sie schätzt ebenso nette Geselligkeiten, eine fröhliche Gesellschaft. Doch immer richtet sich ihr Ehrgeiz auf praktische Dinge. Sie denkt an die Zukunft, an eine Absicherung. Sie wird ihr erarbeitetes Geld festhalten. Von ihrer Umwelt

wird sie deshalb oft für knauserig gehalten. Ihre innersten Gefühle wird sie nicht so schnell offenbaren. Hat sie eine gewisse Hemmung überwunden, so kann sie aber warmherzig und hingebungsvoll sein.

Die Steinbock-Frau ist zwar sexuell betont, doch kaltblütig. Sie läßt sich nicht von einer Leidenschaft hinreißen, sondern verbindet damit meist ein reales Ziel. Sie ist ehrgeizig; sie stachelt ihren Gatten immer wieder zu gesteigerter Berufsleistung an. In ihren Gefühlen ist sie zuweilen gehemmt, häufig sogar frigid, in moralischen Fragen äußerst engherzig. Einen Fehltritt ihres Gatten kann sie weder vergessen noch vergeben.

Die einzige Möglichkeit, mit einer Steinbock-Frau gut auszukommen, ist, ihr immer wieder zu sagen und sie wissen zu lassen, daß man sie braucht und liebt. Dann vermag sie über die Schatten der eigenen Hemmungen zu springen.

Die Saturn-Beeinflußte scheut keine Mühe und keine Mittel, entgegenstehende Widerstände zu überwinden, sei es durch ungewöhnliche Zähigkeit, unermüdlichen Einsatz der verfügbaren Kräfte, zielbestimmte Konzentration, instinktsichere Einschätzung der Stärke des Widerstandes, richtige Abschätzung der eigenen Leistungsmöglichkeit oder durch brutale Gewalt, zähe und fanatische Verbissenheit, gefühllose Unterwerfung alles Schwächeren oder auch durch raffinierte Taktik, verschlagene Diplomatie und hinterlistige Aushöhlung der Kräfte des Widerstandes.

Wer Beziehungen zu einer Steinbock-Frau unterhält, muß sich bewußt sein, daß sie ausgeglichener und beherrschter erscheint, als sie in Wirklichkeit ist. Man sollte nicht glauben, daß sie standhaft und durch nichts zu erschüttern sei. Auch sie ist Stimmungen und Launen unterworfen. Die Launen der Steinbock-Frauen wiegen schwer: es sind zeitweise Depressionen und pessimistische Anwandlungen.

Kinder werden in ihr eine sehr ergebene Mutter haben. Sie wird zwar manchmal streng sein, sich aber immer der kleinen Kümmernisse annehmen. Sie wird ihre Kleinen zu Sparsamkeit und Ordnung erziehen.

Zum Zeichen Steinbock passen die Sternbilder Stier (21. 4. bis 21. 5.), Jungfrau (24. 8. bis 23. 9.), Fische (20. 2. bis 20. 3.) und Skorpion (24. 10. bis 22. 11).
Weniger harmonisch sind die Zeichen Krebs (22. 6. bis 22. 7.), Waage (24. 9. bis 23. 10.) und Widder (21. 3. bis 20. 4.).

Symptome des Steinbocks

Wirkung auf den Charakter:
+ ernst, fest, stabil, selbstbeherrscht, gesammelt, selbstbewußt, streb-

sam, praktisch, geduldig, gehorsam, beharrend, ausdauernd, beständig, zäh, stetig, bedächtig, vorsichtig, sparsam, mäßig, maßvoll, zurückhaltend, reserviert, schweigsam, verschwiegen, einsamkeitsliebend, weltfremd, bescheiden, einfach, genügsam, bedürfnislos, demütig, genau, sorgfältig, pünktlich, diskret, besorgt, konservativ, konventionell, väterlich, autoritativ;
– egozentrisch, eigenwillig, engherzig, unbarmherzig, unerbittlich, verbittert, verschlossen, nachtragend, hart, verknöchert, geizig, habsüchtig, ängstlich, argwöhnisch, hinterlistig, despotisch, kaltblütig, finster, menschenscheu, schüchtern, furchtsam, sorgenvoll, bekümmert, herb, versauert, mürrisch, mißtrauisch, neidisch, raffend, rachsüchtig, lügnerisch, heuchlerisch, kriechend, zaudernd, zögernd, unpünktlich, indiskret, schuldbewußt, streng.

Das persönliche Auftreten:
+ ernst, bestimmt, konzentriert, selbstbeherrscht, diszipliniert, reserviert, zurückhaltend, zögernd, bescheiden, bedächtig, vorsichtig, unauffällig;
– schüchtern, gehemmt, befangen, gezwungen, gedrückt, scheu, unentschlossen, unfrei, unsicher, verlegen, verschlossen, mißtrauisch, in sich verkrampft, schwerfällig. Furcht, im Hintergrund gehalten zu werden und dort bleiben zu müssen. Förmlich, zaghaft, sich schämend.

Denken:
+ ernst, nachdenklich, besonnen, in sich versunken, beschaulich, sachlich, prüfend, konzentriert, methodisch, überlegend, erwägend, gründlich, systematisch, philosophisch, tiefsinnig, tiefgründig, klug, reif, gewissenhaft, Selbstkritik übend, diplomatisch;
– grüblerisch, zweifelnd, pessimistisch, schwerfällig, deprimiert, gedrückt, sorgenvoll, verzagt, qualvoll, skeptisch, mißtrauisch, ungläubig, dogmatisch, reaktionär, starrsinnig, erstarrt, versteinert, verkalkt, verknöchert, begrenzt, erdgebunden, materialistisch, altmodisch, oberflächlich, berechnend, egoistisch, listig, verschlagen, boshaft, fanatisch, zynisch, rachsüchtig, gemein, niederträchtig, verächtlich, stumpfsinnig, unfruchtbar, verbohrt, borniert, tragisch, beschränkt, eng, sich in falsche Vorstellungen verrennend. Eigenbrötlerei.

Fühlen:
+ tiefempfindend, demütig, nach Reinheit strebend, keusch, enthaltsam, mäßig, treu, anständig;
– kalt, kaltherzig, nüchtern, gefühllos, herzlos, verdrängend, übellau-

nisch, verzagt, eifersüchtig, Minderwertigkeitsgefühlen nachgebend, unfruchtbar, impotent.

Wollen:

+ vertiefen, ausgleichen, individualisieren. Auf einsamem Weg einem vorgefaßten Ziel nachstreben, bis es erreicht ist. Gipfelsehnsucht;

– egozentrisch, isolierend, unfreiwillig entsagend. Dem Geltungsdrang und Machtbedürfnis ausgeliefert, unermüdlich dem Bösen nachjagend, bis man gestürzt, vernichtet ist.

Handeln:

+ arbeitsam, tätig, strebsam, ehrgeizig, fleißig, emsig, sorgfältig, stetig, regelmäßig, verläßlich, zuverlässig, ehrenhaft, gehorsam, pflichtbewußt, verantwortungsbewußt, gewissenhaft, entschlossen, zäh, ausdauernd, unermüdlich, vorsichtig, bedächtig, sparsam, praktisch, zielbewußt;

– langsam, langweilig, schwer arbeitend, schwerfällig, anstrengend, eigenwillig, faul, apathisch, träg, nachlässig, aufschiebend. Nichts vollenden, es unfertig liegenlassen. Unentschlossen, schüchtern, pedantisch, raffgierig, berechnend, herrschsüchtig, grausam, kaltblütig.

Wirkung auf das Schicksal:

die Handlungsweise, das Berufsleben. Sein öffentliches Ansehen. Sein Streben, seine Ziele. Schicksale durch den Vater. Auswirkungen auf die Wirtschaft, insbesondere Landwirtschaft, auf das Bauwesen und auf den Grundbesitz.

Ideell:

+ einsichtsvolle Haltung dem Ernst des Lebens, den Dingen und Menschen gegenüber. Ruhe des Herzens und des Gemüts verhindern die Einwirkung übler Schicksalsmächte. Konzentration, Selbstbesinnung;

– die Versuchungen. Die innere Vereinsamung. Verlassenheit. Resignation. Eindrücke der Trauer. Gedanken über das Fatum, über die Vergänglichkeit aller Dinge. Verzweiflung. Schicksale durch falsche Vorstellungen.

Materiell:

+ das Lebensziel. Wirkt auf Ansehen, Ruf und Beruf und verleiht Autorität. Mühsam zu erarbeitender, aber mit um so größerer Sicherheit eintretender Lebenserfolg. Die konzentrierte Handlungsweise verhindert die Auswirkung von verhängnisvollen Einflüssen;

– egozentrische Handlungen. Berufskämpfe. Mangel an Gelegenheiten. Arbeitslosigkeit. Harter Daseinskampf. Armut, Mangel, Not, Entbehrungen, Hunger, Sorgen, Kummer, Leid, Trauer. Mühevolles,

schweres, krisenvolles, arbeitsames Leben. Not als Dauerzustand. Vom Pech verfolgt. Hindernisse im Vorwärtskommen, Verrat, Verfolgung. Absonderung. Verfall. Zerfall. Degeneration, sozialer Niedergang, Untergang, Degradierung, Sturz von der Höhe. Entbehrung, Verkennung, Feindschaften, Gefangenschaften. Schleichende, chronische Krankheiten; Verkrüppelung.

Kunst:
Architektur und Bildhauerei.

Wissenschaft:
Geographie, Geologie, Geometrie, Materialismus, Nationalökonomie, Landwirtschaft, Erfahrungswissenschaft. Das Überlieferte; Altertumsforschung.

Tiere:
Kamel, Esel, Steinbock, Arbeitspferd, Hund, Schwein, Bär, Ratte, Maulwurf. Alles, was auf dem Boden kriecht und in der Erde lebt: Käfer, Insekten; alle schädlichen Ungeziefer, insbesondere die in Häusern.

Pflanzen:
alle Bäume mit harter, rauher Rinde. Tanne, Fichte, Buche, Eiche, Trauerweide, Palme, Pappel, Mistel, Flachs, Hanf, Efeu; die Zwiebel; unter dem Getreide: die Gerste.

Edelsteine:
alle dunklen Steine. Onyx, Karneol, Saphir, schwarzer Diamant und schwarze Perlen.

Metall:
Blei.

Farbe:
Schwarz; alle dunklen, schmutzigen Farben, auch Dunkelgrau und Dunkelbraun.

Gegenstände:
alle festen Körper. Häuser, Baumaterial, Bauten, Steine. Asphalt, Pech, Plastiken. Landwirtschaftliche Geräte, Handwerkszeug, Kohlen. Uhren, Truhen, Särge, Urne, Kreuze.

Gegend:
steile Wege, Berge, Gipfel, ärmliche Gegenden. Auf dem Land.

Orte:
der Grundstein. In Häusern, auf Dächern, auf dem Friedhof. Das Grab. Im Keller, in der Grube, in Bergwerken, Felsen, Höhlen, Schluchten, Ruinen, in der Einsiedelei, in Wüsten, Gefängnissen, Hospitälern. Im Leihhaus. In Erziehungsanstalten.

Länder:
Mark Brandenburg, Hessen, Thüringen, Mecklenburg, Schleswig, Bulgarien, Bosnien, Afghanistan, Mazedonien, Albanien, Griechenland, Litauen, Island, Estland, Indien, Mexiko, Guatemala.

Städte:
Münster, Recklinghausen, Bielefeld, Minden, Herford, Paderborn, Stade, Bremervörde, Osnabrück, Flensburg, Husum, Neumünster, Rendsburg, Wandsbeck, Usedom, Wollin, Kolberg, Stettin, Brandenburg, Konstanz, Augsburg, Moskau, Warschau, Posen, Brüssel, Oxford, Port Said.

Wochentag:
Samstag.

Bedeutende im Zeichen Steinbock geborene Persönlichkeiten:

Konrad Adenauer
Benjamin Franklin
Mao Tse-tung
Albert Schweitzer
Hermann Göring
Hildegard Knef
Marlene Dietrich
Elvis Presley
Cassius Clay
Heinrich Zille

Richard Nixon
Gamal Abd el Nasser
Carl Zuckmayer
Friedrich Dürrenmatt
Wilhelm Canaris
Gustav Gründgens
Maria Schell
Gary Grant
Martin Luther King
Willy Millowitsch

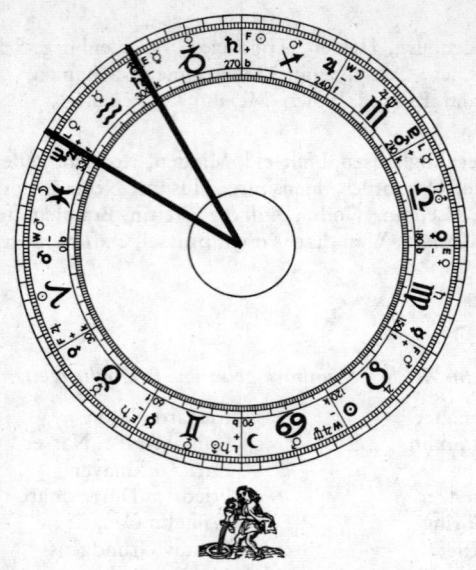

DAS ZEICHEN WASSERMANN
Geboren vom 21. 1. – 19. 2.

Herrschender Planet: Uranus.

Geschlecht: männlich.

Element: Luft.

Temperament: sanguinisch.

Typus: der erkennende Mensch. Der magische Mensch. Der kosmische, allverbundene Mensch. Der Menschenfreund. Der Umgestalter, Reformator. Der Mensch der Zukunft. Der revolutionäre Mensch. Der Umstürzler. Der Besessene.

Gestalt: mittelgroß, kräftig, volle Figur. Gut proportionierte, imposante Erscheinung. Große Beweglichkeit, vielseitige Beziehungen. Betont soziale Einstellung. Gang: auffallend, originell, unbekümmert.

Gesicht: rund bis länglich, volloval, gewölbte Stirn, dunkle Haare.

Physiologische Entsprechungen: Unterschenkel, Beine, Fußgelenke, Knöchel, Waden, Kreislauf (Unterdruck), Herzstörungen, Krämpfe, Zuckungen, nervöse Leiden. Neurasthenie, Krampfadern, Blutvergiftung, Verrenkungen, Verstauchungen.

Das Wassermann-Zeichen untersteht dem Einfluß des Planeten Uranus. Ihnen ist es vergönnt, sich als besonderer Empfindungs- und Erkenntnismensch zu entfalten. Immer werden Sie darauf aus sein, durch die Ihnen eigene scharfe Logik und Kombinationsgabe die Geheimnisse des Daseins zu ergründen.

Sie werden bemerken, wie Sie sich mit einem Hang zum Phantastischen und Ihrem starken und lebhaften Temperament über den Alltag des Lebens hinwegzusetzen vermögen, wobei Sie zeitweilig zur Einsamkeit neigen, ohne generell menschenscheu oder gar weltfremd zu sein. Die eigene Seelenstimmung ist mit Wankelmut gemischt und oft unentschieden. Dabei unterliegen Sie leicht fremdem Einfluß; auch stellt Ihnen das Schicksal jederzeit hilfsbereite Freunde zur Seite. Der Wassermann-Typ kann im allgemeinen als ehrlicher, idealer Mensch mit einer noblen Gesinnung bezeichnet werden.

Sie sind liebenswürdig und unterhaltend. Sie sind praktisch eingestellt und lassen sich vom Nützlichkeitsstandpunkt leiten. Sie sind ein geschickter Organisator. In Streitsachen sollten Sie sich zurückhaltend, diplomatisch, klug und verhalten zeigen.

Ein typischer Zug ist Ihr Eintreten für wahre Humanität, wobei Sie sich mit einem in die Zukunft gerichteten Blick für die großen Menschheitsfragen interessieren.

Sie zeigen besonderes Interesse für Naturwissenschaften, Technik, Kunst, Medizin und Grenzwissenschaften. Auch für Erziehungs- und Verwaltungsaufgaben haben Sie gute Anlagen. Ihr feines Gefühl für den Okkultismus und dabei eine gewisse Neugier muß noch erwähnt werden, um Ihr Charakterbild abzurunden. Sie sind der geborene Aufklärer, besitzen einen ordnenden Geist, der logisch, intuitiv denken und regeln kann. Sehr selten lassen Sie sich durch fremde Erregungen außer Fassung bringen.

Ihre Auffassung ist besonnen, intuitiv planend. Sie lassen sich nicht oder nur wenig durch sinnliche Reize beeindrucken. In Ihrem Verhalten und in Ihrem Innersten haben Sie immer ein System bereit, das Sie auf viele Gebiete anwenden können. Das kann sich allerdings manchmal zu einem abstrakten Schematismus entwickeln; dann entstehen Unnatur und blutleere Doktrinen.

Sie werden sich im Leben immer rasch und bestimmt entschließen. Illusionslos und unsentimental können Sie heikle und gefährliche Themen besprechen. Sind Sie mit dem Grundgedanken einer Sache oder Idee nicht mehr einverstanden, so können Sie sprunghaft Ihre Richtung und Ihre Ziele ändern. Sie können unter Umständen – durch eine Vereinseitigung im Denken – wirklichkeitsblind werden.

Wassermann-Menschen bewegen sich unter ihren Artgenossen manchmal wie lebende Wörterbücher oder Zahlenkundige, die immer eine „fixe Regel" bereithalten. Dabei merken sie zuweilen gar nicht, daß die Regel oder Lösung oft nicht stimmt.

Der Charakter der Wassermänner ist geprägt von einem großen Gefühl persönlicher Unabhängigkeit. Alles Beengende und Begrenzende lehnen sie ab. Ein Unmöglich gibt es nicht. Die Erwartungen, die an das Leben gestellt werden, gehen häufig über das Erreichbare hinaus. Dadurch entstehen öfter Enttäuschungen.

Im Berufsleben lehnen die Wassermänner alles Bisherige ab und verblüffen durch außergewöhnliche Methoden. Sie suchen stets neue Wege, sie wollen Neues, Einmaliges hervorbringen.

Folgende Interessensgebiete unterliegen dem Zeichen Wassermann: Flugzeugbau und Flugverkehr, das Bahn-, Post- und Funkwesen. Das Kaufmannswesen mit Auslandsvertretungen; das Reisebürofach. Die gute Orientierungs- und Dispositionsfähigkeit zeigt auch Interesse für das Verlagswesen, für Presse und Buchhandel. Auch in Ämtern und im diplomatischen Dienst finden wir Wassermänner. In der Wissenschaft und Heilkunde, in der Psychiatrie können die Wassermann-Beeinflußten reformerische Pläne verwirklichen. Die modernen Gebiete der Technik, Elektrotechnik, Fernsehtechnik, Radar- und Computertechnik interessieren ebenso. Auch die Film- und Fernsehbranche, Tanz, Ballett, Sport sind zu erwähnen.

Überall versuchen die im Wassermann Geborenen – weiblichen und männlichen Geschlechts – ihr Unabhängigkeitsgefühl auszuspielen.

Die körperlichen Anfälligkeiten für Wassermann-Geborene zeigen sich beim Kreislauf (häufig Unterdruck), bei Herzmuskelschäden. Gefährdet sind weiterhin die Unterschenkel, Wadenmuskulatur, Schienbeine und Knöchel. Auch das Nervensystem und die Zirkulation der Säfte stehen in Entsprechung zu diesem Zeichen. Wadenkrämpfe und Krampfadern treten häufig auf, ebenso Kopfschmerzen.

Krankheiten haben ihre Ursache meist im fehlerhaften Funktionieren des gesamten Säftehaushalts und in mangelhafter Ausscheidung der Stoffwechselschlacken. Dies gilt besonders, wenn sich das Fleisch der Wassermann-Geborenen weich anfühlt. Abends sollte nie zuviel gegessen werden, damit sich der Körper nachts unbelastet regenerieren kann. Für richtige Belastung des Nervensystems sollte auch gesorgt werden. Bei vielen liegt eine angeborene Herzschwäche vor; sie kann durch ärztlich vorgeschriebenen Sport teilweise behoben werden.

Der Wassermann-Mann ist in der Liebe etwas kompliziert. Sein Unabhängigkeitstrieb wehrt sich gegen alle festen Bindungen, und seine Neu-

gier macht ihn aufgeschlossen für alle Abenteuer. Er fängt schnell Feuer und ist ebenso schnell wieder für ein anderes Objekt begeistert. In erotischer Beziehung zeigt er sich mitunter sehr frei, geradezu urwüchsig, romantisch und anziehend; jedenfalls sind seine Beziehungen mehr auf Interesse und Bewunderung als auf heftiger Leidenschaft gebaut.

Er zeigt sich liebenswürdig; doch sein Innerstes behält er für sich. Seine Zärtlichkeit ist verspielt und häufig auf Experimente gerichtet. Seine Neugier und seine äußerst scharfe, psychologische Beobachtungsgabe beherrschen ihn bis hinein ins Schlafzimmer.

Er neigt zu manchen extremen Hobbies: sei es das Sammeln von Freundinnen, das Wechseln von Weltanschauungen, seien es ziemlich ausgefallene Ideen. Das Neue und Unbekannte lockt, er braucht die Freiheit und sucht auch verbotene Freuden. Auf jeden Fall ist er ein ausgezeichneter Plauderer, Begleiter und Seelentröster.

Manche sagen vom Wassermann-Geborenen, er habe kein Gefühl. Diese Behauptung ist jedoch verkehrt. Gerade das idealistisch-schwärmerische Liebesgefühl läßt sich beim Wassermann oft beobachten. Allerdings findet man häufig auch einen Hang zu exzentrischen Dingen; manchmal besteht eine Hinwendung zum Gleichgeschlechtlichen.

Im Zeichen Wassermann geborene Männer haben eine gewisse Angst vor Bazillen und Bakterien. Sie glauben, allergisch gegen alle möglichen Dinge – wie Wetterschwankungen, Fisch, Erdbeeren, Kuchen usw. – zu sein. Eifersucht kennt der Wassermann nur selten. Er wird dem Partner solange vertrauen, bis er vom Gegenteil überzeugt wird.

Im Berufsleben gilt er als moderner, fortschrittlicher und gut unterrichteter Mann.

Die wichtigsten psychologischen Entsprechungen sind: Irrationalismus, unvermittelte plötzliche Erkenntnisfähigkeit, Inspiration, Sprunghaftigkeit, Unberechenbarkeit, Originalität, Unabhängigkeit, aktive Revolutionierungstendenzen.

Unter den Wassermännern findet man oftmals Charaktere von höchster Eigenart, wahre „Originale", unzeitgemäße Sonderlinge, Menschen mit skurrilen utopischen Ideen, die sich sämtlich gegen die übliche Konvention und Sitte innerlich und oft auch äußerlich auflehnen, nur nach eigenen Gesetzen leben und handeln wollen und darum nicht selten aus dem Rahmen der bürgerlichen Gesellschaft im positiven oder negativen Sinn herausfallen.

Typisch ist ihre Auflehnung gegen jede zentrale Gewalt (Staat, Regierung), solange sie ihr untergeordnet sind, und ihre tyrannische Willkür und unberechenbare Herrschsucht, sobald sie selbst zur Macht gelangt

sind. Die Plötzlichkeit der Einfälle ergibt ein diskontinuierliches Denken, das durch seine Ergebnisse überrascht, oft verblüfft und vorher nicht geahnte Zusammenhänge aufzeigt.

Man beobachtet bei ihnen großen Witz, geistige Schlagfertigkeit durch unvermittelte Eingebungen, Originalität der Darstellung, aphoristischen Stil. Überraschungen und auch der Bluff sind weitere Entsprechungen.

Die Wassermann-Frau zeigt sich unkonventionellen Bindungen äußerst zugänglich, nicht selten launenhaft und durch ihre persönliche Eigenart bestrickend. Innerlich ist sie kühl; die Sexualität bedeutet ihr nur wenig. Sie sucht beim Partner eher seelisch-geistige Interessen. Versucht man sie zu etwas zu zwingen, so rebelliert sie. Sie ist nicht gerade eine bequeme, aber eine äußerst anregende und interessante Partnerin. Wassermann-Frauen denken weit voraus. Sie planen und interessieren sich für den Fortschritt auf den verschiedensten Gebieten. Sie suchen nach neuen Methoden, Richtungen und Erfindungen. Immer verläßt die Wassermann-Frau sich auf ihre eigene Kraft. Sie greift soziale und politische Mißstände an. Unabhängigkeit ist sehr wichtig in ihrem Leben. Sie glaubt an sich und ihre Fähigkeiten, zeigt sich aber auch selbstlos, brüderlich und fortschrittlich. Sie ist unermüdlich bei der Arbeit, schaut dabei nicht auf die Uhr.

Doch eines Tages verlieren Sie Ihr Interesse an einem Freund, der Beruf wird unwichtig. Dann bleiben Partner und Beruf ohne vorherige Warnung einfach zurück. Sie können dann selbst nicht sagen, warum. Es ist Ihr Schicksal, eine Lebensphase plötzlich abzubrechen und eine neue zu beginnen. Da Sie an Vergeßlichkeit leiden, sind die früheren Bindungen, der bisherige Beruf schnell vergessen, wenn Sie einen neuen Arbeitskreis und neue Freunde gefunden haben.

Ein Feigling ist die Wassermann-Frau nicht, jedoch auch nicht für Kämpfe ausgerüstet. Werden Sie in einen Streit verwickelt, schlagen Sie um sich und passen sich einfach der herrschenden Meinung an. Diese können Sie ja – zu einem anderen Zeitpunkt – ändern. Sie sind der Typ des zerstreuten Professors. Sie haben nicht gerade das beste Gedächtnis, aber Sie haben einen guten Instinkt. Sie können sich Dinge merken, als hätten Sie ein eingebautes Tonbandgerät in sich. Es kommt allerdings auch vor, daß Sie sich gründlich täuschen.

Eine Wassermann-Frau kann treu sein, wenn sie liebt; verliert sie aber das Interesse, wird sie gleichgültig und gefühlsarm. Sie muß ihren eigenen Interessen nachgehen können und ihre Freiheit und Unabhängigkeit haben.

Das Wort „Liebe" ist meist eine Sache des Geistes. Sex spielt eine weit geringere Rolle. Wenn eine Wassermann-Frau heiratet, wird der Ehepartner oft zu hören bekommen, daß es ihr wesentlich besser gehen würde, hätte sie ihn nicht genommen.

Eine Wassermann-Frau kann einen politischen, wissenschaftlichen oder erzieherischen Beruf ausüben.

Die Beziehungen zur Umwelt entbehren meist des Gefühls und sind nur auf psychologisches Verständnis ohne Mitgefühl gegründet. Die konsequente Bewahrung der eigenen Form läßt sie jeden Versuch der Umwelt, sich menschlich zu nähern, schroff und unerbittlich zurückweisen.

Sofern Sie nicht unterdrückt werden, achten Sie prinzipiell die fremde Eigenart, ebenso wie Sie die Respektierung der eigenen verlangen. Sie sind durch und durch Individualistin und bestehen fanatisch auf Ihrem – oft nur vermeintlichen – Recht, das sich auf eigene, unkonventionelle Grundsätze stützt. Dem entspricht auch Ihr aus dem Rahmen des Üblichen fallendes Verhalten, das sich nicht selten schon äußerlich durch auffallende, mitunter auch absonderliche Kleidung verrät. Ihre oft überhebliche Ablehnung der im Interesse des Kollektivs bestehenden Normen machen Sie leicht asozial, aufrührerisch, sittenlos, regellos, sprunghaft, unbürgerlich, ehebrecherisch, pervers (homosexuell), kurz: aller Tradition und kollektiven Vereinbarung gegenüber oppositionell.

Uranus-(Wassermann)Frauen können durch ihre Kleidung schockieren. Sie machen eine neue Mode gern mit, halten aber gleichzeitig an Großmutters Stil fest. Sie bringen es fertig, mit einem Spitzennachthemd zum Einkaufen zu gehen oder mit weiten Hosen und Turnschuhen im Theater zu erscheinen.

Wassermann-Frauen kann man nicht gerade als geborene Mütter bezeichnen. Sie werden meist von einer Mutterschaft etwas aus der Fassung gebracht. Warme Zuneigung werden die Sprößlinge vermissen. Das Streben nach freundschaftlichen Beziehungen und eine humanistische Lebensauffassung sind die Grundentsprechungen Ihres Charakters. Das gesellschaftliche Leben ist die notwendige Voraussetzung für Ihre Entfaltung. Sie haben einen guten Kontakt zur Öffentlichkeit; Sie suchen und finden die Anerkennung der Umgebung.

Günstige Partnerschaftszeichen zum Wassermann sind das Zeichen Zwillinge (22. 5. bis 21. 6.) und das Zeichen Waage (24. 9. bis 23. 10.). Auch die Zeichen Widder (21. 3. bis 20. 4.) und Schütze (23. 11. bis 21. 12.) sind harmonisch.

Weniger günstig sind die Zeichen Löwe (23. 7. bis 23. 8.), Skorpion (24. 10. bis 22. 11.) und Stier (21. 4. bis 21. 5.).

Symptome des Wassermanns

Wirkung auf den Charakter:

+ energisch, entschlossen, selbständig, frei, unabhängig, unkonventionell, umstellungsfähig, fortschrittlich, begeisterungsfähig, schöpferisch, genial, human;

− unbeherrscht, unberechenbar, unstet, ziellos, verkrampft, exzentrisch, aufbrausend, zerfahren, umstürzlerisch, anormal, unordentlich, neurotisch, besessen.

Denken:

+ human, idealistisch, intuitiv, geistreich, ideenreich, voller Einfälle, weitsichtig, erkennend, originell, absonderlich, blitzschnell, sprunghaft, umstellungsfähig, freisinnig, eigene Wege gehend;

− eigenbrötlerisch, eigensinnig, ablehnend, auflehnend, verbohrt, starrköpfig, fanatisch, krampfhaft, reizbar, verworren, überspannt, extrem, irrsinnig.

Fühlen:

+ urwüchsig, elementar, frei, unkonventionell; Neigung zur freien Liebe, zu Kameradschaftsehen usw. Romantisch, anziehend, faszinierend;

− überspannt, verschroben, pervers, extravagant, extrem, exzentrisch, entartet, lasterhaft, liederlich, treulos, ehebrecherisch, anormal, bisexuell, ausschweifend, unmoralisch, verführerisch, vergewaltigend. Alles Unerlaubte, Verbotene. Gegen Anstand und übliche Einrichtungen verstoßend.

Wollen:

+ reformieren, wandeln, neugestalten. Der Drang nach dem, was unerreichbar ist; der Griff nach den Sternen. Das Streben über sich selbst hinaus. Die Überwindung der Materie. Das Streben, das zu vollbringen, was erst in späterer Zeit verstanden und gewürdigt werden kann;

− umstürzen, niederreißen, vergewaltigen. Die Diktatur der Gewalt. Das Bestreben, die Welt aus den Fugen zu heben. Der Wille zur Zerstörung. Der Kampf gegen das Althergebrachte, Veraltete. Die Begierde nach Sensationen, nach der Verwirklichung chaotischer Triebwünsche.

Handeln:

+ entschlossen, energisch, impulsiv, aufbauend, vorwärtsstrebend, temperamentvoll, furchtlos, verwegen, spontan, ruckweise, sprunghaft, kühn, explosiv;

− eigenwillig, waghalsig, hastig, überstürzt, unbändig, ungezügelt, unberechenbar, unkonventionell, aufrührerisch, veränderlich, unstet, absonderlich.

Wirkung auf das Schicksal:

Die unerwarteten Wendepunkte des Lebens. Alle Ereignisse, die überraschend in das Schicksal eingreifen und bemerkenswerte Veränderungen verursachen. Die vermeintlichen „Zufälle". Eigenartige Lebensläufe mit vielen Wechselfällen. Plötzliche Nachrichten, Telegramme. Alle Umwälzungen, Wandlungen, Naturkatastrophen. Das Flugwesen. Die Elektrizität. Alle technischen Neuerungen; Radio, Fernsehen, Computer, Raketentechnik.

Ideell:

+ Einfälle, Erfindungen, Entdeckungen, Umstellungen, außersinnliche Erlebnisse. Der Einblick in höhere Zusammenhänge. Die Wandlungen, die durchlebt werden;

− der Kampf mit allem Bestehenden. Das Ringen mit dem Veralteten. Der Zusammenbruch des Alten, insbesondere des „alten Menschen". Der Wille, gewaltsame Veränderungen vorzunehmen, verursacht innere Spannungen, die sich heftig entladen. Psychosen; Massensuggestion.

Materiell:

+ plötzliche Gewinne. Vermögenszuwachs durch Ausbeutung von Erfindungen. Gutes durch moderne Einrichtungen. Vorteile durch Freunde und Gesellschaften, Gönner, Protektoren. Romantische Verbindungen. Überraschende Fortschritte in allen Lebensbelangen. Unerwartete Veränderungen und Umstellungen;

− Rückschläge. Schwer verwindbare Schicksalsschläge, Katastrophen, Zusammenbrüche, Unglücksfälle, insbesondere Stürze, Beinbrüche, Attentate. Über Nacht hereinbrechende Krisen. Verluste durch Konkurse, Bankkrach, Inflation. Ehetragödien, Entfremdungen, Trennungen, Scheidungen. Nachteile durch Gemeinschaften. Die Gefahr eines Nervenzusammenbruchs. Lebensgefahr bei Explosionen, Feuersbrunst, Hauseinstürzen, Menschenansammlungen, revolutionären Umtrieben usw.

Kunst:

die „königliche Kunst": Astrologie, Alchemie.

Wissenschaft:

Elektrotechnik, Metaphysik, Okkultismus, Magie, Alchemie, Hypnose, Astrologie, Chirologie, Graphologie, Psychoanalyse, Menschenkunde. Elektronische Datenverarbeitung, Computertechnik, Satelliten- und Raketentechnik, Astronomie.

Tiere:

Stachelschwein, Igel, Eule. Alle exotischen Vögel. Die Kröte.

Pflanzen:

Faulbaum, Rettich, Zittergras, Kakteen.

Edelsteine:

Amethyst, Bernstein, Basalt.

Metalle:

Aluminium, Radium.

Farbe:

Lila, Violett.

Gegenstände:

Flugmaschinen, Flugobjekte, Autos, Radioapparate, Funkgeräte, Computer, Fernmeldegeräte. Alle elektrischen Drähte, Kabel. Telegramme. Sprengstoff.

Gegend:

in der Luft, Stratosphäre, im Weltall; vulkanische Gegenden.

Orte:

In modernen Verkehrsfahrzeugen (Autos, Flugzeuge), Raketen. In modernen Fabriken, im Film- und Fernsehstudio, Varieté, Zirkus usw.

Länder:

Ost- und Westpreußen, zum Teil Westfalen, Polen, Schweden, Abessinien, Arabien, USA.

Städte:

Hamburg, Bremen, Bochum, Arnsberg, Dortmund, Gelsenkirchen, Hagen, Hameln, Herne, Hörde, Iserlohn, Lüdenscheid, Lippstadt, Siegen, Soest, Aurich, Emden, Berlin, Potsdam, Eberswalde, Jüterbog, Lukkenwalde, Perleberg, Königsberg/Ostpr. (heute Kaliningrad genannt), Tilsit, Allenstein, Lyck, Marienwerder, Marienburg, Stralsund, Greifswald, Rügen, Trient, Salzburg, Ingolstadt, Günzburg, Montfort, Brighton, Los Angeles.

Wochentag:

Samstag.

Bedeutende im Zeichen Wassermann geborene Persönlichkeiten:

Friedrich II., der Große	Abraham Lincoln
Friedrich Ebert	Theodor Heuss
E. T. A. Hoffmann	Wolfgang Amadeus Mozart
Franz Schubert	Norman Mailer
Hedwig Courths-Mahler	Somerset Maugham
Ludwig Erhard	Christian Dior
Faruk von Ägypten	Wladislaw Gomulka
Kardinal Frings	Hans-Jochen Vogel
Vera Brühne	Eva Braun
Heidi Brühl	Willy Fritsch
Georg Thomalla	Hazy Osterwald
Kim Novak	Jeanne Moreau
Mario Lanza	Clark Gable
Wilhelm Furtwängler	Franklin D. Roosevelt
Juliette Greco	Jack Lemmon

DAS ZEICHEN FISCHE
Geboren vom 20. 2. – 20. 3.

Herrschender Planet: Neptun.   *Element:* Wasser.

Geschlecht: weiblich.   *Temperament:* melancholisch.

Typus: der gläubige Mensch. Der Mystiker. Der Einsame. Der hysterische Mensch. Der pervertierte und mit ungewöhnlichen Dingen zusammenhängende Mensch.

Gestalt: üppig, fleischig, gedrungener Wuchs, zuweilen etwas aufgedunsen. Gliedmaßen kurz, empfindliche Füße.

Gang: schlaffe Haltung. Leiser, geheimnisvoller, schleichender Gang.

Gesicht: breite Stirn, geistige Züge; blasse, bleiche Gesichtszüge; schläfriger, verschwommener Blick, etwas durchsichtig in die Ferne schweifend, jedoch immer gütig, gutmütig.

Haare: hellblond oder lichtbraun.

Temperament: etwas phlegmatisch.

Physiologische Entsprechungen: die Füße, Zehen, Sehnen, Knöchel. Magen- und Darmgebiet, Lymphsystem. Disposition zu psychischen Leiden, Gemütsleiden, Epilepsie, Hypochondrie, Neurose, Manien, Neuralgie, Lahmheit. Schwache Füße (kalte Füße, Plattfüße). Süchtigkeitstendenzen (Alkohol).

Das Zeichen Fische wird vom Planeten Neptun beherrscht. Daraus ist zu schließen, daß die Fische-Menschen starke Empfindungs- und Erkenntnismenschen sind, mit starken inneren Kräften ausgerüstet. Ihre geistigen Fähigkeiten, die sich nicht immer auswirken können, machen Ihr Leben oft zu einem schweren Kampf um Ihre seelisch-geistige Entwicklung, wodurch Sie zu einer ernsten Grüblernatur neigen und den tragischen Zug des Nichtverstandenseins haben.

Infolge Ihres gefühlvollen, sensiblen Charakters wird es Ihnen oft schwerfallen, sich durchzusetzen. Die großen Anstrengungen, die es Sie kostet, die Gipfel des Lebens zu erklimmen, liegen nicht in Ihrem Schicksal begründet, sondern darin, daß Sie zu zart besaitet sind, um sich Geltung zu verschaffen. Sie werden dadurch von anderen ausgenutzt, lassen sich beeinflussen und verstehen es nicht, die erforderliche Ellenbogenkraft zu gebrauchen.

Freilich versuchen Sie es auf eine andere Weise, die verständlich und anerkennenswert ist, aber, wie Sie sehen werden, selten zum Ziel führt. Was nützt es Ihnen, daß Sie sich aufopfern, daß Sie mit großer, freiwilliger Dienstbarkeit den Menschen gegenübertreten? Durch Enttäuschungen werden Sie allmählich vorsichtig und stehen zu guter Letzt Ihrer Umgebung mißtrauisch gegenüber; das kann mitunter auch Unschuldige treffen.

Fische-Menschen sollte man den Rat geben: Seien Sie egoistisch, gegen die innere Überzeugung!

Ihre ganze Wesensart strebt nach Idealen, in denen Sie zweifellos das innere Glück suchen; das rauhe Leben will es aber oftmals anders. Sie haben zuviel Seele und als Gegenstück zuwenig aktive Energie, um am brutalen Daseinskampf im Leben Gefallen zu finden. Dieses Zuviel an Empfinden und Zuwenig an Durchsetzungskraft aber bringt jenen schmerzvollen Zug der Unzufriedenheit in Ihr Leben. Infolge Ihres bescheidenen, zurückhaltenden Wesens wird Ihr wahrer Wert nur schwer erkannt.

Mit feinem Einfühlungsvermögen treten Sie den Menschen gegenüber, hängen an Ihren Freunden, deren Fehler Sie nur allzu leicht übersehen.

Gern spenden Sie Wohltaten und möchten einen Hauch von Poesie und Schönheit in das Alltagsleben hineintragen. Ihre lebhafte Phantasie erhebt Sie dann in übersinnliche Regionen, oder Sie wenden sich ins Alltagsleben zurück mit einer Neigung zum Pessimismus. Es gibt dann Zeiten der Kopflosigkeit und inneren Zerfahrenheit; gleichzeitig taucht ein Verlangen auf, alles hinzuwerfen und in die Ferne zu schweifen. Das Fremdländische, Ausländische zieht Sie stark an. Allerdings sind die

Fische-Menschen nicht immer nur die aufopfernden Wesen, für die man sie hält.

Sie können mit Erfolg andere, und sogar sich selbst, über ihre wahren Motive täuschen. Sie verstehen es wie niemand sonst, im trüben zu fischen; dort einen Fisch zu fangen und festzuhalten, dürfte Ihnen sehr schwerfallen.

Die Menschen des Fische-Zeichens sind oft ausgezeichnete Schauspieler. Nun kann aber nicht jeder Fisch zum Theater oder Fernsehen gehen; die Schau muß also abgezogen werden, wo man gerade ist. Die Fische-Geborenen haben eine außerordentliche Fähigkeit, andere in ihre Phantasiegespinste zu verwickeln. Sie entfalten oftmals sehr bizarre Ideen. Sie umgeben sich gern mit Geheimnissen. Fremden fällt es oft schwer, herauszufinden, was Fische-Geborene eigentlich wollen. Wenn sie von Selbstaufgabe und Selbstaufopferung sprechen, werden sie es nicht immer ohne Lohn tun.

Viele dieser sanftmütigen, schwärmerischen Fische-Menschen sind sehr geschickt in der Verwendung „sexueller Köder". Haben sie einmal ihren Fang an der Angel, können sie überraschen durch die Erbarmungslosigkeit, mit der sie die Beute entweder verschlingen oder wieder wegwerfen, weil sie sie eigentlich doch nicht haben mögen.

Fische-Männer können die besten Ehegatten, Väter und Freunde sein – oder die schlimmsten; es kommt ganz auf die kosmischen Konstellationen an. Selten tun sie etwas halb, und nie tun sie dasselbe zweimal.

Infolge der großen Gefühlsbetontheit ist der Fisch-Geborene weniger ein Denker, sondern er erlebt die Welt vielmehr auf eine intuitive, häufig aber doch produktive Weise. Sein überaus intensives Gefühlsleben erschließt ihm viele Feinheiten, die dem Durchschnittsmenschen nicht zugänglich sind.

Ein Grundzug des Fische-Menschen ist eine gewisse Lebensangst, die ihn nie ganz verläßt und die gewissermaßen der tragische Grundton seines Charakters ist. Ist er glücklich, fürchtet er unglücklich zu werden; liebt er, glaubt er den Gegenstand seiner Liebe zu verlieren; ist er in materieller Sicherheit, glaubt er sich von Verlusten bedroht.

Der Mangel an innerem Widerstand macht ihn zugänglich für Beeinflussungen aller Art. Vor allem sollten sich Personen dieses Zeichens vor berauschenden Drogen hüten, da sie zu leicht der Gewöhnung verfallen.

Das Unerwartete, das unfaßbare Wunder lockt den Fische-Menschen. Mag der Alltag auch arm und bescheiden sein, ein Fisch-Geborener wird auch in dieser Lage, kraft seiner Phantasie, sein Leben lebenswert machen. Auch sträubt er sich gegen jeden auferlegten Zwang. Die

üblichen Normen und Gesetze lehnt er ab und empfindet sie als Beengung.

In beruflicher Beziehung neigen die Fische zu kaufmännischen Tätigkeiten. Es bestehen Beziehungen zu Warenhäusern, Ramschläden, pharmazeutischen Produkten, Parfüms, Spirituosen. Der selbstlose Charakter neigt zu Tätigkeiten im Zusammenhang mit Organisationen der Hilfe und Fürsorge, für Mindertaugliche, Beschädigte, Taubstumme, Blinde (wie Asyle, Rettungsstationen, Trinkerheime); auch unter Ärzten, Lehrern, Schwestern findet man viele Fische-Menschen. Das soziale Motiv beeinflußt die Berufswahl. Eine starke Grundbeziehung zum Wasser, zu Flüssigkeiten erweist sich bei der Neigung zu Seefahrt, Fischerei, zum Gaststättengewerbe und Getränkehandel. Auch besteht ein starkes Interesse für Berufe, die mit den Künsten (wie Theater, Film, Fernsehen, Musik, Gesang, Malerei, Literatur) zu tun haben.

Das gesamte Bank- und Börsenwesen untersteht dem Fische-Zeichen. Auch Berufe in abgeschlossenen Anstalten (wie Krankenhäusern, Kliniken, Sanatorien, Fürsorge- und Wohlfahrtseinrichtungen) ziehen stark an. Interessant für den Fisch erscheinen auch Tätigkeiten wie die des Detektivs, Kriminalisten, Geheimdienstlers.

Hinsichtlich der gesundheitlichen Konstitution liegen beim Fische-Menschen die Erkrankungssymptome in den Füßen, Knöcheln, Zehen, Sehnen. Auch das Lymphdrüsensystem, das Magen- und Darmgebiet sind empfindlich. Im letzten Lebensdrittel zeigen sich Anfälligkeiten für Herzschwäche und Kreislauferkrankungen. Bei sehr negativen Typen zeigt sich eine Neigung zu Alkohol und anderen Genußgiften. Auch besteht eine Disposition zu Erschlaffungszuständen, Durchfall sowie zu nervösen Störungen, die durch Grübeleien, Sorgen und Ärger entstehen. Die beste Medizin heißt hier: ein harmonisches Eheleben und ein schönes Zuhause.

Alle Reizgifte, besonders Alkohol, Nikotin und narkotische Drogen, sollten gemieden werden. Kühle, Feuchtigkeit, kalte Füße wirken sich ebenfalls negativ auf die Gesundheit aus.

Im seelischen Bereich sind Gemütsleiden, Neurosen, Neurasthenie, Manien, Neuralgien häufig anzutreffen. Fische-Menschen sollten mit ihrem Körper keinen Raubbau treiben.

Früher hieß es, die Fische-Männer seien labil und schwach. Heute weiß man, daß dies nicht ganz stimmt. Der Fische-Mann ist nicht schwach, er verliert sich nur zuweilen zu leicht in seinen Träumen. Er kann durchaus feste Entschiedenheit und entschlossenes Handeln demonstrieren. Dank seiner Intuition und seines Verstandes kann er

Ruhm und Anerkennung finden. Für neue Eindrücke ist er immer zu haben – sei es in beruflicher Beziehung oder in der Liebe.

Die Inspiration, das Feingefühl des Fische-Beeinflußten, hilft ihm beim Lernen, beim Studium, beim Arbeiten. Ein Fische-Geborener kann lange warten; seine Intuition wird ihn leiten, den richtigen Platz im Leben zu finden. Häufig brauchen schwächere Fische-Typen einen Anstoß von außen, um sich nach einer neuen und besseren Position umzusehen.

Ein Fische-Mann kann viel erzählen, von seinen Plänen und Vorstellungen. Er kann aber auch tagelang schweigen, in Gedanken und Plänen versunken, die manchmal – für die Umwelt – phantastisch erscheinen. Diese Ideen sind aber gar nicht so unrealistisch; sie lassen sich meist durchaus in der Praxis verwirklichen.

Viele Fische-Männer ändern plötzlich in den mittleren Jahren ihr Leben, beginnen einen neuen Beruf. Das geschieht wie unter einem Zwang, sie müssen es einfach tun.

Jeder Fische-Mann hat einen Traum in sich, wie er sein Leben einrichten möchte. Aber nicht jedem gelingt es, diesen Traum zu verwirklichen. Fische-Männer sind bekannt dafür, daß sie in den Seelenstimmungen der Menschen ihrer Umwelt lesen können. Für viele ist der Fische-Geborene daher eine Art Seelentröster, der sich mit den Problemen seiner Freunde, Mitarbeiter, Nachbarn auseinandersetzt. Wenn man einen Fische-Mann bittet, etwas für sich zu behalten, wird er verschlossen sein wie ein Grab.

Der Fische-Mann wird zwar vom Gefühl beherrscht; trotzdem wird er kein leidenschaftlicher Liebhaber sein. Seine Stärke liegt mehr in der „passiven Eroberung", die manchmal bis zur Selbstaufgabe geht. Seine Liebesbeziehungen sind meist etwas kompliziert, denn der Fische-Beeinflußte legt in jede Liebesbeziehung mehr Gefühlstiefe hinein als die Männer anderer Tierkreiszeichen. In seiner Werbung ist er von großer Zurückhaltung; er macht ungern den ersten Schritt. Er begnügt sich vielmehr mit stummer Verehrung, bis der andere ihm entgegenkommt. Sehr gern gefällt sich ein Fische-Mann in der Rolle des unglücklichen Liebenden; gelegentlich wird die Liebe bloß in der Phantasie erlebt. Diese gesteigerte Sensibilität und Reizempfindlichkeit ergibt im positiven Sinn einen unmittelbaren Empfindungskontakt mit den differenziertesten Empfindungsäußerungen der Umwelt.

Im negativen Sinn hat diese Sensibilität aber zur Folge, daß auch jeder Schmerz und jedes Leid viel intensiver als üblich empfunden und mitempfunden wird. Der stark Neptun-(Fische)Beeinflußte hat eine große Angst vor körperlichen und seelischen Schmerzen, weil er sie so intensiv empfindet. Jede schmerzliche, bittere Erfahrung wie auch jede seelische

Enttäuschung läßt daher meist die intensive Angst vor einer Wiederholung zurück, die schließlich auch zur Angst vor vermeintlichen und eingebildeten Schmerzen wird.

Fische-Menschen – weibliche wie männliche – haben starke Kontakte und Beziehungen zur Kunst. Insbesondere entsprechen ihnen die unmittelbar auf die Sinne wirkenden Künste. Auch die Musik, die Dichtkunst (vor allem Lyrik) interessieren sehr.

Der Fische-Mann versteht sich in der seltenen Kunst, anderen Menschen zuzuhören. Dies ist wahrhaftig eine seltene Gabe. Die meisten anderen hören doch nur mit halbem Ohr hin und denken an ihre eigenen Meinungen und Ansichten. Ordnung ist für den Fisch etwas Notwendiges. Seine persönlichen Dinge, seine Kleidung, Papiere, sein Zuhause ist sauber und geordnet.

Die Fische-Frau will in der Liebe von ihrem stärkeren Partner verwöhnt und beherrscht werden. Viele glauben, Fische-Frauen seien schwach. Ihre Gefühle sind zwar rasch verletzt, aber sie sind ebenso leicht wieder versöhnt. Die Schwäche dieser Frauen ist ihre Stärke. Eine Menge Männer wollen diese weiblichen Wesen verwöhnen, trösten und umsorgen. Sie sind nachgiebig; dieses langsame Nachgeben ist es, was die Männerwelt reizt. Zuweilen sind Sie zu empfindlich, schwankend und träumerisch.

Sie sind lustig mit den lustigen und traurig mit den traurigen Menschen. Ihr weiches Herz will lieben; da, wo Sie Ihre Erfüllung finden, tun Sie dies mit Leidenschaft, doch muß diese mit behutsamer Hand geweckt werden, bevor sie richtig zur Blüte gelangt. Die Welt der Träume ist Ihr heimliches Reich.

Wo das Gefühlsleben einer Fische-Frau unbefriedigt bleibt – auch das wird eintreten –, gibt es Enttäuschungen und seelische Verwundungen. Sie wird dann niedergeschlagen sein und leidet möglicherweise unter Minderwertigkeitsgefühlen. Oftmals fühlen sich Fische-Frauen zu älteren Männern hingezogen, die auch verheiratet sein können. Aber gerade diese heimlichen Affären reizen die Fische-Geborenen.

Sie schwelgen in der selbstgeschaffenen Geheimnistuerei. Sie erklären dann nicht selten, Liebe kenne keine gesetzlichen Schranken. Sie können auch jahrelang als Freundin eines stärkeren Partners leben. Sie wollen weiter nichts, als daß er Sie beschützt und tröstet. Sie können sanft, zärtlich, romantisch, innig und mitfühlend sein; so mancher Mann sehnt sich danach. Zuweilen haben Sie ein mediales Empfinden für die Männerwelt, zu der Sie sich hingezogen fühlen.

Das persönliche Verhalten zeigt Zartheit, Weichheit, Innigkeit, Aufopferung und Hingebung. In Zeiten der Enttäuschung und des Kummers

besteht häufig ein starkes Verlangen nach Genußgiften (wie Alkohol, Drogen). Dadurch entsteht eine – wenn auch nur vorübergehende und künstliche – Steigerung der Aktivität, und sei es nur in der Phantasie.

Fische-Frauen sind feinfühlende, aufopfernde und vertrauensvolle Mütter.

Sie lieben Ihre Kinder, deren kleine Sorgen und Nöte. Strenge Disziplin fällt Ihnen schwer, deshalb finden Sie einen goldenen Mittelweg zwischen Strenge und Güte.

Wo Sie können, weichen Sie einer gewissen bürgerlichen Ordnung aus. Sie empfinden sie als beengend. Wenn Sie auch an sich und in Ihrer Häuslichkeit für Ordnung und Sauberkeit sorgen, so leben Sie doch manchmal gern in den Tag hinein.

Es gibt Fische-Typen, die unter der Sinnlosigkeit und Unvernunft der Welt leiden. In dieser Stimmung kommt es vor, daß man sozusagen sein Bündel packt – vom unbestimmten Sehnen getrieben – und in die Welt hinausgeht. Dabei läßt man geordnete Verhältnisse und geliebte Menschen zurück. Diese Neigung, Illusionen nachzujagen, ist aber nur bei besonderer Veranlagung gegeben.

Zum Zeichen Fische passen sehr gut die Zeichen Krebs (22. 6. bis 22. 7.) und Skorpion (24. 10. bis 22. 11.). Harmonisch sind auch die Zeichen Stier (21. 4. bis 21. 5.) und Steinbock (22. 12. bis 20. 1.).

Kritisch sind die Zeichen Jungfrau (24. 8. bis 23. 9.), Zwillinge (22. 5. bis 21. 6.) und Schütze (23. 11. bis 21. 12.).

Symptome der Fische

Wirkung auf den Charakter:

+ in sich ruhend, verinnerlicht, gläubig, religiös, idealistisch, wahrheitsliebend, selbstlos, gutmütig, sanftmütig, mildtätig, hilfsbereit, aufopfernd, freundlich, vertrauend, mitleidig, allumfassend, duldend, demütig, wohltätig, fürsorglich, gefühlvoll;

– heimtückisch, geheimtuerisch, spionierend, einmischungssüchtig, unwahr, unkorrekt, hinterhältig, hinterlistig, intrigant, heuchlerisch, verräterisch, betrügerisch, täuschend, bestechlich, abenteuerlich, verschwenderisch, trunksüchtig, unzufrieden, mutlos, leicht verzagt, empfindlich, leicht verletzbar, unbeherrscht, ruhelos, selbstquälerisch, willensschwach, haltlos, ängstlich, hilfsbedürftig, unbeständig, unsicher, beeinflußbar, leichtgläubig, neurotisch, pathologisch, hysterisch.

Das persönliche Auftreten:

+ still, leise, feierlich, ungewöhnlich, eigenartig, rätselhaft, traumverloren, in sich versunken;

– schleichend, geheimnisvoll, heimtückisch, hinterlistig, versteckt, sich verstellend, heuchlerisch, simulierend, verführerisch, verwirrt, unsicher.

Denken:
+ abstrakt, inspirativ, mystisch, romantisch, phantasievoll, poetisch, schwärmerisch, träumerisch, utopisch, subtil, synthetisch;
– unbewußt, unpraktisch, unwirklich, unbestimmt, unklar, nebelhaft, verschwommen, verworren, verzerrt, täuschend, irrend, beeinfluß-bar, phantastisch, schweifend, stumpfsinnig, sorgenvoll, ängstlich, wahnsinnig.

Fühlen:
+ ästhetisch, platonisch, rein, keusch, romantisch, sehnsüchtig, zärtlich, innig, bezaubernd, feinfühlend, mitfühlend, seelenvoll, entsagend, opfernd;
– überempfindlich, sentimental, furchtsam, resignierend, schwermütig, melancholisch, wehleidig, sich unverstanden fühlend, falsche Gefühle hegend, ausschweifend, unmoralisch, verführerisch, entartet, extra-vagant, krankhaft, anormal, pervers, bigamisch, hysterisch, patho-logisch.

Wollen:
+ Sehnsucht nach Ruhe, Frieden, Einheit. Der Drang nach Wahrheit. Liebe zu allem Nichtalltäglichen. Auf allen Wegen wird das Schöne, Große, Erhabene gesucht. Die Bestrebungen sind darauf gerichtet, sich der von der Gesellschaft Verworfenen, sozial Ausgestoßenen, der Leidenden und Einsamen anzunehmen;
– sich betäuben wollen, die Wahrheit nicht sehen wollen. Sich mit Geheimnissen umgeben, sich in rätselhafte, oft kriminelle Dinge ver-stricken. Immerfort Illusionen nachgehend, Hirngespinsten nach-jagend. Neigung, die Dinge zu verdrehen. Verschwörungen anzet-telnd. In Nacht und Nebel davongehend.

Handeln:
+ hilfsbereit, selbstlos, aufopfernd, uneigennützig, geheimnisvoll, eigen-artig;
– unpraktisch, unordentlich, unkorrekt, ehrlos, täuschend, betrügerisch, kriminell, intrigant, hysterisch, unerklärlich, unzuverlässig, unent-schlossen, willensschwach, unsicher, haltlos, träge, feige, auswei-chend, bequem, sorglos, in den Tag hineinlebend, verschwenderisch. Neigung zu asozialen, kriminellen Handlungen.

Wirkung auf das Schicksal:
freiwillige und unfreiwillige Absonderung. Freiheitsstrafen. Exil. Epidemien. Verwicklungen, Verschwörungen, Feindschaften, Prüfungen, Einschränkungen, Leiden. Vereinsamung. Geheimnisvolle Vorfälle. Kriminalprozesse. Liebe zum Wasser, Hang zum Wassersport.

Ideell:
+ künstlerische Eindrücke. Ästhetische Empfindungen. Inspirationen. Luftschlösser;
− Intrigen, Verleumdungen, Geheimnisse, Illusionen, falsche Vorstellungen. Leid durch psychische Spannungen. Veränderliche Stimmungen; Angstzustände.

Materiell:
+ Handel mit Flüssigkeiten, insbesondere Drogen und berauschenden Getränken. Seehandel, Schiffahrt, Erfolg durch Schwimmsport;
− wechselvolles, unruhiges Leben. Wandertrieb, Heimatlosigkeit, Verluste durch Feindschaften, Betrüger, Abenteurer, Phantasten. Erpressungen, Bestechungen, Verfolgungen, öffentliche Skandale. Verborgene, schleichende Krankheiten. Mysteriöser Tod durch Gift, Ertrinken. Doppelleben, Verschwinden. Verschollen.

Kunst:
Musik, Malerei, mediale und religiöse Kunst (Messen, Oratorien, Orgelkonzerte). Heilkunst.

Wissenschaft:
Mystik, Geheimwissenschaft, Theosophie, Okkultismus (insbesondere Spiritismus), Parapsychologie, Pharmazie.

Tiere:
alle Wassertiere: Fische, Walfisch, Haifisch, Aale, Möwe, Krokodil, Quallen, Muscheln, Eidechse, Chamäleon, Schwan, Seehund.

Pflanzen:
Binse, Wasserrosen, Trauerweide, Tollkirsche, Pilze, alle Rauschpflanzen und Gifte (Nikotin, Opium), Schneeglöckchen, Christrosen.

Edelsteine:
Topas, Opal, alle irisierenden Steine. Naturkristalle, Perlmutter. Unechte Steine.

Metall:
Platin.

Farben:
alle schillernden, irisierenden Farben. Wasserblau. Meerfarbe.

Gegenstände:
Gemälde, Musikinstrumente, insbesondere Harfen, Flöten, Geigen.

Gifte, Betäubungsmittel, Schlafmittel, Tabak, Alkohol, Drogen, Heilpflanzen.

Gegend:

an der See, am Meer. Sümpfe, Überschwemmungsgebiet, Inseln; alle unterirdischen Gewässer. Wenig bewohnte, einsame Gegenden. Unbewohnte Landstriche und unerforschte Erdteile. Alles Unterirdische. Fata Morgana. Fischteiche.

Orte:

alle großen Häuser (wie Krankenhäuser, Sanatorien, Irrenanstalten, Klöster, Einsiedeleien, Gefängnisse). In geheimen Logen und Gesellschaften. In der Badeanstalt, im Kino. Pensionate, Erziehungsanstalten. Alle abgeschlossenen Anstalten. Fürsorge- und Wohlfahrtseinrichtungen.

Länder:

Brasilien, Kap der Guten Hoffnung, Malta, Neuholland, Nubien, Sahara, Südkleinasien, Portugal, Normandie, Batavia, Ceylon, Kalabrien, Persien, Java, Galizien.

Städte:

Worms, Regensburg, Bournemouth, Alexandria, Leicester, Sevilla, Basel, Braunschweig, Calais, Duderstadt, Lüneburg, Reval, Rio de Janeiro, Sao Paulo, Sofia, St. Gallen, Ulm, Wilna, Lancaster.

Bedeutende im Zeichen Fische geborene Persönlichkeiten:

Arthur Schopenhauer	Joseph von Eichendorff
Frederic Chopin	Henrik Ibsen
Albert Einstein	Otto Hahn
Georg Friedrich Händel	Victor Hugo
Karl Jaspers	Erich Kästner
Sven Hedin	Galileo Galilei
Gottlieb Daimler	Hermann Hollerith
Oskar Kokoschka	Rudolf Steiner
Enrico Caruso	Benjamino Gigli
Rex Harrison	Karl May
Rudolf Nureyev	Heinz Rühmann
Elizabeth Taylor	Zarah Leander
Joachim Fuchsberger	Marlon Brando
Victor de Kowa	Nadja Tiller
Grete Weiser	Michèle Morgan
Ernst Löhndorff	Jennifer Jones
Carl Raddatz	Elisabeth Flickenschildt
Karlheinz Böhm	Hans Knappertsbusch

V.

Einteilung des Tierkreises

Planetenballungen
in den Zeichen und Häusern

Bei der Interpretation eines Horoskops muß beachtet werden, welche Tierkreiszeichen und Häuser am stärksten von den Planeten besetzt sind. Zuweilen ergeben sich auch Planetenballungen in den Zeichen und Häusern; dies deutet dann auf bedeutsame Geschehnisse und Ereignisse in den Angelegenheiten, auf die das Zeichen bzw. Haus Bezug hat.

Die drei Kreuze

Das Kardinal- oder Hauptkreuz

Es handelt sich um bewegliche Zeichen.

Zugeordnet: Widder (Feuer), Krebs (Wasser), Waage (Luft), Steinbock (Erde).

Korrespondenz-Häuser: 1., 4., 7., 10.

Urbilder: Aktivität, Ehrgeiz, Streben, Handlung, Führerprinzip, Gipfelstreben, Willenskraft.

Wesen:

+ selbständig, impulsiv, unternehmend, vorwärtsdrängend, strebsam, ehrgeizig, zielbewußt;

− herrschsüchtig, rücksichtslos. Geltungsdrang.

Wirkungsweise: Mensch der Tat, innere und äußere Aktivität. Lebensziele werden verwirklicht. Verlangen nach Macht, Streben und Unabhängigkeit, Drang an die Öffentlichkeit, Aufstieg im Beruf, im Sozialen und Gesellschaftlichen. Mit Anerkennung, Beifall, Beachtung ist zu rechnen.

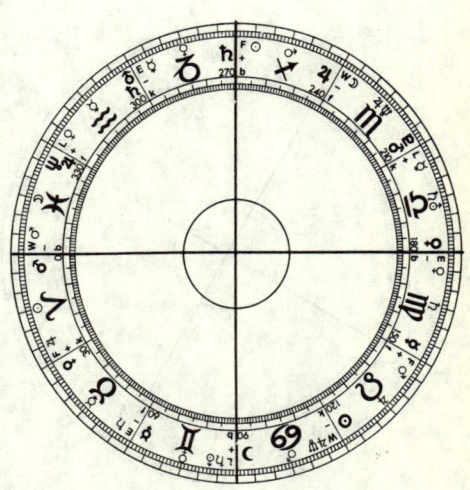

Das Kardinal- oder Hauptkreuz (bewegliche Zeichen).

Das fixe Kreuz

Es handelt sich um feste Zeichen.

Zugeordnet: Stier (Erde), Löwe (Feuer), Skorpion (Wasser), Wassermann (Luft).

Korrespondenz-Häuser: 2., 5., 8., 11.

Urbilder: Stabilität, Ausdauer, Zähigkeit, Festigkeit, Geduld.

Wesen:

+ fest, entschlossen, beständig, beharrlich, zurückhaltend, zuverlässig;
– dogmatisch, unüberwindbar, starr, eigensinnig, fanatisch.

Wirkungsweise: Mensch der Beständigkeit. Starker Widerstand, große Festigkeit, Unbeirrtheit, Hartnäckigkeit. Innere Ruhe, Besonnenheit, Festhalten.

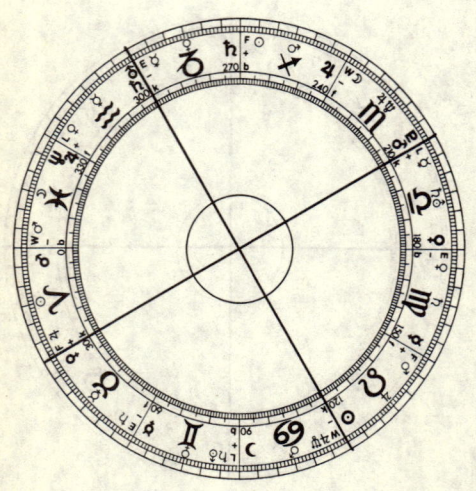

Das fixe Kreuz (feste Zeichen).

Das gewöhnliche oder gemeinschaftliche Kreuz

Es handelt sich um veränderliche Zeichen.

Zugeordnet: Zwillinge (Luft), Jungfrau (Erde), Schütze (Feuer), Fische (Wasser).

Korrespondenz-Häuser: 3., 6., 9., 12.

Urbilder: Labilität, Vielheit, Anpassung, Unterordnung, Synthese, Aufhebung der Gegensätze.

Wesen:

+ beweglich, dienend, schmiegsam, ordnend.

– veränderlich, wankelmütig, ruhelos, unkonzentriert, unentschlossen, unbeständig, zerfahren, unzuverlässig.

Wirkungsweise: Mensch der Fügsamkeit, auf das Spirituelle gerichtet, die Ideen hinter der Form, den Kern der Dinge anzielend. Sehnsucht nach Verinnerlichung. Tendenz zum Nachgeben, zur Einfügung ins Ganze. Streben nach Frieden, Harmonie, Ausgleich, Anpassung. Diplomatie, Toleranz.

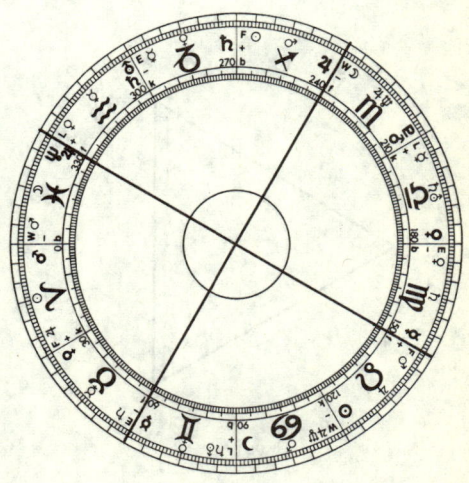

Das gewöhnliche oder gemeinschaftliche Kreuz (veränderliche Zeichen).

Die vier Elemente

Das Feuer-Trigon

Zugeordnet: Widder, Löwe, Schütze.

Korrespondenz-Häuser: 1., 5., 9.

Kraft: Spannkraft, Expansionskraft, Aktionskraft, Willenskraft, Schöpferkraft.

Urbilder: schöpferische Lebenskraft, Individualität. Initiative, Aktivität, Energie, Produktivität. Wärme, Ausdehnung, Daseinsfreude.

Wesen:
+ belebend, strahlend, erwärmend, schöpferisch, großzügig, impulsiv, leidenschaftlich, freiheitsliebend, selbstbewußt, entschlossen, kühn, mutig, unternehmend, lebensbejahend, vital;
− herrschsüchtig, hochmütig, überheblich, eitel, verschwendungssüchtig, sinnlich, angriffslustig, kriegerisch, heftig, zornig, hitzig.

Typus: der tätige Mensch. Der Führer. Der offene Mensch, der Repräsentant.

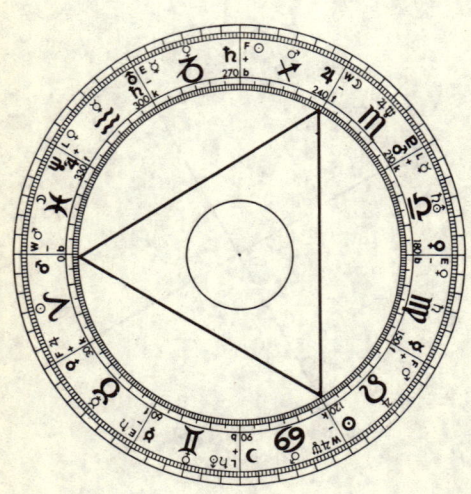

Das Feuer-Trigon.

Das Erd-Trigon

Zugeordnet: Stier, Jungfrau, Steinbock.

Korrespondenz-Häuser: 2., 6., 10.

Kraft: Schwerkraft.

Urbilder: Urmaterie, der Stoff, der Selbsterhaltungstrieb, der Raum, die Zeit, die Begrenzung, der Grund.

Wesen:

+ gestaltend, konzentrierend, Form annehmend, verhärtend, zweckbewußt, sachlich, objektiv, fleißig, tätig, praktisch, ökonomisch, fest, bestimmt, zäh, geduldig, ausdauernd, beharrend, ruhig, bedächtig, bodenständig, nüchtern;

– materialistisch, erdgebunden, schwerfällig, hartnäckig, halsstarrig, dogmatisch, verbohrt; materielle Gesinnung.

Typus: der praktische Mensch, der Handelnde, der Realist. Mensch der nüchternen Überlegung und praktischen Tat. Der Geduldige, der Zielstrebige. Der Praktiker.

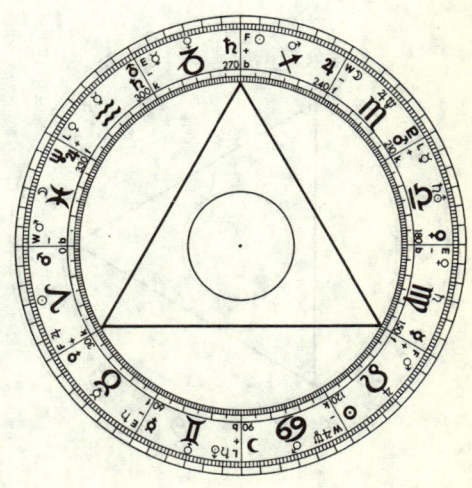

Das Erd-Trigon.

Das Luft-Trigon

Zugeordnet: Zwillinge, Waage, Wassermann.

Korrespondenz-Häuser: 3., 7., 11.

Kraft: Schwungkraft.

Urbilder: Das Mentalleben. Der Standpunkt über den Dingen. Die Vielheit, die Anpassung. Die Bewegung. Einsicht.

Wesen:

+ verstehend, intellektuell; erkennend, erfassend, begreifend; vertiefend, gedankenvoll, vielseitig, anpassungsfähig; idealistisch, lebhaft, beweglich, verbindend, vermittelnd, in Beziehung setzend; wendig, veränderlich, rasch im Reden, Handeln, in den Entschlüssen, diskussionsfreudig, heiter;

− zerstreut, zersplittert, oberflächlich; geschwätzig, indiskret, unruhig, nervös, unkonzentriert; gleichgültig, unzuverlässig, überschwenglich, aufbrausend.

Typus: der denkende Mensch. Der Intellektuelle. Der Einsichtige.

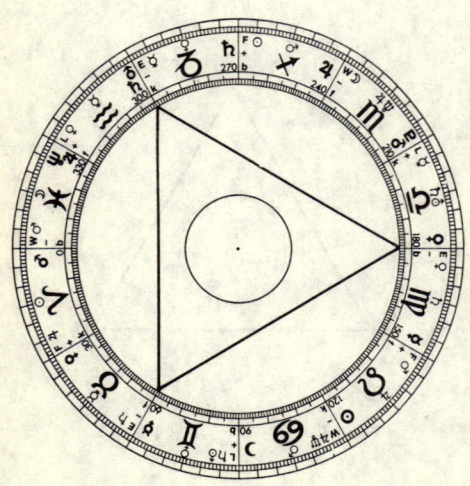

Das Luft-Trigon.

Das Wasser-Trigon

Zugeordnet: Krebs, Skorpion, Fische.

Korrespondenz-Häuser: 4., 8., 12.

Kraft: Triebkraft, Entspannung, Einfühlungskraft.

Urbilder: Gefühl, Gemüt, Mütterlichkeit, Instinkt, Einfühlungsvermögen, Phantasie, psychische Sensibilität, Eindrucksfähigkeit.

Wesen:

+ beseelend, sanftmütig, hilfsbereit, selbstlos, barmherzig; weich, gutmütig, empfänglich, beeindruckbar, phantasievoll, romantisch, träumerisch, sensibel, anschmiegsam, anhänglich, volkstümlich; feinfühlig, menschlich;

− unbeständig, wechselvoll, schwankend, wankelmütig, veränderlich; phlegmatisch, passiv; empfindlich, sentimental, hysterisch; launenhaft, bequem, sich gehenlassend, resignierend.

Typus: der Gefühlsmensch, der Gemütsmensch. Der Kontaktmensch, der sich Absichernde. Der Hilfsbereite, der Feinfühlige, der Helfende. Der Phantast, der Lavierende, der Genußmensch.

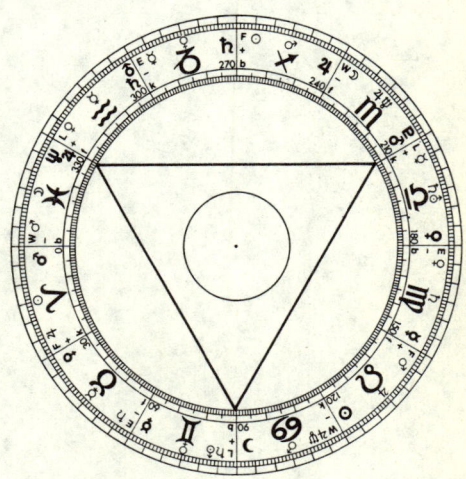

Das Wasser-Trigon.

Ist eines der drei Kreuze, Trigone oder Elemente in den Horoskopfiguren überwiegend durch Planeten besetzt, finden wir die angegebenen Charakterzüge, Eigenschaften und Temperamentsanlagen.

VI.

Die Bedeutung der Positionen von Sonne, Mond und Planeten in den Tierkreiszeichen und Häusern

Die folgenden Ausführungen erklären die Wirkungsweise jedes Gestirns in den zwölf Tierkreiszeichen und Horoskopfeldern bzw. Häusern. Auch die Aspektverbindungen der Gestirne untereinander werden erläutert.

Sonne in den Tierkreiszeichen

Sonne im Zeichen Widder

Wenn Sonne im Widder steht, erzeugt sie viel Energie, Tatkraft und Selbstgefühl. Menschen mit dieser Sonnenstellung sind befähigt, als Bahnbrecher, Anführer, Pioniere eine führende Stellung einzunehmen. Sie besitzen viel Lebenskraft und Zähigkeit, starke Willenskräfte. Der Kopf ist Erkrankungen und Verletzungen ausgesetzt.

Sonne im Zeichen Stier

Große Lebenskraft; aber bei schlechter Aspektierung durch Mars oder Saturn besteht die Gefahr von ernsten Erkrankungen. Konservativ in jeder Beziehung, sehr von sich eingenommen. Vorliebe für die schönen Künste. Lebensfreudig, Bequemlichkeit liebend, meist treu in der Zuneigung. Geeignet für methodische, langsam aufbauende Arbeit. Der Hals ist der gefährdetste Teil des Körpers.

Sonne im Zeichen Zwillinge

Gibt raschen, empfänglichen Intellekt. Liebe für Kunst und Wissenschaft. Erzeugt gute Redner, Journalisten. Ein sehr beweglicher, aber veränderlicher Geist, der in seiner Auswirkung leicht oberflächlich wird. Man zeigt sich liebenswürdig, höflich, freundlich. Neigung zu Veränderungen im Fühlen und Denken. Nur bei guter Veranlagung zeigen sich Menschen mit dieser Sonnenstellung methodisch und ausdauernd. Die Atmungsorgane sind gefährdet.

Sonne im Zeichen Krebs

Sehr empfänglich für alle äußeren Eindrücke; auf sympathische Zuneigung und antipathische Abneigung stark reagierend. Leicht zu beeinflussen, da wenig Willenskraft und Selbstvertrauen. Im Grund genommen edelmütig, freundlich, sehr häuslich und harmonisch, feinfühlig; große Phantasie. Zuweilen Anwandlungen starken Eigennutzes unterworfen. Anfälligkeit für Bauchregion, Magen.

Sonne im Zeichen Löwe

Ein treues, aufrichtiges, sympathisches Wesen, das nach außen hin viel Würde und Selbstachtung an den Tag legt, alles Niedrige und Gemeine verachtet und ein ausgesprochenes Verantwortungsgefühl besitzt. Menschen mit dieser Sonnenstellung sind befähigt, zu führen und zu herrschen. Man zeigt sich korrekt gegen seine Freunde, nachsichtig gegen seine Feinde. Bei schlechten Aspekten artet die Liebe zu Macht und Autorität in Herrschsucht, Anmaßung und sogar Frechheit aus. Herz und Kreislauf sind Gefahren ausgesetzt.

Sonne im Zeichen Jungfrau

Erzeugt ein intellektuelles, erfinderisches und methodisches Wesen. Neigung zu Kritik; zuweilen selbstsüchtig. Die Betreffenden verlieren sich zu sehr in Einzelheiten, ohne den nötigen Überblick über die Gesamtlage. Sie sind aber fröhlich, lieben alle Vergnügungen und machen gern Ausflüge in angenehmer Gesellschaft. Für selbständige Berufe wenig geeignet. Praktische Fähigkeiten sind vorhanden. Es zeigt sich große Strebsamkeit; Sparsamkeit. Gefährdet sind die Verdauungsorgane.

Sonne im Zeichen Waage

Gibt ein intuitives, sehr gerecht empfindendes Wesen mit dem ausgesprochenen Streben nach Harmonie und Gleichgewicht. Macht sehr liebenswürdig, gesellig, freundlich im Umgang mit Menschen. Es zeigt sich eine künstlerische Ader. Macht vergnügungsliebend; deutet auf eine verfeinerte Erotik. Anfällig sind Nieren, Lenden und Leistengegend.

Sonne im Zeichen Skorpion

Sehr kluge Personen, aber auch stolz, oft hochmütig. Für Sympathie und Antipathie sehr empfänglich. Viel Leidenschaft, Tatkraft, Standhaftigkeit; Selbstüberhebung. Viel Zähigkeit in Verfolgung der Ziele. Bei disharmonischer Aspektierung auch oft eifersüchtig, schroff, herrschsüchtig, trotzig, brüsk; unangenehme, streitlustige Personen. Der höhere Typus hat bereits die niedrige Entwicklungsperiode überwunden und zeigt dann große Tatkraft, energische Zielstrebigkeit. Anfällig für Krankheiten ist der Unterleib.

Sonne im Zeichen Schütze

Gibt einen aufrichtigen Charakter, der zwar schnell reizbar und leicht aufbrausend, aber auch schnell wieder zu beruhigen ist. Man ist sehr freiheitsliebend, mitteilsam, tier- und sportliebend, begeisterungsfähig, verachtet alles Niedrige und Gemeine. Das verträgliche, angenehme Wesen erobert sich allseits Liebe und Freundschaft. Anfällig sind Oberschenkel und Hüften.

Sonne im Zeichen Steinbock

Erzeugt eine praktische, überlegende Natur; macht besonnen denkend. Eine große Ausdauer und Strebsamkeit läßt große Ziele erreichen. Schwierigkeiten und Widerstände werden mit Geschick und Überlegung überwunden. Man ist diplomatisch, wenig mitteilsam, sehr beharrlich und konzentriert. Gefährdet sind das Knochensystem, die Knie.

Sonne im Zeichen Wassermann

Gibt viel Menschenliebe, große intuitive Kraft und Kunstbegeisterung, leichte Anpassungsfähigkeit, eine großzügige Auffassungsweise. Men-

schen mit dieser Sonnenstellung sind einem starken Wechsel von Stimmungen und Launen unterworfen; auch in ihren Versprechungen nicht immer zuverlässig. Es zeigen sich eine starke Freiheitsliebe, Selbständigkeit, humanitäre Denkrichtung, aber auch absonderliche Neigungen, Neigung zu Wechsel und Veränderungen. Gefährdet sind Unterschenkel, Waden, Knöchel.

Sonne im Zeichen Fische

Freundliche, liebevolle und hilfsbereite Natur voller Selbstaufopferung. Menschen mit dieser Sonnenstellung erfahren viel Widerstand im Leben, können sich nur schwer behaupten und durchsetzen, sind leicht zu beeinflussen. Der Fische-Einfluß macht sehr verträumt; die starke Phantasie beherrscht Gefühl und Gedanken. Starke Leidenschaften schlummern unter der Oberfläche. Es besteht eine große Liebe zu Heim, Häuslichkeit und Familie. Anfälligkeiten zeigen sich für Füße, Knöchel, Sehnen, Magen- und Darmgebiet.

Sonne in den Horoskophäusern

Sonne im 1. Haus

Erzeugt einen festen Charakter und eine markante Persönlichkeit; bedingt Ehre, Erfolg und Aufstieg im Leben. Man besitzt großes Selbstgefühl, Würde, Autorität, starke Willenskraft. Menschen mit dieser Sonnenstellung ragen über ihre Mitmenschen hinaus.

Sonne im 2. Haus

Bei guten Aspekten große finanzielle Erfolge, ein ständiges Zufließen von Geld und Gut, besonders dann, wenn die Sonne gute Aspekte von Mond, Jupiter, Mars oder Venus erhält. Bei schlechten Aspekten ist der Geborene sehr verschwenderisch, leichtfertig in Geldangelegenheiten.

Sonne im 3. Haus

Gibt bei guten Aspekten Erfolg in schriftlichen Arbeiten, in literarischer Tätigkeit; journalistische Neigungen. Viele kürzere Reisen. Gutes Einvernehmen mit Geschwistern. Verleiht einen festen Charakter und einen guten Intellekt. Liebe zu Kunst und Wissenschaften und ersprießliche Arbeit auf diesen Gebieten. Sonne im 3. Haus deutet auf eine berühmte Person in der Familie.

Sonne im 4. Haus

Verleiht viel Erfolg im zweiten Lebensabschnitt, ein glückliches, sorgenloses Alter in sehr gesicherten Verhältnissen. Günstig für den Vater des Geborenen sowie für die Erlangung von eigenem Grundbesitz. Bei schlechter Aspektierung zeigt sich das Gegenteil.

Sonne im 5. Haus

Günstig für Spekulationen und Unternehmen, die mit Vergnügungen und Unterhaltung im Zusammenhang stehen. Eine günstige Konstellation für Liebesangelegenheiten und für Lehrer. Es besteht ein starkes Interesse am Gemeinschaftsleben. Glück mit Kindern.

Sonne im 6. Haus

Schwächt etwas die Lebenskraft und deutet auf schwache Gesundheit; wenn aber die Sonne nicht schlecht bestrahlt ist, wird dies nicht weiter von Bedeutung sein. Durch Überarbeitung können gesundheitliche Störungen auftreten. Bei guter Aspektierung zeigt sich Erfolg als Vorgesetzter, Organisator, auch durch Untergeordnete oder solche im eigenen Dienst.

Sonne im 7. Haus

Verheißt bei guter Aspektierung eine erfolgreiche öffentliche Position; Ehre und Auszeichnung sind gewiß. Man hat Erfolg mit Teilhaberschaften. Der Geborene wird aus der Menge herausragen, einen ungewöhnlich erfolgreichen Lebensweg gehen. Der Ehepartner wird oft wohlhabend oder reich sein, vielleicht sogar berühmt. Eine glückliche Ehe ist angezeigt. Bei ungünstigen Aspekten zeigt sich das Gegenteil.

Sonne im 8. Haus

Gibt, wenn gut aspektiert, eine starke Lebenskraft, ein hohes Alter, Gewinn durch Erbschaften. Bei guten Aspekten von Neptun und Uranus auch Liebe und Neigung zu okkulten Studien. Wird Sonne aber von Mars oder Saturn ungünstig beeinflußt, deutet dies auf Lebensgefahren infolge von Herzerkrankungen.

Sonne im 9. Haus

Verheißt glückliche, lange Reisen, Erfolg im Ausland, längeren Auslandsaufenthalt. Der Geborene besitzt ein gutes Ahnungsvermögen, ist klug und gewandt im Verkehr mit anderen, besitzt einen hochstrebenden Geist. Erfolg in Angelegenheiten, die mit Rechtswissenschaft, Universitäten, Kirche, Wissenschaften zu tun haben.

Sonne im 10. Haus

Diese kosmische Konstellation beeinflußt insbesondere das Berufsleben, führt zu Aufstieg und nicht selten zu Berühmtheit, gibt Ehre und Anerkennung, Popularität, viel Erfolg im Leben. Der Geborene wird wahrscheinlich das erfolgreichste Glied der Familie sein. Es bestehen auch gute Beziehungen zur Mutter. Bei schlechter Aspektierung zeigt sich der Geborene dreist, anmaßend, eitel und sehr stolz.

Sonne im 11. Haus

Hilfe und Vorteile durch gutgestellte Freunde, Nutzen durch sie. Hoffnungen und Wünsche werden erfüllt; gesellschaftlicher Erfolg stellt sich ein.

Sonne im 12. Haus

Eine im allgemeinen ungünstige Konstellation; sie bürdet dem Menschen ein schweres Kreuz auf, bringt viele Einschränkungen, Beschränkungen und Hindernisse, Anfechtungen durch heimliche Feindschaften, Trennung von der Familie. Große Neigung zum Okkulten. Auch zeigen sich Unbeliebtheit bei Vorgesetzten, Verhaftung oder Verbannung; gesundheitliche Mißhelligkeiten, Aufenthalt in Krankenhäusern. Bei guter Bestrahlung sind diese Einflüsse etwas abgeschwächt, doch wird der Geborene keinem leichten Lebenskampf ausgesetzt sein.

Mond in den Tierkreiszeichen

Mond im Zeichen Widder

Verleiht scharfen Verstand, Impulsivität, Lebhaftigkeit, viel Vertrauen auf die eigene Kraft und Tüchtigkeit. Menschen mit dieser Mondstellung handeln nach eigenem Impuls, ohne Rücksicht auf die Meinung ihrer Umgebung, sind manchem Wechsel im Leben unterworfen.

Mond im Zeichen Stier

Macht ausdauernd und konservativ, eigenwillig und sinnlich, aber auch höflich, gerecht, vernünftig. Man zeigt etwas Eigensinn, aber auch Gutmütigkeit, Genußfreude. Es stellt sich finanzieller Erfolg ein durch künstlerische Tätigkeit, wie Musik und Gesang, auch durch Landwirtschaft und Grundbesitz.

Mond im Zeichen Zwillinge

Macht klug, aber oberflächlich, unschlüssig und unbeständig, verschmitzt und veränderlich. Es bestehen ein gutes Rednertalent und Liebe zu intellektueller Tätigkeit. Solche Menschen wandern und reisen gern, machen gern Besuche.

Mond im Zeichen Krebs

Gibt Vorliebe für Wasser- und Seereisen; macht sehr sensitiv, friedliebend, intuitiv, freundlich und angenehm im Umgang, aber unbeständig in den Freundschaften. Liebe zum eigenen Heim und zur Mutter. Vorliebe zur Nachahmung anderer Menschen, besonnen in den Handlungen, ziemlich frei von starken Leidenschaften.

Mond im Zeichen Löwe

Gibt Liebe zu Pracht und Luxus; macht ehrgeizig, stolz, ausdauernd, sinnenfreudig. Starke Zuneigung zum anderen Geschlecht; starke Schaffenslust.

Mond im Zeichen Jungfrau

Macht kritisch, pedantisch, unentschlossen. Gute Verstandeskraft mit gutem Unterscheidungsvermögen. Die Details werden zu stark beachtet. Geeignet für die Berufe des Reisenden, Lehrers, Beamten, Angestellten. Selten zu großen Handlungen befähigt.

Mond im Zeichen Waage

Gibt Liebe zu Kunst und Vergnügungen; starke Zuneigung zum anderen Geschlecht. Heiter und fröhlich veranlagt, angenehm im Umgang und Verkehr. Freude am gemeinschaftlichen Schaffen. Bei Frauen bringt diese Stellung viele Bewerber, aber bei schlechter Bestrahlung der Venus wenig Glück in der Liebe.

Mond im Zeichen Skorpion

Erzeugt starke Sinnlichkeit, Neigung zum Alkohol, Anziehungskraft gegenüber dem anderen Geschlecht. Macht impulsiv, streit- und rachsüchtig, mitunter auch roh, energisch und anmaßend. Es zeigt sich eine große Beweglichkeit im Denken und Fühlen, Ehrgeiz, aber auch Liebe zur Veränderung. Sorgen um die Mutter, Unglück in der Ehe. Besonders in einem weiblichen Horoskop ist die Stellung des Mondes im Zeichen Skorpion ungünstig. Wenn Mars oder Saturn zusätzlich noch disharmonische Aspekte zum Mond bilden, ergeben sich große Impulsivität und verletzter Stolz; man eckt leicht an.

Mond im Zeichen Schütze

Macht ruhelos und beweglich, leicht reizbar und unbeständig, leidenschaftlich. Gibt Vorliebe für Sport und Tiere, aber auch Liebe zu Religion, Philosophie, hohen Idealen, Neigung zum Okkulten und Mystischen. Man zeigt sich offenherzig, friedliebend, freundlich und aufrichtig. Das Wesen ist offen und frei, liebevoll, großzügig und voller Lebensfreude.

Mond im Zeichen Steinbock

Selbstsucht, Sparsamkeit, Keuschheit, Ausdauer; aber viel Hindernisse und Schwierigkeiten. Man beobachtet eine gewisse Trägheit, ferner Egoismus, Unempfindlichkeit. Hervorzuheben sind praktische Fähigkeiten, Ernst und Bedächtigkeit; Zurückgezogenheit.

Mond im Zeichen Wassermann

Gibt universelle Menschenliebe und eine idealistische Lebensauffas-

sung, Liebe zu Kunst, Wissenschaft, Okkultismus. Erfindungstalent; Interesse für Dinge, die vom Gewöhnlichen abweichen. Der Mondeinfluß macht klug, höflich, menschenfreundlich, liebenswürdig, gesellig, anschmiegsam.

Mond im Zeichen Fische

Diese Konstellation macht sensitiv und empfänglich, ruhig und zurückgezogen, etwas unschlüssig, mitunter mutlos, resignierend, träumerisch, stark vom Gemütsleben abhängig. Gibt Liebe zum Romantischen und Phantastischen; man hält sich meist im Hintergrund, liebt das Häusliche.

Mond in den Horoskophäusern

Mond im 1. Haus

Macht sehr gefühlsbetont, intuitiv veranlagt; gibt eine starke Vorstellungskraft. Dieser Einfluß macht sich besonders bemerkbar, wenn Mond im Zeichen Krebs oder Fische steht; im Zeichen Widder, Zwillinge, Krebs, Jungfrau, Waage, Schütze, Steinbock, Fische besitzt der Geborene eine sehr ruhelose Natur mit starkem Veränderungs- und Wandertrieb. Diese Menschen finden selten Ruhe. In den Zeichen Stier, Skorpion, Löwe, Wassermann ist zwar größere Seßhaftigkeit vorhanden; ein großer Teil des Lebens ist jedoch erfüllt mit Reisen und Veränderungen.

Mond im 2. Haus

Gibt, wenn er gut bestrahlt ist – besonders durch Sonne, Jupiter oder Venus –, Vermögen und viel Glück in finanziellen Unternehmungen und Angelegenheiten. Vermögensvermehrungen durch Reisen oder durch Geschäfte, die mit Mond-Tätigkeiten im Zusammenhang stehen (wie mit Flüssigkeiten, Getränken, durch Vertretungen usw.). Bei disharmonischen Aspekten durch Saturn zeigt sich Armut, Schädigung und viel Wechsel.

Mond im 3. Haus

Beeinflußt zu vielen kürzeren Reisen, besonders wenn er harmonisch bestrahlt ist und nicht im Skorpion oder Steinbock steht. Außerdem deutet diese Stellung auf gutes Einvernehmen mit Geschwistern und Anverwandten. Verleiht einen zum Studium befähigten Verstand.

Mond im 4. Haus

Bewirkt hauptsächlich in der zweiten Lebenshälfte viel Wechsel und Änderungen; öfteren Ortswechsel, wenn er von Uranus oder Mars aspektiert ist. Weiterhin zeigt sich Erfolg im Zusammenhang mit Landwirtschaft, Grundstücken, Bauten. Ein Lebensabend in Unabhängigkeit. Bei schlechten Aspekten Unglück im häuslichen Leben und ein sorgen-

voller Lebensabend; Komplikationen mit dem Elternhaus oder dem Geburtsort.

Mond im 5. Haus

Gibt bei guten Aspekten viele Kinder und Freude an diesen; Glück und Erfolg in Spekulationen, Glücksspiel, Lotto, Liebesangelegenheiten. Wird der Mond negativ bestrahlt, zeigen sich Unbeständigkeit in Liebe und Freundschaften, Mißhelligkeiten in Liebesangelegenheiten, Kränklichkeit der Kinder.

Mond im 6. Haus

Bei günstigen Aspekten eine gute Blutzirkulation; bei schlechten Aspekten – wenn in Widder, Krebs, Waage, Steinbock stehend – Anlage zu Lungen- oder Magenleiden; wenn in Stier, Löwe, Skorpion, Wassermann stehend, Neigung zu Hals-, Blasen-, Herzleiden; wenn von Merkur schlecht bestrahlt: Nervenleiden; von Mars schlecht bestrahlt: Nierenleiden; von Jupiter schlecht bestrahlt: Leberleiden. Wird der Mond disharmonisch aspektiert, zeigt sich besonders für Frauen eine schlechte Gesundheit. Störungen des gesundheitlichen Wohlbefindens infolge nervöser Zustände oder Überarbeitung. Im allgemeinen bringt diese Konstellation viel Wechsel in den Beschäftigungen und Tätigkeiten. Krankheiten in der Kindheit.

Mond im 7. Haus

Führt in der Regel zu einer frühen Ehe; diese wird glücklich, wenn Mond harmonische Aspekte erhält. Mond deutet hier außerdem auf Glück in der Öffentlichkeit, künstlerische Tätigkeit, Popularität. Bei disharmonischen Aspekten ist mit Unbeständigkeit in der ehelichen Zuneigung und Untreue zu rechnen. Aspekte des Uranus zum Mond führen meist zu Trennungen, Skandalen, Aufregungen in der Ehe, zu frühzeitiger Witwerschaft.

Mond im 8. Haus

Bei guten Aspekten Vermögenszuwachs durch Erbschaften oder Ehe; bei schlechten Aspekten zeigen sich dagegen ein mittelloser Ehepartner, Gefahren durch Unfälle, ein unerwarteter Tod. Bei schlechten Aspekten durch Mars ergibt sich ein plötzliches Lebensende, durch Saturn ein langsamer schmerzhafter Tod, bei schlechtem Neptun-Aspekt durch Betäubung (Gifte).

Mond im 9. Haus

Erzeugt einen guten Intellekt, große Reiselust; viele und lange Reisen, die Förderung und Besserung der Lebenslage herbeiführen. Viele günstige Änderungen im Leben. Neigung zum Glaubenswechsel. Längerer Auslandsaufenthalt.

Mond im 10. Haus

Gibt öfteren Berufswechsel, aber trotz vieler Wechsel und Änderungen im Leben Erfolg und Aufstieg; guter Ruf und Ansehen. Hilfe von Freunden, Gutes durch die Mutter; Beschäftigung in der Öffentlichkeit, Popularität. Bei ungünstigen Aspekten – besonders durch Uranus und Mars – wenig Glück im Berufsleben, ein mühevolles, wenig erfolgreiches Leben, ständiger Berufswechsel, Gefahr des Ehrverlustes.

Mond im 11. Haus

Viele Bekanntschaften und Freundschaften, Neigung zu Geselligkeit. Freundschaften zu Frauen. Bei disharmonischen Aspekten bringt er unzuverlässige, oberflächliche Freunde und Bekannte.

Mond im 12. Haus

Ist für Erfolg im Leben nur bei sehr guten Aspekten günstig, sonst bewirkt er viele Hindernisse und Einschränkungen, viele heimliche Feindschaften und Gegnerschaften. Bei schlechten Aspekten von Uranus, Saturn oder Mars besteht die Gefahr von Gefangenschaft, Krankenhausaufenthalt, von schweren Krankheiten und Operationen. Menschen, die Mond im 12. Haus haben, eignen sich am ehesten zu einer Tätigkeit in abgeschlossenen Anstalten (wie Krankenhäusern, Waisenhäusern) und zu Sozialberufen.

Merkur in den Tierkreiszeichen

Merkur im Zeichen Widder

Neigung zum Argumentieren und zum Übertreiben. Impulsiv, unbeständig. Guter Intellekt; Wissensdrang.

Merkur im Zeichen Stier

Diplomatisch und taktisch begabt, vorsichtig im Reden, eigenwillig und dogmatisch, Bequemlichkeit liebend. Praktischer Verstand, nüchternes Denken. Die Betreffenden lieben die Behaglichkeit und den Lebensgenuß.

Merkur im Zeichen Zwillinge

Geistreich, gutes rhetorisches Talent, Liebe zu Studien und Reisen. Gutes Urteil, geistige Interessen, klarer Verstand. Bei schlechten Aspekten Geschwätzigkeit, Neigung zu Betrug.

Merkur im Zeichen Krebs

Sehr empfänglich und anpassungsfähig, vorsichtig, aber unbeständig. Nehmen sehr ihren Vorteil wahr; wechselhaft in den Ansichten. Bei disharmonischen Aspekten leicht verärgert, unzufrieden und für Krankheiten der Nerven disponiert.

Merkur im Zeichen Löwe

Selbstvertrauen, Stolz, Organisationstalent, Ehrgeiz. Bei schlechten Aspekten Streitsucht, Eitelkeit, Affektiertheit.

Merkur im Zeichen Jungfrau

Gibt einen kritischen Verstand, macht talentiert, geistreich, wissenschaftlich veranlagt; bei guten Aspekten ist der Betreffende zu einem wissenschaftlichen Beruf befähigt. Auch zeigen sich gute praktische Fähigkeiten, Handfertigkeit. Schlechte Aspekte deuten auf Eigenliebe, Unbeständigkeit, verletzenden Witz, Egoismus.

Merkur im Zeichen Waage

Verfeinert den Intellekt, gibt Streben nach Harmonie und Ausgleich, Aufrichtigkeit. Es werden viele Kenntnisse gesammelt. Diese Konstellation erzeugt gebildete Personen, die studieren wollen und große psychische Kräfte besitzen.

Merkur im Zeichen Skorpion

Gibt scharfen, kritischen Verstand. Man liebt das Einfache, zeigt wenig Vergnügungssinn. Eine scharfe, oft verletzende Ausdrucksweise sollte vermieden werden. Um das eigene Wohl ist man sehr besorgt und dem anderen Geschlecht sehr zugetan.

Merkur im Zeichen Schütze

Impulsiv und leicht erregbar; große Unabhängigkeitsliebe. Übergroße Voreiligkeit bringt manchen Schaden. Philosophische Veranlagung, Streben nach Ehren und Auszeichnungen, viel Ehrgeiz. Bei disharmonischen Bestrahlungen zu große Unabhängigkeitsliebe, Gereiztheit und Unruhe.

Merkur im Zeichen Steinbock

Macht sparsam, sehr kritisch, mißtrauisch, eigenwillig, aber ausdauernd und arbeitsam. Große Konzentrationsfähigkeit; gute geistige, nach Vertiefung strebende Anlagen. Schlechte Aspekte bringen Störungen im Gemütsleben.

Merkur im Zeichen Wassermann

Erzeugt kluge, höfliche Menschen mit warmem Mitgefühl für die Schwäche und Hilflosigkeit anderer. Abstrakte Denker, die eine gute Fähigkeit zur Beurteilung der menschlichen Charaktere und Konzentrationsvermögen besitzen.

Merkur im Zeichen Fische

Bei guter Aspektierung erzeugt diese Konstellation sensitive, leicht empfängliche Menschen mit gutem Anpassungsvermögen; sie gibt großen Ideenreichtum. Bei schlechten Aspekten macht sie eitel, oberflächlich, unordentlich, nichtssagend, unbedeutend und negativ überhaupt.

Merkur in den Horoskophäusern

Merkur im 1. Haus

Erzeugt ein nervöses, bewegliches Temperament, bedingt eine gute Auffassungsgabe, fördert den Intellekt und die geistigen Fähigkeiten. Es besteht ein gutes Redetalent; man zeigt Vorliebe für Wissenschaften, Bücher, Erziehung. Bei disharmonischen Aspekten sind die Betroffenen sehr von sich eingenommen; sie kritisieren gern, sind leicht gereizt, schwatzhaft, oberflächlich, prahlerisch und unzuverlässig.

Merkur im 2. Haus

Gibt Erfolg und Gewinn durch Berufe, die unter Merkur stehen, durch Literatur, Wissenschaft, Unterricht oder durch kaufmännische Tätigkeiten. Bei gutem Aspekt zum Mond Erfolg durch die Öffentlichkeit; zu Jupiter durch ein Amt, Gesetzwesen, Sport, im Ausland; zu Mars durch Technik, Industrie; zu Venus durch schöne Künste, Mode und dergleichen; zu Uranus durch Erfindungen oder außergewöhnliche Beschäftigungen. Bei disharmonischer Stellung des Merkurs drohen Verluste durch eigene Unvorsichtigkeit, Leichtsinn.

Merkur im 3. Haus

Dies ist bei guter Bestrahlung eine günstige Konstellation für Geschäftsreisende; verspricht viele kürzere Reisen. Verleiht einen regen Geschäftsgeist, Beredsamkeit; Liebe zu Kunst und Wissenschaft, Literatur. Der Betreffende sammelt viele Kenntnisse und Erfahrungen. Ein guter Aspekt zu Saturn verleiht tiefes Denken und Konzentrationsvermögen; zu Uranus Neigung zur Mystik. Bei schlechten Aspekten durch Saturn schwere Auffassung, Neigung zu Schwermut; wenn zusätzlich noch ein ungünstiger Neptun-Aspekt vorhanden ist, ohne daß sich günstige Nebeneinwirkungen von Jupiter oder Venus zeigen, liegt die Gefahr geistiger Störungen vor.

Merkur im 4. Haus

Gibt bei schlechten Aspekten Unglück, Sorgen und Beschwerden im Alter, ungünstige Verhältnisse im Elternhaus, viele Schwierigkeiten im häuslichen Leben und viele Wechsel (auch Orts- und Wohnungswechsel). Bei harmonischen Aspekten deutet er jedoch auf gute geistige Fähigkeiten, volle geistige Frische bis zum Lebensende; auf Erfolg in Geschäften mit Landwirtschaft, Grundstücken.

Merkur im 5. Haus

Gibt Liebe zu geistiger Tätigkeit. Der Betreffende läßt sich mehr von Verstandes- als von Gefühlsregungen leiten; dennoch liebt er Spiel, Vergnügungen und Wetten. Erfolg zeigt sich als Lehrer oder in Berufen, die mit Vergnügungen, Unterhaltung, Veranstaltungen zu tun haben. Bei

disharmonischen Aspekten gibt es Schwierigkeiten in Liebesangelegenheiten, Verluste durch Spiel, Wetten, Spekulationen; Sorge und Bedrük-
kung im Zusammenhang mit Kindern; wechselhaftes Liebesleben.

Merkur im 6. Haus

Ist im allgemeinen ungünstig für den Gesundheitszustand, besonders
für das Nervensystem, da die Neigung zu Ruhelosigkeit und zu geistiger
Überarbeitung besteht. Im Zeichen Zwillinge, Jungfrau, Schütze, Fische
Anlage zu Erkrankung des Magens und der Atmungsorgane; besonders
bei schlechter Aspektierung durch Uranus und Saturn Anlage zu Erkrankungen des Nervensystems infolge Überarbeitung. Bei guten Aspekten
hingegen besteht Neigung zu medizinischen Studien. Nur bei sehr guten
Aspekten bringt diese Konstellation Erfolg im Leben und in der Öffentlichkeit.

Merkur im 7. Haus

Bei guten Aspekten eine öffentliche Stellung in Verbindung mit Wissenschaft oder Literatur. Der Ehepartner ist gewöhnlich jünger; mitunter wird die Ehe mit einer verwandten Person geschlossen. Bei schlechten Aspekten gibt es Disharmonie in der Ehe, Unruhe durch Prozesse,
Schriftstücke; Verluste durch Partner, Teilhaber.

Merkur im 8. Haus

Bei guten Aspekten Gewinn durch Erbschaften oder Eheschließung.
Tod eines Bruders oder sonstigen Verwandten, eines Freundes oder Mit-
arbeiters; Kummer dadurch, aber möglicherweise Gewinn. Eine Reise
wegen eines Todesfalles. Der Tod tritt gewöhnlich bei vollem Bewußtsein ein. Bei schlechten Aspekten liegt die Gefahr von Gehirn- oder Nervenleiden vor; auch bestehen Lebensgefahren durch nervöse Störungen.

Merkur im 9. Haus

Gibt gute geistige Fähigkeiten, Erfolg durch Schriftstellerei und in Ver-
lagsangelegenheiten, durch längere Reisen, Angelegenheiten mit dem
Ausland. Bei schlechten Aspekten viel Unentschlossenheit und Wankelmut, Mißerfolge, gerichtliche Schwierigkeiten.

Merkur im 10. Haus

Erzeugt rastlosen Geist, regen Geschäftsgeist, praktische Urteilsgabe;
gibt Neigung, verschiedene Berufe zu gleicher Zeit auszuüben. Erfolg
als in der Literatur Tätiger, im Kaufmannsstand, durch Handel und Verkehr, in der Reisebürobranche. Bei schlechten Aspekten viele Schwierigkeiten und Verwicklungen, Schädigung des Rufes.

Merkur im 11. Haus

Deutet auf viele Freundschaften, bei denen aber mehr der Verstand

als das Gefühl vorherrscht. Viel Hilfe und Unterstützung durch Personen, die mit Literatur, Wissenschaft, kaufmännischen Dingen beschäftigt sind. Bei negativen Aspekten gibt es viel Ärger und Verdrießlichkeiten durch Freundschaften.

Merkur im 12. Haus

Gibt Neigung zu Okkultismus. Bei gutem Aspekt von Mars mathematische Befähigung und konstruktive Geschicklichkeit. Bei schlechten Aspekten Mangel an Standhaftigkeit und Selbstvertrauen, wenig Mitgefühl, viele Sorgen durch heimliche Feindschaften, Gefahr strafrechtlicher Verfolgung.

Venus in den Tierkreiszeichen

Venus im Zeichen Widder

Macht rasch, treibend, vorschnell, vielfach zu übermäßigem Aufwand neigend. Starke Leidenschaftlichkeit, vielfach zu einer übereilten, unglücklichen Ehe führend. Große Begeisterungsfähigkeit; Liebe zu Kunst.

Venus im Zeichen Stier

Erzeugt ein gütiges, höfliches, menschenfreundliches, sympathisches Wesen. Gesellig und unterhaltend, sehr auf äußere Form sehend. Eine für finanzielle Verhältnisse günstige Konstellation, die jede Lebenslage vorteilhaft beeinflußt. Künstlerische Veranlagungen für Gesang, Liebe zu Luxus, Vergnügungen.

Venus im Zeichen Zwillinge

Verfeinert die Gefühle und Gedanken, gibt ein subtiles Innenleben. Macht gut gelaunt, liebenswürdig und wahrheitsliebend. Starke Leidenschaften sind vorhanden, werden aber beherrscht. Es besteht Talent für Poesie, Dichtkunst. Unehrenhafte Handlungen sind ausgeschlossen.

Venus im Zeichen Krebs

Infolge des Mondeinflusses, der in diesem Zeichen wirkt, wechselnd, unbeständig, nachlässig. Die Vorstellungskraft ist groß. Nach außen hin werden vielfach Eigenschaften und Fähigkeiten vorgetäuscht, die nicht vorhanden sind. Wenig Festigkeit, sehr empfindlich, leicht beeinflußbar.

Venus im Zeichen Löwe

Macht leidenschaftlich, aber mit einem Unterton weicher Zärtlichkeit und liebevollen Empfindens. Ein feuriger, ehrlicher und großherziger Charakter; großer Stolz. Der Liebe sehr zugetan, ebenso der Schönheit, dem Vergnügen, Luxus. Man legt Wert auf gute Kleidung, gutes Essen.

Venus im Zeichen Jungfrau

Macht tätig, gewandt, geistreich. Warmes Mitgefühl für jegliche Schwäche und Hilflosigkeit. Günstig für Krankenpflege, Chemie. Es zeigen sich eine gute Ausdrucksweise, literarische und andere künstlerische Neigungen.

Venus im Zeichen Waage

Gütige, freundliche, hilfsbereite Menschen, beliebt in ihrer Umgebung. Sinn für Musik und schöne Künste. Sehr anziehendes Wesen, sehr gesellig, kunstliebend. Wenn die Venus in diesem Zeichen am Aszendenten steht, keine disharmonischen Aspekte erhält, dagegen vom Jupiter gut aspektiert wird, so sind die betreffenden Personen, besonders die weiblichen, meist vollkommene Schönheiten.

Venus im Zeichen Skorpion

Eine im allgemeinen ungünstige Stellung; man neigt zu starker Leidenschaftlichkeit, zu Sinnlichkeit, Wollust, sexuellen Ausschweifungen. Unmoralische Neigungen; ungezügelte Befriedigung der Triebe.

Venus im Zeichen Schütze

Erzeugt ein verfeinertes Wesen und gepflegten Geist mit erhöhter Vorstellungskraft und viel Intuition. Diese Menschen sind hochherzig, zuweilen stolz und leidenschaftlich, einer schlechten, unehrenhaften Handlung kaum fähig. Starkes Selbstvertrauen, Liebe zu Sport.

Venus im Zeichen Steinbock

Gibt dem Wesen etwas Melancholisches, Sinnendes. Macht ehrgeizig, begierig nach Ehre und Anerkennung. Starkes Strebertum, Widerstandskraft. Starke Leidenschaften, aber mit zeitweisen Hemmungen. Zuweilen verdüsterte Gemütsstimmungen.

Venus im Zeichen Wassermann

Große Aufrichtigkeit, Unabhängigkeitsgefühl; Neigung zu Widerstand gegen jede Beschränkung und Einschränkung. Es besteht eine Abneigung gegen schlechte Handlungen; man zeigt sich friedliebend. In der Kunst ist man Reformen zugetan. Respekt seitens von Freunden und Bekannten.

Venus im Zeichen Fische

Das rein Gefühlsmäßige im Wesen tritt in den Vordergrund. Man zeigt sich gerecht denkend, aufrichtig, freundlich, klug, aber manchmal auch wankelmütig. Der Betreffende ist hilfsbereit bis zur Aufopferung. Es gibt öfteren Wechsel in den Liebesverbindungen, mitunter auch starke Sinnlichkeit. Künstlerische Veranlagung.

Venus in den Horoskophäusern

Venus im 1. Haus

Macht anziehend im Äußeren und in den Umgangsformen, liebenswürdig, gesellig, unterhaltend, freundlich und aufrichtig. Diese Konstellation bildet Menschen mit einem schönen Körper. Man zeigt großes Interesse für Poesie, Musik, Gesang, Tanz, Schauspielerei, Malerei, wie überhaupt für alle schönen Künste. Menschen mit dieser Konstellation sind überall beliebt; sie sind sehr menschenfreundlich, nehmen gern an großen Geselligkeiten und Festlichkeiten teil. Bei disharmonischen Aspekten ist dieser Mensch sehr veränderlich und wankelmütig, eifersüchtig und übertrieben; er zeigt dann große Leidenschaft und Sinnlichkeit.

Venus im 2. Haus

Bei guten Aspekten ist dies ein Anzeichen für materiellen Erfolg im Leben, besonders durch Gewerbe mit Dingen, die der Venus unterstehen: Schmuck, Kleider, Mode, Kosmetik, Blumen, Spielsachen, Malerartikel, Musikinstrumente, Kunstgeschichte, künstlerische Tätigkeiten. Schlechte Aspekte durch Mars oder Jupiter geben Neigung zu Verschwendung und Extravaganzen. Das Geld fließt dann leicht durch die Finger.

Venus im 3. Haus

Ausgeprägter Sinn für schöne Künste; künstlerische (musikalische oder schriftstellerische) Talente. Die Geistes- und Verstandeskräfte sind gut entwickelt, die Stimmung ist durchwegs optimistisch. Es besteht eine große Liebe zu Fröhlichkeit; man zeigt sich witzig, jedoch ohne Sarkasmus. Es besteht ein gutes Einvernehmen mit den Geschwistern. Erfolg auf kürzeren Reisen.

Venus im 4. Haus

Gut aspektiert, deutet auf eine harmonische, sorgenlose Jugendzeit, ein frohes Elternhaus. Venus in dieser Konstellation verschönt das Heim, die Häuslichkeit; gibt Glück und Erfolg im reiferen Alter. Die Lebensverhältnisse im fortgeschrittenen Alter sind sorgenfrei, gesichert.

Venus im 5. Haus

Macht außergewöhnlich anziehend, leidenschaftlich, verliebt, sinnenfreudig. Starkes Interesse für Vergnügungen, Unterhaltung, künstlerische Veranstaltungen; auch bestehen schöpferische Talente für die verschiedensten Kunstgattungen. Wird die Venus gut aspektiert, ist mit harmonischen und glücklichen Liebesbeziehungen zu rechnen. Es besteht eine starke Anziehung zum anderen Geschlecht. Bei schlechten Venus-Aspekten ergeben sich Komplikationen mit Kindern, in Liebesdingen, Verdrießlichkeiten durch das andere Geschlecht.

Venus im 6. Haus

Macht beliebt bei Vorgesetzten und Untergebenen. Die Gesundheitsverhältnisse sind zwar nicht sehr kräftig, aber doch gleichmäßig gut. Es zeigt sich ein starker Verschönerungssinn, starkes Interesse an schöner Kleidung und an Gaumenfreuden.

Venus im 7. Haus

Wird die Venus von den anderen Gestirnen harmonisch aspektiert, ist dies ein Anzeichen für eine harmonische und glückliche Ehe. Auch zeigt sich Erfolg in Dingen, die mit der Öffentlichkeit zu tun haben. Prominente Künstler, Sänger, Redner, Schriftsteller haben diese Konstellation. Auch für Teilhaberschaften bestehen günstige Aussichten. Mit einer Zunahme der Mittel durch die Ehe ist zu rechnen. Bei ungünstigen Aspekten ist das Gegenteil zu erwarten.

Venus im 8. Haus

Gewinn durch Ehe oder Erbschaften. Verheißt einen ruhigen, sanften Tod. Bei schlechten Aspekten Streitigkeiten in Erbschaftsangelegenheiten, Verbindung mit einem verschwenderischen Ehepartner.

Venus im 9. Haus

Liebe zu Kunst und Musik, zu allem Hohen und Schönen; Talent für Wissenschaften, Schriftstellerei. Hilfsbereiter Charakter. Es besteht eine gute Begabung für Sprachen, eine kultivierte Ausdrucksweise. Im Zusammenhang mit größeren Reisen bzw. dem Ausland ergeben sich Erfolgsmöglichkeiten. Bei schlechter Stellung der Venus ist die Schicksalsentwicklung hier sehr ungünstig: sie macht die Hoffnungen und Wünsche fast unerfüllbar, da sich allem viele Schwierigkeiten und Widerstände entgegenstellen.

Venus im 10. Haus

Gut gestellt ist Venus hier eines der besten Anzeichen für ein erfolgreiches Leben. Das führt zu Glück, Wohlstand, zu günstigen finanziellen Verhältnissen und durch die Ehe zu einer geachteten gesellschaftlichen Stellung. Erfolg in Liebesangelegenheiten. Diese Konstellation bringt auch viel Erfolg in künstlerischen Berufen, ebenso durch Beschäftigungen mit Mode, Kosmetik, Schmuck, Körperkultur, Rechtsangelegenheiten, Bildreportage, Tanz, Malerei, Dekoration, Innenarchitektur. Öffentliche Anerkennungen sind sehr wahrscheinlich. Ungünstige Venus-Aspekte in diesem Haus deuten zwar auch auf Erfolge, doch wird das Glück unbeständig sein, keinen bleibenden Wert haben.

Venus im 11. Haus

Bringt viel Freunde und Bekanntschaften, Hilfe und Förderung durch

sie, günstige Verbindungen, eine vorteilhafte Ehe. Bei schlechten Aspekten werden die Freunde den Betreffenden ausnutzen und hintergehen.

Venus im 12. Haus

Bei schlechten Aspekten viele heimliche Feindschaften und Gegnerschaften, Neigung zu heimlichen Liebesaffären, Untreue, moralische Konflikte, Eifersucht, perverse Neigungen. Günstige Venus-Aspekte deuten auf ein Streben nach Ausgleich, Harmonie, nach dem inneren Gleichgewicht. Alle Kräfte sind auf die Überbrückung von Gegensätzen gerichtet. Man neigt mehr zu Tätigkeiten, die wenig mit der Öffentlichkeit in Berührung kommen (in Sanatorien, abgeschlossenen Häusern, Krankenhäusern, Erziehungsinstituten, Wohlfahrtsanstalten, Internaten).

Mars in den Tierkreiszeichen

Mars im Zeichen Widder

Gibt Energie und Begeisterungsfähigkeit, macht kühn und unerschrocken, stolz, zum Disputieren geneigt. Selten um Hilfsmittel verlegen. Die Tatkraft kennt keine Hindernisse; es zeigen sich ein starkes Selbstbewußtsein, große Energie. Die manuellen Fähigkeiten sind gut entwickelt. Freiheit und Unabhängigkeit sind Lebensnotwendigkeiten. Bei schlechten Aspekten zeigt der Betreffende ein heftiges Temperament, ist er streitsüchtig, widersetzlich.

Mars im Zeichen Stier

Bei guten Aspekten guter Erwerbstrieb. Bestimmt und ruhig im Auftreten, geduldig, ausdauernd und großzügig; sehr nachsichtig auch gegen sich selbst. Große Zähigkeit und Ausdauer in der Verfolgung der Pläne. Sinnlichkeit, die sich unter Umständen über alle Schranken hinwegsetzt. Bei schlechten Aspekten zeigen sich Jähzorn, Eigenwilligkeit, Hinterlist.

Mars im Zeichen Zwillinge

Macht geistig gewandt, tätig, witzig, schlau. Es zeigen sich scharfe Denkfähigkeit, rasche Entschlüsse, Talent zu Erfindungen, Neigung zum Disputieren und Argumentieren, Sinn für Technik, Redelust, sarkastische Schlagfertigkeit. Bei disharmonischen Aspekten unverträglich, zanksüchtig, zynisch, unzuverlässig und veränderlich.

Mars im Zeichen Krebs

Ein unbestimmtes, wankelmütiges Temperament mit der Neigung, oft Veränderungen und Wechsel vorzunehmen. Dabei aber sehr häuslich, ehrgeizig und strebsam, unabhängigkeitsliebend. Von Gemütsstimmungen sehr abhängig. Bei schlechten Aspekten sorglos, indolent, nachlässig in den Pflichten.

222 Mars in den Tierkreiszeichen

Mars im Zeichen Löwe

Geradlinig in Rede und Schrift, tatkräftig und selbstbewußt in der Arbeit und Pflichterfüllung, tätig, vorwärtsstrebend, furchtlos; befähigt, eine führende Stellung einzunehmen. Der Sinn für Ehre und Verantwortung ist scharf ausgeprägt. Bei schlechten Aspekten zeigt sich eine gewisse Tollkühnheit, man hält nicht Maß und Ziel; dies führt dann auch zu nicht geringer Selbstsucht, zu Stolz und Anmaßung.

Mars im Zeichen Jungfrau

Bewirkt eine rasche Auffassungsgabe. Es sind gute geistige Fähigkeiten mit logischem, vernunftmäßigem, wissenschaftlichem Denken vorhanden. Man zeigt sich unternehmungsfähig, lustig und spitzfindig. Dies ist eine gute Konstellation für Berufe, die mit Krankheiten zu tun haben (z. B. Ärzte, Apotheker, Krankenpfleger). Bei schlechten Aspekten hinterhältig, nörgelnd, kritisierend, stets unzufrieden, unehrenhaft, kein Vertrauen verdienend.

Mars im Zeichen Waage

Starke Zuneigung zum anderen Geschlecht, Sinn für Liebe und Formenschönheiten. Lebhaftes Temperament; geselligkeitsliebend. Man legt viel Wert auf seine Kleidung. Bei schlechten Aspekten ausschweifend, wechselnd in den Zuneigungen, untreu in geschlechtlicher Beziehung.

Mars im Zeichen Skorpion

Guter, scharf denkender Intellekt. Große Energie und Kraft, um ein festgestecktes Ziel zu erreichen; dabei rücksichtslos bis zum Äußersten. Zur Umwelt zeigt man sich ungefällig. Es bestehen gute mechanische und konstruktive Fähigkeiten; auch beobachtet man eine große, leidenschaftliche Sinnlichkeit. Bei disharmonischen Aspekten ist mit sexuellen Ausschweifungen und sonstigen Lastern zu rechnen; der Charakter ist dann herrschsüchtig, rachsüchtig, heftig und streitsüchtig.

Mars im Zeichen Schütze

Erzeugt Rednergabe und Schlagfertigkeit; führt zu logischem, geordnetem Denken, gibt Ehrgeiz und Begeisterungsfähigkeit, macht beifallsliebend, klar und offen bei allen Verhandlungen, leidenschaftlich, hochherzig, mutig. Bei schlechten Aspekten streitbar, zanksüchtig, aggressiv, ausfallend und beleidigend, unangenehm im Umgang.

Mars im Zeichen Steinbock

Großes Verantwortlichkeitsgefühl. Es verbindet sich hier geduldiges, zähes Ausharren mit Mut, Begeisterung, Tatkraft, Ehrgeiz, Aktivität und Unternehmungslust. Bei schlechten Aspekten Mangel an Ausdauer, unbesonnenes Handeln, getrieben von zu starker Energie; sich überschätzend, eigenwillig, vorschnell.

Mars im Zeichen Wassermann

Ein aufgeweckter Geist, intuitiv, scharfsinnig, erfinderisch. Befähigung für technische Wissenschaften; eigene Wege gehen wollend. Bei disharmonischen Aspekten prahlerisch, rechthaberisch, eingebildet, anspruchsvoll, schwer zu lenken.

Mars im Zeichen Fische

Macht empfänglich, zu nachsichtig mit sich selbst, träumerisch. Es zeigen sich wechselnde Gemütsstimmungen, wenig Selbstbeherrschung. Aufopfernd, schwärmerisch. Die Leidenschaften sind stark. Es besteht Neigung zu Geselligkeit und Vergnügungen; große Gastfreundlichkeit. Bei negativen Aspekten ist der Charakter willensschwach, stark beeinflußbar, täuschend, unselbständig.

Mars in den Horoskophäusern

Mars im 1. Haus

Bei guter Aspektierung Selbstvertrauen, Mut und Kraft, große Energie, Kampflust, guter Intellekt mit schneller Auffassung. Die handwerklichen Fähigkeiten sind gut entwickelt. Wird der Mars ungünstig beeinflußt, macht er reizbar, rücksichtslos, eigenwillig, trotzig, zänkisch und jähzornig. Menschen mit dieser Konstellation versuchen mit Gewalt zum Ziel zu kommen und sich um jeden Preis durchzusetzen; sie wollen mit dem Kopf durch die Wand.

Mars im 2. Haus

Sehr guter Erwerbssinn. Erfolg in Berufen und Dingen, die dem Mars unterstehen (Arzt, Chirurg, Ingenieur, Techniker, Handwerker usw.). Es bestehen eine großzügige Veranlagung in allen finanziellen Angelegenheiten und dabei viel Wagemut, eine außergewöhnliche Freigebigkeit. Der Betreffende entwickelt gute, nutzbringende Kräfte, hat aber extravagante Neigungen. Bei disharmonischen Aspekten ist man unvorsichtig in Geldangelegenheiten, das Geld rinnt rasch durch die Finger, man bleibt selten längere Zeit wohlhabend. Menschen mit dieser Konstellation müssen Sorgsamkeit und Sparsamkeit lernen, um zu einer gesicherten finanziellen Lebenslage zu gelangen.

Mars im 3. Haus

Gibt eine rasche, prägnante Ausdrucksweise, die den Kern der Dinge sofort erfaßt; macht erfinderisch, nie um Hilfsmittel verlegen. Bei schlechten Aspekten ist der Betreffende streitsüchtig, kritisierend; er neigt zu Eigenwilligkeiten, Verkehrtheiten, Impulsivität. Es gibt Verdruß mit Verwandten, Geschwistern, Mißhelligkeiten durch schriftliche Angelegenheiten, Gefahren auf kürzeren Reisen.

Mars im 4. Haus

Bei guter Aspektierung volle körperliche und geistige Frische bis ins hohe Alter, ebenso gesicherte Lebensbedingungen, aber erst nach viel Kampf und Arbeit. Bei schlechten Aspekten ist der Charakter streitsüchtig, unangenehm. Menschen mit dieser Konstellation finden ihr Glück nicht am Geburtsort, sie sollten ihn deshalb frühzeitig verlassen. Es besteht die Gefahr der Disharmonie im häuslichen Leben, eines frühen Todes eines der Eltern, eines Feuers oder Unglücksfalls im Heim; Verluste durch Haus- oder Grundbesitz.

Mars im 5. Haus

Bei guter Aspektierung zeigt sich die Fähigkeit, anderen Menschen – besonders der Jugend – Führer, Lehrer oder ein Leitbild zu sein. Ein leicht entflammbares Liebesempfinden führt zu vielen Liebesabenteuern und Verbindungen; man neigt zu Spiel, Spekulationen, Vergnügungen, Geselligkeit und Zerstreuungen. Bei schlechten Konstellationen besteht die Gefahr unerlaubter Liebesaffären, des Mißgeschicks mit Kindern, schwieriger Geburten, von Krankheiten der Kinder oder Unglücksfällen. Diese Menschen neigen zu übertriebener Erotik.

Mars im 6. Haus

Disponiert bei schlechten Aspekten zu Fieber, entzündlichen Krankheiten, Verletzungen durch Feuer, Unfall; Neigung zu Operationen. Ein gutgestellter Mars im sechsten Haus deutet auf ein sehr arbeitsames und tätiges Wesen, eine starke Lebenskraft. In beruflicher Beziehung zeigt sich ein gutes Fortkommen; man gelangt zu führenden Stellungen.

Mars im 7. Haus

Bei ungünstigen Konstellationen führt dies zu einer frühen oder möglicherweise überstürzten Liebschaft oder Heirat, einer wenig glücklichen Ehe; zu Gefahr der Trennung oder plötzlichem frühem Tod des Partners. Es drohen Prozeßverluste. Steht an der Spitze dieses Hauses das Zeichen Krebs, Skorpion oder Fische, so ist der Partner vielfach dem Alkohol ergeben, oder er neigt zu geschlechtlichen Verirrungen. Bei günstigen Aspekten besteht ebenfalls die Neigung zu einer frühen Eheschließung; der Partner wird dann aber einen stark positiven Charakter haben und treusorgend sein.

Mars im 8. Haus

Bei guten Aspekten Gewinn durch Ehe oder Erbschaften. Bei schlechten Aspekten besteht die Tendenz zu Lebensgefahren; zu großen Gefahren durch Unfälle, zu eventuell sogar einem plötzlichen, unerwarteten Tod.

Mars im 9. Haus

Bei guten Aspekten erzeugt Mars einen fortschrittlich gesinnten, sehr tätigen Geist, der reges Interesse für alle sozialen und geistigen Fragen besitzt und befähigt ist, seine Ansichten auf diesem Gebiet zu propagieren, in veredelndem Sinn auf nähere Umwelt und die Menschheit einzuwirken. Dank der klaren, logischen Denkweise ist die Fähigkeit, die eigenen Gedanken anderen mitzuteilen, gut entwickelt. Man zeigt sich wander- und reiselustig. Bei schlechten Aspekten führt der Marseinfluß zu Fanatismus, Unduldsamkeit gegenüber anderen Meinungen und Ansichten; zu ungewöhnlicher Widersetzlichkeit und Herrschsucht. Im Zusammenhang mit größeren Reisen entstehen Mißgeschick und Nachteile. Man sollte daher das Heimatland nicht verlassen.

Mars im 10. Haus

Sichert bei guten Aspekten infolge der aufbauenden Fähigkeiten, der Tatkraft und Zielbewußtheit einen großen Aufstieg. Diese Konstellation ist besonders für Berufe günstig, die dem Mars unterstehen. Der marsische Einfluß deutet hier auf einen starken Durchsetzungswillen, Aufstiegswillen, schnelle Handlungsbereitschaft, rasche Entschlossenheit, Vielseitigkeit der Energieansätze. Bei weniger guten Aspekten ergeben sich Tod des Vaters oder Zwistigkeiten mit ihm; berufliche Schwierigkeiten, Stellenverluste. Man muß um die Erhaltung der erreichten Positionen kämpfen. Es kommt zu falschen Einsätzen im Berufsleben. Mit Konflikten und Streitigkeiten, Voreiligkeiten und Fehlgriffen ist zu rechnen. Es fehlt dem Charakter die erforderliche Urteilskraft und Überlegung; das Wesen ist überheblich und anspruchsvoll, und dies führt zu einem Leben voller Kampf und Unruhe.

Mars im 11. Haus

Verursacht bei schlechten Aspekten die Neigung, die eigenen Kräfte und Fähigkeiten zu überschätzen. Man ist mißtrauisch und leicht übelnehmend Freunden gegenüber. Es drohen Verluste und Schäden durch Bekannte und Freunde, die zu Liederlichkeit, lockerem Lebenswandel verführen. Bei guten Aspekten gibt Mars hier die Kraft, die Hoffnungen und Wünsche in eine gute Form zu bringen. Viel Hilfe und Unterstützung durch einflußreiche Freundschaften. Gefahr bei Geburten.

Mars im 12. Haus

Ist eine gefährliche Konstellation, wenn der Mars schlecht aspektiert wird. Es gibt viel Unruhe und Sorge im Leben, die Gefahr vieler Feindschaften, des Ehrverlusts, der Freiheitsberaubung, die Gefahr falscher Anklagen. Bei sehr schlechten Aspekten bedingt er Menschen, die außerhalb der Gesellschaft stehen. Bei guten Aspekten eignen sich die Betref-

fenden für Tätigkeiten, die dem zwölften Haus untergeordnet sind, zum Beispiel Arbeiten in Krankenhäusern, Kliniken, Sanatorien, Erziehungsinstituten, Internaten, Wohlfahrtsanstalten, Sozialämtern.

Jupiter in den Tierkreiszeichen

Jupiter im Zeichen Widder

Gibt literarische und juristische Fähigkeiten, ein aufopferndes, hilfsbereites Wesen, einen aufrichtigen, strebsamen Charakter, macht beliebt bei der Umgebung. Freundschaften werden sehr gepflegt; es besteht starkes Interesse am Sport. Bei schlechten Aspekten ist der Charakter weniger ausgeglichen, verschwenderisch, übertreibend, übermütig.

Jupiter im Zeichen Stier

Erzeugt ein mitfühlendes Herz für alles fremde Leid, gibt ein tadelloses Benehmen, macht ökonomisch, freigiebig, wobei aber stets Maß und Ziel gehalten werden. Bei disharmonischen Aspekten ist man etwas genußsüchtig und den Freuden dieser Welt ergeben.

Jupiter im Zeichen Zwillinge

Schafft einen freundlichen, liebevollen Charakter, der infolge seiner Ehrenhaftigkeit volles Vertrauen verdient. Viel Verehrung für das andere Geschlecht. Talent für Schriftstellerei, Neigung zum Studium, Sinn für Technik und Mathematik. Bei ungünstigen Aspekten ziemlich voreingenommen und streitsüchtig.

Jupiter im Zeichen Krebs

Erweist Menschen als zuverlässig, geschäftstüchtig, gut befähigt, außerordentlich gütig und höflich. Rege Phantasie, etwas redselig. Freund des anderen Geschlechts; Neigung zu Luxus und Lebensgenuß. Bei ungünstigen Aspekten ist die Gesundheit angegriffen; man neigt zur Prahlsucht.

Jupiter im Zeichen Löwe

Ist eine der besten Stellungen dieses Planeten. Solchen Menschen kann man volles Vertrauen schenken, sie werden es nie mißbrauchen. Sie verschmähen es, sich zu unterwerfen; sie sind tatkräftig, führend, selbstbewußt und großherzig, lieben Auszeichnungen und Titel. Bei schlechten Aspekten vergnügungssüchtig, gefühlsroh, grausam.

Jupiter im Zeichen Jungfrau

Macht vorsichtig und analysierend, gibt einen prüfenden und kritischen Verstand. Man ist nicht leicht zu täuschen oder zu hintergehen; befähigt, schnell das Wahre vom Falschen zu trennen und intuitiv ein

richtiges Urteil zu fällen. Es besteht eine gute Rednergabe. Bei disharmonischen Aspekten sind die Betreffenden äußerst mißtrauisch, zynisch,
spöttisch, pedantisch.

Jupiter im Zeichen Waage

Erzeugt Sinn für Kunst, Musik, Literatur. Gibt einen aufrichtigen,
freundlichen, liebenswürdigen, anpassungsfähigen Charakter. Man zeigt
sich heiter, froh, vergnügt und glücklich. Bei schlechten Aspekten wird
der Charakter leichtlebig, eitel, launisch, flatterhaft und oberflächlich
sein.

Jupiter im Zeichen Skorpion

Schafft ein selbstbewußtes, aggressives, hitziges Wesen. Konstruktive
Fähigkeiten, ein gesunder, praktischer Sinn. Macht resolut und zuversichtlich. Bei negativen Aspekten übermäßiger Genuß an Tafelfreuden;
man ist nachlässig, läßt sich gehen.

Jupiter im Zeichen Schütze

Erzeugt einen gerecht denkenden, menschenfreundlichen, liebenswürdigen Menschen. Liebhaber sportlicher Vergnügungen. Bei disharmonischen Aspekten sehr lebhaft, oft unüberlegt und leidenschaftlich.

Jupiter im Zeichen Steinbock

Macht sorgsam, sparsam, aufrichtig, verläßlich in jeder Lage, selbstbewußt, ehrgeizig. Man hält sich gut unter Kontrolle, ist klug, aber engherzig. Bei schlechten Aspekten ausgesprochener Geiz.

Jupiter im Zeichen Wassermann

Macht optimistisch, menschenfreundlich, philosophisch veranlagt.
Guter Humor; arbeitsam. Neigung zu Extravaganzen. Bei schlechten
Aspekten eine nervöse, ruhelose Natur, die keiner ernsten Arbeit
fähig ist.

Jupiter im Zeichen Fische

Ein sehr sensitives Wesen; freundliche, gütige Menschen. Sehr talentiert. Leichte Auffassung, Liebe zu Kunst, Musik, Literatur, Interesse an
allem Paranormalen. Bei schlechten Aspekten willensschwach, zu Lastern
neigend, ausschweifend. Solche Menschen werden leicht zu Drohnen der
Gesellschaft.

Jupiter in den Horoskophäusern

Jupiter im 1. Haus

Diese Konstellation kann man für das Geschick des Geborenen als sehr
günstig bezeichnen. Wenn dabei der Jupiter positiv aspektiert wird, deutet dies auf gute Charakteranlagen, Talente und Fähigkeiten. Es zeigt
sich eine großzügige, freigebige, wohlwollende und soziale Gesinnung.

Der Beeinflußte ist hilfsbereit, gerecht, zuverlässig und autoritativ. Diese kosmische Stellung vermehrt die Aussichten auf ein erfolgreiches Leben, deutet auf Besitz, Förderung, sozialen Aufstieg; erzeugt eine wahre Persönlichkeit. Bei negativen Einflüssen neigt der Betreffende zu Angeberei, Prahlerei, Aufgeblasenheit; er zeigt Genußfreude, eine verminderte Energie, steht im Gegensatz zum Gesetz, zur Obrigkeit.

Jupiter im 2. Haus

Bei guten Aspekten zeigen sich große finanzielle Erfolge; allgemeiner Wohlstand stellt sich ein, Armut ist ausgeschlossen. Bei negativen Aspekten zeigen sich Fehlspekulationen, verschwenderische Neigungen, Spielerleidenschaft, Verluste und Schwierigkeiten. Selbst bei ungünstigen Beeinflussungen des Jupiter wird der Geborene nicht ohne Mittel sein.

Jupiter im 3. Haus

Der Grundton des Charakters ist Optimismus, wodurch alle Hindernisse überwunden werden. Erfolg auf Reisen, durch Schriften, Literatur. Neigung zu Studien, schriftstellerische Talente. Beliebtheit bei Geschwistern und Anverwandten. Bei schlechten Aspekten das Gegenteil. Angegriffen durch Saturn: sorglos und gleichgültig; durch Mars indiskret, vorschnell, zu Extravaganzen neigend.

Jupiter im 4. Haus

Deutet auf Erfolg und Sicherheit in reiferen Jahren; auf einen friedlichen, sorglosen und behaglichen Lebensabend. Außerdem zeigt diese Konstellation gute Verhältnisse im Elternhaus an, Hilfe und Förderung durch die Eltern; sie gibt Aussichten auf eigenen Haus- oder Grundbesitz. Ist Jupiter schlecht bestrahlt, sollte man die Heimat, den Geburtsort frühzeitig verlassen, da dort keine Erfolge zu erwarten sind. Ein angegriffener Jupiter bedingt große Ausgaben im Haushalt, die den Lebenskampf wesentlich erschweren.

Jupiter im 5. Haus

Bei guter Bestrahlung gibt diese Konstellation Glück, Erfolg in Liebesangelegenheiten, häufige glückliche und harmonische Bindungen vor der Ehe. Auf Grund des optimistischen und lebensbejahenden Charakters sind Kontakte mit dem anderen Geschlecht leicht geknüpft. Auch zeigt sich eine positive Einstellung zu Kindern, zum Sport, zu Lehrberufen. Wird der Jupiter von Pluto gut aspektiert, hat man Glück in der Lotterie, in Lotto oder Toto o. ä. Bei weniger günstigen Einflüssen auf den Jupiter wird der Beeinflußte vergnügungssüchtig, ja auch verschwenderisch sein, jeder aufbauenden Arbeit abgeneigt; er hat kein Glück in der Liebe, keine Gewinne im Spiel.

Jupiter im 6. Haus

Bei günstigen Aspekten deutet diese Konstellation auf eine gute Gesundheit, kräftige Konstitution. Außerdem wird die alltägliche Berufsarbeit, auch freiberufliche Tätigkeit, gefördert. Der Beeinflußte zeigt ein gutes Organisationstalent, Lerneifer, Ehrgeiz; in Angestelltenpositionen sind bedeutende Erfolge zu erwarten. Bei schlechten Aspekten besteht Anlage zu Lebererkrankungen, Magenleiden, Rippenfellentzündung. Es beherrscht ihn ein übertriebener Ehrgeiz, Sorglosigkeit, Neigung zu oberflächlicher Kritik.

Jupiter im 7. Haus

Führt zu einer glücklichen und harmonischen Ehe. Der Ehepartner ist großherzig, mitfühlend, liebevoll und zuversichtlich. Durch die Ehe kann ein Vermögenszuwachs entstehen. Auch im Zusammenhang mit Teilhaberschaften ergeben sich Vorteile. Menschen mit dieser Planetenkonstellation erfreuen sich einer großen Beliebtheit, können populär sein. Es besteht starke Neigung zu öffentlichem Wirken. Bei schlechten Aspekten beobachtet man Fehlspekulationen, gerichtliche Schwierigkeiten, sportliche und politische Mißerfolge, Verzögerungen beim Eheschluß oder überhaupt Ehelosigkeit, einen gleichgültigen Ehepartner, der nicht die gemeinsamen Interessen wahrnimmt. Auch können Verluste durch Prozesse oder durch zu große Vertrauensseligkeit entstehen.

Jupiter im 8. Haus

Finanzieller Gewinn durch Ehe oder Erbschaft. Hohes Alter, Lebensfreudigkeit. Bei negativen Aspekten Lebensgefahren durch Erkrankungen der Galle oder Leber. Rücksichtsloses Streben nach Besitz oder Genuß, materialistische Einstellung, Selbstüberschätzung; übersteigertes Triebleben.

Jupiter im 9. Haus

Große Aufrichtigkeit, Güte, Duldsamkeit; Streben nach ethischer Höherentwicklung. Optimismus. Aufstieg zu hoher Stellung in Staat, Kirche oder Wissenschaft; politische Neigungen. Auch zeigt sich Interesse für Rechtswissenschaft, Heilkunst. Jupiter in dieser Konstellation deutet auf lange und erfolgreiche Reisen, Glück im Ausland; es besteht die Möglichkeit, daß der Betreffende längere Zeit im Ausland bleibt. Bei ungünstigen Aspekten zeigt sich die Neigung zu Verschwendung und Spekulationen. Gefahr auf Reisen und im Ausland, Schwierigkeiten mit Justizbehörden.

Jupiter im 10. Haus

Eine sehr glückliche Konstellation des Jupiter. Bei guten Aspekten deutet dieser Planet hier auf berufliche Anerkennungen, Ansehen und

Erfolg; Aufstieg zu hohen Ämtern und Positionen. Der Geborene steigt
aus seiner Lebenssphäre empor. Die Öffentlichkeit nimmt Notiz, man
wird beachtet. Besonders nach dem vierzigsten Lebensjahr ergeben sich
große Berufsmöglichkeiten, Sicherung im Sozialgefüge, befreiende Aus-
weitung der Position und Existenz. Wird Jupiter noch dazu günstig von
Sonne oder Mond bestrahlt, ergeben sich außergewöhnlicher Erfolg,
große Popularität, Reichtum. Bei schlechten Aspekten zeigen sich
Scheinheiligkeit, Mißtrauen, Egoismus. Der Charakter ist dann unzuverlässig, woraus sich viele berufliche Rückschläge ergeben. Es fehlt am
Durchsetzungsvermögen; die Existenz ist bedroht. Die persönliche
Unsicherheit macht unzufrieden, erzeugt Konflikte, führt zu unrealisti-
scher Lebenshaltung.

Jupiter im 11. Haus

Gibt einen geselligen Charakter, einflußreiche, mächtige Freunde, die
zur Erfüllung der Hoffnungen und Wünsche beitragen. Gemeinschaft
oder Teilhaberschaft mit sozial Höherstehenden. Man strebt danach, in
vornehme Kreise zu kommen; die ehrgeizigen Pläne werden sich erfül-
len. In einer männlichen Nativität eine glückliche Ehe. Bei ungünstigen
Aspekten zeigt sich das Gegenteil; Eigenwilligkeit, Unentschlossenheit
prägen den Charakter.

Jupiter im 12. Haus

Gibt eine große persönliche Anziehungskraft, Erfolg mit Beschäftigungen, die Abgeschlossenheit erfordern. Der Lebensabend ist friedlich, in
stiller Beschaulichkeit. Es zeigen sich Gutmütigkeit, Zufriedenheit in
bescheidenen Verhältnissen, Liebe zur Einsamkeit und zu stillen Freuden. Bei schlechten Aspekten machen sich Beeinflußbarkeit, Gleichgültigkeit bemerkbar; geheime Feinde werden dem Beeinflußten zu schaffen machen.

Saturn in den Tierkreiszeichen

Saturn im Zeichen Widder

Gibt Organisationstalent, Ehrgeiz, Diplomatie, Ausdauer und Hartnäckigkeit, aber auch Neigung zu Trübsinn und Einsamkeit. Man ist
zu streng anderen Menschen gegenüber. Ein schlecht bestrahlter Saturn
deutet auf Herrschsucht, Eigensinn, Widerspenstigkeit, macht aufbrausend, hinterlistig, eigenbrötlerisch.

Saturn im Zeichen Stier

Erzeugt eine starke Willenskraft, Beharrlichkeit, ausdauernde Energie,

Festigkeit und Standhaftigkeit, Methodik und Sparsamkeit, Zähigkeit. Streben nach Besitz. Schlecht aspektiert zeigen sich eine niedrige Gesinnung, ein rohes und stürmisches Benehmen; man ist selbstsüchtig, Hemmungen erschweren das Vorwärtskommen.

Saturn im Zeichen Zwillinge

Bringt gute geistige Fähigkeiten, einen logisch denkenden, anpassungsfähigen Geist, großen Lerneifer, Gründlichkeit in der Arbeit, Vorliebe für exakte Wissenschaften. Beschäftigung mit schwierigen Problemen. Geschicklichkeit, Ausdauer, Talent für Erfindungen und Entdeckungen. Bei schlechten Aspekten besteht Neigung zur Unwahrheit, Reizbarkeit, zu geringer Anpassung, Unbeholfenheit. Schlecht aspektiert durch Venus, Mars oder Uranus: unnormale sexuelle Empfindungen.

Saturn im Zeichen Krebs

Im allgemeinen eine wenig günstige Stellung, die die guten Seiten des Saturn nur schwach hervorbringt. Es zeigen sich Zurückhaltung, beherrschtes Gefühlsleben, Empfindlichkeit, Eigensinn, Unabhängigkeitsliebe, erschwerter Kontakt mit Familienangehörigen, Sorgen und Disharmonien in der Familie; man ist sehr besorgt um das eigene Wohl und Weh. Bei sehr schlechten Aspekten ist man überempfindlich, verdrießlich, mißtrauisch, berechnend, selbstsüchtig. Bescheidene oder erschwerende Verhältnisse durch die Angehörigen.

Saturn im Zeichen Löwe

Ausdauer, Willensstärke, Takt, Entschlossenheit, Verschwiegenheit, Unternehmungslust, Anlage zum Aufstieg in höhere Positionen, Zuverlässigkeit, Abneigung gegen Formalitäten, Diplomatie. Bei schlechten Aspekten wenig Neigung zu Vergnügungen, gehemmtes Triebleben, hartherziger, kalter, eifersüchtiger, jähzorniger, listiger Charakter.

Saturn im Zeichen Jungfrau

Erzeugt einen kritischen, analytischen Geist, einen tiefen, wissenschaftlichen Sinn. Sorgfalt, Peinlichkeit, Korrektheit, Ernst, Gründlichkeit, Verschwiegenheit sind typisch, auch große Vorsicht bei allen Unternehmungen; Neigung zu Pedanterie. Bei schlechten Aspekten Trübsinn, Melancholie, Zurückhaltung, Mißtrauen, Eigenbrötelei.

Saturn im Zeichen Waage

Ein hochentwickeltes, verfeinertes Gemütsleben, ein reger, einbildungsreicher Intellekt. Drang nach geistiger Tätigkeit, starkes Pflichtgefühl, Gewissenhaftigkeit, Verläßlichkeit. Bei schlechten Aspekten Neigung zu Verschwendung. Hemmungen im Gemeinschaftsleben, Unzufriedenheit. Streitsüchtig.

Saturn im Zeichen Skorpion

Es verbindet sich hier das Feurige des Mars mit dem Zurückhaltenden des Saturn; dies gibt eine mit Ausdauer verbundene Tatkraft, Willenskraft, einen guten Erwerbssinn, Ehrgeiz, Scharfsinn und Vorsicht. Es zeigen sich vorzügliche mechanische und konstruktive Fähigkeiten. Die Gesundheit ist in jungen Jahren meist etwas gefährdet; auch bestehen Gefahren durch Operationen, Unfälle. Bei negativen Aspekten zeigen sich eine starke Leidenschaftlichkeit und große Sinnlichkeit.

Saturn im Zeichen Schütze

Philosophische Veranlagung; religiös, aufbauend, ehrlich, zuverlässig, menschenfreundlich, idealistisch, unabhängig im Denken, frei von Vorurteilen. Großer Ernst in allen Bestrebungen, frei von gewinnsüchtigen, unlauteren Motiven, starker Gerechtigkeitssinn, juristische Veranlagung. Es zeigt sich viel Interesse für Sport. Auch möchte man gern zwei Berufe zu gleicher Zeit ausüben. Bei schlechten Aspekten ist man sarkastisch, unaufrichtig, zynisch; bestrebt, eine öffentliche Stellung einzunehmen, um diese für selbstsüchtige Zwecke auszunützen.

Saturn im Zeichen Steinbock

Unbestechliche Ehrenhaftigkeit, ein starker, ausdauernder Wille, eine abgeschlossene Individualität mit großer Selbstbeherrschung und Autorität, konservativ, eigensinnig. Selbstbeschränkung, Konzentration, Fleiß, Sparsamkeit, Diplomatie, langsames, aber sicheres Vorwärtskommen sind zu beobachten. Bei weniger guten Aspekten zeigen sich Einseitigkeit, Eigenwilligkeit, Mißtrauen, Schwermut, Verschlossenheit und Schweigsamkeit. Man ist pessimistisch, melancholisch, selbstquälerisch. Die finanziellen Verhältnisse sind nicht immer günstig; auch besteht Neigung zu chronischen Erkrankungen. Oftmals herrscht eine Abneigung gegen die Ehe vor. Bei Freundschaften und Liebesverbindungen zeigt sich schlechter Geschmack.

Saturn im Zeichen Wassermann

Macht bestimmt und überzeugend im Handeln und Denken, ernst und gedankenvoll. Man hat Erfolg in Kunst, Wissenschaft und Technik; ist menschenfreundlich, treu in der Freundschaft. Es ergibt sich eine harmonische Verbindung zwischen Planung und Verwirklichung, zwischen ideellem und praktischem Schaffen. Menschen mit dieser Konstellation neigen zum Studium, zu wissenschaftlichen Untersuchungen und Beobachtungen; dabei wird Gründlichkeit und Gewissenhaftigkeit entwickelt. Als Partner ist der Betreffende zuverlässig. Auch bestehen gute finanzielle Verhältnisse. Man beteiligt sich gern an gemeinnützigen Unternehmungen und zeigt soziale Bestrebungen. In Liebe und Ehe

erschließen sich harmonische und dauerhafte Verbindungen, Treue und Anhänglichkeit. Bei schlechten Aspekten zeigen sich überspannte Erwartungen mit nachfolgenden Enttäuschungen; man beobachtet Hinterlist, Treulosigkeit und Verschlagenheit.

Saturn im Zeichen Fische

Eine wenig günstige Stellung für diesen Planeten, die viel Sorge und Beschränkungen bringt. Es fehlt dem Charakter an der nötigen Festigkeit, an Halt und Vertrauen in seine eigenen Kräfte und Fähigkeiten. Zwar zeigt sich eine gewisse Bescheidenheit und Zurückhaltung; die übertriebene Vorsicht dämmt jedoch die Schaffenskraft ein. Man beobachtet Ängstlichkeit, Vereinsamung, Depressionen, Kampf mit der Umwelt. Liebes- und Eheverbindungen beginnen romantisch, enden jedoch meist unglücklich oder sogar tragisch.

Saturn in den Horoskophäusern

Saturn im 1. Haus

Macht zielbewußt, geduldig, praktisch, arbeitsam, ehrgeizig, gewissenhaft, zielbewußt und vorsichtig. Jede Oberflächlichkeit wird unterdrückt. Die vorgefaßten Ziele werden unermüdlich verfolgt, bis sie erreicht sind. Der Saturn erzeugt ernste Naturen, verleiht eine große Sorgfalt, Pflichtgefühl, Gerechtigkeitsliebe, gute geistige Fähigkeiten und Vorliebe für Wissenschaften (wie Geographie, Geologie, Geometrie, Landwirtschaft, Altertumsforschung). Die vom Saturn Beeinflußten nehmen nichts leicht; jeder Erfolg muß erarbeitet und erkämpft werden. Es fehlt an der nötigen Großzügigkeit und Lebensbejahung. Der saturnische Einfluß erzeugt einen übertriebenen Erwerbssinn, wie überhaupt Besitz und Geld sehr wichtig genommen werden. Menschen mit dieser kosmischen Konstellation sind die geborenen Sparer; ihre Ziele sind wirtschaftliche Absicherung und Stabilität in der Lebensführung. Menschen mit einem gutgestellten Saturn im ersten Haus werden meist erst im Alter zu Erfolg und zu materieller Sicherheit gelangen. Bei schlechten Aspekten ist mit einem harten Daseinskampf, Armut, Entbehrungen, Beschränkungen, mühevollem Leben zu rechnen. Es ergeben sich viele Sorgen, Krisen, Berufswechsel, Hindernisse im Vorwärtskommen sowie ernste Erkrankungen.

Saturn im 2. Haus

Wird der Saturn günstig bestrahlt, so deutet dies auf einen gesunden Erwerbstrieb, Sparsamkeit, Methodik; finanzielle Gewinne durch stetige, dauerhafte und harte Arbeit. Nichts wird geschenkt, alles muß

erarbeitet werden. Wird der Saturn vom Jupiter gut bestrahlt, kann man mit größeren finanziellen Erfolgen rechnen. Die günstigen Tätigkeiten sind Unternehmungen in der Landwirtschaft, Verbindungen zu Bauten, Immobilien, Bergwerken, Mineralien, Farben, Leder, Töpferei, Textilien. Auch im Zusammenhang mit Gewerkschaften, Forstwirtschaft, Chemie, Supermärkten, Wirtschaftspolitik, Kommunalpolitik sind materielle Gewinne zu erwarten, ebenso durch Antiquitäten. Bei schlechten Aspekten zeigt sich Schwerfälligkeit im Gelderwerb; Hemmungen erschweren das Vorwärtskommen.

Saturn im 3. Haus

Gibt gute Konzentrationsfähigkeit, einen aufrichtigen Geist, tiefgründiges Denken, Ernst und Gewissenhaftigkeit, Ausdauer und Methodik. Zu beobachten sind Gründlichkeit in der Arbeit, logisches Denken, einsichtsvolle Haltung dem Ernst des Lebens, den Dingen und Menschen gegenüber. Bei schlechten Aspekten Neigung, sich auf unehrenhafte Weise Vorteile zu verschaffen; übertriebene Schlauheit und Durchtriebenheit. Bei schlechter Bestrahlung durch Jupiter: Heuchelei; durch Mars: Untreue, Falschheit, Leidenschaftlichkeit, Ungestüm; durch Venus: verkehrte Geschmacksrichtung; durch Merkur: Neigung zu Lüge, Betrug, Diebstahl, Unehrlichkeit. Schlechte Aspekte von Sonne oder Mond schwächen den Geist. Auch bestehen Disharmonien mit Geschwistern, Anverwandten. Hindernisse und Schwierigkeiten entstehen durch schriftliche Angelegenheiten; schriftstellerische Betätigungen schlagen fehl. Die Gesundheit ist gefährdet durch Reisen zu Land und zu Wasser, ungünstige Witterungseinflüsse oder anstrengende Arbeit.

Saturn im 4. Haus

Diese Konstellation erzeugt einen starken Erwerbssinn, macht das Leben mit zunehmendem Alter erfolgreich, gibt in reiferen Jahren eigenen Land- oder Grundbesitz. Gewinn durch Erwerb von Häusern, Ländereien, Landwirtschaft, Immobilien. Bei schlechten Aspekten – besonders durch Sonne – frühzeitiger Tod eines Elternteils, unangenehme Familienverhältnisse, Zwietracht im eigenen Zuhause, Verlust des Eigentums, ein Lebensende, in ungünstigen Verhältnissen, in Armut. Oft kommt es vor, daß Menschen mit dieser Saturnstellung an Verhältnisse gebunden sind, die ihre Entwicklungsmöglichkeit verhindern. Auch der Geburtsort kann sehr ungünstig sein.

Saturn im 5. Haus

Ist ungünstig für frühzeitige Liebesangelegenheiten, führt durch diese zu viel Gram und Enttäuschungen. Streitigkeiten, Unglück, Verluste durch Spekulationen. Der Saturn wirkt sich auf alle Liebesangelegenhei-

ten hemmend und problematisch aus; man beobachtet Schüchternheit, übertriebene Vorsicht, wenig Interesse an Vergnügungen; die Leidenschaften werden gedämpft. Der Tod einer geliebten Person kann eintreten. Auch ist eine geringe Kinderzahl zu erwarten. Zeigen sich disharmonische Aspekte durch Mars oder Venus, so ist der Beeinflußte gefühlsarm und neigt zu unnatürlichen Handlungen. Auf jeden Fall ist ein gehemmtes Triebleben angezeigt. Bei guten Aspekten tendiert man zu Standhaftigkeit und Treue, Einfachheit und Zuverlässigkeit. Erfolge sind zu erwarten im Zusammenhang mit dem Erziehungswesen, mit Lehrberufen, Landwirtschaft, Architektur, Geologie, aber auch mit Unternehmungen, die mit Vergnügungen, Wetten, Lotterie u. ä. zu tun haben.

Saturn im 6. Haus

Befähigt, Vorgesetzter zu sein. Fleiß, Ernst, Ruhe und Gesetztheit, Sorgfalt und Korrektheit. Für die Gesundheitsverhältnisse ist diese Saturnstellung dagegen weniger günstig. Die Beeinflußten neigen zu vielen Krankheiten, Anfälligkeiten oder allgemeiner Schwäche. Besonders bei disharmonischen Aspekten durch Sonne oder Mond tendieren die Betreffenden zu chronischen Erkrankungen, Erkältungsleiden, Gicht, Rheuma. Aber auch Bronchien, Lunge, Magen und Darm, Blase und Herz können in Mitleidenschaft gezogen werden. Im allgemeinen deutet Saturn in diesem Horoskopfeld auf einen harten Lebenskampf hin; die Geborenen finden nur sehr schwer eine gesicherte Stellung.

Saturn im 7. Haus

Nur ein günstig gestellter Saturn bringt hier eine glückliche Ehe, einen treuen, klugen, sparsamen Ehepartner mit ausgesprochenem Pflichtgefühl und standhafter Zuneigung; vielfach Verzögerung oder Hindernisse beim Eheschluß. Das Zusammenleben in einer solchen Ehe wird weniger auf leidenschaftlicher Zuneigung basieren, sondern mehr auf Kameradschaft und Vertrauen. Bei schlechten Aspekten muß mit einem kalten, selbstsüchtigen, gleichgültigen Ehepartner gerechnet werden, mit dem es viel Disharmonien und Konflikte geben wird. Das Gemeinschaftsleben wird erschwert; es kommt zu Problemen und Resignation; es kann auch zu einer Scheidung oder frühzeitigem Tod des Ehepartners kommen. Ein Erfolg im öffentlichen Leben ist nur bei sehr guten Aspekten gegeben; bei negativen Einflüssen kommt es zu Prozessen, Ärger mit Teilhabern, Mißerfolgen im öffentlichen Leben.

Saturn im 8. Haus

Gut aspektiert, besonders im Zeichen Waage, Steinbock, Wassermann: Gewinn durch Heirat oder Erbschaft, ein langes Leben, volle körperliche

und geistige Frische bis ins hohe Alter. Bei disharmonischen Aspekten
Verschlechterung der finanziellen Lage nach der Ehe; oft eine illegitime
Verbindung. Chronische Leiden oder Unglücksfälle. Die Lebenserwar-
tung dürfte daher dann nicht sehr groß sein.

Saturn im 9. Haus

Gibt Interesse für Philosophie, Rechtswissenschaft; erzeugt tiefe Denker, ernste, bedachte Charaktere. Schöpferische Gedankenkraft und
Gerechtigkeitssinn sind stark ausgeprägt. Menschen mit dieser Saturnstellung können von der Heimat getrennt werden; es besteht der Hang
zum Auswandern. Bei schlechten Aspekten herrschen Gleichgültigkeit
gegen jede höhere, ideale Gedankenrichtung und ein eng beschränkter
Blick, Mißtrauen und Pessimismus vor. Es drohen durch Prozesse lange
Reisen, Angelegenheiten im Ausland.

Saturn im 10. Haus

Ist eine sehr bedeutsame kosmische Konstellation. Sie gibt dem Wesen
Selbstvertrauen und Ehrgeiz, Fleiß und Ausdauer im höchsten Maß, wodurch eine bedeutende Laufbahn, der Aufstieg zu führenden Stellungen
erreicht werden. Allerdings sind die Erfolge nur nach harten Kämpfen
und schwerer Lebensarbeit von Dauer. Manche Perioden des Lebens
sind ziemlich unsicher. Wenn auch zuweilen eine gewisse Berühmtheit
erlangt wird, so schwebt wegen dieser Konstellation doch ein Verhäng-
nis über dem Beeinflußten. Besonders bei schlechten Aspekten kann
einem großen Aufstieg, infolge Überschätzung der Kräfte, ein um so
tieferer Fall folgen. Es herrschen dann ein Mangel an Gelegenheiten, harter Daseinskampf, Hoffnungslosigkeit, Hindernisse im Vorwärtskommen vor. Dem vom Saturn Beherrschten wird nichts geschenkt; alles muß
mühsam selbst erarbeitet werden. Hemmende Tendenzen ergeben sich
schon in der Kindheit, im Elternhaus, während der Schulzeit. Es fehlt an
einer gewissen Beschwingtheit. Viele bekannte Persönlichkeiten der
Geschichte, die diese Konstellation hatten, erlebten einen kometenhaften
Aufstieg, dem aber ein tiefer Fall folgte; man denke an Napoleon I.,
Hitler, Göring, Himmler, Rasputin.

Saturn im 11. Haus

Läßt nur wenige wirklich treue und zuverlässige Freunde zu; letztere
sind meist älter. Ein beschädigter Saturn – besonders durch Sonne und
Mond oder Mars – warnt den Beeinflußten, Freunde zu suchen, die
älter sind als er. Im Zeichen Widder, Waage, Krebs, Steinbock schwere
Verluste durch Freunde und Bekannte; im Zeichen Stier, Skorpion,
Löwe, Wassermann zahlreiche Hindernisse und Verzögerungen im

Leben, besonders in der ersten Lebenshälfte; im Zeichen Zwillinge, Jungfrau, Schütze, Fische viele Behinderungen im Berufsleben.

Saturn im 12. Haus

Nur bei sehr guten Aspekten bringt Saturn hier durch großen Fleiß und Sparsamkeit die Überwindung aller Schwierigkeiten und Hindernisse. Diese Konstellation macht einsamkeitsliebend, melancholisch. Bei schlechten Aspekten zu Mars droht tragisches Ende; zu Uranus Ehrverlust, Feindschaften; zu Sonne oder Mond Kummer und Leid durch den Verlust geliebter Personen, Anlage zu Nervenleiden und Hypochonrie. Saturnische Beeinflussung in diesem Horoskophaus bedingt die Gefahr vieler heimlicher Feinde und von Hemmungsfaktoren. Kriminelle Neigungen und ihre Folgen, freiwillige oder unfreiwillige Absonderung, Gefangenschaft, Kriminalprozesse. Schwierigkeiten und Entbehrungen. Gefahr von langwierigen Krankheiten, geheime Leiden.

Uranus in den Tierkreiszeichen

Uranus im Zeichen Widder

Gibt eine starke geistige Kraft, große Impulsivität, einen treibenden, vorwärtsdrängenden, nie um Hilfsmittel verlegenen Geist, große Unabhängigkeits- und Freiheitsliebe, aber auch Mangel an Takt und Zurückhaltung; deshalb kommt es öfter zu unbewußt und ungewollt verletzenden und anstoßenden Handlungen; Ruhelosigkeit. Es zeigen sich außergewöhnliche, blitzartig einsetzende Energie, eine rasche Auffassungsgabe, Reformbestrebungen.

Uranus im Zeichen Stier

Gibt starke Intuition, ruhige Entschlossenheit, zähe Ausdauer, starres Festhalten an einer einmal gefaßten Meinung oder einem gesteckten Ziel. Die Leidenschaften sind stark. Es besteht ein originelles Kunstempfinden. Im Erwerbsleben ist man erfinderisch; man vermag nicht alltägliche Geldquellen zu finden. Bei schlechten Aspekten ist der Beeinflußte mißtrauisch und eifersüchtig; er liebt die Spekulation, setzt gern alles auf eine Karte.

Uranus im Zeichen Zwillinge

Macht originell, intuitiv, wissenschaftlich (mit besonderem Interesse für exakte Wissenschaften), erfinderisch, zeigt die Vorliebe für nicht alltägliche Beschäftigungen, z. B. auch für Okkultismus. Diese Konstellation erzeugt eine rasche Auffassung, Umsicht, Organisation, Sprunghaftigkeit. Bei schlechten Aspekten ist der Betreffende exzentrisch, wunderlich, unbeliebt bei der Umgebung.

Uranus im Zeichen Krebs

Sensitiv, leicht erregbar, ungeduldig; ein leicht gerührtes Gemüt. Rascher Wechsel von Einfällen, Wandertrieb, Sehnsucht nach der Ferne. Bei schlechten Aspekten Lösungsbestrebungen von Heim und Elternhaus, Aufsässigkeit.

Uranus im Zeichen Löwe

Sehr entschlossen, selbstbewußt; unbezwingliche Freiheits- und Unabhängigkeitsliebe, Widerstand gegen alles Konventionelle, stark in der Liebe und Zuneigung wie auch in der Antipathie. Unternehmungslust, Kühnheit, Neigung zu Spekulationen. In Liebessachen wenig zuverlässig; Abenteuerlust, Zügellosigkeit.

Uranus im Zeichen Jungfrau

Ein feiner, scharfsinniger, origineller Geist mit Interesse für Wissenschaft und Technik. Ausgeprägter Geschäftssinn, starkes intuitives Empfinden, zuweilen unbefriedigter Ehrgeiz. Bei schlechten Aspekten Neigung zum Grübeln, zu unangebrachter Kritik, taktloser Offenheit, Unzufriedenheit mit sich selbst.

Uranus im Zeichen Waage

Scharfe Auffassungsgabe, lebhafte Vorstellungskraft, ungewöhnliche literarische oder künstlerische Fähigkeiten. Das Wesen übt eine große Anziehungskraft aus. Inspiration, Einfühlungsvermögen. Bestreben, Reformen in der Öffentlichkeit durchzuführen. Bei schlechten Aspekten übergroße Impulsivität und Hartnäckigkeit, eigenartige Ansichten über die Ehe, Mangel an Anpassung, Reizbarkeit.

Uranus im Zeichen Skorpion

Ausdauer, Geduld, feste Entschlossenheit, starker Wille, der von einmal gefaßten Plänen nicht leicht abgeht. Ein scharf denkender, unerschrockener Geist, der jedes Problem rasch erfaßt und sich in jede gestellte Aufgabe mit Ernst vertieft. Wissenschaftliche Begabung, konstruktive Geschicklichkeit, Liebe zum Okkulten. Bei weniger guten Aspekten ergibt sich eine etwas rebellische, aggressive Natur, die durch Rücksichtslosigkeit sich und andere in Gefahr bringt.

Uranus im Zeichen Schütze

Lebhafte Vorstellungskraft, intuitive Fähigkeiten, Verlangen nach ethischer Höherentwicklung, große Einbildungskraft, Erfindungstalent. Bei schlechten Aspekten zeigt sich eine gewisse Verbohrtheit in seltsame Ideen, ein Kampf gegen Überliefertes und Konvention. Opposition gegen Religion und Gesetz; eine exzentrische, unlogische, verwirrte Geistesverfassung.

Uranus im Zeichen Steinbock

Ausgeprägtes Verantwortungsgefühl, in geschäftlicher Beziehung neue Wege und Methoden suchend, Ehrgeiz, Unternehmungslust, Ausdauer. Es besteht ein Drang in die Öffentlichkeit, zum Staatsdienst; man sucht Verantwortung und Autorität. Man findet hier Unbeugsamkeit, technische Fähigkeiten und Interessen. Bei negativen Aspekten ist der Beeinflußte herrsch- und zerstörungssüchtig, eigenwillig; er hat Differenzen mit den Eltern, berufliche Schwierigkeiten.

Uranus im Zeichen Wassermann

Verstärkt wesentlich die Intuition und Originalität, macht unabhängig im Fühlen, Denken und Handeln. Zu erwähnen sind konstruktive Fähigkeiten, eine leichte Auffassung, gutes Gedächtnis, große geistige Fähigkeiten, Glück in gemeinschaftlicher Arbeit. Bei schlechten Aspekten fehlt den Gedanken trotz aller guten Absichten die Klarheit, Logik und Zielbewußtheit.

Uranus im Zeichen Fische

Liebe zu okkulten Wissenschaften, starke Neigung zur Mystik, starkes Traumleben, geheimnisvolle Bestrebungen, unterbewußte Kräfte. Bei schlechten Aspekten besteht ein Mangel an gesellschaftlichem Sinn; der Geborene ist ein flüchtiger, flatterhafter Geist. Neigung zu Geheimnistuerei; Unverstandensein, Schwärmerei. Schwache Moral mit geringer Widerstandskraft.

Uranus in den Horoskophäusern

Uranus im 1. Haus

Seltsames Auftreten, absonderliche Neigungen, schwer zu verstehendes Verhalten; starkes Unabhängigkeitsgefühl, Widerstand gegen alles Konventionelle, Althergebrachte. Große geistige Kraft, Reformbestrebungen, rasche Auffassung, fanatische Verfechtung von Ideen. Bei disharmonischen Aspekten Veränderlichkeit im Fühlen und Denken, exzentrisch, eigensinnig und starrköpfig; man neigt zu gefährlichen Extremen, vernunftlosem Handeln, blindem Eifer, Gewalttätigkeit. Es besteht Gefahr für die Gesundheit durch Unfall, Verletzung, Operation. In sexueller Beziehung zeigt sich eine Neigung zur freien Liebe, zu Kameradschaftsehen, anormalen Beziehungen.

Uranus im 2. Haus

Bringt stark wechselnde finanzielle Verhältnisse, viel Auf und Ab in dieser Beziehung: plötzliche Verluste wechseln mit plötzlichem Zufluß von Geld und Gut. Es zeigen sich Gewinne durch Altertümer, alte und eigenartige Objekte, Beschäftigung auf geistigem oder okkultem Gebiet,

Schriftstellerei, Musik, Technik, Showgeschäft, Film, Fernsehen. Bei
weniger guten Einflüssen ergeben sich ungewisse und unsichere Geld-
verhältnisse. Es entwickelt sich ein Spekulationstrieb; man setzt gern
alles auf eine Karte. Voreiligkeit führt zu Fehlschlägen, Krisen, Konkur-
sen, schwer verwindbaren Schicksalsschlägen.

Uranus im 3. Haus

Erzeugt einen originellen, erfinderischen, ideenreichen Geist, der alle
Studien bevorzugt, die tiefgründiges Denken erfordern. Große Liebe zu
den Geheimwissenschaften; Neigung zu altruistischen Ideen, neuen
Reformen. In gutem Aspekt zu Merkur beobachtet man gute Redner;
zu Venus gute Musiker oder Schauspieler. Auch fallen eine gewisse
Sprunghaftigkeit, rasche Auffassung auf, ferner Umsicht, Organisationstalent, wissenschaftliche Bestrebungen. Bei schlechten Aspekten verworrene, überspannte Pläne, unklare Gedankenrichtungen, ein veränderlicher Charakter. Eigenartige Beziehungen zu Anverwandten. Plötzliche,
unerwartete Reisen. Das Wesen ist unruhig und zersplittert.

Uranus im 4. Haus

Eine sehr ungünstige Stellung dieses Planeten. Sie gibt ein wechsel-
reiches, eigenartiges Leben, Unglück am Geburtsort, im Elternhaus, viel
Disharmonien, die ihren Ursprung im Elternhaus haben, vielfach ver-
fehlten Beruf. Menschen mit dieser Uranus-Stellung tun gut daran, ihren
Geburtsort schnellstens zu verlassen. Ist Uranus außerdem schlecht-
gestellt, werden solche Menschen auch im eigenen Zuhause kein Glück
und keine Zufriedenheit finden; sie sollten besser nicht heiraten. Bei
schlechten Aspekten durch Sonne oder Mond Gefahr einer Gehirn-
erkrankung, eines plötzlichen Todes; durch Merkur Störungen des Nervensystems; durch Mars Gefahr einer Gewalttat gegen Ende des Lebens.
Man beobachtet selten einen festen Wohnsitz; es gibt viele Wohnungswechsel im Leben. Auch zeigen sich ein rascher Wechsel von Einfällen,
Wandertrieb, Sehnsucht nach der Ferne, Streben nach Verbindungen mit
eigenartigen oder seltsamen Menschen.

Uranus im 5. Haus

Neigung zu heimlichen Liebesaffären und romantischen Liebes-
geschichten, die den herrschenden Anschauungen und Gesetzen wider-
sprechen. Dies ist eine Stellung, die bei Frauen eine starke Sinnlichkeit
anzeigt. Bei guten Aspekten mit Sonne und Mond haben die Liebesaffären einen idealen Charakter; bei schlechten Aspekten zu Venus
besteht die Neigung zu Perversität. Ferner drohen Verluste durch Spiel
und Spekulationen. Im allgemeinen Kinderlosigkeit oder viel Kummer

und Leid durch Kinder. Den Beeinflußten reizt alles Unerlaubte, Verbotene, das den herrschenden Gepflogenheiten zuwiderläuft.

Uranus im 6. Haus

Macht nervös, hochgespannt, führt in der Regel zu Störungen des Nervensystem. Bei schlechter Stellung liegt die Gefahr geistiger Erkrankung nahe. Im Wesen kurz angebunden, barsch; bei der Umgebung wenig beliebt. Die Gesundheit ist wechselnd. Es ergeben sich ungewöhnliche Krankheiten, die mit dem Nervensystem und Stoffwechsel zusammenhängen. Dies ist eine unglückliche Stellung für abhängige Berufe. Durch unangebrachte Kritik oder taktlose Offenheit entstehen Konflikte und Störungen.

Uranus im 7. Haus

Wirkt selbst bei guter Stellung auf alle Angelegenheiten dieses Hauses ungünstig. Beeinflußt zu unüberlegten, impulsiv und übereilt geschlossenen Verbindungen, einer überstürzten Ehe, der bald Entfremdung oder Trennung folgt. Wegen der selbständigen, unabhängigen Natur fühlen sich Menschen mit dieser Uranus-Stellung in der Ehe nicht glücklich, sie bedeutet für sie eine Fessel; sie können auf die Dauer nur ein glückliches Zusammenleben führen, wenn es mehr auf Kameradschaftlichkeit als auf ehelicher Liebe aufgebaut ist. Wird Uranus in diesem Horoskophaus schlecht bestrahlt, deutet das auf Entfremdung in der Ehe, Trennung und Ehescheidung hin.

Uranus im 8. Haus

Bringt bei guten Aspekten einen unerwarteten Nutzen durch die Ehe, durch Erbschaft; schlecht gestellt, finanzielle Einbußen wegen bzw. nach der Ehe, Verluste des eingebrachten Ehegutes, plötzliche Verluste durch den Ehepartner, Verluste durch Erbschaften. Uranus ist hier das Anzeichen für plötzlich auftretende Gesundheitsstörungen, die mit großer Lebensgefahr verbunden sind; auch besteht die Neigung zu körperlichen Unglücksfällen, plötzlichem Tod. Großes Interesse besteht für okkulte Wissenschaften.

Uranus im 9. Haus

Gibt einen unabhängigen Charakter mit hoher Intuition und dem Drang, der ethischen Höherentwicklung der Menschheit zu dienen. Fortschrittlich gesinnt, erfinderisch, unternehmend. Es bestehen religiöse oder weltanschauliche Reformbestrebungen, weitgehende Ziele. Wird Uranus günstig durch Sonne oder Mond aspektiert, ist mit günstigen größeren Reisen und Ortswechsel zu rechnen. Bei schlechten Aspekten zeigen sich eine materialistische Lebensauffassung, Mißgeschick im Aus-

land, Unfallgefahr auf größeren Reisen, Schwierigkeiten in Rechtsangelegenheiten.

Uranus im 10. Haus

Deutet auf einen Charakter, der seine eigenen Wege geht, der nicht
nach links oder rechts schaut, dem an der Meinung seiner Mitmenschen
nicht viel gelegen ist; es ergibt sich ein sehr wechselvolles, bewegtes
Leben mit ständigem Auf und Nieder. Bei guten Aspekten kommen
solche Menschen im Leben trotz aller Hemmungen und Widerstände
vorwärts; sie gelangen zu Rang und Ansehen, werden vielfach Bahnbrecher einer neuen Bewegung oder Sache. Konzentrierte Energie ist vorhanden, man steckt sich außergewöhnliche Lebensziele, die mit Eifer und
Ehrgeiz verfolgt werden, zeigt Unbeugsamkeit, technische Fähigkeiten,
Erfindertalent. Menschen mit dieser Uranusposition neigen zum Ungewöhnlichen, Originellen. Diese kosmische Konstellation hat eine bemerkenswerte Wirkung: der Schicksalsweg wird nie einförmig verlaufen,
es kommt immer zu unerwarteten Wendepunkten im Leben. Ereignisse
tauchen auf, die überraschend in das Schicksal eingreifen. Die vermeintlichen „Zufälle" entspringen dem Uranuscharakter. Viele große Geister
hatten diese Planetenkonstellation, z. B. Karl Marx, Lenin, Albert Ein-
stein, Friedrich Nietzsche, Alexander der Große, Pius der XII., Eleonora
Duse, Benito Mussolini. Ein guter Uranus im zehnten Haus bringt Erfolg
als Erfinder, Techniker, Ingenieur, Forscher, Psychoanalytiker, Arzt,
Industrieller. Auch die Film- und Fernsehbranche unterliegt dem Uranus-
Einfluß. Bei schlechten Aspekten ergibt sich trotz aller Anstrengungen
nur wenig Erfolg, ein verfehltes Leben. Es entstehen Konflikte, Streit,
Berufswechsel durch den inneren Drang, sich den herrschenden Anschauungen und Gesetzen zu widersetzen.

Uranus im 11. Haus

Bei schlechten Aspekten wird der Geborene von Menschen unter der
Vorspiegelung von Freundschaft ausgenutzt und betrogen. Die Freunde
sind wankelmütig, überspannt und unzuverlässig. Es kommt hier zu
vorschnellen Kontakten, eigenartigen Verbindungen, die meist mit einer
Trennung enden. Romantische, nicht alltägliche Liebesaffären sind zu
beobachten. Gute Aspekte bringen viel Hilfe durch Freunde, Erfüllung
von Hoffnungen und Wünschen durch sie.

Uranus im 12. Haus

Deutet bei guten Aspekten auf Erfolg in Verbindung mit Krankenhäusern, Hospitälern, Sanatorien, Gefängnissen, Erziehungsinstituten,
Anstalten, Internaten, Sozialämtern. Bei schlechten Aspekten ergeben

sich viel Kampf im Leben gegen heimliche Feindschaften, Entfremdung von Heim und Heimat, Einschränkungen, Beschränkungen, die Gefahr der Freiheitsberaubung.

Neptun in den Tierkreiszeichen

Neptun im Zeichen Widder

Deutet auf einen abstrakten, scharfsinnigen, aber auch träumerischen, zur Poesie geneigten Geist; gibt Idealismus, zuweilen unbeherrschte Einbildungskraft, Reichtum an Ideen, macht hilfsbereit. Bei weniger guten Aspekten zeigen sich die gleichen Eigenschaften, jedoch auch eine gewisse Überempfindlichkeit, Ängstlichkeit, Ziellosigkeit und Unentschlossenheit.

Neptun im Zeichen Stier

Gütig, gesellig; Neigung zu Kunst, Musik, Malerei, Schauspiel, zu allem Schönen, zu einer verfeinerten Lebensart. Das Gemüt ist sehr eindrucksfähig. Es bestehen ein guter Geschmack, schöpferische Gestaltungsgabe, Formensinn, Taktgefühl. Bei schlechten Aspekten zeigt sich ebenfalls eine künstlerische Veranlagung, aber auch Mangel an Ausdauer, Neigung zu Bequemlichkeit, Sorglosigkeit. Hang zu Genußgiften.

Neptun im Zeichen Zwillinge

Gute geistige Fähigkeiten, außergewöhnliche Phantasie, Eingebungen, Liebe zur Natur, mystische Bestrebungen, erfinderischer Geist. Der Betreffende ist diplomatisch, beredt und aufgeweckt, zuweilen aber auch launisch und verstimmt. Bei schlechten Aspekten herrschen Mangel an Konzentrationsfähigkeit, geistiger Zwiespalt, verworrene Phantasie, Unklarheit, Neigung zu Betrug, Hinterlist und Täuschung vor.

Neptun im Zeichen Krebs

Macht liebenswürdig, barmherzig und mitfühlend, in geistiger Beziehung sehr gewandt. Diese Konstellation kommt oft bei psychometrisch Begabten vor. Die Gemütsstimmungen wechseln sehr oft. Bei gutem Aspekt zu Mond oder Merkur ist ein gutes Gedächtnis vorhanden. Bei schlechten Aspekten besteht Neigung zur Trunksucht oder zum Einnehmen betäubender Mittel. Auch entwickeln sich eine gewisse Schwermut, Haltlosigkeit, Überempfindlichkeit; es ergeben sich seelische Enttäuschungen.

Neptun im Zeichen Löwe

Treu und anhänglich in allen Herzenssachen, großmütig, sympathisch; gutes Verständnis für Wesen und Charakter anderer. Romantisch veranlagte Natur, die aber über einen großen planerischen Reichtum und

Unternehmungslust verfügt. Liebe zu Schönheit und Kunst, aber auch zu Spiel und Spekulation. Bei schlechten Aspekten wenig verläßlich, überempfindlich, zu gefühlsmäßig betont, Mangel an Tatkraft, Neigung zu Verschwendung; fehlgeleitete Leidenschaften.

Neptun im Zeichen Jungfrau

Neigung zum Mystischen; tiefes Mitfühlen und Menschenfreundlichkeit. Künstlerische Veranlagung, aber auch Interesse an Heilkunde, Medizin, heilmagnetischen Kräften; praktischer Einschlag. Im Handeln zeigen sich die Beeinflußten anpassungsfähig, methodisch, planmäßig.

Neptun im Zeichen Waage

Künstlerische Fähigkeiten, verfeinertes Innenleben, zartfühlende Empfindungen in der Liebe, hohe Ideale; verfeinerter Geschmack; ein heiteres, frohes und vergnügtes Wesen. Bei schlechten Aspekten sentimental, vergnügungssüchtig, sehr sinnlich, ausschweifend; schwer zu behandeln.

Neptun im Zeichen Skorpion

Gibt Kraft und Begeisterung, instinktives Erfassen der guten Gelegenheiten. Ein stolzer, energischer, entschlossener und ehrgeiziger Charakter. Bei schlechten Aspekten Leidenschaftlichkeit, Willensschwäche, Depressionen, Verirrungen, psychische Leiden.

Neptun im Zeichen Schütze

Verehrungssinn, große Einbildungskraft, Harmonie, Selbstlosigkeit, Zuverlässigkeit; Lust und Liebe zum Reisen in ferne Länder. Sehr rege Phantasie mit ungewöhnlichen Vorstellungen. Es besteht ein Streben nach höherer Erkenntnis, ein Glaube an eine gerechte Weltordnung. Bei schlechten Aspekten furchtsam, leicht erschreckbar, von eingebildeten Gefahren bedrückt. Man handelt mit unschönen Mitteln, ist verlogen und erlebt Selbsttäuschungen durch Kritiklosigkeit.

Neptun im Zeichen Steinbock

Ernst, nachdenklich, konzentrationsfähig, allem auf den Grund gehend, gründlich, arbeitsam, sorgfältig. Bei schlechten Aspekten große Selbstsucht, schlau und listig, nachlässig; zuweilen werden krumme Wege gegangen, verrennt man sich in falsche Vorstellungen.

Neptun im Zeichen Wassermann

Idealismus, Mitgefühl, universelle Menschenliebe, tiefgeistige Veranlagung, unabhängig im Denken, eigenartige Anziehungskraft, Weitsichtigkeit, Ideenreichtum; Reformneigungen, geistige Wandelbarkeit. Bei schlechten Aspekten die gleichen Fähigkeiten, aber Mangel an Tatkraft; leichte Beeinflußbarkeit, Halsstarrigkeit, den herrschenden Gepflogenheiten zuwiderlaufend; bestrebt, etwas umzustürzen.

Neptun im Zeichen Fische

Macht duldsam und zurückhaltend; ein sympathisches Wesen. Verursacht Hang zu Träumerei, zur Mystik und Kunst; man liebt das Absonderliche. Das Wesen ist sensibel, romantisch, selbstlos. Bei schlechten Aspekten hinterhältig, exzentrisch, empfindlich, mit schwacher Willenskraft, geheimnisvoll, ungewöhnlich. Neigung zu berauschenden Mitteln.

Neptun in den Horoskophäusern

Neptun im 1. Haus

Bei guten Aspekten Künstlertum, Genialität. Seelische Feinfühligkeit, großer Reichtum an Empfindungen, starke Neigung zur Mystik. Der Beeinflußte ist sehr sensibel, romantisch veranlagt, verträumt, mitfühlend. Das Wunschleben und die Phantasie werden enorm gesteigert. Es lassen sich intuitive und mediale Fähigkeiten beobachten; Inspirationen. Bei schlechten Aspekten ist die Möglichkeit, auf die hohen Schwingungen dieses Planeten zu reagieren, nicht vorhanden. Die Folge davon ist ein veränderlicher, zielloser, schwacher Charakter, der seelischen Depressionen und irrigen Vorstellungen unterworfen ist und vielfach zu Trunksucht, Einnahme betäubender Mittel, Störungen des Gemüts neigt. Viele Künstler haben diese Neptun-Konstellation, die nicht immer glücklich ist, sondern oft belastet.

Neptun im 2. Haus

Erzeugt die Neigung, sich durch ungewöhnliche Beschäftigungen finanzielle Einnahmen zu verschaffen. Im Zusammenhang mit Flüssigkeiten, Alkohol, Getränkehandel, künstlerischen Tätigkeiten, Film, Fernsehen, Theater, Kriminalpolizei lassen sich materielle Gewinne erzielen. Besonders im harmonischen Aspekt zur Sonne sind größere finanzielle Erfolge zu erwarten. Auch Astrologie und ähnliche Grenzgebiete verheißen Erfolg und Gewinn. Bei schlechten Aspekten ist man unpraktisch, unordentlich, unkorrekt in finanzieller Hinsicht. Es ist mit ungewissen pekuniären Verhältnissen zu rechnen. Auch besteht die Gefahr von Verlusten, Betrug, geheimnisvollen Vorfällen, Konkurs. Neigung zu ungesetzlichen Handlungen.

Neptun im 3. Haus

Übt einen starken Einfluß auf die geistigen Fähigkeiten aus, befruchtet die Phantasie, gibt hohe Ideale, großen Verehrungssinn, intuitives Empfinden, Talent zu schönen Künsten, ein starkes Interesse für okkulte Wissenschaften. Neigung zur Dichtkunst, Malerei und Talent dafür. Bei schlechten Aspekten führt diese Konstellation zu einem schwachen

Verstand, macht unrealistisch, verschwommen, verworren, stumpfsinnig. Unreiner Geschmack, perverse Neigungen, Gemütsstörungen, eigenartige Beziehungen zu Anverwandten, Gefahren auf Reisen sind zu
beobachten.

Neptun im 4. Haus

Gut gestellt verfeinert und vergeistigt Neptun das häusliche Leben
und schafft dadurch eine Grundlage für die innere Entfaltung. Bei
schlechten Aspekten zeigen sich ein Lebensabend in Not und Elend, Verluste durch Täuschung und Betrug, ein eigenartiges Schicksal am Lebensende; die letzten Lebensjahre lebt man sehr zurückgezogen, zum Beispiel
im Altersheim oder Krankenhaus. Bei sehr disharmonischen Aspekten
ergeben sich ungünstige Einflüsse aus dem Elternhaus.

Neptun im 5. Haus

Bei guten Aspekten deutet hier der Neptun auf romantische, zärtliche
und innige Liebesverbindungen. Es besteht ein Streben nach Ruhe, Frieden, Neigung zu nichtalltäglichen Verbindungen. Der Geborene ist sehr
fürsorglich, wohltätig und gefühlvoll zu seinen nächsten Angehörigen.
Bei schlechten Aspekten entstehen viele Sorgen und Mißhelligkeiten in
Liebesbeziehungen; der Charakter ist geprägt durch große Sinnlichkeit,
Ausschweifungen, Extravaganz, Perversität. Es besteht ein großer Hang
zu Vergnügungen sinnlicher Natur. Besonders in einem weiblichen
Horoskop ist ein schlechtbestrahlter Neptun von verderblicher Wirkung;
er bewirkt Verhinderung der Nachkommenschaft, ein wechselvolles, unruhiges Liebesleben.

Neptun im 6. Haus

Bei guten Aspekten ist die Möglichkeit gegeben, die schlummernden
geistigen Fähigkeiten zu entwickeln; es besteht großes Interesse für die
Heilkunde. Für die Gesundheit ist diese Konstellation weniger günstig.
Bei ungünstigen Aspekten durch Venus oder Mars kann es zu gesundheitlichen Schädigungen infolge von Ausschweifungen kommen. Auch
besteht die Gefahr von Geisteskrankheit. Im Verhältnis zur Umwelt –
besonders in beruflicher Beziehung – zeigen sich Nörgelei und schwieriges Zusammenarbeiten.

Neptun im 7. Haus

Er trägt stets eigenartige Verhältnisse in das Liebes- und Eheleben.
Bei sehr guten Aspekten ist eine Ehe mit einem hochgeistigen und selbstlosen Ehepartner angezeigt, die ein harmonisches Verhältnis in körperlicher und geistiger Hinsicht bringt. Man beobachtet eigenartige, nicht
alltägliche Verbindungen, besonders hinsichtlich der erotischen Einstellung. Schlechte Aspekte verweisen auf eine unglückliche Ehe, Betrug und

Treulosigkeit seitens des Ehepartners; dieser kann auch an einer Nervenkrankheit leiden. Das siebte Haus betrifft auch die Öffentlichkeit. Ein schlechter Neptun kann zu geheimnisvollen Vorfällen, Prozessen, Feindschaften führen. Ein guter Neptun – von Venus oder Mond harmonisch bestrahlt – deutet auf künstlerische Erfolge in der Öffentlichkeit hin.

Neptun im 8. Haus

Bei guten Aspekten Vermögenszuwachs durch die Ehe oder durch Erbschaften; Befähigung, tief in okkulte Dinge einzudringen. Ein schlechtgestellter Neptun bringt eine gleichgültige, nachlässige Ehehälfte, Verluste durch die Ehe, durch Nachlaßsachen, Testamente usw., Gefahr eines rätselhaften Todes, verborgene, schleichende Krankheiten, Doppelleben, Verschwinden, Verschollenheit.

Neptun im 9. Haus

Richtet das Denken auf außersinnliche Dinge, gibt starke seelische Fähigkeiten; eine eindrucksfähige, sinnende, leicht zu beeinflussende Natur. Man beschäftigt sich mit Theorien und Wissensgebieten, die nicht alltäglich sind. Bei schlechten Aspekten besteht die Gefahr geistiger Störungen, religiöser Wahnvorstellungen, Unglück auf Reisen und im Ausland.

Neptun im 10. Haus

Erzeugt ein sehr eigenartiges und ereignisreiches Berufsleben, gibt einen hochstrebenden, inspirierenden Geist. Bei guten Aspekten zeigen sich Ehre, Anerkennung und Auszeichnung in künstlerischen Berufen oder auch durch eine Heldentat. Der Neptun-Beeinflußte findet auch Erfolg im Handel mit Flüssigkeiten (insbesondere Drogen und berauschenden Mitteln), im Getränkehandel, Seehandel, in der Schiffahrt, im Schwimmsport, in geheimen Polizeieinheiten, in der Kriminalistik. Neptun ist das Symbol der Täuschung, des Geheimnisvollen, der Illusion. Das Berufsleben des Neptun-Beeinflußten wird immer den Charakter von etwas Vagem, Unklarem, Veränderlichem haben. Bei schlechten Aspekten kommt es zu einem wechselvollen, unruhigem beruflichen Leben, zu vielen Sorgen, Mißkredit, Schädigung der Ehre, öffentlichen Skandalen. Gern werden krumme Wege zur Erreichung der Ziele benutzt. Es besteht ein Mangel an Wahrheitsliebe und Wirklichkeitssinn.

Neptun im 11. Haus

Gibt hohe geistige Ansprüche, Freundschaften mit gleichklingenden Naturen. Eigenartige Anziehungskraft; man sucht seelische Verbindungen. Schlecht gestellt ergeben sich seltsame Beziehungen und Verbindungen, Täuschung und Betrug durch falsche Freunde. Menschen mit dieser

Neptun-Stellung müssen bei der Schließung von Freundschaften sehr vorsichtig sein; es fehlt der nötige Instinkt bei der Auswahl der Freunde.

Neptun im 12. Haus

Verheißt Erfolg in Tätigkeiten und Berufen, die außerhalb gewöhnlicher Betätigungen und Beschäftigungen liegen; es kann sich um Dinge handeln, die geheimgehalten werden müssen. Auch zeigt Neptun hier eine heimliche, aber hochideale Herzensneigung an. Bei schlechter Stellung Gefahr von Intrigen, Feindschaften, Skandalen; von kriminellen Handlungen, Aufenthalt in abgeschlossenen Anstalten, geheimen Leiden.

Pluto in den Tierkreiszeichen

Pluto im Zeichen Widder

Starke Impulsivität, außergewöhnliche Energie, Durchsetzungskraft, Begeisterungsfähigkeit, Tatkraft, Führereigenschaften, Pionierqualitäten.

Pluto im Zeichen Stier

Starke Abhängigkeit von Geld und Besitz. Der Erwerbstrieb ist besonders ausgeprägt. Viel Ausdauer und Hartnäckigkeit. Gesteigerte Erotik.

Pluto im Zeichen Zwillinge

Auf geistigem Gebiet kann Großes geleistet werden. Rasche Auffassung, scharfe Urteilskraft und Schlagfertigkeit, gutes Organisationstalent. Neigung zu Kritik und Übereilung.

Pluto im Zeichen Krebs

Große Phantasie, Aufnahmefähigkeit; Neigung zu Romantik, Schwärmerei. Bescheidenheit, Anpassungsfähigkeit. Grüblernatur. Auffallende Anziehungskraft.

Pluto im Zeichen Löwe

Macht großzügig, bedingt starkes Machtbestreben. Selbstbewußt, kraftvoll, furchtlos, ehrgeizig und gerecht. Zuweilen aber auch herrschsüchtig, unterdrückend, unfair, unehrenhaft, sinnlich, vergnügungssüchtig, anmaßend, verschwenderisch.

Pluto im Zeichen Jungfrau

Macht intellektuell, lernbegierig, wissensdurstig, gebildet, beobachtend, wissenschaftlich interessiert, nüchtern. Großer Forscherdrang. Anpassungsfähig, sehr sorgfältig. Berufliche Ziele werden mit geradezu fanatischem Eifer verfolgt. Negativenfalls zeigen sich materialistische Neigungen, Mißtrauen, Spott, Engherzigkeit, Zimperlichkeit, Unordentlichkeit.

Pluto im Zeichen Waage

Erzeugt Höflichkeit, Natürlichkeit, aber auch große Durchsetzungskraft gegenüber der Familie, Umwelt, der Öffentlichkeit. Schönheitsliebend, beliebt; man strebt meist nach Ausgleich und Überbrückung von Gegensätzen. Im negativen Fall zeigt sich absolute Passivität; es fehlt an Kraft, etwas durchzusetzen.

Pluto im Zeichen Skorpion

Hier entwickeln sich Eifer, Mut, Entschlossenheit, Scharfsinn, Energie, Ehrgeiz, Triebhaftigkeit und Leidenschaft. Aber auch Fanatismus, Eigenwilligkeit, Trotz, Verbissenheit, Bösartigkeit, Machtgelüste sind zu beobachten.

Pluto im Zeichen Schütze

Macht optimistisch, wahrheitsliebend, gerecht, menschenfreundlich, sozial. Starker Erkenntnisdrang, Streben nach Unerreichbarem; Reiselust, Erlebnisdrang, Hilfsbereitschaft. Negativenfalls Extravaganz, Maßlosigkeit, Üppigkeit, Unentschlossenheit, Weitschweifigkeit.

Pluto im Zeichen Steinbock

Macht ernst, stabil, strebsam, ausdauernd, konservativ, reserviert, klar und sachlich, sehr arbeitsam, pflichtbewußt. In den Beziehungen zur Umwelt empfindet man sehr tief, treu, anständig. Im negativen Sinn machen sich Furcht, Schüchternheit, Unfreiheit, Berechnung, Raffgier, Zaghaftigkeit, Verschlagenheit, Kaltherzigkeit geltend.

Pluto im Zeichen Wassermann

Es entwickeln sich Unabhängigkeit, Freiheitsliebe, starker Gemeinschaftssinn, viel Neigung zum Planen, Drang zu Reformen, Originalität, Wandelbarkeit, Fortschrittlichkeit, Humanität, Neigung zur freien Liebe. Aber auch Unbeherrschtheit, Aggressivität, Zerfahrenheit, Unberechenbarkeit, Perversität, Überspanntheit, Waghalsigkeit werden beobachtet. Alles Unerlaubte, Verbotene zieht stark an.

Pluto im Zeichen Fische

Macht sehr empfänglich, beeinflußbar, sensibel, verinnerlicht. Man strebt nach einem Leben in der Zurückgezogenheit, nach Arbeit im Verborgenen oder auf Grenzgebieten des Wissens. Künstlerische Veranlagung; Gutmütigkeit, Zärtlichkeit, Schwärmerei; Romantik. Negativenfalls ist man sehr empfindlich, selbstquälerisch, besessen, sentimental, sinnlich, ausschweifend, unmoralisch.

Pluto in den Horoskophäusern

Pluto im 1. Haus

Doppelnatur, Zwiespalt, Drang nach Neuem und dabei sich doch schwer vom Alten losreißend; bald dem Alten, bald dem Neuen brutal gegenüberstehend. Sehr entwicklungsfähige Natur. Die Beeinflußten sind voller Rätsel und Geheimnisse, schwer zugänglich. Oft abweichende, schroffe, mißtrauische und skeptische Menschen. Man beobachtet Trotz, Sinnlichkeit, Ungebundenheit, große Widerstandskraft, Geistesstärke, ausdauernden Willen. Pluto in dieser Position erzeugt Persönlichkeiten, Pioniere, anziehende Menschen mit Selbstbewußtsein, Waghalsigkeit, Tollkühnheit, Todesmut. Eigenartiger Lebenslauf mit wiederholten Umwälzungen und wichtigen Wendepunkten, oft am Scheideweg stehend, Versuchungen und Prüfungen ausgesetzt. Bei guten Aspekten Aufstieg oder Popularität. Bei schlechten Aspekten brutale Gewalt, Rücksichtslosigkeit, Skrupellosigkeit, Vernichtungswille, Gefahr eines gewaltsamen Todes, verbrecherische Anlagen.

Pluto im 2. Haus

Pluto begehrt, will an sich reißen, zusammenraffen. Großer Erwerbstrieb, Besitzstreben, große Abhängigkeit von Geld und Gut. Mehrere Erwerbsquellen sind vorhanden; zuweilen wird auf sensationelle, abenteuerliche Weise Geld gemacht (Spekulationen, Erfindungen, bei Wettbewerben). Pluto mit Jupiter im guten Aspekt deutet auf unvermittelte Geldgewinne (Lotto, Toto, Lotterie usw.). Pluto im zweiten Haus ist eine wichtige Stellung für Bankiers, Kaufleute, Spekulanten, Börsenleute. In guter Bestrahlung schenkt er hier große Reichtümer und weltliche Güter. Die eigene Arbeitskraft und Leistung wird so teuer wie möglich verkauft. Ungünstig aspektiert macht Pluto sehr verschwenderisch, habgierig, rücksichtslos oder skrupellos im Gelderwerb. Das kann bis zur gewaltsamen Bereicherung gehen (Raub, Erpressung usw.). Schwere, oft gleichsam über Nacht kommende Vermögensverluste und Geldeinbußen, besonders durch waghalsige finanzielle Abenteuer, schlechte Spekulationen, wirtschaftliche und wirtschaftspolitische Ereignisse, Bankkrisen oder auch in Verbindung mit Todesfällen.

Pluto im 3. Haus

Der Beeinflußte fühlt sich gerne zurückgesetzt oder als Stiefkind, trumpft aber dabei ganz im Gefühl auf. Ewig unzufrieden, stets Großes sich wünschend, immer suchend, oft über die Grenzen hinausgehend. Die so Beeinflußten streben etwas an, was nicht ist, arbeiten viel mit Affekten, verstehen auch gut zu täuschen und zu bluffen. Sie wollen

unter allen Umständen ihre Persönlichkeit durchsetzen und wenden dabei oft ganz eigenartige Mittel an. Sie sind unfähig und auch nicht willens, sich in die Gedankenwelt oder Anschauungen anderer einzuleben. Die Handlungen werden getarnt. Rasch, vielseitig, zwiespältig, umwälzend im Denken sind sie oft Doppelnaturen bis zur Spaltung des Ichs. Die Geborenen streben manchmal eine Sache an und gleichzeitig das Gegenteil davon. Zersplitterung der geistigen Kräfte; auch Doppelmoral. Es herrscht ein abenteuerlicher Geist; das Alte wird gestützt, Neues aufgebaut. Geistige Vorkämpfer haben oft eine solche Planetenkonstellation.

Weitere Merkmale sind ein großes Sprech- und Geltungsbedürfnis, Rücksichtslosigkeit bei der Verfolgung der Ziele; unerschöpfliche geistige Energie, kühne Pläne. Projektemacher, Erfindernaturen; frühzeitig mystischem Denken zugewandt. So entwickeln sich leidenschaftliche, faszinierende Redner, Schriftsteller, Kritiker, Satiriker, Karikaturisten. Interesse an Reiseabenteuern, sensationeller Literatur. In disharmonischen Aspekten verursacht Pluto im dritten Haus Reizbarkeit, Starrköpfigkeit, Widersätzlichkeit, viel Hin und Her, das Ringen zweier Prinzipien im Denken; man wird hin- und hergetrieben zwischen Licht und Schatten. Widerstand gegen Autoritäten und Konvention. Neigung zu Zersetzung, Zerstörung, Sarkasmus, Zynismus, Täuschung, Betrug.

Pluto im 4. Haus

Geistige Unruhe, ständiges Umwerfen von Plänen und Ideen, große geistige Umgestaltungen, große Wunschkraft, Sehnsucht und Phantasie, Abenteuerlust, Forschergeist, keine Seßhaftigkeit. Der Begriff „Heimat" ist für diesen Typ ein universeller, bei ihm heißt es nicht „Mein Heim, meine Welt", sondern „Mein Heim ist die ganze Welt". Das Elternhaus ist für diese Menschen viel zu eng und zu klein; sie haben einen ausgesprochenen Freiheitsdrang: den Trieb, fort in die große Einsamkeit, in die Natur und Wildnis zu gehen, die Sehnsucht nach dem Großen, Weiten, Unerforschten, und den Wunsch, unbetretene Pfade zu gehen. Es besteht Eignung als Naturwissenschaftler, Geologe, Meteorologe, Archäologe, Physiker; Interesse an ausgefallenen Forschungen. Pluto im vierten Haus bewirkt außerdem heftige Auseinandersetzungen mit den Eltern, besonders bei disharmonischen Aspekten zu Mars. Im Alter entstehen noch viele Veränderungen, geistige Umgestaltungen; zu beobachten sind Unruhe am Geburtsort, häufiger Ortswechsel. Pluto erzeugt hier, wenn er in disharmonischen Aspekten steht, Fanatismus, Intoleranz, Phantasterei, Vereinsamung. Bedrohung durch Naturkatastrophen. Am besten ist es dann, den unheilvollen Geburtsort zu verlassen.

Pluto im 5. Haus

Ungestümes, leidenschaftliches Begehren; unbeherrschtes, ungezügeltes Triebleben: Liebesrausch, erotische Abenteuer, unglückliche Verbindungen, sexuelle Anomalien. Es werden dauernd neue Verbindungen mit allen möglichen Menschen gesucht. Starker Verbrauch der Sexualkraft. Menschen mit Pluto im fünften oder elften Haus weichen gern vom normalen geschlechtlichen Empfinden ab. Pluto hat also unbedingt mit Eros und Sexus zu tun. Aspekte zwischen Pluto und Venus: durchschlagende, aufgewühlte Erotik; vielerlei geschlechtliche Anbahnungen; Pluto und Mars: wilde Sinneslust, Liebesabenteuer; Pluto und Merkur: Verstellungen, verkrampfte Liebesvorstellungen; Pluto und Jupiter: extreme Neigungen; viele, aber nicht lange während Verbindungen; Ausschweifungen; Pluto, Saturn und Neptun: verdrängter Sexualtrieb, Enthaltsamkeit, Askese, platonische Verbindungen; Pluto und Uranus: verirrte Triebkräfte verursachen einen ruhelosen Zustand, auch Gleichgeschlechtlichkeit. Pluto im fünften Haus verursacht Spekulationstrieb, Abenteuerlust, aber auch pädagogische Begabung, ferner Schauspieltalent. Pluto sehr stark verletzt deutet auf Kummer und Leid im Zusammenhang mit Kindern.

Pluto im 6. Haus

Eine hervorragende Stellung für Ärzte, Chirurgen; Neigung oder Begabung für methaphysische Probleme, Liebe zu abenteuerlichen Beschäftigungen. Pluto erzeugt Fanatiker der Arbeit; Arbeitstiere, die zu großen, ja übermenschlichen Leistungen fähig sind. Steht dabei Pluto im Zeichen Krebs, so sind die Betreffenden von einer Idee nicht mehr abzubringen. Solche Menschen leiden oft unter der Veranlagung zu Blutkrankheiten, Infektionen, Wassersucht, Magenerkrankungen.

Pluto im 7. Haus

In bezug auf das Eheleben kann man sagen: ohne Kämpfe und Krisen wird das Zusammenleben nicht abgehen. Es ergeben sich viele Anbahnungen, die selten zum wirklichen Ziel führen; Trennungen zum Zweck des Eingehens neuer Verbindungen. Umwälzungen, Abenteuer, Feinde, Eifersucht, Untreue erschüttern die Ehe. Wird Pluto von Neptun günstig bestrahlt, verheißt dies eine ideale vergeistigte Ehe, völliges Aufgehen im Partner, Verschmelzung, Einswerden. Bei schlechten Aspekten zeigen sich vorgetäuschte Eheversprechungen, Abenteuer und Disharmonien. Menschen mit einem schlechtbestrahlten Pluto sollten eigentlich nicht heiraten; jede geschlossene Ehe wird nach einer gewissen Zeit wieder auseinandergehen. Pluto im siebten Haus hat aber auch eine große Beziehung zur Öffentlichkeit. Es entwickeln sich Typen, die durch ihre

ganz persönliche Note, durch nicht alltägliche, ausgefallene Begabungen, durch übersinnliche Fähigkeiten, durch Betätigungen auf ganz abgelegenen, weltfremden Gebieten auch durch schöpferische Initiative und Genialität Furore machen und in die Öffentlichkeit oder zur Macht gelangen. Diese Menschen gehen auch stets ihre eigenen Wege, sind Originale, Bahnbrecher ihres Fachs, zeigen Spitzenleistungen: sie repräsentieren den Typ des Führers, Chefs, Urhebers, Autors, Schöpfers einer Idee; sie sind ausgesprochene Kämpfernaturen. Bei günstigen Aspekten Erfolge durch Anwendung von Gewalt; Macht und Erfolg in der Öffentlichkeit, Popularität; erfolgreiche Politiker. Die Geborenen haben aber auch viele Feinde, werden gezwungen, sich immer wieder zu verteidigen und mit Gegnern zu messen; man gönnt ihnen weder ihre Kraft noch ihre Macht. Das Können muß immer wieder unter Beweis gestellt werden. Darum sind sie auch meist eifersüchtig, vertragen es nicht, in der Leistung übertroffen zu werden, suchen stets ihr Prestige zu wahren, der Führende in ihrem Fach zu bleiben. In disharmonischen Aspekten bringt Pluto hier schwere Schicksalsschläge, die tief in den Lebenslauf einschneiden: Lebensgefahr verursachen, Unfallneigung, einen gewaltsamen oder unrühmlichen Tod, den Tod des Partners.

Pluto im 8. Haus

In diesem Haus gibt Pluto die Neigung zur Beschäftigung mit der Welt des Übersinnlichen, der Magie, der Mystik; die Beeinflußten haben Inspirationen. Bei disharmonischen Aspekten besteht die Gefahr geistiger Störungen. Pluto deutet in dieser Konstellation auf wiederholte Lebensgefahren, Selbstzerstörungstendenzen und einen ungewöhnlichen, tragischen Tod oder einen Tod infolge angeborener und heimtückischer Leiden. Einige Menschen mit Pluto im achten Haus verschwinden, ohne je wieder gesehen zu werden; sie gelten dann als vermißt, verschollen.

Pluto im 9. Haus

Sehr günstige Stellung. Sie deutet auf einen unersättlichen Wissens- und Erkenntnisdrang, innere Sehnsucht nach dem Unerreichbaren. Das Denken ist selbständig, abenteuerlich, freiheitlich, für höhere Ideale empfänglich. Es ergeben sich extreme Richtungen, Vorlieben für unbetretene Gebiete; exotische Dinge ziehen an. Meist Hang zu einem bewegten Leben, Interesse an Reisen, Fahrten und Abenteuern. Träger bestimmter geistiger Ideen, sogar Begründer neuer Philosophien. Pluto verheißt hier Fernblick, Scharfsinn, Fingerspitzengefühl, Ahnungsvermögen. Als allgemeine Typen sind diese Naturen Abenteurer, Sensationshascher, Romantiker, Forscher, Globetrotter; als höhere Typen Idealisten, geistige Kämpfer und Pioniere, Sektengründer, Okkultisten, Freidenker, Lebensphilo-

sophen, Prognostiker, Hellseher, okkulte Schriftsteller, Astrologen. Bei
schlechten Aspekten besteht die Gefahr, geistige Erkenntnisse zu zerstören. Überspanntheit, böswillige Übertreibung, Spitzfindigkeit, Scheinheiligkeit, Schwarzseherei, Lebensgefahr oder Tod im Ausland sind zu
beobachten.

Pluto im 10. Haus

Typ des Machthabers, Herrschers, Diktators, Führers, Chefs. Zähes
Streben nach Macht und Selbständigkeit, großes Geltungs- und Unab-
hängigkeitsbedürfnis, Wunsch nach Ungebundenheit; Unternehmungslust, entschiedenes Auftreten, brutale Selbstbehauptung; Diktatur. Das
soziale Wirken ist oft eigentümlich. Es bestehen oft die verschiedensten
Neigungen und Fähigkeiten; daher Schwierigkeiten bei der Berufswahl,
Unzufriedenheit, Zwiespältigkeit, Zersplitterung im Berufsleben. Die
Beeinflußten besitzen eine gewisse Immunität, alle Angriffe prallen bei
ihnen ab, man kann sie aber auch nie recht befriedigen und schwer
Freundschaft mit ihnen halten. Sie sind angriffslustig, können aber
fremde Angriffe nicht vertragen und wollen überall angesehen sein. Der
Beruf ist kampferfüllt und wird oft in ungewöhnliche Bahnen gelenkt;
es gibt dabei häufig veränderte Situationen, Umstellungen, Umwälzungen, Krisen, Geheimnisse, Gefahren oder Feindschaften. Markante,
unvorhergesehene Wendepunkte auf dem Schicksalsweg, Umschwung in
der Lebensführung. Bei guten Aspekten deutet der Pluto im zehnten
Haus auf großen Aufstieg, ungewöhnliche berufliche Erfolge und Anerkennungen. Bei schlechten Aspekten zeigen sich ein jäher Sturz von der
Höhe, Zusammenbruch, Katastrophe, heftige Auseinandersetzungen,
Streitigkeiten, durchgreifende Änderungen der Lebensverhältnisse, Verlust von Macht und Ansehen. Pluto im zehnten Haus im Aspekt mit
Venus deutet meist auf einen künstlerischen Beruf hin. Popularität auf
diesem Gebiet.

Pluto im 11. Haus

Pluto gibt in diesem Haus, besonders bei Aspekten von Venus und
Jupiter, große Nächstenliebe und Opfersinn, macht wahre Menschen-
freunde und Seelsorger; man findet diese Konstellation häufig bei Priestern, Ärzten und auch bei Menschen, die ihre Umgebung beglücken,
sie durch ihre Werke und ihre ganz persönliche Eigenart erfreuen und
fördern. Es sind Lebenskünstler und Idealisten, Führer, die mit Begeisterung für ein Ideal kämpfen, oft auch neue Lehren bringen und der
Menschheit etwas zu geben haben. Sie besitzen auch stets viele Freunde
und Verehrer oder Anhänger ihrer Ideen, genießen große Beliebtheit und
üben eine große Anziehungskraft aus. Meist zeigen sich eigenartige, viel-

seitige, oft auch unglückliche Beziehungen, auch solche erotischer Natur. Bei schlechten Aspekten verursacht Pluto hier ungünstige Beeinflussungen, Vergewaltigung oder Gefahr durch Freunde, Tod von Freunden, Gefahr bei Geburten, sexuelle Anomalien. Kommen ungünstige Aspekte aus dem fünften Haus hinzu, können sich Impotenz, Kinderlosigkeit, platonische Verbindungen und ähnliches bemerkbar machen. Immer werden sich Menschen mit dieser Konstellation wegen ihrer ganz persönlichen Note oder einmaligen Begabung großer Popularität oder allgemeiner Beliebtheit erfreuen.

Pluto im 12. Haus

Denkbar schlechteste Pluto-Position. Seine Wirkung ist hier unheilvoll, dabei noch massiver und verheerender als die des Mars: unterwühlend, unterminierend, schleichend, versteckt, getarnt. Nur bei sehr guten Aspekten werden Feinde, die immer da sind, erfolgreich abgewiesen oder aus dem Weg geräumt. Erfolge auf dem Gebiet des Sozialwesens, bei der Arbeit in Krankenhäusern, Sanatorien, Hospitälern, Erziehungsinstituten, Anstalten, Internaten; auch als Detektiv, Kriminalist, Jurist. Interesse oder Begabung für Mystik, Magie, Okkultismus. Menschen mit Pluto im zwölften Haus werden immer wieder von neuem in Versuchung geführt oder in unglückselige Abenteuer hineingezogen, stehen oft am Scheideweg. Schon eine geringe Verletzung des Pluto disponiert zu kriminellen und unmoralischen Typen. Heftige, aggressive, versteckte und unterdrückte Gefühle, die plötzlich hervorbrechen können; Verfehlungen und Verirrungen sexueller und erotischer Art, geheime und unerlaubte erotische Beziehungen. In disharmonischen Aspekten leidet der Betreffende auch unter heimtückischen, oft unheilbaren oder vererbten Leiden, unter Verrat, Betrug, Gefangenschaft, Bestrafung, Verbannung. Wenn aus dem vierten oder achten Haus negative Aspekte kommen, besteht die Gefahr eines gewaltsamen oder schmachvollen Todes (z. B. durch Unglücksfall, feindlichen Überfall, Selbstmord).

VII.

Die Deutung der Aspekte

Die Astrologie spricht von den Winkelbeziehungen der Gestirne unter sich. Es ist auch nicht gleichgültig, in welcher Entfernung die Gestirne voneinander stehen. Es gibt „harmonische" und „disharmonische" Aspekte. Im folgenden führen wir unter + die harmonischen und unter – die disharmonischen Aspekte an; das Zeichen K steht für Konjunktion.

Aspekte der Sonne

Sonne und Mond

+ Glück im allgemeinen, Lebenserfolg, gute Gesundheit, Lebenskraft, Harmonie mit den Eltern und der Familie, Übereinstimmung mit dem Ehepartner.
− Gestörte Gesundheit, Familienschwierigkeiten, Schwierigkeiten im Beruf, Unannehmlichkeiten mit dem anderen Geschlecht, öffentliche Mißhelligkeiten.
K Geringe Durchsetzungskraft, Flatterhaftigkeit, Verklemmungen.

Sonne und Merkur

Merkur steht nie weiter als 28 Grad von der Sonne entfernt. Steht der Merkur bis 6 Grad von der Sonne entfernt, ist dies ungünstig; es bewirkt Oberflächlichkeit, geringe geistige Kräfte. Zwischen 6 bis 13 Grad Entfernung verheißt das große Intelligenz, gutes Konzentrationsvermögen, gutes Gedächtnis, rhetorische Fähigkeiten, Kunstverständnis, Sprachentalent und starkes Interesse an Literatur.

Sonne und Venus

Der Abstand zwischen Sonne und Venus kann maximal 48 Grad betragen, deshalb kann nur eine Konjunktion entstehen.
+ Starkes Liebesempfinden, Vergnügungslust, Liebe zu Luxus und Schönheit; Beliebtheit beim anderen Geschlecht.
− Eitelkeit, Übertreibungen; auf erotischem Gebiet sehr triebhaft.
K Liebevoll, Vorliebe für Vergnügungen, Geselligkeiten, guter Geschmack, vielleicht Heirat des Geldes wegen.

Sonne und Mars

+ Große Energie und Tatkraft, Aktivität. Willensstärke, Mut und Selbstvertrauen. Die Fähigkeit, andere zu leiten; Übernahme großer Verantwortung. Der Geborene fordert, er bittet nicht.
− Voreiligkeit, Sinn für Unabhängigkeit und Entschlossenheit, Streitsucht. Leidenschaften sind stärker als der Wille; Entfremdung mit Vorgesetzten, unangenehme Vorfälle mit Behörden; Triebhaftigkeit.
K Starke Lebenskraft, aber Neigung, die Gesundheit zu stark zu beanspruchen; Unglücksfälle, Fieber, Überspannung.

Sonne und Jupiter

+ Sehr guter Aspekt: gute Gesundheit, starke Lebenskraft, Erfolg im Leben, allgemeine Beliebtheit, beruflicher und gesellschaftlicher Aufstieg, starkes Gerechtigkeitsgefühl; der Geborene ist ein Glückspilz.
− Eitelkeit, Extravaganzen, Verschwendung; Auflehnung gegen Gesetz und Vorgesetzte, rechtliche Konflikte; starker Eigenwille.

K Eine Konjunktion zwischen diesen beiden Gestirnen deutet auf große
   Glücksfälle im Leben. Der Geborene hat in vielen Unternehmungen
   eine glückliche Hand; materielle Gewinne sind sicher.

Sonne und Saturn

+ Große Festigkeit und Erfolg, Stetigkeit, Nüchternheit und Selbstbeherrschung. Das Ziel wird erreicht – manchmal mühsam, aber
   Ausdauer, Ordnungssinn und Zähigkeit helfen dabei. Mit Beharrlichkeit wird jede Arbeit zu Ende geführt. Fähigkeit, große geschäftliche Unternehmungen zu leiten und zu organisieren. Gutes Verhältnis zum Vater.

– Schwierigkeiten im beruflichen Leben, Unsicherheit, Schüchternheit.
   Diese negativen Eigenschaften werden durch übersteigertes Selbst-
   bewußtsein, Kaltblütigkeit und Ausdauer verdeckt. Beschränkungen,
   Hindernisse und Schwierigkeiten im Leben. Es besteht Neigung zu
   Schwermut und Melancholie. Der Vater spielt eine große Rolle im
   Leben; entweder trennt sich der Vater frühzeitig von der Familie,
   oder der Geborene verliert frühzeitig den Vater.

K Schlecht für die Lebenskraft und Konstitution. Kaltherzig, geizig.
   Ungünstige Konstellation für das Liebesleben, eventuell Scheidung
   oder frühzeitige Trennung.

Sonne und Uranus

+ Starkes Selbstbewußtsein, Originalität des Geistes; gutes Selbstver-
   trauen, Unternehmungslust; Ehrgeiz, klarer und aktiver Verstand,
   Interesse für alle Neuerungen, Streben nach Unabhängigkeit; das
   Althergebrachte wird abgelehnt. Anziehende Persönlichkeit.

– Exzentrisch, eigenwillig, leicht reizbar, impulsiv, vorschnell. Der
   Geborene erregt leicht Anstoß, steht in Opposition oder Feindschaft
   zum öffentlichen Leben. Konflikte mit dem anderen Geschlecht, Bindungen werden sich schnell wieder lösen, eine Ehescheidung ist wahrscheinlich. Neigung zu Unglücksfall.

K Man ordnet sich nicht gern unter, ist bestrebt, anders zu sein als die
   Masse. Romantische Ehe, die aber bald durch Trennung oder Scheidung endet.

Sonne und Neptun

+ Verfeinerte Gefühle und Empfindungen, guter Geschmack und Liebe
   für alles Schöne, starkes Kunstempfinden, Neigung zu mystischen
   Studien, tiefes Erfassen, Originalität.

– Falsche Empfindungen, Beeinflußbarkeit, getäuschte Hoffnungen.

Neigung zu Unwahrheit, Genußsucht; große Enttäuschungen, lose Moral.

K Sonderbarer Charakter. Starke Neigung zum Okkultismus. Man fühlt sich ausgestoßen, hat eine schwache Gesundheit, ist sehr feinfühlig.

Sonne und Pluto

+ Starke Lebenskraft, Energie und Tatkraft, Beliebtheit; Fähigkeit, Großes zu leisten.

– Unüberlegtheit, Neigung zu Überstürzung, Anmaßung, Oppositionsgeist, Selbstüberschätzung, Überheblichkeit. Seelische Erschütterungen, tragische Liebe. Unfallgefährdet. Disponiert für Herzerkrankungen; Vergeudung der Lebenskraft.

K Katastrophenaspekt, der sich in Lebenskrisen, Machtstreben, Nervenkrisen äußert; auch in körperlicher Behinderung, Einschränkung, Trennung, Mangel an Anpassung, schicksalhaften Verbindungen, Auseinandersetzungen mit Staat, Behörden, Vorgesetzten.

Sonne und Mondknoten

+ Günstige Verbindungen, harmonische Zusammenarbeit, Kontaktfreudigkeit.

– Disharmonien durch Zusammenkünfte; Gemeinschaftsarbeit, Trennungen.

K Verbindungen werden gesucht und erstrebt.

Sonne und Aszendent

+ Starke Lebenskraft, berufliche und öffentliche Anerkennungen, Durchsetzungskraft, Fähigkeit, sich Geltung zu verschaffen; positive Einstellung zum Leben.

– Wenig Erfolg im Leben, schwache Lebenskraft. Schädigung durch andere, Enttäuschungen, Verleumdung, Herabsetzung.

K Harmonische Einstellung zur Umwelt, Fleiß, öffentliche Anerkennung; Geltungsdrang, Tatendrang; gute Gesundheit.

Sonne und Medium coeli (MC)

+ Zielbewußter Aufstieg im Leben, persönliche Anerkennungen. Durch positive Lebenseinstellung gelangt man zu Ruhm und Ehre.

– Unklare Bestrebungen und Ziellosigkeit ergeben soziale Schwierigkeiten.

K Starke Individualität, harmonische Veranlagung, Lebensbejahung; außergewöhnliche Pläne werden verwirklicht. Kraftvolle Persönlichkeit, Aktivierung des Lebensweges, Herausragen aus der Masse. Durch Intelligenz und Erfahrung wird eine gehobene Position erreicht.

Aspekte des Mondes

Mond und Merkur

+ Guter Verstand, große Lernfreudigkeit, Schlagfertigkeit und Sprachentalent, gutes Urteil. Die Intelligenz ist ausgeprägt; rhetorische Veranlagung, selbständiges und praktisches Denken, Aufgeschlossenheit für alles Neue.

− Zwar sind gute geistige Gaben vorhanden, doch werden sie falsch entwickelt; das Denken ist wandelbar, mit der Wahrheit nimmt man es nicht so genau. Man zeigt sich unbeständig, oberflächlich, handelt übereilt.

K Gute Veranlagung für alle Geschäfte. Geistige Regsamkeit, gutes Urteilsvermögen, weiter Gedankenkreis; synthetisches Denken.

Mond und Venus

+ Im Hinblick auf Liebe und Ehe ist dies ein guter Aspekt; das Liebesempfinden ist stark, man zeigt sich anpassungsfähig und zuvorkommend; heitere Gemütsart, Fürsorglichkeit für die Familie sind zu beobachten. Streit und Auseinandersetzungen geht man aus dem Weg; es wird zu vermitteln versucht.

− Starkes Triebleben; aus Empfindungen heraus wird gehandelt. Hemmungen in der Liebe; unbefriedigte Leidenschaft, Gefühlsaufwallungen, Probleme im häuslichen Leben; Nachlässigkeit, Beeinflußbarkeit. Frauenkrankheiten, Fehlgeburten.

K Das Gefühlsleben ist sehr ausgeprägt. Künstlerische Veranlagung, Zärtlichkeitsverlangen, Streben nach Vereinigung, gutes Verhältnis zur Mutter, harmonisches Familienleben.

Mond und Mars

+ Große Willenskraft, Mut, tatkräftiges, oft impulsives Handeln, Unternehmungslust. Aktivität, Wahrheitsliebe, Offenheit.

− Leicht erregt, streitlustig, voreilig. Zwistigkeiten mit dem anderen Geschlecht, Möglichkeit der Scheidung, Trennung von der Mutter oder ihr früher Tod. Verschwenderisch in Geldangelegenheiten; Gefühlsverdrängung, Launenhaftigkeit, Leidenschaftlichkeit.

K Reizbar, heftig, prahlerisch, schwatzhaft, leidenschaftlich. Starke innere Spannungen, eheliche Differenzen, Neigung zu Krankheiten.

Mond und Jupiter

+ Sehr günstige Konstellation! Soziale Erfolge, materielle Gewinne, positive Lebenseinstellung, aufrichtiges Wesen, Popularität. Großzügige Unternehmungen werden durchgeführt. Weitgehende Pläne, künstlerische Interessen. Anziehungskraft, Optimismus.

− Opposition gegenüber Gesetz und Obrigkeit, Neigung zu Extra-

vaganzen, Verschwendung. Man lebt gern über die Verhältnisse. In Liebesbeziehungen ergeben sich Konflikte, Nachteile, Schädigungen; Trennung vom Glück, von Frau oder Mutter. Neigung zu Krankheiten (Galle, Leber).

K Große finanzielle Gewinne, Reichtum, Neigung zu Vergnügungen und Geselligkeit. Durch die Ehe kann es zu einer gesicherten materiellen Lage kommen. Gesundes Triebleben, Gefühlsreichtum, künstlerische Neigungen, Erfolgsstreben.

Mond und Saturn

+ Verantwortungsbewußtsein, Organisationstalent, Pflichtbewußtsein; Eignung für Vertrauensposten. Gesteckte Ziele werden mit Sorgsamkeit und Bedächtigkeit verfolgt.

− Sehr ungünstiger Aspekt, bewirkt viel Einschränkungen, Beschränkungen, Gemütsdepressionen, Melancholie, schwache Gesundheit. Der Beeinflußte ist unzufrieden, verschlossen, eigensinnig, unaufrichtig. In Partnerschaften hat er keine glückliche Hand; Hemmungen im Liebesleben; Entfremdung oder Trennung von Frau oder Mutter. Auf sich allein gestellt, fühlt er sich vereinsamt oder verlassen.

K Lebensangst, einseitige Denkweise, Vereinsamung; gesundheitliche Störungen.

Mond und Uranus

+ Große Aufmerksamkeit und suggestive Überzeugungskraft, Ehrgeiz. Origineller Geist, eigene Wege gehend, neue Methoden suchend; große Reiselust. Zielstrebigkeit, Einfallsreichtum, glückliche Hand in Unternehmungen. Unentschlossenheit in Liebesbeziehungen.

− Ungünstig für die Gesundheit. Die Beeinflußten sind exzentrisch, eigenwillig, fanatisch, überspannt, gereizt und launenhaft; sie neigen zu wechselnden Stimmungen, Entgleisungen, Verkehrtheiten. Es zeigen sich Eigenwilligkeiten in der Liebe, unterdrückte Erregbarkeit, starke Sinnlichkeit; dies führt häufig zur Trennung vom Partner oder zu tragischem Liebesleben, abartigen Neigungen, Selbstschädigungen.

K Mangel an innerem Gleichgewicht, unvernünftige Ansichten, sonderbare Gewohnheiten; romantische Liebesangelegenheiten durchziehen das Leben.

Mond und Neptun

+ Sehr eindrucksfähiger Geist, starke Einbildungskraft, Sensitivität, starke Imagination, gute Einfühlungsgabe; künstlerische Talente oder hervorragendes Kunstverständnis. Die Beeinflußten sind anziehend, träumerisch und schwärmerisch, haben eine reiche Phantasie. Abhängigkeit von allen Umwelteinflüssen.

– Träumerische Veranlagung, passive Einstellung; Neigung zu Selbsttäuschungen, Unausgeglichenheit. Mit der Wahrheit wird es nicht so
genau genommen. Überempfindlichkeit, geschwächtes Triebleben,
nervöse Störungen durch unnatürliches Verhalten; man verliert sich
leicht in Wunschvorstellungen.

K Sehr unbeständig, sehr feinfühlig, die Einsamkeit liebend, unbefriedigt; eigenartige Veranlagung.

Mond und Pluto

+ Das Gefühlsleben ist sehr ausgeprägt und zuweilen einseitig orien-
tiert; das sentimentale Wesen erweckt trotzdem Lust zu Abenteuern
und zu Extremhandlungen, zu vielen Reisen und Ortswechseln.

– Einseitiges, extremes Gefühlsleben, schwere Hemmungen; psycho-
metrische Begabung; Niedergeschlagenheit, Genußsucht niedriger
Art, Zügellosigkeit; Neigung zu Erkrankungen.

K Heftige Gefühlsausbrüche führen zu Affekthandlungen.

Mond und Mondknoten

+ Große Beliebtheit bei anderen Personen. Bei Verbindungen spielt das
Gefühl eine große Rolle; zu weiblichen Personen findet sich schnell
ein seelischer Kontakt.

– Eine gewisse Empfindlichkeit führt zu Entfremdungen; Verbindungen
sind daher nicht von Dauer. Verluste und Nachteile durch weibliche
Mitarbeiter.

K Beziehungen zur Kunst. Persönliche Beziehungen werden angeknüpft.

Mond und Aszendent

+ Harmonische Beziehungen zur Umwelt, Anpassung, positive Einstellung zum anderen Geschlecht, liebevolles Wesen, Neigung zu Geselligkeit, Gemeinschaftssinn.

– Launenhaftigkeit, Konflikte mit Personen des anderen Geschlechts,
Trennung von Verwandten; nervöses Verhalten, Unentschlossenheit.

K Neigung zu Veränderungen; gute Kontaktfähigkeit.

Mond und Medium coeli (MC)

+ Reiches und tiefes Seelenleben, positive Lebenseinstellung, Strebsamkeit in beruflichen Dingen; wechselnde Ziele, Anpassung.

– Die Ziele sind unklar, das Wesen ist schwankend und haltlos. Viele
Veränderungen, seelische Hemmungen, Verstimmungen, Wechsel-
haftigkeit. Seelischer Kontakt zu lieben Menschen wird unterbrochen.
Starke Erregbarkeit; Erschütterungen.

K Beruflicher Aufstieg, jedoch wechselnde Stellungen und Veränderungen.

Aspekte von Merkur

Merkur und Venus

+ Nur Sextil und Konjunktion sind möglich: der Betreffende ist sehr sympathisch, heiter, anregend, freundlich, beredt, anpassungsfähig; den schönen Künsten sehr zugeneigt. Schöpferische Energie, Sinn für Formgebung, starkes Vorstellungsvermögen, Phantasie und Inspiration; Beschwingtheit, Leichtlebigkeit.

− Disharmonisch aspektierte Konjunktion: Mangel an Takt, Oberflächlichkeit; Vergnügungen und Geselligkeiten stehen an erster Stelle, es fehlt Zielstrebigkeit.

K Ästhetisches Wollen, Sinn für Umgangsformen, gesellschaftliches Talent.

Merkur und Mars

+ Positiver und origineller Verstand, geistige Aktivität, praktische Veranlagung, Rednergabe, handwerkliche Fähigkeiten, Geschicklichkeit.

− Nervös, leicht erregbar, sehr kritikfreudig, übertreibend, unduldsam, sarkastisch; wenig Wahrheitsliebe.

K Nachteile durch Übertreibungen, gehemmte Entschlußkraft.

Merkur und Jupiter

+ Die Lebensauffassung ist heiter und optimistisch, der Verstand ist sehr ausgeprägt. Gerechtdenkend, freigebig. Redetalent, gesunder Menschenverstand, Neigung zur Diskussion, Geselligkeit. Organisationsgabe, reiche Phantasie, Wissensdrang.

− Veränderlichkeit in den Ansichten, Hast, Eigensinn, Leichtfertigkeit, Unverläßlichkeit.

K Schlagfertigkeit, Aufbaustreben; Erfolg im Beruf, Ansehen.

Merkur und Saturn

+ Arbeitsam, ehrgeizig, logisch denkend, gewissenhaft, konzentrationsfähig; gutes Gedächtnis. Handlungen werden sachlich überlegt, Pläne sorgfältig ausgeführt. Jede Oberflächlichkeit wird unterdrückt. Methodik, Fleiß, Erfolge bei mühevoller Tätigkeit.

− Materialistisch, argwöhnisch, nachtragend, zänkisch, starrsinnig. Hemmungen in der geistig-seelischen Entwicklung; Unbeständigkeit, viele Fehlschläge. Im Familienkreis kommt es zu Auseinandersetzungen, Trennungen.

K Egozentrische Handlungen, Hindernisse im Vorwärtskommen; Eigensinn, Zweifel, Mißtrauen.

Merkur und Uranus

+ Fortschrittlich, energisch, entschlossen, unkonventionell, schöpferisch. Erfinderisches Denken, Intuition, Redetalent, Originalität, Umstel-

lungsfähigkeit, Raschheit im Denken. Veranlagung für Technik, Physik, Mathematik. Die Beeinflußten gehen ihre eigenen Wege, folgen ihren eigenen Gesetzen. Althergebrachte Ansichten und Meinungen werden nicht beachtet. Talent zu Erfindungen und Entdeckungen.

− Unbeherrscht, unberechenbar, verschroben, exzentrisch, aufbrausend, nervös, hastig, zersplittert. Ideen lassen sich nicht immer durchführen, man ist unpraktisch, von den eigenen Neigungen und Anschauungen sehr eingenommen. Fehlschläge durch Übereilung, plötzliche Umstellungen und Zwischenfälle.

K Nervenstörungen, aber auch Überraschungserfolge; rasche Erkenntnis der Lage, plötzliche Überwindung von Hemmungen durch rasches Handeln; Rednertalent.

Merkur und Neptun

+ Verfeinertes geistiges Empfinden, starke Intuition, reiche Vorstellungswelt, Sinn für Poesie und Kunst, Verwirklichung von Plänen. Man gibt sich großen Hoffnungen hin, weitgehenden Plänen und Ideen.

− Unpraktisch, träumerisch, schwankend, unzuverlässig, leicht beeinflußbar; phantasiebegabt, seelisch unausgeglichen. Neigung zu Depressionen und melancholischen Stimmungen.

K Neigung zur Mystik, künstlerische Veranlagung, schwärmerische Vorstellungen, Wunschschlösser; plötzlich irregeleitete Phantasie; Störungen des Nervensystems.

Merkur und Pluto

+ Sehr gute geistige Fähigkeiten, rasche Auffassung, gutes Urteil, diplomatische Veranlagung; Erfolg als Redner oder Schriftsteller, auch als Schauspieler.

− Starker Eigensinn, Unbeherrschtheit, Voreiligkeit, Überschätzung der Kräfte. Übereifer führt zu Fehlhandlungen. Ungünstig für die Nerven.

K Vorteile durch falsche Versprechungen; Verdrehung der Wahrheit.

Merkur und Mondknoten

+ Reger Gedankenaustausch mit anderen Menschen, starke geistige Interessen, positive Verbindungen bringen berufliche Vorteile. Anregungen durch andere Personen; geistig anregende Umwelt.

− Schüchternheit, Hemmungen der Umwelt gegenüber, Kontaktschwierigkeiten; Aufhebung von Verbindungen, Enttäuschungen.

K Aufgeschlossenheit, Gedankenaustausch, gemeinsame Interessen.

Merkur und Aszendent

+ Geistige Anregungen suchend, gern an Vergnügungen teilnehmend; im Handeln sachlich, ordentlich, geschäftig, geschickt, handfertig.
– Unbeständig, unbesonnen, unruhig, nervös. Disharmonische Einstellung zu anderen Menschen, Erregbarkeit; plötzliche Auseinandersetzungen.
K Sehr gute Intelligenz, kaufmännische Fähigkeiten. Das Denken ist logisch, geistvoll, aufgeweckt und gewandt.

Merkur und Medium coeli (MC)

+ Gedankenreichtum, Zielbewußtsein; Verständnis, Lernbegierde, Erfindergabe. Klare Ziele werden verfolgt und erreicht; gutes Vorwärtskommen im Beruf.
– Berufliche Verzögerungen, Hindernisse, übertriebener Ehrgeiz.
K Eigenständiges Denken und Handeln, günstige berufliche Wendungen.

Aspekte der Venus

Venus und Mars

+ Sehr leidenschaftlich und sinnlich, verliebt, freimütig. Große Liebe zur Kunst; Darstellungsgabe, künstlerische Inspirationen. Frühzeitig werden Geschlechtsverbindungen angeknüpft. Starke Gefühlsimpulse, gesundes Triebleben. Beliebt beim anderen Geschlecht; leichtfertig in Geldangelegenheiten.
– Sinnlichkeit und Leidenschaft sind sehr stark ausgeprägt. Oft unbeherrschte Erotik, Unbefriedigtsein, Reizbarkeit, Disharmonien oder Trennung vom Ehepartner. Neigung zur Untreue, krankhaftes Triebleben, Neigung zu Perversitäten; viele Liebesaffären.
K Lose Moral, Vergnügungssucht, Sorgen in der Liebe und Ehe. Stark wechselnde Gefühle, Neigung zu Partnerwechsel, eventuell Scheidung.

Venus und Jupiter

+ Sehr guter Aspekt: der Betreffende ist menschenfreundlich, herzlich, anmutig, idealistisch, freundlich und liebenswert. Große Beliebtheit, harmonisches Verhältnis zu anderen Personen, günstige Konstellation für Liebe und Ehe. Sinn für die Annehmlichkeiten des Lebens.
– Unvorsichtig und übereilt in Liebesangelegenheiten; Nachlässigkeit, Mangel an Korrektheit, disharmonisches oder zermürbendes Verhältnis, getrennte Liebe, Verluste durch Frauen.
K Glück in Liebe, Ehe und Partnerschaften.

Venus und Saturn

+ Gründlichkeit und Genauigkeit; die Gefühle sind treu und aufrichtig. Der Charakter ist beherrscht, ausdauernd, konzentriert, anständig. Nur langsam entschließen sich diese Menschen zu einer Ehe, zuweilen besteht ein großer Altersunterschied zum Partner. Man treibt keinen Aufwand, liebt Schlichtheit und Unauffälligkeit.

− Kummer und Sorge in Liebe und Ehe, Eifersucht, Ernüchterung, Trennung vom Partner. Depressionen auf Grund von Unbefriedigtsein, Triebhemmungen; unglückliche erotische Veranlagung oder schwierige Liebesverhältnisse. Schwierigkeiten mit den Eltern. Trennung wegen falscher Vorstellungen oder getäuschter Hoffnungen. Liebesbeziehungen bringen mehr Enttäuschungen als Erfüllung. Verzögerungen beim Eheschluß.

K Eheverbindung, die meist aus einem Pflichtgefühl heraus geschlossen wird; es kommt zu Spannungen, plötzlicher Trennung.

Venus und Uranus

+ Sehr empfänglich für Liebe; starke Erregbarkeit, Empfänglichkeit des Gefühlslebens, rasche Reaktion auf Sinnesreize. Liebe zu Kunst, künstlerische Beschwingtheit. Zahlreiche Freunde und viele Verbindungen; Kontakte werden leicht geschlossen. Schon in jungen Jahren kann eine glückliche Ehe geschlossen werden; Romantik spielt dabei eine große Rolle. Den Annehmlichkeiten des Lebens ist man sehr aufgeschlossen; Vergnügungen und Äußerlichkeiten ist man sehr zugetan.

− Ein romantischer, eigenwilliger, origineller, stets verliebter Charakter. Die Beeinflußten sind unbeständig in ihren Gefühlen, launenhaft, empfindlich, eifersüchtig. Freiheit und Unabhängigkeit ist ihnen alles; sie setzen sich über bestehende Normen und Gesetze gern hinweg. Feste und enge Bindungen werden verabscheut. Es besteht der Drang nach Unabhängigkeit in der Liebe und zu eigenartiger Erotik; Liebesbeziehungen werden schnell geschlossen, gehen aber ebenso schnell wieder auseinander.

K Sehr zu Sinnlichkeit neigend, zur Untreue, wie auch oft zu unüblichen Geschlechtsempfindungen. Überreiche Einbildungskraft, eigentümliche Gemütsverfassung, Eifersucht, zügellose sexuelle Neigung, freie Auffassung von Liebe und Ehe.

Venus und Neptun

+ Verfeinertes Gemüts- und Empfindungsleben, Menschenliebe, Empfindsamkeit in der Liebe; Empfänglichkeit für Schönheit, Kunst,

Musik. Man verabscheut alles Derbe und Gewöhnliche. Eine schwärmerische Veranlagung sehnt sich sehr nach Liebe.

– Es herrschen sonderbare, vom Alltäglichen abweichende Gefühle vor, besonders in sexueller Beziehung; Liebeshemmungen, zuweilen Schüchternheit, Verführbarkeit, schmerzliche Entsagung, ebenso affektive Steigerung im Liebesleben; erotische Verirrungen aus starker Liebessehnsucht ohne Erfüllung. Es besteht ein gewisser Zwiespalt mit sich selbst und der Umgebung; man wird dadurch verbittert und mutlos.

K Extravaganz, Genußsucht, Abwege in der Liebe. Unbeständig, sinnlich, untreu und unverläßlich; Gefährdung der Ehe.

Venus und Pluto

+ Starke Leidenschaften, Glück in der Liebe; mühelos werden Freundschaften und Verbindungen geschlossen. Eine außergewöhnliche Anziehungskraft und ein gesteigertes Triebleben sind vorhanden. Ungewöhnlicher Formensinn, große Kunstliebe, heiteres Gemüt, ideale Bestrebungen; Erfolg im Berufsleben.

– Übertriebene Erotik, unmoralische Lebensweise, Hang zu Ausschweifungen und Genußsucht, wollüstiges Begehren, Unsittlichkeit.

K Starke Sinnlichkeit, Unmoral; Treulosigkeit, tragische Liebe.

Venus und Mondknoten

+ Günstige Liebesverbindungen, Anpassung, Verbindungen aus Zuneigung. Anschluß suchend, leidenschaftlich, guter Gesellschafter, rasch Kontakt findend.

– Kontakte gehen häufig auseinander; Hemmungen, Schwierigkeiten, Minderwertigkeitsgefühle, Liebesneigung ohne Erfüllung.

K Herzlichkeit, glückliche Liebesverbindung; rasch für jemanden eingenommen, plötzliche Bindung.

Venus und Aszendent

+ Sinn für schöne und künstlerisch ausgestattete Umgebung, künstlerische Neigungen; anziehendes und sympathisches Wesen, triebhafte Zuneigung, starke Anziehungskraft.

– Neigung zu Übermaß, Schwierigkeiten, Entfremdungen, Trennung eines Verhältnisses, unerfüllte Wünsche.

K Harmonischer Mensch; Schönheitssinn, Kunstverständnis.

Venus und Medium coeli (MC)

+ Beruflicher Aufstieg; Menschen des anderen Geschlechts helfen dabei. Tiefes Liebesempfinden, Sinn für Schönheit und Kunst, gesunde und

zuversichtliche Einstellung zum Leben. Diese Menschen sind beliebt und glücklich und haben eine ungewöhnliche Anziehungskraft.

— Vergnügungssucht, Leichtlebigkeit erschweren den Lebenserfolg; triebhafte Veranlagung, Entfremdungen, Trennungen, Enttäuschungen.

K Es werden Berufe bevorzugt, die mit künstlerischen Dingen zu tun haben; sozialer Aufstieg, Erfolg bei Frauen.

Aspekte von Mars

Mars und Jupiter

+ Starke Vitalität, gute Gesundheit, große Begeisterungsfähigkeit, entschlossenes Handeln, Tatkraft, Unternehmungslust, Lebensfreude, Organisationstalent; berufliche Erfolge. Drang nach Unabhängigkeit; das Gesetz wird geachtet. Gefühlsmäßig werden glückliche Entscheidungen getroffen.

— Anmaßend, barsch, materialistisch, verschwenderisch. Extreme Tatkraft, Übereilung, Auflehnung gegen Vorschriften und Vorgesetzte; Prozeßverluste, eheliche Differenzen.

K Aktivität, Energie, Ehrgeiz, Aggressivität, Planreichtum, Unternehmungsgeist.

Mars und Saturn

+ Große Ausdauer, Widerstandskraft, Kühnheit, Unternehmungslust, Mut und Unermüdlichkeit. Begabung für gehobene Positionen. Die Beeinflußten sind treu und zuverlässig, zuweilen aber auch hart und streng.

— Ungestüm, rebellisch, selbstsüchtig, unbeherrscht. Es gibt Schwankungen zwischen Fleiß und Faulheit, es fehlen Tiefe und Gründlichkeit; man neigt zu Herbheit, Härte.

K Neigung zu chronischen Krankheiten oder Unfällen.

Mars und Uranus

+ Großer Tatendrang und Zähigkeit, außergewöhnliche Energie, Begeisterungsfähigkeit, Fleiß, viel Impulsivität. Schneller, lebhafter Geist, technisches Geschick, Freiheits- und Unabhängigkeitsdrang, Ideenreichtum; man neigt dazu, etwas Außergewöhnliches zu vollbringen.

— Neigung zu Reizbarkeit, Streitsucht, Ruhelosigkeit, Mangel an Ausgeglichenheit, Neigung zu gewaltsamen Lösungen, starke leidenschaftliche Erregbarkeit; widerspruchsvolles Wesen, Liebe erzwingen wollend. Verletzungen, Operationen.

K Mangel an geistigem Gleichgewicht, an Objektivität und Nüchtern-

heit. Zwang wird nicht vertragen; es müssen viele Nervenproben bestanden werden. Gefahr von Körperverletzung.

Mars und Neptun

+ Starkes Gefühlsleben; Leidenschaften werden durch die geistige Haltung beherrscht, die Phantasie wird sehr angeregt. Der Umwelt und Umgebung ist man aufgeschlossen, steht gern mit Rat und Tat zur Seite. Man sträubt sich gegen Konventionelles und Gewöhnliches. Es besteht eine eigentümliche Anziehungskraft.

− Unzufriedenheit, Reizbarkeit, Unbeständigkeit, Launenhaftigkeit; Minderwertigkeitsgefühle.

K Willensschwäche, Unzufriedenheit, schwache Lebenskraft, Neigung zu Sucht (Genuß von Giften); falsche Vorstellungen im Liebesleben, eigenartige Liebesempfindungen; Nachteile durch Energiemangel. Lebenskrise; Erkrankung oder Unfall.

Mars und Pluto

+ Große Widerstandsfähigkeit, starkes Selbstvertrauen, Energie und durchschlagender Wille, großer Ehrgeiz, Durchsetzungskraft, Mut. Auf andere wird wenig Rücksicht genommen. Arbeitsmensch; mit Fanatismus werden Pläne verwirklicht, Schwierigkeiten und Hindernisse mit Gewalt überwunden.

− Unbeherrscht, gewalttätig, beleidigend, taktlos, rücksichtslos, mißtrauisch, eifersüchtig. Aufregungen durch höhere Gewalt, Nervenüberreizung; Liebesbeziehungen und Ehe sind von kurzer Dauer, gewaltsame Trennung. Gefährliche Instinkte, Verschwendungssucht, finanzielle Schädigung, übertriebene Erotik; Gefahr für die Gesundheit, Operation.

K Gewalttätigkeit als vorherrschendes Merkmal.

Mars und Mondknoten

+ Wunsch nach Kontakten, Verbindungen, Zusammenarbeit, sexuellen Beziehungen (diese sind aber nur von kurzer Dauer).

− Verbindungen und Freundschaften gehen auseinander; Störungen, Streitigkeiten, Nachteile oder Schwierigkeiten durch Verbindungen, erschwerte Zusammenarbeit, Trennung von Blutsverwandten, Untergrabung eines Verhältnisses.

K Gewaltsame Trennung von einer Gemeinschaft.

Mars und Aszendent

+ Harmonische Zusammenarbeit, Kampfeslust, Leidenschaftlichkeit, Kameradschaftlichkeit; starke Lebenskraft, Durchsetzungsvermögen.

− Gewalttätigkeiten, Streitigkeiten, Konflikte; Erregbarkeit, Streitlust; triebhafte Verbindungen.

K Trennungen, Scheidung, gesundheitliche Störungen, Unfall, Verletzung; disharmonische Zusammenarbeit; Energiemangel.

Mars und Medium coeli (MC)

+ Durchsetzungskraft, Organisationstalent, Umsicht, Tatkraft, Schaffensfreude, persönliche Initiative; gesteckte Ziele werden erreicht.
− Voreiligkeit, Ungeduld, Leichtsinn, Derbheit; Fehlschläge infolge falscher Anordnung; unerwartete Rückschläge, durchkreuzte Pläne, berufliche Umstellungen.
K Selbstvertrauen, Kühnheit, Mut, Entschlossenheit; beruflicher Aufstieg, Erfolg und Ansehen.

Aspekte von Jupiter

Jupiter und Saturn

+ Zuversicht, Geduld und Ausdauer, hartnäckiges Verfolgen der Pläne, Sinn für Recht und Ordnung, Genauigkeit, Pünktlichkeit; starke geistige Interessen, philosophische Veranlagung, Zuverlässigkeit. Dieser Aspekt verbürgt Erfolg im Leben; gutes Einvernehmen mit dem Vater, sozialer Aufstieg.
− Oberflächlichkeit, Flüchtigkeit, Unzufriedenheit, schwacher Wille, Unduldsamkeit, Gleichgültigkeit, Mißtrauen. Es gibt berufliche Schwierigkeiten; schwankender Erfolg, manche Veränderungen, Wechsel der Verhältnisse.
K Sorgen und Verluste in Geldsachen, Finanzen. Unbeständiges Leben, Wechsel im Beruf.

Jupiter und Uranus

+ Drang nach Freiheit und Unabhängigkeit; feste Bindungen werden abgelehnt. Vorliebe für Geselligkeit und Umtrieb; große Reiselust. Gute Intuition, glückliche Einfälle, originelle Ideen, Umsicht und Weitblick, optimistische Einstellung, Glücksfälle im Leben; die Umwelt wird nach eigenen Ideen gestaltet.
− Die eigenen Grundsätze werden mehr aus Opposition als aus Überzeugung verteidigt. Mangelndes Verständnis für das soziale Leben, Neigung zu Übertreibungen, Unbeständigkeit, hartnäckiger Dogmatismus; Konflikte mit Gericht und Behörden. Hang zur Einsamkeit, einseitige Grundsätze, plötzliche Hemmungen vor Erreichung der Ziele, Mangel an Umsicht und Weitblick.
K Fähigkeit, die Mitmenschen mitzureißen, zu begeistern. Erfinderischer Geist, Witz, Schlagfertigkeit; plötzliches Glück, glückliche berufliche Wendungen.

Jupiter und Neptun

+ Freundlichkeit, Großzügigkeit, Menschlichkeit, Gerechtigkeit, Treue; Idealismus, Gefühlsreichtum, Anteilnahme am Schicksal anderer Menschen; große persönliche Anziehungskraft, Eignung für Sozialberufe.

− Beeinflußbarkeit, Neigung zu Betrug und Täuschung, Verführbarkeit; Enttäuschungen in der Liebe; erotische Phantasie, Leben in einer Scheinwelt. Finanzielle Schwierigkeiten, Verschwendung. Störungen der Gesundheit, Fehlspekulation, Verluste.

K Große Menschenliebe, feines Kunstgefühl, Interesse für Mystik.

Jupiter und Pluto

+ Optimismus, Ehrgeiz, Streben nach Machtentfaltung; Erfolge und Ehrungen. Gute Pläne werden in die Tat umgesetzt; berufliches Glück, Vorteile, Beförderung, Aufstieg. Möglichkeit großer Gewinne (Lotto).

− Materialistische Einstellung, starke Genußsucht, Unmäßigkeit. Um Ziele zu erreichen, ist jedes Mittel recht, auch Rücksichtslosigkeit und gesetzwidrige Handlungen. Unklugheit und Unehrlichkeit führen zu großen Mißerfolgen.

K Neigung zu Abenteuern, Unzufriedenheit, Aufruhrgelüste; heimliches Geschädigtwerden, allgemeine Enttäuschung.

Jupiter und Mondknoten

+ Harmonie mit anderen Personen, gute Anpassungsfähigkeit; legale Bindungen werden angestrebt. Freigebigkeit, Güte, Taktgefühl.

− Sorglosigkeit, Eitelkeit, Maßlosigkeit; erschwerte Zusammenarbeit, Aufhebung von Verbindungen, Trennung der Ehe; verzögerte Unternehmungen, Haltlosigkeit.

K Günstige Gelegenheit; Aufstieg, Protektion, materieller Wohlstand.

Jupiter und Aszendent

+ Starke Lebenskraft, gute Konstitution; man schafft sich eine harmonische Umwelt, Häuslichkeit; Erfolg und Anerkennung sind zu erwarten.

− Neigung zu Verschwendung, Fehlspekulationen; gerichtliche Schwierigkeiten, Reibungen und Differenzen; die Überzeugung anderer wird mißachtet; unerfüllte Hoffnungen, Entfremdung, Trennung.

Jupiter und Medium coeli (MC)

+ Das berufliche Leben wird begünstigt, man lebt in guten Verhältnissen; durch Gedankenreichtum, Umsicht und Weitblick verschafft man sich gute Geschäftsverbindungen; in Unternehmungen hat man eine glückliche Hand.

– Die Verhältnisse sind unsicher, es zeigen sich Hemmungen; gute Gelegenheiten werden nicht ausgenutzt, der rechte Zeitpunkt dafür wird verpaßt.

K Glückliche berufliche Veränderungen, außergewöhnliche Leistungen, Anerkennung, sozialer Aufstieg.

Aspekte von Saturn

Saturn und Uranus

+ Selbstlosigkeit, Aufrichtigkeit, Ausdauer, Unermüdlichkeit, Willenskraft, starke Konzentrationskraft, großzügige Auffassung; schwere, aber erfolgreiche Lebenskämpfe.

– Ungünstiger Einfluß für die Gesundheit; die Krankheiten sind langanhaltend, chronisch, mit vielen Komplikationen verbunden. Der starke Wille, die Ausdauer und Willenskraft werden falsch eingesetzt. Man sträubt sich gegen Bevormundung und Freiheitsbeschränkung. Mangel an günstigen Gelegenheiten, im Leben vorwärtszukommen. Starrköpfigkeit, Reizbarkeit, Auflehnung, Unnahbarkeit, Launenhaftigkeit. Für ein Gemeinschaftsleben ist der Beeinflußte ungeeignet; Ehe und Partnerschaft werden nicht von langer Dauer sein.

K Zähigkeit, starkes Konzentrationsvermögen, Hartnäckigkeit, außergewöhnliche Energie, hohe Intelligenz. Eigene Kraft und der Körper sind hohen Anforderungen ausgesetzt.

Saturn und Neptun

+ Große Selbstbeherrschung, gutes Konzentrationsvermögen; Opferbereitschaft, gute Moral. Man zeigt sich ernst und idealistisch; eine angesehene Position wird durch angestrengte Tätigkeit und viel Mühe erreicht.

– Es gibt im Leben viele Feinde und Neider; dadurch wird der Beeinflußte mißtrauisch und verschlossen. Es findet ein Kampf zwischen niedrigen Trieben und höheren Neigungen statt; dadurch entstehen häufiger Stimmungswechsel, quälende seelische Stimmungen. Es tritt Lebensüberdruß auf; er muß unbedingt bekämpft werden. Schwache Lebenskraft, empfindlicher Körper, Anfälligkeit.

K Neurosen, Gemütsdepressionen, Empfindlichkeit, Hemmungen, Schüchternheit; Stimmungswechsel, absonderliche Neigungen, Denkhemmungen.

Saturn und Pluto

+ Recht und Ordnung werden mit allem Nachdruck vertreten; es zeigen sich Zähigkeit, Ausdauer, Gewissenhaftigkeit und Gründlichkeit.

– Gesundheitliche Schädigungen; Belastungen und Schwierigkeiten.

K Verluste, erschwerte Verhältnisse, Entfremdungen.

Saturn und Mondknoten

\+ Dieser Einfluß deutet auf eine besondere Zuneigung zu älteren Personen hin, zu Verbindungen mit Altersunterschied, Protektion.

– Seelische Bedrückungen; man paßt sich schwer an, fühlt sich vereinsamt. Aufhebung von Bindungen. Die Entfaltung der eigenen Persönlichkeit wird gehemmt.

K Nachteile durch ältere Personen, Schwierigkeiten mit Anverwandten.

Saturn und Aszendent

\+ Die Persönlichkeit ist gehemmt; schwere Erlebnisse lassen den Beeinflußten reif werden und Erfahrungen sammeln. Der Lebensweg leidet unter gewaltsamen Unterdrückungen; Absonderungen.

– Geschwächte Konstitution, unruhige Lebensverhältnisse, Trennung, Trauerfall, Familienschwierigkeiten.

K Krankheit, gewaltsame Trennung.

Saturn und Medium coeli (MC)

\+ Der spät eintretende Lebenserfolg vollzieht sich langsam, unter Auftreten größter Schwierigkeiten; viel Fleiß, Gewissenhaftigkeit und Konzentration sind dazu notwendig. An einmal gefaßten Zielen wird entschlossen, verantwortungsbewußt und rastlos festgehalten.

– Mutlosigkeit und Mangel an Tatkraft führen zu einem erschwerten Lebensweg. Man kann sich nur schwer durchsetzen, zeigt Mangel an Lebensmut; Depressionen erzeugen berufliche Schwierigkeiten.

K Harter Daseinskampf, Hindernisse im Vorwärtskommen; durch eiserne Energie kann ein Aufstieg erreicht werden, dem aber, infolge Überschätzung der Kräfte, ein Sturz folgt. Schleichende chronische Krankheiten.

Aspekte von Uranus

Uranus und Neptun

\+ Anhebung des Lebensniveaus; Interesse für Dinge, die vom Gewöhnlichen abweichen; die unterbewußten Kräfte werden entwickelt. Eigenartige Vorstellungswelt, Beschäftigung mit wissenschaftlichen Grenzgebieten und übersinnlichen Problemen.

– Überempfindlichkeit, Haltlosigkeit, Mangel an Lebenskraft, Pessimismus.

K Unklare Lebensziele, seltsame Neigungen, hochgradige Empfindlichkeit, eigenartige Liebe, fehlgeleitete Energie, unpraktisches Handeln, Mangel an Widerstandskraft. Nervenleiden.

Uranus und Pluto ·

+ Scharfer Geist, Erfindungsgabe, Rastlosigkeit, schöpferische Energie,
  großer Mut, geistige Lebhaftigkeit, Selbstbewußtsein, Entschlossenheit. Durch große Kraftanstrengungen werden große Ziele erreicht;
  man wagt sich an besondere Unternehmungen.

– Zügellosigkeit, Zersplitterung, Neigung zu Zerstörung, Gewalttätigkeit. Umstürzlerische Unternehmungen, Zusammenbruch, Katastrophe; Fanatismus; Unfallgefahr.

K Alle schädlichen Kräfte kommen zum Ausbruch. Starrköpfigkeit,
  Widerspruch, Waghalsigkeit, Unberechenbarkeit. Gewaltanwendun-
  gen, Unfall, Verletzung.

Uranus und Mondknoten

+ Plötzliche Verbindungen, die jedoch nur von kurzer Dauer sind; lebhaftes Temperament; man sucht die Abwechslung, gern nimmt man
  an Vergnügungen und Geselligkeiten teil, durch die Umwelt werden
  Anregungen gesucht.

– Überspannt, exzentrisch, aufgeregt in Gegenwart anderer. Auseinandersetzungen, plötzliche Hemmungen, Trennungen.

K Plötzliche Zwischenfälle in der Familie; Bekanntschaften mit baldiger
  Trennung; gesteigerte Empfindungen, nervöse Erregbarkeit.

Uranus und Aszendent

+ Human, idealistisch, intuitiv. Originelle, rasch reagierende Persönlichkeit; das Denken ist umstellungsfähig, überzeugend, schöpferisch,
  erfinderisch. Man strebt danach, das zu vollbringen, was erst in
  späterer Zeit verstanden wird. Liebesverbindungen werden schnell
  geschlossen, Interessengemeinschaften gesucht.

– Alle bestehenden Bindungen werden verändert, oft sogar getrennt.
  Innere Erregung, Unbeständigkeit, Reizbarkeit; es ergeben sich eheliche Krisen, aufregende Erlebnisse, plötzliche Zwischenfälle, Scheidungen. Auch der eigene Körper, die Gesundheit werden Belastungen
  ausgesetzt sein; Unfälle treten auf, plötzliche Verletzungen sind zu
  erwarten.

K Plötzliche Zwischenfälle innerhalb der Gemeinschaft, Unruhe, Aufregung in der Ehe, ungünstige Reisen und Wohnungswechsel; Neigung zur Auflehnung, zu Streit, zu tätlichen Angriffen.

Uranus und Medium coeli (MC)

+ Akute Lebenswenden, plötzliche Überraschungserfolge; Berufswechsel kommen vor, aber auch neue Zielsetzungen. Veränderungen führen zu plötzlicher Umgestaltung der Verhältnisse.

- Irritation in der Gefühlssphäre, Unzufriedenheit, Mangel an Selbstbeherrschung, Egoismus; wechselnde Lebensziele, Wechsel im Beruf; scheinbar sichere Positionen müssen aufgegeben werden. Auch die familiäre Sphäre, Elternhaus oder Ehe unterliegen plötzlichen Spannungen.

K Rastlos und energisch werden die beruflichen Ziele verfolgt; man kann von einem fanatischen Arbeitseifer sprechen.

Aspekte von Neptun

Neptun und Pluto

+ Es werden große Probleme untersucht, die Phantasie wird angeregt; man versucht, Lebensfragen zu lösen, und geht ungewöhnlichen Neigungen und Bestrebungen nach.

- Große Verwirrungen und Unsicherheiten; der Beeinflußte ist abenteuerlich, unzufrieden, phantastisch, betrügerisch, intrigant. Auf materiellen Besitz wird großer Wert gelegt; man verstrickt sich in Unklarheiten, Scheingeschäfte. Auch besteht Neigung zu betäubenden Mitteln, Drogen.

K Neigung zu Kriminalität, Suchtgiften. Beeinflußbarkeit; Nervenschwäche, Kräfteverfall.

Neptun und Mondknoten

+ Hilfsbereit, selbstlos, aufopfernd und freundlich. In einer Gemeinschaft ist der Beeinflußte der ruhende Pol.

- Der Beeinflußte wird von der Gemeinschaft ausgenutzt, getäuscht oder verlassen. Er jagt Illusionen nach, es fehlt ihm an Anpassung und Gemeinschaftsgefühl; Verbindungen werden untergraben.

K Das Verhalten ist unentschlossen, haltlos, sorglos. Neigung zu asozialen, kriminellen Handlungen.

Neptun und Aszendent

+ Feingefühl, Intuition, Romantik; Sehnsucht nach Ruhe, Frieden, Einheit; seltsame Verbindungen werden angeknüpft. Interesse an allem Nichtalltäglichen; das Schöne, Erhabene wird gesucht.

- Intrigen, Verleumdungen, Geheimnisse, Illusionen, falsche Vorstellungen, veränderliche Stimmungen. Hintergehung, Enttäuschungen, unangenehme Erfahrungen in der Liebe. Wechselvolles, unruhiges Leben, schlechte Gesellschaft, Verführbarkeit.

K Körperliche Schwäche, Abhängigkeit von der Umwelt; Schaden, Verluste.

Neptun und Medium coeli (MC)

+ Auswirkung besonders auf das berufliche Leben; man hat weit-
  gesteckte Ziele, eigenartige Ideen. Fähigkeit, sich zu verstellen, zu
  schauspielern; starkes Interesse an Kunst. Der Beeinflußte ist schön-
  heitstrunken, gleichsam berauscht, phantasievoll, hoffnungsfreudig.

− Das Lebensziel ist nebelhaft, verschleiert, unsicher; man will die
  Wahrheit nicht sehen, geht falschen Vorstellungen nach, läßt sich
  täuschen, setzt alles auf eine Karte und spekuliert; Fehlhandlungen
  führen zu Unsicherheit und Krankheit.

K Kriminelle Vergehen. Man lebt in einer Scheinwelt. Unklare Vorstellungen.

Aspekte von Pluto

Pluto und Mondknoten

+ Kontakte werden gesucht; eine besondere Anziehungskraft läßt den
  Beeinflußten bekannt werden; Macht will manchmal erzwungen
  werden.

− Krisen, Übertreibung der Energie, starkes Geltungsbedürfnis.
  Belastungen durch andere Menschen, tragisches Schicksal.

K Seelische Bedrückung.

Pluto und Aszendent

+ Der Beeinflußte wird sich durch seine starke Lebenskraft, Willensstärke Einfluß verschaffen; er wird sich durchsetzen und Respekt
  fordern. Sein anziehendes Wesen verschafft ihm beim anderen
  Geschlecht schnell Sympathien.

− Schwere Auseinandersetzungen, Unruhe, Trennung von nahestehen-
  den Menschen; starke Beanspruchung der eigenen Kräfte. Neigung
  zu Verletzung, Unfall, Organstörungen.

K Brutale Durchsetzungskraft, Aggressivität. Körperlicher Schaden,
  lebensbedrohende Verletzungen.

Pluto und Medium coeli (MC)

+ Unternehmungslust, Impulsivität, Ehrgeiz, persönliche Initiative;
  Sieg über Widerstände, Ansehen und Anerkennung im beruflichen
  Leben; die Herausstellung des Ich.

− Auseinandersetzungen, berufliche Krise; Neigung zum Übermaß,
  Mißbrauch der Kräfte; plötzliche Niederlagen.

K Berufliche Kämpfe, Prozesse; Sturz aus der erreichten Position.

VIII.
Ausklang

Demoskopische Institute stellten fest, daß in der Bundesrepublik Deutschland (einschließlich West-Berlins) etwa siebzig Prozent der Befragten in der Lage sind, ihre Geburts-Tierkreiszeichen anzugeben. In anderen Ländern sind die Verhältnisse nicht anders. Dieses starke Interesse an astrologischen Problemen, das ich im übrigen auch aus meiner täglichen Praxis kenne, ließ mich meine Erfahrungen auf diesem Gebiet zu Papier bringen.

Ein großer Prozentsatz der Interessenten begnügt sich allerdings mit der vulgärsten Entartung der Astrologie, der Zeitungsastrologie. Diese Veröffentlichungen sind zweifellos fragwürdige Erzeugnisse.

Dieses Buch soll die Möglichkeit geben, in das Gebiet seriöser Astrologie näher einzudringen. Ich will nicht den Anspruch erheben, sämtliche Gebiete und Probleme der Astrologie erschöpfend dargestellt zu haben. Dieses Buch soll vielmehr das Interesse an dieser Erfahrungslehre wecken. Auch soll es kein simples „Regelbuch" sein, wenn auch gewisse Regeln angeführt werden.

Es muß immer wieder gesagt werden: Die Kunst der Horoskop-Deutung ist das Kombinieren, das Abwägen. Man darf sich nicht in Einzelheiten verlieren; man muß diese erfassen und sich zugleich immer auf das Ganze konzentrieren.

Der gestirnte Himmel über uns folgt gewissen Gesetzmäßigkeiten. Sonne und Mond diktieren den Lebensrhythmus auf unserer Erde. Die Auswirkungen der Sonne – die Sonnenenergien – erwecken auf unserem Planeten das Leben; die Sonne spendet Wärme, erzeugt die Nahrung.

Die Auswirkungen des Mondes sind uns ebenfalls bekannt. Besonders die Ärzte wissen, daß sein Zu- und Abnehmen den Menstruationszyklus der Frauen beeinflußt. Krankenhäuser, Gastwirte und Polizei kennen ebenfalls die Auswirkungen des allmonatlichen Vollmondes: er führt zu einer Häufung von unliebsamen Vorkommnissen wie Gewaltausbrüchen, Ehedifferenzen, Streitigkeiten, häuslichem Ärger, alkoholischen Exzessen.

Die Erfahrung hat gezeigt, daß ein individuell ausgerichtetes Geburtshoroskop, das auf der genauen Geburtsminute und dem Geburtsort aufgebaut ist, Auskunft geben kann über den Charakter, die Anlagen, die Fähigkeiten, die schicksalsmäßigen Möglichkeiten eines Menschen. Ein Horoskop ist ein symbolischer „Ausdruck" oder ein Spiegel einer Individualität.

Es wäre aber ein Trugschluß, wenn wir glauben würden, daß unser Gestirnbild uns zu blindem Gehorsam verpflichtet. Es ist Aufgabe des einzelnen, zu entscheiden, den gegebenen Möglichkeiten nicht entgegen, sondern im Einklang mit ihnen zu leben und, vor allem, seine Fähigkei-

ten und Kräfte nicht negativ, sondern positiv einzusetzen. Die Konstellationen der Horoskope sind also keine unumstößlichen Tatsachen. Es bleibt uns in einem gewissen Rahmen die Freiheit, Gegenmaßnahmen gegenüber ungünstigen Konstellationen zu ergreifen und damit unser Leben selbst zu gestalten oder zumindest tiefgreifend mitzugestalten.

Auch der Arzt kann sagen: Die Krankheit X wird normalerweise einen bestimmten Verlauf nehmen. Damit ist aber nicht gesagt, daß die Krankheit den normalen Verlauf nehmen muß und wird.

Bei den astrologischen Ableitungen und Schlußfolgerungen verhält es sich ebenso. Wir haben es mit Tendenzen zu tun. Diese werden sich auch auswirken, aber nur dann, wenn sich nicht andere Kräfte entgegenstellen. Die Astrologie kann daher stets nur Richtungen aufzeigen, Möglichkeiten anführen. Seriöse astrologische Erfahrungslehre muß sich daher bescheiden geben und sich stets ihrer Grenzen bewußt bleiben.

Charakter und Schicksal eines Menschen werden mitgestaltet durch außerhoroskopische Kräfte: z. B. die allgemeine Lage, das individuelle Milieu, die wirtschaftlichen, politischen, kulturellen Verhältnisse. Es ist klar, daß die Grundtendenzen eines Horoskops sich anders auswirken für einen Menschen, der vor tausend Jahren lebte, als sie sich für einen Menschen der heutigen Zeit auswirken. Auch die Entwicklungsstufe, der Reifezustand und das Niveau des Horoskopeigners spielen eine große Rolle bei der Beurteilung.

Auf jeden Fall kann der Astrologe dem Horoskopeigner aufkommende Tendenzen anzeigen. In einer Zeit günstiger Konstellationen werden Geschäfte oder Unternehmungen welcher Art immer leichter gelingen als in einer Zeit, die unter negativen Gestirnaspekten steht.

Abschließend kann man sagen (muß man es sogar als Tatsache hinnehmen): Es bestehen Beziehungen zwischen den Gestirnen und den Lebewesen dieser Erde. Dabei muß es sich nicht um kausale Beziehungen handeln; doch Beziehungen und Verbindungen bestehen, wie schon eingangs dargelegt wurde. Die Sterne spielen in unserem Schicksal ihre Rolle.

Anhang

Zeichenerklärung 287

Geographische Positionen der wichtigsten Städte der Welt . . 289

Ortstafel zur Ermittlung der Differenz zwischen der Normalzeit und der Ortszeit in der mitteleuropäischen Zeitzone . . . 296

Jahrestabelle zur Bestimmung der Sternzeit 297

Häusertabelle 303

Gestirnstandstabelle 1 über den Sonnenstand 389

Gestirnstandstabelle 2 über die Positionen von Mondknoten, Pluto, Neptun, Uranus, Saturn, Jupiter und Mars 391

Gestirnstandstabelle 3 über den Stand von Venus, Merkur und Mond 409

Abc der Astrologie – Astrologische und astronomische Fachausdrücke 437

Literaturhinweise 445

Horoskop-Schemaformulare 447

Zeichenerklärung

Gestirnzeichen		*Tierkreiszeichen*	
☉	SONNE	♒ = ♈ *	WIDDER
☽	MOND	= ♉	STIER
☿	MERKUR	= ♊	ZWILLINGE
♀	VENUS	= ♋	KREBS
♂	MARS	= ♌	LÖWE
♃	JUPITER	= ♍	JUNGFRAU
♄	SATURN	= ♎	WAAGE
♅	URANUS	= ♏	SKORPION
♆	NEPTUN	= ♐	SCHÜTZE
♇	PLUTO	= ♑	STEINBOCK
☊	MONDKNOTEN	= ♒	WASSERMANN
		= ♓	FISCHE

* Die in der Astrologie gebräuchliche Schreibweise der Tierkreiszeichen (Kurzzeichen).

Geographische Positionen
werden in Grad, Minuten, Sekunden (° ′ ″) angegeben.

Uhrzeiten
in Stunden (Uhr), Minuten, Sekunden (h m s).

Geographische Positionen

der wichtigsten Städte der Welt zwischen dem 38. und 60. Breitengrad

Geographische Position

Ort (Stw. = Sternwarte)	Geogr. Breite °	'		Länge von Greenwich °	'	h	m	s
Aachen, Rathaus	+50	46.6	ö.	6	4.5	0	24	18
Aalborg	+57	03	ö.	9	55	0	39	40
Aberdeen	+57	09	w.	2	6	0	8	24
Agram, Monumentplatz	+45	48.8	ö.	15	58.8	1	3	55
Allenstein	+53	46	ö.	20	28	1	21	52
Amsterdam	+52	22.5	ö.	4	53.1	0	19	32
Ankara	+39	57	ö.	32	50	2	11	20
Ansbach	+49	18.2	ö.	10	34.4	0	42	18
Antwerpen, Observ.	+51	12.5	ö.	4	24.7	0	17	39
Aschaffenburg	+49	59.5	ö.	9	8.6	0	36	35
Athen, Stw.	+37	58.3	ö.	23	43.3	1	34	53
Augsburg, St. Ulrich	+48	21.7	ö.	10	54.1	0	43	37
Avignon	+43	57	ö.	4	48	0	19	12
Baden-Baden	+48	46	ö.	8	14	0	32	56
Baku	+40	25	ö.	49	50	3	19	20
Bamberg	+49	53.1	ö.	10	53.3	0	43	33
Barcelona, Mt. Jony	+41	21.7	ö.	2	9.9	0	8	40
Bari	+41	07	ö.	16	53	1	07	32
Basel, Kathedrale	+47	33.4	ö.	7	35.6	0	30	20
Bayreuth, Schloßturm	+49	56.7	ö.	11	35.7	0	46	23
Belgrad, Festung	+44	49.8	ö.	20	27.3	1	21	49
Berlin, Stw.	+52	30.3	ö.	13	23.7	0	53	35
Bern, Stw.	+46	57.0	ö.	7	26.4	0	29	46
Besançon, Stw.	+47	15.0	ö.	5	59.3	0	23	57
Beuthen	+50	21	ö.	18	56	1	15	44
Bialystock	+53	08	ö.	23	10	1	32	40
Bielefeld	+52	01	ö.	8	31	0	34	04
Bilbao	+43	15	w.	2	56	0	11	44
Birmingham	+52	28.0	w.	1	53.8	0	7	35
Bochum	+51	29.8	ö.	7	12	0	28	48
Bologna, Stw.	+44	29.8	ö.	11	21.2	0	45	25

Geographische Position

Ort (Stw. = Sternwarte)	Geogr. Breite °	'		Länge von Greenwich °	'	h	m	s
Bonn, Stw.	+50	43.7	ö.	7	5.8	0	28	23
Bordeaux, Stw.	+44	50.1	w.	0	31.3	0	2	5
Boston	+42	21.5	w.	71	3.8	4	44	15
Bozen	+46	30	ö.	11	20	0	45	20
Brandenburg	+52	24	ö.	12	34	0	50	16
Braunschweig, Andreaskirche	+52	16.1	ö.	10	31.5	0	42	6
Bremen, Ansgariuskirche	+53	4.8	ö.	8	48.3	0	35	13
Brescia	+45	32	ö.	10	12	0	40	48
Breslau, Stw.	+51	6.9	ö.	17	2.2	1	8	9
Brest, Observatorium	+48	23.5	w.	4	29.6	0	17	58
Brighton	+50	50	w.	0	8	0	00	32
Brindisi	+40	39	ö.	17	56	1	11	44
Bristol, Kathedrale	+51	27.4	w.	2	36.0	0	10	24
Brünn, Stadtmitte	+49	11.7	ö.	16	36.8	1	6	27
Brüssel, Stw.	+50	51.2	ö.	4	22.2	0	17	29
Budapest, Geodät. Punkt	+47	29.6	ö.	19	3.8	1	16	15
Bukarest, Metropolitankirche	+44	25.6	ö.	26	6.3	1	44	25
Calais	+50	57	ö.	1	51	0	7	24
Cambridge, Stw.	+52	12.9	w.	0	5.7	0	0	23
Chemnitz	+50	50.0	ö.	12	55.0	0	51	40
Cherbourg	+49	39	w.	1	37	0	6	28
Chicago, Stw.	+52	3.0	w.	87	40.0	5	50	42
Cottbus	+51	46	ö.	14	20	0	57	20
Danzig, Stw.	+54	21.4	ö.	18	39.9	1	14	40
Darmstadt	+49	52.4	ö.	8	39.6	0	34	38
Delft	+52	00	ö.	4	22	0	17	28
Dessau	+51	50.1	ö.	12	16.9	0	49	8
Dorpat, Stw.	+58	22.8	ö.	26	43.4	1	46	54

Ort (Stw. = Sternwarte)	Geogr. Breite °	'		Länge von Greenwich °	'	h	m	s
Dortmund	+51	31.4	ö.	7	28.0	0	29	52
Dover	+51	08	ö.	1	19	0	5	16
Dresden, math. Salon	+51	3.2	ö.	13	44.0	0	54	56
Dublin, Stw.	+53	23.3	w.	6	20.3	0	25	21
Dubrovnik	+42	40	ö.	18	7	1	12	28
Duisburg, Turm	+51	26.2	ö.	6	45.9	0	27	4
Düsseldorf, Stw.	+51	12.4	ö.	6	46.2	0	27	5
Edinburgh, Stw.	+55	57.4	w.	3	10.8	0	12	43
Eisenach	+50	58.9	ö.	10	20.2	0	41	21
Elberfeld	+51	15.4	ö.	7	9.9	0	28	40
Elbing, Turm	+54	9.7	ö.	19	23.9	1	17	36
Emden, Hafen	+53	22.1	ö.	7	12.4	0	28	50
Erfurt	+50	58.8	ö.	11	2.5	0	44	10
Erlangen, Prot. Kirche	+49	35.8	ö.	11	0.3	0	44	1
Essen	+51	27	ö.	9	00	0	28	00
Eßlingen	+48	44.5	ö.	9	18.0	0	37	12
Feldkirch, Bahnhof	+47	14.6	ö.	9	36.5	0	38	26
Ferrara	+44	50	ö.	11	38	0	46	32
Fiume	+45	20	ö.	14	27	0	57	48
Flensburg, Kirche	+54	47.1	ö.	9	26.3	0	37	45
Florenz, Stw.	+43	46.1	ö.	11	15.5	0	45	2
Frankfurt a. M.	+50	6.7	ö.	8	41.2	0	34	45
Frankfurt a. d. Oder	+52	22.1	ö.	14	33.2	0	58	13
Freiburg i. Br.	+47	59.0	ö.	7	50.0	0	31	20
Freising	+48	24.0	ö.	11	44.9	0	47	00
Genf, Stw.	+46	12.0	ö.	6	9.2	0	24	37
Genua, Stw.	+44	25.2	ö.	8	55.3	0	35	41
Gera	+50	53.4	ö.	12	4.0	0	48	16
Gießen	+50	34	ö.	8	40	0	34	40
Glasgow, Stw.	+55	52.7	w.	4	17.6	0	17	10
Gorki	+56	20	ö.	44	00	2	56	00
Görlitz	+51	9.0	ö.	15	0.0	1	00	00

Ort (Stw. = Sternwarte)	Geogr. Breite °	'		Länge von Greenwich °	'	h	m	s
Göteborg	+57	43	ö.	11	58	0	47	52
Göttingen, Stw.	+51	31.8	ö.	9	56.6	0	39	46
Gotha, Stw.	+50	56.6	ö.	10	42.6	0	42	51
Graz, Stw.	+47	4.6	ö.	15	27.0	1	1	48
Greenwich, Observ.	+51	28.6	—		0.0	0	0	00
Groningen	+53	13	ö.	6	32	0	26	8
Haarlem	+52	23	ö.	4	38	0	18	32
Hagen	+51	22	ö.	7	28	0	29	52
Halberstadt	+51	54.1	ö.	11	3.2	0	44	13
Halle a. S.	+51	29.6	ö.	11	57.7	0	47	51
Hamburg, Stw.	+53	33.1	ö.	9	58.4	0	39	54
Hannover, Markturm	+52	22.3	ö.	9	44.4	0	38	58
Hastings	+50	51	ö.	8	54	0	3	36
Heidelberg, Stw.	+49	23.9	ö.	8	43.5	0	34	54
Heilbronn	+49	8.0	ö.	9	13.0	0	36	52
Helgoland	+54	11	ö.	7	53	0	31	32
Helsingborg	+56	03	ö.	12	42	0	50	48
Helsingfors, Stw.	+60	9.7	ö.	24	57.3	1	39	49
Helsingör	+56	02	ö.	12	36	0	50	24
Hermannstadt	+45	47.9	ö.	24	9.5	1	36	38
Hildesheim	+52	09	ö.	9	57	0	39	48
Hilversum	+52	13	ö.	5	11	0	20	44
Hof	+50	19.4	ö.	11	55.3	0	47	41
Ingolstadt	+48	45.9	ö.	11	25.2	0	45	41
Innsbruck	+47	16.2	ö.	11	23.9	0	45	36
Insterburg	+54	38	ö.	21	47	1	27	8
Jena, Stw.	+50	55.6	ö.	11	35.2	0	46	21
Jerusalem	+31	47	ö.	35	10	2	20	40
Kairo	+30	03	ö.	31	15	2	5	00
Kaiserslautern	+49	26.7	ö.	7	46.5	0	31	6
Kalinin	+56	50	ö.	35	55	2	23	40

Ort (Stw. = Sternwarte)	Geogr. Breite °	'	Länge von Greenwich	°	'	h	m	s
Kaluga	+54	30	ö.	36	18	2	25	12
Kapstadt	−33	56.1	ö.	18	28.7	1	13	55
Karlsbad	+50	13	ö.	12	24	0	51	36
Karlsruhe, ehem. Stw.	+49	0.5	ö.	8	24.1	0	33	36
Kasan, Stw.	+55	47.4	ö.	49	7.3	3	16	29
Kassel, Wilhelmshöhe	+51	19.0	ö.	9	23.9	0	37	36
Kempten	+47	43.5	ö.	10	19.3	0	41	17
Kiel, Stw.	+54	19	ö.	10	7	0	40	36
Kiew, Stw.	+50	27.2	ö.	30	30.2	2	2	1
Kissingen	+50	12.1	ö.	10	4.7	0	40	19
Klagenfurt	+46	34.4	ö.	14	18.6	0	57	15
Köln, Dom	+50	56.5	ö.	6	57.8	0	27	51
Königsberg, Stw.	+54	42.8	ö.	20	29.8	1	21	59
Konstantinopel, Hagia Sophia	+41	0.5	ö.	28	58.3	1	55	58
Konstanz	+47	39	ö.	9	10	0	36	40
Kopenhagen, Stw.	+55	41.2	ö.	12	34.7	0	50	19
Krakau, Stw.	+50	3.8	ö.	19	57.6	1	19	50
Krasnodar	+45	02	ö.	39	00	2	36	00
Krefeld	+51	19.9	ö.	6	33.9	0	26	16
Kronstadt, Hauptplatz	+45	38.6	ö.	25	35.8	1	42	23
Kufstein	+47	34	ö.	12	11	0	48	44
Lahore	+31	34	ö.	74	20	4	57	20
Laibach	+46	3.0	ö.	14	30.7	0	58	3
Lausanne	+46	31	ö.	6	39	0	26	36
Le Havre	+49	29.3	ö.	0	6.5	0	00	26
Leiden, Stw.	+52	9.3	ö.	4	29.1	0	17	56
Leipzig, Stw.	+51	20.1	ö.	12	23.5	0	49	34
Lemberg	+49	50.8	ö.	24	3.2	1	36	13
Leningrad	+59	56.5	ö.	30	17.8	2	1	11

Ort (Stw. = Sternwarte)	Geogr. Breite °	'	Länge von Greenwich	°	'	h	m	s
Leoben	+47	23.1	ö.	15	5.5	1	00	22
Lille, Magdalenenkirche	+50	38.7	ö.	3	3.8	0	12	15
Lindau	+47	32.8	ö.	9	41.3	0	38	45
Linz	+48	18.3	ö.	14	17.3	0	57	9
Lissabon, Stw.	+38	42.5	w.	9	11.2	0	36	45
Lodz	+51	46	ö.	19	27	1	17	48
London, St-Pauls-Kirche	+51	30.8	w.	0	5.7	0	00	23
Lübeck, Observ.	+53	31.5	ö.	10	41.4	0	42	46
Lublin	+51	14	ö.	22	33	1	30	12
Ludwigshafen a. Rh.	+49	28.5	ö.	8	27.0	0	33	48
Lüttich, Stw.	+50	37.1	ö.	5	33.0	0	22	12
Luxemburg	+49	37.6	ö.	6	9.7	0	24	39
Luzern	+47	03	ö.	8	18	0	33	12
Lyon, Stw.	+45	41.7	ö.	4	47.0	0	19	8
Madrid, Stw.	+40	24.5	w.	3	41.3	0	14	45
Magdeburg, Kathedrale	+52	8.1	ö.	11	38.7	0	46	35
Mailand, Observ.	+45	28.0	ö.	9	11.5	0	36	46
Mainz, Stephanskirche	+49	59.7	ö.	8	16.3	0	33	5
Malmö	+55	36	ö.	13	00	0	52	00
Manchester, Marienkirche	+53	29.0	w.	2	14.7	0	8	59
Mannheim, Strw.	+49	29.2	ö.	8	27.6	0	33	50
Mantua	+45	09	ö.	10	47	0	43	8
Marburg, Stw.	+50	48.8	ö.	8	46.4	0	35	6
Marseille, Stw.	+43	18.3	ö.	5	23.7	0	21	35
Melbourne	−37	50	ö.	145	00	9	44	00
Memel	+55	43	ö.	21	7	1	24	28
Messina, Leuchtturm	+38	11.6	ö.	15	34.3	1	2	17

Linke Tabelle

Ort (Stw. = Sternwarte)	Geogr. Breite °	′	Länge von Greenwich °	′	h	m	s
Metz, Kathedrale	+ 49	7.2	ö. 6	10.6	0	24	43
Montevideo	− 34	53	w. 56	10	3	44	40
Moskau, Stw.	+ 55	45.3	ö. 37	34.3	2	30	17
Mühlhausen i. E.	+ 47	44.9	ö. 7	20.4	0	29	22
Mühlheim a. Rh.	+ 47	48.7	ö. 7	37.6	0	30	31
München, Stw.	+ 48	8.8	ö. 11	36.5	0	46	26
Münster	+ 51	58.2	ö. 7	37.7	0	30	31
Nagoja	+ 35	08	ö. 136	55	9	07	40
Namur	+ 50	28	ö. 4	51	0	19	24
Nancy	+ 48	42	ö. 6	11	0	24	44
Nantes, Kathedrale	+ 47	13.1	w. 1	33.1	0	6	12
Neapel	+ 40	51.8	ö. 14	15.5	0	57	2
Newcastle	+ 54	58	w. 1	36	0	6	24
New Orleans, City Hall	+ 29	57.8	w. 90	3.5	6	0	14
New York, Columbia College	+ 40	45.4	w. 73	58.4	4	55	54
Nijmegen	+ 51	50	ö. 5	52	0	23	28
Nizza	+ 43	43.3	ö. 7	8.1	0	29	12
Nordhausen	+ 51	30.4	ö. 10	48.9	0	43	16
Nördlingen, Kirchturm	+ 48	51.1	ö. 10	29.3	0	41	58
Nottingham	+ 52	57	w. 1	9	0	4	33
Nürnberg, Runder Turm	+ 49	27.5	ö. 11	4.7	0	44	19
Odense	+ 55	23	ö. 10	23	0	41	32
Odessa, Srw.	+ 46	28.6	ö. 30	45.6	2	3	2
Oldenburg	+ 53	8.3	ö. 8	13.2	0	32	53
Olmütz, ehem. Srw.	+ 49	35.7	ö. 17	17.0	1	9	8
Omsk	+ 55	00	ö. 73	24	4	53	36
Oporto, Leuchtturm	+ 41	9.2	w. 8	38.2	0	34	33
Orléans	+ 47	54	ö. 1	55	0	7	40

Rechte Tabelle

Ort (Stw. = Sternwarte)	Geogr. Breite °	′	Länge von Greenwich °	′	h	m	s
Osaka	+ 34	39	ö. 135	29	9	1	56
Oslo	+ 59	55	ö. 10	44	0	42	56
Osnabrück	+ 52	16.6	ö. 8	2.5	0	32	10
Ostende	+ 51	14	ö. 2	55	0	11	40
Ottawa	+ 45	25	w. 75	42	5	2	48
Oxford, Observ.	+ 51	45.6	w. 1	15.0	0	5	00
Palermo, Strw.	+ 38	6.7	ö. 13	21.2	0	53	25
Paris, Observatoire	+ 48	50.2	ö. 2	20.2	0	9	21
Passau, Domkuppel	+ 48	34.4	ö. 13	28.1	0	53	52
Peking	+ 39	36	ö. 126	24	8	25	36
Perm	+ 58	00	ö. 56	15	3	45	00
Philadelphia, Stw.	+ 39	57.1	w. 75	9.6	5	0	38
Pilsen	+ 49	45	ö. 13	23	0	53	32
Pirmasens	+ 49	12.0	ö. 7	36.4	0	30	26
Pisa	+ 43	43	ö. 10	24	0	41	36
Plauen	+ 50	30.0	ö. 12	7.5	0	48	30
Plymouth	+ 50	22.3	w. 4	8.0	0	16	32
Port Said	+ 31	15	ö. 32	18	2	9	12
Posen	+ 52	25	ö. 16	55	1	7	40
Prag, Strw.	+ 50	5.3	ö. 14	25.4	0	57	42
Quebec	+ 46	48	w. 71	13	4	44	52
Ratibor	+ 50	06	ö. 18	13	1	12	52
Ravenna	+ 44	25	ö. 12	12	0	48	48
Regensburg, St. Emmeran	+ 49	1.0	ö. 12	5.7	0	48	23
Reims	+ 49	15	ö. 4	4	0	16	8
Reval	+ 59	26	ö. 24	43	1	38	42
Riga, Polytechnikum	+ 56	57.1	ö. 24	7.0	1	36	28
Rom, Strw.	+ 41	53.9	ö. 12	28.8	0	49	55
Rosenheim	+ 47	51.4	ö. 12	5.2	0	48	30
Rostock, St. Jakob	+ 54	5.5	ö. 12	8.2	0	48	33
Rostow	+ 47	15	ö. 39	53	2	39	32

Ort (Stw. = Sternwarte)	Geogr. Breite		Länge von Greenwich				
	°	'		°	'	h m	s
Rotterdam, Zeitsignal	+51	54.5	ö.	4	29.8	0 17	59
Rouen	+49	26	ö.	1	8	0 4	32
Saarbrücken	+49	14	ö.	6	59	0 27	56
Saloniki, südliche Bastion	+40	37.5	ö.	22	58.0	1 31	52
Salzburg	+47	47.8	ö.	13	3.0	0 52	12
San Franzisko	+37	47.4	w.	122	25.6	9 9	42
Santiago	−33	27	w.	70	40	4 42	40
Saragossa	+41	39	w.	0	54	0 3	36
Schanghai	+31	14	ö.	121	30	8 6	00
Schleswig	+54	30	ö.	9	33	0 38	12
Schneidemühl	+53	09	ö.	16	45	1 7	00
Schweinfurt	+50	2.7	ö.	10	14.4	0 40	58
Schwerin	+53	37.6	ö.	11	25.2	0 45	41
Seoul	+37	32	ö.	126	57	8 27	48
Sevilla, La Giralda	+37	22.7	w.	6	1.2	0 24	5
Sewastopol	+44	35	ö.	33	34	2 14	16
Sheffield	+53	23	w.	1	29	0 5	56
Siena	+43	19	ö.	11	18	0 45	12
Skopje	+42	00	ö.	21	25	1 25	40
Smolensk	+54	46	ö.	32	3	2 8	12
Sofia, Uhrrurm	+42	42.0	ö.	23	19.8	1 33	19
Southampton	+50	54	w.	1	23	0 5	32
Speier, ehem. Stw.	+49	18.9	ö.	8	26.4	0 33	46
Stavanger	+58	58	ö.	5	44	0 22	56
Stettin, Schloßturm	+53	25.7	ö.	14	33.9	0 58	16
Steyr, Pfarrkirche	+48	2.3	ö.	14	25.2	0 57	41
St. Gallen	+47	25	ö.	9	23	0 37	32
Stockholm, Stw.	+59	20.6	ö.	18	3.5	1 12	14
Stralsund, St. Marie	+54	18.7	ö.	13	5.5	0 52	22
Straßburg	+48	35.0	ö.	7	46.2	0 31	5
Stuttgart	+48	46.6	ö.	9	10.7	0 36	43

Ort (Stw. = Sternwarte)	Geogr. Breite		Länge von Greenwich				
	°	'		°	'	h m	s
Sydney	−33	55	ö.	151	10	10 4	40
Taganrog	+47	14	ö.	38	57	2 35	48
Tanger	+35	47	w.	5	48	0 23	12
Tarnopol	+49	33	ö.	25	38	1 42	32
Teheran	+35	40	ö.	51	26	3 25	44
Temesvar	+45	45.6	ö.	21	15.3	1 25	1
Teplitz	+50	39	ö.	13	49	0 55	16
Tiflis	+41	45	ö.	44	50	2 59	40
Tilsit	+55	05	ö.	21	53	1 27	32
Tokio	+35	40	ö.	139	45	9 19	00
Toronto	+43	39	w.	79	22	5 17	28
Toulon, Stw.	+43	7.4	ö.	5	55.4	0 23	42
Toulouse, Stw.	+43	36.8	ö.	1	27.5	0 5	50
Traunstein	+47	52.4	ö.	12	34.7	0 42	19
Trier	+49	46	ö.	6	39	0 26	36
Triest, Observ.	+45	38.8	ö.	13	45.7	0 55	3
Tripolis	+32	54	ö.	13	10	0 52	40
Tunis	+36	48	ö.	10	10	0 40	40
Turin, Stw.	+45	4.1	ö.	7	41.8	0 30	47
Ulm, Münster	+48	23.8	ö.	9	59.4	0 39	58
Uppsala	+59	52	ö.	17	38	1 10	32
Utrecht, Stw.	+52	5.2	ö.	5	7.9	0 20	32
Vaduz	+47	08	ö.	9	31	0 38	4
Verona	+45	26	ö.	11	00	0 44	00
Villach	+46	36.8	ö.	13	50.9	0 55	24
Vlissingen	+51	26	ö.	3	34	0 14	16
Warschau, Stw.	+52	13.1	ö.	21	1.8	1 24	7
Washington, Observatory	+38	55.2	w.	77	4.0	5 8	16
Weimar	+50	59.2	ö.	11	19.9	0 45	20
Wellington	−41	18	ö.	74	47	11 39	8
Wesermünde	+53	32	ö.	8	33	0 34	12

Ort (Stw. = Sternwarte)	Geographische Position				
	Geogr. Breite		Länge von Greenwich		
	°	'	° '	h m	s
Wiborg	+ 60	43	ö. 28 44	1 54	56
Wien, St. Stephan	+ 48	12.6	ö. 16 22.7	1 5	31
Wiesbaden	+ 50	05	ö. 8 14	0 32	56
Wilna	+ 54	41	ö. 25 17	1 41	8
Wittenberg	+ 51	52	ö. 12 38	0 50	32
Worms, prot. Kirche	+ 49	37.8	ö. 8 21.9	0 33	38

Ort (Stw. = Sternwarte)	Geographische Position				
	Geogr. Breite		Länge von Greenwich		
	°	'	° '	h m	s
Würzburg	+ 49	47.7	ö. 9 56.0	0 39	44
Zürich, Stw.	+ 47	22.7	ö. 8 33.1	0 34	12
Zweibrücken	+ 49	14.8	ö. 7 22.0	0 29	28
Zwickau	+ 50	43.0	ö. 12 28.5	0 49	54
Zwittau, Kirche	+ 49	45.4	ö. 16 28.9	1 5	56

Ortstafel

zur Ermittlung der Differenz zwischen der Normalzeit (= Geburtszeit)
und der Ortszeit in der mitteleuropäischen Zeitzone (MEZ)

Die nachstehende Tabelle enthält die Zeitdifferenzen der größeren Städte Mitteleuropas, insbesondere Deutschlands, Österreichs und der Schweiz.

Das Zeichen + bedeutet, daß die Zeitdifferenz zuzuzählen ist. Das Zeichen — bedeutet, daß die Zeitdifferenz abzuziehen ist. Für Geburten in Städten außerhalb dieser Liste genügt es, die nächstgelegene dieser Städte zu berücksichtigen. (Für Geburten außerhalb dieser Länder muß die Zeitdifferenz nach den auf Seite 70 ff. gegebenen Anweisungen ermittelt werden. Bei Geburten außerhalb der mitteleuropäischen Zeitzone gelten die Anleitungen Seiten 80 ff.)

	Min.		Min.		Min.
Aachen	— 35	Gleiwitz	+ 14	Neiße	+ 9
Allenstein	+ 21	Glogau	+ 4	Nikolsburg	+ 6
Augsburg	— 16	Gotha	— 17	Nürnberg	— 15
		Görlitz	0		
Baden	— 27	Göttingen	— 20	Oldenburg	— 27
Bamberg	— 16	Graz	+ 1	Oppeln	+ 11
Basel	— 29			Osnabrück	— 27
Bautzen	— 2	Halle/Saale	— 12		
Berlin	— 6	Hamburg	— 20	Plauen	— 11
Bern	— 30	Hannover	— 21	Posen	+ 7
Beuthen	+ 15	Heidelberg	— 25	Prag	— 2
Bielefeld	— 25				
Bonn	— 31	Innsbruck	— 14	Quedlinburg	— 15
Braunschweig	— 17	Jena	— 13		
Bremen	— 24			Ratibor	+ 12
Breslau	+ 8	Kaiserslautern	— 28	Regensburg	— 11
Bromberg	+ 12	Karlsruhe	— 26	Rostock	— 11
		Kassel	— 21		
Celle	— 19	Kiel	— 19	Saarbrücken	— 32
Chemnitz	— 8	Klagenfurt	— 2	Salzburg	— 7
		Koblenz	— 29	Schleswig	— 21
Danzig	+ 14	Kolberg	+ 2	Schweidnitz	+ 5
Darmstadt	— 25	Köln	— 32	Schwerin	— 14
Dortmund	— 30	Königsberg	+ 22	Stargard	+ 0
Dresden	— 5	Konstanz	— 23	Stettin	— 1
Duisburg	— 32	Kottbus	— 2	Straßburg	— 29
Düsseldorf	— 32	Krakau	+ 19	Stuttgart	— 23
		Kremsmünster	— 3		
Eger	— 10			Trier	— 33
Elberfeld	— 31	Leipzig	— 10	Troppau	+ 12
Elbing	+ 17	Liegnitz	+ 4		
Erfurt	— 15	Lübeck	— 17	Ulm	— 20
Essen	— 31				
		Magdeburg	— 13	Wesel	— 33
Flensburg	— 22	Mainz	— 26	Wien	+ 5
Frankfurt/Main	— 25	Mannheim	— 26	Wiesbaden	— 27
Frankfurt/Oder	— 1	Memel	+ 24	Würzburg	— 20
Freiburg/Br.	— 28	München	— 13		
		Münster	— 29	Zürich	— 25

Jahrestabelle
zur Bestimmung der Sternzeit

Alle Werte der Sternzeit (Uhr = h, Minuten = m) gelten für 0 Uhr Weltzeit (WZ), d. h. Mitternacht Greenwich-Zeit

JANUAR			FEBRUAR			MÄRZ			APRIL		
Tag	Sternzeit h	m	Tag	Sternzeit h	m	Tag	Sternzeit h	m	Tag	Sternzeit h	m
1	6	41	1	8	43	1	10	33	1	12	36
2	6	45	2	8	47	2	10	37	2	12	39
3	6	49	3	8	51	3	10	41	3	12	43
4	6	53	4	8	55	4	10	45	4	12	47
5	6	56	5	8	59	5	10	49	5	12	51
6	7	00	6	9	3	6	10	53	6	12	55
7	7	4	7	9	7	7	10	57	7	12	59
8	7	8	8	9	10	8	11	1	8	13	3
9	7	12	9	9	14	9	11	5	9	13	7
10	7	16	10	9	18	10	11	9	10	13	11
11	7	20	11	9	22	11	11	13	11	13	15
12	7	24	12	9	26	12	11	17	12	13	19
13	7	28	13	9	30	13	11	21	13	13	23
14	7	32	14	9	34	14	11	25	14	13	27
15	7	36	15	9	38	15	11	28	15	13	31
16	7	40	16	9	42	16	11	32	16	13	35
17	7	44	17	9	46	17	11	36	17	13	39
18	7	48	18	9	50	18	11	40	18	13	43
19	7	52	19	9	54	19	11	44	19	13	46
20	7	56	20	9	58	20	11	48	20	13	50
21	8	00	21	10	2	21	11	52	21	13	54
22	8	3	22	10	6	22	11	56	22	13	58
23	8	7	23	10	10	23	12	0	23	14	2
24	8	11	24	10	14	24	12	4	24	14	6
25	8	15	25	10	18	25	12	8	25	14	10
26	8	19	26	10	21	26	12	12	26	14	14
27	8	23	27	10	25	27	12	16	27	14	18
28	8	27	28	10	29	28	12	20	28	14	22
29	8	31				29	12	24	29	14	26
30	8	35				30	12	28	30	14	30
31	8	39				31	12	32			

MAI Tag	MAI Sternzeit h	m	JUNI Tag	JUNI Sternzeit h	m	JULI Tag	JULI Sternzeit h	m	AUGUST Tag	AUGUST Sternzeit h	m
1	14	34	1	16	36	1	18	34	1	20	37
2	14	38	2	16	40	2	18	38	2	20	40
3	14	42	3	16	44	3	18	42	3	20	44
4	14	46	4	16	48	4	18	46	4	20	48
5	14	50	5	16	52	5	18	50	5	20	52
6	14	53	6	16	56	6	18	54	6	20	56
7	14	57	7	17	0	7	18	58	7	21	0
8	15	1	8	17	4	8	19	2	8	21	4
9	15	5	9	17	8	9	19	6	9	21	8
10	15	9	10	17	11	10	19	10	10	21	12
11	15	13	11	17	15	11	19	14	11	21	16
12	15	17	12	17	19	12	19	18	12	21	20
13	15	21	13	17	23	13	19	22	13	21	24
14	15	25	14	17	27	14	19	26	14	21	28
15	15	29	15	17	31	15	19	31	15	21	32
16	15	33	16	17	35	16	19	35	16	21	36
17	15	37	17	17	39	17	19	37	17	21	40
18	15	41	18	17	43	18	19	41	18	21	44
19	15	45	19	17	47	19	19	45	19	21	47
20	15	49	20	17	51	20	19	49	20	21	51
21	15	53	21	17	55	21	19	53	21	21	55
22	15	57	22	17	59	22	19	57	22	21	59
23	16	1	23	18	3	23	20	1	23	22	3
24	16	4	24	18	7	24	20	5	24	22	7
25	16	8	25	18	11	25	20	9	25	22	11
26	16	12	26	18	15	26	20	13	26	22	15
27	16	16	27	18	19	27	20	17	27	22	19
28	16	20	28	18	22	28	20	21	28	22	23
29	16	24	29	18	26	29	20	25	29	22	27
30	16	28	30	18	30	30	20	29	30	22	31
31	16	32				31	20	33	31	22	35

SEPTEMBER	Sternzeit h	m	OKTOBER Tag	Sternzeit h	m	NOVEMBER Tag	Sternzeit h	m	DEZEMBER Tag	Sternzeit h	m
1	22	39	1	0	37	1	2	39	1	4	37
2	22	43	2	0	41	2	2	43	2	4	41
3	22	47	3	0	45	3	2	47	3	4	45
4	22	51	4	0	49	4	2	51	4	4	49
5	22	54	5	0	53	5	2	55	5	4	53
6	22	58	6	0	57	6	2	59	6	4	57
7	23	2	7	1	1	7	3	3	7	5	1
8	23	6	8	1	5	8	3	7	8	5	5
9	23	10	9	1	9	9	3	11	9	5	9
10	23	14	10	1	12	10	3	15	10	5	13
11	23	18	11	1	16	11	3	19	11	5	17
12	23	22	12	1	20	12	3	23	12	5	21
13	23	26	13	1	24	13	3	27	13	5	25
14	23	30	14	1	28	14	3	30	14	5	29
15	23	34	15	1	32	15	3	34	15	5	33
16	23	38	16	1	36	16	3	38	16	5	37
17	23	42	17	1	40	17	3	42	17	5	41
18	23	46	18	1	44	18	3	46	18	5	45
19	23	50	19	1	48	19	3	50	19	5	48
20	23	54	20	1	52	20	3	54	20	5	52
21	23	58	21	1	56	21	3	58	21	5	56
22	0	2	22	2	0	22	4	2	22	6	0
23	0	5	23	2	4	23	4	6	23	6	4
24	0	9	24	2	8	24	4	10	24	6	8
25	0	13	25	2	12	25	4	14	25	6	12
26	0	17	26	2	16	26	4	18	26	6	16
27	0	21	27	2	20	27	4	22	27	6	20
28	0	25	28	2	23	28	4	26	28	6	24
29	0	29	29	2	27	29	4	30	29	6	28
30	0	33	30	2	31	30	4	34	30	6	32
			31	2	35				31	6	36

Häusertabelle

38° Sternzeit h m s	10. Feld °	11. Feld °	12. Feld °	1. Feld Aszendent ° '	2. Feld °	3. Feld °
0 00 00	00	06	14	17 15	08	01
0 03 40	01	07	15	18 01	08	02
0 07 20	02	08	16	18 47	09	03
0 11 00	03	09	17	19 33	10	04
0 14 41	04	10	18	20 19	11	04
0 18 21	05	11	18	21 04	12	05
0 22 02	06	12	19	21 50	12	06
0 25 42	07	13	20	22 35	13	07
0 29 23	08	14	21	23 20	14	08
0 33 04	09	15	22	24 06	15	09
0 36 45	10	16	23	24 51	15	10
0 40 26	11	17	24	25 36	16	11
0 44 08	12	18	25	26 21	17	11
0 47 50	13	19	25	27 06	18	12
0 51 32	14	20	26	27 51	19	13
0 55 14	15	21	27	28 36	19	14
0 58 57	16	22	28	29 22	20	15
1 02 40	17	23	29	♐00 06	21	16
1 06 23	18	24	♑00	00 52	22	17
1 10 07	19	25	01	01 37	23	18
1 13 51	20	26	01	02 22	23	19
1 17 35	21	27	02	03 07	24	20
1 21 20	22	28	03	03 52	25	21
1 25 06	23	29	04	04 37	26	21
1 28 52	24	♒00	05	05 23	27	22
1 32 38	25	01	06	06 08	28	23
1 36 25	26	02	07	06 54	28	24
1 40 12	27	03	07	07 39	29	25
1 44 00	28	04	08	08 25	♌00	26
1 47 48	29	05	09	09 11	01	27
1 51 37	♋00	06	10	09 56	02	28
1 55 27	01	07	11	10 42	02	29
1 59 17	02	08	12	11 28	03	♍00
2 03 08	03	09	12	12 14	04	01
2 06 59	04	10	13	13 01	05	02
2 10 51	05	10	14	13 47	06	03
2 14 44	06	11	15	14 33	07	04
2 18 37	07	12	16	15 20	08	05
2 22 31	08	13	17	16 07	08	05
2 26 25	09	14	18	16 54	09	06
2 30 20	10	15	18	17 40	10	07
2 34 16	11	16	19	18 28	11	08
2 38 13	12	17	20	19 15	12	09
2 42 10	13	18	21	20 02	13	10
2 46 08	14	19	22	20 50	14	11

38° Sternzeit h m s	10. Feld °	11. Feld °	12. Feld °	1. Feld Aszendent ° '	2. Feld °	3. Feld °
2 50 07	15	20	23	21 37	14	12
2 54 07	16	21	24	22 25	15	13
2 58 07	17	22	24	23 13	16	14
3 02 08	18	23	25	24 02	17	15
3 06 09	19	24	26	24 50	18	16
3 10 12	20	25	27	25 38	19	17
3 14 15	21	25	28	26 27	20	18
3 18 19	22	26	29	27 16	21	19
3 22 23	23	27	30	28 05	22	20
3 26 29	24	28	♐00	28 54	22	21
3 30 35	25	29	01	29 44	23	22
3 34 41	26	♑00	02	♍00 34	24	23
3 38 49	27	01	03	01 24	24	24
3 42 57	28	02	04	02 14	26	25
3 47 06	29	03	05	03 04	27	26
3 51 15	♒00	04	06	03 54	28	27
3 55 25	01	05	07	04 44	29	28
3 59 36	02	06	07	05 35	♍00	29
4 03 48	03	07	08	06 26	01	♏00
4 08 00	04	08	09	07 17	02	01
4 12 13	05	09	10	08 08	03	02
4 16 26	06	10	11	08 59	04	03
4 20 40	07	11	12	09 50	05	04
4 24 55	08	12	13	10 42	05	05
4 29 10	09	13	14	11 33	06	06
4 33 26	10	14	15	12 25	07	07
4 37 42	11	14	16	13 17	08	08
4 41 59	12	15	17	14 09	09	09
4 46 16	13	16	17	15 01	10	10
4 50 34	14	17	18	15 53	11	11
4 54 52	15	18	19	16 45	12	12
4 59 10	16	19	20	17 38	13	13
5 03 29	17	20	21	18 30	14	14
5 07 49	18	21	22	19 23	15	15
5 12 09	19	22	23	20 16	16	16
5 16 29	20	23	24	21 09	17	17
5 20 49	21	24	25	22 02	18	18
5 25 09	22	25	26	22 55	19	19
5 29 30	23	26	27	23 48	20	20
5 33 51	24	27	28	24 41	21	21
5 38 12	25	28	29	25 34	22	22
5 42 34	26	29	♏00	26 27	23	23
5 46 55	27	♓00	01	27 20	24	24
5 51 17	28	01	01	28 13	25	25
5 55 38	29	02	02	29 07	26	26

38° Sternzeit	10. Feld	11. Feld	12. Feld	1. Feld Aszendent		2. Feld	3. Feld
h m s	°	°	°	°	′	°	°
6 00 00	00	03	03	00	00	27	27
6 04 22	01	04	04	00	53	28	28
6 08 43	02	05	05	01	47	29	29
6 13 05	03	06	06	02	40	29	00
6 17 26	04	07	07	03	33	00	01
6 21 48	05	08	08	04	26	01	02
6 26 09	06	09	09	05	19	02	03
6 30 30	07	10	10	06	12	03	04
6 34 51	08	11	11	07	05	04	05
6 39 11	09	12	12	07	58	05	06
6 43 31	10	13	13	08	51	06	07
6 47 51	11	14	14	09	44	07	08
6 52 11	12	15	15	10	37	08	09
6 56 31	13	16	16	11	30	09	10
7 00 50	14	17	17	12	22	10	11
7 05 08	15	18	18	13	15	11	12
7 09 26	16	19	19	14	07	12	13
7 13 44	17	20	20	14	59	13	14
7 18 01	18	21	21	15	51	13	15
7 22 18	19	22	22	16	43	14	16
7 26 34	20	23	23	17	35	15	16
7 30 50	21	24	24	18	27	16	17
7 35 05	22	25	25	19	18	17	18
7 39 20	23	26	25	20	10	18	19
7 43 34	24	27	26	21	01	19	20
7 47 47	25	28	27	21	52	20	21
7 52 00	26	29	28	22	43	21	22
7 56 12	27	00	28	23	34	22	23
8 00 24	28	01	00	24	25	23	24
8 04 35	29	02	01	25	16	23	25
8 08 45	00	03	02	26	06	24	26
8 12 54	01	04	03	26	56	25	27
8 17 03	02	05	04	27	46	26	28
8 21 11	03	06	05	28	36	27	29
8 25 19	04	07	06	29	26	28	00
8 29 26	05	08	07	00	16	29	01
8 33 31	06	09	08	01	06	30	02
8 37 37	07	10	08	01	55	00	03
8 41 41	08	11	09	02	44	01	04
8 45 45	09	12	10	03	33	02	05
8 49 48	10	13	11	04	22	03	05
8 53 51	11	14	12	05	10	04	06
8 57 52	12	15	13	05	58	05	07
9 01 53	13	16	14	06	47	06	08
9 05 53	14	17	15	07	35	06	09

38° Sternzeit	10. Feld	11. Feld	12. Feld	1. Feld Aszendent		2. Feld	3. Feld
h m s	°	°	°	°	′	°	°
9 09 53	15	18	16	08	23	07	10
9 13 52	16	19	16	09	10	08	11
9 17 50	17	20	17	09	58	09	12
9 21 47	18	21	18	10	45	10	13
9 25 44	19	22	19	11	32	11	14
9 29 40	20	23	20	12	20	12	15
9 33 35	21	24	21	13	06	12	16
9 37 29	22	25	22	13	53	13	17
9 41 23	23	25	22	14	40	14	18
9 45 16	24	26	23	15	27	15	19
9 49 09	25	27	24	16	13	16	20
9 53 01	26	28	25	16	59	17	20
9 56 52	27	29	26	17	46	18	21
10 00 42	28	00	27	18	32	18	22
10 04 33	29	01	28	19	18	19	23
10 08 23	00	02	28	20	04	20	24
10 12 12	01	03	29	20	49	21	25
10 16 00	02	04	00	21	35	22	26
10 19 48	03	05	01	22	21	23	27
10 23 35	04	06	02	23	06	23	28
10 27 22	05	07	02	23	52	24	29
10 31 08	06	08	03	24	37	25	00
10 34 54	07	09	04	25	23	26	01
10 38 40	08	09	05	26	08	27	02
10 42 25	09	10	06	26	53	28	03
10 46 09	10	11	07	27	38	29	04
10 49 53	11	12	07	28	23	30	05
10 53 37	12	13	08	29	08	00	06
10 57 20	13	14	09	29	54	01	07
11 01 03	14	15	10	00	38	02	08
11 04 46	15	16	11	01	24	03	09
11 08 28	16	17	11	02	09	04	10
11 12 10	17	18	12	02	54	05	11
11 15 52	18	19	13	03	39	05	12
11 19 34	19	19	14	04	24	06	13
11 23 15	20	20	15	05	09	07	14
11 26 56	21	21	15	05	54	08	15
11 30 37	22	22	16	06	40	09	16
11 34 18	23	23	17	07	25	10	17
11 37 58	24	24	18	08	10	11	18
11 41 39	25	25	18	08	56	12	19
11 45 19	26	26	19	09	41	12	20
11 49 00	27	26	20	10	27	13	21
11 52 40	28	27	21	11	13	14	22
11 56 20	29	28	22	11	59	15	23

38° Sternzeit

Sternzeit h m s	10. Feld °	11. Feld °	12. Feld °	1. Feld Aszendent ° '	2. Feld °	3. Feld °
	♎	♎	♏	♒	♓	♓
12 00 00	00	29	22	12 45	16	24
12 08 40	01	♏0	23	13 31	17	25
12 07 20	02	01	24	14 17	18	26
12 11 00	03	02	25	15 03	19	27
12 14 41	04	03	26	15 50	20	28
12 18 21	05	03	26	16 37	21	29
12 22 02	06	04	27	17 24	22	♈0
12 25 42	07	05	28	18 11	23	02
12 29 23	08	06	29	18 58	24	03
12 33 04	09	07	30	19 46	25	04
12 36 45	10	08	♐0	20 33	26	05
12 40 26	11	09	01	21 21	27	06
12 44 08	12	10	02	22 10	28	07
12 47 50	13	10	03	22 58	29	08
12 51 32	14	11	03	23 47	♈0	09
12 55 14	15	12	04	24 36	01	10
12 58 57	16	13	05	25 25	02	11
13 02 40	17	14	06	26 16	03	12
13 06 23	18	15	07	27 05	04	14
13 10 07	19	16	07	27 56	05	15
13 13 51	20	16	08	28 47	06	16
13 17 35	21	17	09	29 38	07	17
13 21 20	22	18	10	♓0 30	08	18
13 25 06	23	19	11	01 22	09	19
13 28 52	24	20	11	02 14	10	20
13 32 38	25	21	12	03 07	11	22
13 36 25	26	22	13	04 01	12	23
13 40 12	27	22	14	04 55	13	24
13 44 00	28	23	15	05 49	15	25
13 47 48	29	24	16	06 44	16	26
13 51 37	♏0	25	16	07 39	17	27
13 55 27	01	26	17	08 35	18	29
13 59 17	02	27	18	09 32	19	♉0
14 03 08	03	28	19	10 29	20	01
14 06 59	04	29	20	11 26	22	02
14 10 51	05	29	21	12 24	23	03
14 14 44	06	♐0	21	13 23	24	04
14 18 37	07	01	22	14 23	25	06
14 22 31	08	02	23	15 23	27	07
14 26 25	09	03	24	16 24	28	08
14 30 20	10	04	25	17 26	29	09
14 34 16	11	05	26	18 29	♉0	10
14 38 13	12	06	27	19 32	02	12
14 42 10	13	06	28	20 36	03	13
14 46 08	14	07	29	21 41	04	14

38° Sternzeit

Sternzeit h m s	10. Feld °	11. Feld °	12. Feld °	1. Feld Aszendent ° '	2. Feld °	3. Feld °
	♏	♐	♐	♓	♉	♉
14 50 07	15	08	29	22 47	06	15
14 54 07	16	09	♑0	23 53	07	17
14 58 07	17	10	01	25 01	08	18
15 02 08	18	11	02	26 09	10	19
15 06 09	19	12	03	27 18	11	20
15 10 12	20	13	04	28 29	13	21
15 14 15	21	14	05	29 41	14	23
15 18 19	22	15	06	♈0 53	15	24
15 22 23	23	16	07	02 06	17	25
15 26 29	24	16	08	03 21	18	26
15 30 35	25	17	09	04 36	20	27
15 34 41	26	18	10	05 53	21	29
15 38 49	27	19	11	07 11	23	♊0
15 42 57	28	20	12	08 29	24	01
15 47 06	29	21	13	09 49	25	02
15 51 15	♐0	22	14	11 10	27	03
15 55 25	01	23	15	12 32	28	05
15 59 36	02	24	16	13 56	♊0	06
16 03 48	03	25	17	15 20	01	07
16 08 00	04	26	18	16 46	03	09
16 12 13	05	27	19	18 13	04	09
16 16 26	06	28	20	19 41	06	11
16 20 40	07	29	21	21 11	07	12
16 24 55	08	♑0	22	22 41	09	13
16 29 10	09	01	24	24 13	10	14
16 33 26	10	02	25	25 46	12	15
16 37 42	11	03	26	27 21	13	16
16 41 59	12	04	27	28 56	15	18
16 46 16	13	05	28	♉0 33	16	19
16 50 34	14	06	29	02 12	18	20
16 54 52	15	07	♒0	03 49	19	21
16 59 10	16	08	02	05 28	21	22
17 03 29	17	09	03	07 09	22	23
17 07 49	18	10	04	08 51	24	24
17 12 09	19	11	05	10 33	25	26
17 16 29	20	12	07	12 16	26	27
17 20 49	21	13	08	14 00	28	28
17 25 09	22	14	09	15 44	29	29
17 29 30	23	15	10	17 30	♊0	♋0
17 33 51	24	16	12	19 16	02	01
17 38 12	25	17	13	21 02	04	02
17 42 34	26	18	14	22 49	05	03
17 46 55	27	19	16	24 37	06	04
17 51 17	28	20	17	26 24	08	06
17 55 38	29	21	18	28 12	09	07

38° — Sternzeit

Sternzeit (h m s)	10. Feld (°)	11. Feld (°)	12. Feld (°)	1. Feld Aszendent (° ')	2. Feld (°)	3. Feld (°)
	♑	♒	♓	♈	♉	♊
18 00 00	00	22	20	00 00	10	08
18 04 22	01	23	21	01 48	12	09
18 08 43	02	24	22	03 36	13	10
18 13 05	03	26	24	05 23	14	11
18 17 26	04	27	25	07 11	16	12
18 21 48	05	28	26	08 58	17	13
18 26 09	06	29	28	10 44	18	14
18 30 30	07	♓ 00	♈ 00	12 30	20	15
18 34 51	08	01	01	14 16	21	16
18 39 11	09	02	02	16 00	22	17
18 43 31	10	03	04	17 44	23	18
18 47 51	11	04	05	19 27	25	19
18 52 11	12	06	06	21 09	26	20
18 56 31	13	07	08	22 51	27	21
19 00 50	14	08	09	24 32	28	22
19 05 08	15	09	11	26 11	♊ 00	23
19 09 26	16	10	12	27 50	01	24
19 13 44	17	11	14	29 27	02	25
19 18 01	18	12	15	♉ 01 04	03	26
19 22 18	19	14	17	02 39	04	27
19 26 34	20	15	18	04 14	05	28
19 30 50	21	16	20	05 47	06	29
19 35 05	22	17	21	07 19	08	♋ 00
19 39 20	23	18	23	08 49	09	01
19 43 34	24	19	24	10 19	10	02
19 47 47	25	21	26	11 47	11	03
19 52 00	26	22	27	13 14	12	04
19 56 12	27	23	28	14 40	13	05
20 00 24	28	24	♉ 00	16 04	14	06
20 04 35	29	25	02	17 28	15	07
20 08 45	♒ 00	27	03	18 50	16	08
20 12 54	01	28	05	20 11	17	09
20 17 03	02	29	06	21 31	18	10
20 21 11	03	♈ 00	07	22 49	19	11
20 25 19	04	01	09	24 07	20	12
20 29 26	05	03	10	25 24	21	13
20 33 31	06	04	12	26 39	22	14
20 37 37	07	05	13	27 54	23	14
20 41 41	08	06	15	29 07	24	15
20 45 45	09	07	16	♊ 00 19	25	16
20 49 48	10	09	17	01 31	26	17
20 53 51	11	10	19	02 42	27	18
20 57 52	12	11	20	03 51	28	19
21 01 53	13	12	22	04 59	29	20
21 05 53	14	13	23	06 07	♋ 00	21

38° — Sternzeit

Sternzeit (h m s)	10. Feld (°)	11. Feld (°)	12. Feld (°)	1. Feld Aszendent (° ')	2. Feld (°)	3. Feld (°)
	♒	♈	♉	♊	♋	♌
21 09 53	15	15	24	07 13	01	22
21 13 52	16	16	26	08 19	01	23
21 17 50	17	17	27	09 24	02	24
21 21 47	18	18	28	10 28	03	24
21 25 44	19	20	♊ 00	11 31	04	25
21 29 40	20	21	01	12 34	05	26
21 33 35	21	22	02	13 36	06	27
21 37 29	22	23	03	14 37	07	28
21 41 23	23	24	05	15 37	08	29
21 45 16	24	26	06	16 37	09	♌ 00
21 49 09	25	27	07	17 36	09	01
21 53 01	26	28	08	18 34	10	01
21 55 52	27	29	10	19 31	11	02
22 00 43	28	♉ 00	11	20 28	12	03
22 04 33	29	01	12	21 25	13	04
22 08 23	♓ 00	03	13	22 21	14	05
22 12 12	01	04	14	23 16	14	06
22 16 00	02	05	15	24 11	15	07
22 19 48	03	06	17	25 05	16	08
22 23 35	04	07	18	25 59	17	08
22 27 22	05	08	19	26 53	18	09
22 31 08	06	10	20	27 46	19	10
22 34 54	07	11	21	28 38	19	11
22 38 40	08	12	22	29 30	20	12
22 42 25	09	13	23	♋ 00 22	21	13
22 46 09	10	14	24	01 13	22	14
22 49 53	11	15	25	02 04	23	14
22 53 37	12	16	26	02 55	23	15
22 57 20	13	18	27	03 44	24	16
23 01 03	14	19	28	04 35	25	17
23 04 46	15	20	29	05 24	26	18
23 08 28	16	21	♋ 00	06 13	27	19
23 12 10	17	22	01	07 02	27	20
23 15 52	18	23	02	07 50	28	20
23 19 34	19	24	03	08 39	29	21
23 23 15	20	25	04	09 27	30	22
23 26 56	21	26	05	10 14	♌ 00	23
23 30 37	22	27	06	11 02	01	24
23 34 18	23	28	07	11 49	02	25
23 37 58	24	♊ 00	08	12 36	03	26
23 41 39	25	01	09	13 23	04	27
23 45 19	26	02	10	14 10	04	27
23 49 00	27	03	11	14 57	05	28
23 52 40	28	04	12	15 43	06	29
23 56 20	29	05	13	16 29	07	♍ 00

39° Sternzeit h m s	10. Feld ♈	11. Feld ♉	12. Feld ♋	1. Feld Aszendent ♋	'	2. Feld ♌	3. Feld ♍
0 00 00	00	06	14	17	42	08	01
0 03 40	01	07	15	18	27	09	02
0 07 20	02	08	16	19	13	09	03
0 11 00	03	09	17	19	58	10	04
0 14 41	04	10	18	20	44	11	04
0 18 21	05	11	19	21	29	12	05
0 22 02	06	12	20	22	14	13	06
0 25 42	07	13	21	22	59	13	07
0 29 23	08	14	21	23	41	14	08
0 33 04	09	15	22	24	29	15	09
0 36 45	10	16	23	25	14	16	10
0 40 26	11	17	24	25	59	16	11
0 44 08	12	18	25	26	44	17	12
0 47 50	13	19	26	27	29	18	12
0 51 32	14	20	27	28	14	19	13
0 55 14	15	21	28	28	59	20	14
0 58 57	16	22	28	29	44	20	15
1 02 40	17	23	29	♌0	29	21	16
1 06 23	18	24	♌0	01	13	22	17
1 10 07	19	25	01	01	58	23	18
1 13 51	20	26	02	02	43	24	19
1 17 35	21	27	03	03	28	24	20
1 21 20	22	28	04	04	13	25	21
1 25 06	23	29	04	04	58	26	21
1 28 52	24	♊0	05	05	44	27	22
1 32 38	25	01	06	06	29	28	23
1 36 25	26	02	07	07	14	29	24
1 40 12	27	03	08	07	59	29	25
1 44 00	28	04	09	08	44	♍0	26
1 47 48	29	05	09	09	30	01	27
1 51 37	♉0	06	10	10	15	02	28
1 55 27	01	07	11	11	01	03	29
1 59 17	02	08	12	11	47	03	♎0
2 03 08	03	09	13	12	33	04	01
2 06 59	04	10	14	13	19	05	02
2 10 51	05	11	14	14	05	06	03
2 14 44	06	12	15	14	51	07	04
2 18 37	07	13	16	15	37	08	05
2 22 31	08	14	17	16	24	08	05
2 26 25	09	14	18	17	10	09	06
2 30 20	10	15	19	17	57	10	07
2 34 16	11	16	20	18	44	11	08
2 38 13	12	17	20	19	31	12	09
2 42 10	13	18	21	20	18	13	10
2 46 08	14	19	22	21	06	14	11

39° Sternzeit h m s	10. Feld ♉	11. Feld ♊	12. Feld ♌	1. Feld Aszendent ♌	'	2. Feld ♍	3. Feld ♎
2 50 07	15	20	23	21	53	15	12
2 54 07	16	21	24	22	40	15	13
2 58 07	17	22	25	23	28	16	14
3 02 08	18	23	26	24	16	17	15
3 06 09	19	24	26	25	04	18	16
3 10 12	20	25	27	25	52	19	17
3 14 15	21	26	28	26	41	20	18
3 18 19	22	27	29	27	29	21	19
3 22 23	23	28	♍0	28	18	22	20
3 26 29	24	29	01	29	07	23	21
3 30 35	25	29	02	29	56	23	22
3 34 41	26	♋0	02	♍0	45	24	23
3 38 49	27	01	03	01	35	25	24
3 42 57	28	02	04	02	25	26	25
3 47 06	29	03	05	03	14	27	26
3 51 15	♊0	04	06	04	04	28	27
3 55 25	01	05	07	04	54	29	28
3 59 36	02	06	08	05	44	♎0	28
4 03 48	03	07	09	06	35	01	♏0
4 08 00	04	08	10	07	26	02	01
4 12 13	05	09	11	08	16	03	02
4 16 26	06	10	11	09	07	04	03
4 20 40	07	11	12	09	58	05	04
4 24 55	08	12	13	10	49	06	05
4 29 10	09	13	14	11	40	06	06
4 33 26	10	14	15	12	32	07	07
4 37 42	11	15	16	13	23	08	08
4 41 59	12	16	17	14	15	09	09
4 46 16	13	17	18	15	07	10	10
4 50 34	14	18	19	15	59	11	11
4 54 52	15	19	20	16	51	12	12
4 59 10	16	20	20	17	43	13	13
5 03 29	17	21	21	18	35	14	14
5 07 49	18	21	22	19	27	15	15
5 12 09	19	22	23	20	20	16	16
5 16 29	20	23	24	21	13	17	17
5 20 49	21	24	25	22	05	18	18
5 25 09	22	25	26	22	58	19	19
5 29 30	23	26	27	23	50	20	20
5 33 51	24	27	28	24	43	21	21
5 38 12	25	28	29	25	35	22	22
5 42 34	26	29	♎0	26	28	23	23
5 46 55	27	♌0	01	27	21	24	24
5 51 17	28	01	02	28	14	24	25
5 55 38	29	02	03	29	07	25	26

39° (linke Tabelle)

Sternzeit h m s	10. Feld °	11. Feld °	12. Feld °	1. Feld Aszendent ° '	2. Feld °	3. Feld °
	♋	♌	♌	♎	♏	♐
6 00 00	00	03	03	00 00	26	27
6 04 22	01	04	04	00 53	27	28
6 08 43	02	05	05	01 46	28	29
6 13 05	03	06	06	02 39	29	♑ 0
6 17 26	04	07	07	03 32	♐ 0	01
6 21 48	05	08	08	04 25	01	02
6 26 09	06	09	09	05 17	02	03
6 30 30	07	10	10	06 10	03	04
6 34 51	08	11	11	07 02	04	05
6 39 11	09	12	12	07 55	05	06
6 43 31	10	13	13	08 47	06	07
6 47 51	11	14	14	09 40	07	08
6 52 11	12	15	15	10 33	08	09
6 56 31	13	16	16	11 25	09	09
7 00 50	14	17	17	12 17	10	10
7 05 08	15	18	18	13 09	10	11
7 09 26	16	19	19	14 01	11	12
7 13 44	17	20	20	14 53	12	13
7 18 01	18	21	21	15 45	13	14
7 22 18	19	22	22	16 37	14	15
7 26 34	20	23	23	17 28	15	16
7 30 50	21	24	24	18 20	16	17
7 35 05	22	25	25	19 11	17	18
7 39 20	23	26	25	20 02	18	19
7 43 34	24	27	26	20 53	19	20
7 47 47	25	28	27	21 44	19	21
7 52 00	26	29	28	22 34	20	22
7 56 12	27	♍ 0	29	23 25	21	23
8 00 24	28	01	♍ 0	24 16	22	24
8 04 35	29	02	01	25 06	23	25
8 08 45	♌ 0	03	02	25 56	24	26
8 12 54	01	04	03	26 46	25	27
8 17 03	02	05	04	27 35	26	28
8 21 11	03	06	05	28 25	27	29
8 25 19	04	07	06	29 15	28	♒ 0
8 29 26	05	08	07	♏ 0 04	28	01
8 33 31	06	09	07	00 53	29	01
8 37 37	07	10	08	01 42	♑ 0	02
8 41 41	08	11	09	02 31	01	03
8 45 45	09	12	10	03 19	02	04
8 49 48	10	13	11	04 08	03	05
8 53 51	11	14	12	04 56	04	06
8 57 52	12	15	13	05 44	04	07
9 01 53	13	16	14	06 32	05	08
9 05 53	14	17	15	07 20	06	09

39° (rechte Tabelle)

Sternzeit h m s	10. Feld °	11. Feld °	12. Feld °	1. Feld Aszendent ° '	2. Feld °	3. Feld °
	♋	♌	♌	♏	♐	♑
9 09 53	15	18	15	08 07	07	10
9 13 52	16	19	16	08 54	08	11
9 17 50	17	20	17	09 42	09	12
9 21 47	18	21	18	10 29	10	13
9 25 44	19	22	19	11 16	10	14
9 29 40	20	23	20	12 03	11	15
9 33 35	21	24	21	12 50	12	16
9 37 29	22	25	22	13 36	13	16
9 41 23	23	25	22	14 23	14	17
9 45 16	24	26	23	15 09	15	18
9 49 09	25	27	24	15 55	16	19
9 53 01	26	28	25	16 41	16	20
9 56 52	27	29	26	17 27	17	21
10 00 42	28	♎ 0	27	18 13	18	22
10 04 33	29	01	27	18 59	19	23
10 08 23	♍ 0	02	28	19 45	20	24
10 12 12	01	03	29	20 30	21	25
10 16 00	02	04	♎ 0	21 16	21	26
10 19 48	03	05	01	22 01	22	27
10 23 35	04	06	01	22 46	23	28
10 27 22	05	07	02	23 31	24	29
10 31 08	06	08	03	24 16	25	♓ 0
10 34 54	07	09	04	25 02	26	01
10 38 40	08	09	05	25 47	26	02
10 42 25	09	10	06	26 32	27	03
10 46 09	10	11	06	27 17	28	04
10 49 53	11	12	07	28 02	29	05
10 53 37	12	13	08	28 47	♒ 0	06
10 57 20	13	14	09	29 31	01	07
11 01 03	14	15	10	♐ 0 16	02	08
11 04 46	15	16	10	01 01	02	09
11 08 28	16	17	11	01 46	03	10
11 12 10	17	18	12	02 31	04	11
11 15 52	18	18	13	03 16	05	12
11 19 34	19	19	14	04 01	06	13
11 23 15	20	20	14	04 46	07	14
11 26 56	21	21	15	05 31	08	15
11 30 37	22	22	16	06 16	09	16
11 34 18	23	23	17	07 01	09	17
11 37 58	24	24	17	07 46	10	18
11 41 39	25	25	18	08 31	11	19
11 45 19	26	26	19	09 16	12	20
11 49 00	27	26	20	10 02	13	21
11 52 40	28	27	21	10 47	14	22
11 56 20	29	28	21	11 33	15	23

39° Sternzeit	10. Feld	11. Feld	12. Feld	1. Feld Aszendent		2. Feld	3. Feld
h m s	°	°	°	°	'	°	°
	♐	♐	♑	♒♓		♈	♉
12 00 00	00	29	22	12	18	16	24
12 03 40	01	♑0	23	13	04	17	25
12 07 20	02	01	24	13	50	18	26
12 11 00	03	02	24	14	36	19	27
12 14 41	04	02	25	15	22	19	28
12 18 21	05	03	26	16	09	20	29
12 22 02	06	04	27	16	56	21	♓0
12 25 42	07	05	28	17	43	22	01
12 29 23	08	06	28	18	30	23	02
12 33 04	09	07	29	19	18	24	04
12 36 45	10	08	♒0	20	05	25	05
12 40 26	11	09	01	20	53	26	06
12 44 08	12	09	02	21	41	27	07
12 47 50	13	10	02	22	29	28	08
12 51 32	14	11	03	23	17	29	09
12 55 14	15	12	04	24	06	♈0	10
12 58 57	16	13	05	24	55	01	11
13 02 40	17	14	05	25	45	02	12
13 06 23	18	15	06	26	35	03	14
13 10 07	19	15	07	27	26	04	15
13 13 51	20	16	08	28	17	05	16
13 17 35	21	17	09	29	08	07	17
13 21 20	22	18	09	29	59	08	18
13 25 06	23	19	10	♉0	51	09	19
13 28 52	24	20	11	01	43	10	20
13 32 38	25	21	12	02	36	11	22
13 36 25	26	21	13	03	29	12	23
13 40 12	27	22	14	04	23	13	24
13 44 00	28	23	14	05	17	14	25
13 47 48	29	24	15	06	12	15	26
13 51 37	♒0	25	16	07	07	17	27
13 55 27	01	26	17	08	03	18	29
13 59 17	02	27	18	09	00	19	♊0
14 03 08	03	28	19	09	57	20	01
14 06 59	04	28	19	10	54	21	02
14 10 51	05	29	20	11	52	23	03
14 14 44	06	♈0	21	12	51	24	05
14 18 37	07	01	22	13	50	25	06
14 22 31	08	02	23	14	50	26	07
14 26 25	09	03	24	15	51	28	08
14 30 20	10	04	25	16	53	29	09
14 34 16	11	05	26	17	56	♋0	11
14 38 13	12	05	26	18	59	02	12
14 42 10	13	06	27	20	03	03	13
14 46 08	14	07	28	21	08	04	14

39° Sternzeit	10. Feld	11. Feld	12. Feld	1. Feld Aszendent		2. Feld	3. Feld
h m s	°	°	°	°	'	°	°
	♑	♒♓	♒♓	♈		♉	♊
14 50 07	15	08	29	22	14	06	15
14 54 07	16	09	♐0	23	20	07	17
14 58 07	17	10	01	24	28	08	18
15 02 08	18	11	02	25	36	10	19
15 06 09	19	12	03	26	45	11	20
15 10 12	20	13	04	27	56	12	21
15 14 15	21	14	05	29	08	14	23
15 18 19	22	14	06	♑0	20	15	24
15 22 23	23	15	07	01	34	17	25
15 26 29	24	16	08	02	48	18	26
15 30 35	25	17	09	04	04	20	27
15 34 41	26	18	10	05	21	21	29
15 38 49	27	19	11	06	39	23	♒0
15 42 57	28	20	12	07	57	24	01
15 47 06	29	21	13	09	17	25	02
15 51 15	♐0	22	14	10	39	27	04
15 55 25	01	23	15	12	02	28	05
15 59 36	02	24	16	13	26	♓0	06
16 03 48	03	25	17	14	50	01	07
16 08 00	04	26	18	16	16	03	08
16 12 13	05	27	19	17	44	04	09
16 16 26	06	28	20	19	13	06	11
16 20 40	07	29	21	20	44	07	12
16 24 55	08	29	22	22	15	09	13
16 29 10	09	♐0	23	23	47	10	14
16 33 26	10	01	24	25	21	12	15
16 37 42	11	02	25	26	56	13	17
16 41 59	12	03	27	28	32	15	18
16 46 16	13	04	28	♓0	10	16	19
16 50 34	14	05	29	01	49	18	20
16 54 52	15	06	♈0	03	28	19	21
16 59 10	16	07	01	05	08	21	22
17 03 29	17	08	02	06	50	22	24
17 07 49	18	09	04	08	33	24	25
17 12 09	19	10	05	10	17	25	26
17 16 29	20	11	06	12	01	27	27
17 20 49	21	13	07	13	47	28	28
17 25 09	22	14	09	15	33	♉0	29
17 29 30	23	15	10	17	20	01	♊0
17 33 51	24	16	11	19	07	02	01
17 38 12	25	17	13	20	55	04	03
17 42 34	26	18	14	22	43	05	04
17 46 55	27	19	15	24	32	07	05
17 51 17	28	20	17	26	21	08	06
17 55 38	29	21	18	28	10	09	07

39° Sternzeit h m s	10. Feld °	11. Feld °	12. Feld °	1. Feld Aszendent ° '	2. Feld °	3. Feld °	39° Sternzeit h m s	10. Feld °	11. Feld °	12. Feld °	1. Feld Aszendent ° '	2. Feld °	3. Feld °
18 00 00	00	22	19	00 00	11	08	21 09 53	15	15	24	07 46	01	22
18 04 22	01	23	21	01 50	12	09	21 13 52	16	16	26	08 52	02	23
18 08 43	02	24	22	03 39	13	10	21 17 50	17	17	27	09 57	03	24
18 13 05	03	25	23	05 28	15	11	21 21 47	18	18	28	11 01	04	25
18 17 26	04	26	25	07 17	16	12	21 25 44	19	19	00	12 04	04	25
18 21 48	05	27	26	09 05	17	13	21 29 40	20	21	01	13 07	05	26
18 26 09	06	28	28	10 53	19	14	21 33 35	21	22	02	14 09	06	27
18 30 30	07	00	29	12 40	20	15	21 37 29	22	23	04	15 10	07	28
18 34 51	08	01	00	14 27	21	16	21 41 23	23	24	05	16 10	08	29
18 39 11	09	02	02	16 13	23	17	21 45 16	24	25	06	17 09	09	00
18 43 31	10	03	03	17 59	24	19	21 49 09	25	27	07	18 08	10	01
18 47 51	11	04	05	19 43	25	20	21 53 01	26	28	09	19 06	11	02
18 52 11	12	05	06	21 27	26	21	21 56 52	27	29	10	20 03	11	02
18 56 31	13	06	08	23 10	28	22	22 00 43	28	00	11	21 00	12	03
19 00 50	14	08	09	24 52	29	23	22 04 33	29	01	12	21 57	13	04
19 05 08	15	09	11	26 32	00	24	22 08 23	00	03	13	22 53	14	05
19 09 26	16	10	12	28 11	01	25	22 12 12	01	04	15	23 48	15	06
19 13 44	17	11	14	29 50	02	26	22 16 00	02	05	16	24 43	16	07
19 18 01	18	12	15	00 28	03	27	22 19 48	03	06	17	25 37	16	08
19 22 18	19	13	17	03 04	05	28	22 23 35	04	07	18	26 31	17	09
19 26 34	20	15	18	04 39	06	29	22 27 22	05	08	19	27 24	18	09
19 30 50	21	16	20	06 13	07	00	22 31 08	06	10	20	28 17	19	10
19 35 05	22	17	21	07 45	08	01	22 34 54	07	11	21	29 09	20	11
19 39 20	23	18	23	09 16	09	01	22 38 40	08	12	12	00 01	21	12
19 43 34	24	19	24	10 47	10	02	22 42 25	09	13	23	00 52	21	13
19 47 47	25	21	26	12 16	11	03	22 46 09	10	14	25	01 43	22	14
19 52 00	26	22	27	13 44	12	04	22 49 53	11	15	26	02 34	23	15
19 56 12	27	23	28	15 10	13	05	22 53 37	12	16	27	03 25	24	15
20 00 24	28	24	00	16 34	14	06	22 57 20	13	18	28	04 15	25	16
20 04 35	29	25	02	17 58	15	07	23 01 03	14	19	29	05 05	25	17
20 08 45	00	26	03	19 21	16	08	23 04 46	15	20	00	05 54	26	18
20 12 54	01	28	05	20 43	17	09	23 08 28	16	21	01	06 43	27	19
20 17 03	02	29	06	22 03	18	10	23 12 10	17	22	02	07 31	28	20
20 21 11	03	00	07	23 21	19	11	23 15 52	18	23	03	08 19	28	21
20 25 19	04	01	09	24 39	20	12	23 19 34	19	24	04	09 07	29	21
20 29 26	05	03	10	25 56	21	13	23 23 15	20	25	05	09 55	00	22
20 33 31	06	04	12	27 12	22	14	23 26 56	21	26	06	10 42	01	23
20 37 37	07	05	13	28 26	23	15	23 30 37	22	28	07	11 30	02	24
20 41 41	08	06	15	29 40	24	16	23 34 18	23	29	08	12 17	02	25
20 45 45	09	07	16	00 52	25	16	23 37 58	24	00	09	13 04	03	26
20 49 48	10	09	18	02 04	26	17	23 41 39	25	01	10	13 51	04	27
20 53 51	11	10	19	03 15	27	18	23 45 19	26	02	11	14 38	05	28
20 57 52	12	11	20	04 24	28	19	23 49 00	27	03	11	15 24	06	28
21 01 53	13	12	22	05 32	29	20	23 52 40	28	04	12	16 10	06	29
21 05 53	14	13	23	06 40	00	21	23 56 20	29	05	13	16 56	07	00

Left panel:

40° Sternzeit h m s	10. Feld ♈ °	11. Feld ♉ °	12. Feld ♊ °	1. Feld Aszendent ♋ °	′	2. Feld ♌ °	3. Feld ♍ °
0 00 00	00	06	15	18	24	08	01
0 03 40	01	07	16	19	09	09	02
0 07 20	02	08	17	19	55	10	03
0 11 00	03	09	18	20	40	11	04
0 14 41	04	10	19	21	26	11	05
0 18 21	05	11	19	22	11	12	05
0 22 02	06	12	20	22	55	13	06
0 25 42	07	13	21	23	40	14	07
0 29 23	08	15	22	24	25	14	08
0 33 04	09	16	23	25	10	15	09
0 36 45	10	17	24	25	54	16	10
0 40 26	11	18	25	26	39	17	11
0 44 08	12	19	26	27	23	18	12
0 47 50	13	20	26	28	08	18	13
0 51 32	14	21	27	28	52	19	13
0 55 14	15	22	28	29	36	20	14
0 58 57	16	23	29	♌0	21	21	15
1 02 40	17	24	♋0	01	05	21	16
1 06 23	18	25	01	01	50	22	17
1 10 07	19	26	02	02	34	23	18
1 13 51	20	26	02	03	19	24	19
1 17 35	21	27	03	04	03	25	20
1 21 20	22	28	04	04	48	25	21
1 25 06	23	29	05	05	32	26	22
1 28 52	24	♊0	06	06	17	27	22
1 32 38	25	01	07	07	02	28	23
1 36 25	26	02	07	07	46	29	24
1 40 12	27	03	08	08	31	29	25
1 44 00	28	04	09	09	16	♍0	26
1 47 48	29	05	10	10	01	01	27
1 51 37	♉0	06	11	10	46	02	28
1 55 27	01	07	12	11	31	03	29
1 59 17	02	08	12	12	17	04	♎0
2 03 08	03	09	13	13	03	04	01
2 06 59	04	10	14	13	49	05	02
2 10 51	05	11	15	14	34	06	03
2 14 44	06	12	16	15	20	07	04
2 18 37	07	13	17	16	06	08	04
2 22 31	08	14	18	16	52	09	05
2 26 25	09	15	18	17	38	10	06
2 30 20	10	16	19	18	24	10	07
2 34 16	11	17	20	19	10	11	08
2 38 13	12	18	21	19	57	12	09
2 42 10	13	18	22	20	43	13	10
2 46 08	14	19	23	21	31	14	11

Right panel:

40° Sternzeit h m s	10. Feld ♉ °	11. Feld ♊ °	12. Feld ♋ °	1. Feld Aszendent ♌ °	′	2. Feld ♍ °	3. Feld ♎ °
2 50 07	15	20	23	22	18	15	12
2 54 07	16	21	24	23	05	16	13
2 58 07	17	22	25	23	52	16	14
3 02 08	18	23	26	24	39	17	15
3 06 09	19	24	27	25	27	18	16
3 10 12	20	25	28	26	14	19	17
3 14 15	21	26	29	27	02	20	18
3 18 19	22	27	29	27	50	21	19
3 22 23	23	28	♌0	28	38	22	20
3 26 29	24	29	01	29	27	23	21
3 30 35	25	♋0	02	♍0	15	23	22
3 34 41	26	01	03	01	04	24	23
3 38 49	27	02	04	01	53	25	24
3 42 57	28	03	05	02	42	26	25
3 47 06	29	03	06	03	31	27	26
3 51 15	♋0	04	06	04	21	28	27
3 55 25	01	05	07	05	11	29	28
3 59 36	02	06	08	06	01	♎0	29
4 03 48	03	07	09	06	50	01	♏0
4 08 00	04	08	10	07	40	02	01
4 12 13	05	09	11	08	30	03	02
4 16 26	06	10	12	09	21	03	03
4 20 40	07	11	13	10	11	04	04
4 24 55	08	12	14	11	02	05	05
4 29 10	09	13	14	11	52	06	06
4 33 26	10	14	15	12	43	07	07
4 37 42	11	15	16	13	34	08	08
4 41 59	12	16	17	14	25	09	09
4 46 16	13	17	18	15	16	10	10
4 50 34	14	18	19	16	08	11	11
4 54 52	15	19	20	16	59	12	12
4 59 10	16	20	21	17	51	13	13
5 03 29	17	21	22	18	42	14	14
5 07 49	18	22	23	19	34	15	15
5 12 09	19	23	23	20	26	16	16
5 16 29	20	24	24	21	18	17	17
5 20 49	21	25	25	22	10	18	18
5 25 09	22	26	26	23	02	19	19
5 29 30	23	27	27	23	54	20	20
5 33 51	24	28	28	24	47	21	21
5 38 12	25	29	29	25	39	21	22
5 42 34	26	29	♍0	26	31	22	23
5 46 55	27	♌0	01	27	23	23	24
5 51 17	28	01	02	28	15	24	25
5 55 38	29	02	03	29	08	25	26

40° Sternzeit h m s	10. Feld °	11. Feld °	12. Feld °	1. Feld Aszendent ° '	2. Feld °	3. Feld °
6 00 00	00	03	04	00 00	26	27
6 04 22	01	04	05	00 52	27	28
6 08 43	02	05	06	01 45	28	29
6 13 05	03	06	07	02 37	29	0
6 17 26	04	07	08	03 29	0	01
6 21 48	05	08	09	04 21	01	01
6 26 09	06	09	09	05 13	02	02
6 30 30	07	10	10	06 06	03	03
6 34 51	08	11	11	06 58	04	04
6 39 11	09	12	12	07 50	05	05
6 43 31	10	13	13	08 42	06	06
6 47 51	11	14	14	09 34	07	07
6 52 11	12	15	15	10 26	07	08
6 56 31	13	16	16	11 18	08	09
7 00 50	14	17	17	12 09	09	10
7 05 08	15	18	18	13 01	10	11
7 09 26	16	19	19	13 52	11	12
7 13 44	17	20	20	14 44	12	13
7 18 01	18	21	21	15 35	13	14
7 22 18	19	22	22	16 26	14	15
7 26 34	20	23	23	17 17	15	16
7 30 50	21	24	24	18 08	16	17
7 35 05	22	25	25	18 58	16	18
7 39 20	23	26	26	19 49	17	19
7 43 34	24	27	27	20 39	18	20
7 47 47	25	28	27	21 30	19	21
7 52 00	26	29	28	22 20	20	22
7 56 12	27	0	29	23 10	21	23
8 00 24	28	01	0	23 59	22	24
8 04 35	29	02	01	24 49	23	25
8 08 45	0	03	02	25 39	24	26
8 12 54	01	04	03	26 29	24	27
8 17 03	02	05	04	27 18	25	27
8 21 11	03	06	05	28 07	26	28
8 25 19	04	07	06	28 56	27	29
8 29 26	05	08	07	29 45	28	0
8 33 31	06	09	07	0 33	29	01
8 37 37	07	10	08	01 22	0	02
8 41 41	08	11	09	02 10	01	03
8 45 45	09	12	10	02 58	01	04
8 49 48	10	13	11	03 46	02	05
8 53 51	11	14	12	04 33	03	06
8 57 52	12	15	13	05 21	04	07
9 01 53	13	16	14	06 08	05	08
9 05 53	14	17	14	06 55	06	09

40° Sternzeit h m s	10. Feld °	11. Feld °	12. Feld °	1. Feld Aszendent ° '	2. Feld °	3. Feld °
9 09 53	15	18	15	07 42	07	10
9 13 52	16	19	16	08 29	07	11
9 17 50	17	20	17	09 17	08	12
9 21 47	18	21	18	10 03	09	12
9 25 44	19	22	19	10 50	10	13
9 29 40	20	23	20	11 36	11	14
9 33 35	21	24	20	12 22	12	15
9 37 29	22	25	21	13 08	12	16
9 41 23	23	26	22	13 54	13	17
9 45 16	24	26	23	14 40	14	18
9 49 09	25	27	24	15 26	15	19
9 53 01	26	28	25	16 11	16	20
9 56 52	27	29	26	16 57	17	21
10 00 42	28	0	26	17 43	18	22
10 04 33	29	01	27	18 29	18	23
10 08 23	0	02	28	19 14	19	24
10 12 12	01	03	29	19 59	20	25
10 16 00	02	04	0	20 44	21	26
10 19 48	03	05	00	21 29	22	27
10 23 35	04	06	01	22 14	23	28
10 27 22	05	07	02	22 58	23	29
10 31 08	06	08	03	23 43	24	0
10 34 54	07	08	04	24 28	25	01
10 38 40	08	09	05	25 12	26	02
10 42 25	09	10	05	25 57	27	03
10 46 09	10	11	06	26 04	28	04
10 49 53	11	12	07	27 26	28	04
10 53 37	12	13	08	28 10	29	05
10 57 20	13	14	09	28 55	0	06
11 01 03	14	15	09	29 39	01	07
11 04 46	15	16	10	0 24	02	08
11 08 28	16	17	11	01 08	03	09
11 12 10	17	17	12	01 52	04	10
11 15 52	18	18	12	02 37	04	11
11 19 34	19	19	13	03 21	05	12
11 23 15	20	20	14	04 06	06	13
11 26 56	21	21	15	04 50	07	14
11 30 37	22	22	16	05 35	08	15
11 34 18	23	23	16	06 20	09	17
11 37 58	24	24	17	07 05	10	18
11 41 39	25	25	18	07 49	11	19
11 45 19	26	25	19	08 34	11	20
11 49 00	27	26	19	09 20	12	21
11 52 40	28	27	20	10 05	13	22
11 56 20	29	28	21	10 51	14	23

The starting zodiac signs of each column are indicated by glyph rows: for the left half (Sternzeit 12 00 00 – 14 46 08) — 10. Feld ♎, 11. Feld ♎, 12. Feld ♏, Aszendent ♑, 2. Feld ♒, 3. Feld ♓; for the right half (Sternzeit 14 50 07 – 17 55 38) — 10. Feld ♏, 11. Feld ♐, 12. Feld ♐, Aszendent ♒, 2. Feld ♈, 3. Feld ♉. Sign ingresses within a column are marked by the new sign's glyph.

40° — Sternzeit

Sternzeit (h m s)	10. Feld (°)	11. Feld (°)	12. Feld (°)	1. Feld Aszendent (° ')	2. Feld (°)	3. Feld (°)
	♎	♎	♏	♑	♒	♓
12 00 00	00	29	22	11 36	15	24
12 03 40	01	♏0	23	12 21	16	25
12 07 20	02	01	23	13 07	17	26
12 11 00	03	01	24	13 53	18	27
12 14 41	04	02	25	14 39	19	28
12 18 21	05	03	26	15 25	20	29
12 22 02	06	04	26	16 11	21	♈0
12 25 42	07	05	27	16 58	22	01
12 29 23	08	06	28	17 45	23	02
12 33 04	09	07	29	18 32	24	03
12 36 45	10	08	29	19 19	25	05
12 40 26	11	08	♐0	20 06	26	06
12 44 08	12	09	01	20 54	27	07
12 47 50	13	10	02	21 42	28	08
12 51 32	14	11	03	22 30	29	09
12 55 14	15	12	03	23 19	♓0	10
12 58 57	16	13	04	24 08	01	11
13 02 40	17	14	05	24 57	02	12
13 06 23	18	14	06	25 47	03	14
13 10 07	19	15	07	26 37	04	15
13 13 51	20	16	07	27 27	05	16
13 17 35	21	17	08	28 17	06	17
13 21 20	22	18	09	29 08	07	18
13 25 06	23	19	10	♒0 00	08	19
13 28 52	24	20	11	00 52	09	20
13 32 38	25	20	11	01 44	10	21
13 36 25	26	21	12	02 37	12	23
13 40 12	27	22	13	03 31	13	24
13 44 00	28	23	14	04 24	14	25
13 47 48	29	24	15	05 19	15	26
13 51 37	♏0	25	16	06 14	16	27
13 55 27	01	26	16	07 09	17	29
13 59 17	02	26	17	08 06	19	♉0
14 03 08	03	27	18	09 03	20	01
14 06 59	04	28	19	10 00	21	02
14 10 51	05	29	20	10 58	22	03
14 14 44	06	♐0	21	11 57	23	05
14 18 37	06	01	21	12 56	25	06
14 22 31	08	02	22	13 56	26	07
14 26 25	09	03	23	14 57	27	08
14 30 20	10	03	24	15 58	29	09
14 34 16	11	04	25	17 01	♈0	11
14 38 13	12	05	26	18 04	01	12
14 42 10	13	06	27	19 08	03	13
14 46 08	14	07	28	20 13	04	14
	♏	♐	♐	♒	♈	♉
14 50 07	15	08	28	21 18	05	15
14 54 07	16	09	29	22 25	07	17
14 58 07	17	10	♑0	23 33	08	18
15 02 08	18	11	01	24 41	09	19
15 06 09	19	11	02	25 51	11	20
15 10 12	20	12	03	27 01	12	22
15 14 15	21	13	04	28 13	14	23
15 18 19	22	14	05	29 25	15	24
15 22 23	23	15	06	♓0 39	17	25
15 26 29	24	16	07	01 54	18	26
15 30 35	25	17	08	03 10	19	28
15 34 41	26	18	09	04 27	21	29
15 38 49	27	19	10	05 45	22	♊0
15 42 57	28	20	11	07 04	24	01
15 47 06	29	21	12	08 25	25	02
15 51 15	♐0	22	13	09 47	27	04
15 55 25	01	23	14	11 10	28	05
15 59 36	02	23	15	12 35	♉0	06
16 03 48	03	24	16	14 01	01	07
16 08 00	04	25	17	15 28	03	08
16 12 13	05	26	18	16 57	04	10
16 16 26	06	27	19	18 26	06	11
16 20 40	07	28	20	19 58	07	12
16 24 55	08	29	21	21 30	09	13
16 29 10	09	♑0	23	23 04	10	14
16 33 26	10	01	24	24 39	12	16
16 37 42	11	02	25	26 15	13	17
16 41 59	12	03	26	27 53	15	19
16 46 16	13	04	27	29 32	16	20
16 50 34	14	05	28	♈1 12	18	20
16 54 52	15	06	♒0	02 54	19	21
16 59 10	16	07	01	04 37	21	23
17 03 29	17	08	02	06 21	22	24
17 07 49	18	09	03	08 03	24	25
17 12 09	19	10	04	09 50	25	26
17 16 29	20	11	06	11 37	27	27
17 20 49	21	12	07	13 25	28	28
17 25 09	22	13	08	15 13	♊0	29
17 29 30	23	14	09	17 02	01	♋0
17 33 51	24	15	11	18 52	03	02
17 38 12	25	16	12	20 42	04	03
17 42 34	26	17	13	22 34	06	04
17 46 55	27	19	15	24 25	07	05
17 51 17	28	20	16	26 16	08	06
17 55 38	29	21	17	28 08	10	07

40° Sternzeit (h m s)	10. Feld	11. Feld	12. Feld	1. Feld Aszendent	2. Feld	3. Feld	40° Sternzeit (h m s)	10. Feld	11. Feld	12. Feld	1. Feld Aszendent	2. Feld	3. Feld
	♑	♐	♑	♈	♉	♊		♒	♒	♓	♊	♋	♋
18 00 00	00	22	19	00 00	11	08	21 09 53	15	15	25	08 42	02	22
18 04 22	01	23	20	01 52	13	09	21 13 52	16	16	26	09 47	02	23
18 08 43	02	24	22	03 44	14	10	21 17 50	17	17	27	10 52	03	24
18 13 05	03	25	23	05 35	15	11	21 21 47	18	18	29	11 56	04	25
18 17 26	04	26	24	07 26	17	13	21 25 44	19	19	♈0	12 59	05	26
18 21 48	05	27	26	09 18	18	14	21 29 40	20	21	01	14 02	06	27
18 26 09	06	28	27	11 08	19	15	21 33 35	21	22	03	15 03	07	27
18 30 30	07	♑0	29	12 58	21	16	21 37 29	22	23	04	16 04	08	28
18 34 51	08	01	♒0	14 47	22	17	21 41 23	23	24	05	17 04	09	29
18 39 11	09	02	02	16 35	23	18	21 45 16	24	25	07	18 03	09	♌0
18 43 31	10	03	03	18 23	24	19	21 49 09	25	27	08	19 02	10	01
18 47 51	11	04	05	20 10	26	20	21 53 01	26	28	09	20 00	11	02
18 52 11	12	05	06	21 55	27	21	21 56 52	27	29	10	20 57	12	03
18 56 31	13	06	08	23 39	28	22	22 00 43	28	♓0	11	21 54	13	04
19 00 50	14	07	09	25 23	29	23	22 04 33	29	01	12	22 51	14	04
19 05 08	15	09	11	27 06	♊0	24	22 08 23	♓0	03	14	23 46	14	05
19 09 26	16	10	12	28 48	02	25	22 12 12	01	04	15	24 41	15	06
19 13 44	17	11	14	♉0 28	03	26	22 16 00	02	05	16	25 36	16	07
19 18 01	18	12	15	02 07	04	27	22 19 48	03	06	17	26 29	17	08
19 22 18	19	13	17	03 45	05	28	22 23 35	04	07	18	27 23	18	09
19 26 34	20	14	18	05 21	06	29	22 27 22	05	09	20	28 16	19	10
19 30 50	21	16	20	06 56	07	♋0	22 31 08	06	10	21	29 08	19	10
19 35 05	22	17	21	08 30	09	01	22 34 54	07	11	22	♋0 00	20	11
19 39 20	23	18	23	10 02	10	02	22 38 40	08	12	23	00 52	21	12
19 43 34	24	19	24	11 34	11	03	22 42 25	09	13	24	01 43	22	13
19 47 47	25	20	26	13 03	12	04	22 46 09	10	14	25	02 33	23	14
19 52 00	26	22	27	14 32	13	05	22 49 53	11	15	26	03 23	23	15
19 56 12	27	23	29	15 59	14	06	22 53 37	12	16	27	04 14	24	16
20 00 24	28	24	♓0	17 25	15	07	22 57 20	13	18	28	05 03	25	16
20 04 35	29	25	02	18 50	16	07	23 01 03	14	19	29	05 52	26	17
20 08 45	♒0	26	03	20 13	17	08	23 04 46	15	20	♉0	06 41	27	18
20 12 54	01	28	05	21 35	18	09	23 08 28	16	21	01	07 30	27	19
20 17 03	02	29	06	22 56	19	10	23 12 10	17	22	02	08 18	28	20
20 21 11	03	♒0	08	24 15	20	11	23 15 52	18	23	03	09 06	29	21
20 25 19	04	01	09	25 33	21	12	23 19 34	19	24	04	09 54	♌0	22
20 29 26	05	02	11	26 50	22	13	23 23 15	20	25	05	10 41	00	22
20 33 31	06	04	12	28 06	23	14	23 26 56	21	27	06	11 28	01	23
20 37 37	07	05	13	29 21	24	15	23 30 37	22	28	07	12 15	02	24
20 41 41	08	06	15	♊0 35	25	16	23 34 18	23	29	08	13 02	03	25
20 45 45	09	07	16	01 47	26	17	23 37 58	24	♈0	09	13 49	04	26
20 49 48	10	08	18	02 59	27	18	23 41 39	25	01	10	14 35	04	27
20 53 51	11	10	19	04 09	28	19	23 45 19	26	02	11	15 21	05	28
20 57 52	12	11	21	05 19	29	19	23 49 00	27	03	12	16 07	06	29
21 01 53	13	12	22	06 27	♋0	20	23 52 40	28	04	13	16 53	07	29
21 05 53	14	13	23	07 35	01	21	23 56 20	29	05	14	17 39	07	♍0

41° — linke Tabelle

Sternzeit h m s	10. Feld ° (♓)	11. Feld ° (♈)	12. Feld ° (♉)	1. Feld Aszendent ° ' (♊)	2. Feld ° (♋)	3. Feld ° (♌)
0 00 00	00	06	15	18 53	08	01
0 03 40	01	07	16	19 38	09	02
0 07 20	02	08	17	20 23	10	03
0 11 00	03	09	18	21 12	11	04
0 14 41	04	11	19	21 55	12	05
0 18 21	05	12	20	22 40	12	05
0 22 02	06	13	21	23 24	13	06
0 25 42	07	14	22	24 08	14	07
0 29 23	08	15	23	24 54	15	08
0 33 04	09	16	23	25 37	15	09
0 36 45	10	17	24	26 22	16	10
0 40 26	11	18	25	27 05	17	11
0 44 08	12	19	26	27 50	18	12
0 47 50	13	20	27	28 33	19	13
0 51 32	14	21	28	29 18	19	13
0 55 14	15	22	28	♋ 0 03	20	14
0 58 57	16	23	29	00 46	21	15
1 02 40	17	24	♊ 0	01 31	22	16
1 06 23	18	25	01	02 14	22	17
1 10 07	19	26	02	02 58	23	18
1 13 51	20	27	03	03 43	24	19
1 17 35	21	28	03	04 27	25	20
1 21 20	22	29	04	05 12	25	21
1 25 06	23	♉ 0	05	05 56	26	22
1 28 52	24	01	06	06 40	27	22
1 32 38	25	02	07	07 25	28	23
1 36 25	26	03	08	08 09	29	24
1 40 12	27	03	09	08 53	♌ 0	25
1 44 00	28	04	10	09 38	01	26
1 47 48	29	05	10	10 24	01	27
1 51 37	♈ 0	06	11	11 08	02	28
1 55 27	01	07	12	11 53	03	29
1 59 17	02	08	13	12 38	04	♍ 0
2 03 08	03	09	14	13 22	05	01
2 06 59	04	10	15	14 08	05	02
2 10 51	05	11	15	14 53	06	03
2 14 44	06	12	16	15 39	07	04
2 18 37	07	13	17	16 24	08	05
2 22 31	08	14	18	17 10	09	05
2 26 25	09	15	19	17 56	10	06
2 30 20	10	16	20	18 41	10	07
2 34 16	11	17	20	19 27	11	08
2 38 13	12	18	21	20 14	12	09
2 42 10	13	19	22	21 00	13	10
2 46 08	14	19	23	21 47	14	11

41° — rechte Tabelle

Sternzeit h m s	10. Feld ° (♈)	11. Feld ° (♉)	12. Feld ° (♊)	1. Feld Aszendent ° ' (♋)	2. Feld ° (♌)	3. Feld ° (♍)
2 50 07	15	20	24	22 33	15	12
2 54 07	16	21	25	23 20	16	13
2 58 07	17	22	25	24 07	17	14
3 02 08	18	23	26	24 54	17	15
3 06 09	19	24	27	25 42	18	16
3 10 12	20	25	28	26 29	19	17
3 14 15	21	26	29	27 17	20	18
3 18 19	22	27	♋ 0	28 04	21	19
3 22 23	23	28	01	28 52	22	20
3 26 29	24	29	01	29 40	23	21
3 30 35	25	♊ 0	02	♌ 0 28	24	22
3 34 41	26	01	03	01 17	24	23
3 38 49	27	02	04	02 06	25	24
3 42 57	28	03	05	02 55	26	25
3 47 06	29	04	06	03 43	27	26
3 51 15	♉ 0	05	07	04 32	28	27
3 55 25	01	06	08	05 22	29	28
3 59 36	02	06	08	06 10	♍ 0	29
4 03 48	03	07	09	07 00	01	♎ 0
4 08 00	04	08	10	07 50	02	01
4 12 13	05	09	11	08 40	03	02
4 16 26	06	10	12	09 30	04	03
4 20 40	07	11	13	10 19	04	04
4 24 55	08	12	14	11 10	05	05
4 29 10	09	13	15	12 00	06	06
4 33 26	10	14	16	12 51	07	07
4 37 42	11	15	16	13 41	08	08
4 41 59	12	16	17	14 32	09	09
4 46 16	13	17	18	15 23	10	10
4 50 34	14	18	19	16 14	11	11
4 54 52	15	19	20	17 05	12	12
4 59 10	16	20	21	17 56	13	13
5 03 29	17	21	22	18 47	14	14
5 07 49	18	22	23	19 39	15	15
5 12 09	19	23	24	20 30	16	16
5 16 29	20	24	25	21 22	17	17
5 20 49	21	25	26	22 13	18	18
5 25 09	22	26	27	23 05	18	19
5 29 30	23	27	28	23 49	19	20
5 33 51	24	28	29	24 49	20	21
5 38 12	25	29	29	25 40	21	22
5 42 34	26	♋ 0	♌ 0	26 32	22	22
5 46 55	27	01	01	27 25	23	23
5 51 17	28	02	02	28 16	24	24
5 55 38	29	03	03	29 08	25	25

41°

Sternzeit (h m s)	10. Feld °	11. Feld °	12. Feld °	1. Feld Aszendent ° '	2. Feld °	3. Feld °
6 00 00	00	04	04	00 00	26	26
6 04 22	01	05	05	00 52	27	27
6 08 43	02	06	06	01 44	28	28
6 13 05	03	06	07	02 35	29	29
6 17 26	04	07	08	03 28	♒0	♈0
6 21 48	05	08	09	04 20	01	01
6 26 09	06	09	10	05 11	02	02
6 30 30	07	10	11	06 03	03	03
6 34 51	08	11	12	06 55	03	04
6 39 11	09	12	13	07 47	04	05
6 43 31	10	13	14	08 38	05	06
6 47 51	11	14	15	09 30	06	07
6 52 11	12	15	15	10 21	07	08
6 56 31	13	16	16	11 13	08	09
7 00 50	14	17	17	12 04	09	10
7 05 08	15	18	18	12 55	10	11
7 09 26	16	19	19	13 46	11	12
7 13 44	17	20	20	14 37	12	13
7 18 01	18	21	21	15 28	13	14
7 22 18	19	22	22	16 19	14	15
7 26 34	20	23	23	17 09	14	16
7 30 50	21	24	23	18 00	15	17
7 35 05	22	25	24	18 50	16	18
7 39 20	23	26	25	19 41	17	19
7 43 34	24	27	26	20 30	18	20
7 47 47	25	28	27	21 20	19	21
7 52 00	26	29	28	22 11	20	22
7 56 12	27	♓0	29	23 00	21	23
8 00 24	28	01	♈0	23 50	21	24
8 04 35	29	02	01	24 38	22	24
8 08 45	♋0	03	02	25 28	23	25
8 12 54	01	04	03	26 17	24	26
8 17 03	02	05	04	27 05	25	27
8 21 11	03	06	05	27 54	26	28
8 25 19	04	07	06	28 43	27	29
8 29 26	05	08	07	29 31	28	♐0
8 33 31	06	09	07	♊0 20	28	01
8 37 37	07	10	08	01 08	29	02
8 41 41	08	11	09	01 56	♑0	03
8 45 45	09	12	10	02 43	01	04
8 49 48	10	13	11	03 31	02	05
8 53 51	11	14	12	04 18	03	06
8 57 52	12	15	12	05 06	04	07
9 01 53	13	16	13	05 53	05	08
9 05 53	14	17	14	06 40	05	09

41°

Sternzeit (h m s)	10. Feld °	11. Feld °	12. Feld °	1. Feld Aszendent ° '	2. Feld °	3. Feld °
9 09 53	15	18	15	07 27	06	10
9 13 52	16	19	16	08 13	07	10
9 17 50	17	20	17	09 00	08	11
9 21 47	18	21	18	09 46	09	12
9 25 44	19	22	19	10 33	10	13
9 29 40	20	23	19	11 19	10	14
9 33 35	21	24	20	12 04	11	15
9 37 29	22	24	21	12 50	12	16
9 41 23	23	25	22	13 36	13	17
9 45 16	24	26	23	14 21	14	18
9 49 09	25	27	24	15 07	15	19
9 53 01	26	28	24	15 52	15	20
9 56 52	27	29	25	16 38	16	21
10 00 43	28	♒0	26	17 22	17	22
10 04 33	29	01	27	18 07	18	23
10 08 23	♌0	02	28	18 52	19	24
10 12 12	01	03	29	19 36	20	25
10 16 00	02	04	29	20 22	20	26
10 19 48	03	05	♈0	21 07	21	27
10 23 35	04	06	01	21 51	22	28
10 27 22	05	07	01	22 35	23	28
10 31 08	06	07	02	23 20	24	29
10 34 54	07	08	03	24 04	25	♑0
10 38 40	08	09	04	24 48	25	01
10 42 25	09	10	05	25 33	26	02
10 46 09	10	11	06	26 17	27	03
10 49 53	11	12	07	27 02	28	04
10 53 37	12	13	07	27 46	29	05
10 57 20	13	14	08	28 29	♒0	06
11 01 03	14	15	09	29 14	01	07
11 04 46	15	16	10	29 57	01	08
11 08 28	16	17	11	♋0 42	02	09
11 12 10	17	17	11	01 27	03	10
11 15 52	18	18	12	02 10	04	11
11 19 34	19	19	13	02 55	05	12
11 23 15	20	20	14	03 38	06	13
11 26 56	21	21	14	04 23	07	14
11 30 37	22	22	15	05 06	07	15
11 34 18	23	23	16	05 52	08	16
11 37 58	24	23	17	06 36	09	17
11 41 39	25	24	18	07 20	10	18
11 45 19	26	25	18	08 05	11	19
11 49 00	27	26	19	08 48	12	20
11 52 40	28	27	20	09 37	13	22
11 56 20	29	28	21	10 22	14	23

41° Sternzeit h m s	10. Feld °	11. Feld °	12. Feld °	1. Feld Aszendent ° '	2. Feld °	3. Feld °
12 00 00	00	29	21	11 07	15	24
12 03 40	01	00	22	11 52	16	25
12 07 20	02	01	23	12 37	17	26
12 11 00	03	01	24	13 19	17	27
12 14 41	04	02	25	14 07	18	28
12 18 21	05	03	25	14 52	19	29
12 22 02	06	04	26	15 38	20	00
12 25 42	07	05	27	16 23	21	01
12 29 23	08	06	28	17 11	22	02
12 33 04	09	06	28	17 58	23	03
12 36 45	10	07	29	18 45	24	04
12 40 26	11	08	00	19 32	25	05
12 44 08	12	09	01	20 20	26	07
12 47 50	13	10	02	21 08	27	08
12 51 32	14	11	02	21 57	28	09
12 55 14	15	12	03	22 43	29	10
12 58 57	16	13	04	23 33	00	11
13 02 40	17	13	05	24 22	01	12
13 06 23	18	14	06	25 11	02	13
13 10 07	19	15	07	26 01	03	15
13 13 51	20	16	07	26 51	05	16
13 17 35	21	17	08	27 40	06	17
13 21 20	22	18	09	28 32	07	18
13 25 06	23	19	10	29 23	08	19
13 28 52	24	19	10	00 14	09	20
13 32 38	25	20	11	01 07	10	21
13 36 25	26	21	12	02 00	11	23
13 40 12	27	22	13	02 52	12	24
13 44 00	28	23	13	03 46	13	25
13 47 48	29	24	14	04 41	15	26
13 51 37	00	25	15	05 35	16	27
13 55 27	01	25	16	06 30	17	29
13 59 17	02	26	17	07 27	18	00
14 03 08	03	27	18	08 23	20	01
14 06 59	04	28	18	09 20	21	02
14 10 51	05	29	19	10 18	22	03
14 14 44	06	00	20	11 16	23	05
14 18 37	07	01	21	12 15	24	06
14 22 31	08	02	22	13 15	26	07
14 26 25	09	02	23	14 16	27	08
14 30 20	10	03	24	15 17	28	09
14 34 16	11	04	24	16 19	00	11
14 38 13	12	05	25	17 23	01	12
14 42 10	13	06	26	18 27	02	13
14 46 08	14	07	27	19 32	04	14

41° Sternzeit h m s	10. Feld °	11. Feld °	12. Feld °	1. Feld Aszendent ° '	2. Feld °	3. Feld °
14 50 07	15	08	28	20 37	05	16
14 54 07	16	09	29	21 44	06	17
14 58 07	17	10	00	22 51	08	18
15 02 08	18	10	01	23 59	09	19
15 06 09	19	11	02	25 09	11	20
15 10 12	20	12	03	26 19	12	22
15 14 15	21	13	04	27 31	14	23
15 18 19	22	14	05	28 43	15	24
15 22 23	23	15	06	29 57	16	25
15 26 29	24	16	06	01 14	18	26
15 30 35	25	17	07	02 28	19	28
15 34 41	26	18	08	03 46	21	29
15 38 49	27	19	09	05 05	22	00
15 42 57	28	20	10	06 25	24	01
15 47 06	29	21	11	07 46	25	03
15 51 15	00	21	13	09 08	27	04
15 55 25	01	22	14	10 31	28	05
15 59 36	02	23	15	11 56	00	06
16 03 48	03	24	16	13 23	01	07
16 08 00	04	25	17	14 50	03	08
16 12 13	05	26	18	16 09	04	10
16 16 26	06	27	19	17 50	06	11
16 20 40	07	28	20	19 22	07	12
16 24 55	08	29	21	20 56	09	13
16 29 10	09	00	22	22 30	11	15
16 33 26	10	01	23	24 07	12	16
16 37 42	11	02	24	25 44	14	17
16 41 59	12	03	26	27 23	15	18
16 46 16	13	04	27	29 04	17	19
16 50 34	14	05	28	00 45	18	20
16 54 52	15	06	29	02 27	20	22
16 59 10	16	07	00	04 11	21	23
17 03 29	17	08	02	05 56	23	24
17 07 49	18	09	03	07 43	24	25
17 12 09	19	10	04	09 30	26	26
17 16 29	20	11	05	11 18	27	27
17 20 49	21	12	07	13 08	29	28
17 25 09	22	13	08	14 57	00	00
17 29 30	23	14	09	16 48	02	01
17 33 51	24	15	10	18 41	03	02
17 38 12	25	16	12	20 33	05	03
17 42 34	26	17	13	22 25	06	04
17 46 55	27	19	14	24 19	07	05
17 51 17	28	20	16	26 12	09	06
17 55 38	29	21	17	28 07	10	07

41° Sternzeit h m s	10. Feld °	11. Feld °	12. Feld °	1. Feld Aszendent ° '	2. Feld °	3. Feld °
18 00 00	00	22	18	00 00	12	09
18 04 22	01	23	20	01 53	13	10
18 08 43	02	24	21	03 48	14	11
18 13 05	03	25	23	05 41	16	12
18 17 26	04	26	24	07 35	17	13
18 21 48	05	27	25	09 27	18	14
18 26 09	06	28	27	11 19	20	15
18 30 30	07	29	28	13 12	21	16
18 34 51	08	0	0	15 03	22	17
18 39 11	09	02	01	16 52	23	18
18 43 31	10	03	03	18 42	25	19
18 47 51	11	04	04	20 30	26	20
18 52 11	12	05	05	22 17	27	21
18 56 31	13	06	07	24 04	29	22
19 00 50	14	07	09	25 49	0	23
19 05 08	15	09	10	27 33	01	24
19 09 26	16	10	12	29 15	02	25
19 13 44	17	11	13	0 56	03	26
19 18 01	18	12	15	02 37	04	27
19 22 18	19	13	16	04 16	06	28
19 26 34	20	14	18	05 53	07	29
19 30 50	21	16	19	07 30	08	0
19 35 05	22	17	21	09 04	09	01
19 39 20	23	18	22	10 38	10	02
19 43 34	24	19	24	12 10	11	03
19 47 47	25	20	25	13 41	12	04
19 52 00	26	21	27	15 10	13	05
19 56 12	27	23	29	16 37	14	06
20 00 24	28	24	0	18 04	15	07
20 04 35	29	25	02	19 29	16	08
20 08 45	0	26	03	20 52	17	09
20 12 54	01	27	05	22 14	18	09
20 17 03	02	29	06	23 35	19	10
20 21 11	03	0	08	24 55	20	11
20 25 19	04	01	09	26 14	21	12
20 29 26	05	02	11	27 32	22	13
20 33 31	06	03	12	28 46	23	14
20 37 37	07	05	14	0 03	24	15
20 41 41	08	06	15	01 17	25	16
20 45 45	09	07	16	02 29	26	17
20 49 48	10	08	18	03 41	27	18
20 53 51	11	10	19	04 51	28	19
20 57 52	12	11	21	06 01	29	20
21 01 53	13	12	22	07 09	0	20
21 05 53	14	13	24	08 16	01	21

41° Sternzeit h m s	10. Feld °	11. Feld °	12. Feld °	1. Feld Aszendent ° '	2. Feld °	3. Feld °
21 09 53	15	14	25	09 23	02	22
21 13 52	16	16	26	10 30	03	23
21 17 50	17	17	28	11 33	04	24
21 21 47	18	18	29	12 37	05	25
21 25 44	19	19	0	13 41	06	26
21 29 40	20	21	02	14 43	06	27
21 33 35	21	22	03	15 44	07	28
21 37 29	22	23	04	16 45	08	28
21 41 23	23	24	06	17 45	09	29
21 45 16	24	25	07	18 44	10	0
21 49 09	25	27	08	19 42	11	01
21 53 01	26	28	09	20 40	12	02
21 56 52	27	29	11	21 37	12	03
22 00 43	28	0	12	22 33	13	04
22 04 33	29	01	13	23 30	14	05
22 08 33	0	03	14	24 25	15	05
22 12 12	01	04	15	25 19	16	06
22 16 00	02	05	17	26 14	17	07
22 19 48	03	06	18	27 08	17	08
22 23 35	04	07	19	28 00	18	09
22 27 22	05	08	20	28 53	19	10
22 31 08	06	10	21	29 46	20	11
22 34 54	07	11	22	0 37	21	11
22 38 40	08	12	23	01 28	21	12
22 42 25	09	13	24	02 20	22	13
22 46 09	10	14	25	03 09	23	14
22 49 53	11	15	27	03 59	24	15
22 53 37	12	17	28	04 49	24	16
22 57 20	13	18	29	05 38	25	17
23 01 03	14	19	0	06 27	26	17
23 04 46	15	20	01	07 17	27	18
23 08 28	16	21	02	08 03	28	19
23 12 10	17	22	03	08 53	28	20
23 15 52	18	23	04	09 40	29	21
23 19 34	19	24	05	10 28	0	22
23 23 15	20	26	06	11 15	01	23
23 26 56	21	27	07	12 02	02	23
23 30 37	22	28	08	12 49	02	24
23 34 18	23	29	09	13 37	03	25
23 37 58	24	0	10	14 22	04	26
23 41 39	25	01	11	15 08	05	27
23 45 19	26	02	12	15 53	05	28
23 49 00	27	03	12	16 41	06	29
23 52 40	28	04	13	17 23	07	29
23 56 20	29	05	14	18 08	08	0

42° Sternzeit h m s	10. Feld °	11. Feld °	12. Feld °	1. Feld Aszendent ° '	2. Feld °	3. Feld °
0 00 00	00	07	16	19 39	09	01
0 03 40	01	08	17	20 24	10	02
0 07 20	02	09	18	21 08	10	03
0 11 00	03	10	19	21 53	11	04
0 14 41	04	11	19	22 37	12	05
0 18 21	05	12	20	23 22	13	06
0 22 02	06	13	21	24 06	13	07
0 25 42	07	14	22	24 50	14	07
0 29 23	08	15	23	25 34	15	08
0 33 04	09	16	24	26 18	16	09
0 36 45	10	17	25	27 02	17	10
0 40 26	11	18	26	27 46	17	11
0 44 08	12	19	26	28 29	18	12
0 47 50	13	20	27	29 13	19	13
0 51 32	14	21	28	29 57	20	14
0 55 14	15	22	29	0 41	20	14
0 58 57	16	23	0	01 24	21	15
1 02 40	17	24	01	02 08	22	16
1 06 23	18	25	02	02 52	23	17
1 10 07	19	26	02	03 36	24	18
1 13 51	20	27	03	04 20	25	19
1 17 35	21	28	04	05 03	25	20
1 21 20	22	29	05	05 47	26	21
1 25 06	23	0	06	06 31	27	22
1 28 52	24	01	07	07 15	28	22
1 32 38	25	02	07	07 59	29	23
1 36 25	26	03	08	08 43	29	24
1 40 12	27	04	09	09 27	0	25
1 44 00	28	05	10	10 11	01	26
1 47 48	29	06	11	10 56	02	27
1 51 37	0	07	12	11 40	02	28
1 55 27	01	08	12	12 25	03	29
1 59 17	02	09	13	13 09	04	0
2 03 08	03	10	14	13 54	05	01
2 06 59	04	10	15	14 39	06	02
2 10 51	05	11	16	15 23	06	03
2 14 44	06	12	17	16 08	07	04
2 18 37	07	13	17	16 54	08	04
2 22 31	08	14	18	17 39	09	05
2 26 25	09	15	19	18 24	10	06
2 30 20	10	16	20	19 10	11	07
2 34 16	11	17	21	19 55	12	08
2 38 13	12	18	22	20 41	13	09
2 42 10	13	19	23	21 27	13	10
2 46 08	14	20	23	22 13	14	11
2 50 07	15	21	24	22 59	15	12
2 54 07	16	22	25	23 45	16	13
2 58 07	17	23	26	24 32	17	14
3 02 08	18	24	27	25 18	17	15
3 06 09	19	25	28	26 05	18	16
3 10 12	20	26	28	26 52	19	17
3 14 15	21	26	29	27 39	20	18
3 18 19	22	27	0	28 26	21	19
3 22 23	23	28	01	29 14	22	20
3 26 29	24	29	02	0 01	23	21
3 30 35	25	0	03	00 49	24	22
3 34 41	26	01	04	01 37	25	23
3 38 49	27	02	04	02 25	25	24
3 42 57	28	03	05	03 13	26	25
3 47 06	29	04	06	04 01	27	26
3 51 15	0	05	07	04 50	28	27
3 55 25	01	06	08	05 39	29	28
3 59 36	02	07	09	06 27	0	29
4 03 48	03	08	10	07 16	01	30
4 08 00	04	09	11	08 05	02	0
4 12 13	05	10	11	08 55	03	01
4 16 26	06	11	12	09 44	04	02
4 20 40	07	12	13	10 34	04	03
4 24 55	08	13	14	11 23	05	04
4 29 10	09	14	15	12 13	06	05
4 33 26	10	14	16	13 03	07	06
4 37 42	11	15	17	13 53	08	07
4 41 59	12	16	18	14 43	09	08
4 46 16	13	17	19	15 33	10	09
4 50 34	14	18	19	16 24	11	10
4 54 52	15	19	20	17 14	12	11
4 59 10	16	20	21	18 05	13	12
5 03 29	17	21	22	18 55	14	13
5 07 49	18	22	23	19 46	15	14
5 12 09	19	23	24	20 37	16	15
5 16 29	20	24	25	21 28	17	16
5 20 49	21	25	26	22 19	17	17
5 25 09	22	26	27	23 10	18	18
5 29 30	23	27	28	24 01	19	19
5 33 51	24	28	29	24 52	20	20
5 38 12	25	29	30	25 44	21	21
5 42 34	26	0	0	26 35	22	22
5 46 55	27	01	01	27 26	23	23
5 51 17	28	02	02	28 17	24	24
5 55 38	29	03	03	29 09	25	25

42° Sternzeit h m s	10. Feld °	11. Feld °	12. Feld °	1. Feld Aszendent ° '	2. Feld °	3. Feld °
6 00 00	00	04	04	00 00	26	26
6 04 22	01	05	05	00 51	27	27
6 08 43	02	06	06	01 43	28	28
6 13 05	03	07	07	02 34	29	29
6 17 26	04	08	08	03 25	30	00
6 21 48	05	09	09	04 16	00	01
6 26 09	06	10	10	05 08	01	02
6 30 30	07	11	11	05 59	02	03
6 34 51	08	12	12	06 50	03	04
6 39 11	09	13	13	07 41	04	05
6 43 31	10	14	14	08 32	05	06
6 47 51	11	15	14	09 23	06	07
6 52 11	12	16	15	10 14	07	08
6 56 31	13	17	16	11 05	08	09
7 00 50	14	18	17	11 55	09	10
7 05 08	15	19	18	12 46	10	11
7 09 26	16	20	19	13 36	11	12
7 13 44	17	21	20	14 27	11	13
7 18 01	18	22	21	15 17	12	14
7 22 18	19	23	22	16 07	13	15
7 26 34	20	24	23	16 57	14	16
7 30 50	21	25	24	17 47	15	17
7 35 05	22	26	25	18 37	16	17
7 39 20	23	27	26	19 26	17	18
7 43 34	24	28	26	20 16	18	19
7 47 47	25	19	27	21 05	19	20
7 52 00	26	30	28	21 55	19	21
7 56 12	27	00	29	22 44	20	22
8 00 24	28	01	00	23 33	21	23
8 04 35	29	02	01	24 21	22	24
8 08 45	00	03	02	25 10	23	25
8 12 54	01	04	03	25 59	24	26
8 17 03	02	05	04	26 47	25	27
8 21 11	03	06	05	27 35	26	28
8 25 19	04	07	05	28 23	26	29
8 29 26	05	08	06	29 11	27	00
8 33 31	06	09	07	29 59	28	01
8 37 37	07	10	08	00 46	29	02
8 41 41	08	11	09	01 34	00	03
8 45 45	09	12	10	02 21	01	04
8 49 48	10	13	11	03 08	02	04
8 53 51	11	14	12	03 55	02	05
8 57 52	12	15	13	04 42	03	06
9 01 53	13	16	13	05 28	04	07
9 05 53	14	17	14	06 15	05	08

42° Sternzeit h m s	10. Feld °	11. Feld °	12. Feld °	1. Feld Aszendent ° '	2. Feld °	3. Feld °
9 09 53	·15	18	15	07 01	06	09
9 13 52	16	19	16	07 47	07	10
9 17 50	17	20	17	08 33	08	11
9 21 47	18	21	18	09 19	08	12
9 25 44	19	22	19	10 05	09	13
9 29 40	20	23	19	10 50	10	14
9 33 35	21	24	20	11 37	11	15
9 37 29	22	25	21	12 21	12	16
9 41 23	23	26	22	13 06	13	17
9 45 16	24	26	23	13 52	14	18
9 49 09	25	27	24	14 37	14	19
9 53 01	26	28	24	15 21	15	20
9 56 52	27	29	25	16 06	16	20
10 00 42	28	00	26	16 51	17	21
10 04 33	29	01	27	17 35	18	22
10 08 23	00	02	28	18 20	18	23
10 12 12	01	03	28	19 04	19	24
10 16 00	02	04	29	19 49	20	25
10 19 48	03	05	00	20 33	21	26
10 23 35	04	06	01	21 17	22	27
10 27 22	05	07	02	22 01	23	28
10 31 08	06	07	02	22 45	23	29
10 34 54	07	08	03	23 29	24	00
10 38 40	08	09	04	24 13	25	01
10 42 25	09	10	05	24 57	26	02
10 46 09	10	11	06	25 40	27	03
10 49 53	11	12	06	26 24	28	04
10 53 37	12	13	07	27 08	28	05
10 57 20	13	14	09	27 52	29	06
11 01 03	14	15	09	28 36	00	07
11 04 46	15	16	10	29 19	01	08
11 08 28	16	16	10	00 03	02	09
11 12 10	17	17	11	00 47	03	10
11 15 52	18	18	12	01 31	04	11
11 19 34	19	19	13	02 14	04	12
11 23 15	20	20	14	02 58	05	13
11 26 56	21	21	14	03 42	06	14
11 30 37	22	22	15	04 26	07	15
11 34 18	23	23	16	05 10	08	16
11 37 58	24	23	17	05 54	09	17
11 41 39	25	24	17	06 38	10	18
11 45 19	26	25	18	07 23	11	19
11 49 00	27	26	19	08 07	11	20
11 52 40	28	27	20	08 52	12	21
11 56 20	29	28	20	09 36	13	22

42° — Sternzeit 12ʰ 00ᵐ – 14ʰ 46ᵐ

Sternzeit h m s	10. Feld °	11. Feld °	12. Feld °	1. Feld Aszendent °	'	2. Feld °	3. Feld °
	♎	♎	♏	♐		♑	♒
12 00 00	00	29	21	10	21	14	23
12 03 40	01	29	22	11	06	15	24
12 07 20	02	♏0	23	11	51	16	25
12 11 00	03	01	23	12	36	17	27
12 14 41	04	02	24	13	21	18	28
12 18 21	05	03	25	14	07	19	29
12 22 02	06	04	26	14	52	20	♓0
12 25 42	07	05	27	15	38	21	01
12 29 23	08	05	27	16	24	22	02
12 33 04	09	06	28	17	11	23	03
12 36 45	10	07	29	17	57	24	04
12 40 26	11	08	30	18	44	25	05
12 44 08	12	09	♐0	19	31	26	06
12 47 50	13	10	01	20	19	27	08
12 51 32	14	11	02	21	06	28	09
12 55 14	15	11	03	21	54	29	10
12 58 57	16	12	03	22	43	♒0	11
13 02 40	17	13	04	23	31	01	12
13 06 23	18	14	05	24	20	02	13
13 10 07	19	15	06	25	10	03	14
13 13 51	20	16	07	25	59	04	16
13 17 35	21	17	07	26	49	05	17
13 21 20	22	17	08	27	40	06	18
13 25 06	23	18	09	28	31	07	19
13 28 52	24	19	10	29	22	08	20
13 32 38	25	20	11	♑0	14	10	21
13 36 25	26	21	11	01	06	11	23
13 40 12	27	22	12	01	59	12	24
13 44 00	28	23	13	02	52	13	25
13 47 48	29	23	14	03	46	14	26
13 51 37	♏0	24	15	04	41	15	27
13 55 27	01	25	16	05	36	17	29
13 59 17	02	26	16	06	31	18	♈0
14 03 08	03	27	17	07	27	19	01
14 06 59	04	28	18	08	24	20	02
14 10 51	05	29	19	09	22	21	03
14 14 44	06	29	20	10	20	23	05
14 18 37	07	♐0	21	11	19	24	06
14 22 31	08	01	21	12	19	25	07
14 26 25	09	02	22	13	19	27	08
14 30 20	10	03	23	14	20	28	10
14 34 16	11	04	24	15	22	29	11
14 38 13	12	05	25	16	25	♓0	12
14 42 10	13	06	26	17	29	02	13
14 46 08	14	07	27	18	33	03	14

42° — Sternzeit 14ʰ 50ᵐ – 17ʰ 55ᵐ

Sternzeit h m s	10. Feld °	11. Feld °	12. Feld °	1. Feld Aszendent °	'	2. Feld °	3. Feld °
	♏	♐	♐	♑		♓	♈
14 50 07	15	07	28	19	39	05	16
14 54 07	16	08	29	20	45	06	17
14 58 07	17	09	29	21	53	07	18
15 02 08	18	10	♑0	23	01	09	19
15 06 09	19	11	01	24	11	10	21
15 10 12	20	12	02	25	21	12	22
15 14 15	21	13	03	26	33	13	23
15 18 19	22	14	04	27	46	15	24
15 22 23	23	15	05	29	00	16	26
15 26 29	24	15	06	♒0	15	18	27
15 30 35	25	16	07	01	31	19	28
15 34 41	26	17	08	02	49	21	29
15 38 49	27	18	09	04	08	22	♉0
15 42 57	28	19	10	05	28	24	02
15 47 06	29	20	11	06	50	25	03
15 51 15	♐0	21	12	08	13	27	04
15 55 25	01	22	13	09	37	28	05
15 59 36	02	23	14	11	03	♈0	07
16 03 48	03	24	15	12	30	01	08
16 08 00	04	25	16	13	59	03	09
16 12 13	05	26	17	15	29	05	10
16 16 26	06	27	18	17	00	06	11
16 20 40	07	28	20	18	33	08	13
16 24 55	08	29	21	20	08	09	14
16 29 10	09	♑0	22	21	43	11	15
16 33 26	10	01	23	23	21	12	16
16 37 42	11	02	24	25	00	14	17
16 41 59	12	03	25	26	40	15	18
16 46 16	13	04	26	28	22	17	20
16 50 34	14	05	28	♓0	05	18	21
16 54 52	15	06	29	01	50	20	22
16 59 10	16	07	♒0	03	36	22	23
17 03 29	17	08	01	05	23	23	24
17 07 49	18	09	02	07	11	25	25
17 12 09	19	10	04	09	01	26	27
17 16 29	20	11	05	10	52	28	28
17 20 49	21	12	06	12	43	29	29
17 25 09	22	13	07	14	36	♉0	♊0
17 29 30	23	14	09	16	29	02	01
17 33 51	24	15	10	18	24	04	03
17 38 12	25	16	11	20	19	05	04
17 42 34	26	17	13	22	14	06	04
17 46 55	27	18	14	24	10	08	05
17 51 17	28	19	15	26	07	09	07
17 55 38	29	20	17	28	03	11	08

42° Sternzeit h m s	10. Feld °	11. Feld °	12. Feld °	1. Feld Aszendent ° '	2. Feld °	3. Feld °	42° Sternzeit h m s	10. Feld °	11. Feld °	12. Feld °	1. Feld Aszendent ° '	2. Feld °	3. Feld °
18 00 00	00	21	18	00 00	12	09	21 09 53	15	14	25	10 21	02	23
18 04 22	01	22	19	01 57	13	10	21 13 52	16	16	27	11 27	03	24
18 08 43	02	23	21	03 53	15	11	21 17 50	17	17	28	12 31	04	24
18 13 05	03	25	22	05 50	16	12	21 21 47	18	18	29	13 35	05	25
18 17 26	04	26	24	07 46	17	13	21 25 44	19	19	0	14 38	06	26
18 21 48	05	27	25	09 41	19	14	21 29 40	20	21	02	15 40	07	27
18 26 09	06	28	26	11 36	20	15	21 33 35	21	22	03	16 41	08	28
18 30 30	07	29	28	13 31	21	16	21 37 29	22	23	05	17 41	09	29
18 34 51	08	0	29	15 24	23	17	21 41 23	23	24	06	18 41	09	0
18 39 11	09	01	0	17 17	24	18	21 45 16	24	25	07	19 40	10	01
18 43 31	10	02	02	19 08	25	19	21 49 09	25	27	09	20 38	11	01
18 47 51	11	03	04	20 59	27	20	21 53 01	26	28	10	21 36	12	02
18 52 11	12	05	06	22 49	28	21	21 56 52	27	29	11	22 33	13	03
18 56 31	13	06	07	24 37	29	22	22 00 43	28	0	12	23 29	14	04
19 00 50	14	07	08	26 24	0	23	22 04 33	29	01	13	24 24	14	05
19 05 08	15	08	10	28 10	01	24	22 08 33	0	03	15	25 19	15	06
19 09 26	16	09	12	29 55	03	25	22 12 12	01	04	16	26 14	16	07
19 13 44	17	10	13	1 38	04	26	22 16 00	02	05	17	27 08	17	07
19 18 01	18	12	15	03 20	05	27	22 19 48	03	06	18	28 01	18	08
19 22 18	19	13	16	05 00	06	28	22 23 35	04	07	19	28 54	19	09
19 26 34	20	14	18	06 39	07	29	22 27 22	05	09	20	29 46	19	10
19 30 50	21	15	19	08 17	08	0	22 31 08	06	10	22	0 38	20	11
19 35 05	22	16	21	09 52	09	01	22 34 54	07	11	23	01 29	21	12
19 39 20	23	17	22	11 27	11	02	22 38 40	08	12	24	02 20	22	13
19 43 34	24	19	24	13 00	12	03	22 42 25	09	13	25	03 11	23	13
19 47 47	25	20	25	14 31	13	04	22 46 09	10	14	26	04 01	23	14
19 52 00	26	21	27	16 01	14	05	22 49 53	11	16	27	04 50	24	15
19 56 12	27	22	29	17 30	15	06	22 53 37	12	17	28	05 40	25	16
20 00 24	28	23	0	18 57	16	07	22 57 20	13	18	29	06 29	26	17
20 04 35	29	25	02	20 23	17	08	23 01 03	14	19	0	07 17	27	18
20 08 45	0	26	03	21 47	18	09	23 04 46	15	20	01	08 06	27	19
20 12 54	01	27	05	23 10	19	10	23 08 28	16	21	02	08 54	28	19
20 17 03	02	28	06	24 32	20	11	23 12 10	17	22	03	09 41	29	20
20 21 11	03	0	08	25 52	21	12	23 15 52	18	23	04	10 29	0	21
20 25 19	04	01	09	27 11	22	13	23 19 34	19	25	05	11 16	0	22
20 29 26	05	02	11	28 29	23	14	23 23 15	20	26	06	12 03	01	23
20 33 31	06	03	12	29 45	24	15	23 26 56	21	27	07	12 49	02	24
20 37 37	07	04	14	1 00	25	15	23 30 37	22	28	08	13 36	03	25
20 41 41	08	06	15	02 14	26	16	23 34 18	23	29	09	14 22	03	25
20 45 45	09	07	17	03 27	27	17	23 37 58	24	0	10	15 08	04	26
20 49 48	10	08	18	04 39	28	18	23 41 39	25	01	11	15 53	05	27
20 53 51	11	09	20	05 49	29	19	23 45 19	26	02	12	16 39	06	28
20 57 52	12	11	21	06 59	0	20	23 49 00	27	03	13	17 24	07	29
21 01 53	13	12	23	08 07	01	21	23 52 40	28	05	14	18 09	07	0
21 05 53	14	13	24	09 15	02	22	23 56 20	29	06	15	18 54	08	01

43° Sternzeit	10. Feld	11. Feld	12. Feld	1. Feld Aszendent		2. Feld	3. Feld
h m s	°	°	°	°	′	°	°
0 00 00	00	07	16	20	10	09	01
0 03 40	01	08	17	20	55	10	02
0 07 20	02	09	18	21	39	11	03
0 11 00	03	10	19	22	23	12	04
0 14 41	04	11	20	23	07	12	05
0 18 21	05	12	21	23	51	13	06
0 22 02	06	13	22	24	35	14	07
0 25 42	07	14	23	25	19	15	07
0 29 23	08	15	24	26	02	15	08
0 33 04	09	16	24	26	46	16	09
0 36 45	10	17	25	27	29	17	10
0 40 26	11	18	26	28	13	18	11
0 44 08	12	19	27	28	57	18	12
0 47 50	13	20	28	29	41	19	13
0 51 32	14	21	29 ♋0	00	24	20	14
0 55 14	15	22	30	01	07	21	14
0 58 57	16	23 ♌0	01	51		21	15
1 02 40	17	24	01	02	34	22	16
1 06 23	18	25	02	03	17	23	17
1 10 07	19	26	03	04	01	24	18
1 13 51	20	27	04	04	44	25	19
1 17 35	21	28	05	05	28	25	20
1 21 20	22	29	06	06	12	26	21
1 25 06	23 ♍0	06	06	55	27	22
1 28 52	24	01	07	07	39	28	23
1 32 38	25	02	08	08	23	29	23
1 36 25	26	03	09	09	06	29	24
1 40 12	27	04	10	09	50 ♎0	25
1 44 00	28	05	11	10	34	01	26
1 47 48	29	06	11	11	18	02	27
1 51 37 ♏0	07	12	12	02	03	28
1 55 27	01	08	13	12	47	03	29
1 59 17	02	09	14	13	31	01 ♐0
2 03 08	03	10	15	14	15	05	01
2 06 59	04	11	15	14	59	06	02
2 10 51	05	12	16	15	44	07	03
2 14 44	06	13	17	16	28	07	03
2 18 37	07	14	18	17	13	08	04
2 22 31	08	15	19	17	58	09	05
2 26 25	09	15	20	18	43	10	06
2 30 20	10	16	20	19	29	11	07
2 34 16	11	17	21	20	14	12	08
2 38 13	12	18	22	20	59	12	09
2 42 10	13	19	23	21	44	13	10
2 46 08	14	20	24	22	30	14	11

43° Sternzeit	10. Feld	11. Feld	12. Feld	1. Feld Aszendent		2. Feld	3. Feld
h m s	°	°	°	°	′	°	°
2 50 07	15	21	25	23	16	15	12
2 54 07	16	22	25	24	02	16	13
2 58 07	17	23	26	24	48	17	14
3 02 08	18	24	27	25	35	18	15
3 06 09	19	25	28	26	21	18	16
3 10 12	20	26	29	27	07	19	17
3 14 15	21	27 ♍0	27	54	20	18
3 18 19	22	28	01	28	41	21	19
3 22 23	23	29	01	29	28	22	20
3 26 29	24	30	02 ♏0	15	23	21
3 30 35	25 ♎0	03	01	03	24	22
3 34 41	26	01	04	01	50	25	23
3 38 49	27	02	05	02	38	25	24
3 42 57	28	03	06	03	25	26	24
3 47 06	29	04	07	04	13	27	25
3 51 15 ♏0	05	07	05	01	28	26
3 55 25	01	06	08	05	50	29	27
3 59 36	02	07	09	06	39 ♐0	28
4 03 48	03	08	10	07	27	01	29
4 08 00	04	09	11	08	16	02 ♑0
4 12 13	05	10	12	09	04	03	01
4 16 26	06	11	13	09	53	03	02
4 20 40	07	12	14	10	42	04	03
4 24 55	08	13	15	11	31	05	04
4 29 10	09	14	15	12	21	06	05
4 33 26	10	15	16	13	11	07	06
4 37 42	11	16	17	14	00	08	07
4 41 59	12	17	18	14	50	09	08
4 46 16	13	18	19	15	40	10	09
4 50 34	14	19	20	16	30	11	10
4 54 52	15	20	21	17	20	12	11
4 59 10	16	20	22	18	10	13	12
5 03 29	17	21	22	19	00	14	13
5 07 49	18	22	23	19	50	15	14
5 12 09	19	23	24	20	41	15	15
5 16 29	20	24	25	21	32	16	16
5 20 49	21	25	26	22	22	17	17
5 25 09	22	26	27	23	13	18	18
5 29 30	23	27	28	24	04	19	19
5 33 51	24	28	29	24	55	20	20
5 38 12	25	29 ♑0	25	45	21	21
5 42 34	26 ♏0	01	26	36	22	22
5 46 55	27	01	02	27	27	23	23
5 51 17	28	02	02	28	18	24	24
5 55 38	29	03	03	29	09	25	25

43° Sternzeit	10. Feld	11. Feld	12. Feld	1. Feld Aszendent		2. Feld	3. Feld
h m s	°	°	°	°	′	°	°
6 00 00	00	04	04	00	00	26	26
6 04 22	01	05	05	00	51	27	27
6 08 43	02	06	06	01	42	28	28
6 13 05	03	07	07	02	33	28	29
6 17 26	04	08	08	03	24	29	♎0
6 21 48	05	09	09	04	15	♏0	01
6 26 09	06	10	10	05	05	01	02
6 30 30	07	11	11	05	56	02	03
6 34 51	08	12	12	06	47	03	04
6 39 11	09	13	13	07	38	04	05
6 43 31	10	14	14	08	28	05	06
6 47 51	11	15	15	09	19	06	07
6 52 11	12	16	15	10	10	07	08
6 56 31	13	17	16	11	00	08	09
7 00 50	14	18	17	11	50	08	10
7 05 08	15	19	18	12	40	09	10
7 09 26	16	20	19	13	30	10	11
7 13 44	17	21	20	14	20	11	12
7 18 01	18	22	21	15	10	12	13
7 22 18	19	23	22	16	00	13	14
7 26 34	20	24	23	16	49	14	15
7 30 50	21	25	24	17	39	15	16
7 35 05	22	26	25	18	29	15	17
7 39 20	23	27	26	19	18	16	18
7 43 34	24	28	27	20	07	17	19
7 47 47	25	29	27	20	56	18	20
7 52 00	26	♐0	28	21	44	19	21
7 56 12	27	01	29	22	33	20	22
8 00 24	28	02	♑0	23	21	21	23
8 04 35	29	03	01	24	10	22	24
8 08 45	♑0	04	02	24	59	23	25
8 12 51	01	05	03	25	47	23	26
8 17 03	02	06	04	26	35	24	27
8 21 11	03	06	05	27	22	25	28
8 25 19	04	07	05	28	10	26	29
8 29 26	05	08	06	28	57	27	♒0
8 33 31	06	09	07	29	45	28	00
8 37 37	07	10	08	♒0	32	29	01
8 41 41	08	11	09	01	19	29	02
8 45 45	09	12	10	02	06	♓0	03
8 49 48	10	13	11	02	53	01	04
8 53 51	11	14	12	03	39	02	05
8 57 52	12	15	12	04	25	03	06
9·01 53	13	16	13	05	12	04	07
9 05 53	14	17	14	05	58	05	08

43° Sternzeit	10. Feld	11. Feld	12. Feld	1. Feld Aszendent		2. Feld	3. Feld
h m s	°	°	°	°	′	°	°
9 09 53	15	18	15	06	44	05	09
9 13 51	16	19	16	07	30	06	10
9 17 50	17	20	17	08	16	07	11
9 21 47	18	21	18	09	01	08	12
9 25 44	19	22	18	09	46	09	13
9 29 40	20	23	19	10	31	10	14
9 33 35	21	24	20	11	17	10	15
9 37 29	22	25	21	12	02	11	15
9 41 23	23	26	22	12	47	12	16
9 45 16	24	27	23	13	32	13	17
9 49 09	25	27	23	14	16	14	18
9 53 01	26	28	24	15	01	15	19
9 56 52	27	29	25	15	45	15	20
10 00 42	28	♓0	26	16	29	16	21
10 04 33	29	01	27	17	13	17	22
10 08 23	♈0	02	27	17	58	18	23
10 12 12	01	03	28	18	42	19	24
10 16 00	02	04	29	19	26	19	25
10 19 48	03	05	♈0	20	10	20	26
10 23 35	04	06	01	20	54	21	27
10 27 22	05	07	01	21	37	22	28
10 31 08	06	07	02	22	21	23	29
10 34 54	07	08	03	23	05	24	♉0
10 38 40	08	09	04	23	48	24	01
10 42 25	09	10	05	24	32	25	02
10 46 09	10	11	05	25	16	26	03
10 49 53	11	12	06	25	59	27	04
10 53 37	12	13	07	26	43	28	05
10 57 20	13	14	08	27	26	29	06
11 01 03	14	15	09	28	09	♊0	07
11 04 46	15	16	09	28	53	00	08
11 08 28	16	16	10	29	36	01	09
11 12 10	17	17	11	♊0	19	02	10
11 15 52	18	18	12	01	03	03	11
11 19 34	19	19	12	01	47	04	12
11 23 15	20	20	13	02	31	05	13
11 26 56	21	21	14	03	14	06	14
11 30 37	22	22	15	03	58	06	15
11 34 18	23	23	15	04	41	07	16
11 37 58	24	23	16	05	25	08	17
11 41 39	25	24	17	06	09	09	18
11 45 19	26	25	18	06	53	10	19
11 49 00	27	26	18	07	37	11	20
11 52 40	28	27	19	08	21	12	21
11 56 20	29	28	20	09	05	13	22

43° Sternzeit	10. Feld	11. Feld	12. Feld	I. Feld Aszendent		2. Feld	3. Feld
h m s	°	°	°	°	'	°	°
	♎	♎	♏	♐		♐	♑
12 00 00	00	29	21	09	50	14	23
12 03 40	01	29	21	10	34	15	24
12 07 20	02	♏0	22	11	19	15	25
12 11 00	03	01	23	12	04	16	26
12 14 41	04	02	24	12	49	17	28
12 18 21	05	03	25	13	34	18	29
12 22 02	06	04	25	14	19	19 ♒0	
12 25 42	07	05	26	15	05	20	01
12 29 23	08	05	27	15	52	21	02
12 33 04	09	06	28	16	38	22	03
12 36 45	10	07	28	17	24	23	04
12 40 26	11	08	29	18	10	24	05
12 44 08	12	09 ♐0	00	18	56	25	06
12 47 50	13	10	01	19	44	26	08
12 51 32	14	10	02	20	31	27	09
12 55 14	15	11	02	21	19	28	10
12 58 57	16	12	03	22	07	29	11
13 02 40	17	13	04	22	56 ♑0	00	12
13 06 23	18	14	05	23	45	01	13
13 10 07	19	15	05	24	34	02	14
13 13 51	20	16	06	25	23	04	15
13 17 35	21	16	07	26	12	05	17
13 21 20	22	17	08	27	02	06	18
13 25 06	23	18	09	27	53	07	19
13 28 52	24	19	09	28	44	08	20
13 32 38	26	20	10	29	35	09	21
13 36 25	26	21	11	00 ♒0	27	10	23
13 40 12	27	22	12	01	20	11	24
13 44 00	28	22	13	02	14	13	25
13 47 48	29	23	13	03	07	14	26
13 51 37	♏0	24	14	04	01	15	27
13 55 27	01	25	15	04	56	16	29
13 59 17	02	26	16	05	51	17 ♓0	00
14 03 08	03	27	17	06	47	19	01
14 06 59	04	28	18	07	44	20	02
14 10 51	05	28	18	08	41	21	03
14 14 44	06	29	19	09	39	22	05
14 18 37	07 ♐0	00	20	10	38	24	06
14 22 31	08	01	21	11	38	25	07
14 26 25	09	02	22	12	37	26	08
14 30 20	10	03	23	13	38	28	10
14 34 16	11	04	24	14	40	29	11
14 38 13	12	05	24	15	43 ♈0	00	12
14 42 10	13	05	25	16	46	02	13
14 46 08	14	06	26	17	51	03	14

43° Sternzeit	10. Feld	11. Feld	12. Feld	I. Feld Aszendent		2. Feld	3. Feld
h m s	°	°	°	°	'	°	°
	♏	♐	♐	♑		♒	♓
14 50 07	15	07	27	18	56	04	16
14 54 07	16	08	28	20	03	06	17
14 58 07	17	09	29	21	10	07	18
15 02 08	18	10	♑0	22	18	09	19
15 06 09	19	11	01	23	28	10	21
15 10 12	20	12	02	24	38	12	22
15 14 15	21	13	03	25	50	13	23
15 18 19	22	13	04	27	03	15	24
15 22 23	23	14	04	28	17	16	26
15 26 29	24	15	05	29	32	18	27
15 30 35	25	16	06 ♒0	00	49	19	28
15 34 41	26	17	07	02	07	21	29
15 38 49	27	18	08	03	26	22 ♈0	
15 42 57	28	19	09	04	47	24	02
15 47 06	29	20	10	06	09	25	03
15 51 15	♐0	21	11	07	32	27	04
15 55 25	01	22	12	08	56	28	05
15 59 36	02	23	13	10	22 ♉0	00	07
16 03 48	03	24	14	11	50	01	08
16 08 00	04	25	16	13	19	03	09
16 12 13	05	26	17	14	50	04	10
16 16 26	06	27	18	16	22	06	11
16 20 40	07	27	19	17	56	08	13
16 24 55	08	28	20	19	31	09	14
16 29 10	09	29	21	21	08	11	15
16 33 26	10	♑0	22	22	46	12	16
16 37 42	11	01	23	24	27	14	17
16 41 59	12	02	24	26	07	16	19
16 46 16	13	03	26	27	50	17	20
16 50 34	14	04	27	29	35	19	21
16 54 52	15	05	28 ♊0	01	21	20	22
16 59 10	16	06	29	03	08	22	23
17 03 29	17	07 ♒0	00	04	58	23	24
17 07 49	18	08	02	06	47	25	25
17 12 09	19	09	03	08	38	26	27
17 16 29	20	10	04	10	31	28	28
17 20 49	21	11	05	12	25 ♋0	00	29
17 25 09	22	13	07	14	19	01 ♉0	
17 29 30	23	14	08	16	15	02	01
17 33 51	24	15	09	18	11	04	02
17 38 12	25	16	11	20	08	05	04
17 42 34	26	17	12	22	05	07	05
17 46 55	27	18	13	24	04	08	06
17 51 17	28	19	15	26	03	10	07
17 55 38	29	20	16	28	01	11	08

43° (linke Tafel)

Sternzeit h m s	10. Feld	11. Feld	12. Feld	1. Feld Aszendent (° ')	2. Feld	3. Feld
	♑	♐	♐	♒	♒	♓
18 00 00	00	21	18	00 00	12	09
18 04 22	01	22	19	01 59	14	10
18 08 43	02	23	20	03 57	15	11
18 13 05	03	24	22	05 56	17	12
18 17 26	04	25	23	07 55	18	13
18 21 48	05	26	25	09 52	19	14
18 26 09	06	28	26	11 49	21	15
18 30 30	07	29	28	13 45	22	16
18 34 51	08	♑0	29	15 41	23	17
18 39 11	09	01	♑0	17 35	25	19
18 43 31	10	02	02	19 29	26	20
18 47 51	11	03	04	21 22	27	21
18 52 11	12	05	05	23 13	28	22
18 56 31	13	06	07	25 02	♓0	23
19 00 50	14	07	08	26 52	01	24
19 05 08	15	08	10	28 39	02	25
19 09 26	16	09	11	♓0 25	03	26
19 13 44	17	10	13	02 10	04	27
19 18 01	18	11	14	03 53	06	28
19 22 18	19	13	16	05 33	07	29
19 26 34	20	14	18	07 14	08	♈0
19 30 50	21	15	19	08 52	09	01
19 35 05	22	16	21	10 29	10	02
19 39 20	23	17	22	12 04	11	03
19 43 34	24	19	23	13 38	12	03
19 47 47	25	20	26	15 10	13	04
19 52 00	26	21	27	16 41	14	05
19 56 12	27	22	29	18 10	16	06
20 00 24	28	23	♒0	19 38	17	07
20 04 35	29	25	02	21 04	18	08
20 08 45	♒0	26	03	22 28	19	09
20 12 54	01	27	05	23 51	20	10
20 17 03	02	28	06	25 13	21	11
20 21 11	03	♒0	08	26 34	22	12
20 25 19	04	01	09	27 53	23	13
20 29 26	05	02	11	29 11	24	14
20 33 31	06	03	12	♈0 28	25	15
20 37 37	07	04	14	01 43	26	16
20 41 41	08	06	15	02 57	26	17
20 45 45	09	07	17	04 10	27	17
20 49 48	10	08	18	05 22	28	18
20 53 51	11	09	20	06 32	29	19
20 57 52	12	11	21	07 42	♈0	20
21 01 53	13	12	23	08 50	01	21
21 05 53	14	13	24	09 57	02	22

43° (rechte Tafel)

Sternzeit h m s	10. Feld	11. Feld	12. Feld	1. Feld Aszendent (° ')	2. Feld	3. Feld
	♒	♒	♒	♈	♈	♈
21 09 53	15	14	26	11 04	03	23
21 13 52	16	16	27	12 09	04	24
21 17 50	17	17	28	13 14	05	25
21 21 47	18	18	♓0	14 17	06	25
21 25 44	19	19	01	15 20	06	26
21 29 40	20	20	02	16 22	07	27
21 33 35	21	22	04	17 23	08	28
21 37 29	22	23	05	18 22	09	29
21 41 23	23	24	06	19 22	10	♉0
21 45 16	24	25	08	20 21	11	01
21 49 09	25	27	09	21 19	12	02
21 53 01	26	28	10	22 16	12	02
21 56 52	27	29	11	23 13	13	03
22 02 43	28	♓0	13	24 09	14	04
22 04 33	29	01	14	25 04	15	05
22 08 23	♓0	03	15	25 59	16	06
22 12 12	01	04	16	26 53	17	07
22 16 00	02	05	17	27 46	17	08
22 19 48	03	06	19	28 40	18	08
22 23 35	04	07	20	29 33	19	09
22 27 22	05	09	21	♉0 25	20	10
22 31 08	06	10	22	01 16	21	11
22 34 54	07	11	23	02 07	21	12
22 38 40	08	12	24	02 58	22	13
22 42 25	09	13	25	03 48	23	14
22 46 09	10	15	26	04 37	24	14
22 49 53	11	16	28	05 26	25	15
22 53 37	12	17	29	06 15	25	16
22 57 20	13	18	♈0	07 04	26	17
23 01 03	14	19	01	07 53	27	18
23 04 46	15	20	02	08 41	28	19
23 08 28	16	21	03	09 29	28	20
23 12 10	17	22	04	10 16	29	20
23 15 52	18	24	05	11 04	♉0	21
23 19 34	19	25	06	11 50	01	22
23 23 15	20	26	07	12 36	02	23
23 26 56	21	27	08	13 22	02	24
23 30 37	22	28	09	14 08	03	25
23 34 18	23	29	10	14 55	04	25
23 37 58	24	♈0	11	15 41	05	26
23 41 39	25	01	12	16 26	05	27
23 45 19	26	02	13	17 11	06	28
23 49 00	27	04	14	17 56	07	29
23 52 40	28	05	15	18 41	08	♊0
23 56 20	29	06	15	19 26	09	01

44° Sternzeit h m s	10. Feld °	11. Feld °	12. Feld °	1. Feld Aszendent ° '	2. Feld °	3. Feld °	44° Sternzeit h m s	10. Feld °	11. Feld °	12. Feld °	1. Feld Aszendent ° '	2. Feld °	3. Feld °
0 00 00	00	07	17	20 48	09	02	2 50 07	15	21	25	23 37	15	12
0 03 40	01	08	18	21 32	10	02	2 54 07	16	22	26	24 23	16	13
0 07 20	02	09	19	22 16	11	03	2 58 07	17	23	27	25 08	17	14
0 11 00	03	10	20	23 00	12	04	3 02 08	18	24	28	25 54	18	15
0 14 41	04	11	21	23 43	13	05	3 06 09	19	25	28	26 40	19	16
0 18 21	05	12	21	24 27	13	06	3 10 12	20	26	29	27 26	19	17
0 22 02	06	13	22	25 11	14	07	3 14 15	21	27	00	28 13	20	18
0 25 42	07	14	23	25 55	15	08	3 18 19	22	28	01	28 59	21	19
0 29 23	08	15	24	26 38	16	08	3 22 23	23	29	02	29 46	22	19
0 33 04	09	16	25	27 21	16	09	3 26 29	24	00	03	00 32	23	20
0 36 45	10	17	26	28 04	17	10	3 30 35	25	01	04	01 19	24	21
0 40 26	11	18	27	28 47	18	11	3 34 41	26	02	04	02 06	25	22
0 44 08	12	19	28	29 30	19	12	3 38 49	27	03	05	02 53	25	23
0 47 50	13	20	28	00 14	19	13	3 42 57	28	04	06	03 41	26	24
0 51 32	14	21	29	00 57	20	14	3 47 06	29	04	07	04 29	27	25
0 55 14	15	22	00	01 40	21	15	3 51 15	00	05	08	05 16	28	26
0 58 57	16	23	01	02 23	22	15	3 55 25	01	06	09	06 04	29	27
1 02 40	17	24	02	03 06	22	16	3 59 36	02	07	09	06 52	00	28
1 06 23	18	25	03	03 49	23	17	4 03 48	03	08	10	07 40	01	29
1 10 07	19	26	04	04 32	24	18	4 08 00	04	09	11	08 29	02	00
1 13 51	20	27	04	05 15	25	19	4 12 13	05	10	12	09 17	03	01
1 17 35	21	28	05	05 59	26	20	4 16 26	06	11	13	10 05	03	02
1 21 20	22	29	06	06 42	26	21	4 20 40	07	12	14	10 54	04	03
1 25 06	23	00	07	07 25	27	22	4 24 55	08	13	15	11 42	05	04
1 28 52	24	01	08	08 08	28	23	4 29 10	09	14	16	12 31	06	05
1 32 38	25	02	08	08 52	29	23	4 33 26	10	15	16	13 21	07	06
1 36 25	26	03	09	09 35	30	24	4 37 42	11	16	17	14 10	08	07
1 40 12	27	04	10	10 18	00	25	4 41 59	12	17	18	14 59	09	08
1 44 00	28	05	11	11 02	01	26	4 46 16	13	18	19	15 48	10	09
1 47 48	29	06	12	11 45	02	27	4 50 34	14	19	20	16 38	11	10
1 51 37	00	07	13	12 29	03	28	4 54 52	15	20	21	17 28	12	11
1 55 27	01	08	14	13 13	04	29	4 59 10	16	21	22	18 18	13	12
1 59 17	02	09	14	13 57	04	00	5 03 29	17	22	23	19 07	14	13
2 03 08	03	10	15	14 41	05	01	5 07 49	18	23	24	19 57	15	14
2 06 59	04	11	16	15 25	06	02	5 12 09	19	24	24	20 47	15	15
2 10 51	05	12	17	16 09	07	03	5 16 29	20	25	25	21 37	16	16
2 14 44	06	13	18	16 53	08	03	5 20 49	21	25	26	22 27	17	17
2 18 37	07	14	18	17 38	08	04	5 25 09	22	26	27	23 17	18	18
2 22 31	08	15	19	18 22	09	05	5 29 30	23	27	28	24 07	19	19
2 26 25	09	16	20	19 07	10	06	5 33 51	24	28	29	24 58	20	20
2 30 20	10	17	21	19 51	11	07	5 38 12	25	29	00	25 48	21	21
2 34 16	11	18	22	20 36	12	08	5 42 34	26	00	01	26 38	22	22
2 38 13	12	19	23	21 21	13	09	5 46 55	27	01	02	27 29	23	23
2 42 10	13	19	23	22 06	13	10	5 51 17	28	02	03	28 19	24	24
2 46 08	14	20	24	22 51	14	11	5 55 38	29	03	04	29 09	25	25

Left block

44° Sternzeit h m s	10. Feld °	11. Feld °	12. Feld °	1. Feld Asz. °	'	2. Feld °	3. Feld °
	♋	♌	♍	♎		♏	♐
6 00 00	00	04	04	♎0	00	26	26
6 04 22	01	05	05	00	50	26	27
6 08 43	02	06	06	01	41	27	28
6 13 05	03	07	07	02	31	28	29
6 17 26	04	08	08	03	22	29	♑0
6 21 48	05	09	09	04	12	♐0	01
6 26 09	06	10	10	05	02	01	02
6 30 30	07	11	11	05	53	02	03
6 34 51	08	12	12	06	43	03	04
6 39 11	09	12	13	07	37	04	05
6 43 31	10	14	14	08	23	05	05
6 47 51	11	15	15	09	13	06	06
6 52 11	12	16	15	10	03	06	07
6 56 31	13	17	16	10	53	07	08
7 00 50	14	18	17	11	42	08	09
7 05 08	15	19	18	12	32	09	10
7 09 26	16	20	19	13	22	10	11
7 13 44	17	21	20	14	12	11	12
7 18 01	18	22	21	15	01	12	13
7 22 18	19	23	22	15	50	13	14
7 26 34	20	24	23	16	39	14	15
7 30 50	21	25	24	17	29	14	16
7 35 05	22	26	25	18	18	15	17
7 39 20	23	27	26	19	06	16	18
7 43 34	24	28	27	19	55	17	19
7 47 47	25	29	27	20	43	18	20
7 52 00	26	♍0	28	21	31	19	21
7 56 12	27	01	29	22	20	20	22
8 00 24	28	02	♎0	23	08	21	23
8 04 35	29	03	01	23	56	21	24
8 08 45	♌0	04	02	24	44	22	25
8 12 54	01	05	03	25	31	23	26
8 17 03	02	06	04	26	19	24	26
8 21 11	03	07	05	27	07	25	27
8 25 19	04	08	05	27	54	26	28
8 29 26	05	09	06	28	41	26	29
8 33 31	06	10	07	29	28	27	♒0
8 37 37	07	11	08	♏0	14	28	01
8 41 41	08	11	09	01	01	29	02
8 45 45	09	12	10	01	47	♑0	03
8 49 48	10	13	11	02	34	01	04
8 53 51	11	14	11	03	20	02	05
8 57 52	12	15	12	04	06	02	06
9 01 53	13	16	13	04	52	03	07
9 05 53	14	17	14	05	37	04	08

Right block

44° Sternzeit h m s	10. Feld °	11. Feld °	12. Feld °	1. Feld Asz. °	'	2. Feld °	3. Feld °
	♌	♍	♎	♏		♑	♒
9 09 53	15	18	15	06	23	05	09
9 13 52	16	19	16	07	09	06	10
9 17 50	17	20	17	07	54	07	11
9 21 47	18	21	17	08	39	07	12
9 25 44	19	22	18	09	24	08	12
9 29 40	20	23	19	10	09	09	13
9 33 35	21	24	20	10	53	10	14
9 37 29	22	25	21	11	38	11	15
9 41 23	23	26	22	12	22	12	16
9 45 16	24	27	22	13	07	12	17
9 49 09	25	27	23	13	51	13	18
9 53 01	26	28	24	14	35	14	19
9 56 52	27	29	25	15	19	15	20
10 00 42	28	♎0	26	16	03	16	21
10 04 33	29	01	26	16	47	16	22
10 08 23	♍0	02	27	17	31	17	23
10 12 12	01	03	28	18	15	18	24
10 16 00	02	04	29	18	58	19	25
10 19 48	03	05	♏0	19	42	20	26
10 23 35	04	06	01	20	25	21	27
10 27 22	05	07	02	21	08	22	28
10 31 08	06	07	03	21	52	22	29
10 34 54	07	08	03	22	35	23	♓0
10 38 40	08	09	04	23	18	24	01
10 42 25	09	10	04	24	01	25	02
10 46 09	10	11	05	24	45	26	03
10 49 53	11	12	06	25	28	26	04
10 53 37	12	13	07	26	11	27	05
10 57 20	13	14	08	26	54	28	06
11 01 03	14	15	08	27	37	29	07
11 04 46	15	15	09	28	20	♒0	08
11 08 28	16	16	10	29	03	01	09
11 12 10	17	17	11	29	46	02	10
11 15 52	18	18	11	♐0	30	02	11
11 19 34	19	19	12	01	13	03	12
11 23 15	20	20	13	01	56	04	13
11 26 56	21	21	14	02	39	05	14
11 30 37	22	22	14	03	22	06	15
11 34 18	23	22	15	04	05	07	16
11 37 58	24	23	16	04	49	08	17
11 41 39	25	24	17	05	33	09	18
11 45 19	26	25	17	06	17	09	19
11 49 00	27	26	18	07	00	10	20
11 52 40	28	27	19	07	44	11	21
11 56 20	29	28	20	08	28	12	22

44° Sternzeit h m s	10. Feld °	11. Feld °	12. Feld °	1. Feld Aszendent ° '	2. Feld °	3. Feld °
	♐	♐	♑	♒	♓	♈
12 00 00	00	28	21	09 12	13	23
12 03 40	01	29	21	09 56	14	24
12 07 20	02	♑0	22	10 40	15	25
12 11 00	03	01	23	11 25	16	26
12 14 41	04	02	23	12 10	17	27
12 18 21	05	03	24	12 54	18	28
12 22 02	06	04	25	13 39	19	♈0
12 25 42	07	04	26	14 24	20	01
12 29 23	08	05	27	15 10	21	02
12 33 04	09	06	27	15 56	22	03
12 36 45	10	07	28	16 42	23	04
12 40 26	11	08	29	17 28	24	05
12 44 08	12	09	30	18 14	25	06
12 47 50	13	09	♒0	19 01	26	07
12 51 32	14	10	01	19 48	27	09
15 55 14	15	11	02	20 35	28	10
12 58 57	16	12	03	21 23	29	11
13 02 40	17	13	03	22 11	♈0	12
13 06 23	18	14	04	23 00	01	13
13 10 07	19	15	05	23 48	02	14
13 13 51	20	15	06	24 37	03	15
13 17 35	21	16	07	25 26	04	17
13 21 20	22	17	07	26 16	05	18
13 25 06	23	18	08	27 06	06	19
13 28 52	24	19	09	27 57	07	20
13 32 38	25	20	10	28 48	09	21
13 36 25	26	20	10	29 40	10	22
13 40 12	27	21	11	♈0 32	11	24
13 44 00	28	22	12	01 25	12	25
13 47 48	29	23	13	02 18	13	26
13 51 37	♒0	24	14	03 12	14	27
13 55 27	01	25	15	04 06	16	29
13 59 17	02	26	15	05 01	17	♉0
14 03 08	03	27	16	05 57	18	01
14 06 59	04	27	17	06 54	19	02
14 10 51	05	28	18	07 51	21	03
14 14 44	06	29	19	08 49	22	05
14 18 37	07	♒0	20	09 47	23	06
14 22 31	08	01	20	10 46	25	07
14 26 25	09	02	21	11 46	26	08
14 30 20	10	03	22	12 46	27	10
14 34 16	11	03	23	13 47	29	11
14 38 13	12	04	24	14 50	♉0	12
14 42 10	13	05	25	15 53	01	13
14 46 08	14	06	26	16 58	03	14

44° Sternzeit h m s	10. Feld °	11. Feld °	12. Feld °	1. Feld Aszendent ° '	2. Feld °	3. Feld °
	♒	♓	♓	♈	♉	♊
14 50 07	15	07	27	18 03	04	16
14 54 07	16	08	27	19 10	05	17
14 58 07	17	09	28	20 17	07	18
15 02 08	18	10	29	21 25	08	19
15 06 09	19	11	♈0	22 35	10	21
15 10 12	20	11	01	23 45	11	22
15 14 15	21	12	02	24 57	13	23
15 18 19	22	13	03	26 10	14	25
15 22 23	23	14	04	27 24	16	26
15 26 29	24	15	05	28 39	17	27
15 30 35	25	16	06	29 56	19	28
15 34 41	26	17	07	♉1 14	20	29
15 38 49	27	18	08	02 33	22	♊0
15 42 57	28	19	09	03 54	24	02
15 47 06	29	20	10	05 16	25	03
15 51 15	♈0	21	11	06 39	27	04
15 55 25	01	21	12	08 05	28	06
15 59 30	02	22	13	09 31	♊0	07
16 03 48	03	23	14	11 00	01	08
16 08 04	04	24	15	12 30	03	09
16 12 13	05	25	16	14 01	05	10
16 16 26	06	26	17	15 34	06	12
16 20 40	07	27	18	17 09	08	13
16 24 55	08	28	19	18 45	09	14
16 29 10	09	29	20	20 23	11	15
16 33 26	10	♊0	22	22 02	13	16
16 37 42	11	01	23	23 44	14	18
16 41 59	12	02	24	25 27	16	19
16 46 16	13	03	25	27 11	17	20
16 50 34	14	04	26	28 57	19	21
16 54 52	15	05	27	♊0 45	20	22
16 59 10	16	06	29	02 34	22	23
17 03 29	17	07	♈0	04 25	24	25
17 07 49	18	08	01	06 17	25	26
17 12 09	19	09	02	08 10	27	27
17 16 29	20	10	04	10 04	28	28
17 20 49	21	11	05	12 01	♋0	29
17 25 09	22	12	06	13 58	01	♋0
17 29 30	23	13	07	15 56	03	02
17 33 51	24	14	09	17 55	04	03
17 38 12	25	15	10	19 54	06	04
17 42 34	26	16	11	21 55	07	05
17 46 55	27	18	13	23 55	09	06
17 51 17	28	19	14	25 57	10	07
17 55 38	29	20	16	27 58	12	08

44° Sternzeit h m s	10. Feld °	11. Feld °	12. Feld °	1. Feld Aszendent ° '	2. Feld °	3. Feld °
	♑	♒	♓	♈	♉	♊
18 00 00	00	21	17	00 00	13	09
18 04 22	01	22	18	02 02	14	10
18 08 43	02	23	20	04 03	16	11
18 13 05	03	24	21	06 05	17	12
18 17 26	04	25	23	08 05	19	14
18 21 48	05	26	24	10 06	20	15
18 26 09	06	27	26	12 05	21	16
18 30 30	07	28	27	14 04	23	17
18 34 51	08	♓0	28	16 02	24	18
18 39 11	09	01	♈0	17 59	25	19
18 43 31	10	02	02	19 56	26	20
18 47 51	11	03	03	21 50	28	21
18 52 11	12	04	05	23 43	29	22
18 56 31	13	05	06	25 35	♊0	23
19 00 50	14	07	08	27 26	01	24
19 05 08	15	08	10	29 15	03	25
19 09 26	16	09	11	♉1 03	04	26
19 13 44	17	10	13	02 49	05	27
19 18 01	18	11	14	04 33	06	28
19 22 18	19	12	16	06 16	07	29
19 26 34	20	14	17	07 58	08	♋0
19 30 50	21	15	19	09 37	10	01
19 35 05	22	16	21	11 15	11	02
19 39 20	23	17	22	12 51	12	03
19 43 34	24	18	24	14 26	13	04
19 47 47	25	20	25	15 59	14	05
19 52 00	26	21	27	17 30	15	06
19 56 12	27	22	29	19 00	16	07
20 00 24	28	23	♉0	20 29	17	08
20 04 35	29	24	02	21 55	18	09
20 08 45	♒0	26	03	23 21	19	09
20 12 54	01	27	05	24 44	20	10
20 17 03	02	28	06	26 06	21	11
20 21 11	03	♈0	08	27 27	22	12
20 25 19	04	01	10	28 46	23	13
20 29 26	05	02	11	♊0 04	24	14
20 33 31	06	03	13	01 21	25	15
20 37 37	07	04	14	02 36	26	16
20 41 41	08	05	16	03 50	27	17
20 45 45	09	07	17	05 03	28	18
20 49 48	10	08	19	06 15	29	19
20 53 51	11	09	20	07 25	♋0	19
20 57 52	12	11	22	08 35	01	20
21 01 53	13	12	23	09 43	02	21
21 05 53	14	13	25	10 50	03	22
21 09 53	15	14	26	11 57	03	23
21 13 52	16	16	27	13 02	04	24
21 17 50	17	17	29	14 07	05	25
21 21 47	18	18	♊0	15 10	06	26
21 25 44	19	19	01	16 13	07	27
21 29 40	20	20	03	17 14	08	27
21 33 35	21	22	04	18 14	09	28
21 37 29	22	23	05	19 14	10	29
21 41 23	23	24	07	20 13	10	♌0
21 45 16	24	25	08	21 11	11	01
21 49 09	25	27	09	22 09	12	02
21 53 01	26	28	11	23 06	13	03
21 56 52	27	29	12	24 03	14	03
22 00 43	28	♉0	13	24 59	15	04
22 04 33	29	01	14	25 54	15	05
22 08 23	♓0	03	16	26 48	16	06
22 12 12	01	04	17	27 42	17	07
22 16 00	02	05	18	28 35	18	08
22 19 48	03	06	19	29 29	19	09
22 23 35	04	08	20	♋0 20	20	10
22 27 22	05	09	21	01 12	20	10
22 31 08	06	10	23	02 03	21	11
22 34 54	07	11	24	02 54	22	12
22 38 40	08	12	25	03 44	23	13
22 42 25	09	13	26	04 34	23	14
22 46 09	10	15	27	05 23	24	15
22 49 53	11	16	28	06 12	25	15
22 53 37	12	17	29	07 00	26	16
22 57 20	13	18	♋0	07 49	27	17
23 01 03	14	19	01	08 37	27	18
23 04 46	15	20	02	09 25	28	19
23 08 28	16	21	03	10 12	29	20
23 12 10	17	23	04	10 59	30	21
23 15 52	18	24	05	11 46	♌0	22
23 19 34	19	25	06	12 32	01	22
23 23 15	20	26	07	13 18	02	23
23 26 56	21	27	08	14 04	03	24
23 30 37	22	28	09	14 50	03	25
23 34 18	23	29	10	15 36	04	26
23 37 58	24	♊0	11	16 21	05	26
23 41 30	25	02	12	17 06	06	27
23 45 19	26	03	13	17 50	07	28
23 49 00	27	04	14	18 35	07	29
23 52 40	28	05	15	19 20	08	♍0
23 56 20	29	06	16	20 04	09	01

45° Sternzeit	10. Feld	11. Feld	12. Feld	1. Feld Aszendent	2. Feld	3. Feld
h m s	°	°	°	° '	°	°
0 00 00	00	07	18	21 34	10	02
0 03 40	01	08	18	22 18	11	03
0 07 20	02	09	19	23 01	11	03
0 11 00	03	10	20	23 44	12	04
0 14 41	04	11	21	24 27	13	05
0 18 21	05	13	22	25 11	14	06
0 22 02	06	14	23	25 54	14	07
0 25 42	07	15	24	26 37	15	08
0 29 23	08	16	25	27 20	16	09
0 33 04	09	17	26	28 03	17	09
0 36 45	10	18	27	28 46	17	10
0 40 26	11	19	27	29 29	18	11
0 44 08	12	20	28	00 11	19	12
0 47 50	13	21	29	00 54	20	13
0 51 32	14	22	01	01 36	21	14
0 55 14	15	23	01	02 19	21	15
0 58 57	16	24	02	03 01	22	15
1 02 40	17	25	02	03 44	23	16
1 06 23	18	26	03	04 26	24	17
1 10 07	19	27	04	05 09	24	18
1 13 51	20	28	05	05 52	25	19
1 17 35	21	29	06	06 35	26	20
1 21 20	22	00	07	07 18	27	21
1 25 06	23	01	07	08 00	27	22
1 28 52	24	02	08	08 43	28	23
1 32 38	25	03	09	09 26	29	23
1 36 25	26	04	10	10 09	00	24
1 40 12	27	05	11	10 52	01	25
1 44 00	28	05	12	11 35	01	26
1 47 48	29	06	12	12 18	02	27
1 51 37	00	07	13	13 01	03	28
1 55 27	01	08	14	13 44	04	29
1 59 17	02	09	15	14 28	05	00
2 03 08	03	10	16	15 12	05	01
2 06 59	04	11	16	15 55	06	02
2 10 51	05	12	17	16 39	07	03
2 14 44	06	13	18	17 23	08	04
2 18 37	07	14	19	18 07	09	04
2 22 31	08	15	20	18 50	09	05
2 26 25	09	16	21	19 34	10	06
2 30 20	10	17	21	20 19	11	07
2 34 16	11	18	22	21 03	12	08
2 38 13	12	19	23	21 47	13	09
2 42 10	13	20	24	22 32	14	10
2 46 08	14	21	25	23 17	14	11

45° Sternzeit	10. Feld	11. Feld	12. Feld	1. Feld Aszendent	2. Feld	3. Feld
h m s	°	°	°	° '	°	°
2 50 07	15	22	26	24 02	15	12
2 54 07	16	23	26	24 47	16	13
2 58 07	17	24	27	25 33	17	14
3 02 08	18	24	28	26 18	18	15
3 06 09	19	25	29	27 03	19	16
3 10 12	20	26	00	27 49	19	17
3 14 15	21	27	01	28 34	20	18
3 18 19	22	28	01	29 20	21	18
3 22 23	23	29	02	00 06	22	19
3 26 29	24	00	03	00 52	23	20
3 30 35	25	01	04	01 39	24	21
3 34 41	26	02	05	02 26	25	22
3 38 49	27	03	06	03 13	25	23
3 42 57	28	04	06	03 49	26	24
3 47 06	29	05	07	04 46	27	25
3 51 15	00	06	08	05 33	28	26
3 55 25	01	07	09	06 20	29	27
3 59 36	02	08	10	07 08	00	28
4 03 48	03	09	11	07 55	01	29
4 08 00	04	10	12	08 43	02	00
4 12 13	05	11	13	09 31	03	01
4 16 26	06	11	13	10 19	03	02
4 20 40	07	12	14	11 08	04	03
4 24 55	08	13	15	11 56	05	04
4 29 10	09	14	16	12 44	06	05
4 33 26	10	15	17	13 32	07	06
4 37 42	11	16	18	14 21	08	07
4 41 59	12	17	19	15 09	09	08
4 46 16	13	18	19	15 58	10	09
4 50 34	14	19	20	16 47	11	10
4 54 52	15	20	21	17 36	12	11
4 59 10	16	21	22	18 26	13	12
5 03 29	17	22	23	19 15	13	13
5 07 49	18	23	24	20 04	14	14
5 12 09	19	24	25	20 54	15	15
5 16 29	20	25	26	21 43	16	16
5 20 49	21	26	27	22 32	17	17
5 25 09	22	27	27	23 22	18	18
5 29 30	23	28	28	24 11	19	19
5 33 51	24	29	29	25 01	20	20
5 38 12	25	00	00	25 51	21	21
5 42 34	26	01	01	26 41	22	22
5 46 55	27	02	02	27 31	23	23
5 51 17	28	02	03	28 20	23	24
5 55 38	29	03	04	29 10	24	25

Linke Tabellenhälfte

45° Sternzeit (h m s)	10. Feld °	11. Feld °	12. Feld °	1. Feld Aszendent °	'	2. Feld °	3. Feld °
6 00 00	00	04	05	00	00	25	26
6 04 22	01	05	06	00	50	26	27
6 08 43	02	06	07	01	40	27	28
6 13 05	03	07	07	02	29	28	28
6 17 26	04	08	08	03	19	29	29
6 21 48	05	09	09	04	09	♋0	♌0
6 26 09	06	10	10	04	59	01	01
6 30 30	07	11	11	05	49	02	02
6 34 51	08	12	12	06	38	03	03
6 39 11	09	13	13	07	28	03	04
6 43 31	10	14	14	08	17	04	05
6 47 51	11	15	15	09	06	05	06
6 52 11	12	16	16	09	56	06	07
6 56 31	13	17	17	10	45	07	08
7 00 50	14	18	17	11	34	08	09
7 05 08	15	19	18	12	24	09	10
7 09 26	16	20	19	13	13	10	11
7 13 44	17	21	20	14	02	11	12
7 18 01	18	22	21	14	51	11	13
7 22 18	19	23	22	15	39	12	14
7 26 34	20	24	23	16	28	13	15
7 30 50	21	25	24	17	16	14	16
7 35 05	22	26	25	18	04	15	17
7 39 20	23	27	26	18	52	16	18
7 43 34	24	28	27	19	41	17	19
7 47 47	25	29	27	20	29	17	19
7 52 00	26	♍0	28	21	17	18	20
7 56 12	27	01	29	22	05	19	21
8 00 24	28	02	♎0	22	52	20	22
8 04 35	29	03	01	23	40	21	23
8 08 45	♌0	04	02	24	27	22	25
8 12 54	01	05	03	25	14	23	26
8 17 03	02	06	04	26	01	24	26
8 21 11	03	07	05	26	47	24	27
8 25 19	04	08	05	27	34	25	28
8 29 26	05	09	06	28	21	26	29
8 33 31	06	10	07	29	08	27	♏0
8 37 37	07	11	08	29	54	28	01
8 41 41	08	12	09	♍0	40	29	02
8 45 45	09	12	10	01	26	29	03
8 49 48	10	13	11	02	11	♎0	04
8 53 51	11	14	11	02	57	01	05
8 57 52	12	15	12	03	42	02	06
9 01 53	13	16	13	04	27	03	06
9 05 53	14	17	14	05	13	04	07

Rechte Tabellenhälfte

45° Sternzeit (h m s)	10. Feld °	11. Feld °	12. Feld °	1. Feld Aszendent °	'	2. Feld °	3. Feld °
9 09 53	15	18	15	05	58	04	08
9 13 52	16	19	16	06	43	05	09
9 17 50	17	20	16	07	28	06	10
9 21 47	18	21	17	08	13	07	11
9 25 44	19	22	18	08	57	08	12
9 29 40	20	23	19	09	41	09	13
9 33 35	21	24	20	10	26	09	14
9 37 29	22	25	21	11	10	10	15
9 41 23	23	26	21	11	53	11	16
9 45 16	24	27	22	12	37	12	17
9 49 09	25	27	23	13	21	13	18
9 53 01	26	28	24	14	05	14	19
9 56 52	27	29	25	14	48	14	20
10 00 42	28	♏0	25	15	32	15	21
10 04 33	29	01	26	16	16	16	22
10 08 23	♎0	02	27	16	59	17	23
10 12 12	01	03	28	17	42	18	24
10 16 00	02	04	29	18	25	18	24
10 19 48	03	05	29	19	08	19	25
10 23 35	04	06	♏0	19	51	20	26
10 27 22	05	07	01	20	34	21	27
10 31 08	06	07	02	21	17	22	28
10 34 54	07	08	03	22	00	23	29
10 38 40	08	09	03	22	42	23	♐0
10 42 25	09	10	04	23	25	24	01
10 46 09	10	11	05	24	08	25	02
10 49 53	11	12	06	24	51	26	03
10 53 37	12	13	06	25	34	27	04
10 57 20	13	14	07	26	16	28	05
11 01 03	14	15	08	26	59	28	06
11 04 46	15	15	09	27	41	29	07
11 08 28	16	16	09	28	24	♐0	08
11 12 10	17	17	10	29	06	01	09
11 15 52	18	18	11	29	49	02	10
11 19 34	19	19	12	♏0	31	03	11
11 23 15	20	20	13	01	14	03	12
11 26 56	21	21	13	01	57	04	13
11 30 37	22	21	14	02	40	05	14
11 34 18	23	22	15	03	23	06	15
11 37 58	24	23	16	04	06	07	16
11 41 39	25	24	16	04	49	08	17
11 45 19	26	25	17	05	33	09	19
11 49 00	27	26	18	06	16	10	20
11 52 40	28	27	19	06	59	11	21
11 56 20	29	27	19	07	42	12	22

Left table

45° Sternzeit h m s	10. Feld °	11. Feld °	12. Feld °	1. Feld Aszendent ° '	2. Feld °	3. Feld °
(sign)	♎	♎	♏	♑	♒	♓
12 00 00	00	28	20	08 26	12	23
12 03 40	01	29	21	09 09	13	24
12 07 20	02	♏0	22	09 53	14	25
12 11 00	03	01	22	10 37	15	26
12 14 41	04	02	23	11 22	16	27
12 18 21	05	03	24	12 06	17	28
12 22 02	06	03	25	12 51	18	29
12 25 42	07	04	25	13 36	19	♈0
12 29 23	08	05	26	14 21	20	02
12 33 04	09	06	27	15 06	21	03
12 36 45	10	07	28	15 51	22	04
12 40 26	11	08	28	16 37	23	05
12 44 08	12	08	29	17 23	24	06
12 47 50	13	09	♐0	18 09	25	07
12 51 32	14	10	01	18 55	26	08
12 55 14	15	11	01	19 42	27	10
12 58 57	16	12	02	20 30	28	11
13 02 40	17	13	03	21 17	29	12
13 06 23	18	13	04	22 06	♓0	13
13 10 07	19	14	04	22 54	01	14
13 13 51	20	15	05	23 42	02	15
13 17 35	21	16	06	24 31	03	17
13 21 20	22	17	07	25 20	05	18
13 25 06	23	18	08	26 10	06	19
13 28 52	24	19	08	27 00	07	20
13 32 38	25	20	09	27 51	08	21
13 36 25	26	20	10	28 42	09	22
13 40 12	27	21	11	29 34	10	24
13 44 00	28	22	11	♒0 26	11	25
13 47 48	29	23	12	01 19	13	26
13 51 37	♏0	24	13	02 13	14	27
13 55 27	01	25	14	03 07	15	29
13 59 17	02	25	15	04 01	16	♉0
14 03 08	03	26	16	04 57	18	01
14 06 59	04	27	16	05 53	19	02
14 10 51	05	28	17	06 49	20	03
14 14 44	06	29	18	07 46	21	05
14 18 37	07	♐0	19	08 44	23	06
14 22 31	08	01	20	09 43	24	07
14 26 25	09	01	21	10 42	25	08
14 30 20	10	02	21	11 42	27	10
14 34 16	11	03	22	12 43	28	11
14 38 13	12	04	23	13 46	♈0	12
14 42 10	13	05	24	14 49	01	13
14 46 08	14	06	25	15 53	02	15

Right table

45° Sternzeit h m s	10. Feld °	11. Feld °	12. Feld °	1. Feld Aszendent ° '	2. Feld °	3. Feld °
(sign)	♏	♐	♐	♒	♈	♉
14 50 07	15	07	26	16 59	04	16
14 54 07	16	08	27	18 05	05	17
14 58 07	17	08	28	19 12	07	18
15 02 08	18	09	29	20 20	08	20
15 06 09	19	10	30	21 29	10	21
15 10 12	20	11	♑0	22 39	11	22
15 14 15	21	12	01	23 51	13	23
15 18 19	22	13	02	25 04	14	25
15 22 23	23	14	03	26 18	16	26
15 26 29	24	15	04	27 33	17	27
15 30 35	25	16	05	28 50	19	28
15 34 41	26	17	06	♓0 08	20	♊0
15 38 49	27	17	07	01 28	22	01
15 42 57	28	18	08	02 49	23	02
15 47 06	29	19	09	04 11	25	03
15 51 15	♐0	20	10	05 35	27	05
15 55 25	01	21	11	07 01	28	06
15 59 36	02	22	12	08 28	♉0	07
16 03 48	03	23	13	09 57	01	08
16 08 00	04	24	14	11 28	03	10
16 12 13	05	25	15	13 00	05	11
16 16 26	06	26	16	14 34	06	12
16 20 40	07	27	18	16 10	08	13
16 24 55	08	28	19	17 47	10	14
16 29 10	09	29	20	19 26	11	15
16 33 26	10	♑0	21	21 07	13	17
16 37 42	11	01	22	22 50	14	18
16 41 59	12	02	23	24 35	16	19
16 46 16	13	03	24	26 21	18	20
16 50 34	14	04	26	28 09	19	21
16 54 52	15	05	27	29 58	21	23
16 59 10	16	06	28	♈1 50	22	24
17 03 29	17	07	29	03 43	24	25
17 07 49	18	08	♒0	05 38	25	27
17 12 09	19	09	02	07 34	27	28
17 16 29	20	10	03	09 32	29	♋0
17 20 49	21	11	04	11 30	♊0	01
17 25 09	22	12	05	13 31	02	01
17 29 30	23	13	07	15 31	03	02
17 33 51	24	14	08	17 34	05	03
17 38 12	25	15	09	19 36	06	04
17 42 34	26	16	11	21 41	08	05
17 46 55	27	17	12	23 45	09	06
17 51 17	28	18	14	25 49	11	07
17 55 38	29	19	15	27 55	12	08

45° — Sternzeit

Sternzeit h m s	10. Feld ♑ °	11. Feld ♒ °	12. Feld ♓ °	1. Feld Aszendent ♈ °	'	2. Feld ♉ °	3. Feld ♊ °
18 00 00	00	20	16	00	00	14	10
18 04 22	01	22	18	02	05	15	11
18 08 43	02	23	19	04	11	16	12
18 13 05	03	24	21	06	15	18	13
18 17 26	04	25	22	08	19	19	14
18 21 48	05	26	24	10	24	21	15
18 26 09	06	27	25	12	26	22	16
18 30 30	07	28	27	14	29	23	17
18 34 51	08	29	28	16	29	25	18
18 39 11	09	♓0	♈0	17	30	26	19
18 43 31	10	02	01	20	28	27	20
18 47 51	11	03	03	22	26	28	21
18 52 11	12	04	05	24	22	♊0	22
18 56 31	13	05	06	26	17	01	23
19 00 50	14	06	08	28	10	02	24
19 05 08	15	07	09	♉0	02	03	25
19 09 26	16	09	11	01	51	04	26
19 13 44	17	10	12	03	39	06	27
19 18 01	18	11	14	05	25	07	28
19 22 18	19	12	16	07	10	08	29
19 26 34	20	13	17	08	53	09	♋0
19 30 50	21	15	19	10	34	10	01
19 35 05	22	16	20	12	13	11	02
19 39 20	23	17	22	13	50	12	03
19 43 34	24	18	24	15	26	14	04
19 47 47	25	19	25	17	00	15	05
19 52 00	26	21	27	18	32	16	06
19 56 12	27	22	28	20	03	17	07
20 00 24	28	23	♉0	21	32	18	08
20 04 35	29	24	02	22	59	19	09
20 08 45	♒0	25	03	24	25	20	10
20 12 54	01	27	05	25	49	21	11
20 17 03	02	28	07	27	11	22	12
20 21 11	03	29	08	28	32	23	13
20 25 19	04	♈0	10	29	52	24	13
20 29 26	05	02	11	♊01	10	25	14
20 33 31	06	03	13	02	27	26	15
20 37 37	07	04	14	03	42	27	16
20 41 41	08	05	16	04	56	28	17
20 45 45	09	07	17	06	09	29	18
20 49 48	10	08	19	07	21	♋0	19
20 53 51	11	09	20	08	31	00	20
20 57 52	12	10	22	09	40	01	21
21 01 53	13	12	23	10	48	02	22
21 05 53	14	13	25	11	55	03	22

Sternzeit h m s	10. Feld °	11. Feld °	12. Feld °	1. Feld Aszendent °	'	2. Feld °	3. Feld °
21 09 53	15	14	26	13	01	04	23
21 13 52	16	15	28	14	07	05	24
21 17 50	17	17	29	15	11	06	25
21 21 47	18	18	♊0	16	14	07	26
21 25 44	19	19	02	17	17	08	27
21 29 40	20	20	03	18	18	09	28
21 33 35	21	22	05	19	18	09	29
21 37 29	22	23	06	20	17	10	29
21 41 23	23	24	07	21	16	11	♌0
21 45 16	24	25	09	22	14	12	01
21 49 09	25	27	10	23	11	13	02
21 53 01	26	28	11	24	07	14	03
21 56 52	27	29	12	25	03	14	04
22 00 43	28	♉0	14	25	59	15	05
22 04 33	29	01	15	26	53	16	05
22 08 23	♓0	03	16	27	47	17	06
22 12 12	01	04	17	28	41	18	07
22 16 00	02	05	19	29	34	19	08
22 19 48	03	06	20	♋01	18	20	09
22 23 35	04	08	21	02	09	21	10
22 27 22	05	09	22	03	00	22	11
22 31 08	06	10	23	03	50	22	12
22 34 54	07	11	24	04	40	23	13
22 38 40	08	12	25	05	29	24	14
22 42 25	09	13	27	06	18	25	15
22 46 09	10	15	28	07	06	26	16
22 49 53	11	16	29	07	54	26	17
22 53 37	12	17	♋0	08	43	27	18
22 57 20	13	18	01	09	30	28	19
23 01 03	14	19	02	10	18	29	19
23 04 46	15	20	03	11	05	29	20
23 08 28	16	22	04	11	51	♌0	21
23 12 10	17	23	05	12	37	01	22
23 15 52	18	24	06	13	23	02	22
23 19 34	19	25	07	14	09	02	23
23 23 15	20	26	08	14	54	03	24
23 26 56	21	27	09	15	39	04	25
23 30 37	22	28	10	16	24	05	26
23 34 18	23	♊0	11	17	09	05	27
23 37 58	24	01	12	17	54	06	27
23 41 39	25	02	13	18	38	07	28
23 45 19	26	03	14	19	23	08	29
23 49 00	27	04	15	20	07	08	29
23 52 40	28	05	16	20	51	09	♍0
23 56 20	29	06	17	21	35	09	01

46° Sternzeit h m s	10. Feld °	11. Feld °	12. Feld °	Aszendent °	Aszendent '	2. Feld °	3. Feld °
	♈	♉	♊	♋		♌	♍
0 00 00	00	08	18	22	32	10	02
0 03 40	01	09	19	23	15	11	03
0 07 20	02	10	20	23	58	12	04
0 11 00	03	11	21	24	41	13	04
0 14 41	04	12	22	25	24	13	05
0 18 21	05	13	23	26	06	14	06
0 22 02	06	14	24	26	49	15	07
0 25 42	07	15	25	27	31	16	08
0 29 23	08	16	26	28	14	16	09
0 33 04	09	17	27	28	56	17	10
0 36 45	10	18	27	29	38	18	10
0 40 26	11	19	28	♌ 00	20	19	11
0 44 08	12	20	29	01	02	19	12
0 47 50	13	21	♋ 00	01	44	20	13
0 51 32	14	22	01	02	26	21	14
0 55 14	15	23	02	03	08	22	15
0 58 57	16	24	03	03	51	22	16
1 02 40	17	25	03	04	33	23	17
1 06 23	18	26	04	05	15	24	17
1 10 07	19	27	05	05	57	25	18
1 13 51	20	28	06	06	39	26	19
1 17 35	21	29	07	07	21	26	20
1 21 20	22	♊ 00	07	08	03	27	21
1 25 06	23	01	08	08	45	28	22
1 28 52	24	02	09	09	27	29	23
1 32 38	25	03	10	10	09	29	24
1 36 25	26	04	11	10	52	♍ 00	24
1 40 12	27	05	12	11	34	01	25
1 44 00	28	06	12	12	17	02	26
1 47 48	29	07	13	12	59	02	27
1 51 37	♉ 00	08	14	13	42	03	28
1 55 27	01	09	15	14	25	04	29
1 59 17	02	10	16	15	08	05	♎ 00
2 03 08	03	11	16	15	51	06	01
2 06 59	04	12	17	16	34	06	02
2 10 51	05	13	18	17	16	07	03
2 14 44	06	14	19	17	59	08	03
2 18 37	07	15	20	18	43	09	04
2 22 31	08	16	20	19	26	10	05
2 26 25	09	16	21	20	10	10	06
2 30 20	10	17	22	20	53	11	07
2 34 16	11	18	23	21	37	12	08
2 38 13	12	19	24	22	21	13	09
2 42 10	13	20	25	23	05	14	10
2 46 08	14	21	25	23	50	15	11
	♉	♊	♋	♌		♍	♎
2 50 07	15	22	26	24	34	15	12
2 54 07	16	23	27	25	18	16	13
2 58 07	17	24	28	26	03	17	14
3 02 08	18	25	29	26	47	18	15
3 06 09	19	26	29	27	32	19	16
3 10 12	20	27	♌ 00	28	17	20	16
3 14 15	21	28	01	29	02	20	17
3 18 19	22	29	02	29	47	21	18
3 22 23	23	♋ 00	03	♍ 00	33	22	19
3 26 29	24	01	04	01	18	23	20
3 30 35	25	02	04	02	04	24	21
3 34 41	26	02	05	02	50	25	22
3 38 49	27	03	06	03	36	26	23
3 42 57	28	04	07	04	22	26	24
3 47 06	29	05	08	05	08	27	25
3 51 15	♊ 00	06	09	05	55	28	26
3 55 25	01	07	10	06	41	29	27
3 59 36	02	08	10	07	28	♎ 00	28
4 03 48	03	09	11	08	15	01	29
4 08 00	04	10	12	09	02	02	♏ 00
4 12 13	05	11	13	09	49	02	01
4 16 26	06	12	14	10	36	03	02
4 20 40	07	13	15	11	24	04	03
4 24 55	08	14	16	12	11	05	04
4 29 10	09	15	16	12	59	06	05
4 33 26	10	16	17	13	47	07	06
4 37 42	11	17	18	14	35	08	07
4 41 59	12	18	19	15	23	09	08
4 46 16	13	19	20	16	11	10	09
4 50 34	14	19	21	17	00	10	10
4 54 52	15	20	22	17	48	11	11
4 59 10	16	21	23	18	36	12	12
5 03 29	17	22	23	19	24	13	13
5 07 49	18	23	24	20	13	14	14
5 12 09	19	24	25	21	01	15	15
5 16 29	20	25	26	21	50	16	16
5 20 49	21	26	27	22	39	17	17
5 25 09	22	27	28	23	28	18	18
5 29 30	23	28	29	24	17	19	19
5 33 51	24	29	29	25	06	20	19
5 38 12	25	♌ 00	♍ 00	25	55	20	20
5 42 34	26	01	01	26	43	21	21
5 46 55	27	02	02	27	32	22	22
5 51 17	28	03	03	28	21	23	23
5 55 38	29	04	04	29	11	24	24

46° Sternzeit	10. Feld	11. Feld	12. Feld	I. Feld Aszendent	2. Feld	3. Feld
h m s	°	°	°	° '	°	°
	♊	♋	♌	♍	♍	♎
6 00 00	00	05	05	00 00	25	25
6 04 22	01	06	06	00 49	26	26
6 08 43	02	07	07	01 39	27	27
6 13 05	03	08	08	02 28	28	28
6 17 26	04	09	09	03 17	29	29
6 21 48	05	10	10	04 05	♋0	♌0
6 26 09	06	11	10	04 54	00	01
6 30 30	07	12	11	05 43	01	02
6 34 51	08	12	12	06 32	02	03
6 39 11	09	13	13	07 21	03	04
6 43 31	10	14	14	08 10	04	05
6 47 51	11	15	15	08 59	05	06
6 52 11	12	16	16	09 47	06	07
6 56 31	13	17	17	10 36	07	08
7 00 50	14	18	18	11 24	08	09
7 05 08	15	19	19	12 12	08	10
7 09 26	16	20	20	13 00	09	11
7 13 44	17	21	20	13 49	10	11
7 18 01	18	22	21	14 37	11	12
7 22 18	19	23	22	15 25	12	13
7 26 34	20	24	23	16 13	13	14
7 30 50	21	25	24	17 01	14	15
7 35 05	22	26	25	17 49	14	16
7 39 20	23	27	26	18 36	15	17
7 43 34	24	28	27	19 24	16	18
7 47 47	25	29	28	20 11	17	19
7 52 00	26	♌0	28	20 58	18	20
7 56 12	27	01	29	21 45	19	21
8 00 24	28	02	♍0	22 32	20	22
8 04 35	29	03	01	23 19	20	23
8 08 45	♋0	04	02	24 05	21	24
8 12 54	01	05	03	24 52	22	25
8 17 03	02	06	04	25 38	23	26
8 21 11	03	07	04	26 24	24	27
8 25 19	04	08	05	27 10	25	28
8 29 26	05	09	06	27 56	26	29
8 33 31	06	10	07	28 42	26	29
8 37 37	07	11	08	29 27	27	♎0
8 41 41	08	12	09	♍0 13	28	01
8 45 45	09	13	10	00 58	29	02
8 49 48	10	14	10	01 43	♎0	03
8 53 51	11	14	11	02 28	01	04
8 57 52	12	15	12	03 13	01	05
9 01 53	13	16	13	03 57	02	06
9 05 53	14	17	14	04 42	03	07

46° Sternzeit	10. Feld	11. Feld	12. Feld	I. Feld Aszendent	2. Feld	3. Feld
h m s	°	°	°	° '	°	°
	♋	♌	♍	♍	♎	♏
9 09 53	15	18	15	05 26	04	08
9 13 52	16	19	15	06 10	05	09
9 17 50	17	20	16	06 55	05	10
9 21 47	18	21	17	07 39	06	11
9 25 44	19	22	18	08 23	07	12
9 29 40	20	23	19	09 07	08	13
9 33 35	21	24	20	09 50	09	14
9 37 29	22	25	20	10 34	10	14
9 41 23	23	26	21	11 17	10	15
9 45 16	24	27	22	12 01	11	16
9 49 09	25	27	23	12 44	12	17
9 53 01	26	28	24	13 26	13	18
9 56 52	27	29	24	14 09	14	19
10 00 42	28	♍0	25	14 52	14	20
10 04 33	29	01	26	15 35	15	21
10 08 23	♍0	02	27	16 18	16	22
10 12 12	01	03	28	17 01	17	23
10 16 00	02	04	28	17 43	18	24
10 19 48	03	05	29	18 26	18	25
10 23 35	04	06	♎0	19 08	19	26
10 27 22	05	06	01	19 51	20	27
10 31 08	06	07	01	20 33	21	28
10 34 54	07	08	02	21 15	22	29
10 38 40	08	09	03	21 57	23	♏0
10 42 25	09	10	04	22 39	23	01
10 46 09	10	11	04	23 21	24	02
10 49 53	11	12	05	24 03	25	03
10 53 37	12	13	06	24 45	26	04
10 57 20	13	13	07	25 27	27	05
11 01 03	14	14	08	26 09	27	06
11 04 46	15	15	08	26 52	28	07
11 08 28	16	16	09	27 34	29	08
11 12 10	17	17	10	28 16	♏0	09
11 15 52	18	18	11	28 58	01	10
11 19 34	19	19	11	29 40	02	11
11 23 15	20	20	12	♎0 22	03	12
11 26 56	21	20	13	01 04	03	13
11 30 37	22	21	14	01 46	04	14
11 34 18	23	22	14	02 29	05	15
11 37 58	24	23	15	03 11	06	16
11 41 39	25	24	16	03 54	07	17
11 45 19	26	25	17	04 36	08	18
11 49 00	27	26	17	05 19	09	19
11 52 40	28	26	18	06 02	10	20
11 56 20	29	27	19	06 45	11	21

46° Sternzeit	10. Feld	11. Feld	12. Feld	1. Feld Aszendent	2. Feld	3. Feld
h m s	°	°	°	° '	°	°
	♌	♌	♍	♎	♏	♐
12 00 00	00	28	20	07 28	12	22
12 03 40	01	29	20	08 11	12	24
12 07 20	02	♍0	21	08 54	13	25
12 11 00	03	01	22	09 37	14	26
12 14 41	04	01	22	10 21	15	27
12 18 21	05	02	23	11 05	16	28
12 22 02	06	03	24	11 49	17	29
12 25 42	07	04	25	12 33	18	♑0
12 29 23	08	05	25	13 18	19	01
12 33 04	09	06	26	14 03	20	03
12 36 45	10	06	27	14 47	21	04
12 40 26	11	07	27	15 32	22	05
12 44 08	12	08	28	16 17	23	06
12 47 50	13	09	29	17 03	24	07
12 51 32	14	10	♎0	17 48	25	08
12 55 14	15	11	01	18 34	26	09
12 58 57	16	12	02	19 21	27	11
13 02 40	17	12	02	20 08	28	12
13 06 23	18	13	03	20 56	29	13
13 10 07	19	14	04	21 44	♐0	14
13 13 51	20	15	05	22 32	02	15
13 17 35	21	16	05	23 20	03	16
13 21 20	22	17	06	24 09	04	18
13 25 06	23	17	07	24 58	05	19
13 28 52	24	18	08	25 47	06	20
13 32 38	25	19	08	26 37	07	21
13 36 25	26	20	09	27 28	08	22
13 40 12	27	21	10	28 19	09	24
13 44 00	28	22	11	29 11	11	25
13 47 48	29	23	12	♏ 00 56	12	26
13 51 37	♍0	23	13	01 49	14	28
13 55 27	01	24	13	02 43	16	♒0
13 59 17	02	25	14	03 38	17	01
14 03 08	03	26	15	04 33	18	02
14 06 59	04	27	16	05 29	19	03
14 10 51	05	28	16	06 26	21	05
14 14 44	06	29	17	07 23	22	06
14 18 37	07	29	18	08 21	23	07
14 22 31	08	♎0	19	09 20	25	08
14 26 25	09	01	20	10 20	26	10
14 30 20	10	02	21	11 21	28	11
14 34 16	11	03	22	12 23	29	12
14 38 13	12	04	22	13 25	♑0	13
14 42 10	13	05	23	14 25	02	15
14 46 08	14	06	24	14 28	02	15

46° Sternzeit	10. Feld	11. Feld	12. Feld	1. Feld Aszendent	2. Feld	3. Feld
h m s	°	°	°	° '	°	°
	♍	♎	♎	♏	♑	♒
14 50 07	15	06	25	15 33	03	16
14 54 07	16	07	26	16 38	05	17
14 58 07	17	08	27	17 45	06	19
15 02 08	18	09	28	18 53	08	20
15 06 09	19	10	29	20 02	09	21
15 10 12	20	11	♏0	21 12	11	22
15 14 15	21	12	01	22 23	12	24
15 18 19	22	13	01	23 36	14	25
15 22 23	23	13	02	24 50	15	26
15 26 29	24	14	03	26 06	17	27
15 30 35	25	15	04	27 22	18	29
15 34 41	26	16	05	28 41	20	♓0
15 38 49	27	17	06	♐ 00 00	22	01
15 42 57	28	18	07	01 22	23	02
15 47 06	29	19	08	02 44	25	04
15 51 15	♎0	20	09	04 09	26	05
15 55 25	01	21	10	05 35	28	06
15 59 36	02	22	11	07 03	♒0	07
16 03 48	03	23	12	08 33	01	09
16 08 00	04	24	13	10 04	03	10
16 12 13	05	25	15	11 38	05	11
16 16 26	06	26	16	13 13	06	12
16 20 40	07	27	17	14 50	08	13
16 24 55	08	27	18	16 29	10	15
16 29 10	09	28	19	18 10	11	16
16 33 26	10	29	20	19 53	13	17
16 37 42	11	♏0	21	21 37	15	18
16 41 59	12	01	22	23 24	16	19
16 46 16	13	02	23	25 13	18	21
16 50 34	14	03	25	27 04	19	22
16 54 52	15	04	26	28 56	21	23
16 59 10	16	05	27	♑ 00 51	23	24
17 03 29	17	06	28	02 46	24	25
17 07 49	18	07	♐0	04 44	26	26
17 12 09	19	08	01	06 44	28	28
17 16 29	20	09	02	08 46	29	29
17 20 49	21	10	03	10 49	♓0	♈0
17 25 09	22	12	05	12 53	02	01
17 29 30	23	13	06	14 59	04	02
17 33 51	24	14	07	17 05	05	03
17 38 12	25	15	09	19 12	07	04
17 42 34	26	16	10	21 21	08	06
17 46 55	27	17	11	23 30	10	07
17 51 17	28	18	13	25 40	11	08
17 55 38	29	19	14	27 50	13	09

46° Sternzeit h m s	10. Feld °	11. Feld °	12. Feld °	1. Feld Aszendent ° '	2. Feld °	3. Feld °
18 00 00	00	20	16	00 00	14	10
18 04 22	01	21	17	02 10	16	11
18 08 43	02	22	19	04 20	17	12
18 13 05	03	23	20	06 30	19	13
18 17 26	04	24	22	08 39	20	14
18 21 48	05	26	23	10 48	21	15
18 26 09	06	27	25	12 55	23	16
18 30 30	07	28	26	15 01	24	17
18 34 51	08	29	28	17 07	25	18
18 39 11	09	♒0	♓0	19 11	27	20
18 43 31	10	01	01	21 14	28	21
18 47 51	11	02	02	23 16	29	22
18 52 11	12	04	04	25 16	♈0	23
18 56 31	13	05	06	27 14	02	24
19 00 50	14	06	07	29 09	03	25
19 05 08	15	07	09	♈0 04	04	26
19 09 26	16	08	11	02 56	05	27
19 13 44	17	09	12	04 47	07	28
19 18 01	18	11	14	06 36	08	29
19 22 18	19	12	15	08 23	09 ♉0	
19 26 34	20	13	17	10 07	10	01
19 30 50	21	14	19	11 50	11	02
19 35 05	22	15	20	13 31	12	03
19 39 20	23	17	22	15 10	13	03
19 43 34	24	18	24	16 47	14	04
19 47 47	25	19	25	18 22	15	05
19 52 00	26	20	27	19 56	17	06
19 56 12	27	21	28	21 27	18	07
20 00 24	28	23	♓0	22 57	19	08
20 04 35	29	24	02	24 25	20	09
20 08 45	♒0	25	04	25 51	21	10
20 12 54	01	26	05	27 16	22	11
20 17 03	02	28	07	28 38	23	12
20 21 11	03	29	08	♉0 00	24	13
20 25 19	04	♓0	10	01 19	25	14
20 29 26	05	01	12	02 38	26	15
20 33 31	06	03	13	03 54	27	16
20 37 37	07	04	15	05 10	28	17
20 41 41	08	05	16	06 24	29	18
20 45 45	09	06	18	07 37	29	18
20 49 48	10	08	19	08 48	♊0	19
20 53 51	11	09	21	09 58	01	20
20 57 52	12	10	22	11 07	02	21
21 01 53	13	11	24	12 15	03	22
21 05 53	14	13	25	13 22	04	23

46° Sternzeit h m s	10. Feld °	11. Feld °	12. Feld °	1. Feld Aszendent c '	2. Feld °	3. Feld °
21 09 53	15	14	27	14 27	05	24
21 13 52	16	15	28	15 32	06	24
21 17 50	17	17	♈0	16 35	07	25
21 21 47	18	18	01	17 37	08	26
21 25 44	19	19	02	18 39	08	27
21 29 40	20	20	04	19 40	09	28
21 33 35	21	22	05	20 40	10	29
21 37 29	22	23	07	21 39	11	♋0
21 41 23	23	24	08	22 37	12	01
21 45 16	24	25	09	23 34	13	01
21 49 09	25	27	11	24 31	14	02
21 53 01	26	28	12	25 27	14	03
21 56 52	27	29	13	26 22	15	04
22 00 43	28	♈0	14	27 17	16	05
22 04 33	29	02	16	28 11	17	06
22 08 23	♓0	03	17	29 04	18	07
22 12 12	01	04	18	29 57	18	07
22 16 00	02	05	19	♊0 49	18	08
22 19 48	03	06	21	01 41	20	09
22 23 35	04	08	22	02 32	21	10
22 27 22	05	09	23	03 23	22	11
22 31 08	06	10	24	04 13	22	12
22 34 54	07	11	25	05 02	23	13
22 38 40	08	12	26	05 51	24	13
22 42 25	09	14	27	06 40	25	14
22 46 09	10	15	28	07 28	25	15
22 49 53	11	16	♋0	08 16	26	16
22 53 37	12	17	01	09 04	27	17
22 57 20	13	18	02	09 52	28	18
23 01 03	14	19	03	10 39	28	18
23 04 46	15	21	04	11 26	29	19
23 08 28	16	22	05	12 12	♌0	20
23 12 10	17	23	06	12 57	01	21
23 15 52	18	24	07	13 43	02	22
23 19 34	19	25	08	14 28	02	23
23 23 15	20	26	09	15 13	03	24
23 26 56	21	27	10	15 57	04	24
23 30 37	22	29	11	16 42	05	25
23 34 18	23	♋0	12	17 27	05	26
23 37 58	24	01	13	18 11	06	27
23 41 39	25	02	14	18 55	07	28
23 45 19	26	03	15	19 39	08	29
23 49 00	27	04	16	20 23	08	29
23 52 40	28	05	17	21 06	09	♍0
23 56 20	29	06	18	21 49	10	01

47°/48°

Sternzeit h m s	10. Feld °	11. Feld °	12. Feld °	1. Feld Aszendent ° '	2. Feld °	3. Feld °
	♈	♉	♊	♋	♌	♍
0 00 00	00	08	19	23 28	11	02
0 03 40	01	09	20	24 11	12	03
0 07 20	02	10	21	24 53	12	04
0 11 00	03	11	22	25 35	13	05
0 14 41	04	12	23	26 17	14	05
0 18 21	05	13	24	26 59	15	06
0 22 02	06	14	25	27 41	15	07
0 25 42	07	15	26	28 23	16	08
0 29 23	08	16	26	29 04	17	09
0 33 04	09	17	27	29 46	18	10
0 36 45	10	18	28	♌0 28	18	11
0 40 26	11	19	29	01 10	19	11
0 44 08	12	20	♋0	01 51	20	12
0 47 50	13	21	01	02 32	21	13
0 51 32	14	22	02	03 14	21	14
0 55 14	15	23	02	03 56	22	15
0 58 57	16	24	03	04 37	23	16
1 02 40	17	25	04	05 18	24	17
1 06 23	18	26	05	06 00	24	17
1 10 07	19	27	06	06 41	25	18
1 13 51	20	28	07	07 23	26	19
1 17 35	21	29	07	08 04	27	20
1 21 20	22	♊0	08	08 45	27	21
1 25 06	23	01	09	09 27	28	22
1 28 52	24	02	10	10 09	29	23
1 32 38	25	03	11	10 51	30	24
1 36 25	26	04	11	11 33	♍0	24
1 40 12	27	05	12	12 14	01	25
1 44 00	28	06	13	12 56	02	26
1 47 48	29	07	14	13 38	03	27
1 51 37	♉0	08	15	14 20	03	28
1 55 27	01	09	16	15 02	04	29
1 59 17	02	10	16	15 44	05	♎0
2 03 08	03	11	17	16 27	06	01
2 06 59	04	12	18	17 10	07	02
2 10 51	05	13	19	17 52	07	03
2 14 44	06	14	20	18 34	08	03
2 18 37	07	15	20	19 17	09	04
2 22 31	08	16	21	20 00	10	05
2 26 25	09	17	22	20 43	11	06
2 30 20	10	18	23	21 26	11	07
2 34 16	11	19	24	22 09	12	08
2 38 13	12	20	24	22 52	13	09
2 42 10	13	21	25	23 36	14	10
2 46 08	14	22	26	24 20	15	11

Sternzeit h m s	10. Feld °	11. Feld °	12. Feld °	1. Feld Aszendent ° '	2. Feld °	3. Feld °
	♉	♊	♋	♌	♍	♎
2 50 07	15	23	27	25 03	16	12
2 54 07	16	23	28	25 47	16	13
2 58 07	17	24	28	26 31	17	14
3 02 08	18	25	29	27 15	18	15
3 06 09	19	26	♌0	27 59	19	15
3 10 12	20	27	01	28 43	20	16
3 14 15	21	28	02	29 28	21	17
3 18 19	22	29	03	♍0 13	21	18
3 22 23	23	♋0	03	00 57	22	19
3 26 29	24	01	04	01 42	23	20
3 30 35	25	02	05	02 27	24	21
3 34 41	26	03	06	03 13	25	22
3 38 49	27	04	07	03 58	26	23
3 42 57	28	05	07	04 43	26	24
3 47 06	29	06	08	05 29	27	25
3 51 15	♊0	07	09	06 15	28	26
3 55 25	01	08	10	07 01	29	27
3 59 36	02	08	11	07 47	♎0	28
4 03 48	03	09	12	08 33	01	29
4 08 00	04	10	13	09 20	02	♏0
4 12 13	05	11	13	10 06	02	01
4 16 26	06	12	14	10 52	03	02
4 20 40	07	13	15	11 39	04	03
4 24 55	08	14	16	12 26	05	04
4 29 10	09	15	17	13 13	06	05
4 33 26	10	16	18	14 00	07	06
4 37 42	11	17	19	14 48	08	07
4 41 59	12	18	19	15 35	09	08
4 46 16	13	19	20	16 22	10	09
4 50 34	14	20	21	17 10	10	10
4 54 52	15	21	22	17 58	11	11
4 59 10	16	22	23	18 46	12	12
5 03 29	17	23	24	19 33	13	12
5 07 49	18	24	25	20 21	14	13
5 12 09	19	24	26	21 09	15	14
5 16 29	20	25	26	21 57	16	15
5 20 49	21	26	27	22 45	17	16
5 25 09	22	27	28	23 33	18	17
5 29 30	23	28	29	24 21	18	18
5 33 51	24	29	♍0	25 09	19	19
5 38 12	25	♌0	01	25 58	20	20
5 42 34	26	01	02	26 46	21	21
5 46 55	27	02	03	27 34	22	22
5 51 17	28	03	03	28 23	23	23
5 55 38	29	04	04	29 11	24	24

47°/48° Sternzeit h m s	10. Feld °	11. Feld °	12. Feld °	1. Feld Aszendent ° '	2. Feld °	3. Feld °	47°/48° Sternzeit h m s	10. Feld °	11. Feld °	12. Feld °	1. Feld Aszendent °	2. Feld °	3. Feld °
6 00 00	00	05	05	00 00	25	25	9 09 53	15	18	14	04 57	03	07
6 04 22	01	06	06	00 49	26	26	9 13 52	16	19	15	05 40	04	08
6 08 43	02	07	07	01 37	27	27	9 17 50	17	20	16	06 24	05	09
6 13 05	03	08	08	02 26	27	28	9 21 47	18	21	17	07 08	06	10
6 17 26	04	09	09	03 14	28	29	9 25 44	19	22	18	07 51	06	11
6 21 48	05	10	10	04 02	29	♎0	9 29 40	20	23	19	08 34	07	12
6 26 09	06	11	11	04 51	♏0	01	9 33 35	21	24	19	09 17	08	13
6 30 30	07	12	12	05 39	01	02	9 37 29	22	25	20	10 00	09	14
6 34 51	08	13	12	06 27	02	03	9 41 23	23	26	21	10 43	10	15
6 39 11	09	14	13	07 15	03	04	9 45 16	24	27	22	11 26	10	16
6 43 31	10	15	14	08 03	04	05	9 49 09	25	27	23	12 08	11	17
6 47 51	11	16	15	08 51	05	06	9 53 01	26	28	23	12 50	12	18
6 52 11	12	17	16	09 39	05	06	9 56 52	27	29	24	13 33	13	19
6 56 31	13	18	17	10 27	06	07	10 00 42	28	♊0	25	14 16	14	20
7 00 50	14	18	18	11 14	07	08	10 04 33	29	01	26	14 58	14	21
7 05 08	15	19	19	12 02	08	09	10 08 23	♋0	02	27	15 40	15	22
7 09 26	16	20	20	12 50	09	10	10 12 12	01	03	27	16 22	16	23
7 13 44	17	21	20	13 38	10	11	10 16 00	02	04	28	17 04	17	24
7 18 01	18	22	21	14 25	11	12	10 19 48	03	05	29	17 46	18	25
7 22 18	19	23	22	15 12	11	13	10 23 35	04	06	30	18 27	19	26
7 26 34	20	24	23	16 00	12	14	10 27 22	05	06	♌0	19 09	19	27
7 30 50	21	25	24	16 47	13	15	10 31 08	06	07	01	19 51	20	28
7 35 05	22	26	25	17 34	14	16	10 34 54	07	08	02	20 33	21	29
7 39 20	23	27	26	18 21	15	17	10 38 40	08	09	03	21 15	22	♍0
7 43 34	24	28	27	19 08	16	18	10 42 25	09	10	03	21 56	23	01
7 47 47	25	29	28	19 54	17	19	10 46 09	10	11	04	22 37	23	02
7 52 00	26	♐0	28	20 40	17	20	10 49 53	11	12	05	23 19	24	03
7 56 12	27	01	29	21 27	18	21	10 53 37	12	13	06	24 00	25	04
8 00 24	28	02	♑0	22 13	19	22	10 57 20	13	13	06	24 42	26	05
8 04 35	29	03	01	22 59	20	22	11 01 03	14	14	07	25 23	27	06
8 08 45	♒0	04	02	23 45	21	23	11 04 46	15	15	08	26 04	28	07
8 12 54	01	05	03	24 31	22	24	11 08 28	16	16	09	26 46	28	08
8 17 03	02	06	04	25 17	23	25	11 12 10	17	17	09	27 28	29	09
8 21 11	03	07	04	26 02	23	26	11 15 52	18	18	10	28 09	♎0	10
8 25 19	04	08	05	26 47	24	27	11 19 34	19	19	11	28 50	01	11
8 29 26	05	09	06	27 33	25	28	11 23 15	20	19	12	29 32	02	12
8 33 31	06	10	07	28 18	26	29	11 26 56	21	20	12	♍0 14	03	13
8 37 37	07	11	08	29 03	27	♐0	11 30 37	22	21	13	00 56	04	14
8 41 41	08	12	09	29 47	27	01	11 34 18	23	22	14	01 37	04	15
8 45 45	09	13	09	♓0 32	28	02	11 37 58	24	23	15	02 19	05	16
8 49 48	10	14	10	01 17	29	03	11 41 39	25	24	15	03 01	06	17
8 53 51	11	15	11	02 1	♈0	04	11 45 19	26	25	16	03 43	07	18
8 57 52	12	15	12	02 45	01	05	11 49 00	27	25	17	04 25	08	19
9 01 53	13	16	13	03 29	02	06	11 52 40	28	26	18	05 07	09	20
9 05 53	14	17	14	04 13	02	07	11 56 20	29	27	18	05 49	10	21

47°/48° Sternzeit	10. Feld	11. Feld	12. Feld	1. Feld Aszendent	2. Feld	3. Feld
h m s	♏	♏	♐	♑	♐	♒
12 00 00	00	28	19	06 32	11	22
12 03 40	01	29	20	07 15	12	23
12 07 20	02	♐0	21	07 57	12	24
12 11 00	03	01	21	08 40	13	26
12 14 41	04	01	22	09 23	14	27
12 18 21	05	02	23	10 06	15	28
12 22 02	06	03	24	10 49	16	29
12 25 42	07	04	24	11 33	17	♒0
12 29 23	08	05	25	12 17	18	01
12 33 04	09	06	26	13 02	19	02
12 36 45	10	06	26	13 45	20	03
12 40 26	11	07	27	14 29	21	05
12 44 08	12	08	28	15 14	22	06
12 47 50	13	09	29	16 00	23	07
12 51 32	14	10	29	16 45	24	08
12 55 14	15	11	♑0	17 30	25	09
12 58 57	16	11	01	18 16	26	10
13 02 40	17	12	02	19 02	27	12
13 06 23	18	13	02	19 48	28	13
13 10 07	19	14	03	20 36	29	14
13 13 51	20	15	04	21 23	♓0	15
13 17 35	21	16	05	22 11	02	16
13 21 20	22	16	06	22 59	03	18
13 25 06	23	17	06	23 48	04	19
13 28 52	24	18	07	24 37	05	20
13 32 38	25	19	08	25 26	06	21
13 36 25	26	20	09	26 16	07	22
13 40 12	27	21	09	27 06	09	24
13 44 00	28	22	10	27 57	10	25
13 47 48	29	22	11	28 49	11	26
13 51 37	♑0	23	12	29 41	13	27
13 55 27	01	24	13	♒0 34	14	28
13 59 17	02	25	13	01 27	15	♈0
14 03 08	03	26	14	02 21	16	01
14 06 59	04	27	15	03 16	18	02
14 10 51	05	27	16	04 11	19	04
14 14 44	06	28	17	05 07	20	05
14 18 37	07	29	17	06 04	21	06
14 22 31	08	♒0	18	07 01	23	07
14 26 25	09	01	19	08 00	24	09
14 30 20	10	02	20	08 59	26	10
14 34 16	11	03	21	09 59	27	11
14 38 13	12	03	22	11 00	29	12
14 42 10	13	04	23	12 02	♉0	14
14 46 08	14	05	23	13 05	01	15
14 50 07	15	06	24	14 09	03	16
14 54 07	16	07	25	15 14	04	17
14 58 07	17	08	26	16 21	06	19
15 02 08	18	09	27	17 28	07	20
15 06 09	19	10	28	18 36	09	21
15 10 12	20	10	29	19 46	10	23
15 14 15	21	11	♒0	20 57	12	24
15 18 19	22	12	01	22 10	13	25
15 22 23	23	13	02	23 24	15	26
15 26 29	24	14	03	24 39	17	27
15 30 35	25	15	04	25 56	18	29
15 34 41	26	16	04	27 14	20	♊0
15 38 49	27	17	05	28 33	22	01
15 42 57	28	18	06	29 55	23	03
15 47 06	29	19	07	♈1 18	25	04
15 51 15	♒0	20	08	02 43	26	05
15 55 25	01	20	09	04 09	28	06
15 59 36	02	21	10	05 38	♊0	07
16 03 48	03	22	11	07 08	01	09
16 08 00	04	23	13	08 41	03	10
16 12 13	05	24	14	10 15	05	11
16 16 26	06	25	15	11 51	07	12
16 20 40	07	26	16	13 29	08	14
16 24 55	08	27	17	15 09	10	15
16 29 10	09	28	18	16 52	12	16
16 33 26	10	29	19	18 37	13	17
16 37 42	11	♓0	20	20 23	15	18
16 41 59	12	01	21	22 12	17	20
16 46 16	13	02	23	24 03	18	21
16 50 34	14	03	24	25 56	20	22
16 54 52	15	04	25	27 52	22	23
16 59 10	16	05	26	29 49	23	25
17 03 29	17	06	27	♉1 49	25	26
17 07 49	18	07	29	03 50	26	27
17 12 09	19	08	♈0	05 54	28	28
17 16 29	20	09	01	07 58	♋0	29
17 20 49	21	10	02	10 06	01	♌0
17 25 09	22	11	04	12 14	03	01
17 29 30	23	12	05	14 24	04	03
17 33 51	24	13	06	16 35	06	04
17 38 12	25	14	08	18 47	08	05
17 42 34	26	15	09	21 01	09	06
17 46 55	27	16	11	23 15	11	07
17 51 17	28	17	12	25 30	12	08
17 55 38	29	19	14	27 45	13	09

47°/48° Sternzeit h m s	10. Feld ° ♑	11. Feld ° ♒	12. Feld ° ♓	1. Feld Aszendent ° ' ♈	2. Feld ° ♉	3. Feld ° ♊	47°/48° Sternzeit h m s	10. Feld ° ♒	11. Feld ° ♈	12. Feld ° ♉	1. Feld Aszendent ° ' ♊	2. Feld ° ♋	3. Feld ° ♋
18 00 00	00	20	15	00 00	15	10	21 09 53	15	14	27	15 51	06	24
18 04 22	01	21	17	02 15	16	11	21 13 52	16	15	29	16 55	07	25
18 08 43	02	22	18	04 30	18	13	21 17 50	17	16	♊0	17 58	07	26
18 13 05	03	23	19	06 45	19	14	21 21 47	18	18	01	19 00	08	27
18 17 26	04	24	21	08 59	21	15	21 25 44	19	19	03	20 01	09	27
18 21 48	05	25	22	11 13	22	16	21 29 40	20	20	04	21 01	10	28
18 26 09	06	26	24	13 25	24	17	21 33 35	21	21	06	22 00	11	29
18 30 30	07	27	26	15 36	25	18	21 37 29	22	23	07	22 59	12	♌0
18 34 51	08	29	27	17 46	26	19	21 41 23	23	24	09	23 56	13	01
18 39 11	09	♓0	29	19 54	28	20	21 45 16	24	25	10	24 53	13	02
18 43 31	10	01	♈0	22 02	29	21	21 49 09	25	26	11	25 49	14	03
18 47 51	11	02	02	24 06	♊0	22	21 53 01	26	28	12	26 44	15	03
18 52 11	12	03	04	26 10	01	23	21 56 52	27	29	14	27 39	16	04
18 56 31	13	04	05	28 11	03	24	22 00 43	28	♉0	15	28 33	17	05
19 00 50	14	05	07	♉0 11	04	25	22 04 33	29	02	16	29 28	17	06
19 05 08	15	07	08	02 08	05	26	22 08 23	♓0	03	18	♒0 19	18	07
19 09 26	16	08	10	04 04	06	27	22 12 12	01	04	19	01 11	19	08
19 13 44	17	09	12	05 57	07	28	22 16 00	02	05	20	02 03	20	08
19 18 01	18	10	13	07 48	09	29	22 19 48	03	06	21	02 54	21	09
19 22 18	19	12	15	09 37	10	♋0	22 23 35	04	08	23	03 44	21	10
19 26 34	20	13	17	11 23	11	01	22 27 22	05	09	24	04 34	22	11
19 30 50	21	14	18	13 08	12	02	22 31 08	06	10	25	05 23	23	12
19 35 05	22	15	20	14 51	13	03	22 34 54	07	11	26	06 12	24	13
19 39 20	23	16	22	16 31	14	04	22 38 40	08	12	27	07 01	24	14
19 43 34	24	18	23	18 09	15	05	22 42 25	09	14	28	07 49	25	14
19 47 47	25	19	25	19 45	16	06	22 46 09	10	15	♋0	08 37	26	15
19 52 00	26	20	27	21 19	17	07	22 49 53	11	16	01	09 24	27	16
19 56 12	27	21	29	22 52	19	08	22 53 37	12	17	02	10 12	28	17
20 00 24	28	23	♉0	24 22	20	09	22 57 20	13	18	03	10 58	28	18
20 04 35	29	24	02	25 51	21	10	23 01 03	14	20	04	11 44	29	19
20 08 45	♒0	25	04	27 17	22	10	23 04 46	15	21	05	12 30	♌0	19
20 12 54	01	26	05	28 42	23	11	23 08 28	16	22	06	13 15	01	20
20 17 03	02	27	07	♊0 05	24	12	23 12 10	17	23	07	14 00	01	21
20 21 11	03	29	09	01 27	25	13	23 15 52	18	24	08	14 46	02	22
20 25 19	04	♈0	10	02 46	26	14	23 19 34	19	25	09	15 31	03	23
20 29 26	05	01	12	04 04	26	15	23 23 15	20	27	10	16 15	04	24
20 33 31	06	03	13	05 21	27	16	23 26 56	21	28	11	16 58	04	24
20 37 37	07	04	15	06 36	28	17	23 30 37	22	29	12	17 43	05	25
20 41 41	08	05	17	07 50	29	18	23 34 18	23	♓0	13	18 27	06	26
20 45 45	09	06	18	09 03	♋0	19	23 37 58	24	01	14	19 11	06	27
20 49 48	10	07	20	10 14	01	20	23 41 39	25	02	15	19 54	07	28
20 53 51	11	09	21	11 24	02	20	23 45 19	26	03	16	20 37	08	29
20 57 52	12	10	23	12 32	03	21	23 49 00	27	04	17	21 20	09	29
21 01 53	13	11	24	13 39	04	22	23 52 40	28	06	18	22 03	09	♍0
21 05 53	14	13	26	14 46	05	23	23 56 20	29	07	18	22 45	10	01

49° Sternzeit

h m s	10. Feld °	11. Feld °	12. Feld °	1. Feld Aszendent °	'	2. Feld °	3. Feld °
	♈	♉	♊	♊		♌	♍
0 00 00	00	08	20	24	28	12	02
0 03 40	01	09	21	25	10	12	03
0 07 20	02	10	22	25	52	13	04
0 11 00	03	12	23	26	33	14	05
0 14 41	04	13	24	27	15	15	06
0 18 21	05	14	25	27	56	15	07
0 22 02	06	15	26	28	37	16	07
0 25 42	07	16	27	29	19	17	08
0 29 23	08	17	27	♋0	0	18	09
0 33 04	09	18	28	00	41	18	10
0 36 45	10	19	29	01	22	19	11
0 40 26	11	20	♋0	02	03	20	12
0 44 08	12	21	01	02	44	20	12
0 47 50	13	22	02	03	25	21	13
0 51 32	14	23	02	04	05	22	14
0 55 14	15	24	03	04	46	23	15
0 58 57	16	25	04	05	27	23	16
1 02 40	17	26	05	06	08	24	17
1 06 23	18	27	06	06	49	25	18
1 10 07	19	28	07	07	30	26	18
1 13 51	20	29	07	08	11	26	19
1 17 35	21	♊0	08	08	51	27	20
1 21 20	22	01	09	09	32	28	21
1 25 06	23	02	10	10	13	29	22
1 28 52	24	03	11	10	54	29	23
1 32 38	25	04	12	11	35	♍0	24
1 36 25	26	05	12	12	17	01	25
1 40 12	27	06	13	12	58	02	25
1 44 00	28	07	14	13	39	02	26
1 47 48	29	08	15	14	20	03	27
1 51 37	♉0	09	16	15	02	04	28
1 55 27	01	10	16	15	43	05	29
1 59 17	02	11	17	16	25	06	♎0
2 03 08	03	12	18	17	06	06	01
2 06 59	04	13	19	17	48	07	02
2 10 51	05	14	20	18	30	08	03
2 14 44	06	15	20	19	12	09	03
2 18 37	07	16	21	19	54	09	04
2 22 31	08	17	22	20	36	10	05
2 26 25	09	18	23	21	18	11	06
2 30 20	10	18	24	22	01	12	07
2 34 16	11	19	24	22	43	13	08
2 38 13	12	20	25	23	26	13	09
2 42 10	13	21	26	24	09	14	10
2 46 08	14	22	27	24	52	15	11

49° Sternzeit

h m s	10. Feld °	11. Feld °	12. Feld °	1. Feld Aszendent °	'	2. Feld °	3. Feld °
	♉	♊	♋	♋		♍	♎
2 50 07	15	23	28	25	35	16	12
2 54 07	16	24	28	26	18	17	13
2 58 07	17	25	29	27	01	17	13
3 02 08	18	26	♌0	27	45	18	14
3 06 09	19	27	01	28	28	19	15
3 10 12	20	28	02	29	12	20	16
3 14 15	21	29	02	29	56	21	17
3 18 19	22	♋0	03	♌0	40	22	18
3 22 23	23	01	04	01	24	22	19
3 26 29	24	02	05	02	08	23	20
3 30 35	25	03	06	02	53	24	21
3 34 41	26	04	07	03	37	25	22
3 38 49	27	04	07	04	22	26	23
3 42 57	28	05	08	05	07	27	24
3 46 06	29	06	09	05	52	27	25
3 51 15	♊0	07	10	06	37	28	26
3 55 25	01	08	11	07	22	29	27
3 59 36	02	09	12	08	07	♎0	28
4 03 48	03	10	12	08	53	01	28
4 08 00	04	11	13	09	39	02	29
4 12 13	05	12	14	10	24	02	♏0
4 16 26	06	13	15	11	10	03	01
4 20 40	07	14	16	11	56	04	02
4 24 55	08	15	17	12	43	05	03
4 29 10	09	16	17	13	29	06	04
4 33 26	10	17	18	14	15	07	05
4 37 42	11	18	19	15	02	08	06
4 41 59	12	18	20	15	48	09	07
4 46 16	13	19	21	16	35	09	08
4 50 34	14	20	22	17	22	10	09
4 54 52	15	21	23	18	09	11	10
4 59 10	16	22	23	18	56	12	11
5 03 29	17	23	24	19	43	13	12
5 07 49	18	24	25	20	30	14	13
5 12 09	19	25	26	21	17	15	14
5 16 29	20	26	27	22	05	16	15
5 20 49	21	27	28	22	52	16	16
5 25 09	22	28	29	23	39	17	17
5 29 30	23	29	♍0	24	27	18	18
5 33 51	24	♌0	01	25	14	19	19
5 38 12	25	01	02	26	02	20	20
5 42 34	26	02	03	26	49	21	21
5 46 55	27	03	04	27	37	22	22
5 51 17	28	04	05	28	25	23	22
5 55 38	29	05	06	29	12	23	23

49° — Sternzeit

Sternzeit h m s	10. Feld °	11. Feld °	12. Feld °	1. Feld Aszendent °	'	2. Feld °	3. Feld °
	♋	♋	♌	♌		♏	♏
6 00 00	00	06	06	00	00	24	24
6 04 22	01	07	07	00	48	25	25
6 08 43	02	08	07	01	35	26	26
6 13 05	03	08	08	02	23	27	27
6 17 26	04	09	09	03	11	28	28
6 21 48	05	10	10	03	58	29	29
6 26 09	06	11	11	04	46	30	♐ 0
6 30 30	07	12	12	05	33	♐ 0	01
6 34 51	08	13	13	06	21	01	02
6 39 11	09	14	14	07	08	02	03
6 43 31	10	15	14	07	55	03	04
6 47 51	11	16	15	08	43	04	05
6 52 11	12	17	16	09	30	05	06
6 56 31	13	18	17	10	17	06	07
7 00 50	14	19	18	11	04	07	08
7 05 08	15	20	19	11	51	07	09
7 09 26	16	21	20	12	38	08	10
7 13 44	17	22	21	13	25	09	11
7 18 01	18	23	21	14	12	10	12
7 22 18	19	24	22	14	58	11	13
7 26 34	20	25	23	15	45	12	13
7 30 50	21	26	24	16	31	13	14
7 35 05	22	27	25	17	17	13	15
7 39 20	23	28	26	18	04	14	16
7 43 34	24	29	27	18	50	15	17
7 47 47	25	♌ 0	28	19	36	16	18
7 52 00	26	01	28	20	21	17	19
7 56 12	27	02	29	21	07	18	20
8 00 24	28	03	♍ 0	21	53	18	21
8 04 35	29	03	01	22	38	19	22
8 08 45	♌ 0	04	02	23	23	20	23
8 12 54	01	05	03	24	08	21	24
8 17 03	02	06	03	24	53	22	25
8 21 11	03	07	04	25	38	23	26
8 25 19	04	08	05	26	23	23	27
8 29 26	05	09	06	27	07	24	27
8 33 31	06	10	07	27	52	25	28
8 37 37	07	11	08	28	36	26	29
8 41 41	08	12	08	29	20	27	♑ 0
8 45 45	09	13	09	♍ 0	04	28	01
8 49 48	10	14	10	00	48	28	02
8 53 51	11	15	11	01	32	29	03
8 57 52	12	16	12	02	15	♑ 0	04
9 01 53	13	17	13	02	59	01	05
9 05 53	14	17	13	03	42	02	06

Sternzeit h m s	10. Feld °	11. Feld °	12. Feld °	1. Feld Aszendent °	'	2. Feld °	3. Feld °
	♌	♌	♌	♍		♑	♐
9 09 53	15	18	14	04	25	02	07
9 13 52	16	19	15	05	08	03	08
9 17 50	17	20	16	05	51	04	09
9 21 47	18	21	17	06	34	05	10
9 25 44	19	22	17	07	17	06	11
9 29 40	20	23	18	07	59	06	12
9 33 35	21	24	19	08	42	07	13
9 37 29	22	25	20	09	24	08	13
9 41 23	23	26	21	10	06	09	14
9 45 16	24	27	21	10	48	10	15
9 49 09	25	27	22	11	30	10	16
9 53 01	26	28	23	12	12	11	17
9 56 52	27	29	24	12	54	12	18
10 00 42	28	♍ 0	24	13	35	13	19
10 04 33	29	01	25	14	17	14	20
10 08 23	♍ 0	02	26	14	58	14	21
10 12 12	01	03	27	15	40	15	22
10 16 00	02	04	28	16	21	16	23
10 19 48	03	05	28	17	02	17	24
10 23 35	04	05	29	17	43	18	25
10 27 22	05	06	♎ 0	18	25	19	26
10 31 08	06	07	01	19	06	19	27
10 34 54	07	08	01	19	47	20	28
10 38 40	08	09	02	20	28	21	29
10 42 25	09	10	03	21	09	22	♑ 0
10 46 09	10	11	04	21	50	23	01
10 49 53	11	12	04	22	30	23	02
10 53 37	12	12	05	23	11	24	03
10 57 20	13	13	06	23	52	25	04
11 01 03	14	14	07	24	33	26	05
11 04 46	15	15	07	25	14	27	06
11 08 28	16	16	08	25	55	28	07
11 12 10	17	17	09	26	36	28	08
11 15 52	18	18	09	27	16	29	09
11 19 34	19	18	10	27	57	♒ 0	10
11 23 15	20	19	11	28	38	01	11
11 26 56	21	20	12	29	19	02	12
11 30 37	22	21	12	♎ 0	00	03	13
11 34 18	23	22	13	00	41	03	14
11 37 58	24	23	14	01	23	04	15
11 41 39	25	23	15	02	04	05	16
11 45 19	26	24	15	02	45	06	17
11 49 00	27	25	16	03	27	07	18
11 52 40	28	26	17	04	08	08	20
11 56 20	29	27	18	04	50	09	21

49° Sternzeit	10. Feld	11. Feld	12. Feld	1. Feld Aszendent	2. Feld	3. Feld	49° Sternzeit	10. Feld	11. Feld	12. Feld	1. Feld Aszendent	2. Feld	3. Feld
h m s	°	°	°	° ′	°	°	h m s	°	°	°	° ′	°	°
12 00 00	00	28	18	05 32	10	22	14 50 07	15	05	23	12 37	02	16
12 03 40	01	28	19	06 13	11	23	14 54 07	16	06	24	13 42	03	18
12 07 20	02	29	20	06 55	11	24	14 58 07	17	07	25	14 47	05	19
12 11 00	03	♋0	21	07 38	12	25	15 02 08	18	08	26	15 54	07	20
12 14 41	04	01	21	08 20	13	26	15 06 09	19	09	27	17 02	08	22
12 18 21	05	02	22	09 03	14	27	15 10 12	20	10	28	18 11	10	23
12 22 02	06	03	23	09 45	15	28	15 14 15	21	11	29	19 22	11	24
12 25 42	07	03	24	10 28	16	29	15 18 19	22	12	♐0	20 34	13	25
12 29 23	08	04	24	11 11	17	♒0	15 22 23	23	13	01	21 47	15	27
12 33 04	09	05	25	11 55	18	02	15 26 29	24	13	02	23 02	16	28
12 36 45	10	06	26	12 38	19	03	15 30 35	25	14	03	24 19	18	29
12 40 26	11	07	27	13 22	20	04	15 34 41	26	15	04	25 37	20	♓0
12 44 08	12	08	27	14 06	21	05	15 38 49	27	16	04	26 56	21	02
12 47 50	13	08	28	14 50	22	06	15 42 57	28	17	05	28 18	23	03
12 51 32	14	09	29	15 35	23	08	15 47 06	29	18	06	29 41	25	04
12 55 14	15	10	29	16 20	24	09	15 51 15	♏0	19	07	♈1 06	26	06
12 58 57	16	11	♑0	17 05	25	10	15 55 25	01	20	08	02 33	28	07
13 02 40	17	12	01	17 50	26	11	15 59 36	02	21	09	04 01	♈0	08
13 06 23	18	13	02	18 37	27	12	16 03 48	03	22	11	05 32	02	09
13 10 07	19	13	02	19 23	28	14	16 08 00	04	23	12	07 05	03	11
13 13 51	20	14	03	20 09	29	15	16 12 13	05	24	13	08 40	05	12
13 17 35	21	15	04	20 56	♋0	16	16 16 26	06	25	14	10 17	07	13
13 21 20	22	16	05	21 44	02	17	16 20 40	07	25	15	11 57	09	14
13 25 06	23	17	05	22 31	03	18	16 24 55	08	26	16	13 39	10	15
13 28 52	24	18	06	23 20	04	20	16 29 10	09	27	17	15 23	12	17
13 32 38	25	18	07	24 08	05	21	16 33 26	10	28	18	17 09	14	18
13 36 25	26	19	08	24 58	06	22	16 37 42	11	29	19	18 58	15	19
13 40 12	27	20	09	25 47	08	23	16 41 59	12	♐0	20	20 49	17	20
13 44 00	28	21	09	26 38	09	25	16 46 16	13	01	22	22 43	19	22
13 47 48	29	22	10	27 28	10	26	16 50 34	14	02	23	24 38	21	23
13 51 37	♌0	23	11	28 20	11	27	16 54 52	15	03	24	26 37	22	24
13 55 27	01	23	12	29 12	12	28	16 59 10	16	04	25	28 38	24	25
13 59 17	02	24	13	♐0 04	14	♌0	17 03 29	17	05	26	♉0 41	26	26
14 03 08	03	25	13	00 57	15	01	17 07 49	18	06	28	02 46	27	28
14 06 59	04	26	14	01 51	16	02	17 12 09	19	07	29	04 53	29	29
14 10 51	05	27	15	02 46	18	04	17 16 29	20	08	♒0	07 03	♊0	♋0
14 14 44	06	28	16	03 41	19	05	17 20 49	21	09	02	09 14	02	01
14 18 37	07	29	17	04 37	20	06	17 25 09	22	10	03	11 28	04	02
14 22 31	08	29	17	05 34	22	07	17 29 30	23	11	04	13 43	05	03
14 26 25	09	♐0	18	06 32	23	09	17 33 51	24	13	06	16 00	07	04
14 30 20	10	01	19	07 30	25	10	17 38 12	25	14	07	18 17	08	06
14 34 16	11	02	20	08 30	26	11	17 42 34	26	15	08	20 37	10	07
14 38 13	12	03	21	09 30	27	13	17 46 55	27	16	10	22 57	11	08
14 42 10	13	04	22	10 32	29	14	17 51 17	28	17	11	25 17	13	09
14 46 08	14	05	23	11 34	♌0	15	17 55 38	29	18	13	27 39	14	10

49° Sternzeit	10. Feld	11. Feld	12. Feld	I. Feld Aszendent	2. Feld	3. Feld
h m s	°	°	°	° '	°	°
18 00 00	00	19	14	00 00	16	11
18 04 22	01	20	15	02 21	17	12
18 08 43	02	21	17	04 43	19	13
18 13 05	03	22	18	07 03	20	14
18 17 26	04	23	20	09 23	22	15
18 21 48	05	24	22	11 43	23	16
18 26 09	06	26	23	14 00	24	17
18 30 30	07	27	25	16 17	26	18
18 34 51	08	28	26	18 32	27	20
18 39 11	09	29	28	20 46	28	21
18 43 31	10	♒0	29	22 57	♒0	22
18 47 51	11	01	♓0	25 07	01	23
18 52 11	12	02	03	27 14	02	24
18 56 31	13	04	04	29 19	04	25
19 00 50	14	05	♓1	22	05	26
19 05 08	15	06	08	03 23	06	27
19 09 26	16	07	09	05 22	07	28
19 13 44	17	08	11	07 17	08	29
19 18 01	18	10	13	09 11	10	♈0
19 22 18	19	11	15	11 02	11	01
19 26 34	20	12	16	12 51	12	02
19 30 50	21	13	18	14 37	13	03
19 35 05	22	14	20	16 21	14	04
19 39 20	23	16	22	18 03	15	05
19 43 34	24	17	23	19 43	16	05
19 47 47	25	18	25	21 20	17	06
19 52 00	26	19	27	22 55	18	07
19 56 12	27	21	28	24 28	19	08
20 00 24	28	22	♈0	25 59	20	09
20 04 35	29	23	02	27 27	21	10
20 08 45	♈0	24	04	28 54	22	11
20 12 54	01	26	05	♈0 19	23	12
20 17 03	02	27	07	01 42	24	13
20 21 11	03	28	09	03 04	25	14
20 25 19	04	29	10	04 23	26	15
20 29 26	05	♉0	12	05 41	27	16
20 33 31	06	02	14	06 58	28	17
20 37 37	07	03	15	08 13	29	18
20 41 41	08	05	17	09 26	♈0	18
20 45 45	09	06	19	10 38	01	19
20 49 48	10	07	20	11 49	02	20
20 53 51	11	08	22	12 58	03	21
20 57 52	12	10	23	14 06	04	22
21 01 53	13	11	25	15 13	05	23
21 05 53	14	12	27	16 18	06	24

49° Sternzeit	10. Feld	11. Feld	12. Feld	I. Feld Aszendent	2. Feld	3. Feld
h m s	°	°	°	° '	°	°
21 09 53	15	14	28	17 23	07	25
21 13 52	16	15	♓0	18 26	07	25
21 17 50	17	16	01	19 29	08	26
21 21 47	18	17	03	20 30	09	27
21 25 44	19	19	04	21 30	10	28
21 29 40	20	20	05	22 30	11	29
21 33 35	21	21	07	23 28	12	♈0
21 37 29	22	23	08	24 26	13	01
21 41 23	23	24	10	25 23	13	02
21 45 16	24	25	11	26 19	14	02
21 49 09	25	26	12	27 14	15	03
21 53 01	26	28	14	28 09	16	04
21 56 52	27	29	15	29 03	17	05
22 00 43	28	♈0	16	29 56	17	06
22 04 33	29	02	18	♈0 48	18	07
22 08 23	♈0	03	19	01 40	19	07
22 12 12	01	04	20	02 32	20	08
22 16 00	02	05	21	03 22	21	09
22 19 48	03	07	22	04 13	21	10
22 23 35	04	08	24	05 02	22	11
22 27 22	05	09	25	05 52	23	12
22 31 08	06	10	26	06 40	24	12
22 34 54	07	12	27	07 29	25	13
22 38 40	08	13	28	08 16	25	14
22 42 25	09	14	29	09 04	26	15
22 46 09	10	15	♈0	09 51	27	16
22 49 53	11	16	02	10 37	28	17
22 53 37	12	18	03	11 23	28	17
22 57 20	13	19	04	12 10	29	18
23 01 03	14	20	05	12 55	♈0	19
23 04 46	15	21	06	13 40	01	20
23 08 28	16	22	07	14 25	01	21
23 12 10	17	24	08	15 10	02	22
23 15 52	18	25	09	15 54	03	22
23 19 34	19	26	10	16 38	04	23
23 23 15	20	27	11	17 22	04	24
23 26 56	21	28	12	18 05	05	25
23 30 37	22	29	13	18 49	06	26
23 34 18	23	♈0	14	19 32	07	27
23 37 58	24	02	15	20 15	07	27
23 41 29	25	03	16	20 57	08	28
23 45 19	26	04	17	21 40	09	29
23 49 00	27	05	18	22 22	09	♈0
23 52 40	28	06	19	23 05	10	01
23 56 20	29	07	19	23 47	11	02

50°

Sternzeit h m s	10. Feld °	11. Feld °	12. Feld °	1. Feld Aszendent °	′	2. Feld °	3. Feld °
	♈	♉	♉	♊		♋	♌
0 00 00	00	08	21	25	22	12	02
0 03 40	01	09	22	26	04	13	03
0 07 20	02	10	23	26	45	13	04
0 11 00	03	11	24	27	26	14	05
0 14 41	04	13	25	28	06	15	06
0 18 21	05	14	26	28	47	16	06
0 22 02	06	15	26	29	28	16	07
0 25 42	07	16	27	♋ 00	09	17	08
0 29 23	08	17	28	00	49	18	09
0 33 04	09	18	29	01	30	18	10
0 36 45	10	19	♊ 00	02	10	19	11
0 40 26	11	20	01	02	50	20	12
0 44 08	12	21	02	03	31	21	12
0 47 50	13	22	02	04	11	21	13
0 51 32	14	23	03	04	51	22	14
0 55 14	15	24	04	05	32	23	15
0 58 57	16	25	05	06	12	24	16
1 02 40	17	26	06	06	52	24	17
1 06 23	18	27	07	07	32	25	18
1 10 07	19	28	07	08	13	26	18
1 13 51	20	29	08	08	53	27	19
1 17 35	21	♊ 00	09	09	33	27	20
1 21 20	22	01	10	10	14	28	21
1 25 06	23	02	11	10	54	29	22
1 28 52	24	03	11	11	35	29	23
1 32 38	25	04	12	12	15	♌ 00	24
1 36 25	26	05	13	12	56	01	24
1 40 12	27	06	14	13	36	02	25
1 44 00	28	07	15	14	17	03	26
1 47 48	29	08	15	14	58	03	27
1 51 37	♉ 00	09	16	15	39	04	28
1 55 27	01	10	17	16	19	05	29
1 59 17	02	11	18	17	00	06	♍ 00
2 03 08	03	12	19	17	41	06	01
2 06 59	04	13	19	18	22	07	02
2 10 51	05	14	20	19	04	08	02
2 14 44	06	15	21	19	45	09	03
2 18 37	07	16	22	20	27	09	04
2 22 31	08	17	23	21	08	10	05
2 26 25	09	18	23	21	50	11	06
2 30 20	10	19	24	22	32	12	07
2 34 16	11	20	25	23	14	13	08
2 38 13	12	21	26	23	56	13	09
2 42 10	13	21	26	24	38	14	10
2 46 08	14	22	27	25	21	15	11

50°

Sternzeit h m s	10. Feld °	11. Feld °	12. Feld °	1. Feld Aszendent °	′	2. Feld °	3. Feld °
	♉	♊	♊	♋		♌	♍
2 50 07	15	23	28	26	03	16	12
2 54 07	16	24	29	26	46	17	13
2 58 07	17	25	29	27	28	17	13
3 02 08	18	26	♋ 00	28	11	18	14
3 06 09	19	27	01	28	54	19	15
3 10 12	20	28	02	29	37	20	16
3 14 15	21	29	03	♌ 00	20	21	17
3 18 19	22	♋ 00	04	01	04	22	18
3 22 23	23	01	04	01	47	22	19
3 26 29	24	02	05	02	31	23	20
3 30 35	25	03	06	03	15	24	21
3 34 41	26	04	07	03	59	25	22
3 38 49	27	05	08	04	43	26	23
3 42 57	28	06	09	05	27	27	24
3 47 06	29	06	09	06	12	27	25
3 51 15	♊ 00	07	10	06	56	28	26
3 55 25	01	08	11	07	41	29	27
3 59 36	02	09	12	08	25	♍ 00	28
4 03 48	03	10	13	09	10	01	28
4 08 00	04	11	14	09	55	02	29
4 12 13	05	12	14	10	41	02	♎ 00
4 16 26	06	13	15	11	26	03	01
4 20 40	07	14	16	12	11	04	02
4 24 55	08	15	17	12	57	05	03
4 29 10	09	16	18	13	42	06	04
4 33 26	10	17	19	14	28	07	05
4 37 42	11	18	19	15	14	08	06
4 41 59	12	19	20	16	00	08	07
4 46 16	13	20	21	16	46	09	08
4 50 34	14	20	22	17	32	10	09
4 54 52	15	21	23	18	19	11	10
4 59 10	16	22	24	19	05	12	11
5 03 29	17	23	24	19	51	13	13
5 07 49	18	24	25	20	38	14	13
5 12 09	19	25	26	21	24	15	14
5 16 29	20	26	27	22	11	15	15
5 20 49	21	27	28	22	58	16	16
5 25 09	22	28	29	23	44	17	17
5 29 30	23	29	♌ 00	24	31	18	18
5 33 51	24	♌ 00	01	25	18	19	19
5 38 12	25	01	01	26	05	20	20
5 42 34	26	02	02	26	52	21	21
5 46 55	27	03	03	27	39	22	22
5 51 17	28	04	04	28	26	22	22
5 55 38	29	05	05	29	13	23	23

50° Sternzeit h m s	10. Feld °	11. Feld °	12. Feld °	1. Feld Aszendent ° '	2. Feld °	3. Feld °
6 00 00	00	06	06	00 00	24	24
6 04 22	01	07	07	00 47	25	25
6 08 43	02	07	07	01 34	26	26
6 13 05	03	08	08	02 21	27	27
6 17 26	04	09	09	03 08	28	28
6 21 48	05	10	10	03 55	29	29
6 26 09	06	11	11	04 42	29	0
6 30 30	07	12	12	05 29	0	01
6 34 51	08	13	13	06 16	01	02
6 39 11	09	14	14	07 02	02	03
6 43 31	10	15	14	07 49	03	04
6 47 51	11	16	15	08 36	04	05
6 52 11	12	17	16	09 22	05	06
6 56 31	13	18	17	10 09	05	07
7 00 50	14	19	18	10 55	06	08
7 05 08	15	20	19	11 41	07	08
7 09 26	16	21	20	12 28	08	09
7 13 44	17	22	21	13 14	09	10
7 18 01	18	23	21	14 00	10	11
7 22 18	19	24	22	14 46	11	12
7 26 34	20	25	23	15 32	11	13
7 30 50	21	26	24	16 18	12	14
7 35 05	22	27	25	17 03	13	15
7 39 20	23	28	26	17 49	14	16
7 43 34	24	29	27	18 34	15	17
7 47 47	25	29	27	19 19	16	18
7 52 00	26	0	28	20 05	16	19
7 56 12	27	01	29	20 50	17	20
8 00 24	28	02	0	21 35	18	21
8 04 35	29	03	01	22 19	19	22
8 08 45	0	04	02	23 04	20	22
8 12 54	01	05	03	23 48	21	23
8 17 03	02	06	03	24 33	21	24
8 21 11	03	07	04	25 17	22	25
8 25 19	04	08	05	26 01	23	26
8 29 26	05	09	06	26 45	24	27
8 33 31	06	10	07	27 29	25	28
8 37 37	07	11	08	28 13	25	29
8 41 41	08	12	08	28 56	26	0
8 45 45	09	13	09	29 40	27	01
8 49 48	10	14	10	0 23	28	02
8 53 51	11	15	11	01 06	29	03
8 57 52	12	16	12	01 49	29	04
9 01 53	13	16	12	02 32	0	05
9 05 53	14	17	13	03 14	01	06
9 09 53	15	18	14	03 57	02	07
9 13 52	16	19	15	04 39	03	07
9 17 50	17	20	16	05 22	03	08
9 21 47	18	21	16	06 04	04	09
9 25 44	19	22	17	06 46	05	10
9 29 40	20	23	18	07 28	06	11
9 33 35	21	24	19	08 10	07	12
9 37 29	22	25	20	08 52	07	13
9 41 23	23	26	20	09 33	08	14
9 45 16	24	27	21	10 15	09	15
9 49 09	25	27	22	10 56	10	16
9 53 01	26	28	23	11 38	11	17
9 56 52	27	29	24	12 19	11	18
10 00 42	28	0	24	13 00	12	19
10 04 33	29	01	25	13 41	13	20
10 08 23	0	02	26	14 21	14	21
10 12 12	01	03	27	15 02	15	22
10 16 00	02	04	27	15 43	15	23
10 19 48	03	05	28	16 24	16	24
10 23 35	04	05	29	17 04	17	25
10 27 22	05	06	29	17 45	18	26
10 31 08	06	07	0	18 25	19	27
10 34 54	07	08	01	19 06	19	28
10 38 40	08	09	02	19 46	20	29
10 42 25	09	10	03	20 27	21	0
10 46 09	10	11	03	21 07	22	01
10 49 53	11	12	04	21 47	23	02
10 53 37	12	12	05	22 28	23	03
10 57 20	13	13	06	23 08	24	04
11 01 03	14	14	06	23 48	25	05
11 04 46	15	15	07	24 28	26	06
11 08 28	16	16	08	25 09	27	07
11 12 10	17	17	09	25 49	27	08
11 15 52	18	17	09	26 29	28	09
11 19 34	19	18	10	27 10	29	10
11 23 15	20	19	11	27 50	0	11
11 26 56	21	20	11	28 30	01	12
11 30 37	22	21	12	29 11	02	13
11 34 18	23	22	13	29 51	03	14
11 37 58	24	23	14	0 32	03	15
11 41 39	25	23	14	01 13	04	16
11 45 19	26	24	15	01 54	05	17
11 49 00	27	25	16	02 34	06	18
11 52 40	28	26	17	03 15	07	19
11 56 20	29	27	17	03 56	08	21

50°

Sternzeit (h m s)	10. Feld ♎	11. Feld ♎	12. Feld ♏	1. Feld Aszendent ♑ (°)	(')	2. Feld ♒	3. Feld ♓
12 00 00	00	28	18	04	38	09	22
12 03 40	01	28	19	05	19	10	23
12 07 20	02	29	19	06	00	11	24
12 11 00	03	♏0	20	06	41	11	25
12 14 41	04	01	21	07	23	12	26
12 18 21	05	02	22	08	05	13	27
12 22 02	06	03	22	08	47	14	28
12 25 42	07	03	23	09	29	15	29
12 29 23	08	04	24	10	12	16	♈1
12 33 04	09	05	24	10	55	17	02
12 36 45	10	06	25	11	38	18	03
12 40 26	11	07	26	12	21	19	04
12 44 08	12	08	27	13	04	20	05
12 47 50	13	08	27	13	48	21	06
12 51 32	14	09	28	14	31	22	08
12 55 14	15	10	29	15	16	23	09
12 58 57	16	11	29	16	00	24	10
13 02 40	17	12	♐0	16	45	25	11
13 06 23	18	12	01	17	31	26	12
13 10 07	19	13	02	18	16	27	14
13 13 51	20	14	03	19	02	28	15
13 17 35	21	15	03	19	48	29	16
13 21 20	22	16	04	20	35	♓1	17
13 25 06	23	17	05	21	22	02	18
13 28 52	24	17	06	22	10	03	20
13 32 38	25	18	06	22	58	04	21
13 36 25	26	19	07	23	46	06	22
13 40 12	27	20	08	24	35	07	23
13 44 00	28	21	09	25	25	08	25
13 47 48	29	22	09	26	14	09	26
13 51 37	♏0	22	10	27	05	11	27
13 55 27	01	23	11	27	56	12	28
13 59 17	02	24	12	28	48	13	29
14 03 08	03	25	13	29	41	14	♉1
14 06 59	04	26	13	♒0	34	16	02
14 10 51	05	27	14	01	28	17	04
14 14 44	06	28	15	02	22	19	05
14 18 37	07	28	16	03	18	20	06
14 22 31	08	29	17	04	14	21	07
14 26 25	09	♐0	17	05	11	23	09
14 30 20	10	01	18	06	08	24	10
14 34 16	11	02	19	07	07	26	11
14 38 13	12	03	20	08	07	27	12
14 42 10	13	04	21	09	07	29	14
14 46 08	14	04	22	10	09	♈0	15

50°

Sternzeit (h m s)	10. Feld ♏	11. Feld ♐	12. Feld ♐	1. Feld Aszendent ♒ (°)	(')	2. Feld ♓	3. Feld ♈
14 50 07	15	05	23	11	12	02	16
14 54 07	16	06	23	12	16	03	18
14 58 07	17	07	24	13	20	05	19
15 02 08	18	08	25	14	26	06	20
15 06 09	19	09	26	15	34	08	22
15 10 12	20	10	27	16	42	09	23
15 14 15	21	10	28	17	52	11	24
15 18 19	22	11	29	19	04	13	25
15 22 23	23	12	♑0	20	17	14	27
15 26 29	24	13	01	21	31	16	28
15 30 35	25	14	02	22	47	18	29
15 34 41	26	15	03	24	05	19	♉0
15 38 49	27	16	04	25	24	21	02
15 42 57	28	17	05	26	46	23	03
15 47 06	29	18	06	28	09	25	04
15 51 15	♐0	19	07	29	34	26	06
15 55 25	01	20	08	♓1	00	28	07
15 59 36	02	20	09	02	29	29	08
16 03 48	03	21	10	04	01	♈1	09
16 08 00	04	22	11	05	34	03	11
16 12 13	05	23	12	07	10	05	12
16 16 26	06	24	13	08	48	07	13
16 20 40	07	25	14	10	28	09	14
16 24 55	08	26	15	12	11	10	16
16 29 10	09	27	16	13	56	12	17
16 33 26	10	28	17	15	44	14	18
16 37 42	11	29	18	17	35	16	19
16 41 59	12	♑0	19	19	28	17	20
16 46 16	13	01	20	21	54	19	22
16 50 34	14	02	21	23	22	21	23
16 54 52	15	03	22	25	23	22	24
16 59 10	16	04	23	27	27	24	25
17 03 29	17	05	24	29	34	26	26
17 07 49	18	06	26	♈1	42	27	28
17 12 09	19	07	27	03	54	29	29
17 16 29	20	08	28	06	08	♉1	♊0
17 20 49	21	09	29	08	24	02	01
17 25 09	22	10	♒1	10	42	04	02
17 29 30	23	11	03	13	02	06	03
17 33 51	24	12	05	15	24	07	05
17 38 12	25	13	06	17	48	09	06
17 42 34	26	14	07	20	12	10	07
17 46 55	27	15	09	22	38	12	08
17 51 17	28	17	10	25	05	14	09
17 55 38	29	18	12	27	33	15	10

50° Sternzeit	10. Feld	11. Feld	12. Feld	1. Feld Aszendent		2. Feld	3. Feld
h m s	°	°	°	°	'	°	°
	♐	♐	♑	♑		♒	♓
18 00 00	00	19	13	00	00	17	11
18 04 22	01	20	15	02	27	18	12
18 08 43	02	21	16	04	55	20	13
18 13 05	03	22	18	07	22	21	14
18 17 26	04	23	19	09	48	22	16
18 21 48	05	24	21	12	12	24	17
18 26 09	06	25	23	14	36	25	18
18 30 30	07	27	24	16	58	27	19
18 34 51	08	28	26	19	18	28	20
18 39 11	09	29	27	21	36	29	21
18 43 31	10	♑0	29	23	52 ♒1	22
18 47 51	11	01 ♒1	26	06	02	23
18 52 11	12	02	02	28	18	03	24
18 56 31	13	04	04 ♓0	26	04	25
19 00 50	14	05	06	02	33	06	26
19 05 08	15	06	08	04	37	07	27
19 09 26	16	07	09	06	38	08	28
19 13 44	17	08	11	08	36	09	29
19 18 01	18	09	13	10	32	10 ♈0
19 22 18	19	11	14	12	25	12	01
19 26 34	20	12	16	14	16	13	02
19 30 50	21	13	18	16	04	14	03
19 35 05	22	14	20	17	49	15	04
19 39 20	23	16	21	19	32	16	05
19 43 34	24	17	23	21	12	17	06
19 47 47	25	18	25	22	50	18	07
19 52 00	26	19	27	24	26	19	08
19 56 12	27	21	28	25	59	20	08
20 00 24	28	22 ♓0	27	31	21	09
20 04 35	29	23	02	29	00	22	10
20 08 45	♒0	24	04 ♈0	26	23	11
20 12 54	01	26	05	01	51	24	12
20 17 03	02	27	07	03	14	25	13
20 21 11	03	28	09	04	36	26	14
20 25 19	04	29	10	05	55	27	15
20 29 26	05 ♓1	12	07	13	28	16
20 33 31	06	02	14	08	29	29	17
20 37 37	07	03	16	09	43 ♈0	18
20 41 41	08	05	17	10	56	01	19
20 45 45	09	06	19	12	08	02	19
20 49 48	10	07	20	13	18	03	20
20 53 51	11	08	22	14	26	04	21
20 57 52	12	10	24	15	34	05	22
21 01 53	13	11	25	16	40	06	23
21 05 53	14	12	27	17	44	06	24

50° Sternzeit'	10. Feld	11. Feld	12. Feld	1. Feld Aszendent		2. Feld	3. Feld
h m s	°	°	°	°	'	°	°
	♓	♈	♈	♈		♉	♊
21 09 53	15	14	28	18	48	07	25
21 13 52	16	15	29	19	51	08	26
21 17 50	17	16 ♈1	20	53	09	26
21 21 47	18	17	03	21	53	10	27
21 25 44	19	19	04	22	53	11	28
21 29 40	20	20	06	23	52	12	29
21 33 35	21	21	07	24	49	12 ♊0
21 37 29	22	23	09	25	46	13	01
21 41 23	23	24	10	26	42	14	02
21 45 16	24	25	11	27	38	15	02
21 49 09	25	26	13	28	32	16	03
21 53 01	26	28	14	29	26	16	04
21 56 52	27	29	15 ♉0	19	17	05
22 00 43	28 ♈0	17	01	12	18	06
22 04 33	29	01	18	02	04	19	07
22 08 23 ♉0	03	19	02	55	20	07
22 12 12	01	04	21	03	46	20	08
22 16 00	02	05	22	04	35	21	09
22 19 48	03	06	23	05	25	22	10
22 23 35	04	08	24	06	14	23	11
22 27 22	05	09	25	07	02	24	11
22 31 08	06	10	27	07	50	24	12
22 34 54	07	11	28	08	38	25	13
22 38 40	08	13	29	09	25	26	14
22 42 25	09	14 ♊0	10	12	27	15
22 46 09	10	15	01	10	58	27	16
22 49 53	11	16	02	11	44	28	17
22 53 37	12	17	03	12	29	29	17
22 57 20	13	19	04	13	15	29	18
23 01 03	14	20	06	14	00 ♋0	19
23 04 46	15	21	07	14	44	01	20
23 08 28	16	22	08	15	29	02	21
23 12 10	17	23	09	16	12	02	22
23 15 52	18	25	10	16	56	03	22
23 19 34	19	26	11	17	39	04	23
23 23 15	20	27	12	18	22	05	24
23 26 56	21	28	13	19	05	05	25
23 30 37	22	29	14	19	48	06	26
23 34 18	23 ♊0	15	20	31	07	27
23 37 58	24	02	16	21	13	08	27
23 41 39	25	03	17	21	55	08	28
23 45 19	26	04	17	22	37	09	29
23 49 00	27	05	18	23	19	10	29
23 52 40	28	06	19	24	00	10 ♌0
23 56 20	29	07	20	24	41	11	01

51° Sternzeit (h m s)	10. Feld °	11. Feld °	12. Feld °	1. Feld Aszendent °	'	2. Feld °	3. Feld °
0 00 00	00	09	22	26	11	13	03
0 03 40	01	10	23	26	52	13	03
0 07 20	02	11	24	27	32	14	04
0 11 01	03	12	24	28	13	15	05
0 14 41	04	13	25	28	53	15	06
0 18 21	05	14	26	29	33	16	07
0 22 02	06	15	27	00	13	17	08
0 25 42	07	16	28	00	53	18	08
0 29 23	08	17	29	01	33	18	09
0 33 04	09	18	00	02	13	19	10
0 36 45	10	19	01	02	53	20	11
0 40 27	11	20	01	03	33	20	12
0 44 08	12	21	02	04	13	21	13
0 47 50	13	22	03	04	53	22	13
0 51 32	14	24	04	05	32	23	14
0 55 14	15	25	05	06	12	23	15
0 58 57	16	26	06	06	52	24	16
1 02 40	17	27	06	07	32	25	17
1 06 24	18	28	07	08	11	26	18
1 10 07	19	29	08	08	51	26	19
1 13 51	20	00	09	09	31	27	19
1 17 36	21	01	10	10	11	28	20
1 21 21	22	02	10	10	51	28	21
1 25 06	23	03	11	11	30	29	22
1 28 52	24	04	12	12	10	00	23
1 32 38	25	05	13	12	50	01	24
1 36 25	26	06	14	13	30	01	25
1 40 13	27	07	14	14	11	02	25
1 44 01	28	08	15	14	51	03	26
1 47 49	29	08	16	15	31	04	27
1 51 38	00	09	17	16	11	04	28
1 55 28	01	10	18	16	52	05	29
1 59 18	02	11	18	17	32	06	00
2 03 08	03	12	19	18	12	07	01
2 07 00	04	13	20	18	53	07	02
2 10 52	05	14	21	19	34	08	03
2 14 44	06	15	22	20	15	09	03
2 18 37	07	16	22	20	56	10	04
2 22 31	08	17	23	21	37	11	05
2 26 26	09	18	24	22	18	11	06
2 30 21	10	19	25	23	00	12	07
2 34 17	11	20	25	23	41	13	08
2 38 14	12	21	26	24	23	14	09
2 42 11	13	22	27	25	04	14	10
2 46 09	14	23	28	25	46	15	11

51° Sternzeit (h m s)	10. Feld °	11. Feld °	12. Feld °	1. Feld Aszendent °	'	2. Feld °	3. Feld °
2 50 09	15	24	29	26	28	16	12
2 54 07	16	25	29	27	10	17	12
2 58 08	17	26	00	27	52	18	13
3 02 08	18	26	01	28	35	18	14
3 06 10	19	27	02	29	17	19	15
3 10 12	20	28	03	00	00	20	16
3 14 16	21	29	03	00	42	21	17
3 18 19	22	00	04	01	25	22	18
3 22 24	23	01	05	02	08	22	19
3 26 29	24	02	06	02	51	23	20
3 30 35	25	03	07	03	35	24	21
3 34 42	26	04	08	04	18	25	22
3 38 49	27	05	08	05	02	26	23
3 42 57	28	06	09	05	45	27	24
3 47 06	29	07	10	06	29	27	25
3 51 16	00	08	11	07	13	28	25
3 55 26	01	09	11	07	57	29	26
3 59 37	02	10	12	08	41	00	27
4 03 48	03	10	13	09	25	01	28
4 08 01	04	11	14	10	10	02	29
4 12 13	05	12	14	10	55	02	00
4 16 27	06	13	15	11	40	03	01
4 20 41	07	14	16	12	24	04	02
4 24 55	08	15	17	13	09	05	03
4 29 11	09	16	18	13	54	06	04
4 33 26	10	17	19	14	40	07	05
4 37 42	11	18	20	15	25	07	06
4 41 59	12	19	21	16	10	08	07
4 46 17	13	20	22	16	56	09	08
4 50 34	14	21	22	17	42	10	09
4 54 52	15	22	23	18	27	11	10
4 59 11	16	23	24	19	13	12	11
5 03 30	17	24	25	19	59	13	12
5 07 49	18	25	26	20	45	14	13
5 12 09	19	25	27	21	31	14	14
5 16 29	20	26	28	22	17	15	15
5 20 49	21	27	28	23	03	16	15
5 25 10	22	28	29	23	49	17	16
5 29 30	23	29	00	24	35	18	17
5 33 51	24	00	01	25	22	19	18
5 38 13	25	01	02	26	08	20	19
5 42 34	26	02	03	26	54	20	20
5 46 55	27	03	04	27	41	21	21
5 51 17	28	04	04	28	27	22	22
5 55 38	29	05	05	29	14	23	23

51° Sternzeit h m s	10. Feld °	11. Feld °	12. Feld °	1. Feld Aszendent °	'	2. Feld °	3. Feld °	51° Sternzeit h m s	10. Feld °	11. Feld °	12. Feld °	1. Feld Aszendent °	'	2. Feld °	3. Feld °
6 00 00	00	06	06	00	00	24	24	9 09 51	15	18	14	03	32	01	06
6 04 22	01	07	07	00	46	25	25	9 13 51	16	19	15	04	14	02	07
6 08 43	02	08	08	01	33	26	26	9 17 49	17	20	16	04	56	03	08
6 13 05	03	09	08	02	19	27	27	9 21 46	18	21	16	05	37	04	09
6 17 26	04	10	09	03	06	28	28	9 25 43	19	22	17	06	19	05	10
6 21 47	05	11	10	03	52	28	29	9 29 39	20	23	18	07	00	05	11
6 26 09	06	12	11	·04	38	29	♐00	9 33 34	21	24	19	07	42	06	12
6 30 30	07	13	12	05	25	♏00	01	9 37 29	22	25	20	08	23	07	13
6 34 50	08	14	13	06	11	01	02	9 41 23	23	26	20	09	04	08	14
6 39 11	09	15	14	06	57	02	03	9 45 16	24	27	21	09	45	09	15
6 43 31	10	16	15	07	43	03	04	9 49 08	25	28	22	10	26	09	16
6 47 51	11	16	15	08	29	04	05	9 53 00	26	28	23	11	07	10	17
6 52 11	12	17	16	09	15	05	05	9 56 52	27	29	23	11	47	11	18
6 56 30	13	18	17	10	01	05	06	10 00 42	28	♍00	24	12	28	12	19
7 00 49	14	19	18	10	47	06	07	10 04 32	29	01	25	13	08	12	20
7 05 08	15	20	19	11	33	·07	08	10 08 22	♍00	02	26	13	49	13	21
7 09 26	16	21	20	12	18	08	09	10 12 11	01	03	26	14	29	14	22
7 13 43	17	22	21	13	04	09	10	10 15 59	02	04	27	15	09	15	23
7 18 01	18	23	22	13	50	10	11	10 19 47	03	05	28	15	49	16	23
7 22 18	19	24	22	14	35	10	12	10 23 35	04	05	28	16	30	16	24
7 26 34	20	25	23	15	20	11	13	10 27 22	05	06	29	17	10	17	25
7 30 49	21	26	24	16	06	12	14	10 31 08	06	07	♍00	17	50	18	26
7 35 05	22	27	25	16	51	13	15	10 34 54	07	08	01	18	30	19	27
7 39 19	23	28	26	17	35	14	16	10 38 39	08	09	02	19	09	20	28
7 43 33	24	29	27	18	20	15	17	10 42 24	09	10	02	19	49	21	29
7 47 47	25	♌00	28	19	05	16	18	10 46 09	10	11	03	20	29	21	♒00
7 51 59	26	01	28	19	50	16	19	10 49 53	11	11	04	21	09	22	01
7 56 12	27	02	29	20	34	17	20	10 53 36	12	12	05	21	49	23	02
8 00 23	28	03	♌00	21	19	18	20	10 57 20	13	13	05	22	28	24	03
8 04 34	29	04	01	22	03	18	21	11 01 03	14	14	06	23	08	24	04
8 08 44	♌00	05	02	22	47	19	22	11 04 46	15	15	07	23	48	25	05
8 12 54	01	05	03	23	31	20	23	11 08 28	16	16	08	24	28	26	06
8 17 03	02	06	03	24	15	21	24	11 12 10	17	17	08	25	07	27	07
8 21 11	03	07	04	24	58	22	25	11 15 52	18	17	09	25	47	28	09
8 25 19	04	08	05	25	42	23	26	11 19 33	19	18	10	26	27	29	10
8 29 25	05	09	06	26	25	23	27	11 23 15	20	19	10	27	07	29	11
8 33 31	06	10	07	27	09	24	28	11 26 56	21	20	11	27	47	♑00	12
8 37 36	07	11	08	27	52	25	29	11 30 37	22	21	12	28	27	01	13
8 41 41	08	12	08	28	35	26	♑00	11 34 18	23	22	12	29	07	02	14
8 45 44	09	13	09	29	18	27	01	11 37 58	24	23	13	29	47	03	15
8 49 48	10	14	10	♏00	00	27	02	11 41 39	25	23	14	♐00	27	04	16
8 53 50	11	15	11	00	43	28	03	11 45 19	26	24	15	01	07	05	17
8 57 52	12	16	12	01	25	29	04	11 48 59	27	25	15	01	47	05	18
9 01 52	13	17	12	02	08	♐00	04	11 52 40	28	26	16	02	28	06	19
9 05 53	14	18	13	02	50	01	05	11 56 20	29	27	17	03	08	07	20

51°

Sternzeit h m s	10. Feld ♎	11. Feld ♎	12. Feld ♏	1. Feld Aszendent ♐ (° ')	2. Feld ♑	3. Feld ♒	Sternzeit h m s	10. Feld ♏	11. Feld ♐	12. Feld ♐	1. Feld Aszendent ♑ (° ')	2. Feld ♓	3. Feld ♈
12 00 00	00	27	17	03 49	08	21	14 50 09	15	05	22	09 53	01	17
12 03 40	01	28	18	04 30	09	22	14 54 07	16	06	23	10 56	03	18
12 07 20	02	29	19	05 10	10	24	14 58 08	17	07	24	12 00	04	19
12 11 01	03	♏0	20	05 51	11	25	15 02 08	18	08	25	13 06	06	21
12 14 41	04	01	20	06 33	12	26	15 06 10	19	09	26	14 13	07	22
12 18 21	05	02	21	07 14	13	27	15 10 12	20	09	26	15 21	09	23
12 22 02	06	03	22	07 55	14	28	15 14 16	21	10	27	16 30	11	24
12 25 42	07	03	23	08 37	15	29	15 18 19	22	11	28	17 41	12	26
12 29 23	08	04	23	09 19	16	♓0	15 22 24	23	12	29	18 53	14	27
12 33 04	09	05	24	10 01	17	02	15 26 29	24	13	♑0	20 07	16	28
12 36 45	10	06	25	10 43	18	03	15 30 35	25	14	01	21 23	17	♉0
12 40 27	11	07	26	11 26	19	04	15 34 42	26	15	02	22 40	19	01
12 44 08	12	07	26	12 09	20	05	15 38 49	27	16	03	23 59	21	02
12 47 50	13	08	27	12 52	21	06	15 42 57	28	17	04	25 20	23	03
12 51 32	14	09	28	13 35	22	07	15 47 06	29	18	05	26 43	24	05
12 55 14	15	10	28	14 19	23	09	15 51 16	♐0	18	06	28 07	26	06
12 58 57	16	11	29	15 03	24	10	15 55 26	01	19	07	29 34	28	07
13 02 40	17	11	♐0	15 47	25	11	15 59 37	02	20	08	♒1 03	♈0	08
13 06 24	18	12	01	16 31	26	12	16 03 48	03	21	09	02 35	02	10
13 10 07	19	13	01	17 16	27	13	16 08 01	04	22	10	04 00	03	11
13 13 51	20	14	02	18 01	28	15	16 12 13	05	23	11	05 44	05	12
13 17 36	21	15	03	18 47	29	16	16 16 27	06	24	12	07 23	07	14
13 21 21	22	16	04	19 33	♒0	17	16 20 41	07	25	13	09 04	09	15
13 25 06	23	16	04	20 20	01	18	16 24 55	08	26	14	10 48	11	16
13 28 52	24	17	05	21 06	02	20	16 29 11	09	27	15	12 34	12	18
13 32 38	25	18	06	21 54	04	21	16 33 26	10	28	17	14 23	14	19
13 36 25	26	19	07	22 42	05	22	16 37 42	11	29	18	16 15	16	20
13 40 13	27	20	07	23 30	06	23	16 41 59	12	♑0	19	18 10	18	21
13 44 01	28	20	08	24 19	07	25	16 46 17	13	01	20	20 08	20	22
13 47 49	29	21	09	25 08	09	26	16 50 34	14	02	21	22 09	21	23
13 51 38	♏0	22	10	25 58	10	27	16 54 52	15	03	22	24 13	23	25
13 55 28	01	23	11	26 48	11	28	16 59 11	16	04	24	26 19	25	26
13 59 18	02	24	11	27 39	12	♈0	17 03 30	17	05	25	28 27	27	27
14 03 08	03	25	12	28 31	14	01	17 07 49	18	06	26	♓0 41	28	28
14 07 00	04	26	13	29 24	15	02	17 12 09	19	07	27	02 56	♉0	29
14 10 52	05	26	14	♑0 17	16	04	17 16 29	20	08	29	05 14	02	♊0
14 14 44	06	27	15	01 10	18	05	17 20 49	21	09	♒0	07 35	03	01
14 18 37	07	28	15	02 05	19	06	17 25 10	22	10	01	09 57	05	02
14 22 31	08	29	16	03 00	20	08	17 29 30	23	11	03	12 22	07	04
14 26 26	09	♐0	17	03 57	22	09	17 33 51	24	12	04	14 50	08	05
14 30 21	10	01	18	04 54	24	10	17 38 13	25	13	05	17 18	10	06
14 34 17	11	02	19	05 52	25	11	17 42 34	26	14	07	19 49	11	07
14 38 14	12	02	19	06 50	27	13	17 46 55	27	15	08	22 13	13	08
14 42 11	13	03	20	07 50	28	14	17 51 17	28	16	09	24 53	14	09
14 46 09	14	04	21	08 51	♓0	15	17 55 38	29	17	11	27 26	16	10

51° Sternzeit h m s	10. Feld °	11. Feld °	12. Feld °	1. Feld Aszendent ° '	2. Feld °	3. Feld °
18 00 00	00	18	13	00 00	17	12
18 04 22	01	20	14	02 34	19	13
18 08 43	02	21	16	05 07	21	14
18 13 05	03	22	17	07 40	22	15
18 17 26	04	23	19	10 11	23	16
18 21 47	05	24	20	12 42	25	17
18 26 09	06	25	22	15 10	26	18
18 30 30	07	26	23	17 38	27	19
18 34 50	08	27	25	20 03	29	20
18 39 11	09	29	27	22 25	00	21
18 43 31	10	0	28	24 46	01	22
18 47 51	11	01	0	27 04	03	23
19 52 11	12	02	02	29 19	04	24
18 56 30	13	03	03	1 31	05	25
19 00 49	14	04	05	03 41	06	26
19 05 08	15	06	07	05 48	08	27
19 09 26	16	07	09	07 51	09	28
19 13 43	17	08	10	09 52	10	29
19 18 01	18	09	12	11 50	11	0
19 22 18	19	10	14	13 45	12	01
19 26 34	20	12	16	15 37	13	02
19 30 49	21	13	18	17 26	14	03
19 35 05	22	14	19	19 12	16	04
19 39 19	23	15	21	20 56	17	05
19 43 33	24	16	23	22 37	18	06
19 47 47	25	18	25	24 16	19	07
19 51 59	26	19	27	25 52	20	08
19 56 12	27	20	28	27 25	21	09
20 00 23	28	21	0	28 57	22	10
20 04 34	29	23	02	00 26	23	11
20 08 44	0	24	04	01 53	24	12
20 12 54	01	25	06	03 17	25	12
20 17 03	02	27	07	04 40	26	13
20 21 11	03	28	09	06 01	27	14
20 25 18	04	29	11	07 20	28	15
20 29 25	05	0	13	08 37	29	16
20 33 31	06	02	14	09 53	0	17
20 37 36	07	03	16	11 07	01	18
20 41 41	08	04	18	12 19	02	19
20 45 44	09	06	19	13 30	03	20
20 49 48	10	07	21	14 39	04	21
20 53 50	11	08	23	15 47	04	21
20 57 52	12	09	24	16 54	05	22
21 01 52	13	11	26	18 00	06	23
21 05 53	14	12	28	19 04	07	24

51° Sternzeit h m s	10. Feld °	11. Feld °	12. Feld °	1. Feld Aszendent ° '	2. Feld °	3. Feld °
21 09 51	15	13	29	20 07	08	25
21 13 51	16	15	0	21 09	09	26
21 17 49	17	16	02	22 10	10	27
21 21 46	18	17	04	23 10	10	28
21 25 43	19	19	05	24 08	11	28
21 29 39	20	20	07	25 06	12	29
21 33 34	21	21	08	26 03	13	0
21 37 29	22	22	09	27 00	14	01
21 41 23	23	24	11	27 55	15	02
21 45 16	24	25	12	28 50	15	03
21 49 08	25	26	14	29 43	16	04
21 53 00	26	28	15	0 36	17	04
21 56 52	27	29	16	01 29	18	05
22 00 42	28	0	18	02 21	19	06
22 04 32	29	02	19	03 12	19	07
22 08 22	0	03	20	04 02	20	08
22 12 11	01	04	21	04 52	21	09
22 15 59	02	05	23	05 41	22	09
22 19 47	03	07	24	06 30	23	10
22 23 35	04	08	25	07 19	23	11
22 27 22	05	09	26	08 06	24	12
22 31 08	06	10	28	08 54	25	13
22 34 54	07	12	29	09 40	26	14
22 38 39	08	13	0	10 27	26	14
22 42 24	09	14	01	11 13	27	15
22 46 09	10	15	02	11 59	28	16
22 49 53	11	17	03	12 44	29	17
22 53 36	12	18	04	13 29	29	18
22 57 20	13	19	05	14 13	0	19
23 01 03	14	20	06	14 57	01	19
23 04 46	15	21	07	15 41	02	20
23 08 28	16	23	08	16 25	02	21
23 12 10	17	24	09	17 08	03	22
23 15 52	18	25	10	17 51	04	23
23 19 33	19	26	11	18 34	05	23
23 23 15	20	27	12	19 17	05	24
23 26 56	21	28	13	19 59	06	25
23 30 37	22	0	14	20 41	07	26
23 34 18	23	01	15	21 23	07	27
23 37 58	24	02	16	22 05	08	28
23 41 39	25	03	17	22 46	09	28
23 45 19	26	04	18	23 27	10	29
23 48 59	27	05	19	24 08	10	0
23 52 40	28	06	20	24 49	11	01
23 56 20	29	08	21	25 30	12	02

52° — Sternzeit

Sternzeit h m s	10. Feld ♈	11. Feld ♉	12. Feld ♊	1. Feld Aszendent ♋ (°)	(')	2. Feld ♌	3. Feld ♍
0 00 00	00	09	23	27	00	13	03
0 03 40	01	10	24	27	40	13	03
0 07 20	02	11	25	28	19	15	05
0 11 00	03	12	25	28	59	15	05
0 14 41	04	13	26	29	39	16	06
0 18 21	05	14	27	♌0	19	16	07
0 22 02	06	15	28	00	58	17	08
0 25 42	07	16	29	01	38	18	08
0 29 23	08	17	29	02	18	19	09
0 33 04	09	19	♋0	02	57	19	10
0 36 45	10	20	01	03	36	20	11
0 40 26	11	21	02	04	15	21	12
0 44 08	12	22	03	04	55	21	13
0 47 50	13	23	04	05	34	22	13
0 51 32	14	24	05	06	13	23	14
0 55 14	15	25	06	06	52	24	15
0 58 57	16	26	06	07	32	24	16
1 02 40	17	27	07	08	11	25	17
1 06 23	18	28	08	08	50	26	18
1 10 07	19	29	09	09	29	26	18
1 13 51	20	♊0	10	10	08	27	19
1 17 35	21	01	10	10	48	28	20
1 21 20	22	02	11	11	27	29	21
1 25 06	23	03	12	12	07	29	22
1 28 52	24	04	13	12	46	♍0	23
1 32 38	25	05	14	13	26	01	24
1 36 25	26	06	14	14	05	02	25
1 40 12	27	07	15	14	45	02	25
1 44 00	28	08	16	15	25	03	26
1 47 48	29	09	17	16	04	04	27
1 51 37	♉0	10	17	16	44	04	28
1 55 27	01	11	18	17	24	05	29
1 59 17	02	12	19	18	04	06	♎0
2 03 08	03	13	20	18	44	07	01
2 06 59	04	14	21	19	24	08	02
2 10 51	05	15	21	20	04	08	02
2 14 44	06	16	22	20	44	09	03
2 18 37	07	17	23	21	25	10	04
2 22 31	08	18	24	22	05	11	05
2 26 25	09	18	25	22	46	11	06
2 30 20	10	19	25	23	27	12	07
2 34 16	11	20	26	24	08	13	08
2 38 13	12	21	27	24	50	14	09
2 42 10	13	22	28	25	30	14	10
2 46 08	14	23	28	26	12	15	11

Sternzeit h m s	10. Feld ♉	11. Feld ♊	12. Feld ♋	1. Feld Aszendent ♌ (°)	(')	2. Feld ♍	3. Feld ♎
2 50 07	15	24	29	26	53	16	11
2 54 07	16	25	♌0	27	35	17	12
2 58 07	17	26	01	28	16	18	13
3 02 08	18	27	02	28	58	18	14
3 06 09	19	28	02	29	40	19	15
3 10 12	20	29	03	♍0	22	20	16
3 14 15	21	♋0	04	01	04	21	17
3 18 19	22	01	04	01	46	22	18
3 22 23	23	02	05	02	29	23	19
3 26 29	24	03	06	03	11	23	20
3 30 35	25	03	07	03	54	24	21
3 34 41	26	04	08	04	37	25	22
3 38 49	27	05	09	05	20	26	23
3 42 57	28	06	10	06	03	27	24
3 47 06	29	07	10	06	47	27	24
3 51 15	♊0	08	11	07	30	28	25
3 55 25	01	09	12	08	13	29	26
3 59 36	02	10	13	08	57	♎0	27
4 03 48	03	11	13	09	41	01	28
4 08 00	04	12	14	10	25	02	29
4 12 13	05	13	15	11	09	02	♏0
4 16 26	06	14	16	11	53	03	01
4 20 40	07	15	17	12	37	04	02
4 24 55	08	16	18	13	20	05	03
4 29 10	09	16	19	14	06	06	04
4 33 26	10	17	19	14	51	07	05
4 37 42	11	18	20	15	36	07	06
4 41 59	12	19	21	16	21	08	07
4 46 16	13	20	22	17	06	09	08
4 50 34	14	21	23	17	51	10	09
4 54 52	15	22	23	18	36	11	10
4 59 10	16	23	24	19	21	12	10
5 03 29	17	24	25	20	06	13	11
5 07 49	18	25	26	20	52	13	12
5 12 09	19	26	27	21	37	14	13
5 16 29	20	27	28	22	23	15	14
5 20 49	21	28	29	23	08	16	15
5 25 09	22	29	29	23	54	17	16
5 29 30	23	29	♍0	24	39	18	17
5 33 51	24	♌0	01	25	25	19	18
5 38 12	25	01	02	26	11	19	19
5 42 34	26	02	03	26	56	20	20
5 46 55	27	03	03	27	42	21	21
5 51 17	28	04	04	28	28	22	22
5 55 38	29	05	05	29	14	23	23

52° Sternzeit	10. Feld	11. Feld	12. Feld	1. Feld Aszendent		2. Feld	3. Feld
h m s	°	°	°	°	′	°	°
6 00 00	00	06	06	00	00	24	24
6 04 22	01	07	07	00	46	25	25
6 08 43	02	08	08	01	32	25	26
6 13 05	03	09	09	02	18	26	27
6 17 26	04	10	10	03	04	27	28
6 21 48	05	11	10	03	49	28	28
6 26 09	06	12	11	04	35	29	29
6 30 30	07	13	12	05	21	♐0	♑0
6 34 51	08	14	13	06	06	00	01
6 39 11	09	15	14	06	52	01	02
6 43 31	10	16	15	07	37	02	03
6 47 51	11	17	16	08	23	03	04
6 52 11	12	17	17	09	08	04	05
6 56 31	13	18	17	09	54	05	06
7 00 50	14	19	18	10	39	06	07
7 05 08	15	20	19	11	24	06	08
7 09 26	16	21	20	12	09	07	09
7 13 44	17	22	21	12	54	08	10
7 18 01	18	23	22	13	39	09	11
7 22 18	19	24	22	14	24	10	12
7 26 34	20	25	23	15	09	11	12
7 30 50	21	26	24	15	54	11	13
7 35 05	22	27	25	16	38	12	14
7 39 20	23	28	26	17	23	13	15
7 43 34	24	29	27	18	07	14	16
7 47 47	25	♏0	28	18	51	15	17
7 52 00	26	01	28	19	35	16	18
7 56 12	27	02	29	20	19	16	19
8 00 24	28	03	♐0	21	03	17	20
8 04 35	29	04	01	21	47	18	21
8 08 45	♍0	04	02	22	30	19	22
8 12 54	01	05	03	23	13	20	23
8 17 03	02	06	03	23	57	20	24
8 21 11	03	07	04	24	40	21	25
8 25 19	04	08	05	25	23	22	26
8 29 26	05	09	06	26	06	23	26
8 33 31	06	10	07	26	49	24	27
8 37 37	07	11	07	27	31	24	28
8 41 41	08	12	08	28	14	25	29
8 45 45	09	13	09	28	56	26	♒0
8 49 48	10	14	10	29	38	27	01
8 53 51	11	15	11	♑0	20	28	02
8 57 52	12	16	11	01	02	28	03
9 01 53	13	17	12	01	44	29	04
9 05 53	14	17	13	02	25	♓0	05

52° Sternzeit	10. Feld	11. Feld	12. Feld	1. Feld Aszendent		2. Feld	3. Feld
h m s	°	°	°	°	′	°	°
9 09 53	15	18	14	03	07	01	06
9 13 52	16	19	15	03	48	01	07
9 17 50	17	20	15	04	30	02	08
9 21 47	18	21	16	05	10	03	09
9 25 44	19	22	17	05	52	04	10
9 29 40	20	23	18	06	33	05	10
9 33 35	21	24	19	07	14	05	11
9 37 29	22	25	19	07	55	06	12
9 41 23	23	26	20	08	35	07	13
9 45 16	24	27	21	09	16	08	14
9 49 09	25	27	22	09	56	08	15
9 53 01	26	28	22	10	36	09	16
9 56 52	27	29	23	11	16	10	17
10 00 42	28	♐0	24	11	56	11	18
10 04 33	29	01	25	12	36	12	19
10 08 23	♏0	02	25	13	16	12	20
10 12 12	01	03	26	13	56	13	21
10 16 00	02	04	27	14	35	14	22
10 19 48	03	04	28	15	15	15	23
10 23 35	04	05	28	15	55	16	24
10 27 22	05	06	29	16	34	16	25
10 31 08	06	07	♑0	17	14	17	26
10 34 54	07	08	00	17	53	18	27
10 38 40	08	09	01	18	33	19	28
10 42 25	09	10	02	19	12	20	29
10 46 09	10	11	03	19	52	20	♓0
10 49 53	11	11	04	20	31	21	01
10 53 37	12	12	04	21	10	22	02
10 57 20	13	13	05	21	49	23	03
11 01 03	14	14	06	22	28	23	04
11 04 46	15	15	06	23	08	24	05
11 08 28	16	16	07	23	47	25	06
11 12 10	17	17	08	24	26	26	07
11 15 52	18	17	09	25	05	27	08
11 19 34	19	18	09	25	45	28	09
11 23 15	20	19	10	26	24	28	10
11 26 56	21	20	11	27	03	29	11
11 30 37	22	21	11	27	42	♈0	12
11 34 18	23	22	12	28	22	01	14
11 37 58	24	22	13	29	02	02	15
11 41 39	25	23	14	29	41	03	16
11 45 19	26	24	14	♒0	21	04	17
11 49 00	27	25	15	01	01	04	18
11 52 40	28	26	16	01	40	05	19
11 56 20	29	26	16	02	20	06	20

52° Sternzeit h m s	10. Feld °	11. Feld °	12. Feld °	1. Feld Aszendent °	'	2. Feld °	3. Feld °
	♎	♎	♏	♐		♒	♓
12 00 00	00	27	17	03	00	07	21
12 03 40	01	28	18	03	40	08	22
12 07 20	02	29	19	04	21	09	23
12 11 00	03	♏0	19	05	01	10	25
12 14 41	04	00	20	05	41	11	26
12 18 21	05	01	21	06	22	12	27
12 22 02	06	02	21	07	03	13	28
12 25 42	07	03	22	07	44	14	29
12 29 23	08	04	23	08	26	15	♈0
12 33 04	09	05	23	09	07	16	01
12 36 45	10	06	24	09	49	17	03
12 40 26	11	06	25	10	31	18	04
12 44 08	12	07	26	11	13	19	05
12 47 50	13	08	26	11	55	20	06
12 51 32	14	09	27	12	38	21	07
12 55 14	15	10	28	13	20	22	09
12 58 57	16	10	29	14	04	23	10
13 02 40	17	11	29	14	48	24	11
13 06 23	18	12	♐0	15	32	25	12
13 10 07	19	13	01	16	16	26	13
13 13 51	20	14	01	17	00	27	15
13 17 35	21	14	02	17	45	28	16
13 21 20	22	15	03	18	30	29	17
13 25 06	23	16	04	19	16	♓0	18
13 28 52	24	17	04	20	02	02	20
13 32 38	25	18	05	20	49	03	21
13 36 25	26	19	06	21	36	04	22
13 40 12	27	19	07	22	24	05	23
13 44 00	28	20	07	23	12	07	25
13 47 48	29	21	08	24	00	08	26
13 51 37	♏0	22	09	24	49	09	27
13 55 27	01	23	10	25	39	10	28
13 59 17	02	24	11	26	29	12	29
14 03 08	03	24	11	27	20	13	♉1
14 06 59	04	25	12	28	12	14	02
14 10 51	05	26	13	29	04	16	04
14 14 44	06	27	14	29	57	17	05
14 18 37	07	28	14	♑0	51	19	06
14 22 31	08	29	15	01	46	20	07
14 26 25	09	29	16	02	41	21	09
14 30 20	10	♐0	17	03	37	23	10
14 34 16	11	01	18	04	34	24	11
14 38 13	12	02	18	05	32	26	13
14 42 10	13	03	19	06	31	27	14
14 46 08	14	04	20	07	32	29	15
14 50 07	15	05	21	08	33	♈1	17
14 54 07	16	05	22	09	35	02	18
14 58 07	17	06	23	10	39	04	19
15 02 08	18	07	24	11	43	05	21
15 06 09	19	08	25	12	49	07	22
15 10 12	20	09	26	13	56	09	23
15 14 15	21	10	26	15	05	10	25
15 18 19	22	11	27	16	15	12	26
15 22 23	23	12	28	17	27	14	27
15 26 29	24	12	29	18	40	15	28
15 30 35	25	13	♑0	19	55	17	29
15 34 41	26	14	01	21	11	19	♊1
15 38 49	27	15	02	22	30	21	02
15 42 57	28	16	03	23	50	23	04
15 47 06	29	17	04	25	10	24	05
15 51 15	♐0	18	05	26	37	26	06
15 55 25	01	19	06	28	04	28	07
15 59 36	02	20	07	29	33	29	09
16 03 48	03	21	08	♒1	04	♉1	10
16 08 00	04	22	09	02	38	03	11
16 12 13	05	23	10	04	14	05	12
16 16 26	06	23	11	05	53	07	14
16 20 40	07	24	12	07	35	09	15
16 24 55	08	25	13	09	19	11	16
16 29 10	09	26	14	11	07	13	17
16 33 26	10	27	16	12	57	14	19
16 37 42	11	28	17	14	50	16	20
16 41 59	12	29	18	16	47	18	21
16 46 16	13	♑0	19	18	46	20	22
16 50 34	14	01	20	20	50	21	24
16 54 52	15	02	21	22	56	23	25
16 59 10	16	03	23	25	05	25	26
17 03 29	17	04	24	27	18	27	27
17 07 49	18	05	25	29	34	28	28
17 12 09	19	06	27	♓1	53	♊0	29
17 16 29	20	07	28	04	15	02	♋1
17 20 49	21	08	29	06	41	04	02
17 25 09	22	09	♒0	09	09	05	03
17 29 30	23	10	02	11	39	07	04
17 33 51	24	11	03	14	12	09	05
17 38 12	25	12	04	16	46	10	06
17 42 34	26	13	06	19	23	12	08
17 46 55	27	14	07	22	01	13	09
17 51 17	28	15	09	24	40	15	10
17 55 38	29	17	10	27	20	17	11

52° Sternzeit h m s	10. Feld °	11. Feld °	12. Feld °	1. Feld Aszendent °	'	2. Feld °	3. Feld °
18 00 00	00	18	12	00	00	18	12
18 04 22	01	19	13	02	40	20	13
18 08 43	02	20	15	05	20	21	14
18 13 05	03	21	16	07	59	23	15
18 17 26	04	22	18	10	37	24	16
18 21 48	05	23	20	13	14	26	17
18 26 09	06	25	21	15	48	27	18
18 30 30	07	26	23	18	21	28	19
18 34 51	08	27	25	20	51	29	21
18 39 11	09	28	26	23	19	0	22
18 43 31	10	29	28	25	45	02	23
18 47 51	11	0	29	28	07	04	24
18 52 11	12	02	1	0	26	05	25
18 56 31	13	03	03	02	42	06	26
19 00 50	14	04	05	04	55	07	27
19 05 08	15	05	07	07	04	09	28
19 09 26	16	06	08	09	10	10	29
19 13 44	17	08	10	11	14	11	0
19 18 01	18	09	12	13	13	12	01
19 22 18	19	10	14	15	10	13	02
19 26 34	20	11	16	17	03	14	03
19 30 50	21	12	17	18	53	15	04
19 35 05	22	14	19	20	41	17	05
19 39 20	23	15	21	22	25	18	05
19 43 34	24	16	23	24	07	19	06
19 47 47	25	17	25	25	46	20	07
19 52 00	26	19	26	27	22	21	08
19 56 12	27	20	28	28	56	22	09
20 00 24	28	21	0	0	27	23	10
20 04 35	29	22	02	01	56	24	11
20 08 45	0	24	04	03	23	25	12
20 12 54	01	25	06	04	47	26	13
20 17 03	02	26	07	06	10	27	14
20 21 11	03	28	09	07	30	28	15
20 25 19	04	29	11	08	49	29	16
20 29 26	05	0	13	10	05	0	17
20 33 31	06	02	14	11	20	01	17
20 37 37	07	03	16	12	33	02	18
20 41 41	08	04	18	13	45	03	19
20 45 45	09	05	20	14	55	03	20
20 49 48	10	07	21	16	04	04	21
20 53 51	11	08	23	17	11	05	22
20 57 52	12	09	25	18	17	06	23
21 01 53	13	11	26	19	21	07	24
21 05 53	14	12	28	20	25	08	24

52° Sternzeit h m s	10. Feld °	11. Feld °	12. Feld °	1. Feld Aszendent °	'	2. Feld °	3. Feld °
21 09 53	15	13	29	21	27	09	25
21 13 52	16	15	1	22	28	10	26
21 17 50	17	16	02	23	29	10	27
21 21 47	18	17	04	24	28	11	28
21 25 44	19	18	05	25	26	12	29
21 29 40	20	20	07	26	23	13	29
21 33 35	21	21	08	27	19	14	0
21 37 29	22	22	10	28	14	15	01
21 41 23	23	24	11	29	09	15	02
21 45 16	24	25	13	0	03	16	03
21 49 09	25	26	14	00	56	17	04
21 53 01	26	28	16	01	48	18	05
21 56 52	27	29	17	02	40	19	06
22 00 43	28	0	18	03	31	19	06
22 04 33	29	01	20	04	21	20	07
22 08 23	0	03	21	05	11	21	08
22 12 12	01	04	22	06	00	22	09
22 16 00	02	05	23	06	48	22	10
22 19 48	03	07	25	07	36	23	11
22 23 35	04	08	26	08	24	24	11
22 27 22	05	09	27	09	11	25	12
22 31 08	06	10	28	09	58	25	13
22 34 54	07	12	29	10	44	26	14
22 38 40	08	13	1	11	30	27	15
22 42 25	09	14	02	12	15	28	15
22 46 09	10	15	03	13	00	28	16
22 49 53	11	17	04	13	44	29	17
22 53 37	12	18	05	14	28	0	18
22 57 20	13	19	06	15	12	01	19
23 01 03	14	20	07	15	56	01	19
23 04 46	15	21	08	16	40	02	20
23 08 28	16	22	09	17	22	03	21
23 12 10	17	24	10	18	05	03	22
23 15 52	18	25	11	18	47	04	23
23 19 34	19	26	12	19	29	05	24
23 23 15	20	27	13	20	11	06	24
23 26 56	21	28	14	20	53	06	25
23 30 36	22	29	15	21	34	07	26
23 34 18	23	1	16	22	16	08	27
23 37 58	24	02	17	22	57	09	28
23 41 39	25	03	18	23	38	09	29
23 45 19	26	04	19	24	19	10	29
23 49 00	27	05	20	24	59	11	0
23 52 40	28	07	21	25	39	11	01
23 56 20	29	08	22	26	20	12	02

53°

Left half of table:

Sternzeit (h m s)	10. Feld (°) ♈	11. Feld (°) ♉	12. Feld (°) ♉	1. Feld Aszendent (° ') ♊	2. Feld (°) ♍	3. Feld (°) ♏
0 00 00	00	09	24	27 48	14	03
0 03 40	01	11	25	28 27	14	04
0 07 20	02	12	26	29 07	15	05
0 11 01	03	13	27	29 46	16	05
0 14 41	04	14	28	♋0 25	17	06
0 18 21	05	15	29	01 04	17	07
0 22 02	06	16	29	01 43	18	08
0 25 42	07	17	♊0	02 22	19	09
0 29 23	08	18	01	03 01	20	10
0 33 04	09	19	02	03 40	20	10
0 36 45	10	20	03	04 19	21	11
0 40 27	11	21	04	04 57	22	12
0 44 08	12	22	04	05 36	22	13
0 47 50	13	23	05	06 15	23	14
0 51 32	14	24	06	06 54	24	15
0 55 14	15	26	07	07 32	24	15
0 58 57	16	27	08	08 11	25	16
1 02 40	17	28	09	08 50	26	17
1 06 24	18	29	09	09 29	26	18
1 10 07	19	♊0	10	10 07	27	19
1 13 51	20	01	11	10 46	28	20
1 17 36	21	02	12	11 25	29	20
1 21 21	22	03	12	12 04	29	21
1 25 06	23	04	13	12 42	♎0	22
1 28 52	24	05	14	13 21	01	23
1 32 38	25	06	15	14 00	01	24
1 36 25	26	07	16	14 39	02	25
1 40 13	27	08	16	15 18	03	26
1 44 01	28	08	17	15 58	04	26
1 47 49	29	09	18	16 37	04	27
1 51 38	♉0	10	19	17 16	05	28
1 55 28	01	11	19	17 56	06	29
1 59 18	02	12	20	18 35	07	♐0
2 03 08	03	13	21	19 15	07	01
2 07 00	04	14	22	19 54	08	02
2 10 52	05	15	23	20 34	09	02
2 14 44	06	16	23	21 14	10	03
2 18 37	07	17	24	21 54	10	04
2 22 31	08	18	25	22 34	11	05
2 26 26	09	19	26	23 14	12	06
2 30 21	10	20	26	23 54	13	07
2 34 17	11	21	27	24 35	13	08
2 38 14	12	22	28	25 15	14	09
2 42 11	13	23	29	25 56	15	10
2 46 09	14	24	♋0	26 37	16	11

Right half of table:

Sternzeit (h m s)	10. Feld (°)	11. Feld (°)	12. Feld (°)	1. Feld Aszendent (° ')	2. Feld (°)	3. Feld (°)
2 50 09	15	25	00	27 17	16	11
2 54 07	16	26	01	27 58	17	12
2 58 08	17	27	02	28 40	18	13
3 02 08	18	27	03	29 21	19	14
3 06 10	19	28	03	♌0 02	20	15
3 10 12	20	29	04	00 44	20	16
3 14 16	21	♋0	05	01 25	21	17
3 18 19	22	01	06	02 07	22	18
3 22 24	23	02	07	02 49	23	19
3 26 29	24	03	07	03 31	24	20
3 30 35	25	04	08	04 14	24	20
3 34 42	26	05	09	04 56	25	21
3 38 49	27	06	10	05 38	26	22
3 42 57	28	07	11	06 21	27	23
3 47 06	29	08	11	07 04	28	24
3 51 16	♊0	09	12	07 47	28	25
3 55 26	01	10	13	08 30	29	26
3 59 37	02	10	14	09 13	♏0	27
4 03 48	03	11	15	09 56	01	28
4 08 01	04	12	15	10 39	02	29
4 12 13	05	13	16	11 23	02	♑0
4 16 27	06	14	17	12 07	03	01
4 20 41	07	15	18	12 50	04	02
4 24 55	08	16	19	13 34	05	03
4 29 11	09	17	19	14 18	06	03
4 33 26	10	18	20	15 02	06	04
4 37 42	11	19	21	15 46	07	05
4 41 59	12	20	22	16 31	08	06
4 46 17	13	21	23	17 15	09	07
4 50 34	14	22	23	18 00	10	08
4 54 52	15	23	24	18 44	11	09
4 59 11	16	23	25	19 29	11	10
5 03 30	17	24	26	20 14	12	11
5 07 49	18	25	27	20 58	13	12
5 12 09	19	26	28	21 43	14	13
5 16 29	20	27	28	22 28	15	14
5 20 49	21	28	29	23 13	16	15
5 25 10	22	29	♌0	23 58	17	16
5 29 30	23	♌0	01	24 43	17	17
5 33 51	24	01	02	25 29	18	18
5 38 13	25	02	03	26 14	19	19
5 42 34	26	03	03	26 59	20	20
5 46 55	27	04	04	27 44	21	21
5 51 17	28	05	05	28 29	22	21
5 55 38	29	06	06	29 15	22	22

53°

Sternzeit h m s	10. Feld °	11. Feld °	12. Feld °	1. Feld Aszendent ° '	2. Feld °	3. Feld °
6 00 00	00	07	07	00 00	23	23
6 04 22	01	08	08	00 45	24	24
6 08 43	02	09	08	01 31	25	25
6 13 05	03	09	09	02 16	26	26
6 17 26	04	10	10	03 01	27	27
6 21 47	05	11	11	03 46	27	28
6 26 09	06	12	11	04 31	28	29
6 30 30	07	13	13	05 17	29	♌0
6 34 50	08	14	13	06 02	♍0	01
6 39 11	09	15	14	06 47	01	02
6 43 31	10	16	15	07 32	02	03
6 47 51	11	17	16	08 17	02	04
6 52 11	12	18	17	09 02	03	05
6 56 30	13	19	18	09 46	04	06
7 00 49	14	20	19	10 31	05	07
7 05 08	15	21	19	11 16	06	07
7 09 26	16	22	20	12 00	07	08
7 13 43	17	23	21	12 45	07	09
7 18 01	18	24	22	13 29	08	10
7 22 18	19	25	23	14 14	09	11
7 26 34	20	26	24	14 58	10	12
7 30 49	21	27	24	15 42	11	13
7 35 05	22	27	25	16 26	11	14
7 39 19	23	28	26	17 10	12	15
7 43 33	24	29	27	17 53	13	16
7 47 47	25	♍0	28	18 37	14	17
7 51 59	26	01	28	19 21	15	18
7 56 12	27	02	29	20 04	15	19
8 00 23	28	03	♍0	20 47	16	20
8 04 34	29	04	01	21 30	17	20
8 08 44	♌0	05	02	22 13	18	21
8 12 54	01	06	02	22 56	19	22
8 17 03	02	07	03	23 39	19	23
8 21 11	03	08	04	24 22	20	24
8 25 19	04	09	05	25 04	21	25
8 29 25	05	10	06	25 46	22	26
8 33 31	06	10	07	26 29	23	27
8 37 36	07	11	07	27 11	23	28
8 41 41	08	12	08	27 53	24	29
8 42 44	09	13	09	28 35	25	♎0
8 49 48	10	14	10	29 16	26	01
8 53 50	11	15	10	29 58	27	02
8 57 52	12	16	11	♎0 39	27	03
9 01 52	13	17	12	01 20	28	04
9 05 53	14	18	13	02 02	29	04

53°

Sternzeit h m s	10. Feld °	11. Feld °	12. Feld °	1. Feld Aszendent ° '	2. Feld °	3. Feld °
9 09 51	15	19	13	02 43	00	05
9 13 51	16	20	14	03 23	01	06
9 17 49	17	20	15	04 04	01	07
9 21 46	18	21	16	04 45	02	08
9 25 43	19	22	17	05 25	03	09
9 29 39	20	23	17	06 06	04	10
9 33 34	21	24	18	06 46	04	11
9 37 29	22	25	19	07 26	05	12
9 41 23	23	26	20	08 06	06	13
9 45 16	24	27	20	08 46	07	14
9 49 08	25	28	21	09 26	07	15
9 53 00	26	28	22	10 06	08	16
9 56 52	27	29	23	10 45	09	17
10 00 42	28	♎0	23	11 25	10	18
10 04 32	29	01	24	12 04	11	19
10 08 22	♍0	02	25	12 44	11	20
10 12 11	01	03	26	13 23	12	21
10 15 59	02	04	26	14 02	13	22
10 19 47	03	04	27	14 42	14	23
10 23 35	04	05	28	15 21	14	23
10 27 22	05	06	28	16 00	15	24
10 31 08	06	07	29	16 39	16	25
10 34 54	07	08	♏0	17 18	17	26
10 38 39	08	09	01	17 56	18	27
10 42 24	09	10	01	18 35	18	28
10 46 09	10	10	02	19 14	19	29
10 49 53	11	11	03	19 53	20	♐0
10 53 36	12	12	04	20 32	21	01
10 57 20	13	13	04	21 10	21	02
11 01 03	14	14	05	21 49	22	03
11 04 46	15	15	06	22 28	23	04
11 08 28	16	16	06	23 06	24	06
11 12 10	17	16	07	23 45	25	07
11 15 52	18	17	08	24 24	26	08
11 19 33	19	18	08	25 03	26	09
11 23 15	20	19	09	25 41	27	10
11 26 56	21	20	10	26 20	28	11
11 30 37	22	20	11	26 59	29	12
11 34 18	23	21	11	27 38	♏0	13
11 37 58	24	22	12	28 17	01	14
11 41 39	25	23	13	28 56	01	15
11 45 19	26	24	13	29 35	02	16
11 48 59	27	25	14	♏0 14	03	17
11 52 40	28	25	15	00 53	04	18
11 56 20	29	26	16	01 33	05	19

53° — Sternzeit 12ʰ 00ᵐ 00ˢ – 14ʰ 46ᵐ 09ˢ

Sternzeit h m s	10. Feld ♊ °	11. Feld ♊ °	12. Feld ♋ °	1. Feld Aszendent ♌ ° '	2. Feld ♌ °	3. Feld ♍ °
12 00 00	00	27	16	02 12	06	21
12 03 40	01	28	17	02 52	07	22
12 07 20	02	29	18	03 31	08	23
12 11 01	03	29	18	04 11	08	24
12 14 41	04	♋0	19	04 51	09	25
12 18 21	05	01	20	05 31	10	26
12 22 02	06	02	20	06 12	11	27
12 25 42	07	03	21	06 52	12	29
12 29 23	08	04	22	07 33	13	♎0
12 33 04	09	04	23	08 13	14	01
12 36 45	10	05	23	08 55	15	02
12 40 27	11	06	24	09 36	16	03
12 44 08	12	07	25	10 17	17	05
12 47 50	13	08	25	10 59	18	06
12 51 32	14	08	26	11 41	19	07
12 55 14	15	09	27	12 23	20	08
12 58 57	16	10	28	13 06	21	09
13 02 40	17	11	28	13 49	22	11
13 06 24	18	12	29	14 32	23	12
13 10 07	19	13	30	15 16	24	13
13 13 51	20	13	♌0	15 59	25	14
13 17 36	21	14	01	16 44	27	16
13 21 21	22	15	02	17 28	28	17
13 25 06	23	16	03	18 13	29	18
13 28 52	24	17	03	18 59	♍0	19
13 32 38	25	17	04	19 44	01	21
13 36 25	26	18	05	20 31	02	23
13 40 13	27	19	06	21 18	04	24
13 44 01	28	20	07	22 05	05	25
13 47 49	29	21	07	22 53	06	26
13 51 38	♋0	22	08	23 41	07	27
13 55 28	01	22	09	24 30	09	28
13 59 18	02	23	09	25 19	10	♏0
14 03 08	03	24	10	26 10	11	01
14 07 00	04	25	11	27 00	13	02
14 10 52	05	26	12	27 52	14	04
14 14 44	06	27	13	28 44	15	05
14 18 37	07	27	13	29 37	17	06
14 22 31	08	28	14	♍0 31	18	07
14 26 26	09	29	15	01 25	20	09
14 30 21	10	♌0	16	02 20	21	10
14 34 17	11	01	17	03 17	23	12
14 38 14	12	02	17	04 14	24	13
14 42 11	13	02	18	05 12	26	14
14 46 09	14	03	19	06 11	27	16

53° — Sternzeit 14ʰ 50ᵐ 09ˢ – 17ʰ 55ᵐ 38ˢ

Sternzeit h m s	10. Feld ♋ °	11. Feld ♌ °	12. Feld ♌ °	1. Feld Aszendent ♍ ° '	2. Feld ♎ °	3. Feld ♏ °
14 50 09	15	04	20	07 11	29	17
14 54 07	16	05	21	08 13	♎0	18
14 58 08	17	06	22	09 15	02	20
15 02 08	18	07	23	10 19	04	21
15 06 10	19	08	23	11 24	06	22
15 10 12	20	09	24	12 30	08	24
15 14 16	21	09	25	13 38	09	25
15 18 19	22	10	26	14 47	11	26
15 22 24	23	11	27	15 58	13	28
15 26 29	24	12	28	17 11	15	29
15 30 35	25	13	29	18 25	17	♐0
15 34 42	26	14	♍0	19 41	18	02
15 38 49	27	15	01	20 59	20	03
15 42 57	28	16	02	22 19	22	04
15 47 06	29	17	03	23 40	24	05
15 51 16	♌0	18	04	25 04	26	07
15 55 26	01	18	05	26 31	28	08
15 59 37	02	19	06	27 59	♏0	09
16 03 48	03	20	07	29 30	02	11
16 08 01	04	21	08	♎1 04	04	12
16 12 13	05	22	09	02 40	06	13
16 16 27	06	23	10	04 19	08	14
16 20 41	07	24	11	06 01	09	16
16 24 55	08	25	12	07 47	11	17
16 29 11	09	26	13	09 35	13	18
16 33 26	10	27	14	11 26	15	19
16 37 42	11	28	15	13 21	17	21
16 41 59	12	29	16	15 19	19	22
16 46 17	13	♍0	18	17 20	21	23
16 50 34	14	01	19	19 26	23	24
16 54 52	15	02	20	21 34	25	25
16 59 11	16	03	21	23 47	27	27
17 03 30	17	04	22	26 03	28	28
17 07 49	18	05	24	28 22	♐0	29
17 12 09	19	06	25	♏0 45	02	♑0
17 16 29	20	07	26	03 12	03	01
17 20 49	21	08	27	05 42	05	02
17 25 10	22	09	29	08 15	07	04
17 29 32	23	10	♎0	10 51	09	05
17 33 51	24	11	01	13 30	10	06
17 38 13	25	12	03	16 11	12	07
17 42 34	26	13	04	18 54	14	08
17 46 55	27	14	06	21 39	15	09
17 51 17	28	15	07	24 25	17	10
17 55 38	29	16	09	27 12	18	11

53° Sternzeit h m s	10. Feld °	11. Feld °	12. Feld °	1. Feld Aszendent ° '	2. Feld °	3. Feld °	**53°** Sternzeit h m s	10. Feld °	11. Feld °	12. Feld °	1. Feld Aszendent ° '	2. Feld °	3. Feld °
18 00 00	00	17	10	00 00	20	13	21 09 51	15	13	00	22 49	10	26
18 04 22	01	19	12	02 48	21	14	21 13 51	16	14	02	23 49	11	27
18 08 43	02	20	13	05 35	23	15	21 17 49	17	16	04	24 48	12	28
18 13 05	03	21	15	08 21	24	16	21 21 46	18	17	06	25 46	13	28
18 17 26	04	22	16	11 06	26	17	21 25 43	19	18	07	26 43	13	29
18 21 47	05	23	18	13 49	27	18	21 29 39	20	20	09	27 40	14	0
18 26 09	06	24	20	16 30	28	19	21 33 34	21	21	10	28 35	15	01
18 30 30	07	25	21	19 09	0	20	21 37 29	22	22	12	29 29	16	02
18 34 50	08	26	23	21 45	01	21	21 41 23	23	24	13	0 23	17	03
18 39 11	09	28	25	24 18	03	22	21 45 16	24	25	15	01 16	17	03
18 43 31	10	29	27	26 48	04	23	21 49 08	25	26	16	02 08	18	04
18 47 51	11	0	28	29 15	05	24	21 53 00	26	28	17	03 00	19	05
18 52 11	12	01	0	01 38	08	25	21 56 52	27	29	19	03 50	20	06
18 56 30	13	02	02	03 57	08	26	22 00 42	28	0	20	04 41	21	07
19 00 49	14	03	03	06 13	09	27	22 04 32	29	02	21	05 30	21	08
19 05 08	15	05	05	08 26	10	28	22 08 22	0	03	23	06 19	22	08
19 09 26	16	06	07	10 34	11	29	22 12 11	01	04	24	07 07	23	09
19 13 43	17	07	09	12 40	12	0	22 15 59	02	06	25	07 55	24	10
19 18 01	18	08	11	14 41	14	01	22 19 47	03	07	27	08 42	24	11
19 22 18	19	09	13	16 39	15	02	22 23 35	04	08	28	09 29	25	12
19 26 34	20	11	15	18 34	16	03	22 27 22	05	09	29	10 16	26	13
19 30 49	21	12	17	20 25	17	04	22 31 08	06	11	0	11 01	27	13
19 35 05	22	13	19	22 13	18	05	22 34 54	07	12	01	11 47	27	14
19 39 19	23	14	21	23 59	19	06	22 38 39	08	13	02	12 32	28	15
19 43 33	24	16	22	25 41	20	07	22 42 24	09	14	03	13 16	29	16
19 47 47	25	17	24	27 20	21	08	22 46 09	10	16	05	14 01	30	17
19 51 59	26	18	26	28 56	22	09	22 49 53	11	17	06	14 44	0	17
19 56 12	27	19	28	0 30	23	10	22 53 36	12	18	07	15 28	01	18
20 00 23	28	21	0	02 01	24	11	22 57 20	13	19	08	16 11	02	19
20 04 34	29	22	02	03 29	25	12	23 01 03	14	21	09	16 54	02	20
20 08 44	0	23	04	04 56	26	12	23 04 46	15	22	10	17 37	03	21
20 12 54	01	24	06	06 20	27	13	23 08 28	16	23	11	18 19	04	22
20 17 03	02	26	08	07 41	28	14	23 12 10	17	24	12	19 01	05	22
20 21 11	03	27	10	09 01	29	15	23 15 52	18	26	13	19 43	05	23
20 25 18	04	28	12	10 19	0	16	23 19 33	19	27	14	20 24	06	24
20 29 25	05	0	13	11 35	01	17	23 23 15	20	28	15	21 05	07	25
20 33 31	06	01	15	12 49	02	18	23 26 56	21	29	16	21 47	07	26
20 37 36	07	02	17	14 02	03	19	23 30 37	22	0	17	22 27	08	26
20 41 41	08	04	19	15 12	04	20	23 34 18	23	01	18	23 08	09	27
20 45 44	09	05	21	16 22	05	21	23 37 58	24	03	19	23 48	10	28
20 49 48	10	06	22	17 30	06	21	23 41 39	25	04	20	24 29	10	29
20 53 50	11	08	24	18 36	07	22	23 45 19	26	05	21	25 09	11	0
20 57 52	12	09	26	19 41	07	23	23 48 59	27	06	22	25 48	12	01
21 01 52	13	10	28	20 45	08	24	23 52 40	28	07	22	26 29	13	01
21 05 53	14	12	29	21 47	09	25	23 56 20	29	08	23	27 08	13	02

54°

Combined Häusertabelle for 54° (left block = Sternzeit 0 00 00 – 2 46 08, right block = Sternzeit 2 50 07 – 5 55 38).

Sternzeit h m s	10. Feld (♈ °)	11. Feld (♉ °)	12. Feld (♊ °)	1. Feld Aszendent (♋ °)	(')	2. Feld (♌ °)	3. Feld (♍ °)
0 00 00	00	09	25	28	43	14	03
0 03 40	01	11	26	29	22	14	04
0 07 20	02	12	26	♌0	00	15	04
0 11 00	03	13	27	00	39	16	05
0 14 41	04	14	28	01	17	16	06
0 18 21	05	15	29	01	56	17	07
0 22 02	06	16	♋0	02	34	18	08
0 25 42	07	17	01	03	13	19	09
0 29 23	08	18	02	03	51	19	09
0 33 04	09	19	02	04	29	20	10
0 36 45	10	20	03	05	07	21	11
0 40 26	11	21	04	05	45	21	12
0 44 08	12	22	05	06	23	22	13
0 47 50	13	24	06	07	02	23	14
0 51 32	14	25	07	07	40	24	14
0 55 14	15	26	07	08	18	24	15
0 58 57	16	27	08	08	56	25	16
1 02 40	17	28	09	09	34	26	17
1 06 23	18	29	10	10	12	26	18
1 10 07	19	♊0	10	10	50	27	19
1 13 51	20	01	11	11	28	28	19
1 17 35	21	02	12	12	06	28	20
1 21 20	22	03	12	12	45	29	21
1 25 06	23	04	14	13	23	♍0	22
1 28 52	24	05	14	14	01	01	23
1 32 38	25	06	15	14	40	01	24
1 36 25	26	07	16	15	18	02	25
1 40 12	27	08	17	15	57	03	25
1 44 00	28	09	17	16	35	04	26
1 47 48	29	10	18	17	14	04	27
1 51 37	♉0	11	19	17	52	05	28
1 55 27	01	12	20	18	31	06	29
1 59 17	02	13	21	19	10	06	♎0
2 03 08	03	14	21	19	49	07	01
2 06 59	04	15	22	20	28	08	02
2 10 51	05	16	23	21	07	08	02
2 14 44	06	17	24	21	47	09	03
2 18 37	07	18	24	22	26	10	04
2 22 31	08	18	25	23	05	11	05
2 26 25	09	19	26	23	45	12	06
2 30 20	10	20	27	24	25	12	07
2 34 16	11	21	27	25	05	13	08
2 38 13	12	22	28	25	45	14	09
2 42 10	13	23	29	26	25	15	10
2 46 08	14	24	29	27	05	16	10
2 50 07	15	25	♌0	27	45	16	11
2 54 07	16	26	01	28	26	17	12
2 58 07	17	27	02	29	06	18	13
3 02 08	18	28	03	29	47	19	14
3 06 09	19	29	03	♍0	28	19	15
3 10 12	20	♋0	04	01	09	20	16
3 14 15	21	01	05	01	49	21	17
3 18 19	22	02	06	02	31	22	18
3 22 23	23	02	07	03	12	23	19
3 26 29	24	03	07	03	54	23	20
3 30 35	25	04	08	04	35	24	21
3 34 41	26	05	09	05	17	25	21
3 38 49	27	06	10	05	59	26	22
3 42 57	28	07	11	06	41	27	23
3 47 06	29	08	11	07	23	27	24
3 51 15	♊0	09	12	08	05	28	25
3 55 25	01	10	13	08	48	29	26
3 59 36	02	11	14	09	30	♎0	27
4 03 48	03	12	14	10	13	01	28
4 08 00	04	13	15	10	56	02	29
4 12 13	05	14	16	11	39	02	♏0
4 16 26	06	15	17	12	22	03	01
4 20 40	07	15	18	13	05	04	02
4 24 55	08	16	18	13	48	05	02
4 29 10	09	17	19	14	31	06	03
4 33 26	10	18	20	15	15	07	04
4 37 42	11	19	21	15	58	07	05
4 41 59	12	20	22	16	42	08	06
4 46 16	13	21	23	17	26	09	07
4 50 34	14	22	23	18	10	10	08
4 54 52	15	23	24	18	54	11	09
4 59 10	16	24	25	19	38	11	10
5 03 29	17	25	26	20	22	12	11
5 07 49	18	26	27	21	06	13	12
5 12 09	19	26	27	21	50	14	13
5 16 29	20	27	28	22	35	15	14
5 20 49	21	28	29	23	19	16	15
5 25 09	22	29	♍0	24	03	17	16
5 29 30	23	♌0	01	24	48	17	17
5 33 51	24	01	02	25	32	18	18
5 38 12	25	02	02	26	17	19	18
5 42 34	26	03	03	27	01	20	19
5 46 55	27	04	04	27	46	21	20
5 51 17	28	05	05	28	31	22	21
5 55 38	29	06	06	29	15	22	22

54° Sternzeit h m s	10. Feld °	11. Feld °	12. Feld °	1. Feld Aszendent ° '	2. Feld °	3. Feld °
(Zeichen)	♋	♋	♋	♌	♌	♌
6 00 00	00	07	07	00 00	23	23
6 04 22	01	08	08	00 45	24	24
6 08 43	02	09	09	01 29	25	25
6 13 05	03	10	09	02 14	25	26
6 17 26	04	10	10	02 59	26	27
6 21 48	05	11	11	03 43	27	28
6 26 09	06	12	12	04 28	28	29
6 30 30	07	13	13	05 12	29	♍ 0
6 34 51	08	14	13	05 57	♍ 0	01
6 39 11	09	15	14	06 41	01	02
6 43 31	10	16	15	07 25	02	02
6 47 51	11	17	16	08 10	02	03
6 52 11	12	18	17	08 54	03	04
6 56 31	13	19	18	09 38	04	05
7 00 50	14	20	18	10 22	05	06
7 05 08	15	21	19	11 06	06	07
7 09 26	16	22	20	11 50	07	08
7 13 44	17	23	21	12 34	07	09
7 18 01	18	24	22	13 18	08	10
7 22 18	19	25	23	14 02	09	11
7 26 34	20	25	23	14 45	10	12
7 30 50	21	26	24	15 29	11	13
7 35 05	22	27	25	16 12	11	14
7 39 20	23	28	26	16 55	12	14
7 43 34	24	29	27	17 38	13	15
7 47 47	25	♌ 0	28	18 21	14	16
7 52 00	26	01	28	19 04	15	17
7 56 12	27	02	29	19 47	16	18
8 00 24	28	03	♌ 0	20 30	16	19
8 04 35	29	04	01	21 12	17	20
8 08 45	♌ 0	05	02	21 55	18	21
8 12 54	01	06	02	22 37	19	22
8 17 03	02	07	03	23 19	19	23
8 21 11	03	08	04	24 01	20	24
8 25 19	04	08	05	24 43	21	25
8 29 26	05	09	06	25 25	22	26
8 33 31	06	10	06	26 06	23	26
8 37 37	07	11	07	26 48	23	27
8 41 41	08	12	08	27 29	24	28
8 45 45	09	13	09	28 11	25	29
8 49 48	10	14	10	28 51	26	♌ 0
8 53 51	11	15	10	29 32	26	01
8 57 52	12	16	11	♍ 0 13	27	02
9 01 53	13	17	12	00 54	28	03
9 05 53	14	18	13	01 34	29	04

54° Sternzeit h m s	10. Feld °	11. Feld °	12. Feld °	1. Feld Aszendent ° '	2. Feld °	3. Feld °
9 09 53	15	19	14	02 15	29	05
9 13 52	16	19	14	02 55	♎ 0	06
9 17 50	17	20	15	03 35	01	07
9 21 47	18	21	16	04 15	02	08
9 25 44	19	22	17	04 55	03	09
9 29 40	20	23	17	05 35	03	10
9 33 35	21	24	18	06 15	04	10
9 37 29	22	25	19	06 55	05	11
9 41 23	23	26	20	07 34	06	12
9 45 16	24	27	20	08 13	06	13
9 49 09	25	27	21	08 53	07	14
9 53 01	26	28	22	09 32	08	15
9 56 52	27	29	23	10 11	09	16
10 00 42	28	♍ 0	23	10 50	09	17
10 04 33	29	01	24	11 28	10	18
10 08 23	♍ 0	02	25	12 08	11	19
10 12 12	01	03	26	12 46	12	20
10 16 00	02	04	26	13 25	12	21
10 19 48	03	04	27	14 03	13	22
10 23 35	04	05	28	14 42	14	23
10 27 22	05	06	28	15 20	15	24
10 31 08	06	07	29	15 59	16	25
10 34 54	07	08	♍ 0	16 37	16	26
10 38 40	08	09	01	17 15	17	27
10 42 25	09	10	01	17 54	18	28
10 46 09	10	10	02	18 32	19	29
10 49 53	11	11	03	19 10	19	♏ 0
10 53 37	12	12	04	19 48	20	01
10 57 20	13	13	04	20 26	21	02
11 01 03	14	14	05	21 04	22	03
11 04 46	15	15	06	21 42	23	04
11 08 28	16	15	06	22 20	23	05
11 12 10	17	16	07	22 58	24	06
11 15 52	18	17	08	23 37	25	07
11 19 34	19	18	08	24 15	26	08
11 23 15	20	19	09	24 53	27	09
11 26 56	21	20	10	25 31	28	10
11 30 37	22	20	11	26 09	28	12
11 34 18	23	21	11	26 47	29	13
11 37 58	24	22	12	27 26	♏ 0	14
11 41 39	25	23	13	28 04	01	15
11 45 19	26	24	13	28 43	02	16
11 49 00	27	25	14	29 21	03	17
11 52 40	28	25	15	♎ 0 00	03	18
11 56 20	29	26	15	00 38	04	19

54° Sternzeit	10. Feld	11. Feld	12. Feld	1. Feld Aszendent		2. Feld	3. Feld
h m s	°	°	°	°	'	°	°
	♎	♎	♏	♐		♑	♒
12 00 00	00	27	16	01	17	05	20
12 03 40	01	28	17	01	56	06	22
12 07 20	02	29	18	02	35	07	23
12 11 00	03	29	18	03	14	08	24
12 14 41	04	♏0	19	03	53	09	25
12 18 21	05	01	20	04	33	10	26
12 22 02	06	02	20	05	12	11	27
12 25 42	07	03	21	05	52	12	28
12 29 23	08	03	22	06	32	13	29
12 33 04	09	04	22	07	12	14	♓1
12 36 45	10	05	23	07	53	14	02
12 40 26	11	06	24	08	33	15	03
12 44 08	12	07	25	09	14	16	04
12 47 50	13	08	25	09	54	17	06
12 51 32	14	08	26	10	36	18	07
12 55 14	15	09	27	11	17	19	08
12 58 57	16	10	27	11	59	20	09
13 02 40	17	11	28	12	42	21	11
13 06 23	18	12	29	13	24	22	12
13 10 07	19	12	29	14	06	23	13
13 13 51	20	13	♐0	14	49	24	14
13 17 35	21	14	01	15	33	25	16
13 21 20	22	15	02	16	16	26	17
13 25 06	23	16	02	17	01	28	18
13 28 52	24	16	03	17	45	29	19
13 32 38	25	17	04	18	30	♒0	20
13 36 25	26	18	05	19	16	02	22
13 40 12	27	19	05	20	01	03	23
13 44 00	28	20	06	20	48	05	24
13 47 48	29	21	07	21	35	06	26
13 51 37	♏ 0	21	08	22	22	07	27
13 55 27	01	22	08	23	10	08	28
13 59 17	02	23	09	23	58	10	29
14 03 08	03	24	10	24	48	11	♈1
14 06 59	04	25	11	25	37	13	02
14 10 51	05	25	11	26	28	14	04
14 14 44	06	26	12	27	19	15	05
14 18 37	07	27	13	28	11	17	06
14 22 31	08	28	14	29	38	18	08
14 26 25	09	29	15	29	57	20	09
14 30 20	10	29	15	♑0	51	21	10
14 34 16	11	♐0	16	01	46	23	12
14 38 13	12	01	17	02	42	24	13
14 42 10	13	02	18	03	39	26	14
14 46 08	14	03	19	04	37	28	16

54° Sternzeit	10. Feld	11. Feld	12. Feld	1. Feld Aszendent		2. Feld	3. Feld
h m s	°	°	°	°	'	°	°
	♏	♐	♐	♑		♒	♈
14 50 07	15	04	19	05	36	29	17
14 54 07	16	05	20	06	37	♓1	18
14 58 07	17	06	21	07	38	03	20
15 02 08	18	06	22	08	41	04	21
15 06 09	19	07	23	09	44	06	22
15 10 12	20	08	24	10	50	08	24
15 14 15	21	09	25	11	56	09	25
15 18 19	22	10	25	13	04	11	26
15 22 23	23	11	26	14	14	13	28
15 26 29	24	12	27	15	26	15	29
15 30 35	25	13	28	16	39	17	♉0
15 34 41	26	13	29	17	54	18	01
15 38 49	27	14	♑0	19	10	20	03
15 42 57	28	15	01	20	29	22	04
15 47 06	29	16	02	21	51	24	05
15 51 15	♐0	17	03	23	14	26	07
15 55 25	01	18	04	24	39	28	08
15 59 36	02	19	05	26	07	♈0	09
16 03 48	03	20	06	27	38	02	11
16 08 00	04	21	07	29	11	04	12
16 12 13	05	22	08	♒0	47	06	13
16 16 26	06	23	09	02	27	07	14
16 20 40	07	24	10	04	09	09	16
16 24 55	08	25	11	05	54	11	17
16 29 10	09	25	12	07	43	13	18
16 33 26	10	26	14	09	35	15	19
16 37 42	11	27	15	11	31	17	21
16 41 59	12	28	16	13	31	19	22
16 46 16	13	29	17	15	34	21	23
16 50 34	14	♑0	18	17	41	22	24
16 54 52	15	01	19	19	53	24	26
16 59 10	16	02	21	22	09	26	27
17 03 29	17	03	22	24	28	28	28
17 07 49	18	04	23	26	52	29	29
17 12 09	19	05	24	29	20	♉1	♊0
17 16 29	20	06	26	♓1	52	03	02
17 20 49	21	07	27	04	28	05	03
17 25 09	22	08	28	07	08	07	04
17 29 30	23	09	29	09	51	08	05
17 33 51	24	11	♒1	12	37	10	06
17 38 12	25	12	02	15	26	12	07
17 42 34	26	13	04	18	18	14	08
17 46 55	27	14	05	21	12	15	10
17 51 17	28	15	07	24	07	17	11
17 55 38	29	16	08	27	03	18	12

54° Sternzeit	10. Feld	11. Feld	12. Feld	1. Feld Aszendent		2. Feld	3. Feld
h m s	°	°	°	°	'	°	°
18 00 00	00	17	10	00	00	20	13
18 04 22	01	18	12	02	57	21	14
18 08 43	02	19	13	05	53	23	15
18 13 05	03	20	15	08	48	24	16
18 17 26	04	21	16	11	42	26	17
18 21 48	05	23	18	14	34	27	18
18 26 09	06	24	20	17	23	29	19
18 30 30	07	25	21	20	49	0	20
18 34 51	08	26	23	22	52	02	21
18 39 11	09	27	25	25	32	03	23
18 43 31	10	28	27	28	08	04	24
18 47 51	11	29	28	0	40	06	25
18 52 11	12	1	0	03	08	07	26
18 56 31	13	02	02	05	32	08	27
19 00 50	14	03	04	07	51	09	28
19 05 08	15	04	06	10	07	11	29
19 09 26	16	06	07	12	19	12	0
19 13 44	17	07	09	14	26	13	01
19 18 01	18	08	11	16	29	14	02
19 22 18	19	09	13	18	29	15	03
19 26 34	20	11	15	20	25	16	03
19 30 50	21	12	17	22	17	17	04
19 35 05	22	13	19	24	06	19	05
19 39 20	23	14	21	25	51	20	06
19 43 34	24	16	22	27	33	21	07
19 47 47	25	17	24	29	13	22	08
19 52 00	26	18	26	0	49	23	09
19 56 12	27	19	28	02	22	24	10
20 00 24	28	21	0	03	53	25	11
20 04 35	29	22	02	05	21	26	12
20 08 45	0	23	04	06	46	27	13
20 12 54	01	25	06	08	09	28	14
20 17 03	02	26	08	09	31	29	15
20 21 11	03	27	10	10	50	0	16
20 25 19	04	28	11	12	06	01	16
20 29 26	05	29	13	13	21	02	17
20 33 31	06	1	15	14	34	02	18
20 37 37	07	02	17	15	46	03	19
20 41 41	08	04	19	16	56	04	20
20 45 45	09	05	21	18	04	05	21
20 49 48	10	06	22	19	10	06	22
20 53 51	11	08	24	20	16	07	23
20 57 52	12	09	26	21	19	08	23
21 01 53	13	10	27	22	22	09	24
21 05 53	14	12	29	23	23	10	25

54° Sternzeit	10. Feld	11. Feld	12. Feld	1. Feld Aszendent		2. Feld	3. Feld
h m s	°	°	°	°	'	°	°
21 09 53	15	13	01	24	24	10	26
21 13 52	16	14	02	25	23	11	27
21 17 50	17	16	04	26	21	12	28
21 21 47	18	17	05	27	18	13	29
21 25 44	19	18	07	28	14	14	29
21 29 40	20	20	09	29	09	15	0
21 33 35	21	21	10	0	03	15	01
21 37 29	22	22	12	00	57	16	02
21 41 23	23	24	13	01	49	17	03
21 45 16	24	25	14	02	41	18	04
21 49 09	25	26	16	03	32	18	04
21 53 01	26	28	17	04	23	19	05
21 56 52	27	29	19	05	12	20	06
22 00 43	28	0	20	06	02	21	07
22 04 33	29	02	21	06	50	21	08
22 08 23	0	03	23	07	38	22	09
22 12 12	01	04	24	08	25	23	09
22 16 00	02	05	25	09	12	24	10
22 19 48	03	07	27	09	59	25	11
22 23 35	04	08	28	10	44	25	12
22 27 22	05	09	29	11	30	26	13
22 31 08	06	11	0	12	15	27	13
22 34 54	07	12	01	12	59	27	14
22 38 40	08	13	03	13	44	28	15
22 42 25	09	14	04	14	27	29	16
22 46 09	10	16	05	15	11	29	17
22 49 53	11	17	06	15	54	0	17
22 53 37	12	18	07	16	36	01	18
22 57 20	13	19	08	17	18	02	19
23 01 03	14	21	09	18	01	03	20
23 04 46	15	22	10	18	43	03	21
23 08 28	16	23	11	19	24	04	22
23 12 10	17	24	12	20	06	05	22
23 15 52	18	25	13	20	46	05	23
23 19 34	19	27	14	21	27	06	24
23 23 15	20	28	15	22	07	07	25
23 26 56	21	29	16	22	48	07	26
23 30 37	22	0	17	23	28	08	26
23 34 18	23	01	18	24	08	09	27
23 37 58	24	02	19	24	48	10	28
23 41 39	25	04	20	25	27	10	29
23 45 19	26	05	21	26	07	11	29
23 49 00	27	06	22	26	46	12	0
23 52 40	28	07	23	27	25	12	01
23 56 20	29	08	24	28	04	13	02

55° Sternzeit (h m s)	10. Feld °	11. Feld °	12. Feld °	1. Feld Aszendent ° '	2. Feld °	3. Feld °
0 00 00	00	10	26	29 36	15	03
0 03 40	01	11	27	♐0 14	15	04
0 07 20	02	12	28	00 52	16	05
0 11 01	03	14	29	01 30	17	06
0 14 41	04	15	29	02 08	17	07
0 18 21	05	16	♏0	02 46	18	07
0 22 02	06	17	01	03 23	19	08
0 25 42	07	18	02	04 01	20	09
0 29 23	08	19	03	04 39	20	10
0 33 04	09	20	04	05 16	21	11
0 36 45	10	21	04	05 54	22	11
0 40 27	11	22	05	06 31	22	12
0 44 08	12	23	06	07 09	23	13
0 47 50	13	24	07	07 46	24	14
0 51 32	14	25	08	08 24	24	15
0 55 14	15	26	08	09 01	25	16
0 58 57	16	28	09	09 39	26	16
1 02 40	17	29	10	10 16	26	17
1 06 24	18	♒0	11	10 54	27	18
1 10 07	19	01	12	11 31	28	19
1 13 51	20	02	12	12 09	29	20
1 17 36	21	03	13	12 47	29	21
1 21 21	22	04	14	13 24	♊0	21
1 25 06	23	05	15	14 02	01	22
1 28 52	24	06	15	14 40	01	23
1 32 38	25	07	16	15 18	02	24
1 36 25	26	08	17	15 55	03	25
1 40 13	27	09	18	16 33	04	26
1 44 01	28	10	19	17 11	04	26
1 47 49	29	10	19	17 49	05	27
1 51 38	♓0	11	20	18 28	06	28
1 55 28	01	12	21	19 06	06	29
1 59 18	02	13	22	19 44	07	♋0
2 03 08	03	14	22	20 23	08	01
2 07 00	04	15	23	21 01	09	02
2 10 52	05	16	24	21 40	09	02
2 14 44	06	17	25	22 18	10	03
2 18 37	07	18	25	22 57	11	04
2 22 31	08	19	26	23 36	11	05
2 26 26	09	20	27	24 16	12	06
2 30 21	10	21	28	24 54	13	07
2 34 17	11	22	28	25 33	14	08
2 38 14	12	23	29	26 13	14	09
2 42 11	13	24	♐0	26 52	15	09
2 46 09	14	25	01	27 32	16	10
2 50 09	15	26	01	28 12	17	11
2 54 07	16	27	02	28 51	17	12
2 58 08	17	28	03	29 31	18	13
3 02 08	18	28	04	♑0 12	19	14
3 06 10	19	29	05	00 52	20	15
3 10 12	20	♏0	05	01 32	21	16
3 14 16	21	01	06	02 13	21	17
3 18 19	22	02	07	02 53	22	17
3 22 24	23	03	08	03 34	23	18
3 26 29	24	04	08	04 15	24	19
3 30 35	25	05	09	04 56	24	20
3 34 42	26	06	10	05 37	25	21
3 38 49	27	07	11	06 19	26	22
3 42 57	28	08	12	07 00	27	23
3 47 06	29	09	12	07 42	28	24
3 51 16	♒0	10	13	08 23	28	25
3 55 26	01	10	14	09 05	29	26
3 59 37	02	11	15	09 47	♌0	27
4 03 48	03	12	15	10 29	01	27
4 08 01	04	13	16	11 11	02	28
4 12 13	05	14	17	11 54	02	29
4 16 27	06	15	18	12 36	03	♍0
4 20 41	07	16	19	13 19	04	01
4 24 55	08	17	19	14 01	05	02
4 29 11	09	18	20	14 44	06	03
4 33 26	10	19	21	15 27	06	04
4 37 42	11	20	22	16 10	07	05
4 41 59	12	21	23	16 53	08	06
4 46 17	13	22	23	17 36	09	07
4 50 34	14	22	24	18 19	10	08
4 54 52	15	23	25	19 03	10	09
4 59 11	16	24	26	19 46	11	10
5 03 30	17	25	27	20 30	12	10
5 07 49	18	26	27	21 13	13	11
5 12 09	19	27	28	21 57	14	12
5 16 29	20	28	29	22 41	15	13
5 20 49	21	29	♎0	23 24	15	14
5 25 10	22	♏0	01	24 08	16	15
5 29 30	23	01	02	24 52	17	16
5 33 51	24	02	02	25 36	18	17
5 38 13	25	03	03	26 20	19	18
5 42 34	26	04	04	27 04	19	19
5 46 55	27	05	05	27 48	20	20
5 51 17	28	06	06	28 32	21	21
5 55 38	29	06	06	29 16	22	22

55° — Sternzeit

Sternzeit h m s	10. Feld ° ♋	11. Feld ° ♌	12. Feld ° ♍	1. Feld Aszendent ° ' ♎	2. Feld ° ♏	3. Feld ° ♐
6 00 00	00	07	07	00 00	23	23
6 04 22	01	08	08	00 44	24	24
6 08 43	02	09	09	01 28	24	24
6 13 05	03	10	10	02 12	25	25
6 17 26	04	11	11	02 56	26	26
6 21 47	05	12	11	03 40	27	27
6 26 09	06	13	12	04 24	28	28
6 30 30	07	14	13	05 08	28	29
6 34 50	08	15	14	05 52	29	♑0
6 39 11	09	16	15	06 36	♐0	01
6 43 31	10	17	15	07 19	01	02
6 47 51	11	18	16	08 03	02	03
6 52 11	12	19	17	08 47	03	04
6 56 30	13	20	18	09 30	03	05
7 00 49	14	20	19	10 14	04	06
7 05 08	15	21	20	10 57	05	07
7 09 26	16	22	20	11 41	06	08
7 13 43	17	23	21	12 24	07	08
7 18 01	18	24	22	13 07	07	09
7 22 18	19	25	23	13 50	08	10
7 26 34	20	26	24	14 33	09	11
7 30 49	21	27	24	15 16	10	12
7 35 05	22	28	25	15 59	11	13
7 39 19	23	29	26	16 41	11	14
7 43 33	24	♍0	27	17 24	12	15
7 47 47	25	01	28	18 06	13	16
7 51 59	26	02	29	18 49	14	17
7 56 12	27	03	29	19 31	15	18
8 00 23	28	03	♎0	20 13	15	19
8 04 34	29	04	01	20 55	16	20
8 08 44	♌0	05	02	21 37	17	20
8 12 54	01	06	02	22 18	18	21
8 17 03	02	07	03	23 00	18	22
8 21 11	03	08	04	23 41	19	23
8 25 19	04	09	05	24 23	20	24
8 29 25	05	10	06	25 04	21	25
8 33 31	06	11	06	25 45	22	26
8 37 36	07	12	07	26 26	22	27
8 41 41	08	13	08	27 07	23	28
8 45 44	09	13	09	27 47	24	29
8 49 48	10	14	09	28 28	25	♒0
8 53 50	11	15	10	29 08	25	01
8 57 52	12	16	11	29 48	26	02
9 01 52	13	17	12	♏0 29	27	02
9 05 53	14	18	13	01 09	28	03
9 09 51	15	19	13	01 48	29	04
9 13 51	16	20	14	02 28	29	05
9 17 49	17	21	15	03 08	♑0	06
9 21 46	18	21	16	03 47	01	07
9 25 43	19	22	16	04 27	02	08
9 29 39	20	23	17	05 06	02	09
9 33 34	21	24	18	05 45	03	10
9 37 29	22	25	19	06 24	04	11
9 41 23	23	26	19	07 03	05	12
9 45 16	24	27	20	07 42	05	13
9 49 08	25	28	21	08 20	06	14
9 53 00	26	28	21	08 59	07	15
9 56 52	27	29	22	09 37	08	16
10 00 42	28	♎0	23	10 16	08	17
10 04 32	29	01	24	10 54	09	18
10 08 22	♍0	02	24	11 32	10	19
10 12 11	01	03	25	12 11	11	20
10 15 59	02	04	26	12 49	11	21
10 19 47	03	04	26	13 26	12	21
10 23 35	04	05	27	14 05	13	22
10 27 22	05	06	28	14 43	14	23
10 31 08	06	07	29	15 20	15	24
10 34 54	07	08	29	15 58	15	25
10 38 39	08	09	♏0	16 36	16	26
10 42 24	09	10	01	17 13	17	27
10 46 09	10	10	02	17 51	18	28
10 49 53	11	11	02	18 29	18	29
10 53 36	12	12	03	19 06	19	♓0
10 57 20	13	13	04	19 44	20	01
11 01 03	14	14	05	20 21	21	02
11 04 46	15	14	05	20 59	22	04
11 08 28	16	15	06	21 36	22	05
11 12 10	17	16	07	22 14	23	06
11 15 52	18	17	07	22 51	24	07
11 19 33	19	18	08	23 29	25	08
11 23 15	20	19	09	24 06	26	09
11 26 56	21	19	09	24 44	26	10
11 30 37	22	20	10	25 21	27	11
11 34 18	23	21	11	25 59	28	12
11 37 58	24	22	11	26 37	29	13
11 41 39	25	23	12	27 14	♒0	14
11 45 19	26	23	13	27 52	01	15
11 48 59	27	24	13	28 30	01	16
11 52 40	28	25	14	29 08	02	18
11 56 20	29	26	15	29 46	03	19

55°

Sternzeit h m s	10. Feld °	11. Feld °	12. Feld °	1. Feld Aszendent ° '	2. Feld °	3. Feld °
	♏	♎	♐	♐	♐	♐
12 00 00	00	27	15	00 24	04	20
12 03 40	01	27	16	01 02	05	21
12 07 20	02	28	17	01 41	06	22
12 11 01	03	29	17	02 19	07	23
12 14 41	04	♏0	18	02 58	07	24
12 18 21	05	01	19	03 37	08	26
12 22 02	06	01	19	04 15	09	27
12 25 42	07	02	20	04 54	10	28
12 29 23	08	03	21	05 34	11	29
12 33 04	09	04	22	06 13	12	♑0
12 36 45	10	05	22	06 53	13	01
12 40 27	11	05	23	07 32	14	03
12 44 08	12	06	24	08 12	15	04
12 47 50	13	07	24	08 53	16	05
12 51 32	14	08	25	09 33	17	06
12 55 14	15	09	26	10 14	18	08
12 58 57	16	09	26	10 55	19	09
13 02 40	17	10	27	11 36	20	10
13 06 24	18	11	28	12 18	21	11
13 10 07	19	12	29	13 00	22	13
13 13 51	20	13	29	13 42	23	14
13 17 36	21	13	♑0	14 24	25	15
13 21 21	22	14	01	15 07	26	17
13 25 06	23	15	01	15 50	27	18
13 28 52	24	16	02	16 34	28	19
13 32 38	25	17	03	17 18	29	20
13 36 25	26	18	04	18 02	♑0	22
13 40 13	27	18	04	18 47	02	23
13 44 01	28	19	05	19 33	03	24
13 47 49	29	20	06	20 19	04	26
13 51 38	♐0	21	07	21 05	05	27
13 55 28	01	22	07	21 52	07	28
13 59 18	02	22	08	22 40	08	♒0
14 03 08	03	23	09	23 28	09	01
14 07 00	04	24	10	24 16	11	02
14 10 52	05	25	10	25 06	12	04
14 14 44	06	26	11	25 56	14	05
14 18 37	07	27	12	26 47	15	06
14 22 31	08	27	13	27 38	17	08
14 26 26	09	28	14	28 30	18	09
14 30 21	10	29	14	29 24	20	11
14 34 17	11	♐0	15	♑0 17	21	12
14 38 14	12	01	16	01 12	23	13
14 42 11	13	02	17	02 08	24	15
14 46 09	14	03	18	03 05	26	16

55°

Sternzeit h m s	10. Feld °	11. Feld °	12. Feld °	1. Feld Aszendent ° '	2. Feld °	3. Feld °
	♐	♐	♑	♑	♑	♒
14 50 09	15	03	18	04 03	28	17
14 54 07	16	04	19	05 02	29	19
14 58 08	17	05	20	06 02	♒0	20
15 02 08	18	06	21	07 03	03	21
15 06 10	19	07	22	08 06	05	23
15 10 12	20	08	23	09 10	06	24
15 14 16	21	09	24	10 15	08	26
15 18 19	22	09	24	11 22	10	27
15 22 24	23	10	25	12 31	12	28
15 26 29	24	11	26	13 41	14	♓0
15 30 35	25	12	27	14 53	16	01
15 34 42	26	13	28	16 07	18	02
15 38 49	27	14	29	17 22	20	04
15 42 57	28	15	♒0	18 40	22	05
15 47 06	29	16	01	20 00	24	06
15 51 16	♑0	17	02	21 22	26	07
15 55 26	01	18	03	22 47	28	09
15 59 37	02	18	04	24 14	♓0	10
16 03 48	03	19	05	25 44	02	11
16 08 01	04	20	06	27 16	04	13
16 12 13	05	21	07	28 52	06	14
16 16 27	06	22	08	♒0 31	08	15
16 20 41	07	23	09	02 13	10	16
16 24 55	08	24	10	03 58	12	18
16 29 11	09	25	11	05 47	14	19
16 33 26	10	26	12	07 40	16	20
16 37 42	11	27	13	09 37	18	21
16 41 59	12	28	14	11 38	20	23
16 46 17	13	29	16	13 43	22	24
16 50 34	14	♑0	17	15 53	24	25
16 54 52	15	01	18	18 07	26	26
16 59 11	16	02	19	20 25	28	28
17 03 30	17	03	20	22 49	♈0	29
17 07 49	18	04	22	25 17	01	♈0
17 12 09	19	05	23	27 49	03	01
17 16 29	20	06	24	♓0 27	05	02
17 20 49	21	07	26	03 09	07	03
17 25 10	22	08	27	05 55	09	05
17 29 30	23	09	28	08 46	10	06
17 33 51	24	10	♓0	11 40	12	07
17 38 13	25	11	01	14 37	14	08
17 42 34	26	12	02	17 38	15	09
17 46 55	27	13	04	20 41	17	10
17 51 17	28	14	05	23 46	19	11
17 55 38	29	15	07	26 53	20	12

55° Sternzeit h m s	10. Feld °	11. Feld °	12. Feld °	1. Feld Aszendent ° '	2. Feld °	3. Feld °
18 00 00	00	16	08	00 00	22	14
18 04 22	01	18	10	03 07	23	15
18 08 43	02	19	11	06 14	25	16
18 13 05	03	20	13	09 19	26	17
18 17 26	04	21	14	12 22	28	18
18 21 47	05	22	16	15 23	29	19
18 26 09	06	23	18	18 20	0	20
18 30 30	07	24	20	21 14	02	21
18 34 50	08	25	21	24 05	03	22
18 39 11	09	27	23	26 51	04	23
18 43 31	10	28	25	29 33	06	24
18 47 51	11	29	27	2 11	07	25
18 52 11	12	0	29	04 43	08	26
18 56 30	13	01	0	07 11	10	27
19 00 49	14	02	02	09 35	11	28
19 05 08	15	04	04	11 53	12	29
19 09 26	16	05	06	14 07	13	0
19 13 43	17	06	08	16 17	14	01
19 18 01	18	07	10	18 22	15	02
19 22 18	19	08	12	20 23	17	03
19 26 34	20	10	14	22 20	18	04
19 30 49	21	11	16	24 13	19	05
19 35 05	22	12	18	26 02	20	06
19 39 19	23	14	20	27 47	21	07
19 43 33	24	15	22	29 22	22	08
19 47 47	25	16	24	1 08	23	09
19 51 59	26	17	26	02 44	24	10
19 56 12	27	19	28	04 16	25	11
20 00 23	28	20	0	05 46	26	12
20 04 34	29	21	02	07 13	27	13
20 08 44	0	23	04	08 38	28	13
20 12 54	01	24	06	10 00	29	14
20 17 03	02	25	08	11 20	0	15
20 21 11	03	26	10	12 38	01	16
20 25 18	04	28	12	13 53	02	17
20 29 25	05	29	14	15 07	03	18
20 33 31	06	0	16	16 19	04	19
20 37 36	07	02	18	17 29	05	20
20 41 41	08	03	20	18 38	06	21
20 45 44	09	04	22	19 45	06	21
20 49 48	10	06	24	20 50	07	22
20 53 50	11	07	25	21 54	08	23
20 57 52	12	09	27	22 57	09	24
21 01 52	13	10	29	23 58	10	25
21 05 53	14	11	0	24 58	11	26
21 09 51	15	13	02	25 57	12	27
21 13 51	16	14	04	26 55	12	28
21 17 49	17	15	06	27 52	13	28
21 21 46	18	17	07	28 48	14	29
21 25 43	19	18	09	29 43	15	0
21 29 39	20	19	10	0 36	16	01
21 33 34	21	21	12	01 30	16	02
21 37 29	22	22	13	02 21	17	03
21 41 23	23	24	15	03 13	18	03
21 45 16	24	25	16	04 04	19	04
21 49 08	25	26	18	04 54	20	05
21 53 00	26	28	19	05 44	20	06
21 56 52	27	29	21	06 32	21	07
22 00 42	28	0	23	07 20	22	08
22 04 32	29	02	23	08 08	23	08
22 08 22	0	03	25	08 55	23	09
22 12 11	01	04	26	09 41	24	10
22 15 59	02	06	27	10 27	25	11
22 19 47	03	07	28	11 13	26	12
22 23 35	04	08	0	11 57	26	12
22 27 22	05	10	01	12 42	27	13
22 31 08	06	11	02	13 26	28	14
22 34 54	07	12	03	14 10	29	15
22 38 39	08	13	04	14 53	29	16
22 42 24	09	15	05	15 36	0	17
22 46 09	10	16	07	16 18	01	17
22 49 53	11	17	08	17 00	01	18
22 53 36	12	19	09	17 42	02	19
22 57 20	12	19	09	17 42	02	19
23 01 03	14	21	11	19 05	04	21
23 04 46	15	22	12	19 46	04	21
23 08 28	16	24	13	20 27	05	22
23 12 10	17	25	14	21 07	06	23
23 15 52	18	26	15	21 48	06	24
23 19 33	19	27	16	22 28	07	25
23 23 15	20	29	17	23 07	08	25
23 26 56	21	0	18	23 47	08	26
23 30 37	22	01	19	24 26	09	27
23 34 18	23	02	20	25 06	10	28
23 37 58	24	03	21	25 45	11	29
23 41 39	25	04	22	26 23	11	29
23 45 19	26	06	23	27 02	12	0
23 48 59	27	07	23	27 41	13	01
23 52 40	28	08	24	28 19	13	02
23 56 20	29	09	25	28 58	14	03

56° Sternzeit h m s	10. Feld °	11. Feld °	12. Feld °	1. Feld Aszendent ° '	2. Feld °	3. Feld °
0 00 00	00	11	27	00 28	15	04
0 03 40	01	12	28	01 05	16	04
0 07 20	02	13	29	01 42	17	05
0 11 00	03	14	♐0	02 21	18	06
0 14 41	04	15	00	02 57	19	07
0 18 21	05	16	01	03 34	19	08
0 22 02	06	17	02	04 12	20	08
0 25 42	07	18	03	04 48	20	09
0 29 23	08	19	04	05 25	21	10
0 33 04	09	20	05	06 04	21	11
0 36 45	10	21	05	06 40	22	12
0 40 26	11	23	06	07 17	23	13
0 44 08	12	24	07	07 54	23	13
0 47 50	13	25	07	08 31	24	14
0 51 32	14	26	08	09 08	25	15
0 55 14	15	27	09	09 45	25	16
0 58 57	16	28	10	10 22	26	17
1 02 40	17	29	11	11 00	27	17
1 06 23	18	♑0	12	11 36	28	18
1 10 07	19	01	12	12 13	28	19
1 13 51	20	02	13	12 50	29	20
1 17 35	21	03	14	13 28	♒0	21
1 21 20	22	04	15	14 04	00	21
1 25 06	23	05	15	14 41	01	22
1 28 52	24	06	16	15 18	02	23
1 32 38	25	07	17	15 55	02	24
1 36 25	26	08	18	16 32	03	25
1 40 12	27	09	18	17 10	04	26
1 44 00	28	10	19	17 47	04	26
1 47 48	29	11	20	18 24	05	27
1 51 37	♓0	12	21	19 03	06	28
1 55 27	01	13	22	19 39	07	29
1 59 17	02	14	22	20 17	07	♈0
2 03 08	03	15	23	20 56	08	01
2 06 59	04	16	24	21 33	09	02
2 10 51	05	17	25	22 11	10	02
2 14 44	06	18	25	22 51	10	03
2 18 37	07	19	26	23 28	11	04
2 22 31	08	20	27	24 05	12	05
2 26 25	09	21	28	24 44	12	06
2 30 20	10	22	28	25 21	13	07
2 34 16	11	22	29	26 01	14	08
2 38 13	12	23	♑0	26 40	15	08
2 42 10	13	24	01	27 19	16	09
2 46 08	14	25	01	27 59	16	10

56° Sternzeit h m s	10. Feld °	11. Feld °	12. Feld °	1. Feld Aszendent ° '	2. Feld °	3. Feld °
2 50 07	15	26	02	28 39	17	11
2 54 07	16	27	03	29 18	18	12
2 58 07	17	28	04	29 57	18	13
3 02 08	18	29	04	♉0 37	19	14
3 06 09	19	♈0	05	01 15	20	15
3 10 12	20	01	06	01 54	21	16
3 14 15	21	02	07	02 35	21	16
3 18 19	22	03	07	03 15	22	17
3 22 23	23	04	08	03 55	23	18
3 26 29	24	05	09	04 35	24	19
3 30 35	25	05	10	05 16	24	20
3 34 41	26	06	10	05 57	25	21
3 38 49	27	07	11	06 38	26	22
3 42 57	28	08	12	07 18	27	23
3 47 06	29	09	13	08 00	28	24
3 51 15	♋0	10	14	08 40	28	25
3 55 25	01	11	14	09 22	29	25
3 59 36	02	12	15	10 03	♊0	26
4 03 48	03	13	16	10 45	01	27
4 08 00	04	14	17	11 26	02	28
4 12 13	05	15	17	12 08	03	29
4 16 26	06	16	18	12 51	04	♋0
4 20 40	07	16	19	13 33	04	01
4 24 55	08	17	20	14 15	05	02
4 29 10	09	18	21	14 57	06	03
4 33 26	10	19	21	15 39	06	04
4 37 42	11	20	22	16 21	07	05
4 41 59	12	21	23	17 04	08	06
4 46 16	13	22	24	17 47	09	06
4 50 34	14	23	25	18 30	10	07
4 54 52	15	24	25	19 11	10	08
4 59 10	16	25	26	19 54	11	09
5 03 29	17	26	27	20 36	12	10
5 07 49	18	27	28	21 20	13	11
5 12 09	19	28	29	22 03	14	12
5 16 29	20	29	29	22 46	14	13
5 20 49	21	29	♋0	23 30	15	14
5 25 09	22	♌0	01	24 12	16	15
5 29 30	23	01	02	24 56	17	16
5 33 51	24	02	03	25 40	18	17
5 38 12	25	03	03	26 22	18	18
5 42 34	26	04	04	27 06	19	19
5 46 55	27	05	05	27 49	20	19
5 51 17	28	06	06	28 33	21	20
5 55 38	29	07	07	29 16	22	21

56° Sternzeit	10. Feld	11. Feld	12. Feld	1. Feld Aszendent	2. Feld	3. Feld
h m s	°	°	°	° '	°	°
	♋	♋	♌	♌	♊	♊
6 00 00	00	08	07	00 00	23	22
6 04 22	01	09	08	00 44	23	23
6 08 43	02	10	09	01 27	24	24
6 13 05	03	11	10	02 11	25	25
6 17 26	04	11	11	02 54	26	26
6 21 48	05	12	12	03 37	27	27
6 26 09	06	13	12	04 20	27	28
6 30 30	07	14	13	05 04	28	29
6 34 51	08	15	14	05 47	29	♋0
6 39 11	09	16	15	06 30	♋0	01
6 43 31	10	17	16	07 13	01	02
6 47 51	11	18	16	07 56	01	02
6 52 11	12	19	17	08 39	02	03
6 56 31	13	20	18	09 23	03	04
7 00 50	14	21	19	10 07	04	05
7 05 08	15	22	20	10 49	05	06
7 09 26	16	23	21	11 31	05	07
7 13 44	17	24	21	12 14	06	08
7 18 01	18	24	22	12 56	07	09
7 22 18	19	25	23	13 39	08	10
7 26 34	20	26	24	14 22	09	11
7 30 50	21	27	25	15 03	09	12
7 35 05	22	28	25	15 45	10	13
7 39 20	23	29	26	16 28	11	14
7 43 34	24	♌0	27	17 09	12	14
7 47 47	25	01	28	17 51	13	15
7 52 00	26	02	29	18 33	13	16
7 56 12	27	03	29	19 15	14	17
8 00 24	28	04	♍0	19 57	15	18
8 04 35	29	05	01	20 39	16	19
8 08 45	♌0	05	02	21 20	16	20
8 12 54	01	06	02	22 01	17	21
8 17 03	02	07	03	22 41	18	22
8 21 11	03	08	04	23 21	19	23
8 25 19	04	09	05	24 03	20	24
8 29 26	05	10	06	24 45	20	25
8 33 31	06	11	06	25 24	21	25
8 37 37	07	12	07	26 06	22	26
8 41 41	08	13	08	26 44	23	27
8 45 45	09	14	09	27 24	23	28
8 49 48	10	15	09	28 05	24	29
8 53 51	11	15	10	28 45	25	♌0
8 57 52	12	16	11	29 23	26	01
9 01 53	13	17	12	♍0 05	26	02
9 05 53	14	18	12	00 43	27	03

56° Sternzeit	10. Feld	11. Feld	12. Feld	1. Feld Aszendent	2. Feld	3. Feld
h m s	°	°	°	° '	°	°
	♌	♌	♍	♍	♋	♌
9 09 53	15	19	13	01 22	28	04
9 13 52	16	20	14	02 02	29	05
9 17 50	17	21	15	02 40	29	06
9 21 47	18	22	15	03 20	♌0	07
9 25 44	19	22	16	03 58	01	08
9 29 40	20	23	17	04 37	02	09
9 33 35	21	24	18	05 15	02	09
9 37 29	22	25	18	05 54	03	10
9 41 23	23	26	19	06 32	04	11
9 45 16	24	27	20	07 09	05	12
9 49 09	25	28	21	07 49	05	13
9 53 01	26	28	21	08 28	06	14
9 56 52	27	29	22	09 05	07	15
10 00 43	28	♍0	23	09 43	08	16
10 04 33	29	01	23	10 20	08	17
10 08 23	♍0	02	24	10 57	09	18
10 12 12	01	03	25	11 36	10	19
10 16 00	02	04	26	12 14	11	20
10 19 48	03	04	26	12 50	12	21
10 23 35	04	05	27	13 27	12	22
10 27 22	05	06	28	14 05	13	23
10 31 08	06	07	28	14 42	14	24
10 34 54	07	08	29	15 18	14	25
10 38 40	08	09	♎0	15 57	15	26
10 42 25	09	09	00	16 33	16	27
10 46 09	10	10	01	17 07	17	28
10 49 53	11	11	02	17 46	18	29
10 53 37	12	12	03	18 24	18	♍0
10 57 20	13	13	03	19 02	19	01
11 01 03	14	13	04	19 38	20	02
11 04 46	15	14	05	20 15	21	03
11 08 28	16	15	05	20 52	22	04
11 12 10	17	16	06	21 30	22	05
11 15 52	18	17	07	22 06	23	06
11 19 34	19	18	07	22 44	24	07
11 23 15	20	18	08	23 21	25	08
11 26 56	21	19	09	23 57	25	09
11 30 37	22	20	09	24 31	26	10
11 34 18	23	21	10	25 13	27	12
11 37 58	24	22	11	25 50	28	13
11 41 39	25	22	11	26 28	29	14
11 45 19	26	23	12	27 04	♍0	15
11 49 00	27	24	13	27 41	00	16
11 52 40	28	25	14	28 07	01	17
11 56 20	29	26	14	28 56	02	18

56°

Sternzeit h m s	10. Feld °	11. Feld °	12. Feld °	1. Feld Aszendent °	'	2. Feld °	3. Feld °
12 00 00	00	26	15	29	33	03	19
12 03 40	01	27	16	00	10	04	20
12 07 20	02	28	16	00	46	05	22
12 11 01	03	29	17	01	24	06	23
12 14 41	04	00	18	02	01	07	24
12 18 21	05	01	18	02	39	07	25
12 22 02	06	02	19	03	16	08	26
12 25 42	07	03	20	03	55	09	27
12 29 23	08	04	20	04	34	10	29
12 33 04	09	04	21	05	13	11	00
12 36 45	10	05	22	05	54	12	01
12 40 27	11	06	22	06	33	13	03
12 44 08	12	07	23	07	12	14	04
12 47 50	13	07	24	07	52	15	05
12 51 32	14	08	24	08	32	16	06
12 55 14	15	09	25	09	13	17	07
12 58 57	16	09	26	09	53	18	08
13 02 40	17	10	27	10	33	19	10
13 06 24	18	11	27	11	13	20	11
13 10 07	19	12	28	11	53	21	12
13 13 51	20	12	29	12	35	22	13
13 17 36	21	13	29	13	17	23	15
13 21 21	22	14	00	13	39	25	16
13 25 06	23	15	01	14	42	26	17
13 28 52	24	16	02	15	26	27	19
13 32 38	25	16	02	16	09	28	20
13 36 25	26	17	03	16	52	29	22
13 40 13	27	18	04	17	36	00	23
13 44 01	28	19	04	18	21	01	24
13 47 49	29	20	05	19	06	03	25
13 51 38	00	20	06	19	51	04	27
13 55 28	01	21	07	20	37	06	28
13 59 18	02	22	07	21	24	07	00
14 03 08	03	23	08	22	12	08	01
14 07 00	04	24	09	22	59	10	02
14 10 52	05	25	10	23	46	11	04
14 14 44	06	25	10	24	36	13	05
14 18 37	07	26	11	25	28	14	07
14 22 31	08	27	12	26	17	16	08
14 26 26	09	28	13	27	08	17	09
14 30 21	10	29	14	28	00	19	11
14 34 17	11	30	14	28	53	20	12
14 38 14	12	00	15	29	45	22	13
14 42 11	13	01	16	00	39	24	15
14 46 09	14	02	17	01	34	25	16
14 50 09	15	03	18	02	33	27	18
14 54 07	16	04	18	03	31	29	19
14 58 08	17	05	19	04	30	00	20
15 02 08	18	05	20	05	29	02	22
15 06 10	19	06	21	06	29	04	23
15 10 12	20	07	22	07	32	06	24
15 14 16	21	08	23	08	36	08	26
15 18 19	22	09	24	09	42	10	27
15 22 24	23	10	24	10	50	12	29
15 26 29	24	11	25	12	00	14	00
15 30 35	25	12	26	13	10	16	01
15 34 42	26	13	27	14	22	18	03
15 38 49	27	13	28	15	37	20	04
15 42 57	28	14	29	16	52	22	05
15 47 06	29	15	00	18	12	24	07
15 51 16	00	16	01	19	34	26	08
15 55 26	01	17	02	20	56	28	09
15 59 37	02	18	03	22	21	00	11
16 03 48	03	19	04	23	51	02	12
16 08 01	04	20	05	25	23	04	13
16 12 13	05	21	06	26	57	06	14
16 16 27	06	22	07	28	35	08	16
16 20 41	07	23	08	00	16	10	17
16 24 55	08	24	09	02	01	12	18
16 29 11	09	24	10	03	50	14	19
16 33 26	10	25	11	05	43	16	21
16 37 42	11	26	12	07	42	18	22
16 41 59	12	27	14	09	45	20	23
16 46 17	13	28	15	11	52	22	24
16 50 34	14	29	16	14	01	24	26
16 54 52	15	00	17	16	17	26	27
16 59 11	16	01	18	18	38	28	28
17 03 30	17	02	19	21	06	00	29
17 07 49	18	03	21	23	39	02	00
17 12 09	19	04	22	26	15	04	02
17 16 29	20	05	23	28	58	06	03
17 20 49	21	06	24	01	49	08	04
17 25 10	22	07	26	04	40	09	05
17 29 30	23	08	27	07	36	11	06
17 33 51	24	09	28	10	41	13	07
17 38 13	25	11	00	13	47	15	09
17 42 34	26	12	01	16	57	16	11
17 46 55	27	13	03	20	12	18	11
17 51 17	28	14	04	23	26	20	12
17 55 38	29	15	05	26	44	21	13

56° Sternzeit h m s	10. Feld °	11. Feld °	12. Feld °	1. Feld Aszendent ° '	2. Feld °	3. Feld °
18 00 00	00	16	07	00 00	23	14
18 04 22	01	17	09	03 17	24	15
18 08 43	02	18	10	06 32	26	16
18 13 05	03	19	12	09 49	27	17
18 17 26	04	20	14	13 04	29	18
18 21 47	05	21	16	16 14	00	19
18 26 09	06	22	17	19 20	01	21
18 30 30	07	24	19	22 24	03	22
18 34 50	08	25	21	25 20	04	23
18 39 11	09	26	22	28 14	06	24
18 43 31	10	27	24	01 02	07	25
18 47 51	11	28	26	03 46	08	26
18 52 11	12	00	28	06 23	09	27
18 56 30	13	01	00	08 56	11	28
19 00 49	14	02	02	11 22	12	29
19 05 08	15	03	04	13 45	13	00
19 09 26	16	04	06	15 59	14	01
19 13 43	17	06	08	18 10	15	02
19 18 01	18	07	10	20 16	16	03
19 22 18	19	08	12	22 17	18	04
19 26 34	20	09	14	24 15	19	05
19 30 49	21	11	16	26 08	20	06
19 35 05	22	12	18	27 27	21	07
19 39 19	23	13	20	29 42	22	08
19 43 33	24	14	22	01 23	23	09
19 47 47	25	15	24	03 01	24	09
19 51 59	26	17	26	04 36	25	10
19 56 12	27	18	28	06 09	26	11
20 00 23	28	20	00	07 39	27	12
20 04 34	29	21	02	09 04	28	13
20 08 44	00	22	04	10 27	29	14
20 12 54	01	23	06	11 48	00	15
20 17 03	02	25	08	13 07	01	16
20 21 11	03	26	10	14 23	02	17
20 25 18	04	27	12	15 57	03	17
20 29 25	05	29	14	16 50	04	18
20 33 31	06	00	16	18 00	05	19
20 37 36	07	01	18	19 09	06	20
20 41 41	08	03	20	20 17	06	21
20 45 44	09	04	22	21 23	07	22
20 49 48	10	05	24	22 29	08	23
20 53 50	11	07	26	23 32	09	24
20 57 52	12	08	28	24 32	10	25
21 01 52	13	10	00	25 31	11	25
21 05 52	14	11	01	26 30	12	26

56° Sternzeit h m s	10. Feld °	11. Feld °	12. Feld °	1. Feld Aszendent ° '	2. Feld °	3. Feld °
21 09 51	15	12	03	27 28	12	27
21 13 51	16	14	05	28 26	13	28
21 17 49	17	15	06	29 21	14	29
21 21 46	18	17	08	00 15	15	30
21 25 43	19	18	10	01 08	16	01
21 29 39	20	20	11	02 01	16	01
21 33 34	21	21	13	02 54	17	02
21 37 29	22	22	14	03 45	18	03
21 41 23	23	23	16	04 35	19	04
21 45 16	24	24	17	05 25	20	05
21 49 08	25	26	19	06 14	20	05
21 53 00	26	28	20	07 03	21	06
21 56 52	27	29	22	07 50	22	07
22 00 42	28	00	23	08 37	23	08
22 04 32	29	02	24	09 25	23	09
22 08 22	00	03	26	10 11	24	10
22 12 11	01	04	27	10 56	25	10
22 15 59	02	06	28	11 41	26	11
22 19 47	03	07	29	12 25	26	12
22 23 35	04	08	00	13 09	27	13
22 27 22	05	10	02	13 53	28	13
22 31 08	06	11	03	14 36	28	14
22 34 54	07	12	04	15 19	29	15
22 38 39	08	14	05	16 00	00	16
22 42 24	09	15	07	16 42	01	17
22 46 09	10	16	08	17 25	01	18
22 49 53	11	18	09	18 07	02	18
22 53 36	12	19	10	18 47	03	19
22 57 20	13	20	11	19 28	04	20
23 01 03	14	21	12	20 09	04	21
23 04 46	15	23	13	20 49	05	21
23 08 28	16	24	14	21 30	06	22
23 12 10	17	25	15	22 10	06	23
23 15 52	18	26	16	22 48	07	24
23 19 33	19	28	17	23 27	08	25
23 23 15	20	29	18	24 07	08	26
23 26 56	21	00	19	24 48	09	26
23 30 37	22	01	20	25 27	10	27
23 34 18	23	02	21	26 05	10	28
23 37 58	24	04	22	26 44	11	29
23 41 39	25	05	23	27 22	12	30
23 45 19	26	06	23	28 00	12	00
23 48 59	27	07	24	28 37	13	01
23 52 40	28	08	25	29 15	14	02
23 56 20	29	10	26	29 51	14	03

57° Sternzeit h m s	10. Feld °	11. Feld °	12. Feld °	1. Feld Aszendent ° '	2. Feld °	3. Feld °
0 00 00	00	11	28	01 39	16	04
0 03 40	01	12	29	02 15	16	05
0 07 20	02	13	♒0	02 52	17	05
0 11 01	03	15	01	03 28	18	06
0 14 41	04	16	01	04 05	18	07
0 18 21	05	17	02	04 41	19	08
0 22 02	06	18	03	05 17	20	09
0 25 42	07	19	04	05 53	20	09
0 29 23	08	20	05	06 29	21	10
0 33 04	09	21	05	07 06	22	11
0 36 45	10	22	06	07 42	22	12
0 40 27	11	23	07	08 18	23	13
0 44 08	12	24	08	08 54	24	13
0 47 50	13	25	09	09 30	24	14
0 51 32	14	26	09	10 06	25	15
0 55 14	15	28	10	10 42	26	16
0 58 57	16	29	11	11 18	27	17
1 02 40	17	♓0	12	11 54	27	17
1 06 24	18	01	12	12 31	28	18
1 10 07	19	02	13	13 07	29	19
1 13 51	21	03	14	13 43	29	20
1 17 36	21	04	15	14 19	♈0	21
1 21 21	22	05	16	14 55	01	22
1 25 06	23	06	16	15 32	01	22
1 28 52	24	07	17	16 08	02	23
1 32 38	25	08	18	16 45	03	24
1 36 25	26	09	19	17 21	03	25
1 40 13	27	10	19	17 58	04	26
1 44 01	28	11	20	18 34	05	26
1 47 49	29	12	21	19 11	05	27
1 51 38	♉0	13	22	19 48	06	28
1 55 28	01	14	22	20 25	07	29
1 59 18	02	14	23	21 02	08	♊0
2 03 08	03	15	24	21 39	08	01
2 07 00	04	16	25	22 16	09	02
2 10 52	05	17	25	22 54	10	02
2 14 44	06	18	26	23 31	10	03
2 18 37	07	19	27	24 08	11	04
2 22 31	08	20	27	24 46	12	05
2 26 26	09	21	28	25 24	13	06
2 30 21	10	22	29	26 02	13	07
2 34 17	11	23	30	26 39	14	08
2 38 14	12	25	♋0	27 18	15	08
2 42 11	13	25	01	27 56	16	09
2 46 09	14	26	02	28 34	16	10
2 50 09	15	27	03	29 12	17	11
2 54 07	16	28	03	29 51	18	12
2 58 08	17	29	04	♌0 30	19	13
3 02 08	18	30	05	01 09	19	14
3 06 10	19	♍0	06	01 47	20	15
3 10 12	20	01	06	02 27	21	15
3 14 16	21	02	07	03 06	22	16
3 18 19	22	03	08	03 45	22	17
3 22 24	23	04	09	04 24	23	18
3 26 29	24	05	09	05 04	24	19
3 30 35	25	06	10	05 44	25	20
3 34 42	26	07	11	06 24	25	21
3 38 49	27	08	12	07 04	26	22
3 42 57	28	09	13	07 44	27	23
3 47 06	29	10	13	08 24	28	23
3 51 16	♎0	11	14	09 04	28	24
3 55 26	01	11	15	09 45	29	25
3 59 37	02	12	16	10 25	♏0	26
4 03 48	03	13	16	11 06	01	27
4 08 01	04	14	17	11 47	01	28
4 12 13	05	15	18	12 28	02	29
4 16 27	06	16	19	13 09	03	♐0
4 20 41	07	17	19	13 50	04	01
4 24 55	08	18	20	14 32	05	02
4 29 11	09	19	21	15 13	05	03
4 33 26	10	20	22	15 55	06	03
4 37 42	11	21	23	16 36	07	04
4 41 59	12	22	23	17 18	08	05
4 46 17	13	22	24	18 00	09	06
4 50 34	14	23	25	18 42	09	07
4 54 52	15	24	26	19 24	10	08
4 59 11	16	25	27	20 06	11	09
5 03 30	17	26	27	20 48	12	10
5 07 49	18	27	28	21 30	13	11
5 12 09	19	28	29	22 12	13	12
5 16 29	20	29	♑0	22 55	14	13
5 20 49	21	♒0	01	23 37	15	14
5 25 10	22	01	01	24 19	16	14
5 29 30	23	02	02	25 02	17	15
5 33 51	24	03	03	25 44	17	16
5 38 13	25	03	04	26 27	18	17
5 42 34	26	04	05	27 09	19	18
5 46 55	27	05	05	27 52	20	19
5 51 17	28	06	06	28 35	21	20
5 55 38	29	07	07	29 17	21	21

57° Sternzeit	10. Feld	11. Feld	12. Feld	1. Feld Aszendent		2. Feld	3. Feld
h m s	°	°	°	°	′	°	°
6 00 00	00	08	08	00	00	22	22
6 04 22	01	09	09	00	43	23	23
6 08 43	02	10	09	01	25	24	24
6 13 05	03	11	10	02	08	25	24
6 17 26	04	12	11	02	51	25	26
6 21 47	05	13	12	03	33	26	27
6 26 09	06	14	13	04	16	27	27
6 30 30	07	15	13	04	58	28	28
6 34 50	08	16	14	05	41	29	29
6 39 11	09	16	15	06	23	29	♏0
6 43 31	10	17	16	07	05	♏0	01
6 47 51	11	18	17	07	48	01	02
6 52 11	12	19	17	08	30	02	03
6 56 30	13	20	18	09	12	03	04
7 00 49	14	21	19	09	54	03	05
7 05 08	15	22	20	10	36	04	06
7 09 26	16	23	21	11	18	05	07
7 13 43	17	24	21	12	00	06	08
7 18 01	18	25	22	12	42	07	08
7 22 18	19	26	23	13	24	07	09
7 26 34	20	27	24	14	05	08	10
7 30 49	21	27	25	14	47	09	11
7 35 05	22	28	25	15	28	10	12
7 39 19	23	29	26	16	10	11	13
7 43 33	24	♐0	27	16	51	11	14
7 47 47	25	01	28	17	32	12	15
7 51 59	26	02	28	18	13	13	16
7 56 12	27	03	29	18	54	14	17
8 00 23	28	04	♑0	19	35	14	18
8 04 34	29	05	01	20	15	15	19
8 08 44	♋0	06	02	20	56	16	19
8 12 54	01	07	02	21	36	17	20
8 17 03	02	07	03	22	16	17	21
8 21 11	03	08	04	22	56	18	22
8 25 19	04	09	05	23	36	19	23
8 29 25	05	10	05	24	16	20	24
8 33 31	06	11	06	24	56	21	25
8 37 36	07	12	07	25	36	21	26
8 41 41	08	13	08	26	15	22	27
8 45 44	09	14	08	26	54	23	28
8 49 48	10	15	09	27	33	24	29
8 53 50	11	15	10	28	13	24	30
8 57 52	12	16	11	28	52	25	♐0
9 01 52	13	17	12	29	30	26	01
9 05 53	14	18	12	♑0	09	27	02

57° Sternzeit	10. Feld	11. Feld	12. Feld	1. Feld Aszendent		2. Feld	3. Feld
h m s	°	°	°	°	′	°	°
9 09 51	15	19	13	00	48	27	03
9 13 51	16	20	14	01	26	28	04
9 17 49	17	21	15	02	04	29	05
9 21 46	18	22	15	02	42	30	06
9 25 43	19	22	16	03	21	♒0	07
9 29 39	20	23	17	03	58	01	08
9 33 34	21	24	17	04	36	02	09
9 37 29	22	25	18	05	14	03	10
9 41 23	23	26	19	05	52	03	11
9 45 16	24	27	20	06	29	04	12
9 49 08	25	28	20	07	06	05	13
9 53 00	26	28	21	07	44	05	14
9 56 52	27	29	22	08	21	06	15
10 00 42	28	♓0	22	08	58	07	16
10 04 32	29	01	23	09	35	08	16
10 08 22	♈0	02	24	10	12	08	17
10 12 11	01	03	25	10	49	09	18
10 15 59	02	04	25	11	26	10	19
10 19 47	03	04	26	12	02	11	20
10 23 35	04	05	27	12	39	11	21
10 27 22	05	06	27	13	15	12	22
10 31 08	06	07	28	13	52	13	23
10 34 54	07	08	29	14	28	14	24
10 38 39	08	09	29	15	05	14	25
10 42 24	09	09	♈0	15	41	15	26
10 46 09	10	10	01	16	17	16	27
10 49 53	11	11	01	16	53	17	28
10 53 36	12	12	02	17	29	18	29
10 57 20	13	13	03	18	06	18	♈0
11 01 03	14	13	04	18	42	19	01
11 04 46	15	14	04	19	18	20	02
11 08 28	16	15	05	19	54	21	04
11 12 10	17	16	06	20	30	21	05
11 15 52	18	17	07	21	06	22	06
11 19 33	19	17	07	21	42	23	07
11 23 15	20	18	08	22	18	24	08
11 26 56	21	19	09	22	54	25	09
11 30 37	22	20	09	23	31	25	10
11 34 18	23	21	10	24	07	26	11
11 37 58	24	21	10	24	43	27	12
11 41 39	25	22	11	25	19	28	13
11 45 19	26	23	12	25	55	29	14
11 48 59	27	24	12	26	32	30	15
11 52 40	28	25	13	27	08	♉0	17
11 56 20	29	25	14	27	45	01	18

57° Sternzeit h m s	10. Feld °	11. Feld °	12. Feld °	1. Feld Aszendent ° '	2. Feld °	3. Feld °
12 00 00	00	26	14	28 21	02	19
12 03 40	01	27	15	28 58	03	20
12 07 20	02	28	16	29 35	04	21
12 11 01	03	29	16	0 11	05	22
12 14 41	04	29	17	00 48	06	24
12 18 21	05	0	18	01 25	06	25
12 22 02	06	01	18	02 03	07	26
12 25 42	07	02	19	02 40	08	27
12 29 23	08	03	20	03 17	09	28
12 33 04	09	03	20	03 55	10	0
12 36 45	10	04	21	04 33	11	01
12 40 27	11	05	22	05 11	12	02
12 44 08	12	06	23	05 49	13	03
12 47 50	13	07	23	06 27	14	05
12 51 32	14	07	24	07 06	15	06
12 55 14	15	08	25	07 45	16	07
12 58 57	16	09	25	08 24	17	08
13 02 40	17	10	26	09 03	18	10
13 06 24	18	10	27	09 43	19	11
13 10 07	19	11	27	10 23	20	12
13 13 51	20	12	28	11 03	21	14
13 17 36	21	13	29	11 42	22	15
13 21 21	22	14	29	12 24	23	16
13 25 06	23	14	0	13 05	25	18
13 28 52	24	15	01	13 46	26	19
13 32 38	25	16	02	14 28	27	20
13 36 25	26	17	02	15 10	28	22
13 40 13	27	18	03	15 53	0	23
13 44 01	28	18	04	16 36	01	24
13 47 49	29	19	04	17 19	02	26
13 51 38	0	20	05	18 04	03	27
13 55 28	01	21	06	18 48	05	28
13 59 18	02	22	07	19 33	06	0
14 03 08	03	23	07	20 18	07	01
14 07 00	04	23	08	21 04	09	03
14 10 52	05	24	09	21 51	10	04
14 14 44	06	25	10	22 38	12	05
14 18 37	07	26	10	23 26	13	07
14 22 31	08	27	11	24 15	15	08
14 26 26	09	27	12	25 04	16	09
14 30 21	10	28	13	25 54	18	11
14 34 17	11	29	14	26 45	19	12
14 38 14	12	0	14	27 37	21	14
14 42 11	13	01	15	28 30	23	15
14 46 09	14	02	16	29 23	24	16

57° Sternzeit h m s	10. Feld °	11. Feld °	12. Feld °	1. Feld Aszendent ° '	2. Feld °	3. Feld °
14 50 09	15	03	17	0 18	26	18
14 54 07	16	03	18	01 13	28	19
14 58 08	17	04	18	02 10	0	21
15 02 08	18	05	19	03 08	02	22
15 06 10	19	06	20	04 07	03	23
15 10 12	20	07	21	05 08	05	24
15 14 16	21	08	22	06 10	07	26
15 18 19	22	09	23	07 13	08	28
15 22 24	23	09	24	08 18	11	29
15 26 29	24	10	24	09 24	13	0
15 30 35	25	11	25	10 32	15	02
15 34 42	26	12	26	11 43	17	03
15 38 49	27	13	27	12 55	19	04
15 42 57	28	14	28	14 09	21	06
15 47 06	29	15	29	15 25	23	07
15 51 16	0	16	0	16 44	26	08
15 55 26	01	17	01	18 05	28	10
15 59 37	02	17	02	19 29	0	11
16 03 48	03	18	03	20 55	02	13
16 08 01	04	19	04	22 26	04	14
16 12 13	05	20	05	23 58	06	15
16 16 27	06	21	06	25 35	08	16
16 20 41	07	22	07	27 15	10	18
16 24 55	08	23	08	28 59	13	19
16 29 11	09	24	09	0 47	15	20
16 33 26	10	25	10	02 40	17	21
16 37 42	11	26	11	04 37	19	23
16 41 59	12	27	12	06 39	21	24
16 46 17	13	28	14	08 47	23	25
16 50 34	14	29	15	11 00	25	26
16 54 52	15	0	16	13 18	27	27
16 59 11	16	01	17	15 43	29	29
17 03 30	17	02	18	18 14	0	01
17 07 49	18	03	20	20 52	03	01
17 12 09	19	04	21	23 36	05	02
17 16 29	20	05	22	26 27	07	03
17 20 49	21	06	23	29 24	09	05
17 25 10	22	07	25	22 28	10	06
17 29 30	23	08	26	05 38	12	07
17 33 51	24	09	27	08 54	14	08
17 38 13	25	10	29	12 16	16	09
17 42 34	26	11	0	15 43	17	10
17 46 55	27	12	02	19 13	19	11
17 51 17	28	13	03	22 47	21	12
17 55 38	29	14	05	26 23	22	14

57° Sternzeit h m s	10. Feld °	11. Feld °	12. Feld °	1. Feld Aszendent ° '	2. Feld °	3. Feld °
18 00 00	00	15	06	00 00	24	15
18 04 22	01	16	08	03 37	25	16
18 08 43	02	17	09	07 13	27	17
18 13 05	03	19	11	10 47	28	18
18 17 26	04	20	13	14 17	0	19
18 21 47	05	21	14	17 44	01	20
18 26 09	06	22	16	21 06	03	21
18 30 30	07	23	18	24 22	04	22
18 34 50	08	24	20	27 32	05	23
18 39 11	09	25	21	0 36	07	24
18 43 31	10	27	23	03 33	08	25
18 47 51	11	28	25	06 24	09	26
18 52 11	12	29	27	09 08	10	27
18 56 30	13	0	29	11 46	12	28
19 00 49	14	01	0	14 17	13	29
19 05 08	15	03	03	16 42	14	0
19 09 26	16	04	05	19 00	15	01
19 13 43	17	05	07	21 13	16	02
19 18 01	18	06	09	23 21	18	03
19 22 18	19	07	11	25 23	19	04
19 26 34	20	09	13	27 20	20	05
19 30 49	21	10	15	29 13	21	06
19 35 05	22	11	17	1 01	22	07
19 39 19	23	12	19	02 45	23	08
19 43 33	24	14	22	04 25	24	09
19 47 47	25	15	24	06 02	25	10
19 51 59	26	16	26	07 34	26	11
19 56 12	27	18	28	09 05	27	12
20 00 23	28	19	0	10 31	28	13
20 04 34	29	20	02	11 55	29	13
20 08 44	0	22	04	13 16	0	14
20 12 54	01	23	07	14 35	01	15
20 17 03	02	24	09	15 51	02	16
20 21 11	03	26	11	17 05	03	17
20 25 18	04	27	13	18 17	04	18
20 29 25	05	28	15	19 28	05	19
20 33 31	06	0	17	20 36	06	20
20 37 36	07	01	19	21 42	06	21
20 41 41	08	02	21	22 47	07	21
20 45 44	09	04	23	23 50	08	22
20 49 48	10	05	25	24 52	09	23
20 53 50	11	07	27	25 53	10	24
20 57 52	12	08	28	26 52	11	25
21 01 52	13	09	0	27 50	12	26
21 05 53	14	11	02	28 47	12	27

57° Sternzeit h m s	10. Feld °	11. Feld °	12. Feld °	1. Feld Aszendent ° '	2. Feld °	3. Feld °
21 09 51	15	12	04	29 42	13	27
21 13 51	16	14	06	0 37	14	28
21 17 49	17	15	07	01 30	15	29
21 21 46	18	16	09	02 23	16	0
21 25 43	19	18	11	03 15	16	01
21 29 39	20	19	12	04 06	17	02
21 33 34	21	21	14	04 56	18	03
21 37 29	22	22	15	05 45	19	03
21 41 23	23	23	17	06 34	20	04
21 45 16	24	25	18	07 22	20	05
21 49 08	25	26	20	08 09	21	06
21 53 00	26	27	21	08 56	22	07
21 56 52	27	29	23	09 42	23	07
22 00 42	28	0	24	10 27	23	08
22 04 32	29	02	25	11 12	24	09
22 08 22	0	03	27	11 57	25	10
22 12 11	01	04	28	12 41	26	11
22 15 59	02	06	29	13 24	26	12
22 19 47	03	07	0	14 07	27	12
22 23 35	04	08	02	14 50	28	13
22 27 22	05	10	03	15 32	28	14
22 31 08	06	11	04	16 14	29	15
22 34 54	07	12	05	16 55	0	16
22 38 39	08	14	06	17 36	01	16
22 42 24	09	15	08	18 17	01	17
22 46 09	10	16	09	18 57	02	18
22 49 53	11	18	10	19 37	03	19
22 53 36	12	19	11	20 17	04	20
22 57 20	13	20	12	20 57	04	20
23 01 03	14	22	13	21 36	05	21
23 04 46	15	23	14	22 15	06	22
23 08 28	16	24	15	22 54	06	23
23 12 10	17	25	16	23 33	07	23
23 15 52	18	27	17	24 11	08	24
23 19 33	19	28	18	24 49	08	25
23 23 15	20	29	19	25 27	09	26
23 26 56	21	0	20	26 05	10	27
23 30 37	22	02	21	26 43	10	27
23 34 18	23	03	22	27 20	11	28
23 37 58	24	04	23	27 57	12	29
23 41 39	25	05	24	28 35	12	0
23 45 19	26	06	24	29 12	13	01
23 48 59	27	08	25	0 11	14	01
23 52 40	28	09	26	00 25	14	02
23 56 20	29	10	27	01 02	15	03

58° 30' Sternzeit	10. Feld	11. Feld	12. Feld	1. Feld Aszendent	2. Feld	3. Feld
h m s	°	°	°	° '	°	°
0 00 00	00	12	00	02 57	17	04
0 03 40	01	13	01	03 33	17	05
0 07 20	02	14	02	04 08	18	06
0 11 01	03	15	03	04 43	19	07
0 14 41	04	17	03	05 19	19	07
0 18 21	05	18	04	05 54	20	08
0 22 02	06	19	05	06 29	21	09
0 25 42	07	20	06	07 05	21	10
0 29 23	08	21	07	07 40	22	10
0 33 04	09	22	07	08 15	23	11
0 36 45	10	23	08	08 50	23	12
0 40 27	11	24	09	09 25	24	13
0 44 08	12	26	10	10 00	25	14
0 47 50	13	27	10	10 36	25	14
0 51 32	14	28	11	11 11	26	15
0 55 14	15	29	12	11 46	27	16
0 58 57	16	♉0	13	12 21	27	17
1 02 40	17	01	13	12 56	28	18
1 06 24	18	02	14	13 32	29	18
1 10 07	19	03	15	14 07	29	19
1 13 51	20	04	16	14 42	♋0	20
1 17 36	21	05	16	15 18	01	21
1 21 21	22	06	17	15 53	01	22
1 25 06	23	07	18	16 28	02	22
1 28 52	24	08	19	17 04	03	23
1 32 38	25	09	19	17 40	03	24
1 36 25	26	10	20	18 15	04	25
1 40 13	27	11	21	18 51	05	26
1 44 01	28	12	22	19 27	05	27
1 47 49	29	13	22	20 03	06	27
1 51 38	♊0	14	23	20 39	07	28
1 55 28	01	15	24	21 15	07	28
1 59 18	02	16	25	21 51	08	♌0
2 03 08	03	17	25	22 27	09	01
2 07 00	04	18	26	23 04	09	02
2 10 52	05	19	27	23 40	10	02
2 14 44	06	19	27	24 17	11	03
2 18 37	07	20	28	24 53	12	04
2 22 31	08	21	29	25 30	12	05
2 26 26	09	22	30	26 07	13	06
2 30 21	10	23	♍0	26 44	14	07
2 34 17	11	24	01	27 21	14	07
2 38 14	12	25	02	27 58	15	08
2 42 11	13	26	03	28 36	16	09
2 46 09	14	27	03	29 13	16	10

58° 30' Sternzeit	10. Feld	11. Feld	12. Feld	1. Feld Aszendent	2. Feld	3. Feld
h m s	°	°	°	° '	°	°
2 50 09	15	28	04	29 51	17	11
2 54 07	16	29	05	♎0	18	12
2 58 08	17	♏0	05	01 06	19	13
3 02 08	18	01	06	01 44	19	13
3 06 10	19	02	07	02 22	20	14
3 10 12	20	02	08	03 01	21	15
3 14 16	21	03	08	03 39	22	16
3 18 19	22	04	09	04 17	22	17
3 22 24	23	05	10	04 56	23	18
3 26 29	24	06	11	05 35	24	19
3 30 35	25	07	11	06 14	25	19
3 34 42	26	08	12	06 53	25	20
3 38 49	27	09	13	07 32	26	21
3 42 57	28	10	14	08 11	27	22
3 47 06	29	11	14	08 50	28	23
3 51 16	♐0	12	15	09 30	28	24
3 55 26	01	12	16	10 10	29	25
3 59 37	02	13	17	10 49	♏0	26
4 03 48	03	14	17	11 29	01	27
4 08 01	04	15	18	12 09	01	27
4 12 13	05	16	19	12 49	02	28
4 16 27	06	17	20	13 30	03	29
4 20 41	07	18	20	14 10	04	♑0
4 24 55	08	19	21	14 51	05	01
4 29 11	09	20	22	15 31	05	02
4 33 26	10	21	23	16 12	06	03
4 37 42	11	22	24	16 53	07	04
4 41 59	12	22	24	17 33	08	05
4 46 17	13	23	25	18 14	09	06
4 50 34	14	24	26	18 55	09	07
4 54 52	15	25	27	19 36	10	07
4 59 11	16	26	27	20 18	11	08
5 03 30	17	27	28	20 59	12	09
5 07 49	18	28	29	21 40	13	10
5 12 09	19	29	30	22 22	13	11
5 16 29	20	♑0	♒0	23 03	14	12
5 20 49	21	01	01	23 45	15	13
5 25 10	22	02	02	24 26	16	14
5 29 30	23	02	03	25 08	17	15
5 33 51	24	03	04	25 50	17	16
5 38 13	25	04	04	26 31	18	16
5 42 34	26	05	05	27 13	19	17
5 46 55	27	06	06	27 55	20	18
5 51 17	28	07	07	28 36	20	19
5 55 38	29	08	07	29 18	21	20

58° 30' Sternzeit	10. Feld	11. Feld	12. Feld	1. Feld Aszendent		2. Feld	3. Feld	58° 30' Sternzeit	10. Feld	11. Feld	12. Feld	1. Feld Aszendent	2. Feld	3. Feld
h m s	°	°	°	°	'	°	°	h m s	°	°	°	°	°	°
	♊	♋	♌	♍		♍	♎		♋	♌	♍	♎	♎	♏
6 00 00	00	09	08	00	00	22	21	9 09 51	15	19	13	♎0	09	26	02
6 04 22	01	10	09	00	42	23	22	9 13 51	16	20	14	00 47	27	03
6 08 43	02	11	10	01	24	23	23	9 17 49	17	21	14	01 24	27	04
6 13 05	03	12	11	02	05	24	24	9 21 46	18	22	15	02 02	28	05
6 17 26	04	13	11	02	47	25	25	9 25 43	19	23	16	02 39	29	06
6 21 47	05	13	12	03	29	26	26	9 29 39	20	23	16	03 16	30	07
6 26 09	06	14	13	04	10	27	27	9 33 34	21	24	17	03 53	♏0	08
6 30 30	07	15	14	04	52	28	28	9 37 29	22	25	18	04 30	01	09
6 34 50	08	16	15	05	34	28	28	9 41 23	23	26	19	05 07	02	10
6 39 11	09	17	15	06	15	29	29	9 45 16	24	27	19	05 43	03	11
6 43 31	10	18	16	06	57	♋0	♌0	9 49 08	25	28	20	06 20	03	12
6 47 51	11	19	17	07	38	01	01	9 53 00	26	28	21	06 56	04	12
6 52 11	12	20	18	08	20	02	02	9 56 52	27	29	22	07 33	05	13
6 56 30	13	21	18	09	01	02	03	10 00 42	28	♍0	22	08 09	05	14
7 00 49	14	22	19	09	42	03	04	10 04 32	29	01	23	08 45	06	15
7 05 08	15	23	20	10	24	04	05	10 08 22	♍0	02	24	09 21	07	16
7 09 26	16	24	21	11	05	05	06	10 12 11	01	03	24	09 57	08	17
7 13 43	17	24	22	11	46	05	07	10 15 59	02	03	25	10 33	08	18
7 18 01	18	25	22	12	27	06	08	10 19 47	03	04	26	11 09	09	19
7 22 18	19	26	23	13	07	07	08	10 23 35	04	05	26	11 45	10	20
7 26 34	20	27	24	13	48	07	09	10 27 22	05	06	27	12 20	11	21
7 30 49	21	28	24	14	29	08	10	10 31 08	06	07	28	12 56	11	22
7 35 05	22	29	25	15	09	09	11	10 34 54	07	08	28	13 32	12	23
7 39 19	23	♌0	26	15	50	10	12	10 38 39	08	08	29	14 07	13	24
7 43 33	24	01	27	16	30	10	13	10 42 24	09	09	29	14 42	14	25
7 47 47	25	02	28	17	11	11	14	10 46 09	10	10	♎0	15 18	14	26
7 51 59	26	02	29	17	51	12	15	10 49 53	11	11	01	15 53	15	27
7 56 12	27	03	29	18	31	13	16	10 53 36	12	12	02	16 28	16	28
8 00 23	28	04	♍0	19	11	13	17	10 57 20	13	12	02	17 04	17	29
8 04 34	29	05	01	19	50	14	18	11 01 03	14	13	03	17 39	17	♏0
8 08 44	♌0	06	02	20	30	15	18	11 04 46	15	14	03	18 14	18	01
8 12 54	01	07	02	21	10	16	19	11 08 28	16	15	04	18 49	19	02
8 17 03	02	08	03	21	49	17	20	11 12 10	17	16	05	19 24	20	04
8 21 11	03	09	04	22	28	18	21	11 15 52	18	17	05	20 00	20	05
8 25 19	04	10	05	23	07	18	22	11 19 33	19	17	06	20 35	21	06
8 29 25	05	10	05	23	46	19	23	11 23 15	20	18	07	21 10	22	07
8 33 31	06	11	06	24	25	20	24	11 26 56	21	19	07	21 45	23	08
8 37 36	07	12	07	25	04	21	25	11 30 37	22	20	08	22 20	24	09
8 41 41	08	13	08	25	43	21	26	11 34 18	23	20	09	22 55	24	10
8 45 44	09	14	08	26	21	22	27	11 37 58	24	21	09	23 31	25	11
8 49 48	10	15	09	26	59	23	28	11 41 39	25	22	10	24 06	26	12
8 53 50	11	16	10	27	38	23	28	11 45 19	26	23	11	24 41	27	13
8 57 52	12	17	11	28	16	24	29	11 48 59	27	24	11	25 17	27	14
9 01 52	13	17	11	28	54	25	♎0	11 52 40	28	24	12	25 25	28	16
9 05 53	14	18	12	29	32	25	01	11 56 20	29	25	13	26 27	29	17

58° 30′

Sternzeit h m s	10. Feld ♍	11. Feld ♍	12. Feld ♎	1. Feld Aszendent ♎ °	′	2. Feld ♐	3. Feld ♐
12 00 00	00	26	13	27	03	00	18
12 03 40	01	27	14	27	39	01	19
12 07 20	02	27	15	28	14	02	20
12 11 01	03	28	16	28	50	03	21
12 14 41	04	29	16	29	26	03	23
12 18 21	05	♎0	17	♏0	02	04	24
12 22 02	06	01	17	00	38	05	25
12 25 42	07	01	18	01	14	06	26
12 29 23	08	02	19	01	51	07	28
12 33 04	09	03	20	02	27	08	29
12 36 45	10	04	20	03	04	09	♑0
12 40 27	11	04	21	03	40	10	01
12 44 08	12	05	22	04	17	11	03
12 47 50	13	06	22	04	55	12	04
12 51 32	14	07	23	05	32	13	05
12 55 14	15	08	24	06	09	14	06
12 58 57	16	08	24	06	47	15	08
13 02 40	17	09	25	07	25	16	09
13 06 24	18	10	26	08	03	17	10
13 10 07	19	11	26	08	42	18	12
13 13 51	20	12	27	09	21	19	13
13 17 36	21	12	28	10	00	20	14
13 21 21	22	13	29	10	39	21	16
13 25 06	23	14	29	11	18	22	17
13 28 52	24	15	♏0	11	58	23	19
13 32 38	25	16	01	12	39	25	20
13 36 25	26	16	01	13	19	26	21
13 40 13	27	17	02	14	00	27	23
13 44 01	28	18	03	14	42	28	24
13 47 49	29	19	03	15	23	♑0	26
13 51 38	♏0	19	04	16	06	01	27
13 55 28	01	20	05	16	48	02	28
13 59 18	02	21	06	17	32	04	♒0
14 03 08	03	22	06	18	15	05	01
14 07 00	04	23	07	18	59	06	03
14 10 52	05	24	07	19	44	08	04
14 14 44	06	24	08	20	29	09	05
14 18 37	07	25	09	21	15	11	07
14 22 31	08	26	10	22	02	12	08
14 26 26	09	27	11	22	49	14	09
14 30 21	10	28	12	23	37	16	11
14 34 17	11	29	13	24	26	17	12
14 38 14	12	29	13	25	16	19	14
14 42 11	13	♐0	14	26	06	21	15
14 46 09	14	01	14	26	57	22	17

Sternzeit h m s	10. Feld ♏	11. Feld ♐	12. Feld ♏	1. Feld Aszendent ♏ °	′	2. Feld ♑	3. Feld ♒
14 50 09	15	02	15	27	49	24	18
14 54 07	16	03	16	28	43	26	19
14 58 08	17	04	17	29	37	28	21
15 02 08	18	04	18	♐0	32	♒0	22
15 06 10	19	05	18	01	29	02	24
15 10 12	20	06	19	02	26	04	25
15 14 16	21	07	20	03	26	06	26
15 18 19	22	08	21	04	26	08	28
15 22 24	23	09	22	05	28	10	29
15 26 29	24	10	23	06	31	12	♓0
15 30 35	25	11	23	07	37	14	02
15 34 42	26	11	24	08	44	16	03
15 38 49	27	12	25	09	53	18	05
15 42 57	28	13	26	11	04	21	06
15 47 06	29	14	27	12	17	23	07
15 51 16	♐0	15	28	13	32	25	09
15 55 26	01	16	29	15	40	28	11
15 59 37	02	16	♐0	16	11	♓0	12
16 03 48	03	17	01	17	35	02	13
16 08 01	04	18	02	19	01	04	15
16 12 13	05	19	03	20	31	06	16
16 16 27	06	20	04	22	05	09	18
16 20 41	07	21	05	23	43	11	19
16 24 55	08	22	06	25	24	14	20
16 29 11	09	23	07	27	10	16	21
16 33 26	10	24	08	29	01	18	22
16 37 42	11	25	09	♑0	57	20	23
16 41 59	12	26	10	02	58	22	25
16 46 17	13	27	11	05	06	25	26
16 50 34	14	28	12	07	19	27	27
16 54 52	15	29	14	09	40	29	29
16 59 11	16	♑0	15	12	07	♓0	♈0
17 03 30	17	01	16	14	42	03	01
17 07 49	18	02	17	17	25	05	02
17 12 09	19	03	18	20	15	07	03
17 16 29	20	04	20	23	15	09	04
17 20 49	21	05	21	26	23	11	06
17 25 10	22	06	22	29	39	12	07
17 29 30	23	07	24	♒3	04	14	08
17 33 51	24	08	25	06	37	16	09
17 38 13	25	09	26	10	18	18	11
17 42 34	26	10	28	14	05	20	12
17 46 55	27	11	29	17	58	21	13
17 51 17	28	12	♑0	21	56	22	14
17 55 38	29	13	02	25	57	25	15

58°30' Sternzeit	10. Feld	11. Feld	12. Feld	1. Feld Aszendent		2. Feld	3. Feld
h m s	°	°	°	°	'	°	°
18 00 00	00	14	04	00	00	26	16
18 04 22	01	15	06	04	03	28	17
18 08 43	02	16	07	08	04 ♈0		18
18 13 05	03	17	09	12	02	01	19
18 17 26	04	19	10	15	55	02	20
18 21 47	05	20	12	19	42	04	21
18 26 09	06	21	14	23	23	05	22
18 30 30	07	22	16	26	56	06	23
18 34 50	08	23	18 ♉0		21	08	24
18 39 11	09	24	19	03	27	09	25
18 43 31	10	26	21	06	45	10	26
18 47 51	11	27	23	09	45	12	27
18 52 11	12	28	25	12	35	13	28
18 56 30	13	29	27	15	18	14	29
19 00 49	14 ♉0		29	17	53	15 ♉0	
19 05 08	15	01 ♊0		20	20	16	01
19 09 26	16	03	03	22	41	18	02
19 13 43	17	04	05	24	54	19	03
19 18 01	18	05	08	27	02	20	04
19 22 18	19	06	10	29	03	21	05
19 26 34	20	08	12 ♉0		59	22	06
19 30 49	21	09	14	02	50	23	07
19 35 05	22	10	17	04	36	24	08
19 39 19	23	12	19	06	17	25	09
19 43 33	24	13	21	07	55	26	10
19 47 47	25	14	23	09	29	27	11
19 51 59	26	16	26	10	59	28	12
19 56 12	27	17	28	12	25	29	13
20 00 23	28	18 ♊0		13	49 ♊0		14
20 04 34	29	19	02	15	10	01	14
20 08 44 ♊0		21	05	16	28	02	15
20 12 54	01	22	07	17	43	03	16
20 17 03	02	23	09	18	56	04	17
20 21 11	03	25	11	20	07	05	18
20 25 18	04	26	14	21	16	06	19
20 29 25	05	28	16	22	23	07	20
20 33 31	06	29	18	23	29	07	21
20 37 36	07 ♊0		20	24	32	08	22
20 41 41	08	02	22	25	34	09	22
20 45 44	09	03	24	26	34	10	23
20 49 48	10	05	26	27	34	11	24
20 53 50	11	06	28	28	31	12	25
20 57 52	12	07 ♊0		29	28	12	26
21 01 52	13	09	02 ♊0		23	13	27
21 05 53	14	10	04	01	17	14	28

58°30' Sternzeit	10. Feld	11. Feld	12. Feld	1. Feld Aszendent		2. Feld	3. Feld
h m s	°	°	°	°	'	°	°
21 09 51	15	12	06	02	11	15	28
21 13 51	16	13	08	03	03	16	29
21 17 49	17	15	09	03	54	16 ♊0	
21 21 46	18	16	11	04	44	17	01
21 25 43	19	17	13	05	34	18	02
21 29 39	20	19	14	06	23	19	03
21 33 34	21	20	16	07	11	20	03
21 37 29	22	22	18	07	58	20	04
21 41 23	23	23	19	08	45	21	05
21 45 16	24	25	21	09	31	22	06
21 49 08	25	26	22	10	16	23	07
21 53 00	26	27	24	11	01	23	07
21 56 52	27	29	25	11	45	24	08
22 00 42	28 ♊0		26	12	28	25	09
22 04 32	29	02	28	12	13	26	10
22 08 22 ♊0		03	29	13	54	26	11
22 12 11	01	04 ♊0		14	37	27	11
22 15 59	02	06	02	15	18	28	12
22 19 47	03	07	03	16	00	28	13
22 23 35	04	09	04	16	41	29	14
22 27 22	05	10	05	17	21	30	15
22 31 08	06	11	07	18	02 ♊0		15
22 34 54	07	13	08	18	42	01	16
22 38 39	08	14	09	19	21	01	17
22 42 24	09	16	10	20	00	02	18
22 46 09	10	17	11	20	39	03	19
22 49 53	11	18	12	21	18	04	19
22 53 36	12	20	13	21	57	05	20
22 57 20	13	21	14	22	35	05	21
23 01 03	14	22	15	23	13	06	22
23 04 46	15	23	16	23	51	07	22
23 08 28	16	24	17	24	28	07	23
23 12 10	17	26	18	25	05	08	24
23 15 52	18	27	19	25	43	09	25
23 19 33	19	29	20	26	20	09	26
23 23 15	20 ♊0		21	26	56	10	26
23 26 56	21	01	22	27	33	11	27
23 30 37	22	02	23	28	09	11	28
23 34 18	23	03	24	28	46	12	29
23 37 58	24	04	25	29	22	13	29
23 41 39	25	06	26	29	58	13 ♊0	
23 45 19	26	07	27 ♊0		34	14	01
23 48 59	27	09	27	01	10	15	02
23 52 40	28	10	28	01	46	15	03
23 56 20	29	11	29	02	21	16	03

59° Sternzeit h m s	10. Feld	11. Feld	12. Feld	1. Feld Aszendent ° '	2. Feld	3. Feld
0 00 00	00	12	00	03 31	17	04
0 03 40	01	13	01	04 06	17	05
0 07 20	02	14	02	04 41	18	06
0 11 01	03	15	03	05 16	19	07
0 14 41	04	17	03	05 51	19	07
0 18 21	05	18	04	06 26	20	08
0 22 02	06	19	05	07 01	21	09
0 25 42	07	20	06	07 35	21	10
0 29 23	08	21	07	08 10	22	10
0 33 04	09	22	07	08 45	23	11
0 36 45	10	23	08	09 20	23	12
0 40 27	11	24	09	09 54	24	13
0 44 08	12	26	10	10 29	25	14
0 47 50	13	27	10	11 04	25	14
0 51 32	14	28	11	11 39	26	15
0 55 14	15	29	12	12 13	27	16
0 58 57	16	♒0	13	12 48	27	17
1 02 40	17	01	13	13 23	28	18
1 06 24	18	02	14	13 58	29	18
1 10 07	19	03	15	14 33	29	19
1 13 51	20	04	16	15 08	♌0	20
1 17 36	21	05	16	15 43	01	21
1 21 21	22	06	17	16 18	01	22
1 25 06	23	07	18	16 53	02	22
1 28 52	24	08	19	17 28	03	23
1 32 38	25	09	19	18 03	03	24
1 36 25	26	10	20	18 39	04	25
1 40 13	27	11	21	19 14	05	26
1 44 01	28	12	22	19 49	05	27
1 47 49	29	13	22	20 25	06	27
1 51 38	♓0	14	23	21 01	07	28
1 55 28	01	15	24	21 36	07	29
1 59 18	02	16	25	22 12	08	♍0
2 03 08	03	17	25	22 48	09	01
2 07 00	04	18	26	23 24	09	02
2 10 52	05	19	27	24 00	10	02
2 14 44	06	19	27	24 36	11	03
2 18 37	07	20	28	25 13	12	04
2 22 31	08	21	29	25 49	12	05
2 26 26	09	22	30	26 26	13	06
2 30 21	10	23	♈0	27 02	14	07
2 34 17	11	24	01	27 39	14	07
2 38 14	12	25	02	28 16	15	08
2 42 11	13	26	03	28 53	16	09
2 46 09	14	27	03	29 30	16	10
2 50 09	15	28	04	♌0 07	17	11
2 54 07	16	29	05	00 45	18	12
2 58 08	17	♍0	05	01 22	19	13
3 02 08	18	01	06	02 00	19	13
3 06 10	19	02	07	02 37	20	14
3 10 12	20	02	08	03 15	21	15
3 14 16	21	03	08	03 53	22	16
3 18 19	22	04	09	04 31	22	17
3 22 24	23	05	10	05 10	23	18
3 26 29	24	06	11	05 48	24	19
3 30 35	25	07	11	06 27	25	19
3 34 42	26	08	12	07 05	25	20
3 38 49	27	09	13	07 44	26	21
3 42 57	28	10	14	08 23	27	22
3 47 06	29	11	14	09 02	28	23
3 51 16	♏0	12	15	09 41	28	24
3 55 26	01	12	16	10 20	29	25
3 59 37	02	13	17	11 00	♎0	26
4 03 48	03	14	17	11 39	01	27
4 08 01	04	15	18	12 19	01	28
4 12 13	05	16	19	12 59	02	28
4 16 27	06	17	20	13 39	03	29
4 20 41	07	18	20	14 19	04	♏0
4 24 55	08	19	21	14 59	05	01
4 29 11	09	20	22	15 39	05	02
4 33 26	10	21	23	16 19	06	03
4 37 42	11	22	24	17 00	07	04
4 41 59	12	22	24	17 40	08	05
4 46 17	13	23	25	18 21	09	06
4 50 34	14	24	26	19 01	09	07
4 54 52	15	25	27	19 42	10	07
4 59 11	16	26	27	20 23	11	08
5 03 30	17	27	28	21 04	12	09
5 07 49	18	28	29	21 45	13	10
5 12 09	19	29	30	22 26	13	11
5 16 29	20	♎0	♏0	23 07	14	12
5 20 49	21	01	01	23 48	15	13
5 25 10	22	02	02	24 29	16	14
5 29 30	23	02	03	25 10	17	15
5 33 51	24	03	04	25 52	17	16
5 38 13	25	04	04	26 33	18	16
5 42 34	26	05	05	27 14	19	17
5 46 55	27	06	06	27 56	20	18
5 51 17	28	07	07	28 37	20	19
5 55 38	29	08	07	29 19	21	20

59° Sternzeit h m s	10. Feld °	11. Feld °	12. Feld °	1. Feld Aszendent ° '	2. Feld °	3. Feld °
6 00 00	00	09	08	00 00	22	21
6 04 22	01	10	09	00 41	23	22
6 08 43	02	11	10	01 23	23	23
6 13 05	03	12	11	02 04	24	24
6 17 26	04	13	11	02 46	25	25
6 21 47	05	13	12	03 27	26	26
6 26 09	06	14	13	04 08	27	27
6 30 30	07	15	14	04 50	28	28
6 34 50	08	16	15	05 31	28	28
6 39 11	09	17	15	06 12	29	29
6 43 31	10	18	16	06 53	♋0	♌0
6 47 51	11	19	17	07 34	01	01
6 52 11	12	20	18	08 15	02	02
6 56 30	13	21	18	08 56	02	03
7 00 49	14	22	19	09 37	03	04
7 05 08	15	23	20	10 18	04	05
7 09 26	16	24	21	10 59	05	06
7 13 43	17	24	22	11 39	05	07
7 18 01	18	25	22	12 20	06	08
7 22 18	19	26	23	13 00	07	08
7 26 34	20	27	24	13 41	07	09
7 30 49	21	28	24	14 21	08	10
7 35 05	22	29	25	15 01	09	11
7 39 19	23	♌0	26	15 41	10	12
7 43 33	24	01	27	16 21	10	13
7 47 47	25	02	28	17 01	11	14
7 51 59	26	02	29	17 41	12	15
7 56 12	27	03	29	18 21	13	16
8 00 23	28	04	♍0	19 00	13	17
8 04 34	29	05	01	19 40	14	18
8 08 44	♋0	06	02	20 19	15	18
8 12 54	01	07	02	20 58	16	19
8 17 03	02	08	03	21 37	17	20
8 21 11	03	09	04	22 16	18	21
8 25 19	04	10	05	22 55	18	22
8 29 25	05	10	05	23 33	19	23
8 33 31	06	11	06	24 12	20	24
8 37 36	07	12	07	24 50	21	25
8 41 41	08	13	08	25 29	21	26
8 45 44	09	14	08	26 07	22	27
8 49 48	10	15	09	26 45	23	28
8 53 50	11	16	10	27 23	23	28
8 57 52	12	17	11	28 00	24	29
9 01 52	13	17	11	28 38	25	♐0
9 05 53	14	18	12	29 15	25	01
9 09 51	15	19	13	29 53	26	02
9 13 51	16	20	14	♏0 30	27	03
9 17 49	17	21	14	01 07	27	04
9 21 46	18	22	15	01 44	28	05
9 25 43	19	23	16	02 21	29	06
9 29 39	20	23	16	02 58	♐0	07
9 33 34	21	24	17	03 34	♑0	08
9 37 29	22	25	18	04 11	01	09
9 41 23	23	26	19	04 47	02	10
9 45 16	24	27	19	05 24	03	11
9 49 08	25	28	20	06 00	03	12
9 53 00	26	28	21	06 36	04	12
9 56 52	27	29	22	07 12	05	13
10 00 42	28	♐0	22	07 48	05	14
10 04 32	29	01	23	08 24	06	15
10 08 22	♑0	02	24	08 59	07	16
10 12 11	01	03	24	09 35	08	17
10 15 59	02	03	25	10 11	08	18
10 19 47	03	04	26	10 46	09	19
10 23 35	04	05	26	11 21	10	20
10 27 22	05	06	27	11 57	11	21
10 31 08	06	07	28	12 32	11	22
10 34 54	07	08	28	13 07	12	23
10 38 39	08	08	29	13 42	13	24
10 42 24	09	09	29	14 17	14	25
10 46 09	10	10	♏0	14 52	14	26
10 49 53	11	11	01	15 27	15	27
10 53 36	12	12	02	16 02	16	28
10 57 20	13	12	02	16 37	17	29
11 01 03	14	13	03	17 12	17	♒0
11 04 46	15	14	03	17 47	18	01
11 08 28	16	15	04	18 21	19	02
11 12 10	17	16	05	18 56	20	04
11 15 52	18	17	05	19 31	20	05
11 19 33	19	17	06	20 06	21	06
11 23 15	20	18	07	20 40	22	07
11 26 56	21	19	07	21 15	23	08
11 30 37	22	20	08	21 50	24	09
11 34 18	23	20	09	22 25	24	10
11 37 58	24	21	09	22 59	25	11
11 41 39	25	22	10	23 34	26	12
11 45 19	26	23	11	24 09	27	13
11 48 59	27	24	11	24 44	27	14
11 52 40	28	24	12	25 19	28	16
11 56 20	29	25	13	25 54	29	17

59° Sternzeit h m s	10. Feld ♎ °	11. Feld ♏ °	12. Feld ♐ °	1. Feld Aszendent ♐ ° '	2. Feld ♑ °	3. Feld ♒ °
12 00 00	00	26	13	26 29	00	18
13 03 40	01	27	14	27 04	01	19
12 07 20	02	27	15	27 39	02	20
12 11 01	03	28	16	28 15	03	21
12 14 41	04	29	16	28 50	03	23
12 18 21	05	♐ 0	17	29 25	04	24
12 22 02	06	01	17	♑ 0 01	05	25
12 25 42	07	01	18	00 37	06	26
12 29 23	08	02	19	01 13	07	28
12 33 04	09	03	20	01 49	08	29
12 36 45	10	04	20	02 25	09	♓ 0
12 40 27	11	04	21	03 01	10	01
12 44 08	12	05	22	03 37	11	03
12 47 50	13	06	22	04 14	12	04
12 51 32	14	07	23	04 51	13	05
12 55 14	15	08	24	05 28	14	06
12 58 57	16	08	24	06 05	15	08
13 02 40	17	09	25	06 42	16	09
13 06 24	18	10	26	07 20	17	10
13 10 07	19	11	26	07 58	18	12
13 13 51	20	12	27	08 36	19	13
13 17 36	21	12	28	09 14	20	14
13 21 21	22	13	29	09 53	21	16
13 25 06	23	14	29	10 32	22	17
13 28 52	24	15	♑ 0	11 11	23	19
13 32 38	25	16	01	11 51	25	20
13 36 25	26	16	01	12 31	26	21
13 40 13	27	17	02	13 11	27	23
13 44 01	28	18	03	13 52	28	24
13 47 49	29	19	03	14 33	♒ 0	25
13 51 38	♏ 0	19	04	15 14	01	27
13 55 28	01	20	05	15 56	02	28
13 59 18	02	21	06	16 38	04	♈ 0
14 03 08	03	22	06	17 21	05	01
14 07 00	04	23	07	18 04	06	03
14 10 52	05	24	07	18 48	08	04
14 14 44	06	24	08	19 33	09	05
14 18 37	07	25	09	20 18	11	07
14 22 31	08	26	10	21 04	12	08
14 26 26	09	27	11	21 50	14	10
14 30 21	10	28	12	22 37	16	11
14 34 17	11	29	13	23 25	17	12
14 38 14	12	29	13	24 13	19	14
14 42 11	13	♑ 0	14	25 02	21	15
14 46 09	14	01	14	25 53	22	17

59° Sternzeit h m s	10. Feld ♏ °	11. Feld ♑ °	12. Feld ♑ °	1. Feld Aszendent ♒ ° '	2. Feld ♒ °	3. Feld ♓ °
14 50 09	15	02	15	26 44	24	18
14 54 07	16	03	16	27 36	26	19
14 58 08	17	04	17	28 29	28	21
15 02 08	18	04	18	29 23	♓ 0	22
15 06 10	19	05	18	♓ 0 18	02	24
15 10 12	20	06	19	01 15	04	25
15 14 16	21	07	20	02 12	06	26
15 18 19	22	08	21	03 11	08	28
15 22 24	23	09	22	04 12	10	29
15 26 29	24	10	23	05 14	12	♈ 0
15 30 35	25	11	23	06 18	14	02
15 34 42	26	11	24	07 23	16	03
15 38 49	27	12	25	08 31	18	05
15 42 57	28	13	26	09 40	21	06
15 47 06	29	14	27	10 52	23	07
15 51 16	♐ 0	15	28	12 06	25	09
15 55 26	01	16	29	13 22	28	11
15 59 37	02	16	♒ 0	14 41	♈ 0	12
16 03 48	03	17	01	16 03	02	13
16 08 01	04	18	02	17 28	04	15
16 12 13	05	19	03	18 56	06	16
16 16 27	06	20	04	20 28	09	17
16 20 41	07	21	05	22 45	14	20
16 24 55	08	22	06	23 45	14	20
16 29 11	09	23	07	25 29	16	21
16 33 26	10	24	08	27 19	18	22
16 37 42	11	25	09	29 14	20	24
16 41 59	12	26	10	♈ 1 14	22	25
16 46 17	13	27	11	03 21	25	26
16 50 34	14	28	12	05 34	27	27
16 54 52	15	29	14	07 54	29	29
16 59 11	16	♒ 0	15	10 22	♉ 0	♉ 1
17 03 30	17	01	16	12 58	03	01
17 07 49	18	02	17	15 43	05	02
17 12 09	19	03	18	18 36	07	03
17 16 29	20	04	20	21 39	09	04
17 20 49	21	05	21	24 52	11	06
17 25 10	22	06	22	28 14	12	07
17 29 30	23	07	24	♉ 1 46	14	08
17 33 51	24	08	25	05 27	16	09
17 38 13	25	09	26	09 17	18	10
17 42 34	26	10	28	13 15	20	11
17 46 55	27	11	29	17 20	21	12
17 51 17	28	12	♓ 0	21 30	22	14
17 55 38	29	13	02	25 44	25	15

59° Sternzeit h m s	10. Feld °	11. Feld °	12. Feld °	1. Feld Aszendent °	'	2. Feld °	3. Feld °
18 00 00	00	14	04	00	00	26	16
18 04 22	01	15	06	04	16	28	17
18 08 43	02	16	07	08	30	00	18
18 13 05	03	17	09	12	40	01	19
18 17 26	04	19	10	16	45	02	20
18 21 47	05	20	12	20	43	04	21
18 26 09	06	21	14	24	33	05	22
18 30 30	07	22	16	28	14	06	23
18 34 50	08	23	18	01	46	08	24
18 39 11	09	24	19	05	09	09	25
18 43 31	10	26	21	08	21	10	26
18 47 51	11	27	23	11	24	12	27
18 52 11	12	28	25	14	17	13	28
18 56 30	13	29	27	17	02	14	29
19 00 49	14	00	29	19	38	15	00
19 05 08	15	01	00	22	06	16	01
19 09 26	16	03	03	24	26	18	02
19 13 43	17	04	05	26	39	19	03
19 18 01	18	05	08	28	46	20	04
19 22 18	19	06	10	00	46	21	05
19 26 34	20	08	12	02	41	22	06
19 30 49	21	09	14	04	31	23	07
19 35 05	22	10	17	06	15	24	08
19 39 19	23	12	19	07	55	25	09
19 43 33	24	13	21	09	32	26	10
19 47 47	25	14	23	11	04	27	11
19 51 59	26	16	26	12	32	28	12
19 56 12	27	17	28	13	57	29	13
20 00 23	28	18	00	15	19	00	14
20 04 34	29	19	02	16	38	01	14
20 08 44	00	21	05	17	54	02	15
20 12 54	01	22	07	19	08	03	16
20 17 03	02	23	09	20	20	04	17
20 21 11	03	25	11	21	29	05	18
20 25 18	04	26	14	22	37	06	19
20 29 25	05	28	16	23	42	07	20
20 33 31	06	29	18	24	46	07	21
20 37 36	07	00	20	25	48	08	22
20 41 41	08	02	22	26	49	09	22
20 45 44	09	03	24	27	48	10	23
20 49 48	10	05	26	28	45	11	24
20 53 50	11	06	28	29	42	12	25
20 57 52	12	07	00	00	37	12	26
21 01 52	13	09	02	01	31	13	27
21 05 53	14	10	04	02	24	14	28

59° Sternzeit h m s	10. Feld °	11. Feld °	12. Feld °	1. Feld Aszendent °	'	2. Feld °	3. Feld °
21 09 51	15	12	06	03	16	15	28
21 13 51	16	13	08	04	07	16	29
21 17 49	17	15	09	04	58	16	00
21 21 46	18	16	11	05	47	17	01
21 25 43	19	17	13	06	35	18	02
21 29 39	20	19	14	07	23	19	03
21 33 34	21	20	16	08	10	20	03
21 37 29	22	22	18	08	56	20	04
21 41 23	23	23	19	09	42	21	05
21 45 16	24	25	21	10	27	22	06
21 49 08	25	26	22	11	12	23	07
21 53 00	26	27	24	11	56	23	07
21 56 52	27	29	25	12	39	24	08
22 00 42	28	00	26	13	22	25	09
22 04 32	29	02	28	14	04	26	10
22 08 22	00	03	29	14	46	26	11
22 12 11	01	04	00	15	27	27	11
22 15 59	02	06	02	16	08	28	12
22 19 47	03	07	03	16	49	28	13
22 23 35	04	09	04	17	29	29	14
22 27 22	05	10	05	18	09	30	15
22 31 08	06	11	07	18	49	00	15
22 34 54	07	13	08	19	28	01	16
22 38 39	08	14	09	20	07	01	17
22 42 24	09	16	10	20	46	02	18
22 46 09	10	17	11	21	24	03	19
22 49 53	11	18	12	22	02	04	19
22 53 36	12	20	13	22	40	05	20
22 57 20	13	21	14	23	18	05	21
23 01 03	14	22	15	23	55	06	22
23 04 46	15	23	16	24	32	07	22
23 08 28	16	24	17	25	09	07	23
23 12 10	17	26	18	25	46	08	24
23 15 52	18	27	19	26	23	09	25
23 19 33	19	29	20	26	59	09	26
23 23 15	20	00	21	27	35	10	26
23 26 56	21	01	22	28	11	11	27
23 30 37	22	02	23	28	47	11	28
23 34 18	23	03	24	29	23	12	29
23 37 58	24	04	25	29	59	13	29
23 41 39	25	06	26	00	35	13	00
23 45 19	26	07	27	01	10	14	01
23 48 59	27	09	27	01	45	15	02
23 52 40	28	10	28	02	21	15	03
23 56 20	29	11	29	02	56	16	03

Gestirnstandstabelle 1

über den Sonnenstand

(Positionsangaben für 1915, 12 Uhr WZ)

Diese Tabelle gilt für jedes beliebige Jahr

GESTIRNSTANDSTABELLE 1
über den Sonnenstand (1915, 12 Uhr Weltzeit)

	Jan.	Feb.	März.	April	Mai	Juni	Juli	Aug.	Sept.	Okt.	Nov.	Dez.
	° '	° '	° '	° '	° '	° '	° '	° '	° '	° '	° '	° '
1	10 00	11 33	09 49	10 41	10 01	09 54	08 33	08 08	07 57	07 13	07 58	08 12
2	11 01	12 34	10 50	11 40	11 00	10 51	09 30	09 06	08 55	08 12	08 58	09 13
3	12 02	13 35	11 50	12 39	11 58	11 49	10 27	10 03	09 53	09 11	09 59	10 14
4	13 03	14 36	12 50	13 38	12 56	12 46	11 25	11 00	10 51	10 10	10 59	11 15
5	14 04	15 36	13 50	14 37	13 54	13 44	12 22	11 58	11 49	11 09	11 59	12 16
6	15 05	16 37	14 50	15 36	14 52	14 41	13 19	12 55	12 48	12 08	12 59	13 17
7	16 07	17 38	15 50	16 35	15 50	15 39	14 16	13 53	13 46	13 08	13 59	14 18
8	17 08	18 39	16 50	17 34	16 48	16 36	15 13	14 50	14 44	14 07	15 00	15 19
9	18 09	19 40	17 50	18 33	17 46	17 33	16 11	15 48	15 43	15 06	16 00	16 20
10	19 10	20 40	18 50	19 32	18 44	18 31	17 08	16 46	16 41	16 05	17 00	17 21
11	20 11	21 41	19 50	20 31	19 42	19 28	18 05	17 43	17 39	17 05	18 01	18 22
12	21 12	22 42	20 50	21 30	20 40	20 25	19 02	18 41	18 38	18 04	19 01	19 23
13	22 13	23 42	21 50	22 28	21 38	21 23	20 00	19 38	19 36	19 04	20 01	20 24
14	23 15	24 43	22 49	23 27	22 36	22 20	20 57	20 36	20 35	20 03	21 02	21 25
15	24 16	25 44	23 49	24 26	23 34	23 17	21 54	21 34	21 33	21 03	22 02	22 26
16	25 17	26 44	24 49	25 25	24 32	24 15	22 51	22 31	22 32	22 02	23 03	23 27
17	26 18	27 45	25 49	26 23	25 30	25 12	23 49	23 29	23 30	23 02	24 03	24 28
18	27 19	28 45	26 49	27 22	26 27	26 09	24 46	24 27	24 29	24 01	25 04	25 29
19	28 20	29 46	27 48	28 21	27 25	27 07	25 43	25 24	25 27	25 01	26 04	26 30
20	29 21	00 46	28 48	29 19	28 23	28 04	26 40	26 22	26 26	26 00	27 05	27 31
21	00 22	01 47	29 47	00 18	29 21	29 01	27 38	27 20	27 24	27 00	28 05	28 32
22	01 23	02 47	00 47	01 16	00 18	29 58	28 35	28 18	28 23	28 00	29 06	29 33
23	02 25	03 48	01 47	02 15	01 16	00 56	29 32	29 16	29 21	28 59	00 07	00 34
24	03 26	04 48	02 46	03 13	02 14	01 53	00 29	00 13	00 21	29 59	01 07	01 36
25	04 27	05 48	03 45	04 12	03 11	02 50	01 27	01 11	01 19	00 59	02 08	02 37
26	05 28	06 49	04 45	05 10	04 09	03 47	02 24	02 09	02 18	01 59	03 09	03 38
27	06 28	07 49	05 44	06 08	05 06	04 44	03 21	03 07	03 17	02 59	04 09	04 39
28	07 29	08 49	06 44	07 07	06 04	05 42	04 19	04 05	04 16	03 58	05 10	05 40
29	08 30	—	07 43	08 05	07 01	06 39	05 16	05 03	05 15	04 58	06 11	06 41
30	09 31	—	08 42	09 03	07 59	07 36	06 13	06 01	06 14	05 58	07 12	07 42
31	10 32	—	09 41	—	08 56	—	07 11	06 59	—	06 58	—	08 44

Gestirnstandstabelle 2

über die Positionen von Mondknoten, Pluto, Neptun, Uranus, Saturn, Jupiter und Mars von 1901 bis 2000

(Positionsangaben bis 1960 12 Uhr WZ, ab 1961 0 Uhr WZ für den Monatsersten)

1901	☊	♇	♆	♅	♄	♃	♂
Jan.	29♏	16♊	27♊	14♐	8♑	26♐	12♍
Feb.	28	15		16	11	3♑	10
März	26		26	17	14	8	0
April	25		27		16	12	23♌
Mai	23	16		16		13	27
Juni	21		28	15	15	12	8♍
Juli	20	17	29	14	13	8	23♍
Aug.	18	18	0♋	13	11	5	11♎
Sept.	16		1		10	3	0♏
Okt.	15			14		5	21
Nov.	13			15	11	9	13♐
Dez.	12	17		17	14	15	6♑
1902							
Jan.	10♏	17♊	0♋	18♐	18♑	21♑	29♑
Feb.	8	16	29♊	20	21	29	24♒
März	7			21	24	5♒	16♓
April	5				27	11	10♈
Mai	4	17			28	15	3♉
Juni	2		0♋	20	27	17	26
Juli	0	18	1	18	26	16	17♊
Aug.	29♎	19	3	17	23	13	8♋
Sept.	27				22	9	28
Okt.	26		4	18	21	7	17♌
Nov.	24			19	22	9	5♍
Dez.	22	18	3	21	25	13	21
1903							
Jan.	21♏	18♊	2♋	23♐	28♑	18♒	5♎
Feb.	19	17	1	24	1♒	25	15
März	18			25	5	2♓	16
April	16	17		26	7	9	6
Mai	14	18	2	25	9	16	28♍
Juni	13		3	24		20	0♎
Juli	11	19	4	23	8	23	11
Aug.	9	20	5	22	6		27
Sept.	8		6		4	20	16♏
Okt.	6				3	16	6♐
Nov.	5			23		13	29
Dez.	3	19	5	25	5	14	22♑

1904	☊	♇	♆	♅	♄	♃	♂
Jan.	1♎	19♊	4♋	27♐	8♒	18♓	16♒
Feb.	0	18		28	12	24	10♓
März	28♍		3	29	15	0♈	3♈
April	27				18	8	26
Mai	25	19	4		20	15	18♉
Juni	23	20	5		21	21	10♊
Juli	22	21	6	27	20	26	1♋
Aug.	20		7	26	18	0♉	21
Sept.	18		8		16		11♌
Okt.	17				14	27♈	0♍
Nov.	15			27		23	19
Dez.	14	20		29	16	21	8♎
1905							
Jan.	12♍	20♊	7♋	1♑	19♒	21♈	24♎
Feb.	10	19	6	2	22	24	9♏
März	9		5	4	25	29	20
April	8				29	5♉	25
Mai	7	20	6		1♓	12	20
Juni	6		7	3	3	20	10
Juli	4	21	8	2		26	
Aug.	2	22	9	1	1	2♊	20
Sept.	1		10	0	29♒	6	6♐
Okt.	29♌				27		25
Nov.	26			1	26	4	19♑
Dez.	24	21		3	27	0	10♒
1906							
Jan.	23♌	21♊	9♋	5♑	29♒	27♉	4♓
Feb.	21	20	8	6	3♓		27
März	19			8	6	29	18♈
April	18				10	4♊	11♉
Mai	16	21			12	10	2♊
Juni	15		9	7	14	17	23
Juli	13	22	10	6	15	24	13♋
Aug.	11	23	11	5	14	0♋	3♌
Sept.	10		12		12	6	23
Okt.	8		13		10	10	12♍
Nov.	7				8	11	1♎
Dez.	5	22	12	7	9	9	20

1907	☊	♇	♆	♅	♄	♃	♂
Jan.	3♌	22♊	11♋	9♑	10♓	5♋	9♏
Feb.	2	21	10	10	13	2	28
März	0			12	17	1	14♐
April	29♋			13	20	2	0♑
Mai	27	22			24	7	12
Juni	25		11	12	26	13	19
Juli	24	23	12	11	27	19	15
Aug.	22	24	13	10		26	7
Sept.	20		14	9	25	3♌	11
Okt.	19		15		23	8	23
Nov.	17			10	21	12	12♒
Dez.	16		14	11		14	2♓
1908							
Jan.	14♋	23♊	14♋	13♑	22♓	12♌	23♓
Feb.	12	22	13	14	24	8	15♈
März	11		12	16	28	5	5♉
April	9			17	1♈	4	26
Mai	8	23			5	5	16♊
Juni	6		13	16	8	9	6♋
Juli	4	24	14	15	10	14	26
Aug.	3	25	16	14		21	16♌
Sept.	1			13	9	28	5♍
Okt.	29♊		17		7	4♍	24
Nov.	28			14	4	9	14♎
Dez.	26			15	3	13	4♏
1909							
Jan.	25♊	24♊	16♋	17♑	4♈	14♍	24♏
Feb.	23	23	15	18	6	13	15♐
März	21		14	20	9	9	4♑
April	20			21	13	6	24
Mai	18	24	15		16	4	14♒
Juni	17				20	6	4♓
Juli	15	25	17	19	22	10	21
Aug.	13	26	18	18	23	15	4♈
Sept.	12		19	17		21	6
Okt.	10				21	28	29♓
Nov.	8			18	18	4♎	26
Dez.	7			19	17	10	4♈

1910	☊	♇	♆	♅	♄	♃	♂
Jan.	5♊	25♊	18♋	21♑	17♈	13♎	18♈
Feb.	4		17	22	18	14	5♉
März	2	24		24	21	13	22
April	0			25	24	9	11♊
Mai	29♉	25			28	6	0♋
Juni	27		18		2♉	5	19
Juli	26	26	19	24	5	6	8♌
Aug.	24	27	20	23	6	10	27
Sept.	22		21	22		15	17♍
Okt.	21			21	5	21	6♎
Nov.	19		22	22	3	28	27
Dez.	18		21	23	1	4♏	17♏
1911							
Jan.	16♉	26♊	20♋	24♑	0♉	10♏	8♐
Feb.	14			26	1	13	0♑
März	13	25	19	28	3	15	21
April	11			29	6	13	13♒
Mai	10	26			10	10	6♓
Juni	8		20		14	6	29
Juli	6	27	21	28	17	5	20♈
Aug.	5	28	22	27	19	6	11♉
Sept.	3		23	26	20	10	28
Okt.	1		24	25	19	15	9♊
Nov.	0			26	17	21	
Dez.	28♈		23	27	15	28	29♉
1912							
Jan.	27♈	27♊	23♋	28♑	13♉	5♐	24♉
Feb.	25		22	0♒	14	10	1♊
März	23	26	21	2	15	14	12
April	22			3	18	15	28
Mai	20	27			22	14	14♋
Juni	19	28	22		26	10	2♌
Juli	17		23	2	29	7	20
Aug.	15	29	24	1	2♊	6	10♍
Sept.	14		25	0	4	7	29
Okt.	12	0♋	26	29♑		11	19♎
Nov.	10	29		0♒	2	16	10♏
Dez.	9			1	0	23	1♐

1913	☊	♇	♆	♅	♄	♃	♂
Jan.	8♈	28♊	25♋	2♒	28♉	0♑	23♐
Feb.	6	28	24	4	27	6	16♑
März	5			5	28	12	8♒
April	3		23	7	0♊	16	2♓
Mai	1				4	18	25
Juni	29♓	29	24		8	17	18♈
Juli	28	0♋	25		12	13	10♉
Aug.	26		26	5	15	10	2♊
Sept	25	1	27	4	17	8	22♊
Okt.	23		28		18	9	8♋
Nov.	22				17	13	21
Dez.	20	0		5	15	18	24
1914							
Jan.	18♓	0♋	27♋	6♒	13♊	25♑	16♋
Feb.	17	29♊		8	11	3♒	7
März	15		26	9	11	9	
April	14		25	11	13	15	16
Mai	12		26		16	20	0♌
Juni	10	0♋			20	22	26
Juli	9	1	27		24		3♍
Aug.	7	2	28	10	28	19	22
Sept.	6		29	9	1♋	15	11♎
Okt.	4		0♌	8	2	13	1♏
Nov.	2		0	8			23
Dez.	1		0	8	0	17	15♐
1915							
Jan.	29♒	1♋	30♋	10♒	28♊	22	8♑
Feb.	27	0	29	12	26	0♓	2♒
März	26		28	13	25	6	24
April	24			15	26	13	18♓
Mai	23	0			29	20	11♈
Juni	21	1		16	2♋	25	5♉
Juli	19	2	29♌	15	6	28	27
Aug.	18	3	0	14	10		18♊
Sept.	16		1	13	13	26	8♋
Okt.	15		2	12	15	22	26
Nov.	13		3		16	19	13♌
Dez.	11		2				25

1916	☊	♇	♆	♅	♄	♃	♂
Jan.	10♒	2♋	2♌	14♒	13♋	22♓	0♍
Feb.	8		1	15	11	28	23♌
März	7	1	0	17	10	4♈	13
April	5	2		19		11	11
Mai	3		0		12	19	19
Juni	2	3	1	20	15	25	2♍
Juli	0	4	2	19	19	1♉	17
Aug.	28♑	4	3	18	23	5	6♎
Sept.	27		4	17	26		25
Okt.	25			16	29	3	15♏
Nov.	24		5		0♌	29♈	8♐
Dez.	22				0	26	0♑
1917							
Jan.	20♑	3♋	4♌	18♒	28♋	26♈	24♑
Feb.	19		3	19	26	28	18♒
März	17	2		21	24	3♉	10♓
April	16		2	22		9	4♈
Mai	14	3		23	25	16	27
Juni	12		3	24	28	24	20♉
Juli	11	4	4	23	1♌	0♊	12♊
Aug.	9	5	5	22	5	6	3♋
Sept.	7		6	21	9	10	23
Okt.	6		7	20	12	12	12♌
Nov.	4				14	10	29
Dez.	3					6	15♍
1918							
Jan.	1♑	4♋	6♌	21♒	13♌	3♊	27♍
Feb.	29♐			23	11	2	3♎
März	28	3	5	25	9	3	29♍
April	26		4	26	8	8	18
Mai	25	4		27		14	14
Juni	23		5	28	10	20	21
Juli	21	5	6	27	13	27	4♎
Aug.	20	6	7	26	17	4♋	20
Sept.	18		8	25	21	10	10♏
Okt.	17	7	9	24	24	14	0♐
Nov.	15	6			27	16	23
Dez.	13				28	15	15♑

	☊	♇	♆	♅	♄	♃	♂
1919							
Jan.	12♐	5♋	9♌	25♒	28♌	11♋	10♒
Feb.	10		8	27	26	7	4♓
März	9		7	28	24	6	26
April	7			0♓	22	7	20♈
Mai	5			1	21	11	12♉
Juni	4			2	23	17	4♊
Juli	2	6	8	1	25	23	25
Aug.	0	7	9	0	29	0♌	16♋
Sept.	29♏		10	29♒	2♍	6	6♌
Okt.	27	8	11	28	6	12	25
Nov.	26				9	16	13♍
Dez.	24	7			11	18	1♎
1920							
Jan.	22♏	7♋	11♌	29♒	12♍	17♌	17♎
Feb.	21	6	10	1♓	10	13	0♏
März	19		9	2	8	10	8
April	18			4	6	8	7
Mai	16			5	5	9	27♎
Juni	14	7		6		13	21
Juli	13		10	5	7	18	27
Aug.	11	8	11		10	24	10♏
Sept.	9	9	12	3	14	1♍	28
Okt.	8		13	2	18	7	18♐
Nov.	6		14		21	13	10♑
Dez.	5	8			24	17	3♒
1921							
Jan.	3♏	8♋	13♌	3♓	25♍	19♍	27♒
Feb.	1	7	12	4	24	18	21♓
März	0		11	6	22	14	12♈
April	28♎			8	20	11	5♉
Mai	27			9	18	9	27♉
Juni	25	8		10		10	18♊
Juli	23		12	9	19	13	8♋
Aug.	22	9	13		22	18	29
Sept.	20	10	14	8	25	25	19♌
Okt.	19		15	7	29	1♎	8♍
Nov.	17		16	6	3♎	8	27
Dez.	15				6	13	15♎

	☊	♇	♆	♅	♄	♃	♂
1922							
Jan.	14♎	9♋	15♌	7♓	7♎	17♎	4♏
Feb.	12	8		8		19	21
März	11		14	10	6	18	5♐
April	9		13	11	4	14	18
Mai	7			13	2	11	25
Juni	6	9	14		1	9	22
Juli	4	10				10	13
Aug.	2		15		4	13	
Sept.	1	11	16	12	7	18	24
Okt.	29♍		17	11	10	24	11♑
Nov.	28		18	10	14	1♏	1♒
Dez.	26				17	8	23
1923							
Jan.	24♍	10♋	18♌	10♓	19♎	13♏	15♓
Feb.	23		17	12	20	17	8♈
März	21	9	16	13	19	19	28
April	20		15	15	17	18	20♉
Mai	18			16	15	14	10♊
Juni	16	10	16	17	14	11	1♋
Juli	15	11		18	13	9	21
Aug.	13		17	17	15	10	11♌
Sept.	11	12	19	16	18	13	0♍
Okt.	10		20	15	21	18	19
Nov.	8			14	25	25	9♎
Dez.	7				28	1♐	28
1924							
Jan.	5♍	11♋	20♌	14♓	1♏	8♐	18♏
Feb.	3		19	15	2	14	8♐
März	2	10	18	17		18	27
April	0			19	0	20	16♑
Mai	29♌	11		20	28♎	19	4♒
Juni	27			21	26	16	20
Juli	25	12	19			12	2♓
Aug.	24		20		27	10	5
Sept.	22	13	21	20	29	11	28♒
Okt.	20		22	19	2♏	14	26
Nov.	19			18	6	20	5♓
Dez.	17		23		9	26	20

1925	☊	♇	♆	♅	♄	♃	♂	1928	☊	♇	♆	♅	♄	♃	♂
Jan.	16♌	13♋	22♌	18♓	12♏	3♑	8♈	Jan.	18♊	16♋	29♌	30♓	14♐	27	17♐
Feb.	14	12	21	19	14	10	27	Feb.	16		28	1♈	16	2♈	10♑
März	12			21		16	15♉	März	14	15	27	2	18	8	2♒
April	11	11	20	23	13	20	5♊	April	13			4	19	15	25
Mai	9	12		24	11	22	25	Mai	11		26	5	18	22	18♓
Juni	8			25	9		14♋	Juni	10	16	27	7	16	29	12♈
Juli	6	13	21		8	19	3♌	Juli	8	17			14	5♉	4♉
Aug.	4	14	22			15	23	Aug.	6		28		13	9	25
Sept.	3		23	24	10	13	12♍	Sept.	5	18	29	6		10	14♊
Okt.	1	15	24	23	12		2♎	Okt.	3		0♍	5	14	9	29
Nov.	0		25	22	16	17	22	Nov.	1		1	4	17	5	9♋
Dez.	28♋	14			20	22	12♏	Dez.	0			4	20	1	7
1926								1929							
Jan.	26♋	14♋	24♌	22♓	23	29♑	3♐	Jan.	28♉	17♋	0♍	4♈	24♐	0♉	25♊
Feb.	25	13		23	25	6♒	25	Feb.	27			5	27	3	21
März	23		23	24	26	13	14♑	März	25	16	29♌	6	29	7	27
April	22		22	26	25	19	7♒	April	23			8	0♑	13	9♋
Mai	20			28	24	24	28♒	Mai	22			9		20	24
Juni	18			29	21	27	21♓	Juni	20	17		11	28♐	27	11♌
Juli	17	14	23		20		11♈	Juli	19	18			26	4♊	28
Aug.	15	15	24		19	24	0♉	Aug.	17		0♍		24	10	17♍
Sept.	13	16	25	28	21	20	14	Sept.	15	19	1			15	7♎
Okt.	12		26	27	23	18	19	Okt.	14	20	2	9	25	16	27
Nov.	10		27	26	26		12	Nov.	12		3	8	27	15	18♏
Dez.	9				0♐	21	5	Dez.	11	19	4		0♑	12	9♐
1927								1930							
Jan.	7♋	15♋	27♌	26♓	3♐	26♒	8♉	Jan.	9♉	19♋	3♍	8♈	4♑	8♊	2♑
Feb.	5	14	26	27	6	3♓	20	Feb.	7	18			7	6	26
März	4		25	28	7	10	4♊	März	6		2	10	10	8	18♒
April	2		24	0♈		17	21	April	4	17	1	11	11	12	12♓
Mai	1			2	6	24	8♋	Mai	3	18		13	12	17	5♈
Juni	29♊	15		3	4	29	27	Juni	1			14	11	24	29
Juli	27		25		2	3♈	15♌	Juli	29♈	19		15	9	1♋	21♉
Aug.	26	16	26		1	3	4♍	Aug.	28	20	2	15	6	8	12♊
Sept.	24	17	27	2	2	1	24♍	Sept.	26		4		5	14	3♋
Okt.	23		28	1	3	27♓	14♎	Okt.	24	21	5	14	6	18	20♌
Nov.	21		29	0	6	24	4♏	Nov.	23			12	7	20	5
Dez.	19			30♓	10		25	Dez.	21		6		10		15

Gestirnstandstabelle 2 — Planetenstände (Positionen in Grad)

1934 – 1936

Monat	♂	♃	♄	♅	Ψ	♇	☊
1934 Jan.	3	21	14	23	12	24	22
Feb.	28	23	18	24	12	23	20
März	20	22	21	25	11		18
April	14	19	25	26	10		17
Mai	7	16	27	28		24	15
Juni	29	13	28	0	11	25	14
Juli	20	14		1	12		12
Aug.	11	17	26		13	26	10
Sept.	1	22	24	0	14		9
Okt.	20	28	22	29	15		7
Nov.	8	5		28			5
Dez.	25	11	23				4
1935 Jan.	10	17	25	28	15	25	2
Feb.	21	21	28	29	14	24	1
März	25	23		29	13		29
April	18		5	0	12		27
Mai	8	20	8	2	12	25	26
Juni	7	16	10	4		26	24
Juli	16			5	13	27	23
Aug.	2	17	9	5	14		21
Sept.	20	22	7		15		19
Okt.	10	28	5	3	16		18
Nov.	3	5	4	2	17		16
Dez.	26	11					15
1936 Jan.	20	12	6	2	17	27	13
Feb.	14	18	9		16	26	11
März	6	22	13	3		25	10
April	0	24	16	4	15		8
Mai	22		19	6	14	26	6
Juni	13		22	8			5
Juli	4	21	23	8	15	27	3
Aug.	24	17	22	9	16	28	2
Sept.	14	15	20		17	29	0
Okt.	3	18	18	8	18		28
Nov.	22	24	16		19		27
Dez.	10	0		6			25

1931 – 1933

Monat	♂	♃	♄	♅	Ψ	♇	☊
1931 Jan.	16	16	14	12	6	20	20
Feb.	5	12	17	12	5	19	18
März	28	11	20	13	4		16
April	1	11	22	15	3		15
Mai	11	15	23	17		20	13
Juni	25	20		18	4	21	12
Juli	12	3	21	19	5	22	10
Aug.	0	10	19		6		8
Sept.	20	16	17	18	7		7
Okt.	10	20		17	8		5
Nov.	1	23	18	16			3
Dez.	24		20				2
1932 Jan.	17	22	24	15	8	21	0
Feb.	5	18	27	16	7		29
März	4	15	1	17		20	27
April	29	13	3	19	6		25
Mai	22		5	21	5	21	24
Juni	15	17		22			22
Juli	6	22	3	23	6	22	21
Aug.	28	28	1			23	19
Sept.	18	5	29	22	8		17
Okt.	6	10	28	21	9	24	16
Nov.	24	17	29	20	10	25	14
Dez.	8	21	1				13
1933 Jan.	18	23	4	19	10	23	11
Feb.	19	22	8	20	10	22	9
März	11	19	11	21	9	21	8
April	2	16	14	23	8		6
Mai	3	13	16	24	7	22	5
Juni	13	14	15	26		23	3
Juli	27	17	13	27	8		1
Aug.	15	22	11		9	24	0
Sept.	24	28	11	26	10	25	28
Okt.	17	5	10	25	11		26
Nov.	9	11		24	12		25
Dez.		17	12			24	23

1937	☊	♇	♆	♅	♄	♃	♂
Jan.	24♐	28♋	19♍	6♉	17♓	7♑	28♎
Feb.	22	27	18		20	14	14♏
März	20			7	23	20	26
April	19		17	8	27	25	5♐
Mai	17		16	10	1♈	27	4
Juni	16			11	3		24♏
Juli	14	28	17	13	5	24	20
Aug.	12	29		14		20	27
Sept.	11		18		3	18	12♐
Okt.	9	0♌	19	13	1		1♑
Nov.	7		20	12	29♓	21	22
Dez.	6		21	11	28	26	15♒
1938							
Jan.	4♐	29♋	21♍	10♉	29♓	3♒	8♓
Feb.	3				2♈	10	2♈
März	1	28	20		5	17	22
April	29♏		19	12	8	23	14♉
Mai	28			14	12	28	5♊
Juni	26		18	15	15	2♓	26
Juli	25	29	19	17	17		16♋
Aug.	23	0♌		18	18	0	6♌
Sept.	21	1	20		17	26♒	26
Okt.	20		22	17	15	23	15♍
Nov.	18			16	13		5♎
Dez.	16		23	15	11	26	23♎
1939							
Jan.	15♏	1♌	23♍	14♉	12♈	1♓	13♏
Feb.	13	0			13	7	2♐
März	12		22		16	14	19
April	10	29♋	21	16	20	21	6♑
Mai	9			17	23	28	21
Juni	7	0♌		19	27	4♈	2♒
Juli	5			21	0♉	8	4
Aug.	4	1			1	9	27♑
Sept.	2	2	22	22		7	24
Okt.	0	3	24	21	29♈	3	3♒
Nov.	29♎		25	20	27	0	19
Dez.	27			19	25	29♓	8♓

1940	☊	♇	♆	♅	♄	♃	♂
Jan.	26♎	2♌	25♍	18♉	24♈	1♈	28♓
Feb.	24	1			26	6	19♈
März	22			19	28	12	9♉
April	21		24	20	1♉	19	0♊
Mai	19		23	21	5	27	20
Juni	17			23	9	4♉	10♋
Juli	16	2		25	12	9	29
Aug.	14	3	24	26	14	14	19♌
Sept.	13		25		15	16	8♍
Okt.	11	4	26		14	14	28
Nov.	9		27	25	11	11	17♎
Dez.	8			24	9	7	7♏
1941							
Jan.	6♎	4♌	28♍	23♉	8♉	6♉	28♏
Feb.	5	3	27	22		7	19♐
März	3	2		23	10	11	8♑
April	1		26	24	13	17	0♒
Mai	0		25	25	17	24	20
Juni	28♍			27	21	1♊	11♓
Juli	27	3		29	24	8	0♈
Aug.	25	4	26	0♊	27	14	15
Sept.	23	5	27		28	19	24
Okt.	22		28			21	20
Nov.	20	6	29	29♉	26		12
Dez.	18			28	24	17	14
1942							
Jan.	17♍	5♌	29♍	27♉	22♉	13♊	25♈
Feb.	15	4		26		11	11♉
März	14			27	23	12	27
April	12	3	28	28	26	16	15♊
Mai	10		27	29	29	21	3♋
Juni	9	4		1♊	3♊	28	22
Juli	7	5		3	7	5♋	11♌
Aug.	6		28	4	10	12	0♍
Sept.	4	6	29	5	12	18	20
Okt.	2	7	0♎	4	13	23	9♎
Nov.	0		1		11	25	0♏
Dez.	29♌		2	2	9		20

1943	☊	♇	♆	♅	♄	♃	♂
Jan.	27♌	7♌	2♎	1♊	7♊	22♋	12♐
Feb.	26	6		1	6	18	4♑
März	24	5	1			15	25
April	23		0	2	8	16	18♒
Mai	21		29♍	3	11	19	11♓
Juni	19			5	15	24	4♈
Juli	18	6		7	19	0♌	26
Aug.	16	7	0♎	8	23	7	16♉
Sept.	15	8	1	9	25	14	5♊
Okt.	13		2		27	20	18
Nov.	12	9	3	8	26	24	22
Dez.	10		4	7	24	27	14
1944							
Jan.	8♌	8♌	4♎	6♊	22♊	27♌	5♊
Feb.	7	7		5	20	24	8
März	5		3			20	18
April	3	6		6	21	17	2♋
Mai	2		2	7	24	18	18
Juni	0	7		9	28	21	6♌
Juli	29♋			11	1♋	25	24
Aug.	27	8		12	5	1♍	13♍
Sept.	25	9	3	13	8	8	2♎
Okt.	24	10	4		10	14	22
Nov.	22		5	12	11	20	13♏
Dez.	20		6	11	9	25	4♐
1945							
Jan.	19♋	10♌	6♎	10♊	7♋	27♍	27♐
Feb.	17	9		9	5		20♑
März	16	8			4	24	12♒
April	14		5	10		20	6♓
Mai	12		4	11	7	18	29
Juni	11			13	10		23♈
Juli	9	9		15	14	21	15♉
Aug.	8	10		16	18	26	6♊
Sept.	6	11	5	17	21	2♎	26
Okt.	4		6		24	8	13♋
Nov.	3	12	7	16	25	14	27
Dez.	1		8		24	20	30♌

1946	☊	♇	♆	♅	♄	♃	♂
Jan.	29♊	11♌	9♎	14♊	22♋	25♎	28♋
Feb.	28		8		20	27	17
März	26	10		13	18		14
April	25		7	14		24	22
Mai	23	9	6	15	20	20	4♌
Juni	21	10		17	22	18	20
Juli	20			19	26		7♍
Aug.	18	11		20	0♌	21	25
Sept.	17	12	7	22	4	25	15♎
Okt.	15	13	8		7	1♏	5♏
Nov.	13		9	21	9	8	26
Dez.	12		10	20		14	18♐
1947							
Jan.	10♊	13♌	11♎	19♊	7♌	20♏	11♑
Feb.	8	12		18	5	25	5♒
März	7		10		3	27	27
April	5	11	9		2		22♓
Mai	4			19	3	24	15♈
Juni	2		8	21	5	20	8♉
Juli	1	12		23	8	18	0♊
Aug.	29♉	13	9	25	12		22
Sept.	27	14		26	16	21	12♋
Okt.	26		10		19	26	0♌
Nov.	24	15	12		22	2♐	17
Dez.	22		12	25	23	8	0♍
1948							
Jan.	21♉	14♌	13♎	23♊	22♌	15♐	7♍
Feb.	19			22	20	21	4
März	18	13	12		18	26	23♌
April	16			24	16	29	18
Mai	14		11		16		24
Juni	13		10	25	18	26	6♍
Juli	11			27	20	22	21
Aug.	10	14	11	29	24	19	9♎
Sept.	8	15	12	0♋	28	20	29
Okt.	6	16	13	1	1♍	22	19♏
Nov.	5		14	0	4	27	11♐
Dez.	3		15	29♊	6	3♑	3♑

1949	☊	♇	♆	♅	♄	♃	♂
Jan.	1♉	16♌	15♎	28♊	6♍	10♑	27♑
Feb.	0	15		27	4	18	22♒
März	28♈			26	2	23	14♓
April	27	14	14	27	0	29	8♈
Mai	25		13	28	29♌	2♒	1♉
Juni	23			0♋	0♍		24
Juli	22	15	12	1	2	0	15♊
Aug.	20	16	13	3	6	26♑	6♋
Sept.	19	17	14	4	9	23	26
Okt.	17	18	15	5	13		15♌
Nov.	15		16		17	25	3♍
Dez.	14		17	4	19	0♒	19
1950							
Jan.	12♈	18♌	17♎	3♋	19♍	7♒	2♎
Feb.	10	17		2	18	14	10
März	9			1	17	21	9
April	7	16	16		14	28	29♍
Mai	6		15	2	13	3♓	22
Juni	4			4		6	27
Juli	3	17		5	14	7	8♎
Aug.	1	18		7	17	6	25
Sept.	29♓	19	16	9	21	2	14♏
Okt.	28		17		25	28♒	4♐
Nov.	26	20	18		28		26
Dez.	24		19		1♎	0♓	19♑
1951							
Jan.	23♊	20♌	19♎	7♋	2♎	5♓	13♒
Feb.	21	19		6		11	8♓
März	20	18			0	18	0♈
April	18		18		28♍	26	23
Mai	16	17			26	2♈	16♉
Juni	15	18	17	8	25	8	8♊
Juli	13			10	26	13	28
Aug.	12	19		12	29	14	19♋
Sept.	10	20	18	13	2♎	13	9♌
Okt.	8	21	19	14	6	9	28
Nov.	7		20		9	6	17♍
Dez.	5	22	21	13	12	4	4♎

1952	☊	♇	♆	♅	♄	♃	♂
Jan.	3♓	21♌	21♎	12♋	14♎	6♈	21♎
Feb.	2			11	15	11	5♏
März	0	20	20	10	14	16	15
April	29♒	19			11	23	18
Mai	27		19	11	9	1♉	10
Juni	25			12	8	8	2
Juli	24	20		14		14	4
Aug.	22	21	19	16	10	19	16
Sept.	20	22	20	17	13	21	3♐
Okt.	19	23	21	18	17	20	22
Nov.	17		22	19	20	17	15♑
Dez.	16		23	18	24	13	7♒
1953							
Jan.	14♒	23♌	24♎	17♋	26♎	11♉	1♓
Feb.	12	22		15	27	12	25
März	11					16	16♈
April	9	21	22		25	22	9♉
Mai	8				22	28	0♊
Juni	6		21	16	21	5♊	21
Juli	4	22		18	20	12	12♋
Aug.	3	23		20	22	19	2♌
Sept.	1	24	22	22	24	24	22
Okt.	0		23	23	27	26	11♍
Nov.	28♑	25	24		1♏		0♎
Dez.	26		25		5	23	18
1954							
Jan.	25♑	25♌	26♎	22♋	7♏	19♊	7♏
Feb.	23	24		20	9	17	25
März	22	23		19			11♐
April	20		25		8	20	25
Mai	18	22	24		5	25	6♑
Juni	17		23	21	3	2♋	8
Juli	15			22		9	1
Aug.	14	24		24		15	26♐
Sept.	12	25	24	26	5	22	3♑
Okt.	10	26	25	27	8	27	18
Nov.	9	27	26	28	12	0♌	7♒
Dez.	7		27	27	15		28

♂	♃	♄	⛢	♆	♇	☊	
							1958
7	29	20	11	4	2	7	Jan.
28	1	23	9		1	6	Feb.
19		25	8		0	4	März
11	29	26		3		3	April
30	25	25	9	2		1	Mai
26	22	23	10		1	29	Juni
17		21	12		2	28	Juli
7	24	19	14	3	3	26	Aug.
23	29		15	5		24	Sept.
29	5	20	16	6	4	23	Okt.
29	11	23				21	Nov.
19	18	26				20	Dez.
							1959
18	24	29	16	6	4	18	Jan.
26	29	3	14		3	16	Feb.
9	2	5	13			15	März
25		7	12		2	13	April
12	29			5		12	Mai
0	25	5	13			10	Juni
18	23	3	14	4	3	8	Juli
7	22	1	16		4	7	Aug.
27	25	0	18	5	5	6	Sept.
17	29	1	20	6	6	4	Okt.
8	5	3	21	8		2	Nov.
28	12	6				0	Dez.
							1960
21	19	9	20	8	6	29	Jan.
14	25	13	19	9	5	27	Feb.
6	0	16	18			26	März
29	3	18	17	8	4	24	April
23						22	Mai
16	1	17	18	7		21	Juni
8	27	15	19	6	5	19	Juli
0	24	13	21		6	17	Aug.
19		12	23	7	7	16	Sept.
5	26		24	7	8	14	Okt.
16	1	13	25	9		13	Nov.
18	7	16	26	10		11	Dez.

♂	♃	♄	⛢	♆	♇	☊	
							1955
20	27	18	26	28	27	5	Jan.
12	23	20	25		26	4	Feb.
2	20	21	24		25	2	März
24		20		27		1	April
14	23	18	25	26	24	29	Mai
4	28	16	27			27	Juni
24	4	15	29		25	26	Juli
14	11	16	0	27	26	24	Aug.
3	17		2	28	27	23	Sept.
22	23	16		29	28	21	Okt.
12	28	19	27			19	Nov.
2	1	22	28			18	Dez.
							1956
22	1	29	1	0	28	16	Jan.
12	28	3	0	29		14	Feb.
1	25	3	29		27	13	März
21	22	2	28		26	11	April
10		1	29	28		10	Mai
29	24				27	8	Juni
14	29	28	1		28	6	Juli
23	5	26	3	29	29	5	Aug.
21	11	27	5	0		3	Sept.
14	18	29	6	0	0	2	Okt.
16	24	2	7	1	1	0	Nov.
28	29	6			2	28	Dez.
							1957
14	1	9	6	2	0	27	Jan.
17	29	12	5		29	25	Feb.
20	25	14	4		28	24	März
9	22		3	1		22	April
28		13	4	0	28	20	Mai
17	24	11	6	29		19	Juni
6	29	9	8		29	17	Juli
26	5	8	8		0	15	Aug.
15	11		9	1	1	14	Sept.
5	18	10	11	1	2	12	Okt.
25	24	13	12	2		11	Nov.
15		16		3		9	Dez.

Die Tierkreiszeichen-Symbole der jeweils ersten Werte eines Jahres sind hier nicht wiedergegeben; angegeben sind die Gradzahlen.

1964 – 1966

Jahr / Monat	♂	♃	♄	♅	Ψ	♇	☊
1964 Jan.	20	10	20	9	17	14	11
Feb.	14	14	23	9	17	13	9
März	7	20	27	7	17	12	8
April	1	27	0	6	17	11	6
Mai	25	4	3	5	16	11	4
Juni	18	11	4	6	15	11	3
Juli	9	17	4	6	15	12	1
Aug.	0	23	3	8	15	13	0
Sept.	21	25	1	10	16	14	28
Okt.	9	25	29	12	17	15	26
Nov.	27	22	28	13	18	16	25
Dez.	12	18	29	14	18	16	23
1965 Jan.	23	16	1	14	19	16	21
Feb.	27	16	4	14	19	15	20
März	21	20	7	12	19	15	18
April	11	25	11	11	19	14	18
Mai	9	1	14	10	18	13	15
Juni	17	9	16	10	18	13	13
Juli	0	15	17	11	17	14	12
Aug.	18	22	16	12	17	15	10
Sept.	7	27	14	14	17	16	9
Okt.	27	0	12	16	18	17	7
Nov.	20	1	10	18	19	17	5
Dez.	12	28	10	19	20	18	4
1966 Jan.	6	24	12	19	21	18	2
Feb.	1	21	15	18	22	18	1
März	23	24	18	17	22	17	29
April	17	29	22	16	21	15	27
Mai	9	5	25	15	21	15	26
Juni	23	12	28	15	20	15	24
Juli	13	19	29	16	19	16	23
Aug.	4	19	29	17	19	17	21
Sept.	22	25	27	19	19	18	19
Okt.	11	0	25	21	20	19	18
Nov.	28	3	23	22	21	20	16
Dez.		4	22	24	22	20	14

1961 – 1963

Jahr / Monat	♂	♃	♄	♅	Ψ	♇	☊
1961 Jan.	8	14	19	25	10	8	9
Feb.	0	21	23	24	11	7	7
März	2	27	26	23	11	6	6
April	13	6	28	22	10	5	4
Mai	27	7	29	21	9	5	2
Juni	13	5	29	22	9	6	1
Juli	1	1	27	23	8	6	29
Aug.	19	28	25	25	8	7	28
Sept.	9	27	23	26	9	8	26
Okt.	29	29	23	28	9	9	24
Nov.	20	4	24	29	10	10	23
Dez.	13		26	0	12		21
1962 Jan.	5	10	29	0	12	10	20
Feb.	29	17	3	29	13	9	18
März	21	24	6	28	13	8	16
April	8	1	9	26	12	8	15
Mai	8	7	11	26	12	7	13
Juni	2	11	11	26	11	7	12
Juli	24	12	10	27	10	8	10
Aug.	15	11	8	29	10	9	8
Sept.	6	7	5	1	11	10	7
Okt.	23	4	4	3	12	11	5
Nov.	9	2	5	4	13	13	3
Dez.	21	4	6	5	14	14	2
1963 Jan.	24	9	9	5	15	12	0
Feb.	16	15	13	4	15	11	29
März	6	21	16	2	15	10	27
April	6	29	20	1	14	9	25
Mai	15	6	22	1	14	9	24
Juni	28	12	23	1	13	9	22
Juli	2	17	23	3	13	10	21
Aug.	2	19	20	5	12	11	19
Sept.	12	18	18	7	13	12	17
Okt.	9	15	16	9	14	13	16
Nov.	4	11	16	9	15	14	14
Dez.	26	9	17	9	16	14	12

1970 – 1972

	♂	♃	♄	♅	Ψ	♇	☊
1970 Jan.	12	2	2	8	29	27	15
Feb.	5	5	2	8	0	27	13
März	25	5	4	7	0	26	12
April	17	29	8	6	0	25	10
Mai	8	26	11	5	29	24	8
Juni	29	26	15	4	28	24	7
Juli	18	28	19	4	28	25	5
Aug.	8	2	21	5	28	26	4
Sept.	28	8	22	7	28	26	2
Okt.	17	14	22	9	29	27	0
Nov.	7	21	20	10	0	28	29
Dez.	26		17	12		29	27
1971 Jan.	16	27	15	13	1	29	25
Feb.	5	5	15	13	2	29	24
März	23	6	17	12	3	28	22
April	11	0	20	11	2	28	21
Mai	28	27	23	10	1	27	19
Juni	13	26	27	9	0	27	17
Juli	21	28	1	9	0	27	16
Aug.	19	2	4	10	0	27	14
Sept.	12	8	6	11	0	28	13
Okt.	14	14	6	13	1	29	11
Nov.	27	8	6	15	3	0	9
Dez.	13	15	2	17		1	8
1972 Jan.	3	22	0	18	4	2	6
Feb.	23	3	29	18	5	2	4
März	12	7	0	17	5	1	3
April	3	8	2	16	4	0	1
Mai	22	6	5	15	3	29	0
Juni	12	6	9	14	2	29	28
Juli	1	29	10	14	2	29	26
Aug.	21	28	13	15	2	0	25
Sept.	19	2	17	16	3	1	23
Okt.	12	4	17	18	4	2	22
Nov.	0	10	20	19	5	3	20
Dez.	10		19	21		4	18

1967 – 1969

	♂	♃	♄	♅	Ψ	♇	☊
1967 Jan.	14	1	24	24	23	20	13
Feb.	26	27	26	23	24	19	11
März	2	25	29	22	24	18	10
April	29	24	3	21	24	18	8
Mai	19	26	7	20	23	17	6
Juni	15	7	10	20	22	18	5
Juli	22	13	11	21	21	18	3
Aug.	6	20	12	23	21	19	2
Sept.	24	26	11	25	22	21	0
Okt.	14	1	9	27	23	22	28
Nov.	6	5	6	28	23		27
Dez.	29		5		24		25
1968 Jan.	23	5	6	29	25	22	23
Feb.	27	3	8	28	26	22	22
März	9	29	11	27	26	21	20
April	24	26	14	26	26	21	19
Mai	16	25	18	25	25	20	17
Juni	6	28	21	25	24	20	15
Juli	16	2	24	25	24	20	14
Aug.	16	8	25	26	23	21	12
Sept.	5	14	25	28	23	22	11
Okt.	24	21	23	0	24	23	9
Nov.	13	27	20	1	25	24	7
Dez.		2	19	3	26	24	6
1969 Jan.	1	5	18	3	27	25	4
Feb.	18	5	20	3	28	24	2
März	1	3	22	2	28	23	29
April	12	29	26	1	28	23	28
Mai	16	26	0	0	27	22	26
Juni	2	26	3	29	26	22	25
Juli	5	28	6	0	26	22	23
Aug.	18	2	8	1	25	23	21
Sept.	6	8	8	2	26	24	20
Okt.	27	14	7	4	26	25	18
Nov.	19	21	5	6	27	26	16
Dez.		27	3	7	28	27	

1973	☊	♇	♆	♅	♄	♃	♂
Jan.	17♑	4♎	6♐	22♎	15♊	17♑	0♐
Feb.	15	4	7	23	13	25	22
März	14	3	7	22	13	1♒	11♑
April	12	2	7	21	15	6	3♒
Mai	10	2	6	20	18	10	24
Juni	9	1	5	19	22	12	16♓
Juli	7	1	5	18	26	10	6♈
Aug.	6	2	4	19	29	7	24
Sept.	4	3	4	20	2♋	3	6♉
Okt.	2	4	5	22	4	2	8
Nov.	1	5	6	24	4	4	29♈
Dez.	29♐	6	–	26	3	8	25
1974							
Jan.	27♐	6♎	8♐	27♎	0♋	14♒	2♉
Feb.	26	6	9	27	28♊	21	16
März	24	6	9	27	27	28	0♊
April	23	5	9	26	28	5♓	18
Mai	21	4	8	25	1♋	11	6♋
Juni	19	4	8	24	4	15	25
Juli	18	4	7	23	8	17	13♌
Aug.	16	4	6	24	12	16	2♍
Sept.	15	5	6	25	15	13	22
Okt.	13	6	7	26	18	9	11♎
Nov.	11	7	8	28	18	7	2♏
Dez.	10	8	9	0♏	18	9	23
1975							
Jan.	8♐	9♎	10♐	1♏	15♋	13♓	14♐
Feb.	6	9	11	2	13	19	7♑
März	5	8	11	2	12	25	28
April	3	7	11	1	12	3♈	21♒
Mai	2	7	11	0♏	13	10	14♓
Juni	0♐	6	10	28♎	16	16	7♈
Juli	29♏	6	9	28	20	21	29
Aug.	27	7	9	28	24	24	21♉
Sept.	25	7	9	29	28	24	10♊
Okt.	24	9	9	1♏	1♌	21	24
Nov.	22	10	10	3	2	17	2♋
Dez.	20	11	11	4	2	14	28♊

1976	☊	♇	♆	♅	♄	♃	♂
Jan.	19♏	11♎	12♐	6♏	1♌	15♈	17♊
Feb.	17	11	13	7	28♋	19	15
März	16	11	13	6	26	24	22
April	14	10	13	6	26	1♉	6♋
Mai	12	9	13	4	27	8	21
Juni	11	9	12	3	29	15	8♌
Juli	9	8	11	3	2♌	22	26
Aug.	7	9	11	3	6	27	15♍
Sept.	6	10	11	4	10	0♊	4♎
Okt.	4	11	11	5	13	0	24
Nov.	3	12	12	7	16	28♉	15♏
Dez.	1	13	13	9	16	24	7♐
1977							
Jan.	29♎	14♎	14♐	10♏	15♌	21♉	29♐
Feb.	28	14	15	11	13	21	23♑
März	26	13	16	11	11	24	15♒
April	25	12	16	10	10	29	9♓
Mai	23	12	15	9	10	5♊	2♈
Juni	21	11	14	8	12	12	26
Juli	20	11	14	7	15	19	18♉
Aug.	18	11	13	7	18	26	9♊
Sept.	17	12	13	8	22	1♋	29
Okt.	15	13	13	10	26	5	17♋
Nov.	13	15	14	11	29	6	2♌
Dez.	12	16	15	13	0♍	3	10
1978							
Jan.	10♎	16♎	16♐	15♏	0♍	29♊	9♌
Feb.	8	16	17	16	28♌	26	27♋
März	7	16	18	16	26	26	22
April	5	15	18	15	24	28	26
Mai	4	14	17	14	23	3♋	7♌
Juni	2	14	17	13	24	9	22
Juli	0	13	16	12	27	15	9♍
Aug.	29♍	14	15	12	0♍	22	27
Sept.	27	15	15	13	4	29	17♎
Okt.	26	16	15	14	8	4♌	7♏
Nov.	24	17	16	16	11	8	29
Dez.	22	18	17	18	13	9	21♐

1979	☊	♇	♆	♅	♄	♃	♂
Jan.	21♍	19♎	18♐	19♏	13♍	6♌	14♑
Feb.	19	19	19	20	12	3	8♒
März	18	18	20	20	10	29♋	0♓
April	16	18	20	20	8	29	25
Mai	14	17	20	19	7	0♌	18♈
Juni	13	16	19	18	7	5	11♉
Juli	11	16	18	17	9	10	3♊
Aug.	9	16	17	16	12	17	24
Sept.	8	17	17	17	16	24	15♋
Okt.	6	18	17	18	19	0♍	3♌
Nov.	5	19	18	20	23	5	20
Dez.	3	20	19	22	25	9	4♍
1980							
Jan.	1♍	21♎	20♐	24♏	26♍	10♍	13♍
Feb.	0	21	21	25	26	8	13
März	28♌	21	22	25	24	4	3
April	27	20	22	25	22	1	26♌
Mai	25	19	22	24	20	0	29
Juni	23	19	21	22	20	2	10♍
Juli	22	18	20	21	21	6	24
Aug.	20	19	20	21	24	11	12♎
Sept.	18	20	19	21	27	18	1♏
Okt.	17	21	20	23	1♎	24	22
Nov.	15	22	20	24	4	0♎	14♐
Dez.	14	23	21	26	7	6	6♑
1981							
Jan.	12♌	24♎	23♐	28♏	9♎	9♎	0♒
Feb.	10	24	24	29	9	10	25
März	9	24	24	0♐	8	8	17♓
April	7	23	24	29♏	6	4	11♈
Mai	6	22	24	28	3	1	4♉
Juni	4	21	23	27	3	0	26
Juli	2	21	23	26	3	2	18♊
Aug.	1	21	22	26	5	6	9♋
Sept.	29♋	22	22	26	8	11	29
Okt.	28	23	22	27	12	17	18♌
Nov.	26	24	22	29	15	24	6♍
Dez.	24	25	23	0♐	19	0♏	22

1982	☊	♇	♆	♅	♄	♃	♂
Jan.	23♋	26♎	25♐	2♐	21♎	6♏	7♎
Feb.	21	26	26	4	22	9	16
März	20	26	26	4	21	10	18
April	18	25	27	4	19	8	10
Mai	16	25	26	3	17	4	1
Juni	15	24	26	2	15	1	2
Juli	13	24	25	1	15	0	12
Aug.	11	24	24	0	17	2	28
Sept.	10	25	24	0	19	6	17♏
Okt.	8	26	24	1	23	11	7♐
Nov.	7	27	25	3	26	18	0♑
Dez.	5	28	26	5	0♏	24	22
1983							
Jan.	3♋	29♎	27♐	6♐	2♏	1♐	17♒
Feb.	2	29	28	8	4	6	11♓
März	0	29	28	9	4	9	3♈
April	29♊	28	29	8	2	10	26
Mai	27	27	28	8	0	9	18♉
Juni	25	27	28	6	28♎	5	10♊
Juli	24	26	27	5	27	2	1♋
Aug.	22	26	26	5	28	1	21
Sept.	20	27	26	5	0♏	2	11♌
Okt.	19	28	26	6	3	6	0♍
Nov.	17	29	27	7	7	12	19
Dez.	16	0♏	28	9	10	18	7♎
1984							
Jan.	14♊	1♏	29♐	11♐	13♏	25♐	24♎
Feb.	12	2	0♑	12	15	2♑	10♏
März	11	1	1♑	13	16	7	21
April	9	1	1	13	15	11	28
Mai	8	0	1	12	13	12	24
Juni	6	29♎	0	11	11	11	14
Juli	4	29	29	10	9	7	12
Aug.	3	29	29	9	9	4	21
Sept.	1	0♏	28	9	11	3	7♐
Okt.	0	1	28	10	14	4	27
Nov.	28♉	2	29	11	17	8	19♑
Dez.	26	3	0♑	13	21	14	11♒

1985	☊	♇	♆	♅	♄	♃	♂
Jan.	25♉	4♏	1♑	15♐	24♏	21♑	5♓
Feb.	23	4	2	16	27	28	28
März	22	4	3	17	28	4♒	19♈
April	20	3	3	17	27	10	12♉
Mai	18	3	3	17	25	15	3♊
Juni	17	2	2	16	23	16	24
Juli	15	1	2	15	21	15	14♋
Aug.	13	2	1	14	21	12	4♌
Sept.	12	2	0	13	22	8	24
Okt.	10	3	0	14	24	7	13♍
Nov.	9	4	1	15	28	8	2♎
Dez.	7	5	2	17	1♐	12	21
1986							
Jan.	5♉	6♏	3♑	19♐	5♐	18♒	10♏
Feb.	4	7	4	21	7	25	29
März	2	7	5	22	9	2♓	15♐
April	1	6	5	22	9	9	1♑
Mai	29♈	5	5	21	8	15	15
Juni	27	5	5	20	6	20	22
Juli	26	4	4	19	4	22	20
Aug.	24	4	3	18	3	22	12
Sept.	22	5	3	18	3	19	14
Okt.	21	6	3	18	5	15	25
Nov.	19	7	3	20	8	13	13♒
Dez.	18	8	4	21	11	13	3♓
1987							
Jan.	16♈	9♏	5♑	23♐	15♐	17♓	24♓
Feb.	14	9	6	25	18	23	16♈
März	13	9	7	26	20	29	5♉
April	11	9	7	26	21	7♈	26
Mai	10	8	7	26	20	14	16♊
Juni	8	7	7	25	18	20	7♋
Juli	6	7	6	24	16	25	26
Aug.	5	7	5	23	14	29	16♌
Sept.	3	7	5	22	14	29	5♍
Okt.	2	8	5	23	15	26	24
Nov.	0	9	5	24	18	22	14♎
Dez.	28♓	11	6	25	21	20	4♏

1988	☊	♇	♆	♅	♄	♃	♂
Jan.	27♓	12♏	7♑	27♐	25♐	20♈	24♏
Feb.	25	12	8	29	28	23	15♐
März	23	12	9	0♑	1♑	28	5♑
April	22	11	10	1	2	5♉	26
Mai	20	11	10	0	2	12	16♒
Juni	19	10	9	29♐	0	19	6♓
Juli	17	9	8	28	28♐	26	23
Aug.	15	9	8	27	26	1♊	7♈
Sept.	14	10	7	27	25	5	11
Okt.	12	11	7	27	26	6	4
Nov.	11	12	7	28	28	3	29♓
Dez.	9	13	8	29	1♑	29♉	6♈
1989							
Jan.	7♓	14♏	9♑	1♑	5♑	26♉	20♈
Feb.	6	15	11	3	9	26	7♉
März	4	15	11	4	11	28	23
April	3	14	12	5	13	3♊	12♊
Mai	1	13	12	5	13	9	1♋
Juni	29♒	13	11	4	12	16	20
Juli	28	12	11	3	10	23	8♌
Aug.	26	12	10	1	8	0♋	28
Sept.	24	12	9	1	7	5	18♍
Okt.	23	13	9	1	7	9	7♎
Nov.	21	14	10	2	9	10	27
Dez.	20	16	10	3	12	9	18♏
1990							
Jan.	18♒	17♏	12♑	5♑	15♑	5♋	9♐
Feb.	16	17	13	7	19	1	1♑
März	15	17	13	8	22	0	22
April	13	17	14	9	24	2	15♒
Mai	12	16	14	9	25	6	7♓
Juni	10	15	14	8	24	12	0♈
Juli	8	15	13	7	23	19	22
Aug.	7	14	12	6	20	26	12♉
Sept.	5	15	11	5	19	2♌	0♊
Okt.	4	16	11	5	18	8	11
Nov.	2	17	12	6	19	12	13
Dez.	0♒	18	13	7	22	13	4

1991–1993

	♂	♃	♄	♅	♆	♇	☊
1991							
Jan.	27	11	25	9	14	19	29
Feb.	2	8	29	11	15	20	27
März	13	4	2	12	16	20	26
April	28	3	5	13	16	20	24
Mai	15	5	6	13	16	19	22
Juni	3	9	6	13	16	18	21
Juli	6	14	5	11	15	17	19
Aug.	10	20	3	10	14	17	17
Sept.	29	27	1	9	14	17	16
Okt.	19	3	0	9	13	18	14
Nov.	10	9	0	10	14	19	13
Dez.	1	13	2	11	15	21	11
1992							
Jan.	23	14	5	13	16	22	9
Feb.	16	13	9	15	17	22	8
März	9	9	12	16	18	22	6
April	3	5	15	17	18	21	6
Mai	26	4	17	17	18	21	4
Juni	19	6	18	17	18	21	3
Juli	11	9	17	16	17	20	1
Aug.	3	15	15	15	16	20	0
Sept.	23	21	13	14	16	20	28
Okt.	10	27	12	14	16	20	26
Nov.	22	4	12	14	16	22	25
Dez.	27	9	13	15	17	23	23
1993							
Jan.	20	13	16	17	18	24	20
Feb.	10	14	19	19	19	25	18
März	18	13	23	20	20	25	17
April	1	9	26	21	21	25	15
Mai	17	6	29	22	21	24	14
Juni	4	4	0	21	20	23	12
Juli	23	6	29	20	20	23	10
Aug.	12	9	28	19	19	22	9
Sept.	2	15	26	18	18	22	7
Okt.	24	21	24	18	18	22	5
Nov.	15	28	23	18	18	24	4
Dez.		4	24	19	19	25	2

1994–1996

	♂	♃	♄	♅	♆	♇	☊
1994							
Jan.	9	9	27	21	20	27	1
Feb.	2	13	0	23	21	27	29
März	24	14	3	24	22	28	27
April	19	13	7	25	23	27	26
Mai	12	9	10	26	23	26	24
Juni	6	6	12	25	22	25	23
Juli	27	4	12	24	21	25	21
Aug.	19	6	11	23	20	25	19
Sept.	9	9	9	22	20	26	18
Okt.	27	15	6	22	20	27	16
Nov.	14	21	5	22	20	27	14
Dez.	26	28	6	23	21	28	13
1995							
Jan.	23	14	5	13	22	29	11
Feb.	16	13	9	15	23	0	10
März	9	9	12	16	24	0	8
April	3	5	15	17	25	29	7
Mai	26	4	17	17	25	28	5
Juni	19	6	18	17	25	28	3
Juli	11	9	17	16	24	27	2
Aug.	3	15	15	15	23	27	0
Sept.	23	21	13	14	23	27	27
Okt.	10	27	12	14	22	28	27
Nov.	22	4	12	14	22	29	25
Dez.	27	9	13	15	23	0	25
1996							
Jan.	20	13	16	17	24	1	22
Feb.	10	14	19	19	25	2	20
März	18	13	23	20	26	3	19
April	1	9	26	21	27	4	17
Mai	17	6	29	22	27	4	16
Juni	4	4	0	21	26	3	14
Juli	23	6	29	20	26	2	12
Aug.	12	9	28	19	25	1	11
Sept.	2	15	26	18	24	0	9
Okt.	24	21	24	18	24	0	7
Nov.	15	28	23	18	25	1	6
Dez.	16	4	24	19	25		4

	☊	♇	♆	⚸	♄	♃	♂
1997							
Jan.	3	4	26	3	1	25	29
Feb.	1	5	28	5	3	2	5
März	29	5	28	6	6	8	5
April	28	5	29	7	10	15	21
Mai	26	4	29	8	14	19	16
Juni	25	4	29	8	17	21	22
Juli	23	3	29	7	19	21	5
Aug.	21	2	28	6	20	18	22
Sept.	20	2	27	5	19	14	11
Okt.	18	3	27	4	17	12	1
Nov.	16	4	27	4	15	13	23
Dez.	15	5	27	5	13	16	16
1998							
Jan.	13	6	28	7	13	22	10
Feb.	12	7	0	8	15	29	5
März	10	8	1	10	18	5	27
April	8	7	1	11	21	13	20
Mai	7	7	2	12	25	19	13
Juni	5	6	1	11	29	24	5
Juli	4	5	1	11	1	27	26
Aug.	2	5	0	10	3	27	17
Sept.	0	5	29	9	3	25	7
Okt.	29	5	29	9	1	21	26
Nov.	27	6	29	8	29	18	14
Dez.	26	7	0	9	27	18	2
1999							
Jan.	24	9	1	10	26	21	18
Feb.	22	10	2	12	27	27	2
März	21	10	3	14	29	2	10
April	19	9	4	15	3	11	11
Mai	18	9	4	16	7	18	1
Juni	16	8	4	16	11	24	28
Juli	14	7	3	16	14	0	11
Aug.	13	7	3	15	16	4	28
Sept.	11	8	2	13	17	4	4
Okt.	9	8	2	13	16	2	18
Nov.	8	9	1	12	14	28	10
Dez.	6	10	2	13	11	25	3

	♆	⚸	♄	♃	♂
2000					
Jan.	2	15	9	26	29
Feb.	3	16	10	29	23
März	4	18	11	3	14
April	5	20	15	10	7
Mai	5	21	19	17	29
Juni	4	21	23	24	20
Juli	3	20	26		10
Aug.	2	19	29	6	1
Sept.	2	18	1	10	21
Okt.	2	17	0	12	9
Nov.	3	17	28	10	29
Dez.		17	25	6	17

Gestirnstandstabelle 3

über den Stand von Venus, Merkur und Mond von 1901 bis 2000

(Gerundete Positionsangaben bis 1960 12 Uhr WZ,
ab 1961 0 Uhr WZ für den 1., 10. und 20. des Monats)

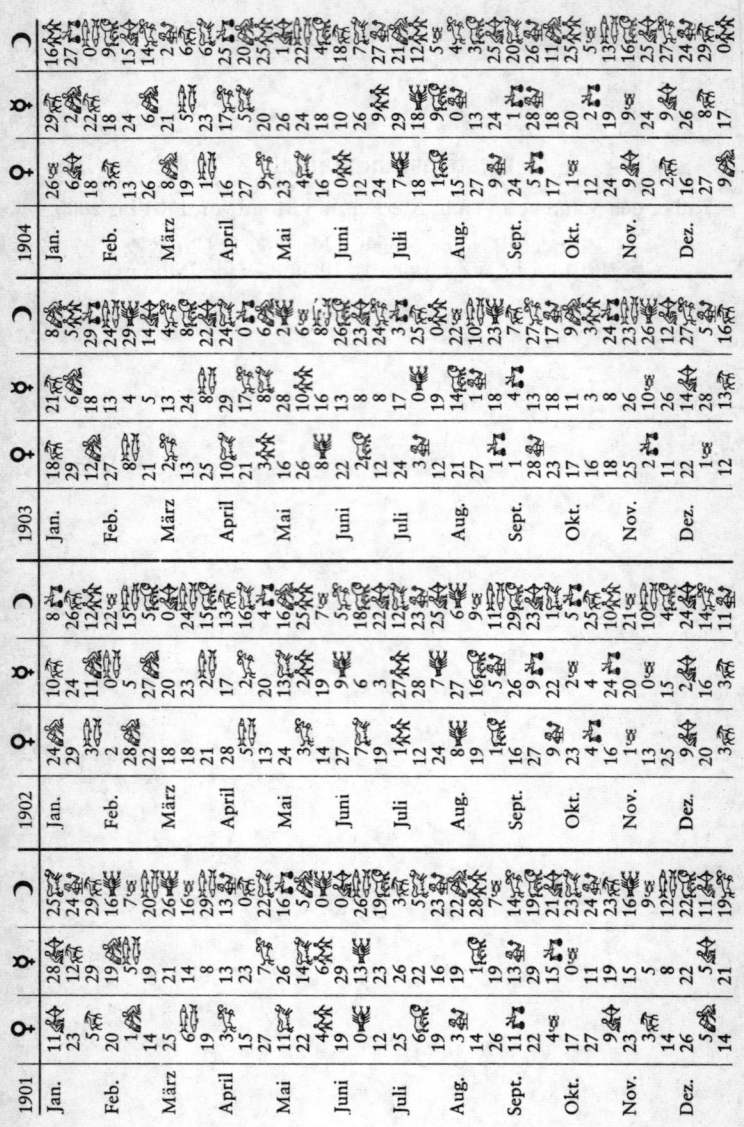

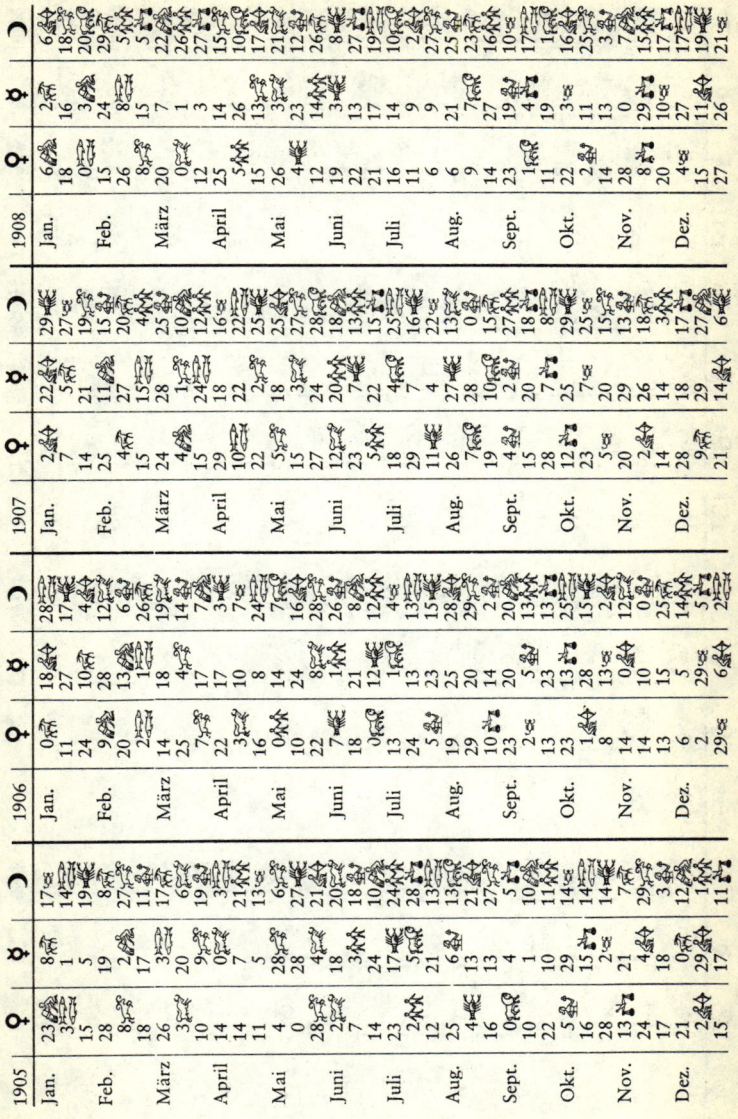

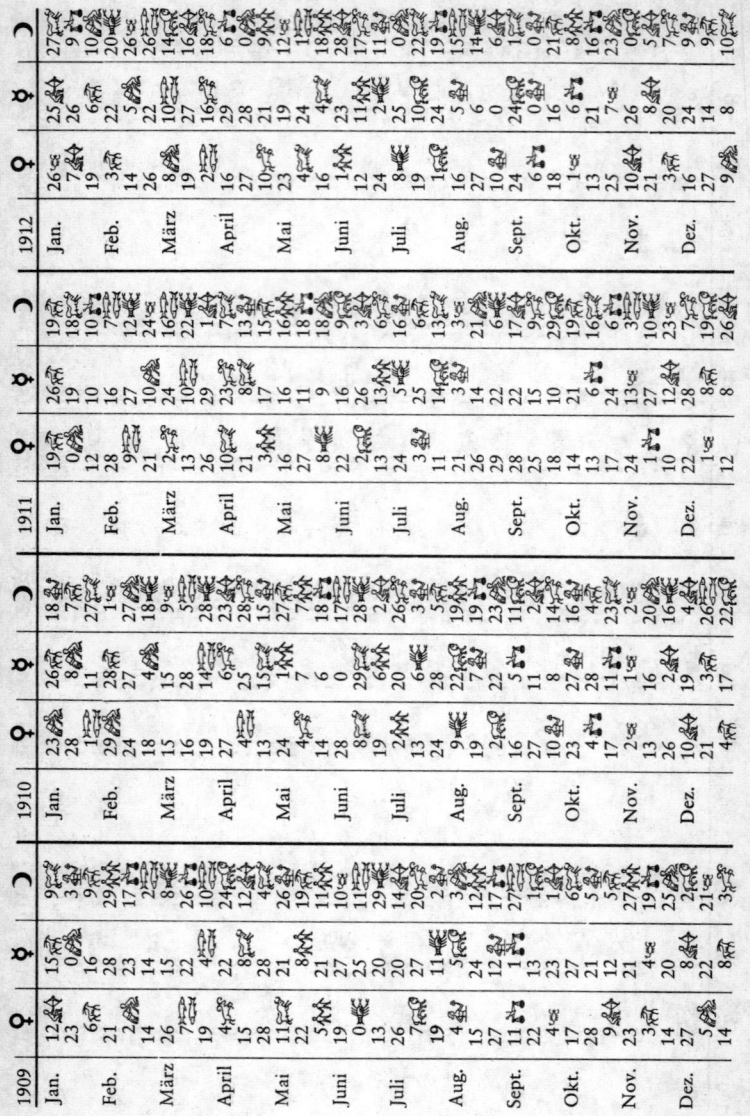

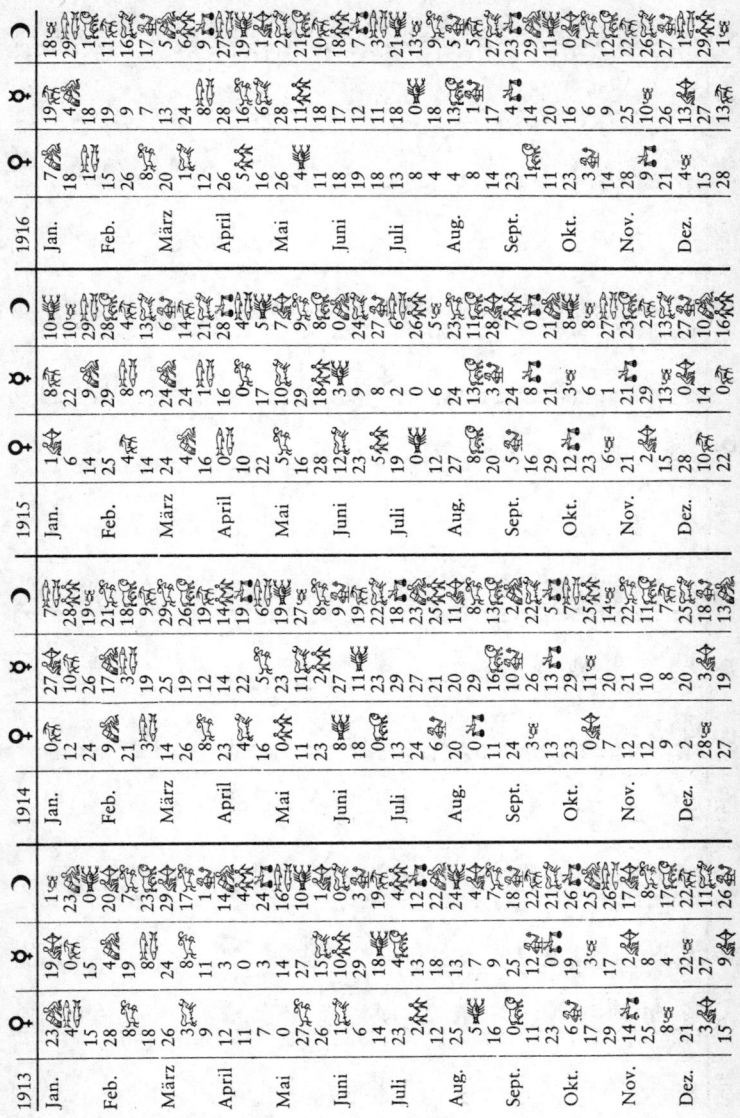

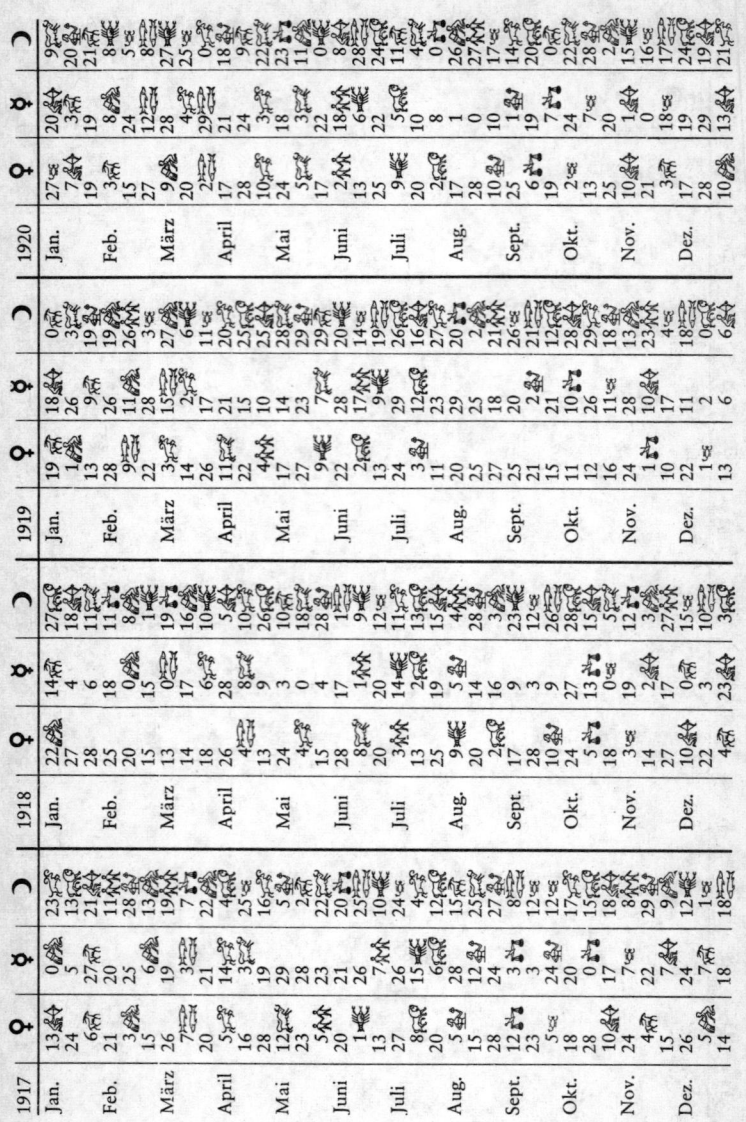

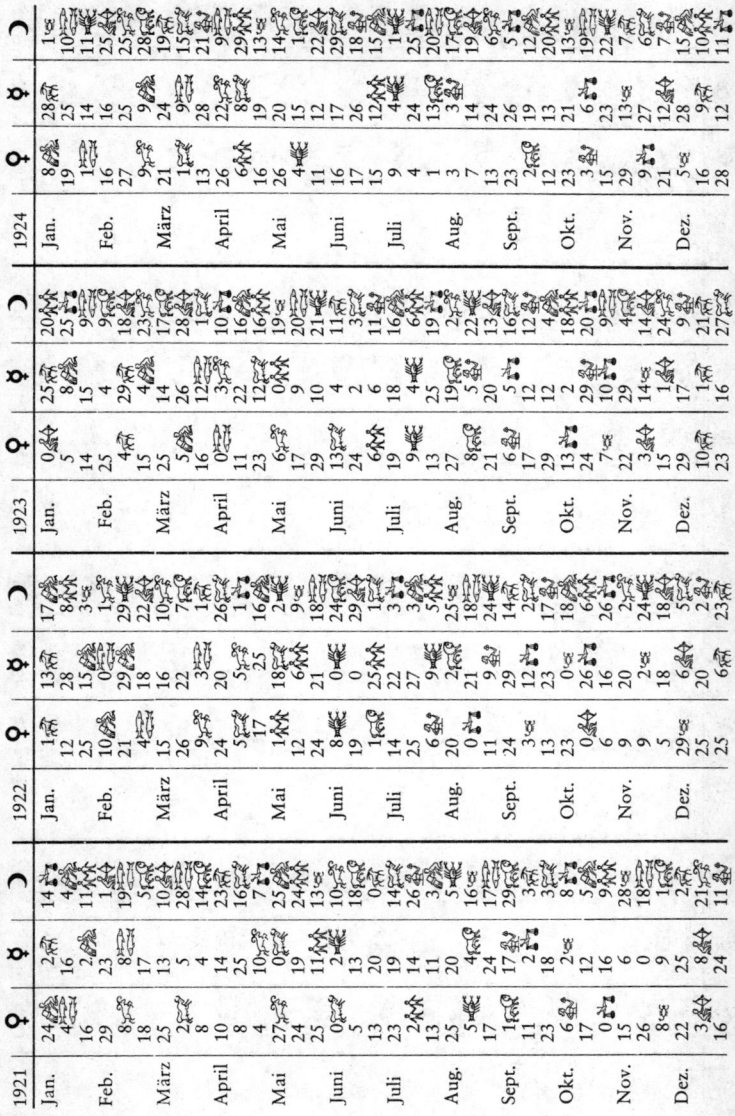

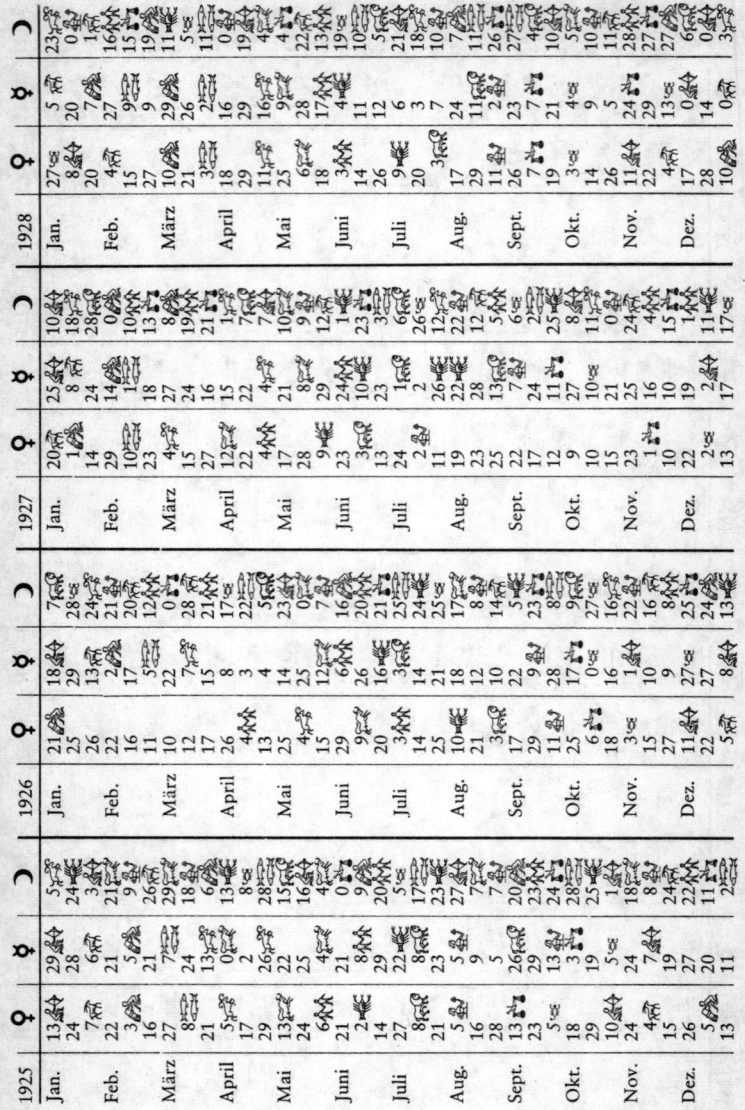

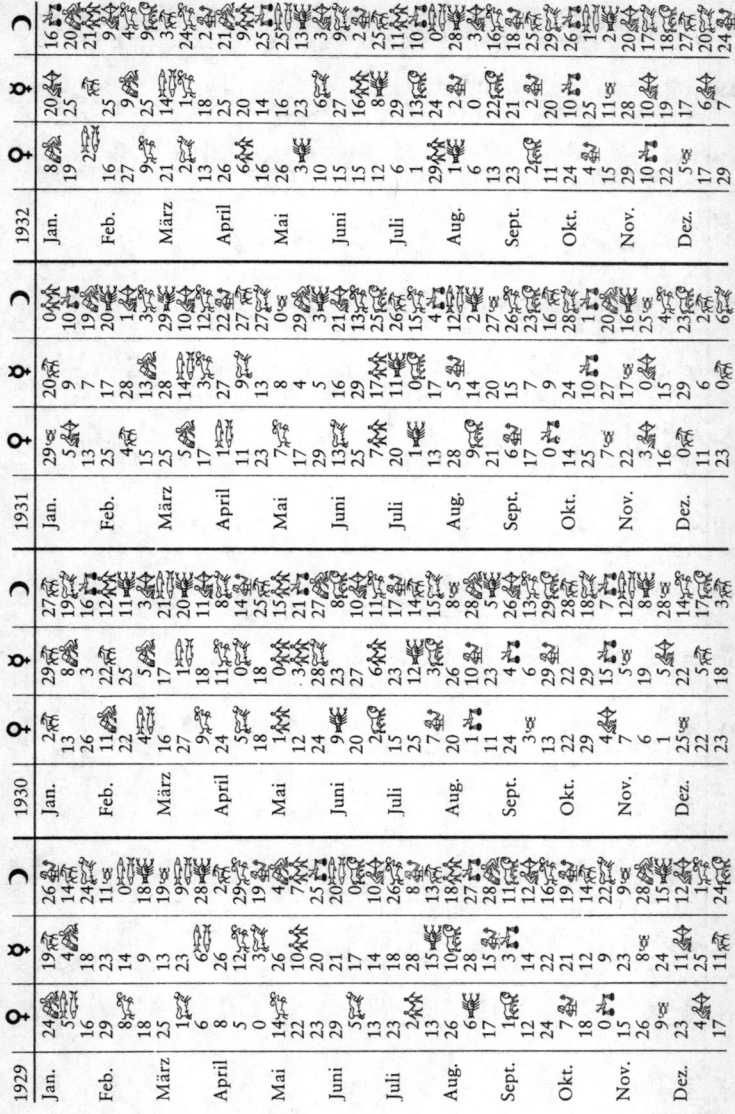

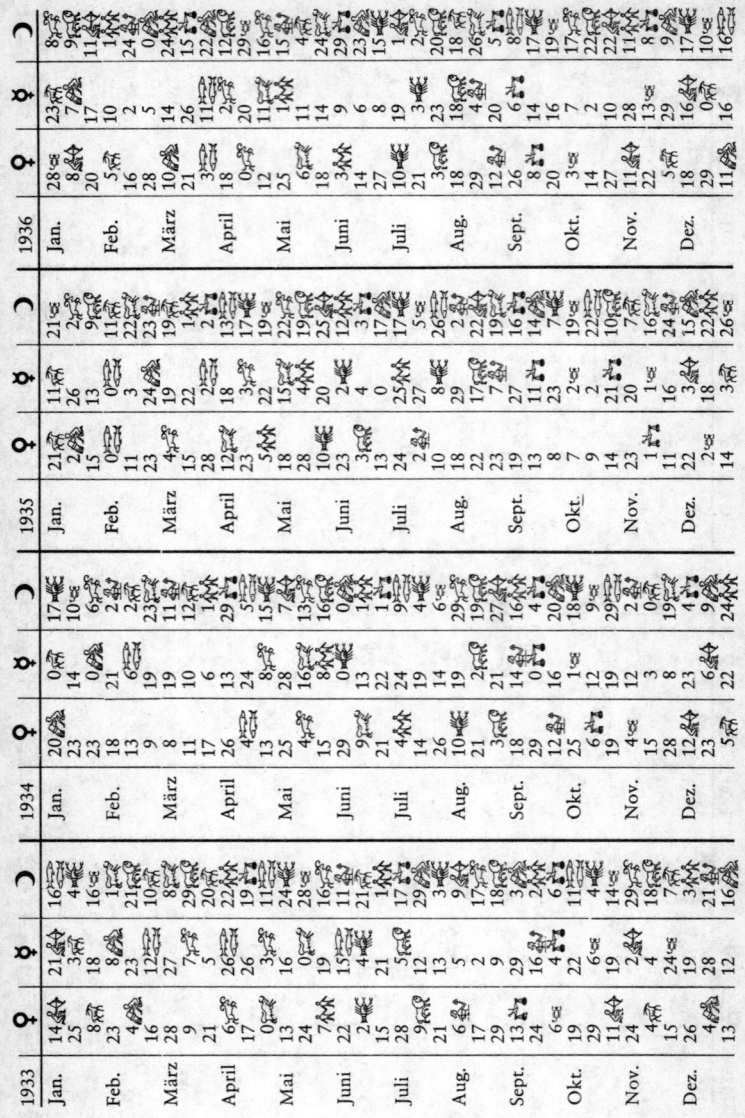

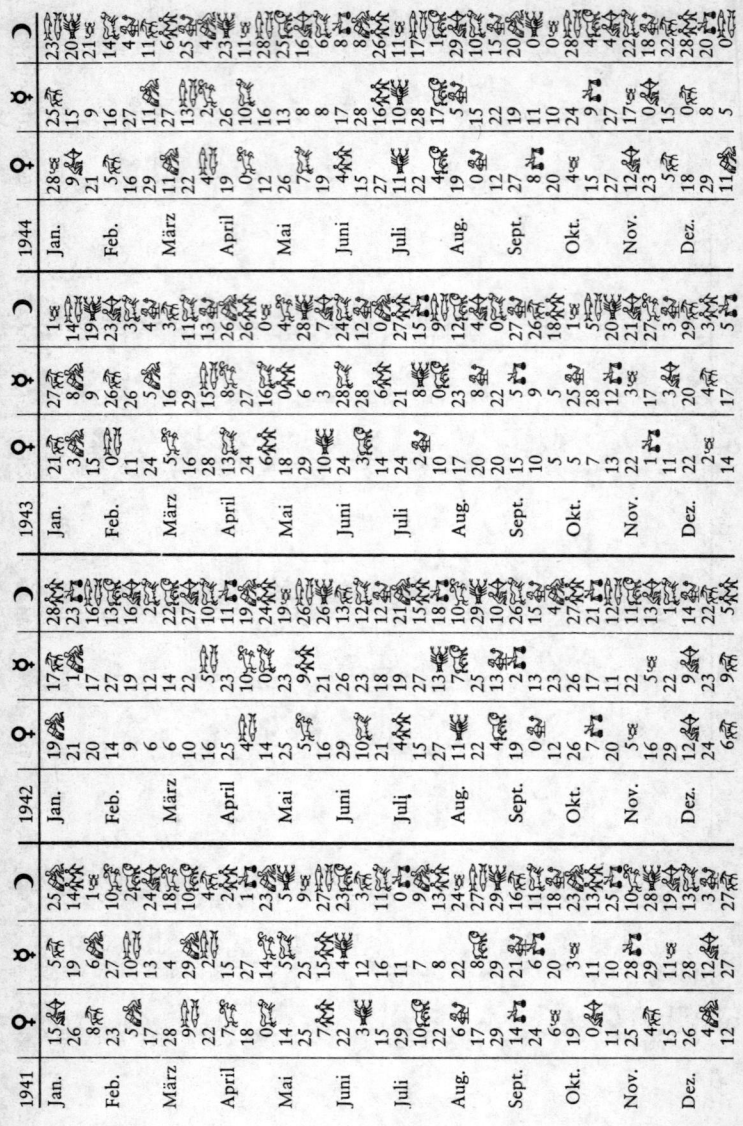

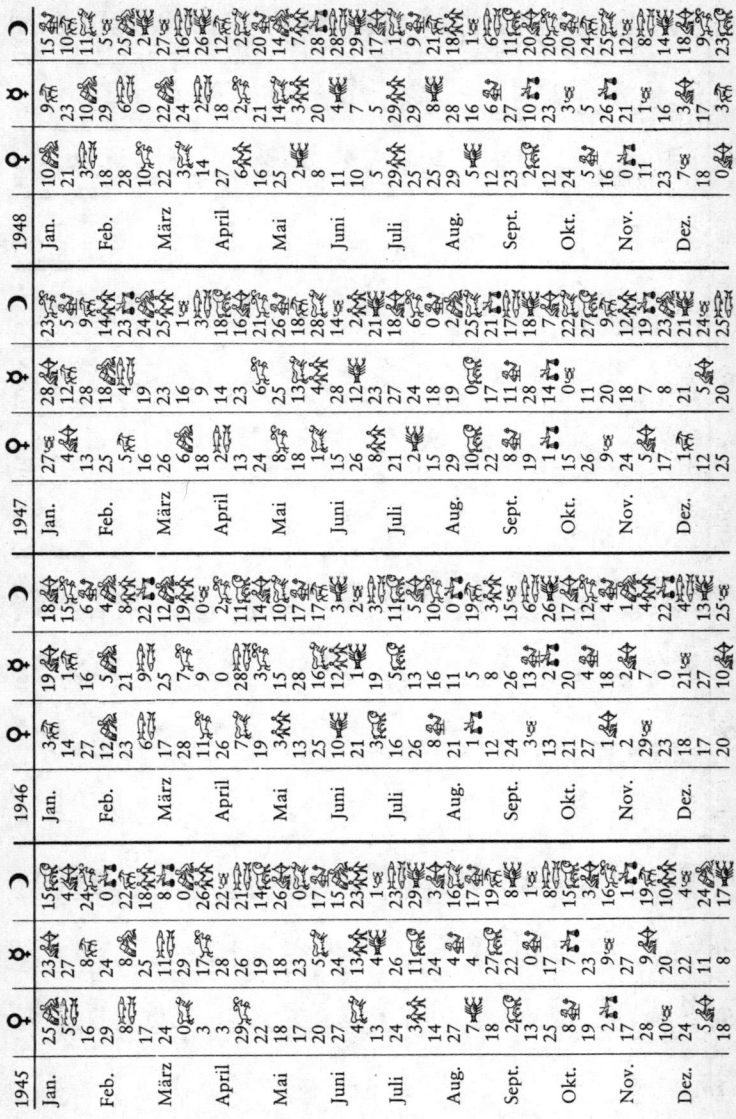

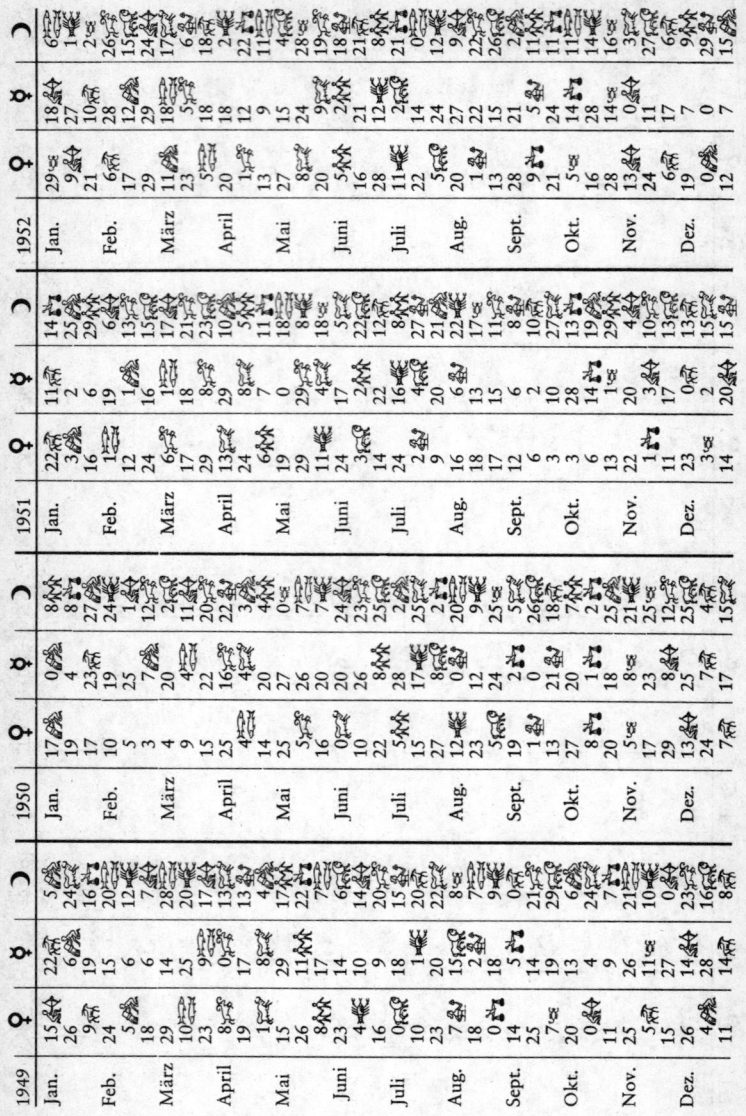

| 1949 | ♀ | ☿ | ☾ | 1950 | ♀ | ☿ | ☾ | 1951 | ♀ | ☿ | ☾ | 1952 | ♀ | ☿ | ☾ |

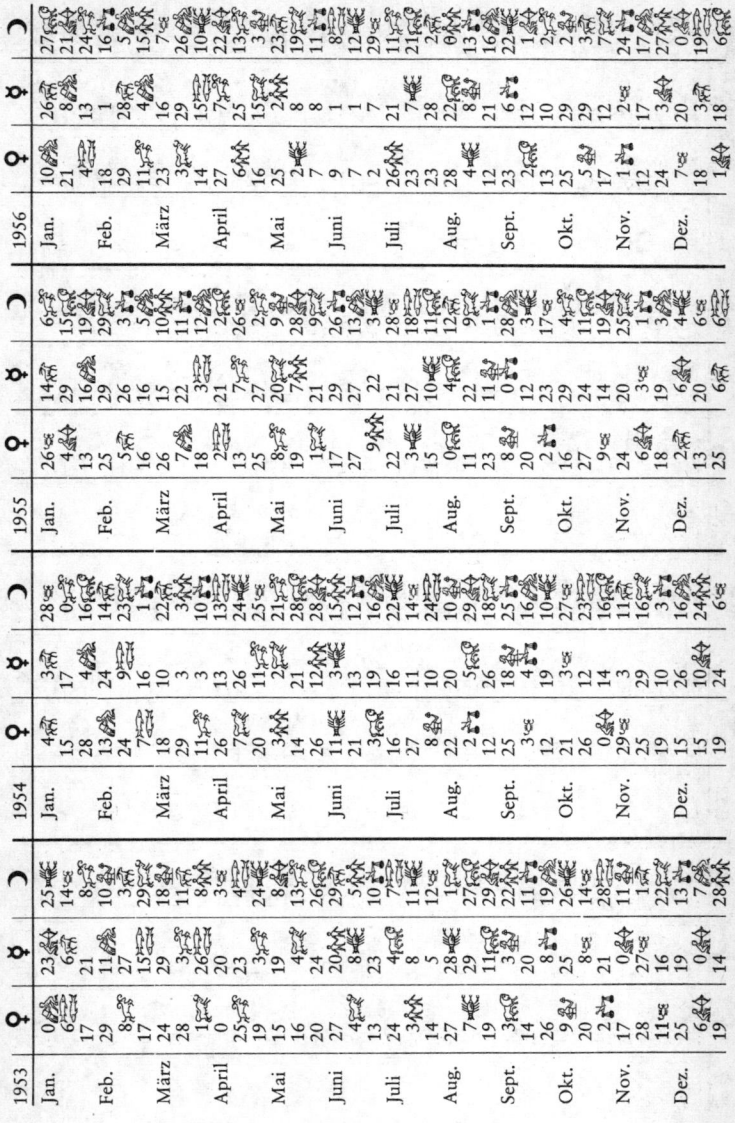

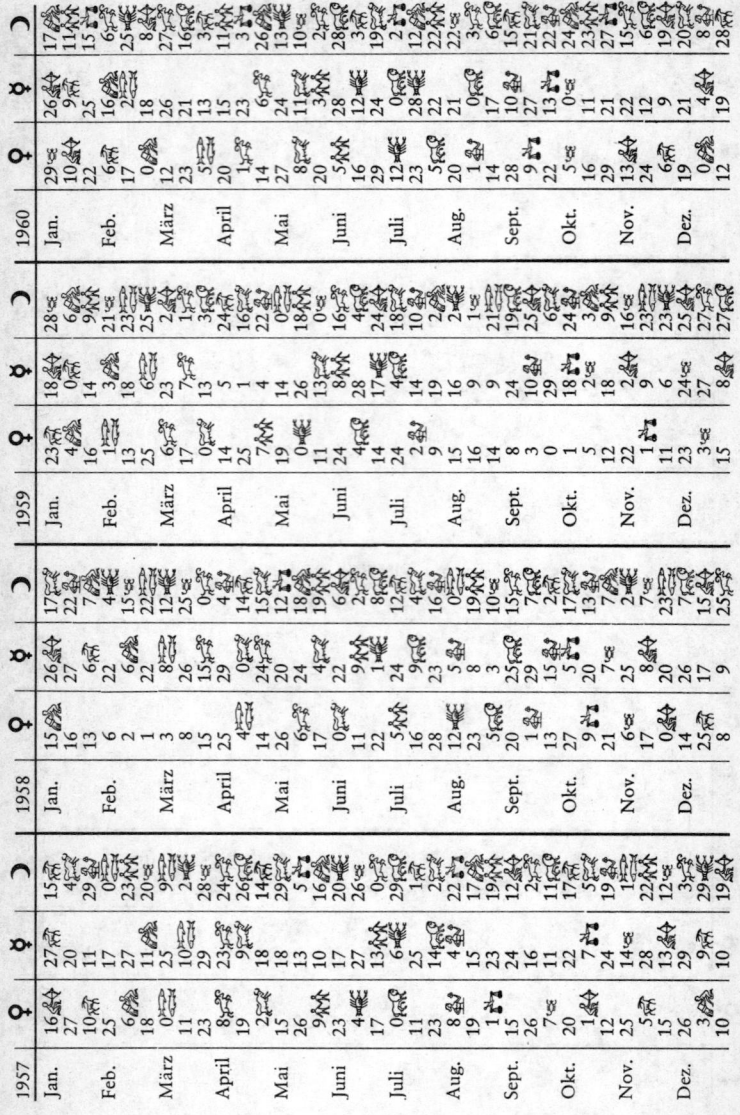

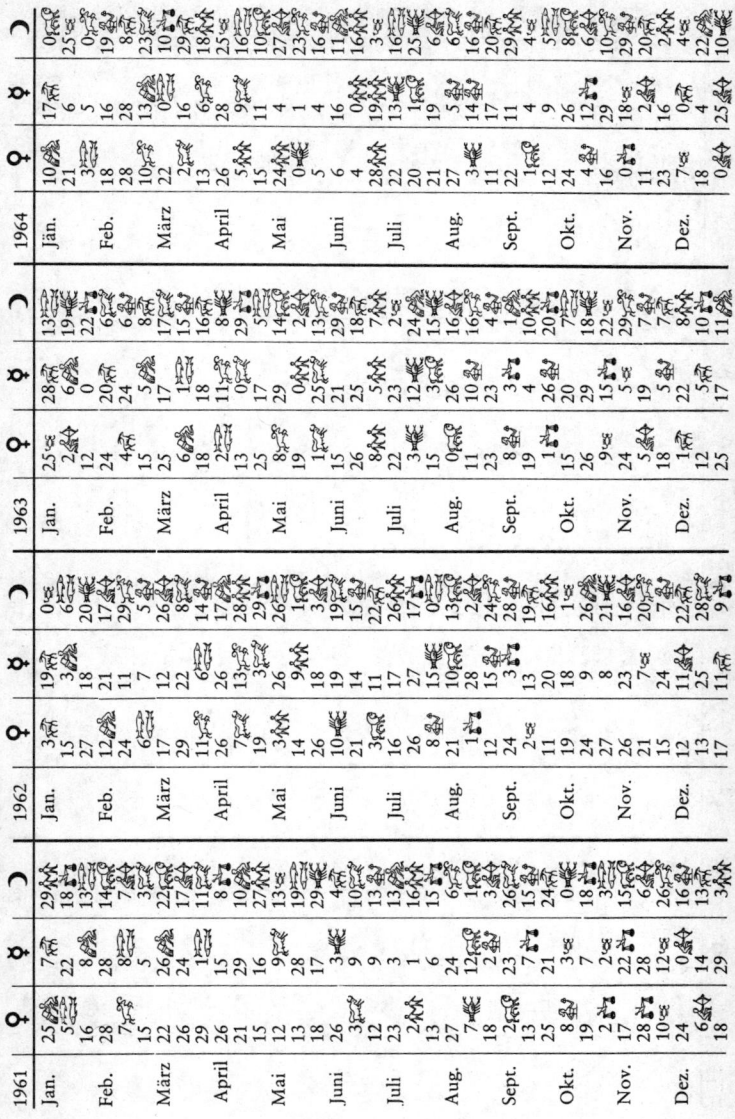

1961	♀	☿	☽
Jan.	25 ♒	7 ♑	29 ♊
	5 ♓	22	18 ♎
	16	8 ♒	13 ♓
Feb.	28	28	14 ♌
	7 ♈	8 ♓	7 ♐
	15	5	3 ♉
März	22	26 ♒	22 ♌
	26	24	17 ♐
	29	1 ♓	11 ♉
April	26	15	8 ♎
	21	29	10 ♒
	15	16	27 ♊
Mai	12	9 ♉	13 ♏
	13	28	19 ♓
	18	17	29 ♋
Juni	26	3 ♋	4 ♑
	3 ♉	9	10 ♉
	12	9	13 ♍
Juli	23	3	13 ♒
	2 ♊	1	16 ♊
	13	6	15 ♎
Aug.	27	24	6 ♈
	7 ♋	12 ♌	1 ♌
	18	2 ♍	3 ♐
Sept.	2 ♌	23	26 ♉
	13	7 ♎	15 ♍
	25	21	24 ♑
Okt.	8 ♍	3 ♏	0 ♋
	19	7	18 ♎
	2 ♎	2 ♏	3 ♓
Nov.	17	22 ♎	15 ♌
	28 ♎	28	6 ♐
	10 ♏	12 ♏	26 ♈
Dez.	24	0 ♐	16 ♍
	6 ♐	14	13 ♑
	18	29	3 ♊

1962	♀	☿	☽
Jan.	3 ♑	19 ♑	0 ♏
	15	3 ♒	6 ♓
	27	18	20 ♋
Feb.	12 ♒	21	17 ♐
	24	11	29 ♈
	6 ♓	7	5 ♍
März	17	12	26 ♐
	29	22	8 ♉
	11 ♈	6 ♓	14 ♍
April	26	26	17 ♒
	7 ♉	13 ♈	28 ♊
	19	3 ♉	29 ♎
Mai	3 ♊	26	26 ♓
	14	9 ♊	1 ♌
	26	18	3 ♐
Juni	10 ♋	19	19 ♉
	21	14	15 ♍
	3 ♌	11	22 ♑
Juli	16	17	26 ♊
	26	27	17 ♎
	8 ♍	15 ♋	0 ♓
Aug.	21	10 ♌	13 ♌
	1 ♎	28	2 ♐
	12	15 ♍	24 ♈
Sept.	24	3 ♎	28 ♍
	2 ♏	13	19 ♑
	11	20	16 ♊
Okt.	19	18	1 ♏
	24	9	26 ♒
	27	8	21 ♋
Nov.	26	23	16 ♐
	21	7 ♏	20 ♈
	15	24	7 ♍
Dez.	12	11 ♐	22 ♑
	13	25	28 ♉
	17	11 ♑	9 ♎

1963	♀	☿	☽
Jan.	25 ♏	28 ♑	13 ♓
	2 ♐	6 ♒	19 ♋
	12	0	22 ♎
Feb.	24	20 ♑	6 ♉
	4 ♑	24	6 ♍
	15	5 ♒	8 ♑
März	25	17	17 ♉
	6 ♒	1 ♓	15 ♍
	18	18	16 ♑
April	2 ♓	11 ♈	8 ♋
	13	0 ♉	29 ♎
	25	17	5 ♓
Mai	8 ♈	29	14 ♌
	19	0 ♊	2 ♐
	1 ♉	25 ♉	13 ♈
Juni	15	21	29 ♍
	26	25	18 ♑
	8 ♊	5 ♊	7 ♊
Juli	22	23	2 ♏
	3 ♋	12 ♋	24 ♒
	15	3 ♌	15 ♋
Aug.	0 ♌	26	16 ♐
	11	10 ♍	16 ♈
	23	23	4 ♍
Sept.	8 ♍	3 ♎	1 ♒
	19	4	10 ♊
	1 ♎	26 ♍	20 ♎
Okt.	15	20	7 ♓
	26	29	18 ♋
	9 ♏	15 ♎	22 ♏
Nov.	24	5 ♏	29 ♈
	5 ♐	19	7 ♍
	18	5 ♍	7 ♑
Dez.	1 ♑	22	8 ♊
	12	5 ♑	10 ♎
	25	17	11 ♒

1964	♀	☿	☽
Jän.	10 ♒	17 ♑	0 ♌
	21	6	25 ♏
	3 ♓	5	0 ♈
Feb.	18	16	19 ♍
	28	28	8 ♑
	10 ♈	13 ♒	23 ♉
März	22	0 ♓	10 ♎
	2 ♉	16	29 ♑
	13	6 ♈	18 ♊
April	26	28	25 ♏
	5 ♊	9 ♉	16 ♓
	15	11	10 ♌
Mai	24 ♊	4	27 ♐
	0 ♋	1	23 ♈
	5	4	16 ♍
Juni	6	16	11 ♒
	4	0 ♊	16 ♊
	28 ♊	19 ♊	3 ♏
Juli	22	13 ♋	16 ♓
	20	1 ♌	25 ♋
	21	19	6 ♐
Aug.	27	5 ♍	6 ♉
	3 ♋	14 ♍	16 ♍
	11	17	20 ♑
Sept.	22	11	29 ♊
	1 ♌	4	4 ♏
	12	9	5 ♓
Okt.	24	26	8 ♌
	4 ♍	12 ♎	6 ♐
	16	29	10 ♈
Nov.	0 ♎	18 ♏	29 ♍
	11	2 ♐	20 ♑
	23	16	2 ♊
Dez.	7 ♏	0 ♑	4 ♏
	18	4	22 ♒
	0 ♐	25 ♐	10 ♋

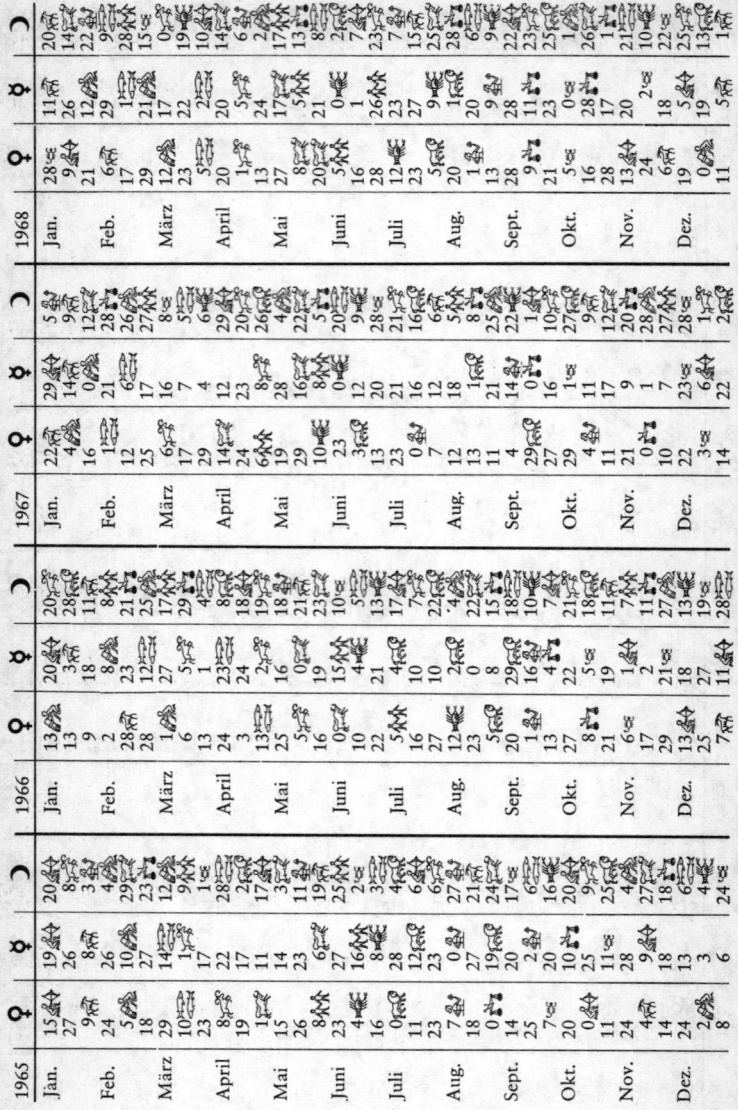

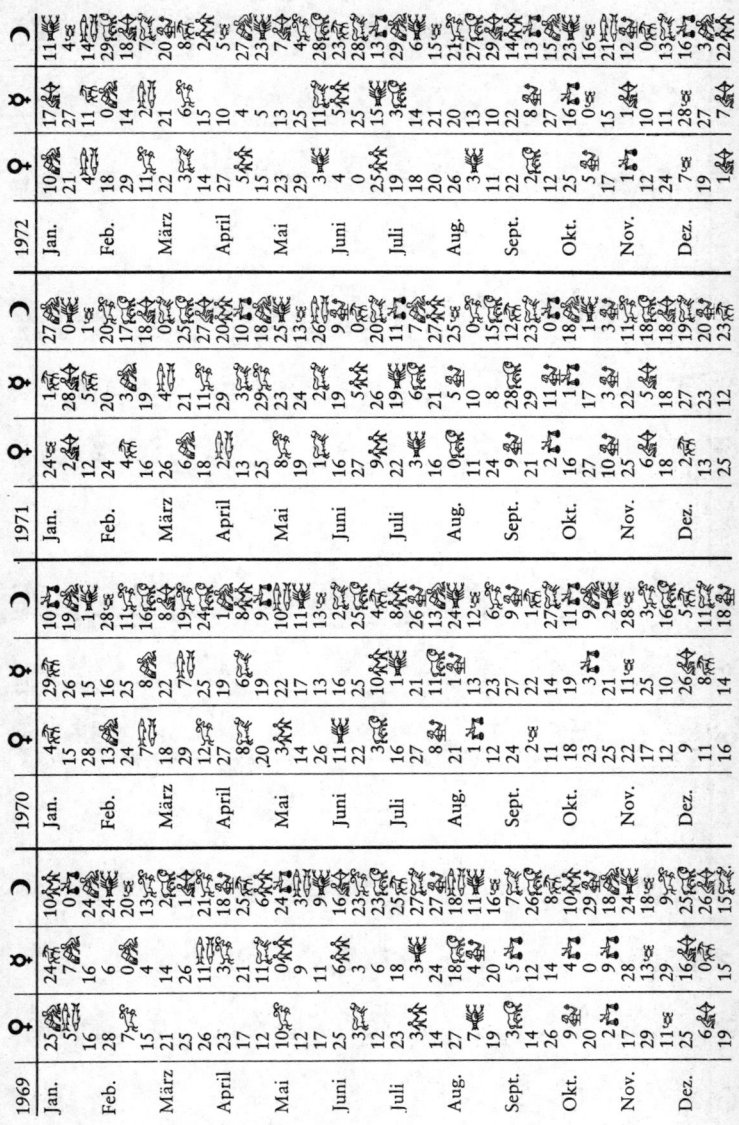

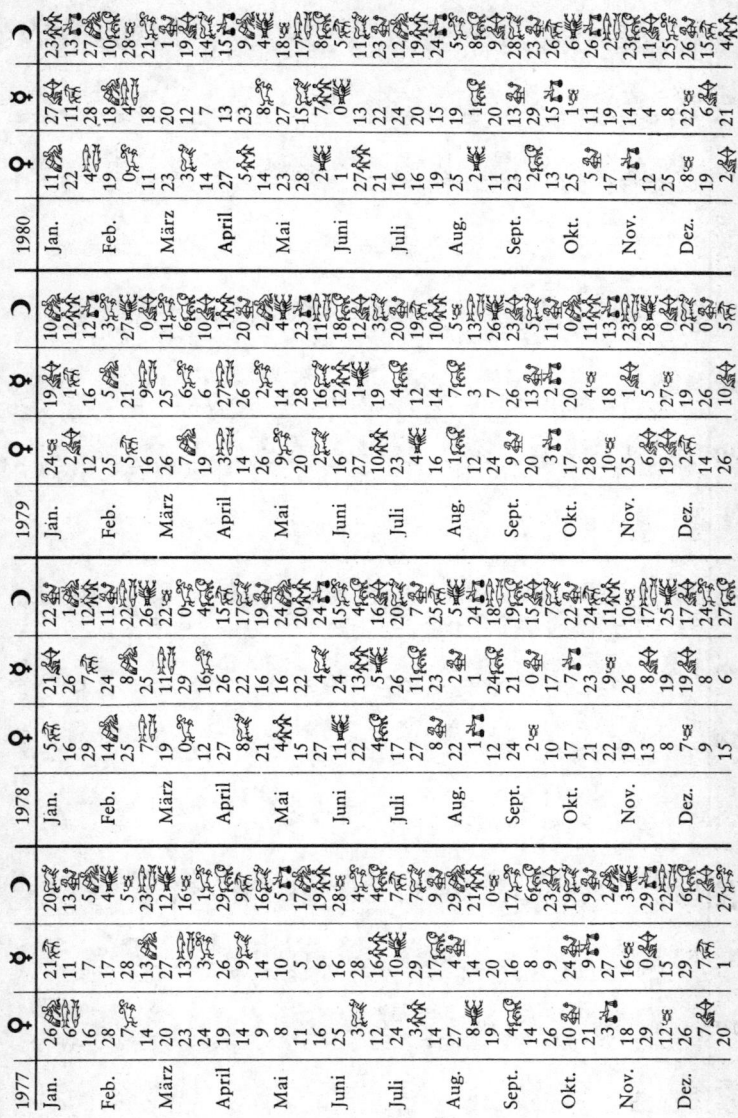

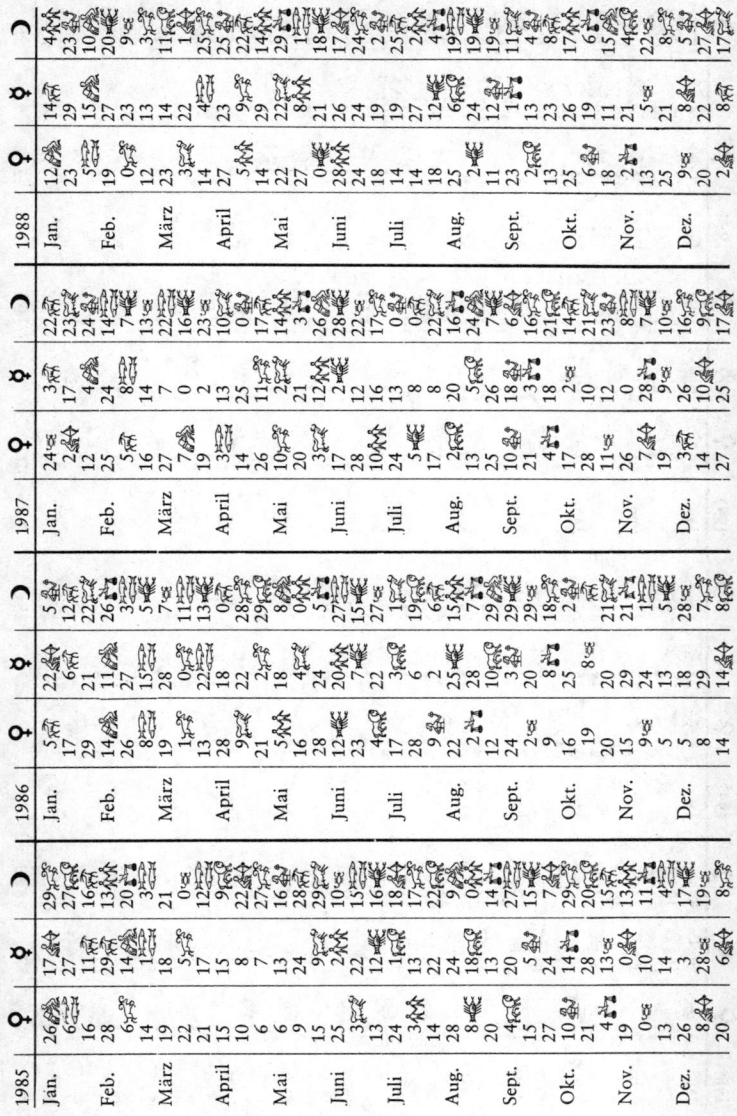

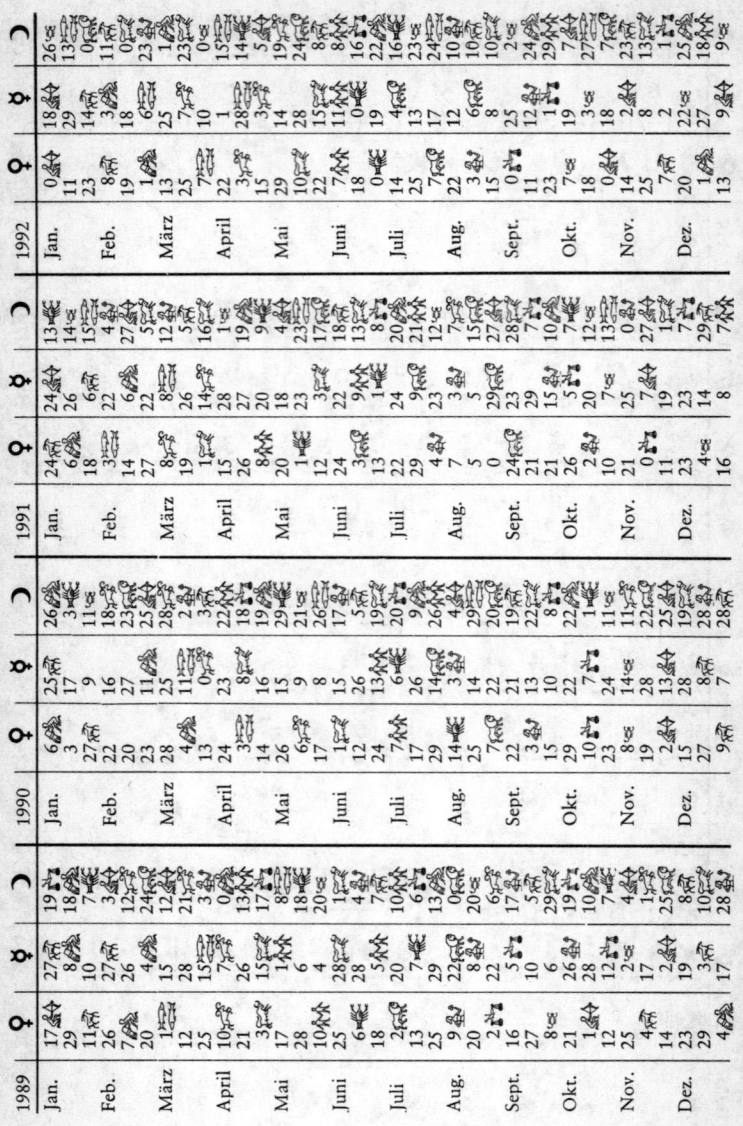

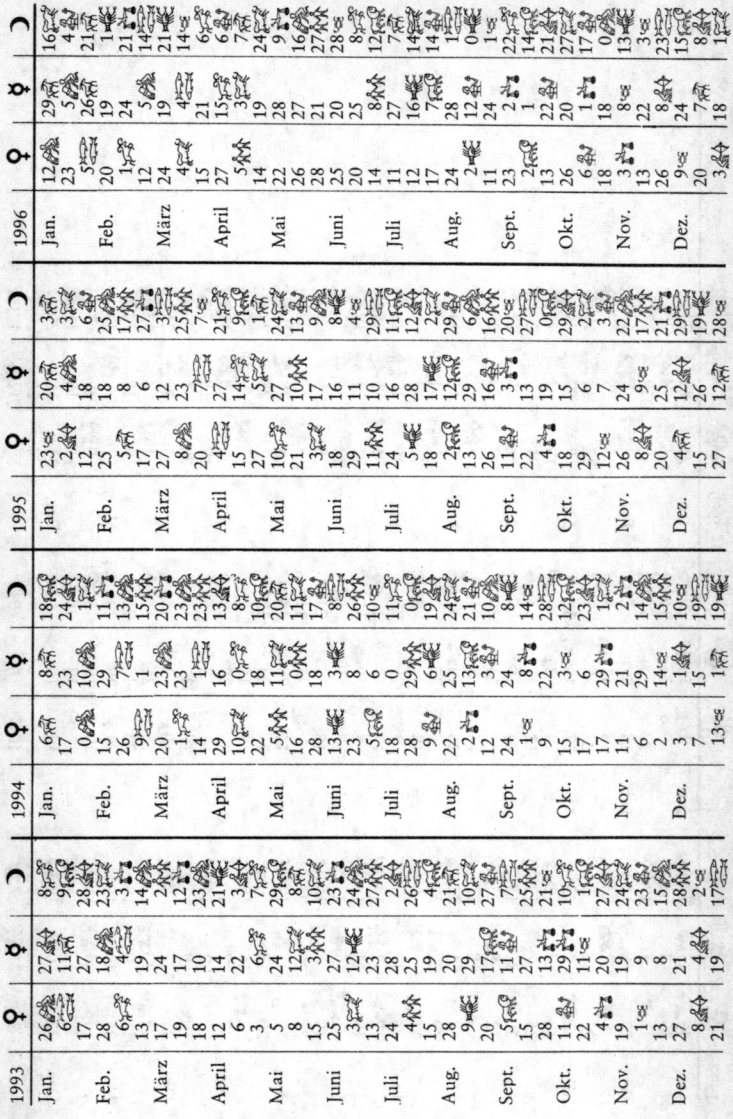

☽	☿	♀	1999
			Jan.
			Feb.
			März
			April
			Mai
			Juni
			Juli
			Aug.
			Sept.
			Okt.
			Nov.
			Dez.

☽	☿	♀	1998
			Jan.
			Feb.
			März
			April
			Mai
			Juni
			Juli
			Aug.
			Sept.
			Okt.
			Nov.
			Dez.

☽	☿	♀	1997
			Jan.
			Feb.
			März
			April
			Mai
			Juni
			Juli
			Aug.
			Sept.
			Okt.
			Nov.
			Dez.

ABC DER ASTROLOGIE
Astronomische und astrologische Fachausdrücke

Im nachfolgenden Abc der Terminologie sind — bedingt durch das Thema dieses Buches — die Stichwörter „Astrologie" und „Astronomie" an den Anfang gestellt worden. Alle übrigen Wort- bzw. Begriffserklärungen folgen in alphabetischer Reihenfolge.

Astrologie:

(von griech. *astron* = Stern und *logos* = Lehre)

Lehre, nach der die Erscheinungen an der Himmelskugel mit den irdischen Geschehnissen in einem bestimmten, erkennbaren Zusammenhang stehen; sie versucht demzufolge, aus der Stellung der Himmelskörper die Persönlichkeit, vor allem den Charakter, und die Tendenz der Schicksale der Menschen abzuleiten bzw. zu erkennen.

Astronomie:

(von griech. *astron* = Stern, *nomos* = Gesetz)

Sternkunde, Himmelskunde, die Wissenschaft von der Materie im Weltall, ihrer Verteilung, ihren Bewegungen und physikalischen Zuständen, ihrer Zusammensetzung und Entwicklung. Die Astronomie beschäftigt sich also mit den Körpern des Sonnensystems (Sonne, Planeten, Monde, Planetoiden, Kometen, Meteoriten), mit den Sternen (Fixsternen), den Sternhaufen, den Sternsystemen, zu denen auch das Milchstraßensystem gehört, und mit der diffus verteilten Materie zwischen den Sternen (interstellare Materie).

Aspekte:

Darunter versteht man den Winkelabstand zwischen den Planeten im Horoskop.

Äquator:

○ *Himmelsäquator,* die Schnittlinie der Himmelskugel mit einer senkrecht auf der Himmelsachse stehenden Ebene, der Äquatorebene. Die Ebene des Himmelsäquators ist die Grundebene eines astronomischen Koordinatensystems.

○ *Erdäquator,* die Schnittlinie der Erdoberfläche mit einer senkrecht auf der Erdachse stehenden Ebene, die die gleiche Entfernung vom Nord- und Südpol der Erde hat. Der Erdäquator ist damit auch gleich der Projektion des Himmelsäquators auf die Erdoberfläche vom Erdmittelpunkt aus.

○ *Galaktischer Äquator,* die Schnittlinie der Himmelskugel mit der Symmetrieebene des Milchstraßensystems, der Galaxis.

Aszendent:

Der aufsteigende Grad des Tierkreises am Osthorizont des Geburtsortes während der Stunde der Geburt (Ostpunkt).

Breite:

Winkelabstand eines Gestirns von der Ekliptik oder dem galaktischen Äquator.

Dekanat:

Unterteilung der Tierkreiszeichen in Abschnitte von je zehn Graden.

Deszendent:

Der absteigende Grad des Tierkreises am Westhorizont des Geburtsortes während der Stunde der Geburt (Westpunkt).

Deklination:

Der Winkelabstand eines Gestirns vom Himmelsäquator. Die Deklination wird längs des Stundenkreises des Gestirns in Grad gemessen, in Richtung auf den Nordpol des Himmels positiv, in Richtung auf den Südpol negativ.

Direktionen:

Darunter versteht man astrologische Rechnungsmethoden, mit denen man eine Vorausschau auf kommende Jahre ermöglicht. Es gibt verschiedene Systeme, so die Primärdirektionen, die Sekundärdirektionen, die Sonnenbogendirektionen. (Diese Verfahren werden hier nicht näher erläutert.)

Dominieren:

Vorherrschen eines bestimmten Planeten.

Domizil:

Dieser Begriff wird in der Astrologie verwendet, wenn ein Planet im *arteigenen* Tierkreiszeichen steht. Dem Grundcharakter beispielsweise des Löwezeichens entspricht der Grundcharakter der Sonne. Steht also Sonne im Zeichen Löwe, so steht sie im „Domizil", in ihrem eigenen Zeichen.

Andere Beispiele:

Merkur:	Domizil Zwillinge und Jungfrau
Mond:	Domizil Krebs
Venus:	Domizil Stier und Waage
Mars:	Domizil Widder und Skorpion
Jupiter:	Domizil Schütze
Saturn:	Domizil Steinbock
Uranus:	Domizil Wassermann
Neptun:	Domizil Fische
Pluto:	Domizil Skorpion neben Mars

Die Wirkung eines Planeten in seinem Domizil ist verstärkt.

Ephemeriden:

Gestirnstandstabellen, Vorausberechnungen der täglichen Bewegungen der Gestirne. Astronomen und Astrologen benötigen sie zur Bestimmung der Positionen der Planeten sowie von Sonne und Mond.

Umfangreiche, jedoch nicht vollständige Gestirnstandstabellen findet der Interessierte im Anhang dieses Buches. Für den Fortgeschrittenen lohnt sich die Anschaffung der (nicht gerade billigen) vollständigen Ephemeriden. Solche sind erhältlich beim Verlag Max S. Metz, Zürich (zwei Bände), beim O. W. Barth Verlag, München (sechs Bände), oder die vollständigen englischen Ephemeriden, bei der Hieratic Publishing Co., Medford/Massachusetts.

Die meisten Ephemeriden-Sammlungen enthalten auch Häusertabellen. Im einzelnen sind solche bei W. Foulsham & Co. Ltd., Slough/England, erschienen.

Ekliptik:

Der Großkreis am Himmel, den die Sonne im Lauf eines Jahres scheinbar durchwandert. Die Ekliptik schneidet den Äquator des Himmels in zwei einander gegenüberliegenden Punkten, dem Frühlingspunkt und dem Herbstpunkt, in denen die Sonne am 21. März bzw. am 23. September steht. Man nennt diese beiden Punkte auch Äquinoktialpunkte. Doch sie haben keine feste Lage am Himmel, sondern be-

wegen sich infolge der Präzessionsbewegung der Weltachse langsam rückläufig. Der Winkel, unter dem die Ebene der Ekliptik die des Äquators schneidet, beträgt etwa 23,4 Grad und heißt die Schiefe der Ekliptik. Die beiden Punkte der Ekliptik, die am weitesten vom Äquator entfernt sind, heißen die Solstitialpunkte (Sonnenwendepunkte). In ihnen steht die Sonne am 21. Juni und am 21. Dezember an der Sonnenwende.

Fixsterne:

Im Gegensatz zu den Planeten oder Wandelsternen scheinen für das bloße Auge alle übrigen Sterne ihre gegenseitigen Abstände unverändert beizubehalten. Diese Erfahrungen machten bereits die Menschen des Altertums. Sie bezeichneten daher diese Sterne als Fixsterne, d. h. als feststehende Sterne. Doch ist es inzwischen eine längst bekannte Tatsache, daß sich die Fixsterne im Lauf der Zeit geringfügig zueinander verschieben, also eine Bewegung vollziehen, die als Eigenbewegung bezeichnet wird. Somit sind die Fixsterne in Wirklichkeit keine feststehenden Sterne. Es ist daher auch üblich geworden, die Fixsterne einfach als Sterne zu bezeichnen. Mit bloßem Auge können wir auf der nördlichen und südlichen Himmelskugel zusammen etwa 6000 Fixsterne erkennen.

Geburtsgebieter:

Bei der Aufstellung eines Horoskops wird die Stellung der Himmelskörper in den verschiedenen Häusern und Tierkreiszeichen beachtet. Die Gestirne, die sich im ersten Horoskophaus aufhalten, nennt man Geburtsgebieter. Sie sind für Charakter und Schicksal stark mitbestimmend.

Geburtszeit:

Zur Aufstellung eines individuellen Horoskops — eines Geburtshoroskops — benötigt man die genaue Geburtsstunde bzw. Geburtsminute. Schon der Zeitunterschied von fünf bis zehn Minuten verändert das Bild von Charakter und Schicksal eines Menschen.

Horoskop:

Darunter versteht man eine Karte des Himmels, die den Stand von Sonne, Mond und Planeten in einem bestimmten Zeitmoment über einem bestimmten Punkt der Erde darstellt. In ein Horoskop-Formular werden die Positionen der Gestirne — man entnimmt sie den Ephemeriden (Gestirnstandstabellen) — eingezeichnet.

Häuser:

Ein Horoskop wird auf Grund der Geburtszeit in zwölf verschiedene Abschnitte geteilt. Man nennt diese Einteilung Häuser oder Felder. Jedes Haus hat seine eigene Bedeutung; es sind sogenannte Erlebnissphären oder Lebensgebiete.

Horizont:

Gesichtskreis, die Schnittlinie einer Ebene, der Horizontebene, senkrecht zur Richtung des Lotes an einem Beobachtungsort mit der als unendlich groß gedachten Himmelskugel. Der natürliche Horizont ist die Grenzlinie zwischen Himmel und Erde, deren Verlauf von den örtlichen Bedingungen abhängt.

Hyleg:

Neben dem Geburtsgebieter berücksichtigt man noch den sogenannten Hyleg. Dies ist der Lebens- und Kraftspender. Er ist wichtig für die Lebensfähigkeit und den Ausgang des Lebens.

Die Sonne ist bei einer Taggeburt Hyleg, wenn sie im 1., 7., 9., 10. oder 11. Haus steht. Der Mond ist bei einer Nachtgeburt Hyleg, wenn er im 1., 7., 9., 10. oder 11. Haus steht.

Entspricht die Sonne nicht den Angaben, dann wird der Mond Hyleg, sofern er im 1., 7., 9., 10., 11. Haus steht. Und entspricht umgekehrt der Mond bei einer Nachtgeburt nicht den Angaben, so wird die Sonne Hyleg, sofern sie im 1., 7., 9., 10., 11. Haus steht.

Entspricht weder die Sonne noch der Mond den Anforderungen, so ist der Aszendent der Hyleg.

Imum coeli (IC):

Der Mitternachtspunkt, die Himmelstiefe; er zeigt in die nördliche Richtung.

Kulmination:

(Vom lat. *culmen* = Gipfel.) Der Zeitpunkt, in dem ein Gestirn bei seiner täglichen scheinbaren Bewegung am Himmel seine größte Höhe über oder unter dem Horizont eines Beobachtungsortes hat; es befindet sich dann im oberen oder unteren Kulminationspunkt. In der Astrologie ist die Kulmination, wenn ein Planet am Medium coeli (MC) oder an der Spitze des 10. Hauses angelangt ist.

Länge:

Um auf der Erde den Ort einer Stadt oder den Standort eines Schiffes festzustellen, gibt man die geographische Breite und die geographische Länge des betreffenden Ortes an. Hierbei ist die Breite der Abstand vom Äquator, die Länge der Abstand vom Nullmeridian (= Meridian, der durch die Sternwarte Greenwich geht). Beide Abstände heißen die geographischen Koordinaten des Ortes. In ähnlicher Weise hat man auf der Himmelskugel die Orte der Sterne festgelegt, also durch zwei Koordinaten. Gibt dabei die eine Koordinate den Abstand des Sternes vom Himmelsäquator an — wie das analog bei der geographischen Ortsfestlegung der Fall ist —, so spricht man von einem „Koordinatensystem des Äquators".

Medium coeli (MC):

Die Himmelsmitte, die südliche Richtung; hier kulminieren die Gestirne. Der Kulminationspunkt ist der Zeitpunkt, in dem ein Gestirn bei seiner täglichen scheinbaren Bewegung am Himmel seine größte Höhe über dem Horizont eines Beobachtungsortes hat.

Meridian:

○ *Himmelsmeridian* = derjenige größte Kreis an der Himmelskugel, der durch Zenit und Nadir eines Beobachtungspunktes und durch die Himmelspole geht. Er schneidet den Horizont im Südpunkt und Nordpunkt. Bei ihrer täglichen scheinbaren Bewegung erreichen die Himmelskörper im Meridian ihre größte oder kleinste Höhe über oder unter dem Horizont, d. h. sie kulminieren im Meridian.

○ *Jeder die geographischen Pole der Erde verbindende Halbkreis auf der Erde.* Von einem Nullmeridian aus, seit 1911 auf Grund internationaler Vereinbarung der Ortsmeridian von Greenwich, wird die geographische Länge, eine der geographischen Koordinaten, gezählt.

Nadir:

Auch Fußpunkt genannt, ist der tiefste, senkrecht unter den Füßen des Beobachters liegende Punkt der unsichtbaren Himmelshalbkugel. Dem Nadir gegenüber liegt der Zenit.

Orbis:

Bei der Festlegung der Aspekte auf die genaue Zahl der Grade lassen die Astrologen einen Spielraum von etwa sieben bis zwölf Grad. Dieser Spielraum wird mit Orbis bezeichnet.

Ortszeit:

Siehe „Zonenzeiten".

Planeten:

Himmelskörper, die auch den Namen Wandelsterne führen, woraus hervorgeht, daß sie, ebenso wie Sonne und Mond, ihren Ort unter den Fixsternen ändern. Seit Jahrtausenden sind fünf Planeten — *Merkur, Venus, Mars, Jupiter* und *Saturn* — bekannt, die in Verbindung mit Sonne und Mond die Zahl Sieben ergeben. Dies ist wohl der Grund dafür, daß zu einer Zeit, in der religiöse Gestirnkult zu hoher Bedeutung gelangt war, die Zahl der Wochentage auf sieben festgelegt wurde. Später erkannte man, daß auch der Wohnplatz der Menschheit, die *Erde,* ein Planet ist. Schließlich wurden noch drei weitere Planeten entdeckt, nämlich *Uranus, Neptun* und *Pluto.*

Präzessionsbewegung:

Man versteht darunter eine allmähliche Drehung der Welt- bzw. Erdachse. Um diese Bewegung zu verstehen, sehen wir uns die Zeichnung Seite 430 an. In ihr ist die Ebene der Ekliptik durch Schraffur hervorgehoben. Senkrecht zu dieser Ebene steht die Achse E, die den nördlichen Pol der Ekliptik (oben) mit dem südlichen Pol der Ekliptik verbindet. Unter einem Winkel von 23,4 Grad gegen die Ebene der Ekliptik geneigt befindet sich die des Äquators. Den gleichen Winkel von 23,4 Grad schließen Weltachse W und Achse E ein. Läßt man nun die Weltachse um die Achse E eine Drehbewegung derart beschreiben, daß zwischen beiden Achsen stets der gleiche Winkel von 23,4 Grad erhalten bleibt, so werden also Nord- und Südpol am Himmel zwei zum Äquator parallel liegende Kreise beschrieben, deren Mittelpunkte die Pole der Ekliptik sind. Um diese beiden Kreise, die man zweckmäßig als Präzessionskreise bezeichnet, einmal zu durchlaufen, sind 26.000 Jahre nötig. Man bezeichnet diesen Zeitabschnitt als ein Platonisches Jahr. Infolge dieser Präzessionsbewegung wird die Lage des Himmelsnordpols nicht immer durch den Polarstern gekennzeichnet. Rücken aber die Pole des Äquators am Himmel weiter, so müssen auch die Schnittpunkte des Äquators mit der Ekliptik, nämlich Frühlings- und Herbstpunkt, an der Präzessionsbewegung teilnehmen, durchwandern diese also ebenfalls im Lauf von 26.000 Jahren einmal. Dabei durchlaufen Frühlings- und Herbstpunkt die Ekliptik im umgekehrten Sinn wie die Sonne, also im Sinn Widder, Fische, Wassermann usw. Die Präzessionsbewegung ist somit rückläufig.

Wenn unsere Erde präzise eine Kugel wäre, würde die Präzessionsbewegung nicht stattfinden. In Wirklichkeit kann man sich die Erde aus einer Kugel und einem Wulst zusammengesetzt denken, der diese Kugel zu beiden Seiten des Äquators gleichmäßig umgibt. Das Bestreben der Sonne und des Mondes, diesen Wulst in die Ebene der Ekliptik zu ziehen, läßt die Präzessionsbewegung entstehen.

Rotation:

Drehung, eine Bewegung, bei der sich alle Punkte eines starren Körpers auf konzentrischen Kreisen um die gleiche, beliebig (also innerhalb oder außerhalb des Körpers) gelegene Achse, um die Rotationsachse, bewegen. Die Erdrotation beträgt 23 Stunden 56 Minuten und vier Sekunden.

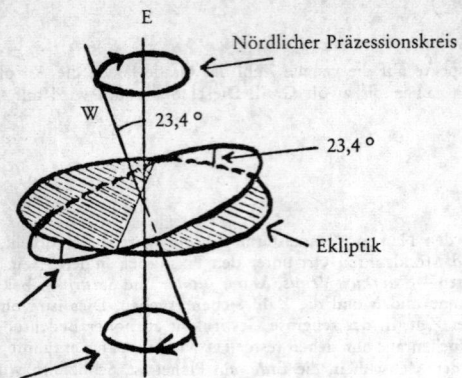

Veranschaulichung der Präzessionsbewegung

Sternzeit:

Eine Zeitangabe, ein Zeitmaß. Die Sternzeit wird nach den Sternen bemessen und nicht (wie die gewöhnliche Uhrzeit) nach der Sonne. In einem Sterntag scheinen die Sterne einen vollständigen Umlauf um den Himmel gemacht zu haben; doch die Sonne hat ihren scheinbaren Umlauf noch nicht vollendet. So ist der Sterntag um drei Minuten und 56 Sekunden Sonnenzeit kürzer als der mittlere Sonnentag, der die Grundlage unserer üblichen Zeitrechnung ist.

Die Astrologie benutzt die Sternzeit als ein Mittel zur Angabe der Positionen der Sterne, wie sie zu einer gegebenen Zeit und an einem bestimmten Ort gesehen werden. Der Astrologe muß seine Information (Geburtszeit und Geburtsort) in Sternzeit verwandeln, damit die Gestirnstandstabellen (Ephemeriden) verwendet werden können, die die Positionen der Sterne bzw. der Planeten in Sternzeit angeben. Die Sternzeit wird arithmetisch berechnet.

Tierkreis:

Ein Himmelsstreifen, der sich etwa acht Grad auf beiden Seiten der Ekliptik ausdehnt und innerhalb dessen scheinbar die Bewegung von Sonne (diese genau auf der Ekliptik) und Planeten erfolgt. Der Tierkreis von 360 Grad ist geteilt in zwölf gleiche Abschnitte von 30 Grad. Dies sind die zwölf Tierkreiszeichen. Jedes Zeichen wurde durch ein besonderes Sternbild am Himmel veranschaulicht. Im Lauf eines Monats durchwandert die Sonne je ein Zeichen. Infolge der Präzessionsbewegung der Weltachse besteht heutzutage keine Übereinstimmung mehr zwischen dem Tierkreiszeichen und dem gleichnamigen Sternbild.

Sternbilder:

Die alten Völker dachten sich einzelne Sterne durch Linien verbunden und erhielten so leicht einprägsame Sternbilder. Ihre Entstehung geht auf religiöse und vorwissenschaftliche (astrologische) Vorstellungen der alten Kulturvölker zurück, die den einzelnen Sterngruppen symbolhafte Bedeutung beilegten. Am nördlichen Himmel erinnern Namen wie Kepheus, Andromeda, Pegasus an die griechische Mythologie. Je nach ihrer Lage zum Himmelsäquator unterscheidet man *nördliche, südliche* und

Sternbilder der Äquatorzone. Von unseren nördlichen Breiten aus werden nur die nördlichen Sternbilder, die der Äquatorzone und ein Teil der südlichen sichtbar. Dagegen bleiben alle Sternbilder, deren Winkelabstand vom Südpol des Himmels kleiner als die nördliche geographische Breite des Beobachtungsortes ist, stets unter dem Horizont, sind für uns in den nördlichen Breiten also nicht sichtbar. Sie können aber von der Südhalbkugel der Erde aus beobachtet werden.

Da sich die Sonne bei ihrer scheinbaren jährlichen Bewegung längs der Ekliptik in immer andere Gebiete des Himmels verschiebt, wechseln die nach Sonnenuntergang sichtbaren Sternbilder periodisch mit der Jahreszeit. Dementsprechend unterscheidet man *Sommersternbilder* (z. B. Lyra und Aquila), die im Sommer am Abendhimmel sichtbar sind, und *Wintersternbilder* (z. B. Orion und Canis major), die man im Winter am Abendhimmel sehen kann. Die um die scheinbare jährliche Bahn der Sonne, die Ekliptik, liegenden Sternbilder werden als *Sternbilder des Tierkreises* bezeichnet.

Transite:

Übergänge der laufenden Planetenbewegung über wichtige Orte des Geburtshoroskops oder deren Aspektstellen. Erreicht z. B. der heutige Jupiter, wie aus der Ephemeride des laufenden Jahres zu ersehen, die Stelle, wo bei der Geburt eines Menschen die Sonne stand, so sprechen wir von einem Transit zwischen Jupiter und Sonne, in diesem Fall von einer Konjunktion.

Die Transite dienen also zur laufenden Beobachtung der Geschehnisse und Ereignisse. Für Transitberechnungen verwendet man hauptsächlich die langsam laufenden Planeten Pluto, Neptun, Uranus, Saturn und Jupiter. Die laufenden Planeten beeinflußen also die im Geburtshoroskop programmierten Schicksale. Man hat beobachtet, daß Transite ihre stärkste Wirkung haben, wenn sich Aspekte oder Beziehungen bilden, die bereits im Geburtshoroskop vorhanden waren. Man spricht dann von wiederkehrenden Konstellationen.

Bei all diesen Überlegungen ist jedoch immer wieder zu beachten, daß das Geburtshoroskop als Grundlage der Prognose gilt. Alle körperlichen und seelischen Anlagen, die später im Wechselspiel des Schicksals zutage treten, sind im Geburtshoroskop verankert.

Zenit:

Der höchste Punkt des Himmelsgewölbes, der genau senkrecht über dem Scheitel des Beobachters liegt. Der Gegenpunkt ist der Nadir.

Zeit:

Für die bürgerliche Zeitrechnung benutzt man die mittlere Sonnenzeit, der der mittlere Sonnentag als Zeiteinheit zugrunde liegt. Dabei ist der Beginn der Zeitzählung des Tages nach Stunden, Minuten und Sekunden an der Zeitpunkt der unteren Kulmination der mittleren Sonne im Meridian des Beobachtungsortes festgelegt. Da an Orten verschiedener geographischer Länge die Kulmination nicht im selben Augenblick stattfindet, beginnt demzufolge die Tageszählung unterschiedlich. Orte gleicher geographischer Länge haben demnach gleiche Zeit, gleiche Ortszeit; Orte verschiedener geographischer Länge haben verschiedene Ortszeiten. Ein Unterschied von 15 Grad geographischer Länge entspricht dabei einem Unterschied von einer Stunde in den entsprechenden Ortszeiten.

Für die moderne Wirtschaft sind die vielen Ortszeiten außerordentlich ungünstig. Man faßte daher auf der Erde größere Gebiete, Zonen, die in der Nähe bestimmter Bezugs-

meridiane liegen, zusammen und legte für diese eine Einheitszeit fest, die Zonenzeit. Die Zonenzeiten unterscheiden sich jeweils um volle oder halbe Stunden gegenüber der Weltzeit (westeuropäische Zeit). Der Bezugsmeridian der Weltzeit ist der Null-meridian, d. h. der Meridian von Greenwich.

Die Weltzeit — also die mittlere Ortszeit der auf dem Greenwicher Meridian liegen-den Orte — wird in der Astronomie benutzt, um astronomische Ereignisse zu einer für die gesamte Erde einheitlichen Zeitskala festzulegen. Für die mitteleuropäische Zeit ist der 15. östliche Längenkreis Bezugsmeridian. Görlitz liegt nahezu auf diesem Längengrad; für diesen Ort ist also die mittlere Ortszeit gleich der mitteleuropäischen Zeit.

Für Berlin beispielsweise, dessen östliche geographische Länge etwa 13 Grad 25 Minu-ten beträgt, beläuft sich der Unterschied zwischen der mitteleuropäischen Zeit und der mittleren Ortszeit auf etwa 6,3 Minuten (15 Grad Längenunterschied entsprechen einer Stunde Ortszeitunterschied), und zwar gehen in Berlin Uhren, die die mitteleuro-päische Zeit anzeigen, gegen solche, die mittlere Ortszeit anzeigen, um 6,3 Minuten vor.

Zonenzeiten:

Die Korrekturen zeigen die Unterschiede gegenüber der westeuropäischen Zeit an.

— 11 Std.		Aleuten, Samoa
— 10 Std.		Westliches Alaska
— 9 Std.		Östliches Alaska
— 8 Std.	Pacific Time	Westliches Kanada und Weststaaten der USA
— 7 Std.	Mountain Time	Teile Kanadas, Gebirgsstaaten der USA
— 6 Std.	Central Time	Teile Kanadas, Zentralstaaten der USA
— 5 Std.	Eastern Time	Teile Kanadas, östliche USA, Peru, Chile
— 4 Std.	Atlantic Time	Teile Kanadas, Zentralbrasilien, Argentinien
— 3 Std.		Östliches Brasilien, Grönland
— 2 Std.		Azoren
— 1 Std.		Island, Madeira
0 Std.	Westeuropäische Zeit (Weltzeit)	Großbritannien, Irland, Frankreich, Spanien, Belgien, Portugal, Algerien, Marokko
+ 1 Std.	Mitteleuropäische Zeit	Skandinavien, Deutschland, Polen, Öster-reich, Schweiz, Ungarn, Jugoslawien, CSSR, Italien, Tunis, Kamerun
+ 2 Std.	Osteuropäische Zeit	Westliche UdSSR (Moskau), Griechenland, Türkei, Israel, Jordanien, Ägypten, Südafrika
+ 3 Std.		UdSSR (Gorki), Irak, Madagaskar
+ 4 Std.		UdSSR (Swerdlowsk), Iran
+ 5 Std.		UdSSR (Omsk)
+ 6 Std.		Indien, Ceylon, UdSSR (Nowosibirsk), Teile Chinas, Tibet
+ 7 Std.		UdSSR (Irkutsk), Mittelchina, Vietnam, Laos
+ 8 Std.		UdSSR (Jakutsk), Korea, Philippinen
+ 9 Std.		UdSSR (Komosomolsk), Japan
+ 10 Std.		UdSSR (Syrjanka), östliches Australien
+ 11 Std.		UdSSR (Ambartschik)
+ 11 Std. 30		Neuseeland

+ bzw. — bedeutet: Die Uhren, die die jeweilige Zonenzeit angeben, gehen gegen-über der westeuropäischen Zeit vor bzw. nach.

LITERATURHINWEISE

Die nachstehende Übersicht ist keine umfassende Bibliographie. Sie enthält lediglich eine Reihe von Büchern, die zu einzelnen Aspekten des vorliegenden Buches als ergänzende oder weiterführende Literatur empfohlen werden können:

Barbault, André: Traité pratique de l'astrologie. Paris 1961.

Bayer, Dr. Karl Th.: Die Grundprobleme der Astrologie. Leipzig 1927.

Boll, Franz: Sternglaube und Sterndeutung. Leipzig 1931.

Böttcher, Helmuth M.: Sterne, Schicksal und Propheten. München 1965.

Brandler-Pracht, Karl: Astrologie als Synthese, Berlin o. J.

Chiron: Taschen-Lexikon der Astrologie o. J.

Ebertin, Reinhold: Kombination der Gestirneinflüsse. Aalen 1961.

Frankhauser, Alfred: Das wahre Gesicht der Astrologie. Zürich 1932.

Fidelsberger, Dr. Heinz: Astrologie 2000. Wien 1972.

Fidelsberger, Dr. Heinz: Sterne und Schicksal. Wien o. J.

Frickler, Franz: Ausklänge – Symbole. Freiburg/Br. o. J.

Glahn, A. Frank: Jedermanns Astrologie, Memmingen 1936.

Gundel, Wilhelm: Sternglaube, Sternreligion und Sternorakel. Leipzig 1931.

Goodmann, Linda: Astrologie – sonnenklar. München 1969.

Henseling, Robert: Umstrittenes Weltbild. Leipzig 1939.

Jung, Carl Gustav: Paracelsica. Zürich 1942.

Kloeckler, H. Frhr. v.: Kursus der Astrologie I–III. Leipzig 1927.

Knappich, Wilhelm: Geschichte der Astrologie. Frankfurt/M. 1967.

Kühr, Erich Karl: Psychologische Horoskopdeutung. Wien 1950.

Leo, Alan: Astrologische Textbücher, 7 Bände. Leipzig 1925–1927.

Löhlein, Herbert A.: Handbuch der Astrologie. München 1968.

Neice, Louis Mac: Astrologie. Berlin 1964.

Parker, Derek: Astrologie ohne Geheimnis. Düsseldorf 1973.

Reiners, Ludwig: Steht es in den Sternen? München 1951.

Righter, Carroll: Liebe, Ehe und die Sterne. München 1970.

Ring, Thomas: Astrologische Menschenkunde I–III. Zürich 1956.

Prónay, Alexander v.: Helfen Horoskope hoffen? Bietigheim 1973.

Sakoian, Frances, und Acker, Louis S.: Das große Lehrbuch der Astrologie. Bern und München 1976.

Schmitz, Oscar A. H.: Der Geist der Astrologie. Hamburg 1937.

Sementowsky-Kurilo, Nikolaus: Synthetische Horoskopdeutung, Astrologische Gesetze, Schicksal im Sternenspiegel. Zürich 1950–1966.

Sindbad-Weiß: Bausteine der Astrologie, 5 Bände. Leipzig 1925–1927.

Sorge, J. Martin: Transzendente Astrologie – Eine umwälzende Deutungslehre für Theorie und Praxis. Ariston Verlag, Genf 1980.

Swoboda, Helmut: Der berechenbare Mensch. Wien 1974.

Sterneder, Hans: Tierkreisgeheimnis und Menschenleben. München o. J.

Witte, Alfred: Regelwerk der Planetenbilder. Hamburg 1935.

Xylander, Ernst v.: Lehrgang der Astrologie. Zürich 1953.

HOROSKOP-SCHEMATA

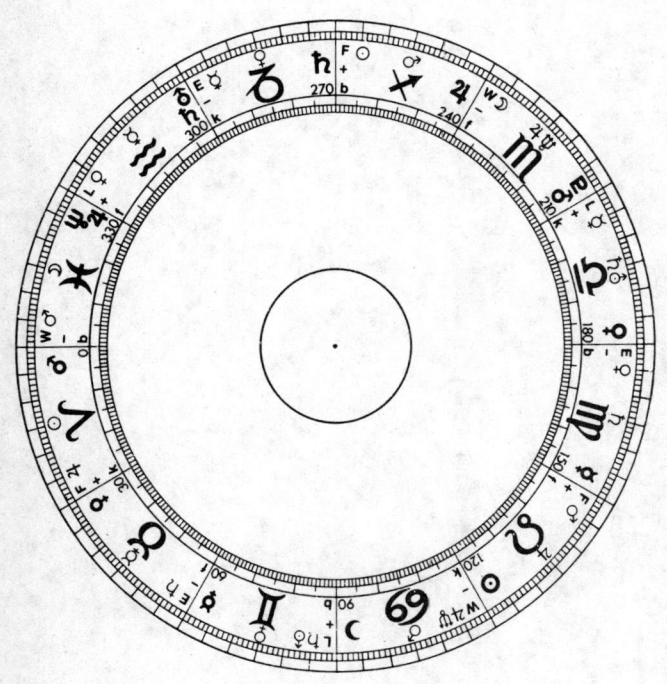

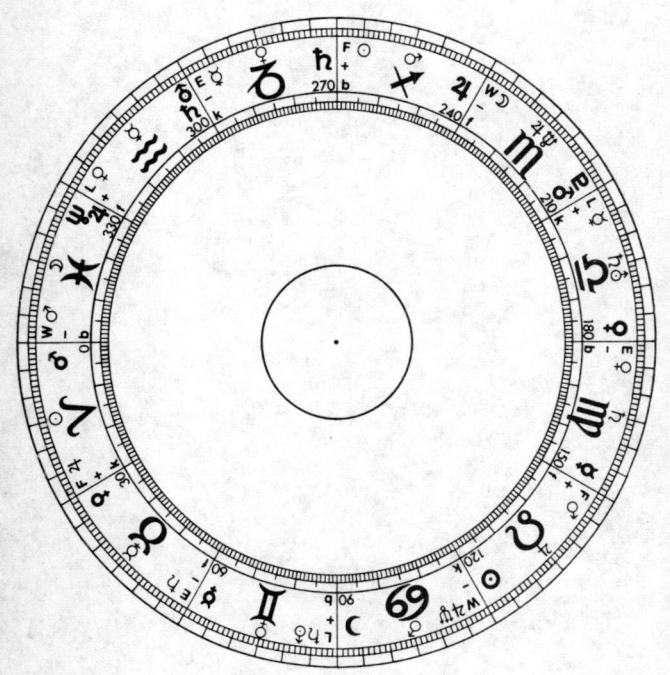

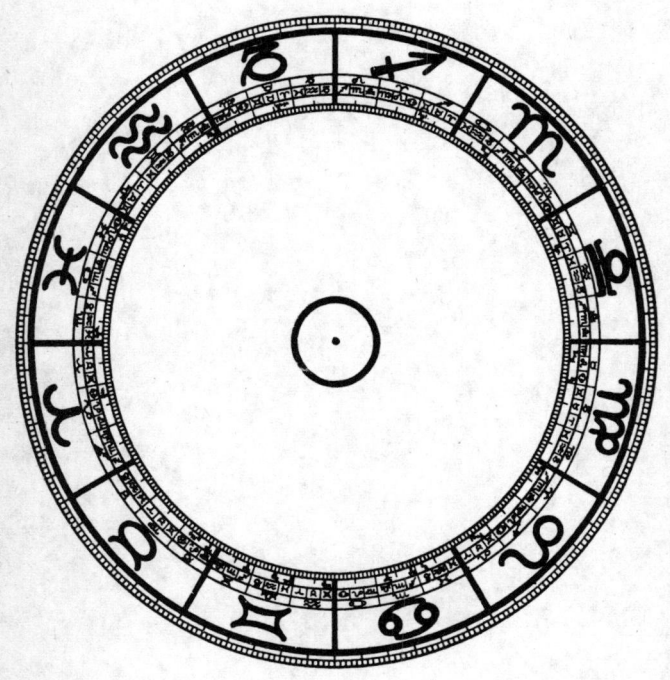

Name: .... Geboren am: ....
um: .... Uhr, in: .... Breite: ....
Länge in Zeit ....

.... Geburtszeit
.... Zeitdifferenz
.... Ortszeit
.... Sternzeit des Geburtstages
.... Sternzeit im Geburtsaugenblick

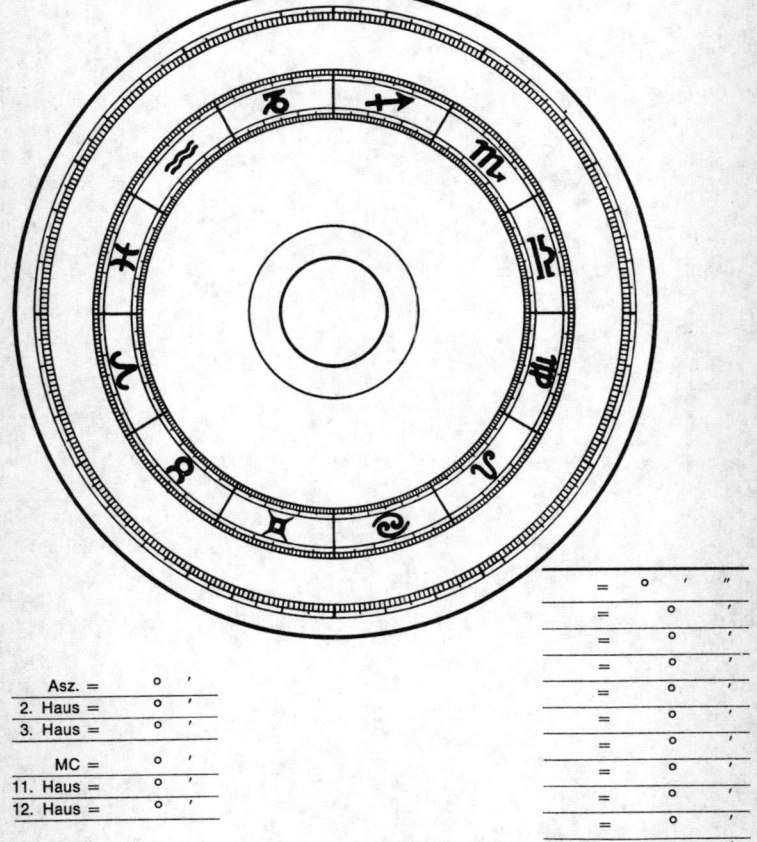

		=	°	'	"
		=	°	'	
		=	°	'	
		=	°	'	
Asz. =	° '	=	°	'	
2. Haus =	° '	=	°	'	
3. Haus =	° '	=	°	'	
		=	°	'	
MC =	° '	=	°	'	
11. Haus =	° '	=	°	'	
12. Haus =	° '	=	°	'	
		=	°	'	
		=	°	'	
		=	°	'	

Feuer	Erde	Luft	Wasser
kardinal	fest		beweglich

455

Name: .... Geboren am: ....

um: .... Uhr, in: .... Breite: ....

Länge in Zeit ....

.... Geburtszeit
.... Zeitdifferenz
.... Ortszeit
.... Sternzeit des Geburtstages
.... Sternzeit im Geburtsaugenblick

	=	°	'	"
	=		°	'
	=		°	'
	=		°	'
Asz. = ° '	=		°	'
2. Haus = ° '	=		°	'
3. Haus = ° '	=		°	'
	=		°	'
MC = ° '	=		°	'
11. Haus = ° '	=		°	'
12. Haus = ° '	=		°	'
	=		°	'

Feuer	Erde	Luft	Wasser
kardinal	fest	beweglich	

Name: .... Geboren am: ....
um: .... Uhr, in: .... Breite: ....
Länge in Zeit ....

.... Geburtszeit
.... Zeitdifferenz
.... Ortszeit
.... Sternzeit des Geburtstages
.... Sternzeit im Geburtsaugenblick

		=	o	'	"
		=	o	'	
		=	o	'	
		=	o	'	
Asz. =	o '	=	o	'	
2. Haus =	o '	=	o	'	
3. Haus =	o '	=	o	'	
MC =	o '	=	o	'	
11. Haus =	o '	=	o	'	
12. Haus =	o '	=	o	'	
		=	o	'	
Feuer Erde Luft Wasser		=	o	'	
kardinal fest beweglich		=	o	'	

ERGÄNZUNGEN SOMMERZEIT
Ost- und Westdeutschland:

Einfache Sommerzeit
1946 vom 14.4. (2 Uhr) bis 7.10. (3 Uhr)
1947 vom 6.4. (3 Uhr) bis 11. 5. (3 Uhr)

Doppelte Sommerzeit:
1947 vom 11.5. (3 Uhr) bis 29. 6. (3 Uhr)

Einfache Sommerzeit:
1947 vom 29.6. (3 Uhr) bis 5.10. (3 Uhr)
1948 vom 18.4. (*2 Uhr) bis 3.10. (3 Uhr)
1949 vom 10.4. (*2 Uhr) bis 2.10. (3 Uhr)
(* in Ostdeutschland um 3 Uhr)

Regelmäßige eingeführte Sommerzeiten:
1980 vom 6.4. (2 Uhr) bis 28. 9. (3 Uhr)
1981 vom 29.3. (2 Uhr) bis 27. 9. (3 Uhr)
1982 vom 28.3. (2 Uhr) bis 26. 9. (3 Uhr)
1983 vom 27.3. (2 Uhr) bis 25. 9. (3 Uhr)
1984 vom 25.3. (2 Uhr) bis 30. 9. (3 Uhr)
1985 vom 31.3. (2 Uhr) bis 29. 9. (3 Uhr)
1986 vom 30.3. (2 Uhr) bis 28. 9. (3 Uhr)
1987 vom 29.3. (2 Uhr) bis 27. 9. (3 Uhr)
1988 vom 27.3. (2 Uhr) bis 1.10. (3 Uhr)
1989 vom 26.3. (2 Uhr) bis 1.10. (3 Uhr)
1990 vom 25.3. (2 Uhr) bis 30. 9. (3 Uhr)
1991 vom 31.3. (2 Uhr) bis 29. 9. (3 Uhr)
1992 vom 29.3. (2 Uhr) bis 27. 9. (3 Uhr)
1993 vom 28.3. (2 Uhr) bis 26. 9. (3 Uhr)
1994 vom 27.3. (2 Uhr) bis 25. 9. (3 Uhr)
1995 vom 26.3. (2 Uhr) bis 1.10. (3 Uhr)
1996 vom 31.3. (2 Uhr) bis 29. 9. (3 Uhr)
1997 vom 30.3. (2 Uhr) bis 28. 9. (3 Uhr)
1998 vom 29.3. (2 Uhr) bis 27. 9. (3 Uhr)
1999 vom 28.3. (2 Uhr) bis 26. 9. (3 Uhr)
2000 vom 26.3. (2 Uhr) bis 1.10. (3 Uhr)

Die angegebenen Sommerzeiten während des Zweiten Weltkrieges gelten auch für Österreich, Tschechoslowakei und die eingegliederten bzw. besetzten Gebiete im Osten.
Im Saarland galt vom 1.10.1920 bis 28.2.1935 die Westeuropäische Zeit (Weltzeit oder Greenwich Zeit).
Die angegebenen Sommerzeiten in den Jahren 1948 und 1949 galten für das Saarland nicht.

Astrologie

Knaur®
Esoterik

Howard Sasportas
Astrologische Häuser und Aszendenten
Vorwort von Liz Greene
Deutsche Erstausgabe

(4165)

Knaur®
Esoterik

Howard Sasportas
GÖTTER DES WANDELS
Die astrologische Bedeutung
von Uranus, Neptun und Pluto

(4243)

Knaur®
Esoterik

Brigitte Hamann
DIE ZWÖLF ARCHETYPEN
Tierkreis und Persönlichkeitsstruktur

(4253)

Knaur®
Esoterik

Michael Roscher
DAS BUCH DER HOROSKOPE
240 Horoskope
bekannter Persönlichkeiten

(4234)

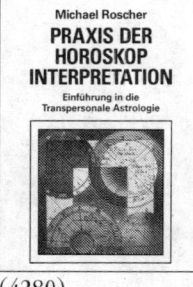

Knaur®
Esoterik

Michael Roscher
PRAXIS DER HOROSKOP INTERPRETATION
Einführung in die
Transpersonale Astrologie

(4280)

Knaur®
Esoterik

Michael Roscher
ASTROLOGIE UND PSYCHOSOMATIK
Horoskopkonstellationen
aus medizinischer Sicht

(4281)

— ARISTON —
DAS KASSETTENPROGRAMM

Eine neue Dimension der Selbsthilfe eröffnen Ihnen die Ariston-Kassettenprogramme. Wie die Lernpsychologie erwiesen hat, prägt sich eine Botschaft, die gelesen und mehrfach gehört wird, dem Unterbewußtsein ein und sitzt im Gedächtnis fest. Deshalb hat der Ariston Verlag zu diversen Erfolgsbüchern Kassettenprogramme veröffentlicht, von denen Sie profitieren können.

Dr. Joseph Murphy: Die Macht Ihres Unterbewußtseins

Buch: 246 Seiten, gebunden, ISBN 3-7205-1027-1
4 Suggestionskassetten in Box: 3½ Std., ISBN 3-7205-1673-3
4 Buchtextkassetten in Box, 4½ Std., ISBN 3-7205-1328-9

Dr. Napoleon Hill: Erfolg durch positives Denken

Buch: 304 Seiten, gebunden, ISBN 3-7205-1025-5
4 Suggestionskassetten in Box, 3½ Std., ISBN 3-7205-1677-6

Dr. Napoleon Hill: Denke nach und werde reich

Buch: 246 Seiten, gebunden, ISBN 7205-1017-4
2 LP-Kassetten in Box, Kernlehren und Interview mit Autor, 2 Std., ISBN 3-7205-1737-3

Joyce Brothers: In 10 Tagen zum vollkommenen Gedächtnis

Buch: 240 Seiten, 69 Abb., gebunden, ISBN 3-7205-1031-X
2 Suggestionskassetten in Box, 1½ Std., ISBN 3-7205-1679-2

UNSERE BÜCHER UND KASSETTENWERKE ERHALTEN SIE IM BUCHHANDEL

Ein umfangreiches, farbiges Bücher-Magazin mit sämtlichen Titeln unseres auf Medizin, angewandte Psychologie und Esoterik spezialisierten Verlagsprogramms können Sie gratis anfordern bei

ARISTON VERLAG · GENF/MÜNCHEN

CH-1211 GENF 6 · POSTFACH 176 · TEL. 022/7861810 · FAX 022/7861895
D-81379 MÜNCHEN · BOSCHETSRIEDER STRASSE 12 · TEL. 089/7241034